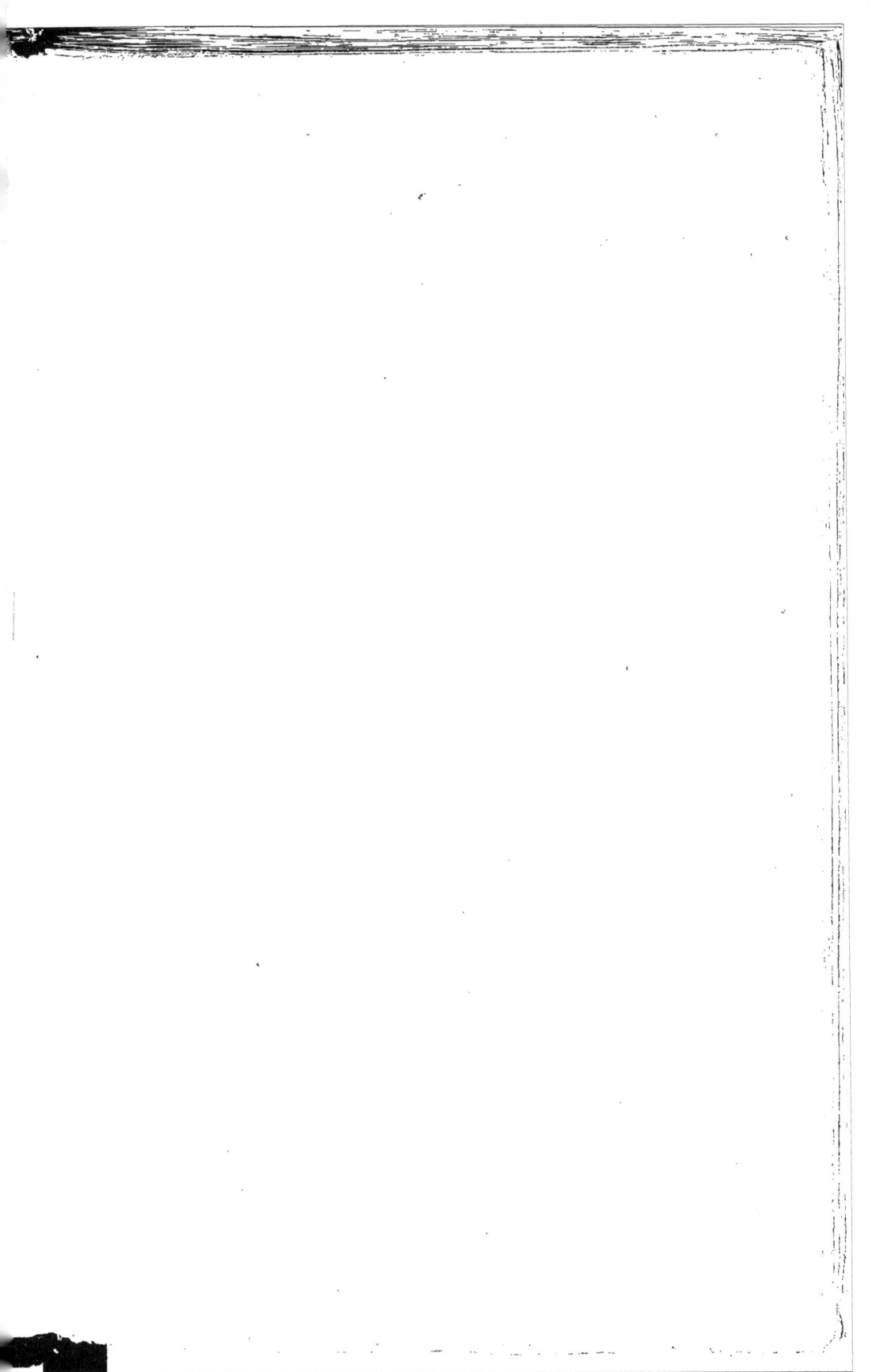

TRAITÉ

DE LA

COMPÉTENCE DES JUGES DE PAIX.

TOME I.

LE CODE FORESTIER, conféré et mis en rapport avec la législation qui régit les différents propriétaires et usagers dans les bois ; par M. Curasson, *avocat à Besançon*, 2 gros vol. in-8° . . . . . 12 fr.

» M. Curasson,........ votre excellent ouvrage sur le Code forestier est un » livre comme on en fait en province, c'est-à-dire un livre consciencieux. On » a déjà remarqué avec raison que nos meilleurs ouvrages de droit et de ju- » risprudence étaient composés dans les provinces. Nous sommes ici trop » distraits,......... Votre commentaire est plein de faits et d'une riche et judi- » cieuse instruction. Vous avez parfaitement entendu la jurisprudence du con- » seil d'état dans les points administratifs qui correspondent aux articles du » Code forestier. L'article 58 a été le sujet d'assez vives controverses, et j'ai » eu occasion, pour résoudre quelques difficultés, de consulter votre traité. »

« *Paris, le*....... Signé Cormenin. »

Nous pourrions citer d'autres témoignages aussi flatteurs qu'honorables pour M. Curasson, de MM. Pardessus, Proudhon, Roy, Dalloz ; ce dernier en fait l'éloge le plus judicieux.

TRAITÉ DES DROITS D'USAGE, servitudes réelles, du droit de superficie et de la jouissance des biens communaux et des établissements publics, par M. Proudhon ; 2e édition annotée, augmentée et mise en harmonie avec la nouvelle législation sur les forêts, par M. Curasson, *jurisconsulte à Besançon*, 3 très gros vol. in-8°. 24 f.

La première édition du Traité d'usufruit, composée de 9 volumes, comprenait aussi cet ouvrage ; des changements y étant devenus nécessaires par suite de la promulgation du nouveau Code forestier, M. Proudhon a confié ce travail important à M. Curasson, l'un des premiers avocats du barreau de Besançon, et auteur du meilleur *Traité sur le Code forestier*, ainsi que des *observations présentées aux Chambres* lors de la discussion du Code, lesquelles ont contribué aux divers changements qu'a subis le projet de loi dans l'intérêt de la propriété et des communes.

Le traité que nous annonçons reproduit au surplus textuellement l'ouvrage de M. Proudhon, à l'exception de ce qui se référait exclusivement à l'ordonnance de 1669 et aux autres réglements aujourd'hui abrogés.

Le travail de M. Curasson, distingué de celui de l'auteur par un caractère plus fin, a augmenté considérablement l'ouvrage qui contient en 3 gros vol. in-8°, de près de 700 pages chacun, la matière de 5 vol. ordinaires. Coordonné, comme on vient de le dire, avec la nouvelle législation, le *Traité de l'usage* est l'ouvrage le plus complet qui puisse être publié sur cette matière importante qui se rattache à tant d'autres.

TRAITÉ

DE LA

COMPÉTENCE DES JUGES DE PAIX,

DANS LEQUEL

LA LOI DU 25 MAI 1838 ET TOUTES LES LOIS DE LA MATIÈRE
SONT DÉVELOPPÉES ET COMBINÉES AVEC LES PRINCIPES
DE DROIT QUI S'Y RATTACHENT ET LES RÈGLES
DE LA PROCÉDURE CIVILE ET CRIMINELLE.

PAR M. CURASSON,

JURISCONSULTE,

AUTEUR DE PLUSIEURS OUVRAGES DE DROIT ET MEMBRE DE L'ACADÉMIE
DES SCIENCES, ARTS ET BELLES-LETTRES DE BESANÇON.

TOME PREMIER.

DIJON.

VICTOR LAGIER, LIBRAIRE-ÉDITEUR,

PLACE SAINT-ÉTIENNE.

1839.

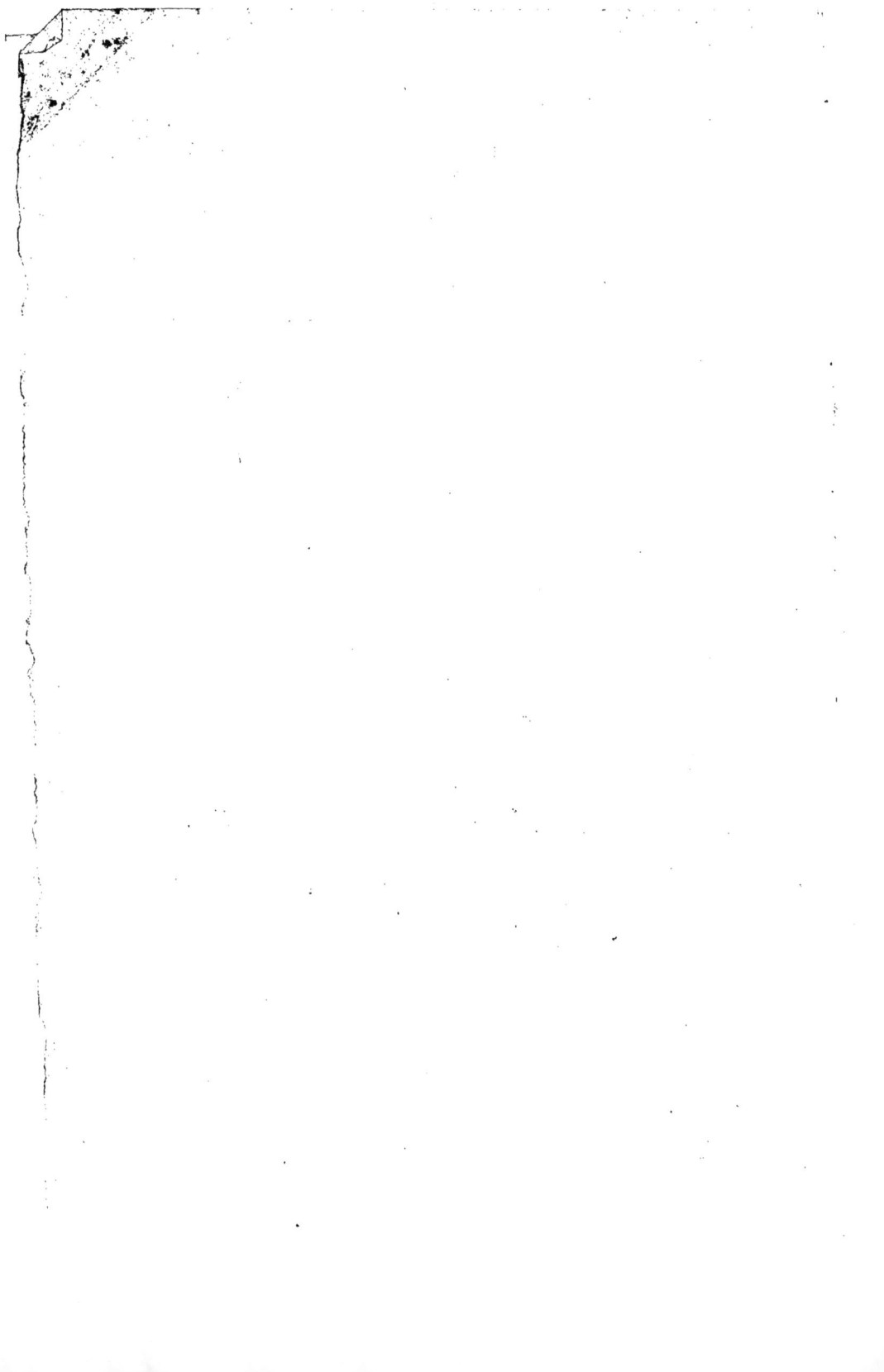

PRÉFACE.

EST sapientis judicis, meminisse se hominem, cogitare,
tantùm sibi à populo romano esse permissum, quantùm
commissum et creditum sit, et non solùm sibi potestatem
datam, verùm etiam fidem habitam esse meminisse ; posse,
quem oderit absolvere, quem non oderit condemnare ; et
semper non quid ipse velit, sed quid lex et religio cogat,
cogitare : animadvertere, quâ lege reus citetur, de quo
reo cognoscat, quæ res in questione versetur.

CICERO, *orat. pro Cluentio.*

DANS l'origine de la monarchie, nos pères, pasteurs
ou soldats, plutôt que laboureurs et citoyens, avaient
peu d'intérêts à régler. « Tout le monde, dit le
président de Montesquieu, était bon pour être magistrat, chez un peuple qui suivait la simplicité de
la nature, et à qui son ignorance et sa grossièreté
fournissaient des moyens aussi faciles qu'injustes de
terminer les différends, comme le sont, le sort, les
épreuves par l'eau, par le feu, les combats singu-
liers, etc. »

Devenus maîtres des Gaules, les rois francks succé-
dèrent aux Romains ; ils en prirent la police. Investis, par
la conquête, des immenses possessions qui appartenaient
au fisc, ils distribuèrent à leurs capitaines une grande
partie de ces dépouilles, et, à l'exemple des empereurs,
formèrent ainsi ces bénéfices militaires qui, de personnels et amovibles, furent quelques siècles après, érigés
en fiefs héréditaires. Alors la justice et l'administration
des provinces furent confiées aux bénéficiers et à des
vassaux, ayant à leur tête des comtes, et sous l'inspection de commissaires appelés *missi dominici.* Telle fut
l'origine des justices seigneuriales qui, dans le prin-

a

cipe, étaient moins un droit, qu'une charge personnelle. Quelques seigneurs montraient de la répugnance à remplir le devoir qui leur était imposé, il fallut employer des mesures coërcitives pour les y contraindre : le souverain enjoignait aux comtes et à ses *missi dominici* de priver le récalcitrant des fruits de son bénéfice, ou d'aller tenir garnison dans le manoir du vassal, et d'y vivre à ses frais, tant qu'il n'aurait pas rendu la justice. (1) Les comtes avaient aussi sous leur autorité, des centeniers, juges subalternes, qui, selon Ducange, étaient délégués pour statuer, comme nos juges-de-paix, sur les différends moins considérables, dans de petits arrondissements.

Mais l'affranchissement des serfs, et l'établissement des communes que provoqua Louis-le-Gros, au douzième siècle, et qui fut continué par ses successeurs, porta le plus grand coup à la puissance féodale, et changea totalement l'existence des peuples. Au gouvernement militaire succéda le régime civil. L'encouragement de la culture, du commerce et de l'industrie, en augmentant la richesse des particuliers et l'importance des affaires, nécessita l'accroissement successif de la législation ; le droit canonique civilisa le droit écrit, adoucit la rigueur de plusieurs de ses dispositions ; des coutumes s'établirent dans les différentes provinces ;... et, bientôt la magistrature ne fut plus que le partage des gens éclairés.

Alors fut établi un grand corps de judicature, sous le nom de parlement. « Supérieurs à toutes les » classes de la société, par la dignité de leurs fonctions,

---

(1) Capitul. de l'an 793, art. 10, et de l'an 879, art. 14.

» par le rang qu'ils occupaient, et par le respect dont ils
» étaient environnés, les personnages, qui composaient
» cette illustre compagnie, formaient une espèce de mi-
» lieu entre le prince et la nation. Auprès du prince,
» ils étaient les organes du peuple; et, faisant planer
» son autorité sur les grands et sur les petits, ils com-
» primaient l'arrogance des uns, la jalousie des autres,
» et les contenaient tous dans les bornes de la subordi-
» nation et du devoir..... Enfin cette cour était l'ancre
» qui fixait le vaisseau de l'état, et l'empêchait de se
» briser contre les deux grands écueils des gouverne-
» ments, l'arbitraire et l'anarchie. » Tel est le langage
d'un jurisconsulte dont s'honora le barreau, et que ses
talents élevèrent au faîte de la magistrature (1).

Les officiers des bailliages et des prevôtés tenaient le
second rang dans la hiérarchie judiciaire, et formaient,
avec les parlements et le grand conseil, la juridiction
royale. Mais indépendamment des justices seigneuriales
et municipales, également soumises à l'autorité des parlements, et dont la plupart ne connaissaient que des délits de police, il existait une foule de juridictions extraordinaires. La multiplicité des évocations au conseil
prêtait aussi à de monstrueux abus. Tel était l'état de
la justice, lorsque la convocation des états-généraux
fit éclater la révolution de 1789.

Le défaut d'unité dans l'administration exigeait une
réforme; l'ancienne organisation judiciaire ne pouvait
donc subsister. Mais après avoir renversé, il faut mettre
quelque chose à la place des ruines : et l'assemblée
nationale, qui présentait la réunion de tant d'hommes

---

(1) Henrion de Pansey, *De l'autorité judiciaire en France*, pag. 69.

remarquables, cette assemblée qui se disait *constituante*, détruisit,... sans rien édifier sur des fondements solides ! Quelle idée plus étroite, quelle résolution plus mesquine, que celle d'établir juges d'appel, les uns des autres, des tribunaux formés dans chaque chef-lieu de district, de substituer une magistrature aussi subalterne à ces illustres compagnies, où l'on avait vu briller les de Thou, les Molé, les Harlai, les Séguier, les Lamoignon, les Talon, les Joly de Fleury, etc., et d'Aguesseau, ce célèbre chancelier à qui la France est redevable de tant de monuments qui sont encore la base de notre législation! Pour nous guérir de l'illusion de ces utopies novatrices, il a fallu le génie d'un homme extraordinaire, dont l'ambition nous a été fatale, mais à qui l'on ne saurait refuser, parmi d'autres titres de gloire, celui d'avoir rétabli la hiérarchie judiciaire, et rendu à la magistrature le caractère de stabilité et de dignité dont elle doit être revêtue.

Cependant, du milieu des ruines que l'esprit d'innovation de l'assemblée constituante avait su amonceler, s'élevèrent deux institutions précieuses, qui seules devaient survivre aux vicissitudes des révolutions, l'établissement d'une magistrature suprême destinée à faire respecter la loi, à régler la jurisprudence; et celui d'une magistrature paternelle et domestique, la justice-de-paix. « Représentez-vous, disait un orateur, un magistrat » qui ne pense, qui n'existe que pour ses concitoyens. » Les mineurs, les absents, les interdits, sont l'objet » particulier de ses sollicitudes. C'est un père au milieu » de ses enfants. Il dit un mot, et les injustices se réparent, les divisions s'éteignent, les plaintes cessent ;

» ses soins constants assurent le bonheur de tous.
» Voilà le juge-de-paix. »

La destinée de cette institution fut loin de répondre
à d'aussi brillantes promesses, mais ce n'était pas moins
un grand bienfait : elle fut acceptée avec enthousiasme ;
et, tandis que l'administration de la justice était confiée
à des hommes de loi d'une petite ville, dont plusieurs
possédaient à peine les premières notions du droit,
on vit les sommités du barreau de plusieurs anciens
ressorts, briguer, avec un noble désintéressement,
les modestes fonctions d'assesseurs de la justice-de-
paix. Le caractère et les lumières des hommes qui
composaient ainsi de véritables tribunaux de famille, ne
pouvaient qu'inspirer la plus haute confiance. Que de
différends auraient été terminés par la médiation de
pareils conciliateurs, s'il eût été possible de perpétuer
cette première impulsion !

Mais les passions révolutionnaires vinrent à la traverse : l'intrigue ne tarda pas à s'emparer de cette belle
institution : confiée au peuple, la nomination des juges-
de paix devait être renouvelée tous les deux ans ; et,
dans les temps d'anarchie, combien de fois n'a-t-on
pas vu le choix populaire tomber, non sur les hommes
les plus probes et les plus éclairés, mais, sur des personnes étrangères à toute espèce de connaissances,
et sans aptitude pour en acquérir ?

La nécessité d'établir, à cet égard, un nouvel ordre de
choses ne tarda pas à être sentie. Nommé par le gouvernement, comme les autres magistrats, le juge-de-paix
n'est appelé aujourd'hui à ces fonctions importantes, que
sur une présentation faite avec discernement. Institué
pour dix ans, et, certain de conserver sa place, tant

qu'il s'en montrera digne, il peut, au moins, se livrer à l'étude des connaissances indispensables à l'exercice de son ministère.

On a souvent répété que, pour être juge-de-paix, le bon sens suffit ; que la science du droit, loin d'être nécessaire, serait plus dangereuse qu'utile. « Il faut que » tout homme de bien, *pour peu* qu'il ait d'expérience » et d'usage, puisse être juge-de-paix.... La justice-de-» paix sera dégagée des formes qui obscurcissent telle-» ment les procès, que le juge le plus expérimenté ne sait » souvent pas qui a tort ou raison. — La compétence de » ces juges doit être bornée aux choses de convention » très simples et de la plus petite valeur, et aux choses » de fait qui ne peuvent être bien jugées que par » l'*homme des champs,* qui vérifie, sur le lieu même, » l'objet du litige, et qui trouve, dans son expérience, » des règles de décision plus sûres *que la science des* » *formes et des lois* n'en peut fournir aux tribunaux..... » L'agriculture sera désormais plus honorée, le séjour » des champs plus recherché, *les campagnes seront peu-* » *plées d'hommes de mérite dans tous les genres.* » Ainsi s'exprimait M. Thouret, en présentant à l'assemblée nationale le projet de loi sur les justices-de-paix, et ce langage n'avait rien d'étonnant : les législateurs d'alors étaient bercés de l'illusion que la France régénérée allait revenir à la simplicité des premiers âges.

Mais, ce qui doit surprendre, c'est, après un demi-siècle d'expérience, d'avoir entendu répéter dans nos chambres, que l'*étude est inutile à un juge-de-paix, qu'il suffit d'être homme de sens et de conscience ;* funeste préjugé ! qui ne tendrait à rien moins qu'à paralyser tous

les développements de l'émulation, à préconiser l'ignorance, et à favoriser l'arbitraire dont elle est la com-
pagne inséparable.

Les matières dont la loi du 24 août 1790 attribuait
la connaissance aux juges-de-paix, exigeaient déjà des
études spéciales; et, en augmentant les attributions
de ces magistrats, la loi nouvelle a beaucoup agrandi
le cercle des connaissances qu'ils doivent acquérir.

Est-ce donc avec les seules ressources du bon sens,
qu'un juge-de-paix peut être capable d'apprécier les
actions possessoires, qui présentent souvent des difficultés dont la solution embarrasse les hommes les plus
versés dans la science du droit? A quoi sert à un juge-
de-paix de savoir qu'il est compétent pour connaître
des actions relatives aux loyers et fermages, aux dégradations et réparations locatives, aux effets apportés
chez un aubergiste ou confiés à des messageries publiques, au bornage, aux dégâts ruraux, aux injures et
voies de fait, etc., si ce juge n'a pas la moindre notion
du contrat de louage, du dépôt, des lois concernant la
possession, le voisinage, en un mot, des règles de droit
et de procédure, qui se rattachent aux différents objets
soumis à sa juridiction ?

Les auteurs de la loi n'ont-ils pas vu, qu'en élevant à
200 fr. la compétence des juges-de-paix, en matière
personnelle (compétence qui, n'étant autrefois que de
100 fr., les dispensait de recourir à la preuve légale),
cette disposition seule met ces magistrats dans la nécessité de se pénétrer des principes qui régissent les
contrats et les obligations, la preuve testimoniale et
les présomptions ?

Il n'est pas jusqu'à la juridiction des justices-de-paix, en matière de simple police, qui ne présente des difficultés sérieuses. Les décisions rendues, à cet égard, paraissent de peu d'importance; cependant les recueils sont remplis d'arrêts qui cassent celles qui ont été l'objet d'un pourvoi. Il existe même, en cette matière, plusieurs cas sur lesquels la jurisprudence de la cour suprême n'est pas encore fixée d'une manière invariable (1).

Le juge-de-paix, dit-on, est plutôt un conciliateur qu'un juge! — En n'ouvrant l'accès des tribunaux, qu'après l'épuisement des voies de conciliation, les auteurs de l'institution des juges-de-paix étaient dominés par l'idée philanthropique, que cette mesure allait prévenir la plupart des discussions judiciaires. Mais combien cette espérance n'a-t-elle pas été déçue? Lors de la discussion du Code de procédure, plusieurs bons esprits proposèrent de supprimer la tentative de conciliation, qui, selon eux, était inutile, et ne servait qu'à retarder l'expédition des affaires (2). Et si cette tentative n'a pas été abolie complétement, du moins le Code en a dispensé une grande partie des procès. Je suis loin de contester l'utilité de ce préliminaire : les idées d'indépendance, qui dominent toutes les classes de la société, sont, il est vrai, peu compatibles avec les mesures conciliatrices, et l'esprit de chicane, surtout dans les villes, a fait dégénérer la tentative du bureau de paix en une pure formalité; cependant il est des campagnes où la parole d'un homme investi d'une juste considération, peut produire les plus heureux effets.

_____

(1) Voyez ce qui est dit sur les *réglements municipaux*, tome 1, pag. 42 et suiv. et sur les *questions préjudicielles*, pag. 53 et suiv.

(2) Voyez tome 1, pag. 12.

Mais, pour concilier d'une manière équitable, encore faut-il être à même d'apprécier les droits des parties. A quoi peuvent aboutir les efforts d'un médiateur qui, avec les meilleures intentions, serait étranger à toutes connaissances, si ce n'est à consacrer des injustices, à revêtir même, d'une forme illégale, l'arrangement qu'il aura déterminé? Ce sont les affaires les plus importantes que la loi soumet à la tentative du bureau de paix. Et, si j'en juge d'après l'expérience, la conciliation exige autant et même plus de lumières que le jugement de la plupart des contestations soumises aux juges-de-paix.

Si donc il n'est pas besoin d'astreindre le choix de ces magistrats à la condition d'un diplôme ; si la connaissance approfondie de la législation n'est pas indispensable pour l'exercice de leur ministère, du moins doivent-ils s'appliquer à l'étude des lois spéciales qui fixent leurs attributions, à celle des principes et des règles de procédure, qui s'y rattachent. L'étude de ces lois, de ces principes, de ces règles, leur est d'autant plus nécessaire que, jugeant seuls, ils sont privés du secours des lumières collectives, de la discussion qui frappe, éclaire et dirige les autres juges.

Préoccupé, depuis long-temps, de l'idée d'un travail qui pût servir de guide à MM. les juges-de-paix, j'en rassemblais les matériaux, lorsqu'est survenue la loi nouvelle qui m'a imposé l'obligation d'étendre mes recherches. L'ouvrage que je présente n'est donc point une de ces productions fugitives que l'on se hâte de faire paraître, à l'instant même de la publication d'une loi ; c'est le fruit de longues méditations : et si je n'ai pas atteint le but que je m'étais proposé, j'espère du moins qu'on me saura gré de l'intention qui m'a guidé dans une tâche laborieuse et importante.

Entreprendre le commentaire d'une loi nouvelle, c'est marcher dans une route pleine d'écueils. Les discussions auxquelles a donné lieu la loi du 25 mai 1838, sont loin de fournir des éclaircissements suffisants : bornées d'ailleurs, à la compétence, ces discussions ne pouvaient être d'un grand secours pour le développement des matières que j'ai entrepris de traiter à fond.

Il est vrai que cette loi reproduit plusieurs des dispositions de celle du 24 août 1790. Mais les commentaires de la loi ancienne ne présentent pas non plus beaucoup de ressources.

L'ouvrage le plus remarquable sur les justices-de-paix, est le *Traité de la compétence* de M. Henrion de Pansey. Un aussi grand nom devait nécesairement subjuguer la confiance, et plusieurs des questions que ce jurisconsulte a résolues, le sont, il faut en convenir, avec la plus grande justesse. Cependant cet ouvrage est loin de répondre à l'importance de son titre. C'est plutôt un livre de théorie que de pratique. Plein de recherches historiques, de savantes digressions, il est même peu à la portée de ceux auxquels il semblait devoir être spécialement destiné.

Les ouvrages publiés, sous la direction de M. Victor Augier, présentent beaucoup plus d'aperçus utiles. Mais l'un n'est qu'un recueil périodique ; l'autre, sous le titre d'*Encyclopédie des juges-de-paix*, est un dictionnaire général de jurisprudence, plutôt qu'un traité, spécialement destiné aux justices-de-paix.

Combien il est à regretter qu'un travail aussi utile

n'ait pas été entrepris par le célèbre doyen de la faculté de Dijon, lui qui réunissait à de profondes connaissances, le talent de les développer avec tant d'habileté, lui que, dans l'art d'instruire, il serait difficile de surpasser!..... Personne, plus vivement que moi, n'a ressenti la perte de ce grand maître! Au moment où la mort de M. Proudhon vient de plonger sa famille dans le deuil, qu'il me soit permis de joindre ici l'expression de mes regrets à la douleur de ses amis, des jurisconsultes et des magistrats formés à son école. Cette perte serait irréparable pour la science, sans les œuvres qu'il nous a laissées et qui perpétueront sa mémoire.

La tâche que je me suis imposée, étant de donner un traité complet de droit et de pratique, j'ai fait précéder le commentaire de la loi nouvelle d'un exposé des principes généraux, des règles qui s'appliquent à toutes les affaires, et qui sont d'un usage journalier dans les justices-de-paix, comme dans les autres tribunaux.

Les actions et exceptions, leurs différentes espèces, la compétence en général, la preuve littérale, la preuve testimoniale et les présomptions, l'expertise, l'aveu de la partie, le serment, les prescriptions, la péremption d'instance; tels sont les objets qui forment la première partie de mon ouvrage. C'est une sorte de traité dans lequel je donne aussi sommairement l'explication des attributions extraordinaires des juges-de-paix, en matière de douanes et d'octrois; j'ai eu soin d'y comprendre les attributions qui viennent de leur être conférées sur les chemins vicinaux. Pour ce qui concerne leur compétence, comme juges de simple police, je ne me suis attaché qu'aux sujets qui

présentent de vraies difficultés, tels que, les questions préjudicielles, et l'application des réglements
municipaux.

Les développements qu'exigeraient tant d'objets si
différents, m'auraient mené beaucoup trop loin; j'ai dû
les restreindre dans un cadre fort étroit : mais je crois en
avoir dit assez, pour faciliter à MM. les juges-de-paix
l'étude qui leur est nécessaire. Ceux qui voudront approfondir ces matières, peuvent recourir aux nombreuses citations, jointes à leur analyse.

C'est à la suite de ce traité préliminaire, que se trouvent
des développements étendus sur la loi du 25 mai.

Les articles de cette loi pourraient être mieux coor-
donnés. Plusieurs renferment des dispositions qui n'ont
aucune espèce de rapport, tandis que d'autres en contiennent qui sembleraient devoir être réunies, et pourtant sont disséminées.

Ainsi, la compétence relative aux baux se trouve dans
trois articles différents : l'article 3 règle les attributions
relatives aux loyers et fermages; l'indemnité qui peut
être réclamée au propriétaire, pour non-jouissance, et
les dégradations imputées au locataire, sont l'objet de
l'article 4 ; et, malgré l'étroite liaison qui existe entre les
dégradations et les réparations locatives, ce n'est que
dans l'article 5 que ces réparations se trouvent col-
loquées et soumises à un taux de compétence différent.
Que peut avoir de commun avec ces réparations, le
paiement des nourrices, qui, dans le même article, est
aussi accolé aux dégâts ruraux, à l'élagage des arbres,
au curage des fossés, aux gens de travail, domestiques,
ouvriers et apprentis, à la diffamation et aux injures ?
Il en est de même de l'article 6, où les demandes

de pensions alimentaires figurent avec les actions possessoires, le bornage et les plantations.

C'est afin d'abréger, que le législateur a classé, dans un seul article, plusieurs dispositions soumises au même ordre de compétence, au lieu de former un article de chacune de ces dispositions. Ce classement ne convient guère à la division d'un traité ; cependant je n'aurais pu m'en écarter sans inconvénient. J'ai donc préféré suivre l'ordre de la loi. Mais pour éviter toute confusion, j'ai eu soin de diviser les articles qui renferment, diverses dispositions, d'en faire, pour ainsi dire, plusieurs articles.

Indépendamment de cette première division, j'ai subdivisé la matière en autant de sections ou de paragraphes que le nécessite la discussion.

L'article 3, par exemple, qui ne comprend qu'une seule et même disposition relative aux loyers et fermages, est divisé en neuf paragraphes dans lesquels sont développés tous les principes concernant le contrat de louage et toutes les règles qui peuvent guider le juge-de-paix dans cette partie importante de la juridiction que la loi nouvelle lui attribue. Quelle est la limite de cette attribution? A quels actes doit-elle s'appliquer? Quelles sont les difficultés auxquelles peuvent donner lieu le paiement des loyers et fermages, les congés et avertissements, la réconduction tacite, l'expulsion des lieux? En quoi consiste le privilége du bailleur? Comment doit-il être procédé à la saisie-gagerie, et quelle est la conduite à tenir par le juge-de-paix en cas d'opposition? Telles sont les matières discutées au sujet de cet article.

Tous les autres articles qui ne sont relatifs qu'à un

seul objet, sont également divisés en plusieurs paragraphes.

Quant à l'article 5, qui renferme cinq dispositions différentes, lesquelles portent sur des matières tout-à-fait hétérogènes, chacune ayant en tête le texte qui la concerne, est traitée à part, et la discussion de chaque partie est aussi subdivisée. Par exemple, l'article V, part. I, comprenant les *dommages aux champs, fruits et récoltes, l'élagage des arbres* ou *haies,* et le *curage des fossés et canaux,* il n'eût pas été possible de réunir, dans la discussion, ces trois objets qui, placés dans une seule et même phrase, sont régis par des principes différents, et dont chacun commandait de nombreux détails.

En ce qui concerne l'article VI, j'ai suivi la même marche : des quatre parties qu'il renferme, les deux premières surtout, l'une concernant les actions possessoires, l'autre, le bornage et les plantations, exigeaient de vastes développements. J'ai cru devoir donner un véritable traité sur le possessoire, action si importante, à laquelle se rattachent tant de principes, tant d'objets différents, et qui est le *palladium* de la propriété. Ici, je dois le dire, les livres et la jurisprudence m'ont fourni d'amples matériaux. Plusieurs auteurs ont traité des actions possessoires ; M. Garnier, entre autres, a publié, sur ce sujet, un ouvrage de grande portée ; et, sans partager toutes ses opinions, je ne laisse pas de lui être redevable de plusieurs documents.

Si le rédacteur de la loi a réuni dans un même article plusieurs matières différentes, il en est d'autres pour lesquelles il s'est montré prodigue. Telles sont,

par exemple, les demandes réconventionnelles, que
réglent les articles 7 et 8. J'ai cru devoir en réunir la
discussion. J'ai réuni de même les articles 11 et 12,
relatifs à l'exécution provisoire des jugements, les formalités à observer pour la réception des cautions étant
seules susceptibles de quelques explications.

L'objet de cet ouvrage n'est pas seulement de tracer
les règles de la compétence. Sur chacune des attributions conférées aux juges-de-paix, je discute les principes, je rappelle toutes les lois qui peuvent y avoir
rapport. Les développements dans lesquels je suis entré,
sur chaque disposition, peuvent donc être considérés
comme autant de traités particuliers.

Le texte de l'article ou de l'une des parties des articles
qui renferment plusieurs dispositions, est placé en tête
de la discussion, avec un sommaire, et le recto des
pages indique l'objet traité dans chaque paragraphe ;
cette méthode m'a paru la plus naturelle et la plus commode pour le lecteur. Tel est le plan de mon ouvrage.

Il en est de la loi du 25 mai comme de toutes les dispositions nouvelles, qui excitent l'admiration des uns
et la critique des autres. Sans partager l'enthousiasme
ridicule de certaines gens pour les innovations, je ne
suis pas de ceux qui, fanatiques admirateurs du passé,
proscrivent absolument toute tentative. Cette loi a des
imperfections, sans doute, j'en ai signalé plusieurs
dans le cours de mon traité ; mais elle n'offre pas moins
de grands avantages.

Le plus grand reproche à faire au législateur, serait
peut-être d'avoir imposé aux juges-de-paix un accablant
fardeau, et qui n'est guère proportionné aux hono-

raires attachés à leurs fonctions. Le doublement de
la compétence en matière personnelle, et dont le taux
ne s'accorde plus avec celui qui règle la défense de
prouver par témoins, multiplie déjà singulièrement
le nombre des affaires de cette nature, et en rend l'examen beaucoup plus difficile. Que sera-ce, si l'on fait
attention que des difficultés sans nombre vont leur
être soumises, au sujet des loyers et fermages, des demandes en bornage, et de tant d'autres extrêmement
fréquentes qui exigeront le transport continuel de ces
magistrats sur les lieux. A cela, il faut ajouter leurs
attributions comme juges de police, et plusieurs autres
qui leur sont conférées par des lois spéciales, en matière de douanes, d'octrois, etc. Indépendamment de
cette compétence déjà si étendue, leurs attributions extrajudiciaires sont infinies. Les lois sur la garde nationale, l'instruction publique, les chemins vicinaux, les
vices rédhibitoires, viennent encore de les augmenter (1). Comment un seul homme pourra-t-il suffire à
tant et de si diverses occupations?

Une attribution que, selon nous, il eût été beaucoup
plus naturel et qu'il serait important de leur confier, c'est le partage et la licitation des biens de mineurs.

Au moment où l'on voit tant de millions prodigués au
commerce et à l'encouragement de l'industrie, ne serait-
il pas possible de faire aussi quelques sacrifices pour
l'amélioration de l'agriculture? Ce but ne saurait être
atteint par l'établissement de quelques fermes modèles
que personne ne cherche à imiter. Outre les impôts

_____

(1) On peut voir, tome 1, pag. 14 et suiv., le détail de ces attributions.

qui accablent la propriété, nos lois judiciaires contribuent encore à la ruine des campagnes.

La fiscalité poursuit le malheureux cultivateur jusqu'au-delà de la tombe!..... Laisse-t-il des enfants mineurs? Les formes établies pour les protéger, entraînent inévitablement leur ruine; le faible patrimoine du père de famille est absorbé par les frais excessifs du partage, de la vente ou licitation judiciaire; quelquefois même il ne suffit pas pour y pourvoir. Qu'arrive-t-il? Le train de charrue est anéanti; le propriétaire est dépourvu de fermier, et le produit des terres diminue, au lieu d'augmenter, en proportion de leur valeur vénale.

Nos voisins ont senti la nécessité de remédier à de tels abus. A peine la Belgique, qui a conservé nos codes, a-t-elle été séparée de la France, qu'une loi du royaume des Pays-Bas du 19 juin 1816, abolissant les formalités exigées pour la vente et le partage des biens des mineurs et des interdits, a ordonné que désormais il y serait procédé par-devant le juge-de-paix, en allouant à ce juge et au greffier, pour leurs vacations, le même salaire que celui qui leur est accordé pour l'apposition des scellés.

Espérons que nos législateurs sentiront enfin la nécessité d'ordonner une mesure semblable, de favoriser ainsi notre agriculture, véritable source de toute prospérité, de toute richesse effective. La France, sous ce rapport, tiendrait le premier rang parmi les nations, si l'on savait mettre à profit tous les avantages que présentent une grande population et la puissance de fertilité inhérente au sol.

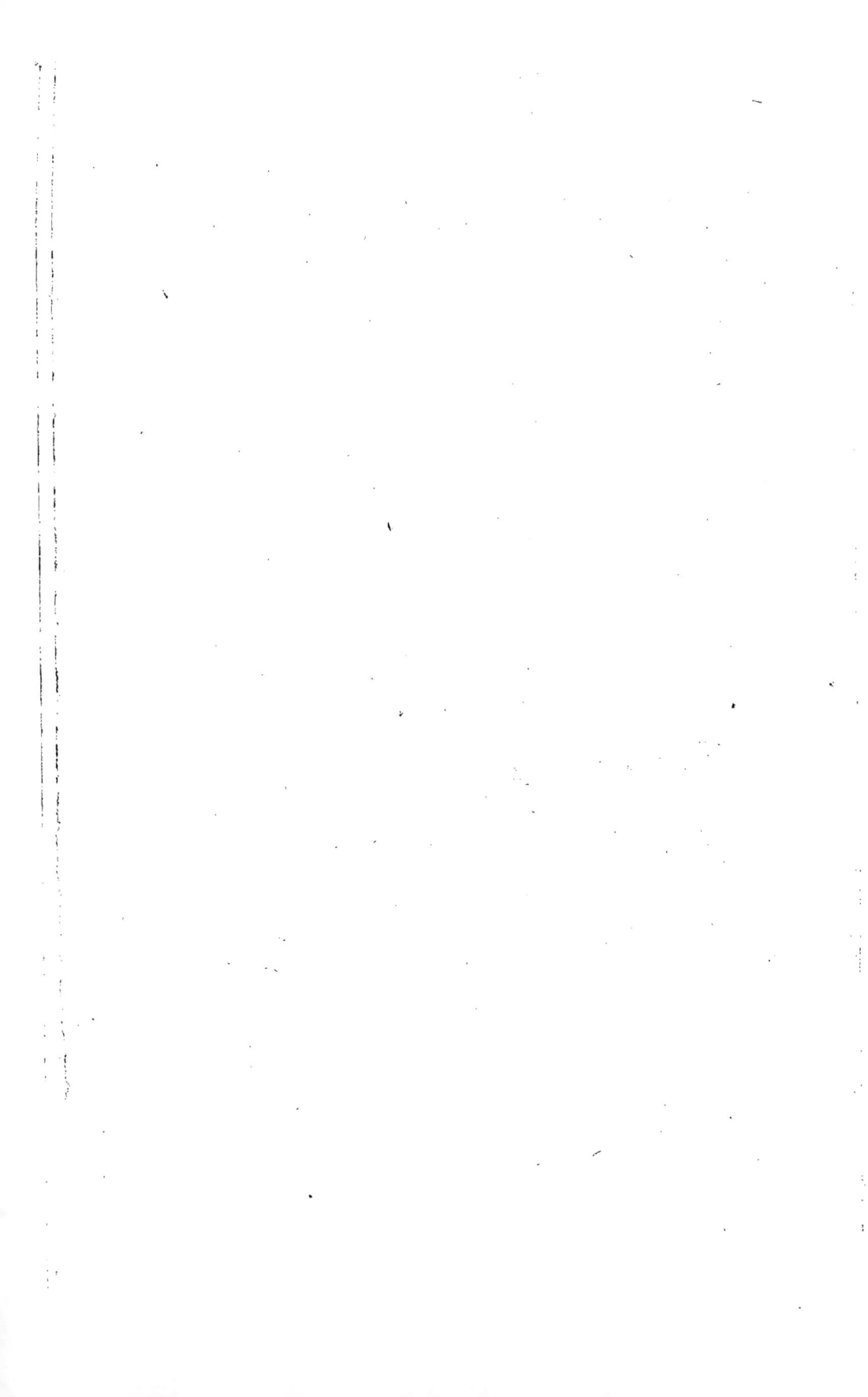

TRAITÉ

DE

LA COMPÉTENCE DES JUGES-DE-PAIX.

PREMIÈRE PARTIE.

JURIDICTION DES JUGES-DE-PAIX EN GÉNÉRAL, AVEC UN EXPOSÉ DES RÈGLES DE DROIT ET DE PROCÉDURE CIVILE ET CRIMINELLE.

INTRODUCTION.

La juridiction des juges-de-paix ne se borne pas aux actions dont la connaissance leur est attribuée par la loi du 25 mai 1838. D'autres attributions leur ont été conférées par des lois spéciales qu'il s'agit d'examiner : la compétence de ces magistrats, comme juges de police, présente aussi des questions importantes. Enfin il a paru également nécessaire d'exposer, dans ce traité préliminaire, les principes généraux du droit et les règles de procédure qui régissent toutes les affaires soumises à la décision des tribunaux. Ainsi, les actions et exceptions, leurs différentes espèces; la compétence ordinaire et extraordinaire, civile et criminelle des juges-de-paix ; les divers genres de preuve tendant à établir la demande ou l'exception; les règles concernant les prescriptions, la péremption d'instance. Telles sont les matières qui vont être discutées dans la première partie de cet ouvrage, divisée en cinq sections.

SECTION PREMIÈRE.

DES ACTIONS ET DES EXCEPTIONS.

SOMMAIRE.

§ Ier.

Des actions.

1. L'ACTION, en général, est le droit de poursuivre, en justice, ce qui nous est dû : *actio nihil aliud est quàm jus persequendi in judicio quod nobis debetur.* Instit. lib. 4, tit. 6.

S'il s'agit d'une obligation conventionnelle ou légale, comme nous ne pouvons en poursuivre l'exécution, que contre la personne engagée ou ceux qui la représentent, alors la personne même est l'objet direct de l'action.

S'agit-il, au contraire, de réclamer une chose possédée par un autre ou un droit sur la chose d'autrui, alors, quoique la demande soit dirigée contre le détenteur, ce n'est pas lui néanmoins, c'est la chose même que nous poursuivons réellement.

Enfin le possesseur de la chose peut-être aussi tenu, envers nous, par quelque engagement; alors l'action a tout à la fois, pour objet, et la chose et la personne.

De là, la distinction générale des actions en *personnelles*, *réelles* ou *mixtes*.

2. Ainsi par l'action *personnelle*, nous agissons contre la personne ou contre les héritiers de la personne tenue envers nous, par l'une des quatre causes d'où peut dériver une obligation, savoir, le *contrat,* le *quasi-contrat,* le *délit* ou le *quasi-délit.* Comme on le verra plus loin, le délit peut donner lieu a deux actions différentes, l'action *publique,* en répression, laquelle est poursuivie au nom de la société; et l'action *civile* appartenant à la partie lésée : ces deux actions, qui dérivent d'une obligation légale, sont, l'une et l'autre, personnelles.

3. L'action *réelle* est celle qui a pour objet la propriété ou la possession d'une chose corporelle ou incorporelle. Cette action s'exerce contre celui qui détient la chose qui nous appartient, ou qui nous trouble dans la possession de cette chose. Elle peut avoir pour objet un meuble ou un immeuble, et prend, en conséquence, le nom d'*action mobilière* ou d'*action immobilière. Actio,* dit d'Argentré, *quæ tendit ad mobile, mobilis est; ad immobile, immobilis* (1).

4. L'action *mixte* a lieu, lorsqu'en agissant en revendication de la chose qui nous appartient, ou pour nous faire maintenir dans la possession de cette chose, en cas de trouble, nous réclamons en même temps les fruits perçus par l'injuste détenteur, ou les dommages-intérêts résultant de son indue entremise. Sous ce rapport, la plupart des actions réelles sont mixtes. Les actions mixtes particulièrement indiquées, dans le droit romain, sont celles en partage et en bornage, parce que tendant à la revendication d'une chose, elles ont, en même temps, pour objet l'exécution des engagements qui résultent du voisinage ou de la communion.

Les trois genres d'actions qui viennent d'être indiqués, se subdivisent en une foule d'autres dont il serait inutile de faire

---

(1) Les meubles et les immeubles sont réels ou fictifs, suivant les distinctions du droit civil : entrer dans cette discussion, ce serait s'éloigner du but de ce Traité; il suffit de renvoyer aux art. 517 et 527 du Code civil.

l'analyse. En ce qui concerne les justices-de-paix, il suffit de
remarquer, que les actions réelles sont de deux sortes, l'action
pétitoire et l'action *possessoire*.

5. Le pétitoire est une action par laquelle nous revendi-
quons la propriété d'une chose soit *mobilière*, s'il s'agit d'un
meuble, soit *immobilière*, s'il s'agit d'un fonds ou d'un droit immobilier quelconque, tel qu'une servitude.

Dans ce dernier cas, l'action pétitoire est *confessoire* ou *négatoire*. L'action *confessoire* est celle par laquelle on revendique
une servitude sur le fonds d'autrui. Par l'action *négatoire*, on
demande, au contraire, que le fond qui nous appartient soit
déclaré libre et exempt de servitude.

Sur quoi il est bon d'observer, en passant, qu'en règle générale, c'est au demandeur à établir son action, à prouver sa
demande ; le défendeur n'est assujetti à aucune preuve. Mais
il en est autrement, en matière de servitude. Celui qui prétend
en avoir une sur le fonds d'autrui est tenu d'en justifier dans
tous les cas : qu'il réclame la servitude en qualité de demandeur par action *confessoire*, ou qu'il soit seulement défendeur
à l'action *négatoire*, c'est toujours à lui à prouver ; tous les
fonds étant réputés libres, cette présomption légale de liberté
est, pour le propriétaire, un titre incontestable, jusqu'à
preuve contraire (1).

6. L'action *possessoire* est celle par laquelle on agit, pour
être maintenu dans la possession d'un fonds, ou d'une servitude, pour être rétabli dans cette possession, en cas de trouble.
Cette action s'appelle *complainte*. La *réintégrande* et la *dénonciation de nouvel œuvre* rentrent aussi dans la classe des actions
possessoires. Ce n'est point le cas d'entrer ici dans les développements qu'exige cette matière importante ; elle sera
traitée dans la seconde partie de cet ouvrage.

7. Il suffit de dire que l'action possessoire n'a lieu que pour
les immeubles et les droits immobiliers. Les juges-de-paix ne
peuvent connaître du pétitoire qu'à l'égard des meubles. En

---

(1) Questions de droit, additions, v° *servitude*, § 6 ; Toullier, tom. 3,
n° 714. — Voir aussi mon Traité sur les droits d'usage, servitudes réelles,
tom. 1er, n° 222, pag. 305.

matière réelle et immobilière, le possessoire est la seule action dont la connaissance leur soit dévolue : tout ce qui concerne la propriété d'un fonds ou d'un droit immobilier est exclu de leur compétence.

L'art. 6, n° 2 de la loi du 25 mai 1838, leur attribue, il est vrai, les actions en bornage qui, comme on vient de le dire, sont tout à la fois personnelles et réelles. Mais la demande en bornage n'étant dévolue aux juges-de-paix que dans le cas où, soit *la propriété*, soit *les titres qui l'établissent ne sont pas contestés*, il en résulte que le bornage de la compétence des juges-de-paix se réduit à une action plutôt personnelle que réelle. Il en est de même des demandes relatives aux plantations d'arbres ou de haies hors la distance prescrite par la loi, de celles concernant les constructions et travaux énoncés dans l'art. 674 du Code civil dont la connaissance est également attribuée aux juges-de-paix; comme aussi des actions pour dommages faits aux champs, fruits et récoltes, de celles relatives à l'élagage des arbres ou haies, au curage des canaux et fossés : le juge-de-paix ne pouvant connaître de ces différents objets que, dans le cas *où les droits de propriété et de servitude ne sont pas contestés*, les actions dont il s'agit tiennent plus de la personnalité que de la réalité.

Toutes les autres dispositions de la loi nouvelle ne concernent que des actions purement personnelles ou mobilières.

8. A l'égard de ces actions, la connaissance en est généralement attribuée aux juges-de-paix, lorsque la demande est déterminée et que le montant n'excède pas la somme ou valeur de 200 francs. Leur compétence embrasse aussi plusieurs actions personnelles d'une valeur plus considérable; il en est même dont le juge-de-paix doit connaître *en premier ressort* à quelque somme que la demande puisse s'élever; mais dans toutes les affaires, la compétence, en dernier ressort, du juge-de-paix se borne aux demandes qui n'excèdent pas la somme de 100 francs.

9. La juridiction territoriale du juge semblerait devoir être déterminée d'après la nature des différentes actions : c'est ainsi que l'a réglé, pour les tribunaux ordinaires, l'article 59 du Code de procédure, lequel veut, qu'*en matière personnelle* le défendeur soit cité devant le tribunal de son domicile; *en matière*

réelle, devant celui de la situation des biens; et *en matière mixte*, devant le juge de la situation ou celui du domicile du défendeur. Mais cette règle générale n'est point applicable aux actions dont la connaissance est attribuée aux juges-de-paix.

En matière purement personnelle ou mobilière, l'art. 2 applique la règle *actor sequitur forum rei :* c'est devant le juge-de-paix du domicile du défendeur que l'action doit être portée, et dans le cas de plusieurs défendeurs, devant le juge du domicile de l'un d'eux, au choix du demandeur.

Mais l'action pour dommages aux champs, fruits et récoltes est aussi une action personnelle, provenant d'un délit ou quasi-délit, et par conséquent d'une obligation légale. Cependant l'art. 3 du Code veut que cette action soit portée devant le juge de la situation de l'objet litigieux.

Il en est de même des diverses actions possessoires qui souvent sont mixtes; de celles ayant pour objet les réparations locatives, les indemnités prétendues par le fermier et les dégradations alléguées par le propriétaire, actions qui, provenant d'une obligation contractuelle, sont essentiellement personnelles.

Si, dans ces différents cas, le législateur à cru devoir déroger à la règle générale, c'est sans doute parce que le résultat de la demande dépend de la visite des lieux, d'une appréciation qui, devant être faite sommairement, est plus à la portée du juge de la situation.

10. C'est devant ce juge que, par le même motif, devront être portées la plupart des actions nouvelles qui, venant d'être attribuées aux juges-de-paix, ne pouvaient être prévues par le Code de procédure.

Ainsi, c'est au juge-de-paix de la situation que doivent être soumises les demandes en bornage, celles relatives à l'élagage des arbres ou haies, au curage des canaux et fossés, aux plantations hors de la distance prescrite par la loi, aux constructions et travaux qu'exigent les règles du voisinage, actions attribuées aux juges-de-paix par les art. 5 et 6 de la loi nouvelle.

Pour ce qui concerne les autres attributions que cette loi leur confère, le juge-de-paix du domicile du défendeur est le seul compétent pour en connaître. L'article 3 leur attribuant la connaissance des loyers et fermages d'une certaine valeur, on pourrait, par argument de l'article 3 n° 4 du Code de procédure, dire que c'est devant le juge-de-paix de la situation de la maison ou du domaine affermé, que les actions dont il s'agit devront être portées; mais si le Code de procédure l'a réglé ainsi pour les indemnités, dégradations et réparations locatives, c'est que, comme on vient de le dire, les demandes de cette nature exigent des visites et appréciations qu'il était naturel de confier au juge des lieux. Pour ce qui concerne le paiement des loyers, il n'existe aucun motif semblable; on ne voit donc pas pourquoi les actions relatives à cet objet sortiraient de la règle générale qui attribue, au juge du domicile du défendeur, la connaissance des actions personnelles.

Cependant M. Giraudeau, dans le petit commentaire qu'il vient de publier sur la loi, page 72, prétend que les actions dont il s'agit *doivent toujours être portées devant le juge de la situation de l'immeuble.* Il fonde cette décision sur un passage du discours de M. Amilhau, passage dans lequel ce rapporteur se borne à faire remarquer, « que les contestations relatives aux » loyers appartiendront principalement aux juges-de-paix des » villes, qui connaissent les usages et règles de cette matière; » et les questions sur les fermages, plus souvent de fait que de » droit, seront dévolues aux juges-de-paix des cantons ruraux » qui sont sur le lieu du litige, et ont, sur ces matières, des » lumières pratiques dont beaucoup de personnes éclairées dans » les villes se trouvent dépourvues. » Mais cette observation n'a eu d'autre but que celui de justifier la nouvelle attribution confiée aux juges-de-paix, relativement aux loyers et fermages. Comment serait-il possible d'en faire résulter une dérogation au principe général suivant lequel toutes les actions personnelles doivent être portées devant le juge du domicile du défendeur, à moins qu'il n'existe dans la loi une disposition contraire? C'est ainsi que sont actuellement dirigées les actions relatives aux baux, et que continueront de l'être, devant les tribunaux ordinaires, les demandes en paiement de loyers et fermages de plus de 400 fr. à Paris et de 200 fr. dans les provinces. Pourquoi en serait-il autrement de celles dont la connaissance est attribuée aux juges-de-paix, dès l'instant que la

loi nouvelle ne fait aucune exception, pour ce cas, à la règle
actor sequitur forum rei ?

Au surplus, la plupart des demandes de cette nature pourront être précédées d'une saisie-gagerie, et, comme on le verra
plus loin, la saisie attribue juridiction au juge des lieux où
elle est pratiquée.

Il serait inutile de s'étendre davantage sur la nature des
diverses actions; on reviendra sur cette matière, en discutant
séparément chacune des attributions des juges-de-paix.

§ II.

Des exceptions.

11. Le mot *exception*, qui vient du latin *excipere* et qui signifie *exclure*, s'applique, en général, à tous les moyens tendant à détruire ou à paralyser la demande.

Les exceptions se divisent en *déclinatoires*, *dilatoires* et
péremptoires.

12. L'exception *déclinatoire*, ainsi appelée du latin *declina-
torius*, QUI TEND A ÉVITER, a lieu lorsque l'affaire n'est pas de
la compétence du juge devant lequel elle est portée. Les développements qu'exige cette exception seront traités dans le § 4
de la section suivante, relatif à l'incompétence.

13. L'exception *dilatoire* est celle qui, sans exclure la demande, tend à en différer la poursuite. Par exemple, l'héritier,
la veuve ou la femme séparée, assignée comme commune,
peuvent opposer le délai que la loi accorde pour faire inventaire et délibérer; celui qui serait cité par un étranger pourrait
le requérir de fournir la caution *judicatum solvi*, avant de
passer outre. On peut considérer aussi comme exception dilatoire, la demande en sursis, afin de faire décider, par l'autorité
compétente, une question préjudicielle qui s'élève dans une affaire dont le juge-de-paix est d'ailleurs légalement saisi, au fond.

14. Les exceptions *péremptoires*, du mot latin *perimere*, sont
celles qui tendent à éteindre, à étouffer, en quelque sorte,
l'action ou seulement l'instance.

Ainsi les exceptions péremptoires sont de deux sortes : les unes, sans détruire l'action, tendent à établir qu'elle a été mal intentée : telle serait, par exemple, l'exception fondée sur la nullité de la citation à paraître devant le juge-de-paix. L'exception de ce genre n'aurait pour objet que de faire tomber l'instance, ce qui n'empêcherait pas de renouveler l'action ; la nullité même serait couverte, si elle n'était proposée avant toute défense ou exception autre que celle d'incompétence. Sur quoi il est à observer que, dans les justices-de-paix, l'exception résultant d'un vice de forme doit être difficilement accueillie, attendu que la loi ne prononce aucune peine de nullité; et le Code de procédure séparant entièrement la manière de procéder devant les justices-de-paix, de celle établie pour les tribunaux d'arrondissement, on ne peut, par analogie, appliquer aux formes que prescrit le livre 1er de ce Code, les peines de nullité qui se trouvent dans le livre 2. Cependant il est des formalités qui tiennent à l'essence même de l'acte, et dont l'inobservation peut entraîner la nullité, de plein droit. Tel serait le défaut d'indication du demandeur, du défendeur, du juge, de l'objet de la demande, ces formalités étant indispensables pour mettre la partie à même de paraître. En cas de défaut, le juge-de-paix doit même vérifier s'il n'y a pas eu omission de l'une de ces formalités substantielles, cas auquel il devrait ordonner au demandeur d'assigner de nouveau; mais si le défendeur comparaît, alors quelque irrégulière que soit la citation, elle a rempli son but; l'assigné, à ce qu'il nous semble, serait d'autant moins fondé à proposer la nullité, que, d'après l'article 7, les parties peuvent comparaître volontairement devant le juge-de-paix.

15. Les exceptions *péremptoires* qui ne tiennent point aux formes de la procédure, ne tendent pas seulement à faire tomber l'instance, mais à proscrire totalement l'action. On peut ranger dans cette classe tous les moyens à opposer contre le fond de la demande, tels que ceux résultant du défaut de qualité du demandeur, de ce qu'il est sans titre, ou muni d'un titre nul; de ce que la dette dont il réclame le paiement aurait été acquittée, par voie de compensation, ou de toute autre manière; de ce qu'elle est éteinte par la prescription, etc., etc.

Ces exceptions qui tiennent au fond ne se couvrent point par la proposition d'autres moyens de défense; elles peuvent être opposées en tout état de cause,

SECTION II.

DE LA COMPÉTENCE.

SOMMAIRE.

1. Définition. Diverses sortes de compétence des juges-de-paix. § Iᵉʳ. *De la compétence extrajudiciaire.* — 2. De la conciliation. — 3. Attributions non contentieuses, déférées aux juges-de-paix par les Codes. — 4. Autres attributions que leur confèrent diverses lois spéciales. § II. *De la compétence judiciaire des juges-de-paix en matière civile.* — 5. Elle est ordinaire ou extraordinaire, — 6. Leur compétence en matière de douanes. Forme de procéder. — 7. En matière d'octrois. — 8. Attributions conférées aux juges-de-paix, en ce qui concerne les chemins vicinaux, par la loi du 21 mai 1836. — 9. Compétence de l'administration. — 10. Compétence du jury d'expropriation dont le juge-de-paix peut être nommé directeur. — 11. Cas auquel c'est à lui à fixer l'indemnité. — 12. Difficultés que présente, à cet égard, l'art. 15 de la loi. Leur solution. § III. *De la compétence des juges-de-paix en matière criminelle.* — 13. Action publique et action civile résultant de tous délits et contraventions. — 14. Contraventions dévolues au tribunal de simple police. — 15. Réglements municipaux : loi qui autorise les maires à prendre des arrêtés de police sur diverses matières. — 16. Peines de simple police, attachées à l'infraction de ces réglements. — 17. Quels sont ceux que les juges-de-paix doivent appliquer. Exemples puisés dans la jurisprudence. — 18. Autres exemples d'arrêtés fort extraordinaires. — 19. Arrêts qui ont décidé, dans certains cas, que des réglements municipaux étaient inobligatoires. (La loi du 18 novembre 1814, sur l'observation des dimanches, n'est point abrogée.) — 20. Difficultés du droit d'examen de la légalité des réglements municipaux. Variation de la jurisprudence. — 21. L'arrêté, tant qu'il n'est pas modifié, est une loi dont ne peut dispenser le fonctionnaire qui l'a rendu. On ne peut opposer ni titre, ni possession contraire; le recours à l'autorité supérieure n'en suspend pas l'exécution; *secùs*, en cas d'irrégularité. — 22. Questions préjudicielles. Art. 182 du Code forestier, règle générale pour toutes les questions préjudicielles en matière de délit et de contravention. — 23. C'est au tribunal de police à examiner, si les faits allégués par le

prévenu sont suffisants pour motiver le renvoi. — 24. Différents cas où la question préjudicielle peut ou non être élevée. — 25. Usurpations, dégradations ou encombrement de la voie publique, aujourd'hui de la compétence des tribunaux de police. — 26. Quelle est la partie qui doit être chargée de la preuve, en cas de renvoi à fins civiles? — 27. Sur ce renvoi, le prévenu peut se pourvoir au possessoire. — 28. Un habitant peut-il faire valoir le droit communal comme exception préjudicielle? Art. 49 de la loi du 18 juillet 1857.

§ IV. *Du déclinatoire ou de l'incompétence.* — 29. L'incompétence relative se couvre, dans les justices-de-paix, par la défense au fond. — 50. Il en est autrement de l'incompétence absolue. — 51. Si la demande surpasse la somme à laquelle est bornée la compétence des juges-de-paix, l'incompétence est absolue. — 52. Alors, le tribunal supérieur ne peut pas évoquer, quoique compétent pour statuer, comme juge de première instance. — 53. Le tribunal civil ne pourrait juger une action possessoire, en premier ressort. — 54. Son incompétence à l'égard des actions personnelles attribuées aux juges-de-paix est-elle absolue?

§ V. *De la prorogation de juridiction.* — 55. Lois de la matière. — 56. En matière réelle, la compétence des juges-de-paix ne peut être prorogée; *secùs*, en matière personnelle. — 57. Le consentement tacite des parties ne suffit pas, il faut une espèce de compromis; cependant le juge-de-paix ne statue pas comme arbitre; le jugement rendu en vertu de prorogation emporte hypothèque. — 58. La prorogation du juge-de-paix, si elle n'est que pour le premier ressort, entraîne celle du tribunal civil. — 59. Pour proroger, il faut avoir la libre disposition de ses droits. — 40. Le juge n'est point obligé d'obtempérer au consentement de prorogation. — 41. Les juges-de-paix exercent une juridiction extraordinaire, mais, en matière personnelle, ils ne sont pas des juges d'exception. — 42. Prorogation légale; demande en garantie, délai pour la former devant le juge-de-paix. — 43. Deux espèces de garanties; en matière réelle, c'est sur le garant que repose tout le poids de la défense; *secùs*, en matière personnelle.

1. La compétence d'un juge est le droit qu'il a de connaître des affaires et de procéder aux actes que la loi lui attribue.

La compétence des juges-de-paix est *judiciaire* ou *extrajudiciaire, civile* ou *criminelle;* comme juges civils, ils exercent une juridiction extraordinaire, leur compétence étant bornée aux affaires dont la connaissance leur est dévolue par la loi du 25 mai 1838 et d'autres lois spéciales. Comme juges criminels, les juges-de-paix tiennent le tribunal de simple police. Indépendamment de leur juridiction contentieuse en matière civile et de police, ils sont chargés de procéder à une multitude d'actes extrajudiciaires.

Nous allons parcourir les différentes matières qui peuvent être l'objet de la compétence soit judiciaire, soit extrajudiciaire, soit civile, soit criminelle, des juges-de-paix.

§ Ier.

De la compétence extrajudiciaire.

Ce traité étant principalement destiné à la juridiction contentieuse des juges-de-paix, nous devons nous borner à indiquer les matières qui constituent leur compétence extra-judiciaire.

Cette compétence, ou juridiction non contentieuse, consiste 1° à concilier les différends dont le jugement est réservé aux tribunaux civils ordinaires; 2° à procéder à divers actes dont la loi leur attribue la confection, ou pour lesquels elle exige leur assistance.

Conciliation.

2. La conciliation est un acte de cette juridiction que l'on appelle *gracieuse;* le juge-de-paix étant appelé à entendre les parties, non pour les juger, mais pour chercher à les mettre d'accord, pour dresser procès-verbal, soit de leur arrangement, soit du compromis, s'il parvient à les faire transiger ou à leur faire consentir un arbitrage.

« Que cette idée était philanthropique et salutaire, de n'ou- » vrir l'accès des tribunaux qu'après l'épuisement de toutes » les voies de conciliation ? Pourquoi faut-il qu'une si belle » institution n'ait pas produit tout le bien qu'on devait en » attendre et que ses effets aient si peu répondu aux espé- » rances ? Pourquoi faut-il que le mal ait été assez grand, » ou du moins le bien assez faible, pour que même de bons » esprits proposent aujourd'hui la suppression des tentatives » de conciliation ? »

Ainsi s'exprimait l'orateur du gouvernement, en proposant le liv. 2 du Code de procédure; et depuis la publication de ce Code, qui dispense de la tentative de conciliation une multitude de demandes, cette institution n'a fait que dégénérer, n'étant plus guère considérée, surtout dans les villes, que comme une vaine formalité qui ne sert qu'à multiplier les frais et à retarder l'expédition des affaires.

Cependant, dans les campagnes, le préliminaire de conciliation a souvent produit et peut produire encore les plus heureux effets. De quelle influence la parole et les efforts d'un juge-de-paix ne doivent-ils pas être sur l'esprit des habitants, quand cette fonction est remplie par un homme dont la droiture, la justesse d'esprit, les mœurs douces et conciliantes appellent l'estime générale, et qui, doué d'une capacité suffisante pour apprécier les droits de ceux qu'il est chargé de concilier, se défiera néanmoins de ses propres lumières, si l'affaire lui paraît présenter de grandes difficultés, et au lieu de les trancher arbitrairement, en ce cas, n'usera de son ascendant, que pour amener les parties à s'en rapporter aux lumières de conseils éclairés, ou à terminer le différend par la voie de l'arbitrage? Car s'il est des personnes peu disposées à se rendre justice, et à l'égard desquelles le recours aux tribunaux est la seule voie praticable, il en est aussi qui, animées d'un égal désir de se donner réciproquement tout ce qui est juste, ne sont divisées que par l'incertitude et l'ignorance de leurs droits, ou auxquelles l'intérêt personnel fait illusion (ce qui est si ordinaire parmi les gens même les plus probes) : alors le jugement par arbitres est le moyen de terminer la contestation, le plus promptement, à moins de frais possible, et d'éviter ainsi des débats judiciaires dont l'éclat est souvent fâcheux. Mais si ce moyen présente des avantages, il a aussi ses inconvénients : un arbitrage confié à des ignorants peut multiplier les difficultés, au lieu de les aplanir; le devoir d'un juge-de-paix est donc encore d'éclairer les parties sur le choix de leurs arbitres.

Voilà tout ce que nous croyons devoir dire sur la conciliation exigée pour certaines affaires, et dont la tentative, loin d'être prohibée, serait souvent utile pour plusieurs de celles qui en sont dispensées par la loi. En traitant des prescriptions, section IV, § 3, n° 13, on examinera la question de savoir si, dans ce dernier cas, la citation est interruptive. On verra aussi, section III, § 1er, n° 3, quel est le degré d'authenticité des conventions consignées dans un procès-verbal du bureau de paix, et § 4 de la même section, n° 29, si le juge-de-paix ne doit pas insérer, dans ce procès-verbal, les aveux et déclarations des parties qui ne se sont pas conciliées.

Attributions extrajudiciaires.

5. Ces attributions sont déterminées tant par des dispositions de nos Codes civil, de procédure et de commerce, que par des lois particulières.

Code civil : Les juges-de-paix sont chargés de convoquer et présider le conseil de famille des mineurs et interdits (art. 406 et 505); — de recevoir le serment de l'expert qui estime les meubles appartenant à l'enfant mineur et que les père et mère préfèrent conserver en nature (453); de dresser les actes d'émancipation, d'adoption, de tutelle officieuse (353 et 363); — de délivrer des actes de notoriété (70, 71, 155); — d'assister à l'inventaire du mobilier de l'absent (126); — de rédiger les testaments dans un lieu avec lequel toute communication serait interceptée à cause de la peste ou autre maladie contagieuse (985, 986); — de dresser procès-verbal du refus ou retardement de la transcription des actes de mutation, de l'inscription des droits hypothécaires, de la délivrance des certificats requis du conservateur des hypothèques (2199).

Code de procédure : L'art. 571 charge le juge-de-paix de recevoir les déclarations des tiers-saisis domiciliés dans son ressort et hors de la ville où siége le tribunal. — D'après les art. 587, 591 et 594, il doit assister à l'ouverture des portes, à l'effet d'opérer une saisie-exécution, apposer le scellé, s'il en est requis, sur les papiers trouvés dans les pièces ou meubles ainsi ouverts, et établir un gérant à l'exploitation, en cas de saisie d'animaux ou d'ustensiles destinés à la culture. — L'art. 781 le charge d'ordonner, en cas de contrainte par corps, l'arrestation du débiteur dans une maison quelconque, en s'y transportant avec l'officier ministériel. — C'est à lui que les art. 907 et suivants confient le soin d'apposer et de lever les scellés. — Enfin d'après les art. 255, 305, 326 et 1035, le juge-de-paix peut être délégué, par les tribunaux, pour procéder à

COMPÉTENCE EXTRAJUDICIAIRE.

une enquête, à un interrogatoire sur faits et articles, pour recevoir le serment déféré aux parties, celui des experts, et pour procéder à toutes autres opérations quelconques (1).

Code de commerce : A défaut du président du tribunal, c'est au juge-de-paix à nommer les experts, pour constater, en cas de refus ou de contestation, l'état des objets transportés par un voiturier (art. 106). — A l'égard des navires, il peut, dans les ports où il n'y a pas de tribunal de commerce, dresser, en exécution de l'article 225, les procès-verbaux qu'il est obligé d'envoyer, dans les 24 heures, au président du tribunal de commerce le plus voisin, et le dépôt en est fait au greffe de ce tribunal (*ordonnance du 1er novembre* 1826). — D'après l'article 234, le juge-de-paix peut autoriser le capitaine, s'il y a nécessité de radoub ou d'achat de victuailles, à emprunter sur le corps du vaisseau, ou à vendre des marchandises, jusqu'à concurrence de la somme que les besoins constatés exigent. — Les art. 243, 245 et 414 le chargent aussi, dans les lieux où il n'y a pas de tribunal de commerce, de recevoir, soit le rapport du capitaine qui a été contraint d'abandonner son navire, rapport qui doit être envoyé sans délai au président du tribunal de commerce le plus voisin, soit la déclaration des causes qui ont obligé le capitaine à relâcher dans un port de France, et nommer des experts, afin de constater l'état des pertes et dommages, dans le lieu du déchargement du navire. — Enfin c'est le juge-de-paix qui doit, en cas de faillite d'un négociant, apposer les scellés, les lever sur la réquisition des syndics, assister à l'inventaire et le signer à chaque vacation (art. 449, 450, 456 et 486).

Code forestier : Les art. 161, 168 et 169 de ce Code chargent le juge-de-paix d'assister à l'introduction, dans l'intérieur des maisons et enclos, des gardes champêtres et forestiers qui sont à la recherche d'un délit ; — de donner main-levée provisoire des bestiaux et autres objets saisis, à la charge du paiement

---

(1) Souvent aussi le juge-de-paix est délégué par l'autorité administrative, pour procéder aux enquêtes *de commodo et incommodo*. Voyez dans mon *Code forestier*, tom. 1, pag. 284, quelle est la forme des enquêtes de cette nature ?

des frais de séquestre et moyennant caution; — d'ordonner la vente des bestiaux saisis qui n'ont pas été réclamés dans les cinq jours du séquestre, ou pour lesquels il n'a pas été fourni bonne caution, et de taxer, en ce cas, les frais de séquestre et de vente. — D'après l'art. 165, les rapports des gardes forestiers doivent être affirmés par-devant le juge-de-paix du canton ou l'un de ses suppléants, ou par-devant le maire ou l'adjoint soit de la commune de la résidence du garde, soit de celle où le délit a été commis ou constaté. — L'art. 44 du Code fluvial porte la même disposition.

4. Des lois spéciales ont accordé aux juges-de-paix une foule d'autres attributions.

1° Le juge-de-paix reçoit le serment des gardes champêtres, et c'est devant lui, ou ses suppléants dans leur résidence, ou les maires ou adjoints que les procès-verbaux doivent être affirmés (loi du 6 octobre 1791, sect. 7, tit. 1, art. 5 et 6; loi du 28 floréal an 11, art. 11).

2° C'est aux juges-de-paix à décerner exécutoire pour les frais d'échenillage des arbres auquel les maires et adjoints peuvent faire procéder, aux frais des propriétaires (loi du 6 ventôse an 4, art. 6 et 7).

3° Les employés des diverses administrations assujettis au serment, et qui ne résident pas dans le lieu où siége le tribunal, sont autorisés à le prêter devant le juge-de-paix (loi du 16 thermidor an 4); à l'exception des agents et préposés de l'administration forestière qui, d'après l'art. 5 du Code forestier, ne peuvent prêter serment que devant le tribunal de leur résidence.

4° C'est aux juges-de-paix à viser et rendre exécutoires les contraintes décernées pour paiement des droits d'enregistrement, des droits réunis et des octrois (loi du 22 frimaire an 7, art. 64; décrets du 1er germinal an 13, art. 43 et 44; 15 novembre 1810 et 26 septembre 1811). Ce visa néanmoins n'emporte pas hypothèque, et c'est devant le tribunal civil que doit être formée l'opposition (arrêt de cassation du 28 janvier 1828). — Il cote et paraphe les répertoires des préposés et receveurs *des douanes*, les portatifs et autres journaux des employés des *droits réunis*; ceux des débitants de boisson pour recevoir les exercices des employés ; ceux des directeurs de *messageries*.

5° C'est aux juges-de-paix à recevoir l'affirmation des procès-verbaux dressés par les préposés des douanes, des droits réunis et des octrois (lois du 9 floréal an 7, 27 frimaire an 8, art. 8 ; décret du 1er germinal an 13, art. 25).

6° Le juge-de-paix délivre exécutoire pour avances des droits d'enregistrement faits par les huissiers, notaires et autres officiers publics, sauf jugement du tribunal, en cas d'opposition (loi du 22 frimaire an 7, art. 30 et 67).

7° Il reçoit le serment des experts nommés dans les affaires d'enregistrement, devant quelque tribunal que la demande soit formée ; c'est lui qui nomme le tiers expert, dans le cas où l'expertise a été demandée par la régie, pour évaluation d'immeubles transmis à titre onéreux ou gratuit (lois du 22 frimaire an 7, art. 18, et du 15 novembre 1808).

8° Les receveurs d'enregistrement ne peuvent délivrer, à d'autres personnes qu'aux parties intéressées ou à leurs ayant-cause, un extrait de leurs registres, sans une ordonnance du juge-de-paix (loi du 22 frimaire an 7, art. 58).

9° Les juges-de-paix peuvent requérir l'exhibition des patentes, de la part de tout individu qui expose des marchandises en vente (loi du 1er brumaire an 7, art. 8).

10° C'est le juge-de-paix qui doit procéder, en présence des préposés de la régie de l'enregistrement et des entrepreneurs des messageries et du roulage, à l'ouverture et à l'inventaire des ballots, malles, caisses et paquets, qui, n'ayant pas été réclamés dans le délai de six mois, doivent être vendus aux enchères (décret du 13 août 1810, art. 3).

11° C'est en présence du juge-de-paix ou d'un commissaire de police du lieu, qu'il doit être procédé aux perquisitions à domicile, afin de constater et de réprimer ce qu'on appelle la *postulation*, c'est-à-dire la rédaction des actes du ministère d'avoué, de la part de quelques praticiens obscurs et ignorants (décret du 19 juillet 1810, art. 6).

12° Dans les lieux où il n'y a pas de commissaire de police, le juge-de-paix saisit, à la requête des auteurs ou compositeurs, de leurs héritiers ou ayant-cause, les exemplaires des éditions

I.   2

imprimées ou gravées, sans leur permission formelle et par écrit (lois du 19 juillet 1793, art. 3, et 25 prairial an 3).

13° Le juge-de-paix doit dresser procès-verbal de la prise de possession, par le nouveau titulaire, des biens meubles et immeubles dépendant d'un évêché, comme aussi de celle d'une cure, à laquelle seraient attachés des biens fonds ou des rentes non appartenant à la fabrique (décret du 6 novembre 1813, art. 16, 17, 37, 38, 39 et 46).

14° Dans certaines circonstances, le juge-de-paix est tenu de procéder à la vérification des registres de l'état civil (ordonnance du 26 novembre 1823).

15° Il préside le jury de révision de la garde nationale, et tire au sort les jurés en audience publique (loi du 22 mars 1831, art. 23 et 24).

16° Le plus ancien juge-de-paix de chaque arrondissement est appelé à faire partie du comité chargé de surveiller et d'encourager l'instruction primaire, (loi du 28 juin 1833, art. 10.)

17° Enfin, c'est aux juges-de-paix qu'il appartient exclusivement de nommer des experts chargés de vérifier les vices rédhibitoires (quoique l'action ne soit de sa compétence que dans le cas où la valeur de l'animal n'excéderait pas 200 fr. (1).

---

(1) On croit devoir donner ici le texte en entier de la loi du 20 mai 1838, dont l'exécution doit être d'un usage fréquent dans les campagnes.

« Art. 1er. Sont réputés vices rédhibitoires et donneront seuls ouverture à l'action résultant de l'art. 1641 du Code civil, dans les ventes ou échanges|des animaux domestiques ci-dessous dénommés, sans distinction des localités où les ventes et échanges auront eu lieu, les maladies ou défauts ci-après, savoir :

» *Pour le cheval, l'âne ou le mulet.* La fluxion périodique des yeux, l'épilepsie ou le mal caduc, la morve, le farcin, les maladies anciennes de poitrine ou vieilles courbatures, l'immobilité, la pousse, le cornage chronique, le tic sans usure de dents, les hernies inguinales intermittentes, la boiterie intermittente pour cause de vieux mal.

» *Pour l'espèce bovine.* La phthisie pulmonaire ou pommelière, l'épilepsie ou mal caduc, les suites de la non délivrance, le renversement du vagin ou de l'utérus, après le part, chez le vendeur.

» *Pour l'espèce ovine.* La clavelée : cette maladie, reconnue chez un seul animal, entraînera la rédhibition de tout le troupeau. — La rédhibition n'aura lieu que si le troupeau porte la marque du vendeur. — Le sang de rate. Cette maladie n'entraînera la rédhibition du troupeau qu'autant que, dans le délai

§ II.

De la compétence judiciaire des juges-de-paix en matière civile.

Cette compétence est ordinaire, ou extraordinaire.

5. La compétence ordinaire des juges-de-paix, qu'avait réglée la loi du 24 août 1790, est aujourd'hui fixée par celle du 25 mai 1838, dont le commentaire formera la seconde partie de ce traité.

Mais indépendamment des attributions que la loi confère aux juges-de-paix, ils ont été investis de la connaissance d'autres affaires, par des lois spéciales auxquelles il n'est point dérogé par la loi de 1838 : l'article dernier n'abroge que les dispo-

---

de la garantie, sa perte constatée s'élèvera au quinzième au moins des animaux achetés. — Dans ce dernier cas, la rédhibition n'aura lieu également que si le troupeau porte la marque du vendeur.

» 2. L'action en réduction du prix, autorisée par l'art. 1644 du Code civil, ne pourra être exercée dans les [cas de vente et échange d'animaux énoncés dans l'art. 1er.

» 3. Le délai pour intenter l'action rédhibitoire sera, non compris le jour fixé pour la livraison, de trente jours, pour le cas de fluxion périodique des yeux et d'épilepsie ou mal caduc ; de neuf jours pour tous les autres cas.

» 4. Si la livraison de l'animal a été effectuée, ou s'il a été conduit, dans les délais ci-dessus, hors du lieu du domicile du vendeur, les délais seront augmentés d'un jour par cinq myriamètres de distance du domicile du vendeur, au lieu où l'animal se trouve.

» 5. Dans tous les cas, l'acheteur, *à peine d'être non recevable,* sera tenu de provoquer, dans les délais de l'art. 3, la nomination d'experts chargés de dresser procès-verbal : la requête sera présentée *au juge-de-paix du lieu où se trouvera l'animal.* — Ce juge nommera *immédiatement,* suivant l'exigence des cas, un ou trois experts, qui devront opérer dans le plus bref délai.

» 6. La demande sera dispensée du préliminaire de conciliation, et l'affaire instruite et jugée comme matière sommaire.

» 7. Si, pendant la durée des délais fixés par l'art. 3, l'animal vient à périr, le vendeur ne sera pas tenu de la garantie, à moins que l'acheteur ne prouve que la perte de l'animal provient de l'une des maladies spécifiées dans l'art. 1er.

» 8 et dernier. Le vendeur sera dispensé de la garantie résultant de la morve et du farcin pour le cheval, l'âne et le mulet, et de la clavelée pour l'espèce ovine, s'il prouve que l'animal, depuis la livraison, a été mis en contact avec des animaux atteints de ces maladies. »

sitions contraires, et laisse subsister, par-là même, toutes celles
qui avaient été rendues sur des matières dont il n'est pas question dans la loi nouvelle. On croit devoir donner ici une idée
sommaire de ces dispositions qui concernent les douanes, les
octrois, et les chemins vicinaux.

Douanes.

6. Les contraventions aux lois sur les douanes entraînant
des confiscations et des amendes considérables, cette matière
semblerait devoir être hors du domaine de la juridiction civile
des juges-de-paix, d'après la disposition de notre Code d'instruction criminelle, qui délègue aux tribunaux correctionnels
la répression de tous les délits dont la peine excède 15 francs
d'amende. Mais en matière de douanes, l'amende n'est considérée que comme réparation civile (1); en conséquence, les
contraventions sont poursuivies par la voie civile, à moins
qu'il né s'agisse d'un fait qui rendrait le contrevenant passible
de la peine d'emprisonnement, où d'autres plus sévères, cas
auquel l'affaire, suivant sa gravité, doit être renvoyée
devant les tribunaux de police, ou correctionnels, ou criminels, lesquels prononcent, en même temps, l'amende et la
confiscation.

La loi du 22 août 1791 avait attribué la connaissance des
contraventions aux tribunaux de district, aujourd'hui représentés par les tribunaux d'arrondissement. Mais la loi du 4 germinal an 2, et celle du 14 fructidor an 3, l'ont déférée aux
juges-de-paix, sauf l'appel à ces tribunaux.

Les juges-de-paix connaissent non-seulement des contraventions et saisies, mais de toutes les affaires relatives aux
douanes. « Les tribunaux de paix, porte la loi du 14 fructidor,
» art. 3, qui connaissent en première instance des saisies, ju-
» geront également, en première instance, les contestations
» concernant le refus de payer les droits, le non rapport des
» acquits à caution, et *les autres affaires relatives aux douanes.* »

---

(1) Voy. l'arrêté du directoire du 27 thermidor an 4, et la loi du 23 vendémiaire, an 5.

Ainsi ce n'est point à l'un des juges du tribunal, comme le prescrivait la loi de 1794, c'est au juge-de-paix qu'il appartient de déclarer exécutoires les contraintes décernées par le receveur des douanes; et, en cas d'opposition, c'est lui qui doit statuer soit sur le droit, soit sur la validité de l'emprisonnement effectué en vertu de la contrainte (1).

Développer tout ce qui est relatif à cette branche de la juridiction extraordinaire des juges-de-paix (ce qui concerne plus particulièrement ceux de ces magistrats dont le ressort est placé au voisinage des frontières et des ports de France), ce serait excéder les bornes de ce traité; il suffit de renvoyer aux lois nombreuses qui ont été rendues sur cette matière, notamment à celles du 22 août 1791, 24 germinal an 2, 14 fructidor an 3, 23 vendémiaire et 26 ventôse an 5, 9 floréal an 7, 22 ventôse an 12, 17 décembre 1814, 28 avril 1816, 27 mars 1817, 21 avril 1818 et 17 mai 1826.

Pour ce qui concerne la compétence, la loi du 17 décembre 1814 est la plus importante : les art. 15, 16, 17, 18 et 29 établissent clairement la juridiction contentieuse des juges-de-paix, en matière de douanes, et tracent la ligne de démarcation qui sépare la compétence civile de ces juges, de la juridiction des tribunaux correctionnels.

La loi du 28 avril 1816, *section des douanes,* prononçait, pour la répression de la contrebande, des peines corporelles, dont l'application ne pouvait être de la compétence des juges-de-paix, étant attribuée aux tribunaux correctionnels ou à la cour prevôtale; mais la loi du 27 mars 1817, art. 12 et suivants, a remis en vigueur la loi du 17 décembre 1814, et a rendu aux juges-de-paix les attributions dont ils jouissaient auparavant. Ils continuent par conséquent à connaître des fraudes qui ne sont pas punies de la peine d'emprisonnement (2).

_____

(1) *Répert.,* v° *Douanes,* § V.

(2) Il existe cependant quelques contraventions simples, qui, sans entraîner la peine d'emprisonnement, doivent être portées devant les tribunaux correctionnels : telles sont les saisies de grains à l'exportation, délit prévu par la loi du 26 ventôse an 5, art. 6; telles sont aussi les saisies de tissus exercées dans l'intérieur du royaume, en vertu du titre 6 de la loi du 28 avril 1816, que la loi du 27 mars 1817 n'a point abrogé, et dont les art. 65 et 66 chargent *le pro-*

Ainsi, les juges-de-paix, comme juges civils, sont les juges ordinaires de toutes les affaires relatives aux douanes, les tribunaux correctionnels n'étant en cette matière que des juges d'exception.

L'action qui naît des contraventions, ainsi réprimées par la voie civile, est étrangère au ministère public; elle appartient exclusivement à la régie des douanes qui l'exerce en son nom, et à son profit.

La forme de procéder est toute particulière : point de citation à domicile; le contrevenant est sommé, par le procès-verbal même de saisie, d'avoir à paraître devant le juge-de-paix, dans le ressort duquel se trouve le bureau de douanes où la marchandise a été déposée, et qui seul peut statuer sur la contestation. — Le procès-verbal renfermant cette sommation qui vaut ajournement, est remis au contrevenant, s'il y assiste; mais s'il est absent, il suffit de l'afficher à la porte du bureau du receveur dépositaire des marchandises saisies. — Le jugement doit être rendu à la première audience, où, au plus tard, dans les trois jours suivants, à défaut de quoi l'administration est déchue, à moins que le retard ne lui soit pas imputable. — L'appel doit être interjeté dans la huitaine; il est porté devant le tribunal civil, et n'est recevable que contre les jugements contradictoires, jamais contre ceux par défaut qui sont seulement susceptibles d'opposition.— Les significations de jugements rendus sur saisie, soit par le juge-de-paix, soit en appel, doivent être faites au domicile du contrevenant, s'il en a un réel ou élu dans le lieu de l'établissement du bureau, sinon au maire de la commune; quant aux significations adressées à la régie, elles sont faites au préposé local.

---

cureur du roi près le tribunal correctionnel d'exercer les poursuites, afin de faire condamner les délinquants à la confiscation des marchandises, avec amende de 500 fr. — On peut, au surplus, consulter le recueil de Dalloz, par ordre alphabétique, au mot *douanes*, et dans son recueil périodique les différents arrêts de cassation notamment ceux du 2 décembre 1824, pag. 100 de 1825; 29 janvier 1828, p. 111; 3 janvier 1829, p. 91; 26 novembre et 11 décembre 1829, p. 10 et 21 de 1830; 26 avril et 23 août 1830, p. 227 et 331 de 1830; 20 juillet 1831, p. 276; 4 novembre 1831, p. 58 de 1832; 23 février, 14 juin, 6 et 23 août 1836 et 21 août 1837; même recueil, p. 195 et 393 de 1836, 125 et 454 de 1837, et 58 de 1838; arrêts qui renferment la solution de la plupart des difficultés qui peuvent s'élever, en matière de douanes.

Telles sont les formalités prescrites par les lois qui viennent d'être citées.

Les procès-verbaux de saisie doivent être dressés par deux préposés ; s'ils sont réguliers, ils font foi jusqu'à inscription de faux ; mais l'art. 1er, tit. 4 de la loi du 9 floréal an 7, veut aussi que les contraventions puissent être constatées par deux citoyens sans caractère public ; et dans ce cas assez rare, la preuve par témoins serait admise contre leur rapport.

L'action qui résulte des contraventions est *personnelle* ou *réelle*. Quant à l'action réelle qui concerne les marchandises saisies, que le rapport soit ou non régulier, il y a lieu à confiscation, dès l'instant qu'il s'agit de marchandises prohibées. Mais pour ce qui concerne l'action personnelle, celle qui tend à la condamnation à l'amende contre la personne, elle ne peut être accueillie que dans le cas où le procès-verbal est valable : les formalités prescrites par les lois de la matière doivent être observées, à peine de nullité, sans qu'il puisse y être suppléé par d'autres preuves. Les condamnations, quoique prononcées civilement, entraînent la contrainte par corps. Tout porteur ou détenteur d'objets prohibés est condamnable, sans que le juge puisse le renvoyer de l'amende ou la modérer, sous prétexte de bonne foi ; il n'appartient qu'à l'administration d'apprécier cette excuse.

On croit devoir borner, à ces détails sommaires, la discussion sur cette matière.

Octrois.

7. Il n'en est pas des contraventions relatives aux octrois, comme de celles en matière de douanes.

Voici ce que porte la loi du 2 vendémiaire an 8 (24 septembre 1800).

Art. 1er. « Les contestations civiles qui pourront s'élever sur
» l'application du tarif, ou sur la quotité des droits exigés par les
» receveurs des octrois municipaux et de bienfaisances *créés par*
» *les lois existantes ou qui pourront être créées dans les diverses*
» *communes de la république*, pour l'acquit de leurs dépenses
» locales, celles des hospices civils et secours à domicile, seront,

» portées *devant le juge-de-paix de l'arrondissement,* à quelque
» somme que le droit puisse s'élever, pour être jugées par lui
» sommairement et sans frais, soit en dernier ressort, soit à la
» charge de l'appel, suivant la quotité de la somme.

» 2. Les amendes encourues en vertu desdites lois, seront
» prononcées *par les tribunaux de simple police,* ou de *police*
» *correctionnelle,* suivant la quotité de la somme.

» 3. Lorsqu'il y aura lieu à contestation sur l'application du
» tarif ou sur la quotité du droit exigé par le receveur, tout
» porteur ou conducteur d'objets compris dans le tarif, sera
» tenu de consigner, entre les mains du receveur, le droit exigé;
» il ne pourra être entendu, qu'en rapportant au juge qui devra
» en connaître, la quittance de consignation. »

L'ordonnance du 9 novembre 1814, titre 9, rappelle les
mêmes dispositions.

Ainsi, les contraventions relatives à l'octroi, au lieu d'être
poursuivies par la voie civile, comme celles des douanes, sont
déférées au tribunal correctionnel, ou au tribunal de simple
police, s'il n'est question que d'une amende de 15 fr. et au-
dessous; mais l'amende est égale à la valeur des objets saisis, que
le propriétaire ou voiturier ne peut retirer qu'en payant; autrement ils sont vendus, et le prix provenant de la vente,
déduction faite des frais, est partagé entre les hospices et les
employés de l'octroi. Il doit donc arriver rarement que les tribunaux de police soient saisis de ces sortes d'affaires (1).

Mais comme juge civil, le juge-de-paix connaît des contestations qui peuvent s'élever sur l'application des tarifs; et si, au lieu
de contester devant le tribunal répressif, sur l'existence ou la
matérialité du fait, le contrevenant prétend que les objets qu'il

---

(1) La première loi, celle du 27 vendémiaire an 7, qui a établi des octrois,
portait, art. 10, que le contrevenant serait puni d'une amende égale *au*
double droit auquel était soumis l'objet non déclaré; mais une autre loi du
19 frimaire an 8, pour les octrois de Paris, a élevé cette amende à la valeur
des objets saisis; enfin la loi du 27 du même mois, renfermant une disposition
semblable, rend, par l'art. 2, ses dispositions communes à tous les octrois *qui*
seraient établis à l'avenir. Aussi l'ordonnance du 9 décembre 1814, laquelle
renferme, sur les octrois, un réglement général, d'après les lois de la matière,
porte-t-elle, art. 28, la peine d'une amende *égale à la valeur* DE L'OBJET
soumis au droit.

est accusé d'avoir introduit en fraude, ne sont pas soumis aux droits d'octroi, alors le tribunal saisi de la contravention doit surseoir, jusqu'à ce qu'il ait été statué par le juge-de-paix sur la question préjudicielle (1).

Lorsque la disposition du tarif est claire, le juge-de-paix ne peut la modifier, sous prétexte d'équité; il ne lui est pas permis de modérer ou de réduire la taxe, il doit l'appliquer dans toute sa rigueur. Mais dans le cas contraire, c'est-à-dire lorsqu'il y a incertitude, alors il a droit de l'interpréter, et doit le faire plutôt en faveur du demandeur qu'en celle de la régie. A quoi aboutirait la loi qui défère au juge-de-paix la connaissance des difficultés relatives à l'application du tarif? elle serait illusoire, si, pour lever les doutes que peut présenter cette application, il fallait recourir à une autre autorité.

La compétence, en dernier ressort, des juges-de-paix, étant élevée à une somme de 100 fr. par la loi nouvelle, l'appel de leurs décisions, en matière d'octroi, ne peut être admise que pour le cas où l'objet de la difficulté, la prétention de la régie surpasserait cette somme.

La loi n'ayant ici tracé aucune forme spéciale d'instruction, c'est à la procédure établie pour les affaires ordinaires qu'il faut se conformer dans les instances civiles portées devant le juge-de-paix, au sujet des contestations qui concernent l'octroi.

Chemins vicinaux.

8. A l'égard de ces chemins, la loi du 21 mai 1836 accorde aux juges-de-paix des attributions importantes et qui ont besoin d'être expliquées :

Art. 15. « Les arrêtés du préfet portant reconnaissance et » fixation de la largeur d'un chemin, attribuent *définitivement* » aux chemins le sol compris dans les limites qu'ils déterminent. » — Le droit des propriétaires riverains se résout en une in- » demnité qui sera réglée *à l'amiable* ou *par le juge-de-paix du*

---

(1) Arrêts du 27 juillet 1825 et 18 avril 1833, D., pag. 401 de 1825 et 224 de 1833.

» *canton*, sur le rapport d'experts nommés conformément à
» l'article 17.

» Art. 16. Les travaux d'ouverture et de redressement des
» chemins vicinaux seront autorisés par arrêté du préfet. —
» Lorsque, pour l'exécution du présent article, il y aura lieu
» de recourir à l'expropriation, le jury spécial chargé de régler
» les indemnités ne sera composé que de quatre jurés. Le tri-
» bunal d'arrrondissement, en prononçant l'expropriation, dé-
» signera, pour présider et diriger le jury, l'un de ses membres,
» *ou le juge-de-paix du canton*. Ce magistrat aura voix délibé-
» rative, en cas de partage. — Le tribunal choisira, sur la liste
» générale prescrite par l'art. 29 de la loi du 7 juillet 1833,
» quatre personnes pour former le jury spécial, et trois jurés
» supplémentaires. L'administration et la partie intéressée au-
» ront respectivement le droit d'exercer une récusation pé-
» remptoire. — Le juge recevra les acquiescements des parties.
» Son procès-verbal emportera translation définitive de pro-
» priété.

» Art. 17. Les extractions de matériaux, les dépôts ou enlè-
» vements de terre, les occupations temporaires de terrains
» seront autorisés par arrêté du préfet, lequel désignera les
» lieux ; cet arrêté sera notifié aux parties intéressées, au
» moins dix jours avant que son exécution puisse être com-
» mencée. — Si l'indemnité ne peut être fixée à l'amiable, elle
» sera réglée *par le conseil de préfecture*, sur le rapport
» d'experts nommés, l'un par le sous-préfet, l'autre par le pro-
» priétaire. — En cas de discord, le tiers-expert sera nommé
» par le conseil de préfecture. »

Ainsi la loi prévoit trois différents cas, l'ouverture d'un nouveau chemin, ou son redressement ; la reconnaissance des limites d'un ancien chemin ; et l'extraction des matériaux, ainsi
que les dépôts et occupations de terrains nécessaires pour la
confection des travaux.

9. Dans ce dernier cas, comme il s'agit, non de déposséder
le propriétaire de son fond, mais d'une occupation momenta-
née, c'est au conseil de préfecture que l'article 17 attribue
la fixation de l'indemnité, d'après l'avis de deux experts, l'un
nommé par le sous-préfet, l'autre par le propriétaire, et en

cas de désaccord, c'est le tribunal administratif saisi de la demande en indemnité qui nomme le tiers expert. Sur cet objet, la loi de 1836 n'a fait qu'appliquer, aux chemins vicinaux, les dispositions de la loi du 28 pluviôse an 8, et des articles 24, 55 et 56 de celle du 16 septembre 1807 relative aux travaux des ponts-et-chaussées (1).

Mais lorsqu'il est nécessaire de déposséder le propriétaire, alors c'est à la justice à fixer l'indemnité, d'après la désignation des terrains faite par l'administration.

La loi du 28 juillet 1824, article 10, portait que, « les » acquisitions, aliénations et échanges ayant pour objet les che- » mins communaux, seront autorisés par arrêtés des préfets » en conseil de préfecture, après délibération des conseils » municipaux intéressés, et après enquête *de commodo et in-* » *commodo*, lorsque la valeur des terrains à acquérir, à vendre, » ou échanger, *n'excédera pas* 3,000 fr. » Et dans sa circulaire de 1836, art. 15, le ministre de l'intérieur, en observant que cette disposition est toujours subsistante, ajoute qu'il n'est plus besoin d'enquête *de commodo et incommodo*, et que les arrêtés préfectoraux ayant aujourd'hui pour effet d'attribuer définitivement, au chemin, le sol compris dans les bornes réglées, les préfets, par cette raison, *ne sont plus restreints dans la limite de la valeur de* 3,000 fr. Ce n'est là qu'une opinion et nous aurions peine à l'adopter. En ce qui concerne, soit la reconnaissance des limites des chemins vicinaux, soit leur redressement et l'ouverture de nouveaux chemins, la loi de 1836 n'a fait que confirmer le pouvoir qu'accordaient aux préfets les dispositions antérieures; et comment serait-il possible de faire résulter de cette loi spéciale une disposition dérogatoire aux lois générales sur l'administration des communes, disposition qui accorderait à un préfet le pouvoir étrange d'ordonner une dépense illimitée? D'ailleurs, la loi relative aux chemins a été suivie de celle du 18 juillet 1837 sur l'administration municipale, dont l'article 6 n'autorise, sur simple arrêté du préfet, les acquisitions communales, quel qu'en soit

_____

(1) On peut consulter, sur l'application de ces lois, l'excellent *Traité du domaine public* du professeur Proudhon.

l'objet, que dans le cas ou elle n'excéderaient pas 3,000 fr., et 20,000 dans les communes dont les revenus surpassent 100,000 fr. (1).

Quoi qu'il en soit de cette question étrangère à la compétence des juges-de-paix, venons à la fixation des indemnités, laquelle peut avoir lieu dans deux hypothèses différentes.

10. S'agit-il d'ouvrir un nouveau chemin, ou de redresser celui qui existe, en lui traçant une nouvelle direction sur un terrain qui n'en était pas précédemment grevé, alors force est de déposséder le propriétaire de la partie de son fond qui devient indispensable à l'ouverture, ou au redressement. Et d'après l'article 16, qu'il eût été naturel de placer en premier ordre, c'est au jury d'expropriation à fixer l'indemnité, faute d'accord entre les communes et le propriétaire, sur le prix des terrains à acquérir.

La loi de 1836 rappelle à cet égard les dispositions de celle du 7 juillet 1833, relatives à l'expropriation pour cause d'utilité publique, en retranchant, toutefois, certaines formes, certaines précautions que la loi a établies pour la dépossession de la propriété en général, et qui peuvent être inutiles, lorsqu'il ne s'agit que de parcelles de fonds d'une valeur souvent minutieuse. Le jury, au lieu d'être composé de douze membres, n'en a que quatre; les fonctions de directeur peuvent être déléguées au juge-de-paix, dont le ministère se borne à dresser procès-verbal, s'il intervient un verdict rendu à la majorité; mais le jury étant en nombre pair, il peut y avoir partage d'opinion; dans ce cas le juge-de-paix ayant voix délibérative coopérera lui-même à l'estimation des terrains expropriés.

11. L'article 15 prévoit un autre cas, celui où il ne s'agit, ni de l'ouverture, ni du redressement d'un chemin, mais seulement de la reconnaissance d'une ancienne voie communale, cas auquel c'est le juge-de-paix qui doit fixer l'indemnité, s'il y a lieu.

---

(1) « Les délibérations des conseils municipaux ayant pour objet des acqui-
» sitions, des ventes ou échanges d'immeubles, le partage de biens indivis,
» sont exécutoires sur arrêté du préfet, en conseil de préfecture, quand il
» s'agit d'une valeur n'excédant pas 3,000 fr. pour les communes dont le re-
» venu est au-dessous de 100,000 fr., et 20,000 fr. pour les autres communes.
» — S'il s'agit *d'une valeur supérieure*, il est statué par ordonnance du roi. »

Pour l'intelligence de cette disposition, il faut prémettre que, déjà avant la loi nouvelle, c'était à l'administration à rechercher et reconnaître les anciennes limites des chemins vicinaux, et à fixer, d'après cette reconnaissance, leur largeur, suivant les localités, sans pouvoir cependant, lorsqu'il sera nécessaire de l'augmenter, la porter au-delà de six mètres. C'est ce que prescrit l'art. 6 de la loi du 9 ventôse an 13, que la loi actuelle n'a fait que reproduire, sans toutefois limiter, à six mètres, la largeur que le préfet a le droit d'attribuer aux chemins.

Ainsi, d'après la loi de 1836, conforme à la législation antérieure sur ce point, lorsque le préfet a déclaré un chemin vicinal et fixé ses limites, le chemin doit être réputé tel, à moins que l'arrêté préfectoral ne soit réformé par voie administrative, sur le recours du propriétaire devant le ministre, ou au conseil-d'état. Cependant il peut arriver et il arrive souvent que, sur la demande d'une commune, l'administration regarde comme chemin public une voie établie pour l'utilité de propriétés particulières, ou un passage de simple tolérance. Le préfet ne peut avoir le droit de statuer sur une question de propriété; aussi est-il de règle et de jurisprudence constante, que son arrêté n'exerce aucune influence sur la solution de cette question qui appartient exclusivement aux tribunaux. Seulement la décision judiciaire n'empêche pas que le chemin ne subsiste comme vicinal; l'arrêté du préfet emporte dépossession du sol; le droit du propriétaire se résout en une indemnité.

En traitant des actions possessoires, nous examinerons quand et comment la possession d'un chemin peut donner lieu à la complainte; ce n'est point ici le lieu de s'occuper de cette question, il ne s'agit que de l'indemnité dont le réglement attribué au juge-de-paix ne peut avoir lieu, que s'il a été jugé, ou reconnu que, soit la totalité du terrain formant l'emplacement du chemin, soit les parties destinées à l'agrandissement de sa largeur appartiennent, non à la commune, mais à tel ou tel particulier qui ne serait point d'accord avec l'administration municipale, sur le montant de l'indemnité.

12. L'article 15, tel qu'il est rédigé, ne laisse pas de présenter quelques difficultés.

1° Le juge-de-paix devant statuer *sur le rapport d'experts nommés conformément à l'article* 17, est-ce à lui à nommer le tiers, en cas de dissentiment des deux experts ?

Dans le commentaire de cet article, M. Victor Dumay prétend que le tiers expert doit être nommé par le conseil de préfecture (1). Cette opinion, il faut en convenir, semblerait, au premier coup-d'œil, fondée sur l'art. 15 renvoyant, pour la forme de l'expertise, à l'art. 17, lequel après avoir attribué au sous-préfet la nomination de l'expert de la commune et au propriétaire le choix du sien, ajoute : *En cas de discord, le tiers-expert sera nommé par le conseil de préfecture.*

Mais la loi doit être examinée dans son esprit, de manière à coordonner son texte avec la raison, le bon sens et le droit commun, auquel le législateur doit toujours être censé n'avoir pas voulu déroger. Dans les affaires soumises à l'avis de deux experts, il est de règle qu'en cas de dissentiment, le juge saisi de la contestation nomme le tiers expert. Voilà pourquoi dans le cas de l'art. 17, dont la connaissance est attribuée au conseil de préfecture, la loi dit que c'est à ce conseil à nommer le tiers, en cas de désaccord. Quand donc l'art. 15 dit que le juge-de-paix statuera, *sur le rapport d'experts nommés conformément à l'art.* 17, il n'a entendu prescrire autre chose, sinon qu'il serait procédé de la même manière, savoir que les deux experts seraient choisis, l'un par le sous-préfet, l'autre par le propriétaire, et qu'en cas de désaccord, ce serait, comme dans l'art. 17, au juge chargé de régler l'indemnité à nommer le tiers expert. La loi s'est écartée de l'art. 303 du Code de procédure, lequel exige la nomination de trois experts choisis par les parties ou nommés par le juge, article qui d'ailleurs n'est applicable qu'aux tribunaux ordinaires ; mais dans une affaire de la compétence exclusive du pouvoir judiciaire, comment concevoir, qu'en cas de dissentiment des deux experts, l'incident doive être renvoyé au tribunal administratif ? déférer, en ce cas, le choix du tiers expert au conseil de préfecture, ce serait l'anomalie la plus étrange et qui n'a pu entrer dans la pensée du législateur.

_____

(1) *Commentaire* de la loi du 21 mai 1836, *sur les chemins vicinaux,* pag. 96.

2° Le juge-de-paix sera-t-il tenu de s'en rapporter à l'avis des experts.

Comme on le verra, en traitant de l'expertise, le juge n'est point lié par l'opération des experts; sa conviction peut être assise sur d'autres documents; en thèse générale, il peut même statuer sur une indemnité, ou toute autre reconnaissance, sans expertise et d'après ses propres lumières. La loi du 8 mars 1810 (l'une des meilleures et des plus favorables à la propriété qui ait été rendue sous le régime impérial), n'astreignait pas même le tribunal chargé de statuer sur l'indemnité, en cas d'expropriation pour cause d'utilité publique, à nommer des experts; l'article 17 accordait seulement cette faculté, en déclarant que le rapport ne vaudrait que comme renseignement (1). Cependant il est des cas où la loi exige une expertise; et même, en matière d'enregistrement, la cour de cassation décide que les juges sont astreints à suivre l'avis des experts.

Ici l'art. 15 déclarant que le juge de paix statuera *sur un rapport d'experts*, cette formalité est indispensable. Mais pourquoi serait-il tenu de s'en rapporter aveuglément à leur avis, si, éclairé par des renseignements plus exacts, sa conviction s'y oppose? Le règlement de l'indemnité que l'art. 15 défère aux juges-de-paix doit être établi dans la même forme que celui dévolu au conseil de préfecture par l'art. 17; et, comme on l'a fait observer, cet article n'est que la suite et la conséquence de la loi du 16 septembre 1807 relative aux constructions publiques; or, l'art. 7 de cette loi veut que le contrôleur et le directeur des contributions donnent leur avis sur le procès-verbal d'expertise, que le tout soit soumis à la délibération du conseil de préfecture, et que, dans tous les cas, le préfet puisse provoquer une nouvelle expertise.

3° Comment l'affaire doit-elle être instruite, pour parvenir au règlement de l'indemnité?

La procédure doit être extrêmement simple. Le propriétaire

---

(1) Les motifs de la loi du 7 juillet 1833, qui a dépouillé les tribunaux de la connaissance des indemnités, pour en revêtir un jury spécial, sont difficiles à saisir. Serait-ce un essai tenté, pour faire intervenir, comme en Angleterre, le jury dans toutes les questions de fait ?

fera citer le maire de la commune devant le juge-de-paix, en désignant un expert, afin de procéder à l'estimation concurremment avec celui que le maire sera sommé de faire nommer par le sous-préfet ; les experts prêteront serment au jour indiqué par le juge-de-paix, et vaqueront, sans qu'il soit besoin de sa présence. Ici les art. 41 et 42 du Code de procédure ne sauraient être applicables : la décision du juge-de-paix devant être rendue sur le rapport de deux experts, et même d'un tiers dans le cas où il y aurait désaccord, ce sont les experts eux-mêmes qui doivent rédiger leur avis ; leur procès-verbal doit donc être rapporté et déposé au greffe de la justice-de-paix.

L'action devant être dirigée contre la commune, le propriétaire, avant de l'intenter, sera tenu de remplir les formalités voulues par les art. 51 et suivants de la loi du 18 juillet 1837. Il présentera au préfet un mémoire dont il lui sera donné récépissé, afin de faire autoriser la commune à plaider par le conseil de préfecture.

4° Qui devra supporter les frais d'expertise et de jugement ?

Il est évident que ces frais seront à la charge de la commune débitrice de l'indemnité, et le juge-de-paix devra l'y condamner, lors même qu'il réduirait de beaucoup la somme que réclamait le propriétaire, attendu que la plus pétition n'a pas lieu parmi nous (1). Cependant, il est possible que la commune ait offert une somme, soit avant, soit ensuite du mémoire présenté au préfet par le propriétaire avant d'intenter son action, et qu'elle demande à ce que ses offres soient déclarées valables. Dans ce cas, si l'estimation des experts était égale ou inférieure à la somme offerte, le propriétaire devrait être condamné aux frais de l'expertise dont l'inutilité serait démontrée, et même aux frais du jugement, si le conseil municipal avait consenti, et que le préfet eût ordonné que la somme proposée par la commune fût portée à son budget ; car il n'en est pas des dettes communales comme de celles d'un particulier. Le créancier d'un particulier a besoin

---

(1) L'article 40, § 3, de la loi du 7 juillet 1833, sur l'expropriation pour cause d'utilité publique, veut que, *si l'indemnité est à la fois supérieure à l'offre de l'administration et inférieure à la demande des parties*, les dépens soient compensés, jusqu'à due concurrence ; mais c'est une exception pour cette procédure particulière et qui ne peut être étendue à d'autres cas.

d'un titre exécutoire pour saisir son débiteur ; et à moins d'une offre réelle suivie de consignation, il peut requérir jugement, tandis qu'une commune ne peut être saisie, sa dette quoique consacrée par jugement ne devant être acquittée que par voie administrative, et au moyen du budget.

5° La décision du juge-de-paix réglant l'indemnité sera-t-elle sujette à appel ?

Dans les affaires dévolues aux juges-de-paix par des lois spéciales, la disposition porte qu'il statuera en premier ou dernier ressort, suivant la quotité de la somme, et ici la loi n'en parle pas. Mais il est de règle que tout jugement est sujet à l'appel, dès l'instant que la demande excède la compétence en dernier ressort du juge ; à moins que le contraire ne soit formellement excepté, comme l'a fait le législateur en matière d'enregistrement, cas auquel le tribunal civil statue souverainement, quelle que soit la valeur du litige : l'art. 15 ne disant rien de semblable, l'attribution qu'il confère aux juges-de-paix reste dans les termes du droit commun. Si donc la demande en indemnité est indéterminée, ou qu'elle excède la somme de 100 francs, taux de la compétence actuelle en dernier ressort des justices-de-paix, il est hors de doute que l'appel du jugement pourra être interjeté devant le tribunal civil.

Terminons par observer que, d'après l'art. 18 de la loi sur les chemins vicinaux, l'action en indemnité des propriétaires se prescrit par le laps de deux ans. Mais il est à remarquer que d'après l'art. 51 de la loi sur l'administration municipale, la présentation du mémoire au préfet, qu'exige cet article avant d'agir en justice contre les communes, interrompt la prescription.

§ III.

De la compétence judiciaire des juges-de-paix, en matière de police.

13. Tout délit, toute contravention peut donner lieu à une double action, l'action *publique* et l'action *civile*.

L'action *publique*, qui tend à la répression du délit, est poursuivie par la voie criminelle.

I₃   5

L'action *civile*, qui a pour objet la réparation du dommage, peut se poursuivre, soit par la voie criminelle, en même temps, et devant les mêmes juges que l'action publique, soit séparément, et par la voie civile, devant les tribunaux compétents. Mais en ce dernier cas, si le ministère public exerce des poursuites avant ou pendant l'instance civile, le juge qui en est saisi doit surseoir, jusqu'à ce qu'il ait été prononcé sur la répression du délit par les tribunaux criminels (Code d'inst. crim., art. 3.) (1).

Comme juges civils, les juges de paix sont compétents pour statuer sur les dommages-intérêts résultant d'un délit, jusqu'à concurrence de la somme de 100 francs en dernier ressort, et de 200 francs en premier ressort, ainsi qu'il sera expliqué en discutant l'art. 1er de la loi du 25 mai 1838; on verra même, en traitant des articles 5 et 6, que ces juges statuent en *premier ressort*, à quelque somme que la demande puisse s'élever, sur les dommages-intérêts résultant de certains délits ruraux et des entreprises qui, tentées avec violence, pourraient donner lieu à l'action criminelle.

14. Mais, quant à la répression, le Code d'instruction criminelle n'attribue aux juges-de-paix que la connaissance des contraventions de police. « Sont considérées comme *con- » traventions de police simple*, dit l'art. 137, les faits qui, » d'après les dispositions du liv. 4 du Code pénal, peuvent » donner lieu soit à 15 francs d'amende ou au-dessous, soit » à cinq jours d'emprisonnement ou au-dessous, qu'il y ait » ou non confiscation des choses saisies, quelle qu'en soit la » valeur. »

Sont exceptés de cette règle, les délits forestiers poursuivis *à requête de l'administration* : les articles 171 du Code fo-forestier, et 179 du Code d'instruction criminelle, attribuent la connaissance de tous ces délits au tribunal correctionnel, lors même que l'amende ne serait que de 15 francs et au-dessous. Il en est autrement des *contraventions poursuivies à requête des particuliers ;* le tribunal correctionnel ne connaît des délits

(1) On peut voir dans mon traité sur le *Code forestier*, tom. 2, p. 127 et suiv., la dissertation à laquelle je me suis livré sur la question de savoir, si et quand les jugements criminels ont l'autorité de la chose jugée en matière civile, et réciproquement.

commis dans leurs bois, qu'au cas où l'amende est au-dessus de 15 francs; la connaissance des contraventions appartient aux juges-de-paix, à l'exclusion même des maires, auxquels la loi avait attribué, en matière de police, une juridiction tombée en désuétude. (Art. 139, n° 2, Code d'inst. crim.)

En prononçant, comme juge de police, la peine d'amende et d'emprisonnement à laquelle sa juridiction est limitée, le juge-de-paix doit ordonner la confiscation ou la démolition des travaux, s'il y a lieu, et statuer aussi, à quelque somme que la demande puisse s'élever, sur les dommages-intérêts prétendus par la partie lésée qui peut intervenir, ou même saisir directement le tribunal de police, par une citation. Sur quoi il est à remarquer que ce tribunal ne peut condamner à des dommages-intérêts, qu'en prononçant une peine. Les cours d'assises sont seules autorisées par les articles 358 et 359 du Code d'instruction criminelle, à statuer sur les dommages-intérêts, soit en faveur du prévenu, soit au profit de la partie civile, dans le cas même où la déclaration négative du jury ne laisse plus de dispositions pénales à appliquer. Mais devant les tribunaux, correctionnels ou de police, l'action civile est placée *sous la tutelle de l'action publique*, elle ne peut s'exercer *sans son appui*. Ce n'est donc qu'en cas de condamnation à l'amende, que le juge-de-paix peut connaître des réparations civiles; et, dans ce cas, il doit prononcer *par un seul et même jugement* sur l'action publique et l'action civile : cette obligation est *d'ordre public*, et *substantielle de la validité* de ses décisions (1). Si la loi n'a attaché aucune peine au fait pour lequel un individu est traduit devant le tribunal de police, ou que la peine attachée à ce fait excède les attributions de ce tribunal, le juge-de-paix doit aussi se déclarer incompétent et s'abstenir de prononcer sur les dommages-intérêts, lors même qu'ils seraient de sa compétence, comme juge civil, cas auquel il ne pourrait en connaître qu'en cette dernière qualité, et sur assignation donnée à cet effet.

En prenant à la lettre la disposition portée en l'art. 137 du

(1) Arrêts des 11 septembre 1818 et 9 juin 1832, D. p. 606 de 1818 et 317 de 1832. — Voy. aussi dans le même recueil, p. 269 de 1836, les neuf arrêts rendus le 31 décembre 1835.

Code d'instruction criminelle, la juridiction du juge-de-paix, en matière de police, semblerait limitée aux contraventions que détaille le livre 4 du Code pénal; mais l'art. 484 porte: « dans toutes les matières qui n'ont pas été réglées par le pré- » sent Code et qui sont régies *par des lois et règlements parti-* » *culiers*, les cours et les tribunaux continueront de les ob- » server. » Cette disposition générale s'applique au tribunal de police, de même qu'aux tribunaux correctionnels.

Ainsi la juridiction des juges-de-paix, en matière criminelle, s'étend à toutes les contraventions prévues par la loi sur la police rurale du 6 octobre 1791, qui ne donnent lieu qu'à une amende de quinze francs et au-dessous, ou à cinq jours d'emprisonnement. Mais il existe dans cette loi des dispositions qui fixent, pour certains délits, une amende égale au dommage; et, dans ce cas, le tribunal de police est incompétent, si la valeur du dommage est indéterminée. Ainsi jugé par arrêt du 11 avril 1828. (D. pag. 207 et 208.)

La juridiction du tribunal de police comprend également les contraventions réglées par des lois spéciales, soit antérieures, soit postérieures à la publication du Code pénal; elle s'applique même à certains faits sur lesquels ce Code a gardé le silence, et qui étaient réprimés par celui de brumaire an 4. Ainsi, par exemple, à l'égard des voies de fait et des violences commises par des individus qui n'ont blessé ou frappé personne, la cour de cassation juge que, d'après l'art. 484 du Code pénal, le juge-de-paix doit encore appliquer les peines de simple police portées dans les articles 600, 605, n° 8, et 606 du Code de brumaire an 4 (1). En discutant l'article 5, § 5, de la loi du 25 mars 1838, on expliquera en quoi consistent ces voies de fait, dont la connaissance est aussi attribuée aux juges-de-paix comme juges civils.

Devant le tribunal de police, les fonctions du ministère public s'exercent dans les villes, par le commissaire de police du lieu, et s'il y en a plusieurs, par celui que désigne le procureur-général, et dans les villes et campagnes où il n'existe pas de commissaire de police, par le maire ou l'adjoint de l'endroit

---

(1) Arrêt du 30 mars 1832, D. p. 261.

où le juge-de-paix tient ses séances. Les poursuites en contra-vention sont dirigées à requête de ces fonctionnaires (1).

La compétence, *en dernier ressort,* des tribunaux de simple police est fort limitée. Sont susceptibles d'appel toutes les sen-tences qui *prononcent* une peine d'emprisonnement, ou lorsque les amendes, restitutions ou autres réparations civiles excèdent *la somme de cinq francs,* outre les dépens. Ici donc c'est la con-damnation et non la demande qui fixe le dernier ressort. Le jugement qui renvoie le prévenu, sans amende ni dépens, n'est pas susceptible d'appel : la voie de cassation est la seule praticable contre une sentence d'absolution rendue par un tribunal de simple police (art. 172 et 177 du Code d'inst. crim.).

Les bornes de ce traité ne permettent pas de plus longs déve-loppements sur les attributions des tribunaux de police et la forme de procéder ; assez d'auteurs se sont étendus sur cette matière : on peut consulter notamment le traité du professeur Carré. Les deux seuls objets auxquels nous croyons devoir nous attacher, d'une manière spéciale, parce que , sous le rapport du droit et de la pratique, ils présentent des difficultés sérieuses, sont les *réglements municipaux* et les *questions préjudicielles.*

Réglements municipaux.

15. Plusieurs lois, notamment celles des 24 août 1790, tit. 2, art. 3, 22 juillet 1791, tit. 1, art. 46, accordent aux maires des communes le droit de prendre des arrêtés réglementaires sur tout ce qui peut intéresser la sûreté et la salubrité pu-blique.

Les objets de police que ces lois confient à la vigilance de l'autorité municipale sont : — 1° tout ce qui concerne la sûreté et la commodité du passage dans les rues, quais, places et voies pu-bliques ; ce qui comprend le nettoiement, l'éclairage, l'enlèvement

---

(1) On se plaint, et avec raison, du défaut de police dans les campagnes. Le moyen de remédier à cet inconvénient serait l'établissement d'un commis-saire par canton. Chargé de la plupart des mesures relatives à l'exécution des lois et qui sont hors de la portée d'un grand nombre de maires, ce commis-saire exercerait, en même temps, les fonctions du ministère public près le tribunal de simple police.

des immondices ou encombrements, la démolition ou la réparation de bâtiments menaçant ruine, l'interdiction de rien exposer
aux fenêtres, ou autres parties des bâtiments, qui puisse nuire par
sa chûte, et celle de rien jeter qui puisse blesser ou endommager
les passants, ou causer des exhalaisons nuisibles; — 2° le soin de
réprimer et punir les délits contre la tranquillité publique, tels
que les rixes et disputes accompagnées d'ameutements dans les
rues, les charivaris, le tumulte excité dans les lieux d'assemblée
publique, les bruits et attroupements nocturnes qui troublent le
repos des citoyens; — le maintien du bon ordre dans les endroits
où il se fait de grands rassemblements d'hommes, tels que les
foires, marchés, réjouissances et cérémonies publiques, spec-
tacles, jeux, cafés, églises et autres lieux publics; — 4° l'inspection sur la fidélité du débit des denrées qui se vendent au poids, à
l'aune ou à la mesure, et sur la salubrité des comestibles exposés en vente publique; — 5° le soin de prévenir par des précautions convenables, et celui de faire cesser, par la distribution
des secours nécessaires, les accidents et fléaux calamiteux, tels
que les incendies, les épidémies, les épizooties, en provoquant
aussi, dans les deux derniers cas, l'intervention de l'autorité supérieure; — 6° le soin d'obvier ou de remédier aux événements
fâcheux qui pourraient être occasionnés par les insensés, ou
les furieux laissés en liberté, et par la divagation des animaux
malfaisants et féroces.

La loi du 14 décembre 1789, art. 50, et celle du 28 pluviôse an 8, accordant aux conseils municipaux le droit de
régler la dispensation et le partage des *affouages*, *pâturages*,
récoltes et fruits communs, il en résulte aussi que l'autorité municipale a le droit de faire sur ces objets, et par conséquent sur
l'exercice de la *vaine pâture*, tous les réglements convenables (1).

Enfin, c'est à l'autorité municipale que les lois de 1790 et
1791 ont confié l'exécution des anciens réglements sur la voirie
urbaine. C'est donc aux maires à tracer l'alignement des con-

_____

(1) On peut voir dans mon *Traité d'usage*, tom. 1, p. 548 et suiv., en quoi
consiste la vaine pâture; les obstacles qu'elle apporte aux progrès de l'agriculture, et jusqu'où peut s'étendre le pouvoir de l'autorité municipale, pour
restreindre l'exercice de cette faculté.

structions dans les campagnes, et dans les villes où il n'existe pas de plans d'alignement arrêtés au conseil-d'état. A l'autorité municipale appartient également le droit de régler la hauteur et la régularité des édifices à élever ou réparer sur la voie publique, de pourvoir à la décoration des villes, bourgs et villages, ainsi qu'à la sûreté et à la commodité des citoyens, d'empêcher enfin les entreprises de toute nature qui y seraient contraires (1).

Sur ces diverses matières, et d'autres qui lui sont également attribuées par des lois spéciales, l'autorité municipale est armée d'un grand pouvoir, et dont peu de maires connaissent même l'étendue.

Loin de déroger à ces attributions, la loi du 18 juillet 1837 sur l'administration municipale les a maintenues. Les dispositions portées dans les articles 10, n° 1, et 19, n° 8, sur la *voirie municipale, le parcours et la vaine pâture,* ne sont que la suite et l'exécution des lois précédentes. Enfin, d'après l'article 11, « le maire prend des arrêtés à l'effet 1° d'or-
» donner les mesures locales *sur les objets confiés par les lois*
» *à sa vigilance et à son autorité ;* 2° de publier, de nouveau,
» les lois et réglements de police, et de rappeler les citoyens
» à leur observation. Les arrêtés pris par les maires sont
» *immédiatement* adressées au sous-préfet : le préfet peut les
» annuler ou en suspendre l'exécution. Ceux de ces arrêtés qui
» portent réglement *permanent,* ne seront exécutoires *qu'un*
» *mois après* la remise de l'ampliation constatée par les ré-
» cépissés donnés par le sous-préfet.»

Ainsi l'arrêté de police rendu par le maire peut n'avoir pour objet qu'une mesure temporaire, ne renfermer que des injonctions particulières à un ou plusieurs individus, cas auquel il n'est pas moins obligatoire (2); ou bien l'arrêté forme un réglement général et permanent. Dans le premier cas, il doit être exécuté, dès l'instant de sa publication, au son de caisse, par affiches, ou de toute autre manière. Dans le cas, au

---

(1) Voyez dans Daloz les deux arrêts des 2 et 8 août 1833, p. 339.

(2) Arrêts des 7 juillet, 8 octobre 1830, et 2 février 1837. D. p. 113, 167 et 243 de 1837.

contraire, où il s'agit d'un règlement permanent, la publication ne doit en être faite, et l'infraction ne peut être poursuivie qu'un mois après le récépissé qui en aura été donné par le sous-préfet : ce n'est que pour mettre l'autorité supérieure à même de connaître le règlement et d'en empêcher l'exécution, s'il y a lieu, que ce délai a été fixé; après son expiration, le préfet ne saurait être privé du droit d'abroger, réformer ou modifier le règlement, suivant les circonstances.

L'autorité supérieure administrative peut aussi faire, sur les objets confiés à la surveillance de l'autorité municipale, des règlements qui sont obligatoires : ainsi décidé par arrêt du 6 février 1824 (D. page 183). Ce n'est qu'aux mesures de localité particulières à une commune que s'applique l'art. 15 de la loi du 18 juillet 1837 portant, que « dans le cas où le maire » refuserait ou négligerait de faire un des actes qui lui sont » prescrits par la loi, le préfet, après l'en avoir requis, pourra y » procéder d'*office*, par lui-même ou par un délégué spécial. » Le préfet n'en a pas moins le pouvoir de prendre, pour tout le département, telle mesure de police qu'il juge nécessaire. C'est ainsi, par exemple, que les préfets rendent continuellement des arrêtés qui, suivant les besoins du département en général ou de certains cantons en particulier, interdisent la vaine pâture jusqu'après la récolte des regains, arrêtés qui sont obligatoires non-seulement pour les habitants, quant à la vaine pâture, mais pour le propriétaire lui-même qui ne pourrait faire pâturer son bétail dans ses prés non clos.

16. L'art. 471 du Code pénal, modifié par la loi du 28 avril 1832, punit d'une amende de 1 fr. jusqu'à 5 fr. inclusivement, § 5, « ceux qui auront négligé on refusé d'exécuter les règle- » ments ou arrêtés concernant la petite voirie, ou d'obéir à la » sommation émanée de l'autorité administrative, de réparer ou » démolir les édifices menaçant ruine; » et § 15, « ceux qui » auront contrevenu aux règlements *légalement* faits *par l'au-* » *torité administrative*, et ceux qui ne se seront pas confor- » més aux règlements ou arrêtés publiés *par l'autorité munici-* » *pale*, en vertu des art. 3 et 4, tit. 11, de la loi du 16-24 août » 1790, et de l'art. 46, tit. 1, de la loi du 19-22 juillet 1791. »

C'est donc aux juges-de-paix tenant le tribunal de police à

réprimer les contraventions aux réglements dont il s'agit et à prononcer l'amende de 1 à 5 fr., dans le cas même où l'arrêté ne porterait aucune peine ou en infligerait une plus forte, attendu la disposition générale que renferme le Code pénal à cet égard.

Lorsque l'arrêté administratif ne fait que rappeler à l'observation d'une loi ou d'un décret de police, alors c'est la peine portée, dans cette loi, que le juge-de-paix doit appliquer, si toutefois elle n'excède pas sa compétence. Mais il est à observer que plusieurs arrêts de réglement, rendus par les cours souveraines qui avaient autrefois la police du royaume, infligeaient aux contrevenants, des amendes, même des peines corporelles; et que, dans ce cas, l'amende de simple police est la seule qui puisse résulter de la contravention aux réglements dont l'arrêté du maire rappelle l'observance (1).

17. Après avoir expliqué en quoi consiste le pouvoir de faire des réglements que les lois attribuent à l'autorité municipale et supérieure, il reste à examiner, si le juge-de-paix est tenu de se conformer à ces réglements, s'il doit appliquer, dans tous les cas, des peines aux contrevenants.

L'art. 471 du Code pénal ne punit que l'infraction aux réglements *légalement faits* par l'autorité administrative et municipale : il faut donc examiner, si l'arrêté a été pris hors du cercle des attributions que la loi confère à cette autorité, (cas auquel il ne saurait être muni de sanction pénale,) ou si l'arrêté a été rendu dans la sphère des attributions municipales. Dans ce dernier cas, le juge-de-paix tenant le tribunal de police doit se conformer au réglement; il ne peut en refuser l'application sous aucun prétexte, pas même celui d'un usage ou possession contraire : à l'administration seule appartient le droit de juger du mérite de l'arrêté, de son opportunité, de le réformer s'il est arbitraire, abusif, ou par trop singulier; la seule question, encore une fois, que le juge de police ait à examiner est de savoir, si l'arrêté se rattache à l'un des objets dont la surveillance est confiée au pouvoir municipal, et si, dans ce cas même, il n'excède point les bornes que la loi a prescrites.

---

(1) Arrêt du 29 avril 1831, D. p. 183.

Mais, fixer précisément la limite qui sépare la légalité de l'excès de pouvoir, voilà le difficile; la nuance en sera souvent imperceptible. On ne saurait donc tracer, sur ce point, une règle fixe et invariable. Pour y suppléer, nous ne pouvons faire mieux que de citer des exemples puisés dans la jurisprudence de la cour régulatrice.

Par arrêts des 28 août 1818, 5 juin 1823, 6 février et 24 décembre 1824, 7 mai, 17 juin et 5 novembre 1825, 7 décembre 1826, 12 juin 1828, 1er juin et 17 août 1832, 13 décembre 1834, 3 juillet, 13 novembre et 12 décembre 1835, 18, 19, 31 mars, 21 mai et 25 novembre 1836, 19 janvier, 2 février et 28 avril 1837, la cour suprême a déclaré obligatoires des règlements municipaux prescrivant le balayage des rues, à telle ou telle heure; — défendant de tuer des animaux ailleurs que dans les abattoirs, ou, à leur défaut, dans la maison du boucher dont les portes seraient tenues fermées, crainte d'accident; — prohibant la vente, en forêt, des portions d'affouage; — ordonnant la fermeture des cabarets, cafés et autres lieux publics à une heure déterminée; — prescrivant l'enfouissement de certaines denrées, la conservation des eaux d'une fontaine, sans pouvoir en arrêter le cours, pendant certains jours de la semaine, afin de fournir aux habitants, pendant la sécheresse, des moyens d'arrosement et des secours en cas d'incendie; — ordonnant de tenir les chiens enfermés ou à l'attache, crainte de la rage; — défendant la tenue d'un billard public, sans autorisation; — prohibant, dans les cafés et autres lieux publics, toute espèce de jeux de cartes, sans distinction, et défendant aux maîtres des cafés, cabaretiers, etc., de loger chez eux des filles publiques, comme aussi d'établir des communications entre leurs établissements et les chambres qu'elles habitent; — prohibant les couvertures d'habitations en chaume, paille, roseaux et autres matières combustibles; — défendant de tirer des coups de fusil et de pistolet dans l'intérieur d'une ville, et même d'y établir des tirs de pistolet; — interdisant la station des voitures sur certaines places; — exigeant que celles qui circulent la nuit, dans la ville, fussent garnies de lanternes allumées; — enjoignant aux propriétaires de tenir les portes extérieures de leurs maisons fermées, depuis les

dix heures du soir jusqu'au jour; — prohibant le passage sur
le bord d'une rivière, par mesure de sûreté publique. — D'autres
arrêts à la date des 22 août 1824, 14 novembre 1834, 9
janvier 1835, 18 et 31 mars 1836, ont consacré l'exécution
d'arrêtés portant règlement de la vaine pâture; déclarant
que les prés non clos n'y seraient livrés qu'au mois de
septembre de chaque année; affectant certains cantons à la
dépaissance des chevaux, d'autres aux bœufs et vaches, et
déclarant que les moutons en seraient éliminés; cantonnant
même le bétail de chaque habitant sur telle et telle portion des
propriétés de la commune (1).

18. Ces divers réglements qui se rattachaient à des objets dont
la surveillance est spécialement confiée à l'autorité municipale,
étaient loin d'excéder les bornes prescrites par la loi, l'infraction devait donc en être réprimée. Mais voici d'autres espèces
dans lesquelles la cour suprême a déclaré obligatoires des
arrêtés dont l'application présentait plus de difficultés. Des arrêts qui cassent les jugements de police qui avaient refusé de se
conformer à ces réglements, il résulte, — qu'un maire avait pu
créer une compagnie de crocheteurs chargés d'exercer exclusivement cette profession, dans les ports de la commune, afin
d'éviter les contestations qui existaient entre les négociants et
les crocheteurs relativement à leur salaire (*arrêt du* 1er *mai*
1823; — enjoindre aux ouvriers et domestiques étrangers de
prendre une carte de sûreté, et défendre, qui plus est, à tout
cabaretier, maîtres ou artisans de les loger ou recevoir, s'ils ne
sont pas munis de cette carte (26 *mars* 1825 et 10 *octobre* 1833);
— faire défense à tous autres qu'à l'amodiateur d'une fête d'é-
tablir des bals publics (19 *janvier* 1837); — fixer l'heure
à laquelle seulement l'exercice des professions bruyantes
sera permis (16 *avril* 1826); — interdire aux boulangers fo-
rains, la vente de leur pain, ailleurs qu'au marché, en fixant

_____

(1) Dans ce cas, celui qui excède les bornes de son cantonnement, se
rend passible de l'amende fixée par l'art. 24, titre 2, de la loi du 6 octobre
1791, ainsi que je l'ai fait observer dans le *Traité d'usage*, où j'établis également que, sans être légale, la délibération de quelques conseils de communes
qui interdit totalement la vaine pâture est cependant obligatoire, tant
qu'elle n'est pas réformée par l'autorité supérieure. Voy. tom. 1er, p. 587
et suiv.

l'heure avant laquelle toute vente leur serait défendue (11 *juin* 1830 et 3 *janvier* 1835) ; — déterminer aussi les places sur lesquelles chaque marchandise serait exposé en vente, les jours de foire, avec défense expresse de vendre ailleurs (10 *octobre* 1823 et 6 *janvier* 1827) ; — défendre également aux marchands de denrées et commestibles de n'en débiter que dans les places à eux désignées pour les marchés; interdire toute vente de ces objets dans les auberges, avec défense aux cabaretiers d'en souffrir le dépôt chez eux, et aux revendeurs, qui achètent hors la commune, de conduire des comestibles dans leurs maisons, au lieu de les apporter incontinent sur le marché dans lequel ils ne pourront acheter eux-mêmes qu'à certaine heure; ordonner aussi que le poisson appartenant aux maîtres de barque étrangers au port, sera soumis à l'inspection de la police, et faire défense *aux particuliers* d'en acheter avant l'autorisation de la vente (8 *décembre* 1827, 20 *juin* 1828 , 18 *mai* et 15 *juillet* 1830 , 8 *juillet* 1837) ; — défendre aux bouchers de vendre, s'ils n'ont pas un étal dont la largeur, la hauteur et la situation est fixée par le réglement; leur enjoindre de ne donner, pour surpoids, ni foie, ni tête, ni jambes, ni pieds, ni fressure; que du moins le surpoids ne pourra excéder un hectogramme sur un kilogramme (24 *juin* 1831 et 10 *juin* 1836) ; — fixer la hauteur des maisons à construire, dans une ville, avec défense d'y établir, sans permission, de grands balcons sur les places et dans les rues (30 *mars* 1827); — forcer, dans les campagnes, les propriétaires riverains des chemins vicinaux, sinon de creuser des fossés, du moins de relever ceux existant, afin d'assainir la voie publique (24 *juillet* 1835); — défendre de sonner du cor de chasse dans l'intérieur des villes (24 *avril* 1834) ; — interdire à toute personne la conduite, dans les rues, de plus de trois chevaux chacune, d'en faire marcher plus de deux de front, et de faire claquer les fouets; enjoindre même aux cochers et charretiers de marcher à pied, près de leurs chevaux dont ils tiendront les rênes (18 *novembre* 1824 et 20 *janvier* 1837) ; — ordonner que les chèvres qui traverseront les chemins d'un quartier du territoire seront muselées, attachées deux à deux, et auront chacune une clochette; défendre à toute personne de conduire des cochons à l'abreuvoir, sans être munie d'un panier, d'une pêle et d'un balai, pour enlever les ordures que laisseraient ces animaux sur la voie publique (20 *février* 1835 et 18 *juin* 1836).

La bizarrerie de plusieurs de ces réglements, voilà, sans doute, ce qui avait causé l'erreur des tribunaux de police, ayant cru voir un excès de pouvoir, là où il n'existait que l'usage gênant et peut-être vexatoire d'un pouvoir légal. Mais, en ce cas, c'est à l'autorité supérieure qu'il faut recourir, pour faire réformer l'arrêté, autrement il est obligatoire : que le réglement soit inopportun, ridicule, si on le veut, ce n'est donc pas ce que le juge doit examiner. L'arrêté qui autorisait une espèce de monopole, en défendant, comme on vient de le voir, à tout autre qu'à l'amodiateur d'une fête, d'établir des bals publics dans le lieu, pouvait du moins se justifier, par le motif que cette mesure tendait à faciliter la surveillance de la police. Mais quoi de plus étrange que le réglement de cet autre maire qui, semblable à ces anciens baillis de comédie, avait ordonné que le jour de la fête patronale du village, les danses ne pourraient s'établir qu'en plein air, et sur une place par lui déterminée, avec défense aux habitants de faire danser dans leurs propres maisons ? L'un d'eux, traduit pour avoir contrevenu à l'arrêté, fut renvoyé de la plainte par le juge de police; mais par arrêt du 1er août 1823, ce jugement a été cassé : « Attendu que le maintien du bon
» ordre dans les lieux où il se fait de grands rassemblements est
» l'un des objets confiés à la vigilance et à l'autorité des corps
» municipaux par l'art. 3, § 3, titre 11 de la loi du 24 août
» 1790; que le maire de Cothenchy avait, par un arrêté du 18
» mai dernier, ordonné que le jour de la fête de la commune,
» les violons s'établiraient sur la place où les danses devaient
» avoir lieu, et *qu'il avait défendu aux habitants de faire danser*
» *dans leurs maisons;* que cette mesure avait eu pour objet de
» faciliter la surveillance de la police; qu'il est établi que, le
» 20 mai, jour de cette fête, le cabaretier Lescot était allé
» chercher des joueurs d'instrument sur la place, d'où il les avait
» amenés dans sa demeure, pour y faire danser; que ces indi-
» vidus n'avaient quitté la maison de Lescot, et n'étaient re-
» tournés sur la place que d'après les ordres formels du maire;
» qu'en rassemblant des joueurs d'instrument dans sa maison
» pour y faire danser, Lescot avait enfreint les défenses conte-

» nues dans l'arrêté du maire; que cependant cet arrêté, étant
» fait dans l'exercice légal des fonctions municipales, puisqu'il se
» rattachait évidemment à la disposition de la susdite loi du 24
» août 1790, était obligatoire pour tous les habitants de la com-
» mune, et qu'il était du devoir du tribunal de police de punir
» les contraventions qui y étaient commises (1). »

Ainsi, quelle que soit la singularité du réglement, le tribunal
de police doit s'y conformer, dès l'instant que l'arrêté
n'excède pas les bornes du pouvoir municipal et qu'il se rattache à l'un des objets confiés à sa surveillance. Mais s'il
sort évidemment de la sphère des attributions de cette autorité,
alors le juge-de-paix ne doit y avoir aucun égard.

On dirait, en vain, qu'en refusant de s'y conformer, par ce
motif, il contrevient à l'art. 13, tit. 2, de la loi du 24 août 1790
et à la loi du 16 fructidor an 3, qui défendent au pouvoir judiciaire d'interpréter, de modifier les arrêtés administratifs,
ou d'en entraver l'exécution. Ces lois ne sont applicables qu'en
matière civile et contentieuse : dans ce cas, l'arrêté qui a statué
excédât-il les limites de la compétence administrative, ce n'est
qu'à l'autorité supérieure qu'il appartient de le réformer, et
tant qu'il ne l'est pas, le tribunal ne peut juger qu'en conformité, ou se déclarer incompétent. Si, par exemple, le préfet
ayant fixé la hauteur du déversoir d'une usine, le propriétaire
du pré voisin se pourvoyait, au possessoire, pour en demander
l'abaissement, le juge-de-paix ne pourrait accueillir cette demande, sans violer les lois ci-dessus (2):

En matière pénale, au contraire, les tribunaux ne peuvent
appliquer l'amende ou toute autre peine, qu'en vertu d'une loi
et pour les cas qui y sont formellement exprimés. Le pouvoir
conféré au maire de prendre sur certains objets des arrêtés de

---

(1) Tous les arrêts qui viennent d'être cités sont fondés sur des motifs semblables, comme on peut le voir dans le recueil périodique de Dalloz où ils
sont rapportés, pag. 76 de 1819; 204, 313, 401 et 498 de 1823; 67, 70, 111, 183
et 448 de 1824; 290, 306, 373 et 397 de 1825; 93 et 355 de 1826; 371 et 429
de 1827; 52, 275 et 285 de 1828; 300, 314 et 348 de 1830; 278 de 1831; 259 et
424 de 1832; 367 de 1833; 358 de 1834; 34, 72, 85, 141, 174 et 380 de 1835;
60, 92, 192, 330, 373 et 397 de 1836; 16, 108, 167, 182, 184, 242, 501 et 517
de 1837, et 168 de 1838.

(2) Arrêt du 13 mars 1810, D. p. 149 et suit.

réglement auxquels la loi attache une sanction pénale, n'est qu'une délégation de la puissance publique, une exception exorbitante et qui, par conséquent, ne saurait être étendue. Ce n'est que pour les faits qui se rattachent à l'un des objets confiés à la surveillance de l'autorité municipale, que la loi lui délègue ses pouvoirs; si donc l'autorité municipale sort de la ligne de ses attributions, l'infraction à son réglement n'est plus un délit prévu par la loi : refuser, en ce cas, d'obtempérer à l'arrêté, ce n'est ni réformer, ni modifier un acte administratif, c'est s'abstenir d'accorder à une mesure illégale la sanction de la justice, c'est éviter de commettre un excès de pouvoir. En matière criminelle, la fonction des tribunaux, on le répète, se borne à appliquer la loi; or, la loi se tait, quand le réglement y est contraire, et alors le juge demeure sans autorité.

19. Tels sont les motifs qui ont déterminé la cour de cassation à déclarer inobligatoires plusieurs réglements de police. Par arrêt du 26 novembre 1819, les sections réunies ont cassé un jugement du tribunal correctionnel d'Aix qui, sur appel d'un jugement de police, avait condamné à l'amende, pour contravention à l'arrêté du maire, lequel ordonnait aux habitants de tapisser le devant de leurs maisons pour la procession de la Fête-Dieu; attendu que cet arrêté ne se rattachait à aucun des objets de police spécifiés dans les lois rappelées plus haut. Il en devrait être de même de l'arrêté ordonnant une illumination, non pour pourvoir à la sûreté publique, mais afin de solenniser une fête, ou le passage d'un prince : l'arrêté ne pourrait être considéré que comme une invitation à laquelle chacun est libre de répondre, mais qui ne saurait être prescrite, sous peine d'amende.

On vient de voir des arrêts qui ont déclaré qu'il pouvait être défendu aux cabaretiers ou chefs d'ateliers de loger ou prendre à leur service des domestiques et ouvriers étrangers qui ne seraient pas munis d'une carte de sûreté. Le maire de Colmar s'était avisé d'intimer la même défense *à tous les chefs de familles*; mais, par arrêt du 16 avril 1825, la cour de cassation a décidé qu'une mesure semblable ne rentrait point dans les attributions légales de l'autorité municipale; qu'ainsi c'était avec raison que le tribunal de police s'était refusé de se con-

former à l'arrêté : effectivement, la surveillance attribuée
aux maires sur les lieux publics et l'exercice de certaines
professions, ne saurait s'étendre sur la conduite des particuliers.

Par arrêt du 30 août 1833, la cour de cassation a également jugé que le maire de Strasbourg avait excédé ses attributions, en défendant aux accoucheurs et aux sages-femmes
de recevoir chez eux des étrangers, sans la permission de la
mairie, et en leur enjoignant de déclarer à l'autorité le nom
des personnes enceintes qui voudraient accoucher dans leurs
établissements : loin d'être en harmonie avec la loi, cette mesure
était une espèce d'inquisition peu compatible avec le secret
exigé des accoucheurs.

Un autre arrêt du 25 août 1832 a même jugé non obligatoire l'arrêté d'un maire qui défendait à tous les propriétaires
de blanchir la face de leur maison ou de leur donner toute
autre couleur dont l'éclat pourrait blesser ou fatiguer la vue :
cet arrêt néanmoins eût pu être considéré comme se rattachant,
d'une manière toutefois bien indirecte, aux mesures de salubrité publique confiées à l'autorité mnnicipale.

Enfin la même cour a décidé par plusieurs arrêts, notamment par ceux des 15 janvier 1820 et 1er décembre 1832,
que le tribunal de police ne pouvait connaître de la perception des taxes ou recettes communales, ni statuer,
en cas de refus de paiement des droits de plaçage dans les foires
et marchés. Comme on l'a vu, le maire a bien le droit de fixer
la distribution des places, pour le maintien du bon ordre dans
ces grandes réunions ; et l'infraction à un règlement de cette
nature rend le contrevenant passible d'une amende. Pour ce qui
concerne le paiement des taxes, lors même qu'elles sont légales, le refus ne peut donner lieu qu'à une action simple dont
le juge-de-paix ne pourrait être saisi que comme juge civil : les
droits d'octrois autorisés par le gouvernement sont les seuls
qui puissent être de la compétence du tribunal correctionnel, ou
de police, comme on l'a vu plus haut.

Les diverses espèces qui viennent d'être citées peuvent servir
de guide aux juges-de-paix, afin de discerner les arrêtés qui se
rattachent aux objets que l'autorité municipale a droit de régler,

de ceux de ces réglements dont l'infraction ne saurait être punie. Dans une matière, au surplus, qui repose sur des faits extrèmement variables, il serait difficile, on le répète, de fixer d'une manière certaine la ligne de démarcation où le pouvoir municipal doit s'arrêter. Tout ce qu'on peut dire, c'est que, sans s'attacher à l'étrangeté du réglement, le juge de police doit l'appliquer, à moins qu'il ne lui paraisse évidemment contraire à la loi, ce qui peut arriver, lors même que, sans sortir de ses attributions, le maire prend un arrêté qui tendrait à aggraver la loi dont l'exécution lui est confiée.

Ainsi, par arrêt du 16 décembre 1826, la cour de cassation a déclaré inobligatoire l'arrêté d'un préfet qui défendait dans son département la divagation des chiens levriers, en toutes saisons de l'année. Qu'une telle mesure soit prise momentanément, en cas d'accident, et afin de prévenir la rage, rien de plus légal assurément : mais le Code pénal ne défend de laisser divaguer, en général, que les animaux féroces et malfaisants; les chiens levriers ne peuvent être rangés dans cette classe; la défense permanente de leur divagation ajoutait donc à la prohibition de la loi.

L'article 471, § 4, n'infligeant une peine de police qu'à ceux qui encombrent la voie publique, *sans nécessité,* la cour de cassation a également décidé par arrêt du 16 février 1833 (**D.** p. 182), qu'un arrêté par lequel un maire subordonne *tout encombrement* de la rue à l'obligation de l'en prévenir et d'obtenir son autorisation, est inobligatoire, et va au-delà des termes de la loi; qu'ainsi, malgré le réglement, le dépôt fait par nécessité ne saurait être puni.

Par arrêt du 29 janvier 1829, la cour de cassation a aussi décidé qu'un boucher qui étale, un jour de dimanche pendant le temps de l'office, ne commet pas de contravention, encore bien que ce fait soit défendu par un réglement de police locale, attendu que les défenses faites à cet égard par la loi du 18 novembre 1814, loin de s'appliquer aux bouchers, en dispensent les marchands de comestibles, autres que les cabaretiers, cafetiers, etc. (1).

---

(1) On a élevé la question de savoir si cette loi n'avait pas été abolie vir-

Enfin un dernier arrêt du 18 janvier 1838 vient de tracer, d'une manière encore plus expresse, la ligne de démarcation entre le pouvoir municipal et le droit d'examen de la légalité de l'arrêté qui appartient au juge de police. Le maire de Bordeaux ayant adjugé à deux particuliers le droit exclusif d'opérer la vidange des fosses d'aisance de la ville, avait défendu à tous autres individus d'exercer cette profession, avec ordre aux propriétaires de maisons de n'employer que les adjudicataires. Mais la cour suprême a cassé un jugement du tribunal de police qui avait condamné à l'amende, pour infraction à ce réglement ; attendu que le droit d'examen de la légalité, de la part des tribunaux, ne s'arrête pas au point de savoir si la matière dont il s'agit dans l'arrêté est soumise au pouvoir réglementaire de l'autorité municipale, mais leur

---

tuellement par la charte de 1830. Un jugement du tribunal de police de Laon, du 8 mars 1831, avait décidé l'affirmative : quelque futiles que soient les motifs de cette décision, elle ne pouvait manquer d'être applaudie par ces hommes qui, sous le manteau de la liberté religieuse, prêchent la doctrine de l'athéisme légal, et voudraient, à force de *lumières,* nous isoler de tous les peuples civilisés ; car il n'en est point qui ne rendent hommage à la divinité, en consacrant à son culte un jour spécial. Imbu des idées de nos pères, et au risque de voir critiquer ma gothique simplicité, j'étais occupé à tracer ces lignes, lorsqu'a paru un arrêt de la cour suprême, qui justifie mon opinion.

A l'exemple de son collègue de Laon, le juge-de-paix du canton de Montastruc avait renvoyé les contrevenants ; mais ce jugement a été cassé : — « Attendu que la loi du 18 novembre 1814 n'a point été expressément ab-» rogée ; que la proposition en avait été faite à la chambre des députés, le » 11 février 1832, mais qu'elle n'a été suivie d'aucun résultat ; — que l'abro-» gation tacite de l'art. 3 de ladite loi ne peut s'induire, ni de la suppression » de l'art. 6 de la charte de 1814, ni de l'art. 5 de la charte de 1830 portant » que chacun professe sa religion avec une égale liberté, et obtient pour son » culte la même protection ; — que ces diverses dispositions n'ont rien d'in-» compatible et peuvent se concilier ; — que, d'une part, l'art. 3 de la loi du » 18 novembre 1814 ne contient aucune prescription qui soit contraire à la » liberté religieuse ; que, de l'autre, la protection promise à tous les cultes » légalement reconnus n'exclut pas le respect dont la loi civile est partout » empreinte pour le culte professé par la majorité des Français ; qu'ainsi, » par l'art. 57 de la loi du 18 germinal an 10, le repos des fonctionnaires pu-» blics est fixé au dimanche ; que les art. 63, 781, 1037 du Code de pro-» cédure, 162 du Code de commerce interdisent tout exploit, tout protêt, » toutes significations et exécutions, les jours de fêtes légales ; — que les pro-» hibitions portées par l'art. 3 de la loi du 28 novembre 1814, ont le même » caractère, et qu'il n'appartient qu'au pouvoir législatif d'en changer ou » d'en modifier les dispositions, etc. »

confère aussi la faculté d'apprécier si le réglement est conforme à la loi qui l'autorise (1).

En effet, si, dans les matières dont la surveillance est confiée à l'autorité municipale, elle peut prescrire des conditions aussi sévères qu'elle le juge convenable, son pouvoir ne saurait s'étendre jusqu'à interdire la faculté d'exploiter une branche d'industrie, en concédant le monopole à un ou plusieurs particuliers. Il y a donc excès de pouvoir, toutes les fois que, sous le prétexte de veiller à la sûreté ou à la salubrité publique, le maire prescrit des mesures qui ne tendent qu'à enchaîner la liberté des citoyens. S'il existe une disposition pénale, l'arrêté ne peut pas non plus l'étendre; enfin quand la loi qu'il rappelle ne prononce pas de peine, il ne saurait y avoir de contravention punisssable.

20. L'examen de la légalité d'un réglement municipal n'est pas moins, pour les juges-de-paix, un problème d'autant plus difficile à résoudre, que la jurisprudence de la cour suprême a varié sur ce point. En voici un exemple. L'article 2 de la loi du 4 août 1789, portant que, « les pigeons seront » enfermés aux époques fixées *par les communautés* ; pendant » ce temps, ils seront regardés *comme gibier*, et chacun » aura droit de les tuer sur son terrain; » il avait été décidé par plusieurs arrêts, que les réglements faits à cet égard, par l'autorité municipale, ne pouvaient entraîner de peines contre ceux qui laissaient divaguer leurs pigeons en temps prohibé, la loi se bornant à autoriser de les tuer, comme gibier. Cette jurisprudence paraissait d'autant mieux assise, qu'un jugement de police, décidant le contraire, avait été cassé, le 6 août 1813, *dans l'intérêt de la loi*, sur le réquisitoire du procureur-général Merlin (*Répert.*, v° *Colombier*). Cependant, par deux autres arrêts, à la date des 5 décembre 1834 et 5 janvier 1836, la cour de cassation a jugé, au contraire, que le droit accordé par la loi de 1789, aux citoyens, de faire cesser eux-mêmes le dommage qu'ils verront

---

(1) Les derniers arrêts qui viennent d'être cités et qui ont déclaré inobligatoires divers réglements, sont rapportés dans le recueil de Dalloz, p. 601 de 1819 ; 201 de 1820 ; 446 de 1825 ; 364 de 1827 ; 125 de 1829 ; 75, 182, 244 et 308 de 1833, et 242 de 1838.

commettre sur leurs propriétés, ne pouvait être un obstacle à l'application de l'amende, pour cause d'infraction au règlement municipal (1).

21. Terminons par observer qu'un règlement de police peut être abrogé ou modifié, suivant le changement des circonstances qui l'avaient rendu nécessaire. Mais tant qu'il subsiste, il fait loi; le fonctionnaire qui a rendu l'arrêté n'a pas même le droit de dispenser de son observation tel ou tel individu; malgré cette dispense, la contravention n'en devrait pas moins être poursuivie.

On ne peut opposer, contre un règlement municipal, ni titre, ni possession contraire, parce que l'usage du droit de propriété, quoique absolu, demeure néanmoins soumis aux lois et règlements. Si, par exemple, certains dépôts sont prohibés sur les terrains joignant la voie publique, ou qu'il soit défendu d'y étaler des marchandises, le propriétaire dirait en vain que chacun est libre de faire de sa propriété ce qui lui convient; vu que cette liberté peut être restreinte par des mesures de police tenant à la salubrité, ou à l'ordre que l'autorité municipale a le droit d'établir. (*Art.* 544 *Code civ.*)

Le règlement devant être exécuté tant qu'il subsiste, il en résulte que le prévenu justifierait en vain qu'il est en recours devant l'autorité supérieure pour le faire réformer ou modifier; ce recours, quoique légalement constaté, ne pourrait ni suspendre l'exécution des mesures prescrites par l'arrêté, ni soustraire ceux qui ont négligé ou refusé de s'y conformer, aux peines encourues par la contravention (2).

Si cependant l'arrêté était contesté, sous le rapport de sa régularité, de l'incapacité du fonctionnaire qui l'aurait rendu, alors il y aurait lieu de surseoir et de renvoyer à l'autorité administrative. Le tribunal de police de Pélussin avait déclaré valable l'alignement donné à un habitant par un conseiller

---

(1) Recueil per. de Dalloz, p. 59 de 1835 et 325 de 1836. — Ce qu'il y a de certain, c'est que le droit de tuer les pigeons sur son terrain n'empêche pas le propriétaire de se pourvoir, par action civile, devant le juge-de-paix, en réparation du dommage, comme on le verra sur l'art. 5, § 1er de la loi du 25 mai 1838.

(2) Arrêt du 9 mai 1838, D., p 240.

municipal, malgré l'opposition du ministère public, lequel avait soutenu que ce conseiller, n'étant que le neuvième dans l'ordre de sa nomination, était incapable de remplacer le maire et l'adjoint, d'après l'article 5 de la loi du 21 mars 1831; et par arrêt du 3 janvier 1835, le jugement a été cassé, attendu que le juge-de-paix devait surseoir et renvoyer devant l'autorité administrative, seule compétente pour statuer, en ce cas, sur la validité de l'alignement (D., pag. 140, de 1835).

Mais s'il ne s'agit que d'interpréter l'arrêté, de décider s'il s'applique à tel ou tel objet, alors c'est au juge-de-paix à statuer : il en est de l'interprétation du réglement comme de celle d'une loi, elle appartient au tribunal saisi de la contestation.

Questions préjudicielles.

22. On appelle ainsi toute question qui, dans un procès, doit être jugée avant une autre, parce que, du jugement qui sera rendu sur la première, dépend la solution de la seconde.

Nos Codes renferment plusieurs cas où, sur une contestation élevée devant un tribunal, il doit être sursis jusqu'à ce qu'il ait été statué sur une question de la compétence d'une autre juridiction (1). Nous n'avons ici à nous occuper que des questions préjudicielles qui peuvent s'élever devant les tribunaux de police, et des règles que doit suivre le juge-de-paix tenant ce tribunal, règles également applicables aux tribunaux correctionnels.

Les poursuites ne frappent ordinairement que de véritables délinquants; cependant, il peut arriver qu'elles ne soient elles-mêmes qu'une tentative d'usurpation, que, par erreur ou à dessein, on transforme en délit un fait de possession légitime. Le procès-verbal de contravention doit être sans influence sur les droits des parties; le prévenu peut donc opposer qu'étant propriétaire, il était autorisé à faire ce qui lui est reproché; *id feci, sed jure feci.* Si, de la preuve de cette allé-

---

(1) Voy. notamment les art. 235, 326, 327 et 1319 du Code civil, les art. 239, 240, 426 et 427 du Code de procédure, et l'art. 3 du Code d'instruction criminelle.

gation résulte toute absence du délit, alors il ne peut plus y avoir lieu ni à l'action publique ni à l'action civile. Mais le tribunal correctionnel ou de police étant incompétent pour statuer sur une question de propriété, sur le droit allégué par le prévenu, alors force est de renvoyer devant le tribunal ou l'autorité qui doit en connaître, et de surseoir, jusqu'à ce qu'il ait été statué sur cette question préjudicielle.

Voici la règle établie à cet égard par l'article 182 du Code forestier :

« Si, dans une instance en réparation de délit ou contra-
» vention, le prévenu excipe d'un droit de propriété ou autre
» droit réel, le tribunal saisi de la plainte *statuera sur l'incident,*
« en se conformant aux règles suivantes : — L'exception pré-
» judicielle ne sera admise qu'autant qu'elle sera fondée, soit
» *sur un titre apparent,* soit *sur des faits de possession équi-*
» *valents, personnels au prévenu,* et par lui articulés *avec*
» *précision,* et si le titre produit ou les faits articulés sont de
» nature, dans le cas où ils seraient reconnus par l'autorité
» compétente, à ôter au fait qui sert de base aux poursuites,
» tout caractère de délit ou de contravention. — Dans le cas
» de renvoi à fins civiles, le jugement fixera *un bref délai* dans
» lequel *la partie qui aura élevé la question préjudicielle devra*
» *saisir les juges compétents* de la connaissance du litige, et jus-
» tifier de ses diligences; sinon il sera passé outre. Toutefois, en
» cas de condamnation, il sera sursis à l'exécution du jugement,
» sous le rapport de l'emprisonnement, s'il était prononcé, et
» le montant des amendes, restitutions et dommages-intérêts,
» sera versé à la caisse des dépôts et consignations, pour être
» remis à qui il sera ordonné par le tribunal qui statuera sur le
» fond du droit. »

Cet article étant un de ceux que l'article 189 du même Code a rendus applicables aux poursuites exercées au nom et dans l'intérêt des particuliers, pour délits et contraventions commis dans les bois qui leur appartiennent, les juges-de-paix doivent en appliquer les dispositions, pour ce qui concerne les délits et contraventions qui, comme on l'a vu, page 34, n° 14, doivent être portés devant le tribunal de police, quand l'amende n'excède pas 15 francs.

D'ailleurs, le Code forestier n'a fait que consacrer l'ancienne jurisprudence : comme l'a décidé la cour de cassation sur une poursuite de police étrangère aux forêts, la règle établie par l'art. 182, *régit toutes les matières qui sont susceptibles de son application, toutes les affaires qui sont dévolues soit aux tribunaux correctionnels, soit à ceux de simple police* (1).

Quelle est la nature des faits à articuler, pour obtenir le renvoi à fins civiles ? A laquelle des parties la charge de prouver doit-elle être imposée ? Telles sont les questions à examiner.

23. Pour obtenir le renvoi à fins civiles, il ne suffit pas que le prévenu allègue vaguement qu'il était en droit de faire ce qui lui est reppoché; il faut qu'il montre un titre apparent, ou qu'il articule des faits de possession équivalents. Suivant l'arrêt qui vient d'être cité, « les tribunaux correctionnels, et ceux » de simple police, sont appréciateurs du mérite de la ques- » tion préjudicielle élevée devant eux par le prévenu; celui- » ci est donc tenu de produire le titre apparent, ou d'articuler » avec précision les faits équivalents qui sont de nature à le » faire accueillir, puisque les juges de l'action principale ne » peuvent légalement surseoir à y statuer jusqu'après le ju- » gement de son exception, qu'autant qu'ils la reconnaissent » fondée et déclarent que ce jugement aurait nécessairement » pour résultat, s'il lui était favorable, de légitimer le fait » constitutif de la prévention dont ils sont saisis; d'où la con- » séquence que, lorsqu'une exception préjudicielle est va- » guement et dilatoirement proposée, comme dans le cas où sa » décision ne saurait soustraire l'inculpé à l'effet de la poursuite » exercée contre lui, les tribunaux de répression doivent la » déclarer non recevable ou mal fondée, et ordonner qu'il sera » immédiatement procédé à l'examen du fond. »

24. Il y a donc lieu à renvoi devant les tribunaux ordinaires, toutes les fois que le prévenu montre un titre, ou articule une possession suffisante pour légitimer le fait qui lui est reproché, pour justifier de son droit sur le terrain qu'il est accusé d'avoir usurpé ou endommagé.

_____

(1) Arrêt du 19 mars 1835, D., p. 203.

Il semblerait résulter d'un arrêt rendu par la cour de cassation, le 25 juin 1830 (D. p. 316), que la question préjudicielle ne doit être admise que dans le cas où elle porte sur un droit de propriété, et non point si le prévenu n'excipait que d'un droit de jouissance en vertu de bail. Cette distinction ne nous paraît pas fondée : « Toutes les fois, dit Merlin, qu'un accusé oppose un fait qui, supposé vrai ou envisagé comme il l'articule, détruit toute idée du crime, et sur lequel il s'élève des contestations, le juge criminel ne peut prononcer sur ce fait et doit en renvoyer la connaissance aux juges civils (1). » C'est le même principe qui règle la compétence en matière correctionnelle ou de police. Pourquoi donc, sur l'articulation du droit puisé dans un bail, l'incompétence du tribunal saisi de la plainte, ne serait-elle pas la même que si le prévenu se prévalait d'un droit de propriété? Dans l'un comme dans l'autre cas, il s'agit d'interpréter un titre ou de juger de sa validité; et une pareille décision est hors du domaine des tribunaux chargés de réprimer un délit.

Un droit de servitude peut aussi légitimer le fait qui est l'objet de la plainte. Ainsi l'individu qui, traduit en police pour avoir passé sur un terrain ensemencé ou avoir fait pacager son bétail dans une prairie, prétendrait qu'un droit de pacage ou de chemin lui est acquis sur cette propriété, élèverait une véritable question préjudicielle. Mais il serait difficile de la faire admettre, à moins d'exhiber un titre au moins apparent, parce que, d'après l'art. 691 du Code, les servitudes discontinues ne peuvent s'acquérir par la possession. Il en serait autrement de l'articulation d'une servitude continue ou d'une servitude légale. On devrait aussi admettre celle que proposerait un propriétaire d'usine, si, prévenu d'avoir conduit ou déposé des vases ou matériaux sur un pré joignant son canal, il prétendait en avoir le droit, parce qu'il s'agirait alors d'un passage nécessaire, comme on le verra en discutant l'art. 5, §. 1ᵉʳ de la loi du 25 mai 1838.

Pour tout dire en un mot, la question préjudicielle doit être de nature à repousser toute idée de délit; autrement le juge

---

(1) Répert., vᵒ *Bigamie.*

de police doit statuer immédiatement, sans avoir égard au fait articulé par le prévenu.

Ainsi, par exemple, l'usager, l'habitant d'une commune, qui aurait coupé du bois, sans délivrance, qui aurait fait pâturer son bétail, sans se conformer aux mesures prescrites par la loi, invoquerait en vain son titre ou celui de la commune, le délit consistant alors, sinon dans l'absence du droit, du moins dans l'abus de son exercice.

Il en serait de même de l'infraction à un arrêté de police contre lequel on ne peut opposer ni titre ni possession contraire, comme on vient de le voir, page 52.

25. Les contestations qui doivent se présenter le plus fréquemment devant les tribunaux de police sont celles qui concernent les chemins. Autrefois ces tribunaux ne connaissaient que des faits constituant l'embarras de la voie publique (art. 471, n° 4 du Code pénal); c'était aux tribunaux correctionnels qu'était attribuée la connaissance des dégradations; et les conseils de préfecture prononçaient sur les anticipations des chemins vicinaux, en vertu des articles 7 et 8 de la loi du 9 ventôse an 13. La loi du 28 avril 1832 a modifié le Code pénal sur ce point: l'article 479, § 11, punissant d'une amende de onze à quinze francs, « ceux qui auront *dégradé* ou *détérioré* » de *quelque manière que ce soit,* les chemins publics, ou » *usurpé sur leur largeur,* » il en résulte que le juge-de-paix tenant le tribunal de police est aujourd'hui compétent pour connaître de toutes les contraventions relatives aux chemins, pour ordonner, *en les réprimant,* l'enlèvement des arbres, édifices, et la réparation de toutes autres entreprises: les crimes et délits prévus par les articles 437, 445, 446, 447, 448 et 457 du Code pénal sont seuls exclus de la compétence de ces tribunaux; et par-là même, la juridiction des conseils de préfecture est devenue inutile pour ce qui concerne la petite voirie (1).

---

(1) **MM.** Proudhon et Dumay prétendent que la compétence des conseils de préfecture doit continuer relativement aux anticipations, sans qu'ils puissent prononcer l'amende, comme en matière de grande voirie; et tel est le sentiment de l'administration (voir dans Dalloz, p. 80, part. 3 de 1838, l'arrêt du conseil du 18 mai 1837). Mais, comme l'a décidé un arrêt du 2 mars 1837, lequel a cassé, *dans l'intérêt de la loi,* un jugement du tribunal de Nocé,

Sur la plainte ayant pour objet l'anticipation sur un chemin public, ou sa détérioration, le prévenu peut-il élever la question de propriété, et le juge de police doit-il surseoir et renvoyer cette question préjudicielle à l'autorité compétente?

Il faut distinguer le cas où le chemin a été reconnu comme vicinal par l'administration, de celui où cette reconnaissance n'existe pas.

Dans ce dernier cas, si le propriétaire soutient que le chemin qu'il est accusé d'avoir dégradé ou anticipé est un chemin privé, alors il est bien évident que le juge-de-paix doit surseoir et renvoyer au tribunal la question préjudicielle. Nous croyons même qu'en ce cas il ne doit exiger du prévenu la production d'aucun titre pour prononcer le renvoi, parce que, d'après les différentes lois de la matière, il doit y avoir dans chaque commune un tableau des chemins publics reconnus, et que si le défaut de reconnaissance n'est pas une preuve, c'est du moins une grave présomption que le chemin n'est qu'une propriété privée, un passage de tolérance. Chacun sait, d'ailleurs, que, dans la plupart des communes les habitants ont la prétention de faire considérer comme voies publiques les chemins ou sentiers que le propriétaire a tolérés dans son fonds. Quoi qu'il en soit, ce n'est point au tribunal de police à statuer sur la propriété; il doit donc surseoir jusqu'au jugement qui sera rendu sur cette question préjudicielle, soit au possessoire, soit au pétitoire.

---

pour violation des art. 479 du Code pénal, 128 du Code d'instruction criminelle, et de l'art. 21 de la loi du 21 mai 1836 : « ledit art. 479 du Code
» pénal comprend, sous la dénomination de *chemins publics*, aussi-bien
» les chemins qui sont déclarés vicinaux que ceux qui n'ont pas reçu ce nom;
» il a donc, selon la règle, *posteriora prioribus derogant*, virtuellement
» et nécessairement transporté aux tribunaux de simple police, la portion
» de juridiction que l'art. 9 de la loi du 19 ventôse an 13 avait attribuée
» aux conseils de préfecture, uniquement pour la répression des usurpa-
» tions commises sur les chemins vicinaux. — Qu'il résulte du rapproche-
« ment des articles précités et de leur combinaison avec l'art 471, n° 5,
» du Code pénal, que les tribunaux de simple police sont aujourd'hui
» compétents pour faire cesser et disparaître, en les réprimant, toutes les dé-
» gradations, les détériorations qui peuvent avoir lieu tant sur les chemins
» ordinaires de grande communication, que sur les autres voies publiques de
» communication communale, ainsi que les contraventions aux réglements
» énoncés en l'art. 21 de la loi de 1836. » (Dalloz, p. 492 de 1837.)

Mais il en est autrement s'il s'agit d'un chemin reconnu comme vicinal par l'administration.

Suivant l'art. 15 de la loi du 21 mai 1836, « les arrêtés du » préfet portant reconnaissance et fixation de la largeur d'un » chemin vicinal attribuent *définitivement* aux chemins *le sol* » *compris* dans les limites qu'ils déterminent; le droit des pro- » priétaires riverains se résout en indemnités. » L'art. 10 de la même loi porte que *les chemins vicinaux reconnus et maintenus comme tels sont imprescriptibles.* Dès l'instant donc que le préfet a déclaré vicinal un chemin et qu'il en a fixé la largeur, le propriétaire prétendrait en vain que ce n'est qu'un chemin privé à lui appartenant, ou que la largeur donnée au chemin vicinal empiète sur son héritage. Tout ce qui pourrait résulter de cette allégation, si elle était justifiée, c'est qu'il a droit d'être indemnisé par la commune. Mais l'entreprise faite sur le sol du chemin reconnu, ou dont la largeur a été fixée par le préfet, n'en est pas moins une contravention passible d'une amende de police.

Le seul cas où il pourrait y avoir lieu à renvoi pour un chemin reconnu, serait celui où la largeur du chemin n'aurait pas été fixée d'une manière précise, cas auquel la fixation devrait être établie soit par l'autorité administrative, soit par le tribunal, suivant les circonstances. Mais si l'arrêté a fixé la largeur du chemin, alors rien de plus facile au juge-de-paix que de la vérifier, afin de condamner ou d'absoudre le prévenu, selon que l'anticipation sera ou non démontrée.

Il peut arriver aussi que le terrain signalé dans le procès-verbal, comme faisant partie soit d'un chemin, soit d'une rue ou place, ne soit qu'un communal dont le sol situé plus haut ou plus bas que la voie publique n'en fasse évidemment pas partie : alors on ne croit pas que le juge de police ait besoin de renvoyer à un autre tribunal la question préjudicielle de propriété. En effet, ce n'est que l'usurpation ou la dégradation d'un chemin vicinal que la loi punit comme contravention; l'occupation d'une partie de communal ne peut donc donner lieu qu'à une action civile : transformer ce fait en délit, ce serait donc ajouter à la loi; le juge-de-paix ne pourrait en ce cas prononcer une peine sans excès de pouvoir, et d'après l'art. 159

du Code d'instruction criminelle, il doit annuler la citation.
Mais le tribunal de police ne peut statuer ainsi que dans le
cas où, d'après la discussion et l'examen des lieux, il est reconnu que l'endroit qui est l'objet de la plainte ne fait évidemment pas partie de la voie publique; car pour peu qu'il
y ait de doute, alors il s'élève une question préjudicielle dont
la décision doit être renvoyée à l'autorité compétente.

Sur quoi il est à observer que, si l'usurpation d'un terrain
communal étranger à la voie publique n'est pas un délit, cependant l'art. 479, § 12 du Code pénal, punit d'une amende de
11 à 15 fr. « ceux qui sans y être dûment autorisés auront
» enlevé, des chemins publics, les gazons, terres ou pierres, ou
» qui, *dans les lieux appartenant aux communes*, auraient
» enlevé les terres ou matériaux, à moins qu'il n'existe un
» usage général qui l'autorise. »

Observons aussi que dans les communes rurales, les terrains
bordant les murs de clôture et les habitations sur les rues et
places publiques sont légalement présumés en faire partie, et
par cela même ils sont imprescriptibles (1). Cependant, si sur
un procès-verbal d'anticipation ou d'encombrement de la voie
publique, l'habitant soutenait que, loin de faire partie de
la rue, le terrain qu'il occupe est une dépendance de sa maison,
il élèverait par-là même une question préjudicielle sur laquelle
le tribunal de police ne pourrait statuer et devrait surseoir;
car il n'en est pas ici comme des chemins publics dont la
reconnaissance est faite et la largeur fixée par l'administration.
Cette fixation pour la plupart des rues et places n'existe pas
dans les communes rurales.

26. Venons maintenant à la seconde question, savoir quelle
est celle des parties qui doit être chargée de la preuve, en cas
de renvoi à fins civiles.

L'art. 182 du Code forestier portant que le jugement fixera
un bref délai, dans lequel la partie qui aura élevé la question
préjudicielle devra saisir les juges compétents de la connaissance du litige et justifier de ses diligences, il en résulte que
c'est le prévenu qui doit se constituer demandeur devant le

----

(1) Arrêt du 21 mai 1838, D., p. 251.

tribunal civil ; que c'est sur lui, par conséquent, que repose le fardeau de la preuve. Aussi a-t-il été décidé par plusieurs arrêts de la cour de cassation « que le prévenu d'un délit correctionnel ou d'une contravention de police excipant de sa » propriété, *est demandeur dans son exception; qu'en cette* » qualité, *c'est à lui à établir la propriété qui en forme la* » *base* (1). » Plusieurs auteurs, M. Victor Augier entre autres, v° *question préjudicielle,* prétendent que la nécessité de fixer un délai au prévenu, pour rapporter le jugement de la question préjudicielle, n'étant fondé que sur le défaut de qualité du ministère public pour ouvrir l'action civile, cette fixation est inutile, lorsque la poursuite est exercée à la requête d'un particulier, qu'il suffit alors de surseoir, sauf à la partie la plus diligente à se pourvoir devant la juridiction civile. Mais comment accorder cette opinion avec l'art. 189 du Code forestier, qui rend l'art. 182 applicable aux poursuites exercées *au nom et dans l'intérêt des particuliers?* D'ailleurs, que le tribunal correctionnel ou de police ait été saisi par citation de la partie civile, le ministère public n'est pas moins partie principale devant ces tribunaux. Il nous paraît donc difficile de ne pas faire l'application de l'art. 182 du Code forestier aux contraventions et délits forestiers commis dans les bois de particuliers et poursuivis à leur requête.

Mais cet article doit-il être appliqué aux contraventions étrangères aux bois et dont la poursuite n'est point réglée par le Code forestier ?

L'affirmative semblerait résulter de la jurisprudence de la cour de cassation qui déclare applicable à toutes les affaires correctionnelles ou de police le principe consacré par l'art. 182 du Code forestier, et surtout de l'arrêt rendu le 11 novembre 1831 (D., p. 354); il s'agissait dans l'espèce d'une usurpation sur la voie publique imputée à un propriétaire. Le tribunal de police l'avait renvoyé de la plainte, attendu sa possession évidente ; mais le jugement a été cassé, attendu que « le tribunal

---

(1) Arrêts du 23 avril 1824 ; 15 septembre 1826, 23 avril, 27 juillet, 3 août 1827 et 9 août 1828. D., p. 414 de 1824 ; 22, 325, 409 et 449 de 1827, et 376 de 1828.

» de police devait surseoir, renvoyer les parties devant les
» juges compétents, et fixer au prévenu le délai dans lequel
» *il serait tenu de rapporter leur décision* (1) que le ministère
» public avait formellement requis ce sursis et ce renvoi, d'où
» il suit qu'en ne les ordonnant pas et en relaxant Coppin de
» la poursuite dirigée contre lui, sous le prétexte que sa posses-
» sion est bien antérieure aux prétentions du maire, et que
» l'on ne peut point, *à l'aide d'une action publique évidemment*
» *mal fondée, obliger un possesseur à devenir demandeur en*
» *revendication du terrain dont il est en jouissance*, le tribunal
» a manifestement excédé les limites de sa compétence. »

Dans l'espèce, le jugement de police qui avait statué sur la
question de propriété après avoir entendu des témoins, à ce
qu'il paraît, ne pouvait échapper à la cassation ; mais pourquoi
décider que c'était au prévenu à intenter l'action et à justifier
de la propriété, malgré sa possession évidente ?

Prétendre que cette marche est conforme aux règles de droit,
c'est aller un peu loin : sans doute, celui qui propose une exception est obligé de l'établir ; mais il ne peut y être forcé que
dans le cas où il existe, contre lui, un titre quelconque ? Or,
le procès-verbal que le maire ou un particulier a fait dresser
ne peut faire preuve de la propriété communale ou privée
sur laquelle le prévenu est accusé d'avoir commis un délit
ou une contravention. Par quelle raison ce procès-verbal,
constatant seulement un fait qui peut être un acte de possession légitime, servirait-il de titre pour rejeter le fardeau de la preuve sur le défendeur à l'action criminelle ?
Pourquoi le choix de cette action suffirait-il pour intervertir les
rôles, pour dispenser celui qui forme une prétention de la
charge de l'établir ? S'il en était ainsi, adieu le principe que
personne ne peut se créer un titre à soi-même. Au lieu d'agir
en revendication devant les tribunaux ordinaires, celui qui,
ne possédant point, voudra commettre une usurpation, n'a

_____

(1) Ce motif est en opposition avec l'art. 182, qui charge seulement le prévenu *de saisir les juges compétents* et de *justifier ses diligences.* Comment,
d'ailleurs, serait-il possible de forcer le prévenu à rapporter dans un délai fixe
la décision d'une affaire qui peut être retardée par des incidents impossibles à
prévoir ?

donc qu'à faire rédiger un procès-verbal contre le possesseur, pour le placer dans la nécessité d'établir son droit : et c'est ce qui se pratique dans la plupart des affaires, l'administration forestière, les maires des communes et plusieurs propriétaires ne manquant pas d'agir par la voie de répression devant les tribunaux correctionnels et de police, contre des possesseurs paisibles à l'égard desquels la demande en revendication qui les dispenserait de toute preuve serait la seule praticable ; abus que nous avons signalé dans nos précédents ouvrages (1).

L'art. 182 du Code forestier qui oblige le prévenu à se constituer demandeur devant les tribunaux civils, dans un délai fixé pour établir son droit, peut donc être considéré comme une dérogation aux vrais principes, à la marche ordinaire de la procédure, dérogation qui ne peut être étendue : *quod contrà rationem juris introductum est non est producendum ad conséquentias.* C'est ce qu'ont jugé plusieurs cours, notamment celle d'Orléans, par arrêt du 10 mars 1829. Dans l'espèce, il ne s'agissait pas d'un délit forestier, et l'arrêt décide « que l'art. 182 du Code n'était pas applicable ; que, de droit commun, l'une des parties ne peut, à l'aide d'un procès-verbal, changer la position dans laquelle son adversaire et elle se trouvent placés, quant à la nature ou au mode de l'action que l'un ou l'autre peut se croire en droit de diriger. » En conséquence, les parties ont été renvoyées à fins civiles, à l'effet, par la plus diligente, de saisir les juges compétents de la question de propriété du terrain en litige. Le même principe semblerait avoir été consacré par deux arrêts de la cour de cassation, l'un du 15 décembre 1827, l'autre du 27 septembre 1832 (2). Ces décisions nous paraissent plus rationnelles, plus en harmonie avec les principes que la jurisprudence contraire.

27. Ce qu'il y a de certain c'est que le prévenu qui a élevé la question de propriété devant le tribunal correctionnel ou de police, et auquel a été fixé un délai pour la faire juger, n'est point obligé d'agir en revendication, en vertu de titre. S'il a la

---

(1) Voy. mon *Code forestier*, tom. 2, p. 103, 107 et 445, et mes observations sur le *Traité d'usage*, tom. 1er, p. 127 et suiv.

(2) Dalloz, p. 44, part. 2 de 1830 ; part. 1, p. 60 de 1828, et 350 de 1833.

possession annale, alors prenant pour trouble le procès-verbal et
les poursuites dirigées contre lui, il peut agir en complainte
devant le juge-de-paix comme juge civil, pour être maintenu
dans cette possession, laquelle suffit pour justifier le fait qui lui
est imputé comme délit ou contravention. Un jugement du tribunal de Joigny avait déclaré non-recevable dans sa demande
en complainte, un individu qui, sur la question de propriété
élevée devant le tribunal correctionnel où il était prévenu
d'usurpation sur un chemin, avait été renvoyé à fins civiles,
mais ce jugement a été cassé par arrêt du 10 janvier 1827 (D.,
p. 114).

Il est même de la prudence de celui qui a été mal à propos
traduit devant le tribunal correctionnel ou de police, de se pourvoir par action possessoire, afin de ne pas perdre l'avantage de
sa possession annale. On a vu plusieurs possesseurs succomber
en pareil cas, au pétitoire, faute de preuve suffisante pour
établir leur propriété, tandis que maintenus dans leur possession
par la voie de complainte, ils n'auraient eu aucune preuve de
propriété à établir.

28. Terminons cet article par une dernière observation.

La défense des droits communaux, appartenant au maire,
il a été décidé par une foule d'arrêts, qu'en cas de poursuites correctionnelles ou de police dirigées contre un habitant, par un tiers se disant propriétaire du terrain sur
lequel aurait été commis le prétendu délit, cet habitant n'avait
pas capacité suffisante pour motiver la question préjudicielle sur
le droit de propriété ou d'usage de la commune, sans l'intervention du maire dûment autorisé. Cependant, comme nous
l'avions observé dans les ouvrages qui viennent d'être cités,
l'habitant qui, sur les poursuites dirigées contre lui pour avoir
fait pâturer son bétail, par exemple, sur un terrain que le
plaignant prétend lui appartenir, oppose qu'il n'a fait qu'user
du droit que lui accorde le titre de la commune, n'intente point
une action communale, il se borne à opposer, pour sa propre
défense, une exception aussi naturelle que péremptoire, *id
feci, sed jure feci :* faire dépendre en ce cas, la question de la
volonté d'un maire qui, par apathie, ou par tout autre motif,
peut négliger la défense du droit communal, ne serait-ce point

paralyser le droit sacré de la défense, et exposer le prévenu à être condamné pour un fait très légitime?

La loi du 18 juillet 1837, sur l'administration municipale, nous semble avoir paré à cet inconvénient. L'art. 49 porte que, « tout contribuable inscrit au rôle de la commune, a le droit » d'exercer, *à ses frais et risques*, avec l'autorisation du » conseil de préfecture, les actions qu'il croirait appartenir à » la commune ou section et que la commune ou section préa- » lablement appelée à en délibérer, aurait refusé ou négligé » d'exercer. La commune ou section sera mise en cause, et la » décision qui interviendra aura effet à son égard. »

Ainsi le maire et le conseil municipal n'ont plus la disposition exclusive des intérêts communaux ; en cas de refus de ces administrateurs, tout contribuable peut être admis à exercer les actions communales. Si donc un particulier traduit pour contravention commise sur une propriété que le poursuivant prétend être la sienne, oppose qu'il a droit d'en user, en sa qualité d'habitant, il ne peut plus y avoir d'obstacle, à ce qu'il nous paraît, au renvoi à fins civiles, en fixant au prévenu un délai dans lequel il sera tenu de provoquer l'introduction de l'instance civile, à requête de la commune, ou de se faire autoriser à suivre lui-même l'action, à ses propres frais.

La marche qu'on indique est dans l'esprit de la loi nouvelle, et met à couvert les droits de tous les intéressés. Le tribunal auquel doit être renvoyée la question préjudicielle peut maintenant être saisi, soit par la commune, soit par le prétendu délinquant, et s'il est décidé que le terrain est communal, alors il n'y aura plus de délit. Si le contraire est jugé, ou que, dans le délai fixé par le tribunal de police, le prévenu ne puisse obtenir, ni la délibération du conseil municipal, pour agir au nom de la commune, ni l'autorisation nécessaire, pour soutenir lui-même la question de propriété, dans ce cas, il sera donné suite à l'action publique.

§ IV.

Du déclinatoire, ou de l'incompétence.

29. Il y a incompétence, toutes les fois que l'action est portée devant un juge qui n'est point chargé d'en connaître. Mais l'incompétence est *absolue*, ou seulement *relative*.

Incompétence relative : généralement parlant, la demande, en matière personnelle, doit être formée devant le juge du domicile du défendeur; et, en matière réelle, devant le juge de la situation des biens (1). Si donc l'affaire est portée devant un autre juge, il y a incompétence, mais qui n'est que relative; dans ce cas, le juge n'est incompétent que sous le rapport de la personne ou de la situation de l'objet litigieux, la matière est toujours placée dans l'ordre de sa compétence; on franchit seulement les limites de sa juridiction territoriale.

L'incompétence relative n'étant établie qu'en faveur des parties, elle peuvent renoncer à cette exception, d'une manière expresse ou tacite. Ainsi le défendeur doit proposer le déclinatoire, avant toute autre défense; autrement on présume qu'il a voulu être jugé par le tribunal devant lequel il était indûment assigné.

De l'art. 7 du Code de procédure, qui sera transcrit dans le § suivant, M. Henrion de Pansey (chap. 7) fait résulter la conséquence, que, dans les justices-de-paix, l'incompétence relative n'est pas couverte par le silence des parties; qu'il faut une prorogation expresse. Mais cet article ne s'applique qu'au cas où les parties paraissant volontairement devant le juge, force est de suppléer par une déclaration expresse à la citation qui aurait expliqué l'objet de la demande. D'ailleurs en leur accordant la faculté, non-seulement d'introduire l'instance de cette manière, mais de consentir à donner au juge-de-paix le pouvoir de juger, soit *en premier* soit *en dernier ressort*, encore qu'il ne soit le juge naturel des comparants, *ni à raison du domicile*

(1) Voy. *suprà*, pag. 5, n°s 9 et 10, quelle est, à cet égard, la juridiction territoriale des juges-de-paix.

du défendeur, *ni à raison de la situation de l'objet litigieux*, le législateur n'a pas entendu restreindre la règle générale qui oblige le défendeur assigné devant un juge dont l'incompétence n'est que relative, à proposer le déclinatoire préalablement à toutes défenses au fond, règle applicable aux juges d'exception aussi-bien qu'aux tribunaux ordinaires, ainsi que le démontre l'art. 424 du Code de procédure, relatif aux matières commerciales. Sans doute, le juge-de-paix doit se déclarer incompétent, si le défendeur fait défaut; mais si celui-ci paraît, sans proposer le moyen d'incompétence, alors il ne serait pas plus recevable, que le demandeur, à faire valoir cette exception, en appel.

30. *Incompétence absolue.* Cette incompétence, *ratione materiæ*, a lieu, lorsque l'action est intentée devant un juge extraordinaire sur un objet dont la connaissance ne lui est pas attribuée, ou si, devant un tribunal ordinaire, la demande porte sur une matière que la loi a formellement distraite de sa juridiction.

Par exemple, un tribunal civil ne peut connaître d'une affaire criminelle; la décision par laquelle il prononcerait une peine serait radicalement nulle. De même le tribunal criminel ne pourrait connaître d'une affaire purement civile. Les tribunaux ne peuvent s'immiscer dans les affaires dévolues à l'autorité administrative, et réciproquement. Il y aurait aussi incompétence absolue, si un juge d'exception prenait connaissance d'autres matières que celles qui lui sont attribuées : ainsi le jugement d'un tribunal de commerce portant sur une affaire civile serait frappé de nullité absolue; mais il n'en serait pas de même d'un jugement rendu par le tribunal civil sur une affaire commerciale : les tribunaux ordinaires étant investis de la plénitude de juridiction, les parties peuvent, en renonçant à celle qui a été introduite en leur faveur personnelle, *rentrer dans la juridiction ordinaire des tribunaux civils, leurs juges naturels, et dont l'incompétence, pour les cas exceptés, n'est que purement relative* (1).

31. A l'égard des juges-de-paix qui sont tout à la fois juges

---

(1) Arrêt du 24 avril 1834, D., p. 209. — En doit-il être de même d'un jugement du juge-de-paix statuant sur un billet commercial de 200 fr. et au-dessous? Voy. *infrà* le commentaire sur l'art. 1er de la loi de 1838.

civils et juges de police, la loi, sous ce dernier rapport, ne leur attribuant que la connaissance des contraventions, le jugement par lequel un tribunal de police aurait connu de faits constituant un délit de la compétence du tribunal correctionnel, serait frappé d'une nullité radicale.

L'exercice de la juridiction civile des juges-de-paix est parfaitement distincte de leurs attributions en matière de police. Comme on l'a vu, pag. 35, le juge-de-paix tenant le tribunal de police ne peut statuer sur l'action civile et prononcer des dommages-intérêts contre le prévenu, qu'en lui appliquant une peine, et s'il s'agit d'une contravention de la compétence de ce tribunal, quoique la demande en dommages-intérêts soit de sa compétence comme juge civil : en cette dernière qualité il ne pourrait pas non plus prononcer une amende ou toute autre peine applicable à une contravention.

Comme juges civils, les juges-de-paix n'exercent qu'une juridiction extraordinaire; par conséquent ils ne peuvent connaître que des affaires qui leur sont nominativement attribuées par la loi. Ainsi en matière réelle, les actions possessoires étant les seules dont la connaissance soit dévolue aux justices de paix, leur incompétence relativement à l'action pétitoire, aux questions de propriété est absolue et ne saurait être couverte par le consentement exprès ou tacite des parties.

En est-il de même, en matière personnelle, pour le cas où la demande excéderait le taux de compétence fixé par la loi?

Par deux arrêts à la date du 22 juin 1808 (D., p. 447), et 20 mai 1829 (p. 247), la cour de cassation a décidé que, dans ce cas, l'incompétence du juge-de-paix est *absolue* et *d'ordre public;* qu'ainsi la sentence doit être réformée si la demande excédait le taux de sa compétence; que le jugement confirmatif ne saurait échapper à la cassation, lors même que l'incompétence n'aurait été proposée ni en première instance, ni en appel.

Un autre arrêt du 12 mars 1829 (D., p. 384), semblerait avoir jugé le contraire; mais il est à remarquer que, dans l'espèce, il s'agissait d'un objet mobilier extrêmement minutieux, dont la valeur n'avait pas été déterminée; les parties, qui n'avaient proposé aucun moyen d'incompétence, étaient censées, par-là même, avoir reconnu que la valeur de la demande, quoique indéterminée, n'excédait point la limite des attributions du juge-de-paix : ce dernier arrêt peut donc se concilier avec les deux autres.

Cependant, s'il était vrai que l'incompétence du juge-de-paix pour statuer sur une action personnelle excédant le taux fixé par la loi, fût absolue et *d'ordre public*, cette incompétence frapperait le juge d'une incapacité radicale; tout ce qu'il ferait, même du consentement des parties, serait affecté de nullité; tandis que, comme on le verra au § suivant, la juridiction du juge-de-paix peut être prorogée dans toutes les matières qui lui sont dévolues, *usque ad certam summam.* Quoi qu'il en soit, les juges-de-paix doivent être attentifs à se renfermer dans les bornes de leurs attributions.

52. C'est le montant de la demande qui fixe la compétence du juge-de-paix en matière civile, soit en premier, soit en dernier ressort : la condamnation fût-elle restreinte au taux fixé par la loi, même à une somme très inférieure, le jugement ne devrait pas moins être réformé, dès l'instant que la demande excédait la limite des attributions du tribunal.

La compétence est-elle irrévocablement fixée par la citation? Il faut distinguer le cas où le demandeur paraît, de celui où il fait défaut. Dans ce dernier cas, le demandeur, pour rendre le juge-de-paix compétent, ne pourrait restreindre sa demande qu'en faisant signifier au défendeur ses conclusions restrictives, autrement le juge-de-paix devrait se déclarer incompétent en vertu de la citation; si, au contraire, le défendeur paraît et que, devant le juge-de-paix, le demandeur déclare restreindre l'action qui excédait primitivement la compétence, dans ce cas c'est la demande fixée par les nouvelles conclusions qui fixera cette compétence en premier ou dernier ressort (1).

Pour déterminer la compétence, on doit comprendre les intérêts et arrérages échus avant la demande et joints au capital, mais non ceux qui ont couru depuis l'instance, quelle qu'en soit la quotité.

---

(1) Arrêts des 4 septembre 1811, 6 juillet 1814, 11 avril 1831, 23 avril 1838, D., p. 465 de 1811, 403 de 1814, 140 de 1831, et 287 de 1838.

33. Dans le cas où le juge-de-paix a statué sur une demande qui, excédant ses attributions, n'a pas été restreinte comme il vient d'être dit, la sentence doit être réformée, sans que le tribunal supérieur puisse évoquer et faire droit aux parties.

En effet, les tribunaux d'arrondissement exercent au civil deux sortes de juridictions qui ne doivent pas être confondues dans leur exercice : ils sont juges en premier ou dernier ressort de toutes les affaires non attribuées à des juridictions spéciales, et juges d'appel des sentences des juges-de-paix : en cette dernière qualité, ils ne peuvent que maintenir ou annuler la sentence du juge-de-paix; et lors même que l'affaire eût été de leur compétence en dernier ressort, si l'action avait été portée devant eux comme elle devait l'être, cependant, sur l'appel, ils ne peuvent faire droit aux parties; l'évocation n'étant praticable que quand le juge-de-paix, dont la sentence est annulée, aurait été compétent pour statuer sur la contestation.

Le tribunal ne pourrait pas non plus statuer en premier ressort, sauf appel à la cour, sur une action possessoire; ce serait troubler l'ordre des juridictions établi par la loi qui confère aux juges-de-paix les actions possessoires en premier ressort, sauf l'appel devant le tribunal civil.

34. A l'égard des actions personnelles dont la connaissance est dévolue aux juges-de-paix d'une manière restreinte, ou à quelque somme que la demande puisse s'élever, la jurisprudence a varié sur la question de savoir si, dans le cas où ces actions ayant été portées devant le tribunal d'arrondissement pour être jugées en premier ou dernier ressort, l'incompétence de ce tribunal était absolue ou seulement relative. (On peut voir à cet égard Dalloz, au mot *compétence civile*, nᵒˢ 53 et 54.) Ce qu'il y a de certain, c'est que les juges-de-paix n'exercent qu'une juridiction extraordinaire, tandis qu'en matière personnelle, les tribunaux civils ont la plénitude de juridiction; et c'est par ce motif que, comme on vient de le voir, ils statuent légalement sur les matières attribuées aux tribunaux de commerce, quand aucune des parties n'a demandé le renvoi devant ces tribunaux : la question, à ce qu'il nous semble, doit recevoir ici la même solution.

On reviendra sur les règles de compétence, en discutant les articles 7, 8, 9 et 14 de la loi du 25 mai 1838, relatifs à l'appel et aux demandes réconventionnelles.

§ V.

De la prorogation de juridiction.

55. Quelle que soit l'incompétence des juges-de-paix, lorsque la demande excède les limites de leurs attributions, néanmoins dans les affaires dont la connaissance leur est dévolue jusqu'à une certaine somme, leur compétence peut être prorogée, c'est-à-dire étendue, par la volonté expresse des parties.

Voici ce que disait à cet égard la loi du 14-26 octobre 1790, contenant réglement pour la procédure en la justice de paix, art. 11 : « Les parties pourront toujours se présenter *volontaire-*
» *ment* et sans citation, devant le juge-de-paix, en déclarant
» qu'elles lui demandent jugement; auquel cas il pourra juger
» leur différend, soit *sans appel* dans les matières où sa com-
» pétence est en dernier ressort, soit *à charge d'appel* dans
» celles *qui excèdent sa compétence en dernier ressort,* et cela
» encore qu'il ne fût le juge naturel des parties, ni à raison
» du domicile du défendeur, ni à raison de la situation de l'objet
» litigieux. »

Cette disposition eût semblé n'accorder aux parties d'autre faculté que celle de comparaître devant un juge-de-paix sans citation, et de franchir les limites de la juridiction territoriale, sans pouvoir, au surplus, étendre la compétence ni en premier, ni en dernier ressort (1).

Est survenu le Code de procédure dont l'article 7 porte:
« Les parties pourront toujours se présenter *volontairement*
» devant un juge-de-paix, auquel cas il jugera leur différend,
» soit *en dernier ressort* si la loi et *les parties* l'y autorisent,
» soit à la charge de l'appel, encore qu'il ne fût le juge naturel

(1) Tel avait été d'abord le sentiment de M. Henrion de Pansey, comme on peut le voir à l'article *juge-de-paix,* § 3 du *Répert.,* article qui est de cet auteur; mais sur les observations de M. Merlin, il n'a pas hésité d'en revenir. Voir le même recueil, v° *hypothèque,* sect. 2, § 2, art. 4.

» des parties, ni à raison du domicile du défendeur, ni à raison
» de la situation de l'objet litigieux : la déclaration des parties
» qui demanderont jugement *sera signée par elles*, ou mention
» sera faite *si elles ne peuvent signer*. »

Cette disposition, quoique plus étendue que celle portée
dans la loi de 1790, ne tranche pas néanmoins, d'une manière
positive, la question qui nous occupe; tout ce qui semblerait
en résulter, c'est que les parties, comparaissant volontairement
devant le juge-de-paix, peuvent l'investir du droit de statuer en
dernier ressort sur les affaires qui ne lui sont dévolues que
comme juge inférieur; qu'ainsi, dans les justices-de-paix, on
peut user de la faculté de renoncer à l'appel, faculté que l'art. 6,
tit. 4 de la loi du 24 août 1790, accorde *en toutes matières
personnelles, réelles ou mixtes,* dont connaissent les tribunaux
de première instance.

Mais, déjà sous l'empire des lois de 1790, le tribunal de cassation, par arrêt du 3 frimaire an 9, avait décidé que la compétence des juges-de-paix pouvait être prorogée, de manière à
les rendre juges, même en dernier ressort, d'actions personnelles qui, sans le consentement exprès des parties, auraient dû
être portées devant un tribunal civil, et devant la cour en cas
d'appel. Cet arrêt a été suivi de plusieurs autres, et la question
ne peut plus être susceptible de doute (1).

En abolissant toutes les dispositions des lois antérieures qui
seraient contraires à celles renfermées dans la loi du 25 mai
1838, l'article dernier de cette loi n'a point dérogé au principe
sur lequel repose le droit d'étendre la juridiction d'un juge
inférieur.

Les lois romaines établissent, à cet égard, une distinction
entre les juges délégués pour statuer sur une somme déterminée, *usquè ad certam summam,* et ceux dont l'attribution se
borne à un certain genre d'affaires, *certum genus causarum.* Ces
derniers ne peuvent jamais être autorisés à statuer sur des matières autres que celles qui leur sont attribuées. Mais il n'en est

_____

(1) Voy. le Traité *de la compétence des juges-de-paix,* par **M. Henrion
de Pansey,** 9e édition, chap. 7; le recueil des *Questions de droit,* au mot
prorogation de juridiction, et le *Répertoire,* au même mot, ainsi qu'à l'article *hypothèque.*

pas ainsi du juge dont la compétence embrasse tous les objets litigieux d'une valeur déterminée : ce juge peut connaître des demandes portant sur les mêmes objets, à quelque valeur qu'elle puissent se monter, si les parties consentent à proroger sa juridiction (1).

36. En appliquant ces principes aux justices-de-paix, il faut distinguer les matières réelles, des actions personnelles ou mobilières.

En matière réelle et immobilière, les juges-de-paix ne sont que des juges délégués pour un certain genre d'affaires. La loi ne leur attribuant que la connaissance des actions possessoires, leur juridiction ne peut être étendue aux actions pétitoires. On ne pourrait donc, sans violer l'ordre public, leur déférer le jugement d'une question de propriété. Les questions de cette nature ne fussent-elles élevées qu'incidemment dans une affaire de la compétence des justices-de-paix, doivent être renvoyées aux tribunaux ordinaires. Porter devant le juge-de-paix des actions sur une matière dont la connaissance lui est interdite, ce n'est point proroger sa juridiction, ce serait lui créer une juridiction qu'il n'a pas.

La seule prorogation possible, en matière réelle, est la renonciation à l'appel du jugement à rendre au possessoire, au moyen de quoi le juge-de-paix statue souverainement. Le même pouvoir ne pourrait être accordé au tribunal supérieur. La juridiction des tribunaux d'appel n'est pas susceptible d'être convertie, par la prorogation, en jugement de premier et dernier ressort; il n'y a que celle des premiers juges que la loi autorise de proroger de cette manière (2).

A l'égard des actions personnelles et mobilières, les parties peuvent non-seulement renoncer à l'appel, elles sont libres de proroger indéfiniment la compétence du juge-de-paix, de l'investir du droit de statuer sur ces actions, en premier ou en dernier ressort, et quelle que soit la valeur de la demande. La loi, il est vrai, ne délègue aux juges-de-paix le droit de pro-

---

(1) Loi 74, § 1, ff. *de judiciis*, et loi 28, *Ad municipalem*. V. aussi Voet sur le Digeste, lib. 2, tit. 1.

(2) *Répert.*, v° *Prorogation de juridiction*, n° 2.

noncer, en ce cas, que d'une manière restreinte, *usque ad certam summam;* mais quoique leur compétence soit ainsi déterminée, ils n'en ont pas moins le germe, le principe d'une juridiction plus étendue.

En un mot, la prorogation *de re ad rem* est impraticable; le jugement qui interviendrait, en ce cas, du consentement des parties, serait frappé d'une nullité radicale; mais lorsqu'il s'agit d'étendre la juridiction *de quantitate ad quantitatem,* la loi laisse aux parties toute latitude.

Ainsi, en matière purement personnelle ou mobilière, quoique la compétence en dernier ressort des juges-de-paix soit restreinte, en dernier ressort, aux demandes qui n'excéderont pas 100 fr., et à celle de 200 fr. en premier ressort, les parties peuvent convenir que le juge-de-paix de leur domicile ou tout autre statuera souverainement sur les questions de cette nature, quelque élevée que puisse être la demande, quand il s'agirait d'une somme ou valeur immense.

Il en est de même des autres attributions que la loi du 25 mai confère aux juges-de-paix, en matière personnelle. A l'égard des actions qu'énumèrent les articles 2 et 4, quoique leur compétence en premier ressort ne s'étende que jusques à la somme de 1,500 fr., les parties pourraient investir ces juges de toutes les affaires de même nature qui excéderaient cette somme. Il suffit également que la loi nouvelle leur ait attribué la connaissance des loyers ou fermages qui n'excéderont pas 400 fr. à Paris et 200 fr. dans les provinces, pour que la juridiction sur ce point puisse être prorogée et étendue à toute espèce de bail, quelque important qu'en soit le canon. Enfin dans toutes les matières pour lesquelles la juridiction peut être ainsi prorogée *de quantitate ad quantitatem,* les parties peuvent convenir que le juge-de-paix statuera en premier et dernier ressort.

37. Le consentement tacite des parties suffit-il pour autoriser le juge-de-paix à statuer sur une demande qui excède le taux de sa compétence? L'affirmative semblerait devoir résulter du principe *eadem vis est taciti ac expressi;* mais, comme on l'a vu au § précédent, il n'y a que l'incompétence relative qui se couvre, faute d'avoir demandé le renvoi; s'agit-il d'in-

vestir le juge du pouvoir de statuer sur une somme ou valeur
qui excède ses attributions, alors la loi exige une convention
expresse; l'article 7 du Code de procédure veut même que
les parties signent leur consentement, et la raison en est simple.
Dans les affaires de sa compétence, le juge-de-paix a, comme
tout autre juge, le pouvoir de constater le contrat judiciaire
qui se forme devant lui; mais s'agit-il de proroger sa juridiction, alors c'est de la volonté des parties, et non de la loi
qu'il tient ses pouvoirs. La prorogation est donc une espèce
de compromis qui doit être stipulée dans la forme des contrats,
et dont le juge-de-paix n'est que l'officier instrumentaire (1).

Cependant le juge-de-paix, dont la juridiction est ainsi prorogée, statue comme magistrat et non point comme arbitre :
revêtue du mandement d'exécution que tout juge à droit d'apposer, sa décision n'a pas besoin de l'ordonnance d'*exequatur* du
président du tribunal, comme en matière d'arbitrage. Enfin le jugement rendu ensuite de prorogation emporte l'hypothèqne
générale attachée à tous les jugements. (*Répert.*, v° *hypothèque*,
sect. 2, § 2, art. 4.)

La loi ne parle que du consentement donné par les parties
qui se présentent *volontairement* devant le juge - de - paix.
Mais il est évident qu'elles ont la même faculté, lorsqu'elles paraissent en vertu de citation.

Les parties pourraient également se soumettre, d'avance, à
la juridiction d'un juge-de-paix dont elles étendraient la compétence. La promesse d'arbitrage insérée dans un contrat, pour
toutes les difficultés que son exécution peut faire éclore, est obligatoire, et si l'une des parties refuse de nommer un arbitre, le
cas échéant, alors l'arbitre nommé, pour lui, par le tribunal,
a les mêmes pouvoirs que s'il l'avait été par les parties (2). Pourquoi ne serait-on pas libre également d'insérer, dans un bail ou
dans tout autre acte, la *clause* que le juge-de-paix statuera, en
premier ou dernier ressort, sur telle ou telle contestation, et

---

(1) Cette distinction est parfaitement établie dans un arrêt du 27 mars 1832,
que rapporte Dalloz, p. 149.

(2) Arrêts du 15 juillet 1818, 18 mai et 10 novembre 1829, 14 juin 1830 et
17 mai 1836, D., p. 484 de 1818; 245, 246 et 377 de 1829; 285 de 1830, et 359
de 1836.

même sur toutes celles qui viendraient à surgir au sujet du contrat? La seule question qui puisse présenter à cet égard quelque
difficulté, est celle de savoir si une pareille obligation serait valable, n'étant souscrite que par le débiteur dans un simple billet?
La prorogation de compétence d'un juge est une convention synallagmatique; on pourrait donc dire qu'il fallait un double écrit.
Cependant, comme le créancier porteur de l'obligation ne
pourrait en poursuivre le recouvrement, sans se soumettre à la
juridiction convenue, et qu'aucune des parties ne pourrait l'é-
luder par-là même, en ce cas l'acte fait double nous paraît inutile.

38. En prorogeant la juridiction du juge-de-paix pour être
statué en premier ressort seulement, les parties prorogent nécessairement la juridiction du tribunal supérieur. L'appel en ce
cas doit donc être porté à celui des tribunaux civils auquel le
juge-de-paix ressortit immédiatement, quoique ce tribunal, à
défaut de prorogation, n'eût été compétent que pour prononcer
en premier ressort. On ne croit pas même qu'en déférant à un
juge-de-paix la connaissance *en premier ressort* d'une demande
excédant la somme de 1,500 francs, qui est aujourd'hui le taux
du dernier ressort des tribunaux ordinaires, il puisse être convenu que l'appel sera porté devant la cour qui aurait pu en être
saisie, à défaut de prorogation. Le juge d'appel d'un juge-de-paix
est le tribunal de l'arrondissement dans lequel se trouve le canton;
stipuler que ce n'est point à ce tribunal, mais à la cour, que
sera porté l'appel d'un jugement rendu par un juge-de-paix,
ce serait donc intervertir la hiérarchie des pouvoirs, l'ordre
des juridictions, ce qui ne peut dépendre de la volonté des
parties.

39. Pour proroger la juridiction d'un juge, il faut avoir la
libre disposition de ses droits, et d'ailleurs être capable d'ester
en justice; ce n'est que dans l'intérêt des justiciables, que les lois
ont réglé la compétence des juges-de-paix d'une manière déterminée; ceux-là seuls qui ont la capacité de contracter,
peuvent donc renoncer à cet ordre de compétence. De là il
suit que des tuteurs, des administrateurs ne pourraient proroger la juridiction des juges-de-paix, dans une affaire inté-
ressant des mineurs, des communes, des établissements publics, etc. Le fondé de pouvoir d'une personne maîtresse de

ses droits ne pourrait même proroger , sans un mandat spécial :
la prorogation est une espèce de compromis , et d'après l'article 1989 du Code, le pouvoir de transiger ne renferme pas
même celui de compromettre.

40. Le juge dont les parties consentent de proroger la juridiction est-il tenu d'y obtempérer ?

Dans son *Traité du droit français*, tome 1er, pag. 126, le professeur Carré prononce l'affirmative. En convenant du principe général que l'acquiescement des parties ne peut étendre la
juridiction du juge qu'autant qu'il y consent lui-même, l'auteur prétend trouver une exception , dans l'art. 7 qui accorde aux parties la faculté de se présenter devant un juge-
de-paix qui ne serait pas *leur juge naturel, cas auquel il jugera
leur différend;* mais l'article ne dit pas qu'il *sera tenu* de juger.
Ce n'est donc qu'une faculté qu'il accorde , et non pas une obligation qu'il impose : *auquel cas il pourra juger leur différend,*
disait la loi du 26 octobre 1790! et si les auteurs du Code ne
se sont pas exprimés d'une manière aussi claire , toujours est-
il qu'ils n'ont pas eu la pensée d'innover sur ce point.

On doit donc tenir pour constant , que rien ne force un juge-
de-paix de connaître des demandes qui excèdent sa compétence ,
ou de juger des personnes qui ne sont pas ses justiciables; l'opinion contraire n'est pas même concevable. Supposons en effet
un juge-de-paix , dont les grandes lumières et la profondeur de
jugement, joints à la plus sévère délicatesse, attireraient la confiance universelle, et qu'un monde de personnes s'accordent à
lui déférer la connaissance de leurs différends; une vie entière
ne suffirait pas pour remplir une semblable tâche ! Au surplus,
les actes par lesquels on consent de proroger la juridiction d'un
juge-de-paix , ne sont pas assez fréquents pour détourner ces
magistrats de leurs occupations habituelles. En accordant aux
parties la faculté de proroger une juridiction toute paternelle ,
la loi a voulu leur éviter les frais, les longueurs d'un procès ,
et prévenir l'animosité qu'entraînent souvent les débats judiciaires : refuser une mission si honorable, ce serait donc tromper
les vues du législateur.

41. On a beaucoup discuté sur la question de savoir, si les
justices-de-paix ne doivent pas être considérées comme des tri-

bunaux d'exception. Voici la conclusion que l'on peut tirer, sur ce point, de ce qui vient d'être dit.

En matière réelle, la juridiction des juges-de-paix se bornant aux actions possessoires, il est bien certain que sous ce rapport, ils ne sont que des juges d'exception. Mais il en est autrement, des affaires personnelles dont la connaissance leur est dévolue ; dès l'instant que leur juridiction peut être prorogée, ils ne peuvent à cet égard être considérés comme juges d'exception.

Cependant, les juges-de-paix n'exercent qu'une juridiction extraordinaire, ne pouvant connaître de l'exécution de leurs jugements, ni des saisies qui seraient faites en vertu d'un titre, quelque faible que puisse être le montant de la condamnation, ou de l'obligation. Seulement la loi nouvelle a dérogé à ce principe, en attribuant aux juges-de-paix, en certains cas, la connaissance des saisies-gageries, comme on le verra plus loin.

Prorogation légale.

42. Indépendamment de la prorogation conventionnelle qui vient d'être traitée, la loi étend elle-même, en plusieurs cas, l'exercice de la juridiction d'un tribunal, au-delà des limites de sa compétence réelle ou territoriale. Cette prorogation est établie en matière de *réconvention*, de *compensation* et de *garantie*. Ce n'est pas ici le lieu de s'occuper des demandes réconventionnelles ou en compensation : cet objet sera traité en discutant les art. 7 et 8 de la loi nouvelle, qui règlent cette espèce de prorogation légale ; nous ne nous occuperons que de la garantie.

La garantie est l'obligation imposée par la loi ou par la convention, de faire jouir quelqu'un d'une chose ou d'un droit, de l'acquitter ou indemniser, en cas de condamnation quelconque.

La demande en garantie peut être formée contre le garant par action principale, ou incidemment dans une cause pendante entre celui qu'il est tenu de garantir et un tiers, cas auquel, dans les justices-de-paix, de même que dans toute autre juridiction, celui qui est assigné en garantie est tenu de procéder devant le tribunal où la demande originaire est

pendante, encore qu'il dénie être garant : ce n'est que dans le
cas où il paraîtrait *par écrit* ou *par l'évidence du fait*, que la
demande originaire n'a été concertée que pour traduire le garant
hors de son tribunal, que le juge doit l'y renvoyer. Quoique
comprise dans la procédure relative aux tribunaux, la règle que
renferme, à cet égard, l'art. 181 du Code de procédure, est fondée sur un principe également applicable aux justices-de-paix.

Les art. 32 et 33 de ce Code ont fixé le délai dans lequel
doit être appelé le garant devant le juge-de-paix. C'est au
jour de la première comparution, que le défendeur doit demander à le mettre en cause; alors le juge ordonne qu'il y
sera appelé, en accordant un délai suffisant, en raison de la
distance du domicile du garant, lequel doit être assigné par
une citation motivée, mais sans qu'il soit besoin de lui notifier
le jugement de mise en cause. Faute d'avoir formé la demande
en garantie, à la première comparution, ou d'avoir assigné le
garant dans le délai fixé par le juge, il doit être procédé, sans
délai, au jugement de l'action principale, sauf à statuer séparément sur la demande en garantie.

Néanmoins, de cette forme établie par le Code de procédure
pour les demandes en garantie, il ne résulte pas qu'un jugement de mise en cause soit indispensable pour appeler le garant.
Le défendeur peut le faire citer, dès l'instant qu'il a été assigné
lui-même; et quand il aurait omis de demander la mise en cause,
au jour de la première comparution, il peut encore l'appeler
dans la cause, si l'audience a été continuée et tant que l'affaire
n'est pas jugée, pourvu que la citation en garantie soit donnée
dans le délai fixé par les art. 5 et 6 du Code de procédure.
Seulement le garant ne peut être tenu d'indemniser le défendeur
des frais faits, avant l'appel en garantie.

43. On distingue deux espèces de garantie : la garantie
formelle qui a lieu dans les matières *réelles*, et la garantie
simple qui a lieu dans les matières *personnelles*.

Celui qui doit la garantie *simple*, est tenu de défendre con-
jointement avec le garanti et de l'indemniser des condamnations
prononcées contre lui; mais ce n'est toujours qu'entre le demandeur et le défendeur originaire qui s'est obligé, qu'existe le
débat principal : le demandeur originaire n'a rien a démêler

avec le garant, il n'a pour adversaire que son débiteur, et ne peut être forcé d'en changer.

En matière réelle, au contraire, il ne s'agit pas d'obligation personnelle; l'immeuble est le seul objet du litige : celui qui doit en garantir la propriété ou la possession doit donc prendre le fait et cause du garanti, lequel peut être licencié : en prenant le fait et cause, le garant assume par-là même, sur sa personne, tout le poids de la défense, il prend la place du garanti; que celui-ci soit écarté de l'instance, ou qu'il y reste, le garant n'est pas moins le principal, pour ne pas dire le seul adversaire du demandeur originaire (1).

Mais le juge-de-paix n'a guère à statuer que sur des garanties simples, en matière personnelle; il ne connaît, en matière réelle et immobilière, que des actions possessoires, dans lesquelles le recours en garantie est infiniment rare; cependant il peut avoir lieu, dans certains cas, en faveur du fermier ou de l'acquéreur, par exemple, qui voulant se mettre en possession de l'objet vendu ou affermé, serait actionné en complainte; dans ce cas le fermier, appelant en garantie le propriétaire, et l'acquéreur son vendeur, ceux-ci sont tenus de prendre le fait et cause du défendeur auquel ils ont affermé ou vendu, parce qu'en vendant ou amodiant, ils cèdent la possession, aussi-bien que la propriété ou les fruits du domaine.

---

(1) Art. 182, 183, 184 du Code de procédure. Voy. Rhodier sur l'art. 9, tit. 8 de l'ordonnance de 1667; Domat, liv. 1, tit. 2, sect. 10, n° 22; Pothier, *Procédure civile*, part. 1, chap. 2, sect. 6, art. 2, § 3; Berriat-Saint-Prix, *Cours de procédure civile*, p. 230, n° 47; Merlin, au *Répert.*, v° *garantie*, § 4, et dans les *Questions de droit* au mot *appel incident*, § 5.—Voy. aussi les arrêts de la cour de cassation des 10 mars 1829, 11 mai 1830 et 2 décembre 1833, D., p. 171 de 1829, 236 de 1830, et 62 de 1834. — *Contrà*, arrêts des 17 novembre 1835 et 23 août 1836, *même recueil*, p. 21 de 1836, et 100 de 1837.

SECTION III.

DES PREUVES SUR LESQUELLES PEUT ÊTRE FONDÉE LA DEMANDE,
OU L'EXCEPTION.

SOMMAIRE.

1. A qui incombe l'obligation de prouver; divers genres de preuves. § Ier. *De la preuve littérale.* Acte authentique ou privé. — 2. Quels sont les actes authentiques. — 3. Tous les actes des juges-de-paix, même les conventions consignées dans le procès-verbal de non conciliation sont authentiques. — 4. L'acte authentique fait foi *contrà omnes;* les obligations qui y sont stipulées doivent généralement être poursuivies par voie d'exécution. — 5. Acte sous seing privé prouve aussi contre les tiers, en plusieurs circonstances. — 6. Celui à qui on l'oppose est tenu d'avouer ou de désavouer ses écrits et signatures; en cas de désaveu, le juge-de-paix doit renvoyer la cause au tribunal. — 7. La demande en reconnaissance peut-être formée avant l'échéance; loi du 3 septembre 1807. Dans ce cas le juge-de-paix est-il compétent pour donner acte de la reconnaissance? Article proposé par la commission; obscurité du rapport. — 8. Acte synallagmatique; la signature de l'un sur le double de l'autre suffit; non fait double peut-il servir de commencement de preuve? — 9. Acte unilatéral; bon pour la somme; billet non approuvé, commencement de preuve. — 10. Les actes doivent être signés de toutes les parties; le défaut de signature de l'une entraîne la nullité pour tous; *quid,* en cas d'exécution? — 11. Actes sous seing privé n'a point de date contre les tiers; *secùs,* à l'égard des héritiers et ayant-cause; qu'entend-on par ayant-cause? § II. *De la preuve testimoniale et des présomptions.* — 12. La loi nouvelle oblige les juges de-paix à se bien pénétrer des obligations concernant la preuve testimoniale. — 13. Défense de prouver au-dessus de 150 fr., et contre le contenu aux actes. Cette dernière défense ne regarde pas les tiers étrangers à l'acte. — 14. Exception à la défense de prouver par témoins; commencement de preuve par écrit, en quoi consiste; interrogatoire sur faits et articles; jurisprudence. — 15. La défense de prouver par témoins est-elle une loi d'ordre public à laquelle on ne puisse renoncer? l'acquiescement à un jugement de preuve empêche d'en appeler, mais ne lie pas le juge. — 16. Formalités à suivre pour l'enquête; le juge-de-paix peut l'ordonner d'office, point de peine de nullité. — 17. Présomptions: deux sortes; présomptions légales; exemples. — 18. Présomptions-*juris et de jure* excluent toute preuve contraire; exemples. — 19. Présomptions *juris* peuvent être détruites, mais non par la preuve testimoniale et les présomptions hu-

I. 6

maines. — 20. Les présomptions humaines ne sont admises que dans le cas où la preuve testimoniale est admissible. — 21. Le juge, en ce cas, remplit les fonctions de juré; pour bien apprécier un fait, il faut beaucoup de pénétration ; danger d'introduire le jury dans les affaires civiles; avantages et inconvénients de la procédure criminelle.

§ III. *De l'expertise.* 22. Examen de quelques questions sur les expertises en justice-de-paix. — 23. Juge-de-paix peut ordonner d'office son transport sur les lieux et nommer des experts. — 24. C'est lui qui doit les nommer le plus communément et en tel nombre qu'il juge convenable. — 25. Les experts peuvent vaquer hors la présence du juge-de-paix ; affaires dans lesquelles il serait impossible d'agir autrement. — 26. Le juge-de-paix n'est point lié par l'avis des experts.

§ IV. *De l'aveu de la partie.* — 27. Aveu *judiciaire* ou *extrajudiciaire.* — 28. Le juge-de-paix peut ordonner que les parties paraîtront, en personne, pour répondre à certains faits. — 29. L'aveu fait au bureau de paix est un aveu judiciaire, le juge conciliateur peut interroger les parties pour les faire expliquer, mais non les contraindre à paraître en personne, au bureau de paix. Les aveux et déclarations spontanés doivent être consignés dans le procès-verbal. — 30. Aveux faits à l'audience; il ne suffit pas d'en faire mention dans les motifs de la sentence, le juge-de-paix doit en donner acte dans le dispositif. — 31. Aveu extrajudiciaire; lettre écrite à un tiers ne peut être produite en justice par un autre. — 32. Aveu judiciaire ou extrajudiciaire, fait pleine foi, mais ne peut être divisé; peut-il l'être s'il porte sur deux faits distincts ? — 33. Le principe de l'indivisibilité ne s'applique point à l'ensemble d'un interrogatoire. — 34. Pour faire un aveu obligatoire il faut avoir la disposition de la chose qui en est l'objet.

§ V. *Du serment.* 35. Serment judiciaire, de deux sortes. — 36. Serment décisoire, peut être déféré sur toute chose, même sur un fait illicite ou *délictueux.* — 37. Peut être déféré en tout état de cause, et même contre le contenu aux actes. — 38. Celui auquel il est déféré est tenu de le prêter ou de le référer à son adversaire; l'acceptation forme un contrat irrévocable, lors même que celui qui l'a prêté viendrait à être condamné comme parjure. — 39. L'aveu fait par serment ne peut être divisé. — 40. Serment d'office de deux espèces. — 41. Condition nécessaire pour autoriser le juge à déférer le jugement *supplétif;* dans les cas où la preuve testimoniale est inadmissible, il faut un commencement de preuve par écrit. — 42. Réfutation de M. Toullier prétendant que, dans ce cas, le livre d'un négociant suffirait pour autoriser le juge-de-paix à déférer le serment à un particulier. — 43. Dans le doute, le serment doit être déféré au défendeur. — 44. On peut appeler du jugement qui défère le serment supplétif, et le juge lui-même peut rétracter le jugement qui l'ordonne, s'il survient des preuves contraires. — 45. Serment estimatif ou *in litem:* cas dans lesquels il peut être déféré. — 46. Quoique plus favorable que le serment supplétif, le serment *in litem* ne doit être déféré qu'à défaut de toute autre base d'estimation, et le jugement qui l'ordonne peut être rétracté s'il survient d'autre preuve. — 47. Cas auquel la loi veut que l'on s'en rapporte au serment ; alors il est décisoire et forme contrat.

1. « CELUI qui réclame l'exécution d'une obligation doit la » prouver. — Réciproquement celui qui se prétend libéré doit » justifier le paiement ou le fait qui a produit l'extinction de son » obligation. » Cette règle, dictée par le bon sens et que retrace l'article 1315 du Code, le juge ne doit jamais la perdre de vue.

Ainsi, c'est au demandeur à justifier de sa demande ; à défaut de preuves, il doit en être débouté : lors même que le défendeur fait défaut, la demande ne peut être adjugée qu'autant *qu'elle est juste et bien vérifiée* (art. 150, Code de proc.). Établie pour les tribunaux ordinaires, cette disposition ne repose pas moins sur un principe fondamental et applicable aux justices de paix : motiver la condamnation sur le seul défaut de l'adversaire, serait une grande erreur.

Mais une fois que la prétention du demandeur est établie, si le défendeur prétend que l'obligation est éteinte, c'est à lui à en fournir la preuve : alors il est demandeur dans son exception.

Autrefois la compétence des juges-de-paix était bornée, en matière purement personnelle et mobilière, aux demandes qui n'excédaient pas la somme ou valeur de cent francs, et à d'autres matières pour la décision desquelles les lumières du bon sens pouvaient également suffire ; mais aujourd'hui que leur compétence est beaucoup plus étendue, il importe à ces magistrats de se pénétrer des règles de droit dont ils seront souvent dans le cas de faire une application sévère.

Nous allons donc développer, en peu de mots, les principes concernant la preuve littérale, la preuve testimoniale, les présomptions, l'expertise, l'aveu d'une partie, le serment qui peut lui être déféré ; tels sont les divers genres de preuves qui, suivant la nature de l'affaire, servent de base aux décisions judiciaires.

§ Ier.

De la preuve littérale.

Cette preuve est authentique, ou sous seing privé.

2. « L'acte authentique est celui qui a été reçu par officiers » publics ayant le droit d'instrumenter dans le lieu où l'acte a » été rédigé et avec les solennités requises » (art. 1317).

Cette définition s'applique particulièrement aux contrats et obligations passés devant notaires. Mais il existe beaucoup d'autres actes également revêtus du caractère d'authenticité, et qui font foi jusqu'à inscription de faux. Tels sont les actes administratifs qui émanent soit des ministres, préfets, sous-préfets, conseillers de préfecture et maires agissant comme dé-légués de la puissance publique, soit des chefs de diverses administrations et même de leurs préposés, tels que les procès-verbaux des gardes de l'administration forestière, des douanes, des octrois, des droits réunis, etc., etc. On doit également ranger dans cette classe les actes consignés dans des registres publics, tels que ceux de l'état civil, du conservateur des hypothèques, de l'enregistrement, etc., etc. Enfin les actes judiciaires, ce qui comprend non-seulement les décisions des tribunaux, mais tous les actes d'instruction, les procès-verbaux faits par des officiers de justice, les rapports d'experts désignés par jugement et les différentes sortes d'exploits et actes de procédure.

3. Tous les actes faits par les juges-de-paix dans l'exercice de leur compétence soit judiciaire, soit extrajudiciaire, sont authentiques. L'article 54 du Code de procédure déclarant que les conventions des parties insérées au procès-verbal de conciliation *ont force de conventions privées*, quelques auteurs (Berriat-Saint-Prix entre autres) ont prétendu que ces con-ventions n'avaient pas un caractère authentique, que l'on ne pouvait s'en prévaloir, en justice réglée, qu'après en avoir fait reconnaître les signatures, ainsi que cela est nécessaire pour les actes sous seing privé; c'est là une erreur que M. Merlin a relevée avec la plus grande force. La locution employée

dans l'article 54 est peu exacte, il faut en convenir. Mais de ce que les conventions passées au bureau de paix n'ont que la force de *conventions privées*, cela signifie-t-il qu'elles ne sont pas prouvées authentiquement ? Tout ce qui en résulte, c'est que ces conventions n'emportent pas hypothèque, qu'elles ne sont pas exécutoires de plein droit; et les procès-verbaux du bureau de paix ont cela de commun avec beaucoup d'actes authentiques. Il n'y a que les jugements et les actes de notaires revêtus de la formule exécutoire qui soient susceptibles d'exécution parée. Quant à l'hypothèque, l'acte notarié ne la confère que moyennant une stipulation spéciale, et de tous les actes judiciaires qui sont authentiques, les jugements sont les seuls qui emportent de plein droit l'hypothèque générale. Si donc le juge qui tient le bureau de paix est appelé à concilier et non à juger, il n'est pas moins un officier public compétent; le procès-verbal qu'il dresse en cette qualité fait foi, jusqu'à inscription de faux, de la comparution des parties, de leur signature ou de la déclaration que l'une d'elles ne sait pas signer, et qui doit être mentionnée dans le procès-verbal. Les conventions qu'il constate ont par conséquent toute la force d'obligations contenues en un acte authentique (1).

4. L'acte authentique atteste d'une manière certaine ce qui s'est passé entre les parties qui y figurent; il en fait preuve même contre les tiers. L'art. 1319 du Code portant que l'acte authentique fait pleine foi de la convention *entre les parties contractantes et leurs héritiers et ayant cause*, est donc inexact et incomplet. L'acte authentique ne lie, à la vérité, que les parties contractantes, mais il fait pleine foi, *contrà omnes*, tant de la convention que des autres faits qui y sont consignés.

Observons, en terminant ce qui concerne l'acte authentique, que les obligations qu'il renferme doivent être poursuivies par voie d'exécution, et non par voie d'action, à moins que le titre ne soit contesté. Si donc, dans les affaires attribuées aux juges-de-paix, une partie se pourvoyait afin d'obtenir la condamnation soit d'une somme de 200 fr., soit d'un ou de plusieurs canons de bail contre un débiteur obligé par acte

---

(1) *Répertoire*, article *conciliation*, n° 5.

authentique, il devrait être déclaré non recevable. A quoi aboutirait, en effet, la demande du créancier, lequel, muni d'un titre exécutoire, peut faire saisir son débiteur, comme il le ferait en vertu de jugement? Dans ce cas, la condamnation judiciaire n'aurait d'autre résultat que celui d'occasionner des frais frustratoires.

5. *Acte sous seing privé* : c'est celui que rédigent les parties, sans recourir à un officier public. L'article 1322 du Code attribuë à l'acte sous seing privé la même foi qu'à l'acte authentique, mais seulement entre *ceux qui l'ont souscrit et entre leurs héritiers et ayant cause.* Cet article n'est pas plus exact que l'article 1319. Comme on vient de le voir, l'acte authentique fait foi pleine et entière de tout ce qui s'est passé devant l'officier public, non-seulement entre les parties contractantes, mais à l'égard des tiers : et s'il n'en est pas ainsi de l'acte sous seing privé, du moins établit-il la preuve de la convention qu'il renferme, même à l'égard des tiers, dans plusieurs circonstances. Ainsi, par exemple, la demande en revendication d'un immeuble, peut être fondée sur un acte d'acquisition soit authentique, soit sous seing privé, et, dans ce cas, le titre ne saurait être rejeté par un tiers, sous le prétexte que ni lui, ni ses auteurs n'y ont paru; autrement il serait impossible d'établir la propriété. Il en est de même du cas où le détenteur invoque la prescription de dix et vingt ans, laquelle exige un titre que l'ancien propriétaire ne peut également rejeter comme étant *res inter alios.* Enfin, en matière possessoire, l'acheteur pouvant se prévaloir de la possession de son vendeur, dans ce cas encore il est vrai de dire que l'acte sous seing privé fait foi, contre les tiers, de la convention qu'il renferme, aussi-bien que l'acte authentique. La seule différence qui existe entre ces deux sortes de titres, c'est que l'acte authentique fait foi de la signature, de la date, en un mot de tout ce qui y est attesté, tandis que les écrits et signatures de l'acte sous seing privé peuvent être contestés, et qu'il ne peut être opposé à un tiers sans avoir une date certaine (*v. infrà,* n° 10).

6. Celui à qui on oppose un acte qui lui est attribué est tenu d'avouer ou de désavouer formellement l'écriture et la signature : si ce sont des héritiers ou ayant cause du signataire,

et, à plus forte raison, des tiers auxquels l'acte est opposé, ils peuvent se borner à déclarer qu'ils ne reconnaissent pas l'écrit pour être émané de celui à qui on l'attribue ; dans l'un ou l'autre de ces cas, la vérification en est ordonnée en justice (art. 1323 et 1324).

Nous n'avons point à nous occuper des formalités prescrites par les articles 193 et suiv. du Code de procédure pour la vérification des écrits, vérification qui ne peut avoir lieu que devant les tribunaux ordinaires. « Lorsqu'une partie, porte » l'article 14 de ce Code, déclarera vouloir *s'inscrire en* » *faux, déniera l'écriture, ou déclarera ne pas la reconnaître*, » le juge (de paix) lui en donnera acte ; il paraphera la pièce » et renverra *la cause* devant le juge qui doit en con- » naître. »

Ainsi le juge-de-paix, quoique compétent pour connaître de la demande, ne peut jamais faire vérifier l'acte, en cas de dénégation. Mais si l'écriture et la signature sont reconnues, il doit en donner acte ; et même tenir l'écrit pour reconnu, lorsque le défendeur à qui l'on a signifié la pièce fait défaut, son silence étant un aveu de la sincérité de l'acte. Ce n'est que dans le cas de dénégation ou de méconnaissance des écrits et signatures, qu'incompétent pour procéder à la vérification, le juge-de-paix doit renvoyer au tribunal. Le professeur Carré prétend que le renvoi ne doit porter que sur l'incident ; et plusieurs autres ont adopté cette opinion. Le contraire nous paraît résulter du texte de l'art. 14, et ce qui nous confirme dans ce sentiment, c'est la différence qui existe entre cet article et l'art. 427, lequel porte qu'en cas de dénégation des écrits, le tribunal de commerce *renverra devant les juges qui doivent en connaître,* et qu'*il sera sursis au jugement de la demande principale ;* tandis que d'après l'art. 14, le juge-de-paix doit renvoyer *la cause,* sans qu'il soit question de sursis. L'affaire ne doit donc pas, à ce qu'il nous semble, parcourir deux juridictions, c'est le tribunal saisi de la vérification des écrits qui prononce la condamnation, s'il y a lieu.

Au surplus, le juge-de-paix ne doit renvoyer au tribunal que dans le cas où, de la vérité ou du défaut de sincérité de l'acte, dépend la décision du procès ; autrement la reconnaissance des écrits étant indifférente, il statuera sans qu'il soit besoin d'y faire procéder.

7. La demande en reconnaissance des écrits et signatures est ordinairement jointe aux conclusions tendant à l'adjugé du principal. Cependant on peut demander cette reconnaissnce, par action séparée, et même avant l'échéance de l'obligation.

Voici ce que porte à cet égard la loi du 3 septembre 1807, art. 1er : « Lorsqu'il aura été rendu un jugement sur une de-
» mande en reconnaissance d'obligation sous seing privé, formée
» *avant l'échéance ou l'exigibilité de ladite obligation*, il ne
» pourra être pris aucune inscription hypothécaire en vertu
» de ce jugement, qu'à défaut de paiement de l'obligation, *après*
» *son échéance ou son exigibilité*, à moins qu'il n'y ait eu *sti-*
» *pulation contraire.* — Art. 2. Les frais relatifs à ce jugement
» ne pourront être répétés contre le débiteur que dans le cas
» où il aura dénié sa signature. Les frais d'enregistrement seront
» à la charge du débiteur, tant dans le cas dont il vient d'être
» parlé que lorsqu'il aura refusé de se libérer, *après l'échéance*
» *ou l'exigibilité de la dette.* »

De là est née la question de savoir si, dans les affaires dont la connaissance lui est attribuée, le juge-de-paix ne serait pas compétent pour connaître d'une demande en reconnaissance d'écrits faite à part, et avant même l'exigibilité de la dette ?

Les juges-de-paix étant investis de la connaissance de toutes les actions personnelles qui ne s'élèvent pas à plus de 200 fr., on ne voit pas pourquoi ces juges seraient incompétents pour connaître d'une demande en reconnaissance d'écrits (qui est bien une action personnelle résultant de l'obligation), lors même que cette demande est formée avant l'exigibilité de la dette, si surtout il en a été ainsi convenu. Loin d'élever des doutes sur ce point, M. Troplong soutient que cette reconnaissance pourrait même être consentie devant le juge-de-paix, quel que fût le montant de l'obligation : « La reconnaissance, dit-il, pourrait,
» sans difficulté, se faire devant un juge-de-paix, *quelle que fût*
» *la somme portée dans le billet, pourvu qu'il y eût consen-*
» *tement des parties.* Car de même que la volonté des parties
» peut le rendre juge de la demande à fin de paiement de la
» somme, de même elles peuvent lui demander acte de la recon-

» naissance de la signature qui n'est qu'un préliminaire pour
» arriver à la condamnation (1). »

Mais la discussion qui s'est élevée à cet égard au sujet de
» la loi nouvelle, complique singulièrement la question.

Dans un premier projet, il avait été proposé de modifier
l'art. 14 du Code de procédure, en autorisant les juges-de-paix
à procéder eux-mêmes à la vérification des écrits, dans les affaires
de leur compétence; mais de justes motifs ont fait écarter cette
proposition : « Autoriser le juge-de-paix, disait M. le garde-
» des-sceaux en proposant la loi, à procéder à la vérification
» de l'écriture, *en cas de dénégation*, ce serait peut-être ne
» pas se rendre assez raison des difficultés que ce magistrat
» rencontrerait pour se procurer les pièces de comparaison, et
» pour se livrer à une appréciation dans laquelle trop de ga-
» ranties ne sauraient être prises contre l'erreur. Nous croyons
» que l'honneur des personnes engagées dans de telles contes-
» tations, ne doit pas être légèrement commis à la décision d'un
» seul homme auquel il faudrait accorder le pouvoir de con-
» damner à des dommages-intérêts, et même de frapper la per-
» sonne qui aurait dénié son écriture d'une amende que l'art. 214
» du Code de procédure élève à 150 fr. Nous ajoutons que la
» vérification peut conduire à la découverte du crime de faux;
» or, l'intérêt public n'est pas représenté auprès des tribunaux
» de paix, comme il l'est, par un magistrat spécial, devant les
» tribunaux de première instance. Sous tous ces rapports, une
» attribution de cette nature offrirait de graves dangers pour
» les justiciables; l'intérêt public en souffrirait; la considération
» du juge lui-même en serait affaiblie. — Il n'y a donc sur ce
» point *aucun changement à faire à l'art. 14 du Code de pro-
» cédure*, d'après lequel si, devant le juge-de-paix, l'une des
» parties *dénie l'écriture*, déclare *ne pas la reconnaître*, ou
» vouloir s'inscrire en faux, la cause est renvoyée devant les
» juges qui doivent en connaître. »

Jusque-là rien de plus simple, l'art. 14 du Code de procédure subsistant dans les termes qu'il porte, et d'après l'appli-

---

(1) Voir le *Traité des hypothèques*, tom. 2, p. 127, n° 446, et les autorités
que cite l'auteur.

cation qui en était faite par les auteurs, notamment par M. Troplong. Mais voici la commission de la chambre des députés, qui propose d'ajouter à la loi un article 2 conçu dans les termes suivants : « Les juges-de-paix connaissent, dans les » termes de l'art. précédent, des demandes en reconnaissance » d'écriture, sauf l'application de l'art. 14 du Code de procé-» dure, à tous les cas où l'une des parties *déclarera vouloir* » *s'inscrire en faux, déniera l'écriture* ou *déclarera ne pas* » *la reconnaître.* »

Cet amendement était difficile à concevoir, n'étant que la répétition assez inutile de l'art. 14 du Code de procédure; et le discours du rapporteur, loin de simplifier la question, n'a fait que l'embrouiller davantage.

« Sous l'empire *de la législation actuelle,* disait-il, une de-» mande en reconnaissance d'écriture peut-elle, dans les limites » de la compétence des juges-de-paix, être portée devant eux, » sauf à eux à ne statuer que, s'il n'y a *ni inscription de faux,* » *ni déni d'écritures, ni déclaration de non reconnaissance?*

» La majorité de votre commission *ne l'a pas pensé.* Elle » s'est fondée sur ce que les formes de la procédure en vérifi-» cation d'écritures sont spécialement déterminées pour tous les » cas, par le titre 10, liv. 2 du Code de procédure civile, livre » qui est applicable, non aux justices-de-paix, mais aux tri-» bunaux de première instance. » (*Nota.* Il ne s'agit pas ici de la procédure en vérification, mais seulement de donner acte de la reconnaissance.)

« La question étant ainsi résolue, fallait-il attribuer aux » juges-de-paix, dans les limites de leur compétence, les de-» mandes en reconnaissance d'écritures ?

» La minorité de votre commission s'y est opposée. Elle a » craint d'encourager des procédures frustratoires et d'exciter » à prendre un premier jugement d'avération d'écritures préa-» lablement à un jugement de condamnation. Elle a ajouté » que, s'agissant de sommes minimes, l'obtention de ces juge-» ments préliminaires serait sans intérêt pour les parties aux-» quelles d'ailleurs les tribunaux civils sont ouverts, pour les » cas très rares où elles auraient un véritable intérêt à cette » procédure; on a dit enfin que le juge-de-paix restant obligé,

» si l'on maintient l'art. 14 du Code de procédure, à se dessaisir
» de l'incident toutes les fois qu'il n'y aura pas reconnaissance
» de la part du défendeur, on rendra presque toujours néces-
» saire deux jugements, dans deux juridictions différentes, pour
» arriver au seul résultat de savoir, si l'écriture sera ou non
» tenue pour reconnue.

» La majorité de la commission a pensé qu'il n'y a point
» de motifs suffisants pour exclure de la juridiction des juges-
» de-paix les demandes en reconnaissance d'écriture, lorsque,
» par leurs causes, elles rentrent dans cette juridiction. C'est
» introduire des difficultés dans la connaissance des lois et com-
» pliquer leur application pratique, que de les surcharger de
» dispositions exceptionnelles. Lorsqu'on a fixé, jusqu'à une
» certaine somme, la juridiction des juges-de-paix, il faut que
» cette juridiction soit pleine et entière, et qu'elle atteigne tous
» les cas. On ne doit pas craindre que les frais se multiplient,
» puisqu'ils sont à la charge du demandeur, et ne peuvent
» être répétés contre le débiteur que lorsqu'il aura dénié sa
» propre signature. Les objections contre la disposition demandée
» vont trop loin; elles portent contre la procédure même en
» reconnaissance d'écriture, dont l'utilité a cependant toujours
» été admise, et qui s'est constamment maintenue dans nos lois.

» La commission de la chambre des députés chargée de l'exa-
» men du projet d'organisation judiciaire, avait d'abord été
» jusqu'à prononcer que, *dans le cas où l'écriture serait déniée*
» *ou non avouée*, et où la cause serait en dernier ressort, le
» juge-de-paix procédât ou fît procéder à la vérification, ainsi
» qu'il l'arbitrerait, sans toutefois pouvoir, en aucun cas,
» connaître de l'inscription de faux.

» Plusieurs cours royales et la cour de cassation ont fait
» remarquer que, même pour les plus faibles sommes, la vé-
» rification d'écritures ne pouvait pas être laissée à la décision
» du juge-de-paix; que ce sont des questions souvent très dif-
» ficiles à apprécier; que l'honneur des parties y est intéressé
» gravement; qu'enfin ces sortes d'affaires ne peuvent être
» jugées hors de la présence du ministère public qui y découvre
» souvent des présomptions de faux.

» Ces motifs avaient fait impression sur la commission elle-

» même chargée de l'examen du précédent projet. Elle avait,
» dans la rédaction nouvelle que le retrait de ce projet l'a
» empêchée de vous soumettre, maintenu dans toute son
» étendue *l'application de l'art.* 14 *du Code de procédure civile.*
» SON SYSTÈME A ÉTÉ LE NÔTRE ; *c'est celui que nous vous pro-*
» *posons d'adopter.* »

Ce rapport est vraiment inconcevable. S'il était vrai que
l'art. 14 du Code de procédure interdit aux juges-de-paix de
donner acte de la reconnaissance d'un écrit, sur la demande
qui en serait formée devant lui, alors on concevrait l'amendement que proposait la commission. Mais après avoir dit que
telle était *la pensée de la majorité*, le rapporteur finit par dire,
ce qui est vrai, que l'art. 14 n'interdit la vérification des écritures que lorsqu'elles sont déniées, qu'il convient de *maintenir*
la disposition de cet article *dans toute son étendue ;* que tel est
le système que la commission propose d'adopter. Alors on ne
conçoit guère par quel motif elle proposait d'ajouter à la loi
une disposition qui ne faisait que répéter les termes de cet
article 14.

Il semblerait donc que l'amendement n'a été rejeté qu'à
cause de son inutilité.

Le contraire néanmoins paraît résulter du discours que
M. le garde-des-sceaux a prononcé pour combattre la proposition de la commission.

« Le projet de loi, disait-il, a surtout pour but de sim-
» plifier la procédure et d'économiser les frais. L'article que
» l'on vous propose a une tendance toute contraire ; il mul-
» tiplie les procédures, et par cela même il multiplie les procès
» et les frais, le tout sans aucune utilité. Quand on assigne
» une personne devant un juge, c'est sans doute pour qu'elle
» ait la faculté de contester. Mais d'après le projet de la com-
» mission, il n'y a pas de contestation possible. On cite en re-
» connaissance d'écriture ; si l'on conteste, il faut s'en aller
» devant un autre juge. Alors c'est donc un acte en reconnais-
» sance qu'on demande au juge-de-paix ; on prend le juge-de-
» paix pour un notaire. Mais cela ne rentre pas dans l'institu-
» tion des juges-de-paix.

» Maintenant j'ai dit que l'article est complétement *inutile ;*

» j'ajoute qu'il est *frustratoire*, car à quelle époque citera-t-on
» en reconnaissance d'écriture? Il ne peut y en avoir que
» deux : avant l'exigibilité ou après l'exigibilité du titre ; je
» maintiens que dans les deux cas, cela *n'est utile à rien*, si
» ce n'est à dénaturer les conventions des parties ; que c'est
» céder à une vieille routine qui existe encore dans les tribunaux
» où l'on cite en reconnaissance d'écriture, avant l'échéance
» de la dette. Autrefois on avait intérêt à citer en reconnais-
» sance d'écriture, *parce qu'on pouvait prendre une inscription;*
» mais depuis que la loi de 1807 a supprimé *la faculté de*
» *prendre inscription avant l'échéance*, il en résulte que la de-
» mande en reconnaissance d'écriture est sans utilité. Je me
» trompe, elle va directement contre ce que les parties se sont
» proposé, elle a pour objet de changer le titre. Sans doute
» on peut le faire devant les tribunaux de première instance;
» puisque la loi existe, je n'ai rien à dire; mais vouloir intro-
» duire dans les justices de paix cette procédure en recon-
» naissance d'écriture qui n'y existe pas encore, je dis que c'est
» une chose inutile et frustratoire..... Mais c'est surtout pour
» le cas où on la demandera, après l'échéance, que j'insiste, car
» alors elle aura pour objet de faire des frais, ce que nous vou-
» lons éviter, etc., etc. »

Enfin le projet adopté par la chambre des pairs avec des
amendements ayant été rapporté à la chambre des députés,
voici comment s'exprimait M. Amilhau, nouveau rapporteur:
« Devra-t-on soumettre à la compétence des juges-de-paix la
» reconnaissance des écrits, lorsqu'il ne s'élèvera aucune con-
» testation? S'il n'est question que de l'incident qui se présente
» devant le juge, au moment où l'action est portée devant lui,
» l'art. 14 du Code de procédure y a pourvu ; s'il s'agit, au con-
» traire, de faire, du juge-de-paix, un tribunal de première
» instance chargé d'authentiquer les actes et de conférer hypo-
» thèque, lorsque les parties sont d'accord, elles peuvent se
» présenter devant un officier public chargé de retenir leurs
» conventions; et dans le cas où le défendeur est absent, ou
» refuse de reconnaître, il serait également dangereux d'au-
» toriser à rendre un jugement qui suppléerait à son silence.
» Sans nous étendre davantage sur ces motifs, puisque la loi

» y a pourvu, votre commission a rejeté cette proposition. »
(Moniteur du 15 avril 1837.)

De cette discussion que l'on a cru devoir rapporter en entier,
il serait difficile de ne pas voir que dans la pensée des auteurs
de la loi nouvelle, le juge-de-paix ne pourrait donner acte de
la reconnaissance d'écrits, qu'en jugeant le fond. Mais ce sentiment est-il d'accord avec les principes ? Au lieu de s'attacher
à l'art. 14 du Code de procédure, les orateurs dont on vient
de parler ont fait le procès à la loi de 1807 ; tout ce qu'ils
ont dit s'appliquerait aux tribunaux ordinaires aussi-bien qu'aux
juges-de-paix, avec cette différence que, dans ces justices, les
frais sont beaucoup moindres. Est-il vrai que la demande en
reconnaissance d'écrits, avant l'exigibilité de la dette, soit inutile
et frustratoire ? La reconnaissance des écritures au moment de
la confection de l'acte a le grand avantage de prévenir les inconvénients de la dénégation, et à supposer que le débiteur
y fût déjà disposé, d'empêcher ainsi les preuves de disparaître.
Est-il vrai qu'avant l'échéance de l'obligation, la défense d'inscrire le jugement aux hypothèques soit absolue ? L'art. 2 de
la loi du 3 septembre 1807 décide que le contraire peut être
stipulé ; et dans le cas de cette stipulation, pourquoi le juge-
de-paix ne serait-il pas compétent pour statuer sur l'obligation
personnelle qui en résulte ? Par quel motif les parties ne pourraient-elles pas même user, en ce cas, de la faculté que la
loi leur accorde de proroger sa juridiction, afin d'obtenir
promptement, et à peu de frais, un jugement portant hypothèque générale, tandis que l'acte notarié ne peut conférer
qu'une hypothèque spéciale ? Et l'art. 2123 du Code attachant
l'hypothèque judiciaire à tous les jugements, même à ceux
de reconnaissance d'écrits, quel est le tribunal qui pourrait
refuser ce privilége à un jugement de cette nature rendu en
justice-de-paix ? Tout ce qui résulte donc de la discussion qui
vient d'être rapportée, c'est que l'art. 14 du Code de procédure,
auquel il n'est point dérogé, reste ce qu'il est. Or, cet article
n'exige le renvoi devant les tribunaux ordinaires qu'en cas
de dénégation d'écrits. Ainsi, que les parties se présentent devant
lui, avant ou après l'exigibilité, pour demander acte de la reconnaissance, il a, dans les limites de sa juridiction, la même com-

pétence que tout autre tribunal pour constater le contrat judiciaire. La loi nouvelle n'ayant fait aucune exception à cet égard, les discours prononcés ne sauraient suppléer à son silence, et si l'article dont l'addition avait été proposée a été rejeté, on doit croire que c'est son inutilité qui a déterminé ce rejet, et non les raisons alléguées par certains orateurs (1).

Passons à ce qui concerne la forme des différents actes sous seing-privé.

8. Ces actes sont *synallagmatiques* ou *unilatéraux*.

L'acte *synallagmatique* est celui qui renferme des obligations réciproques. La vente, le bail, tous les contrats en général, sont de cette nature.

L'acte synallagmatique doit être rédigé en autant d'originaux qu'il y a de parties ayant un intérêt distinct; et chaque original doit contenir la mention du nombre des originaux qui en ont été faits. Cette disposition de l'art. 1325 du Code est motivée sur ce que chaque partie doit avoir en main une preuve du contrat, afin de pouvoir forcer l'autre à l'exécution.

Mais l'acte non valable, faute d'avoir été fait double, est-il sans effet? Les auteurs du plus grand poids soutiennent que l'article 1325 du Code, loin de déclarer nuls les actes de cette espèce, dit seulement qu'ils ne sont *valables* qu'autant qu'ils ont été faits en autant d'originaux que de parties, c'est-à-dire que, sans cette formalité, ils ne sont pas complets, mais qu'ils ne doivent pas moins servir de commencement de preuve par écrit, laquelle peut être complétée, soit par la preuve testimoniale, soit par des présomptions, soit en déférant le serment d'office à celui-là même qui demande l'exécution de l'acte. (V. notamment M. Toullier, tome 8, nᵒˢ 308 et suiv., et M. Merlin, *Répert.*, vᵒ *double écrit.*) D'autres prétendent, au contraire, qu'un acte déclaré *non valable* par la loi, ne peut produire aucun effet, comme probatif des conventions qu'il renferme ; qu'admettre cet acte comme commencement de

---

(1) Les auteurs, M. Troplong entre autres, ont souvent élevé des plaintes sur l'insignifiance de la plupart des discours, les assertions hasardées qu'ils renferment, la maigreur dans les doctrines que l'on y remarque et les vaines déclamations dont ils se composent. Et il faut le dire, parce que c'est la vérité, les discussions qui se sont élevées sur la loi des justices-de-paix, sont loin de répondre à l'importance de la matière.

preuve par écrit, ce serait lui donner une validité que la loi lui refuse. (Arrêt de la cour de Bourges du 29 novembre 1831, D., part. 2, pag. 172.)

Cette dernière opinion paraît la plus conforme au texte et à l'esprit de la loi. A quoi pourrait servir, en effet, le commencement de preuve par écrit que l'on ferait résulter d'un acte non fait double? Serait-ce à prouver qu'il a été signé de la partie à qui on l'oppose? L'acte lui-même est une preuve complète de ce fait; et, malgré cela, la loi n'a pas voulu lui attribuer la force d'une convention; elle regarde l'acte non fait double comme un simple projet. On peut donc dire que cet acte ne peut pas plus être considéré comme une sémi-preuve que comme une preuve entière, et que la convention qu'il était destiné à attester ne peut être consacrée par la justice, à moins que la partie à qui on l'oppose n'avoue que la convention, loin de rester dans les termes d'un simple projet, a été définitivement arrêtée et consentie, cas auquel la cause serait jugée sur son aveu, et non point d'après un écrit dont la loi réprouve la forme, et qu'elle déclare inefficace.

Au surplus, ce n'est que pour les objets non susceptibles d'être prouvés par témoins, que l'on pourrait donner à la loi cette interprétation rigoureuse. Pour les demandes qui, comme la plupart de celles dont les juges-de-paix ont à s'occuper, sont susceptibles d'être prouvées par témoins, l'acte non fait double, à supposer qu'il ne puisse servir de commencement de preuve par écrit, serait tout au moins une présomption grave et suffisante pour autoriser le juge à déférer au demandeur le serment d'office dont il sera parlé au § 5, n° 41.

Ce qu'il y a de certain, c'est que l'acte non fait double, quoique vicieux et incomplet, deviendrait néanmoins inattaquable, s'il était prouvé qu'il a été exécuté, parce que l'exécution volontaire d'un acte en opère la confirmation et en répare les vices (art. 1325 et 1338.)

Dans tous les cas, il n'est pas nécessaire que le double remis à l'un des contractants porte sa propre signature; il suffit qu'il ait été signé par les autres. L'acte rédigé dans cette forme n'a rien d'irrégulier; celui qui tient la signature de sa partie adverse ne saurait se prévaloir de ce qu'il n'a pas signé lui-même son double ; cette signature se trouvant sur le double de l'autre, chaque partie possède ainsi la preuve de l'engagement réciproque, et peut forcer à l'exécution.

9. L'acte *uni-latéral* est celui par lequel une ou plusieurs personnes promettent et s'engagent envers d'autres, sans obligation réciproque de la part de celles-ci. Tels sont les billets ou promesses portant reconnaissance d'une somme d'argent ou d'une chose appréciable.

La signature du débiteur ne suffit pas pour rendre valable son obligation : si le billet en entier n'est pas écrit de sa main, il doit mettre un *bon* ou *approuvé* portant, *en toutes lettres*, la somme ou la quantité de la chose qu'il s'oblige à payer ou à livrer. L'art. 1326 excepte de cette disposition le cas où l'acte émane de marchands, artisans, laboureurs, vignerons, gens de journées ou de service.

A l'égard des autres, le billet non approuvé ne ferait pas preuve complète. Néanmoins il peut être considéré comme un commencement de preuve par écrit qui, aidé de la preuve testimoniale ou de présomptions, suffit pour opérer la condamnation du débiteur. Ce n'est qu'afin d'éviter les surprises, que l'art. 1326 exige le *bon* ou *approuvé* de la somme ; mais la signature de l'obligé faisant présumer qu'elle a été reçue, rien n'empêche de corroborer cette présomption écrite par une autre preuve, et même par le serment déféré d'office au créancier (arrêts des 4 février 1829, D., p. 136, et 4 mai 1831, p. 189).

10. Les actes soit synallagmatiques soit unilatéraux doivent être signés de toutes les parties qui y sont dénommées : si l'une d'elles n'y a point apposé sa signature, il n'y a pas même d'engagement de la part de ceux qui les ont signés, n'étant censés l'avoir fait que sous la condition de la signature de tous les autres. La question de savoir si un acte semblable peut être confirmé par l'exécution a été l'objet d'une controverse sérieuse. M. Merlin avait d'abord prétendu que, dans ce cas, l'acte manquant de substance, la nullité en était radicale et ne pouvait être réparée ; M. Toullier a vivement combattu cette opinion que Merlin lui-même a fini par rétracter de la manière la plus expresse. D'après l'art. 1338, § 2, du Code, l'exécution volontaire de l'obligation emporte la renonciation à tous les

moyens et exceptions que l'on aurait pu opposer contre l'acte; la règle établie par cet article est générale; on ne voit donc pas pourquoi la nullité résultant du défaut de signature de l'une des parties, ne serait pas couverte, s'il est justifié que toutes l'ont exécuté volontairement (1).

11. Les actes sous seing-privé, en général, n'ont de date contre les tiers, que du jour où ils ont été enregistrés, du jour de la mort de celui ou de l'un de ceux qui les ont souscrits, ou du jour où leur substance est constatée dans des actes dressés par des officiers publics, tels que procès-verbaux de scellés ou d'inventaire (art. 1328 du Code; loi du 13 messidor an 3).

Il est des auteurs qui prétendent que la disposition de l'article 1328 n'est qu'énonciative; que l'acte peut acquérir une date certaine, dans d'autres circonstances que celles exprimées dans l'article; que si l'un des contractants avait été réduit à l'impossibilité de signer par l'amputation de son bras, par exemple, la date de l'acte serait assurée, à partir de cet accident ou de tout autre semblable. Mais la disposition de la loi nous paraît limitative. Pour vérifier l'accident qui aurait réduit l'un des contractants à l'impossibilité de signer, il faudrait avoir recours à la preuve ordinaire; tandis que le but du législateur a été de ne rien laisser à l'arbitraire, à l'incertitude des présomptions, et que la date de l'acte ne soit assurée que dans l'une des circonstances désignées, savoir, l'enregistrement, le décès de l'une des parties et la relation dans un acte public; circonstances qui excluent toute possibilité d'antidate.

Ce n'est que pour les tiers que cette disposition a été établie; car d'après l'art. 1322, l'acte sous seing-privé faisant foi de ce qu'il renferme, *à l'égard de ceux qui l'ont souscrit, de leurs héritiers ou ayant cause,* ceux-ci ne peuvent en contester la date.

On appelle *ayant cause* celui auquel les droits d'une personne ont été transmis par donation, legs, vente, échange, etc.

----

(1) Voir les conclusions et l'arrêt rapportés au *Répertoire*, v° *Ratification*, n° 9; Toullier, tom. 8, p. 723 et suiv.; et Merlin, *Questions de droit*, dernières additions, v° *Ratification*, § 5, n° 3.

L'ayant cause diffère de l'héritier, en ce que ce dernier représente le défunt, *suscedit in universum jus;* tandis que l'ayant cause ne représente son auteur que pour l'objet qui lui a été transmis.

Partant des termes de l'art. 1322, M. Toullier a fait des efforts prodigieux pour démontrer, qu'en cas de vente du même objet à deux personnes, l'acquéreur dont l'acte avait une date certaine, était lié par la vente d'une date antérieure quoique non enregistrée : ce n'est là qu'une pétition de principes ; car celui qui a vendu deux fois la même chose a, par l'une des deux ventes, nécessairement aliéné ce qui ne lui appartenait plus, il a évidemment transféré des droits qu'il n'avait pas, à l'un des deux acheteurs. La question de savoir quel est celui qui doit être préféré, dépend donc uniquement de la date de l'une des ventes. Celui dont l'acte a une date certaine est bien l'ayant cause de son vendeur pour tout ce qui serait prouvé légalement avoir été fait avant son acquisition ; mais il ne peut être considéré comme ayant cause à l'égard de la vente qui, n'ayant pas de date certaine, est regardée, par la loi, comme antidatée et faite à une époque où le vendeur n'avait plus de droit dans la chose et ne pouvait, par conséquent la transférer. L'acquéreur qui produit un acte ayant date certaine est donc *un tiers* que n'a pu lier son vendeur par une autre vente qui n'a pas de date, ou ce qui est la même chose, que la loi regarde comme étant sans date.

Telles sont, en résumé, les règles concernant la validité et l'efficacité des contrats et obligations.

§ II.

De la preuve testimoniale et des présomptions.

12. Comme on l'a déjà fait observer, l'accroissement que la loi nouvelle a donné à la compétence des juges-de-paix, oblige ces magistrats à se pénétrer des principes qui régissent la preuve testimoniale, afin de n'admettre cette preuve que dans le cas où elle n'est pas prohibée. Cette matière importante exigerait des développements que les bornes de ce traité préliminaire ne sauraient comporter (1).

15. Il suffit de rappeler l'art. 1341 du Code, lequel prohibe la preuve testimoniale de *toutes choses* excédant la somme ou valeur de 150 fr. Le même article défend de prouver, *contre et outre le contenu en l'acte*, ni sur ce qui serait allégué avoir été dit *avant, lors et depuis*, quoiqu'il ne s'agisse que d'une somme au-dessous de 150 francs.

Mais peut-on être admis à prouver, par témoins, la libération d'une somme de 150 fr. et au-dessous, que l'on prétendrait avoir payée, à compte d'une obligation plus considérable? M. Toullier tient l'affirmative. « En ce cas, dit-il, la preuve testimoniale » tendrait, non à contredire l'acte, mais à établir seulement » un fait d'exécution, dont la valeur n'excède pas 150 francs. » Nous ne saurions partager ce sentiment quoique adopté par plusieurs auteurs. Que devient la disposition de la loi qui défend de prouver contre et outre le contenu de l'acte, s'il est permis de le détruire pièce à pièce, avec des allégations de paiements partiels? C'est le cas, ou jamais, d'appliquer ici la maxime, *contrà testimonium scriptum, testimonium non scriptum non admittitur.*

La défense de prouver contre et outre le contenu aux actes, ne regarde, au surplus, que les contractants qui doivent s'imputer d'y avoir laissé comprendre ce qui s'y trouve convenu, ou d'avoir laissé omettre ce qui devait y être compris, sans s'être fait donner une contre-lettre : cette défense ne peut concerner les tiers, au préjudice desquels on a pu insérer, dans l'acte, des choses contraires à la vérité; on ne pourrait même opposer une contre-lettre au tiers qui aurait traité sous la foi des conventions insérées au contrat, qui, par exemple, aurait acheté, en vertu d'une vente que la contre-lettre déclarerait simulée.

La défense de prouver, par témoins, est aussi appliquée par l'article 1344, au cas où la demande a pour objet une somme moindre de 150 fr., qui formerait le restant ou ferait partie d'une

---

(1) On peut consulter Danty, *Traité de la preuve par témoins,* et le *Répertoire,* aux mots *preuves et présomptions.*

créance plus forte et non prouvée par écrit. Si, par exemple, j'allègue avoir vendu un cheval, ou tout autre objet mobilier, pour une somme de 300 fr. et que je me pourvoie devant le juge-de-paix pour obtenir celle de 100 fr. qui me reste due, ma demande devra être rejetée, à moins que la vente ne soit avouée par mon adversaire.

D'après l'art. 1345, la défense de prouver par témoins a également lieu, à l'égard d'une demande ayant pour objet plusieurs sommes qui, réunies dans la même instance, excéderaient 150 fr., quoique chacune d'elles fût bien au-dessous de cette somme, et quand bien même on alléguerait que ces créances proviennent de différentes causes et se sont formées en différents temps, à moins qu'il ne s'agisse de droits procédant de personnes différentes, par succession, donation ou autrement. Si donc je me prétends créancier de la somme de 80 fr. d'une part, que j'allègue avoir prêtée à Paul, le 1er janvier, et d'autre part, d'une somme de 100 fr. pour prix d'un objet à lui vendu le 1er mars, sans avoir de preuves par écrit ni du prêt ni de la vente, je ne serai point admis à établir par témoins l'un de ces faits, parce que la demande des deux sommes réunies excède celle de 150 fr.

Il eût été facile d'éluder cette disposition, en formant deux demandes au lieu d'une; mais l'art. 1346 a pourvu à cet inconvénient, en décidant que toutes les demandes, à quelque titre que ce soit, qui ne seraient pas entièrement prouvées par écrit, devront être formées par un seul et même exploit. Ainsi, le demandeur qui, sans preuve écrite, se prétendrait créancier d'une somme de 100 fr. pour un objet, et de 60 fr. pour un autre, envers le même individu, ne pourrait diviser les deux sommes afin d'obtenir la preuve par témoins de chacune d'elles comme étant au-dessous de 150 fr.; et si, après avoir demandé l'une d'elles, il formait une seconde demande pour l'autre, il ne pourrait être admis à la preuve de cette dernière somme. Plusieurs auteurs, Toullier entre autres, prétendent qu'il en serait autrement si les deux sommes n'étaient pas exigibles en même temps, cas auquel elles n'auraient pu être réunies dans une seule et même demande, comme l'exige la loi; mais alors rien de plus facile que d'éluder sa disposition; il suffirait pour cela d'alléguer que les deux dettes dont il n'existe pas de preuve, sont à des échéances différentes. Le seul cas, ce nous semble, où l'article ne pourrait recevoir d'application serait celui de deux dettes contractées verbalement à des époqnes tellement différentes, qu'il eût été impossible de n'en former qu'une seule et même demande.

On a vu pag. 69 que l'incompétence du juge, en premier ou dernier ressort, pouvait être fixée par des conclusions restrictives de la demande originaire. Il ne pouvait en être ainsi, pour ce qui concerne la prohibition de la preuve testimoniale; l'art. 1343 décide que celui qui a formé une demande excédant 150 fr., ne peut plus être admis à en faire la preuve, quand bien même il prendrait le parti de restreindre sa demande.

14. L'art. 1347 excepte, des règles ci-dessus, le cas où il existe un commencement de preuve par écrit, c'est-à-dire un acte qui, sans prouver complétement le fait allégué, le rend vraisemblable. Autrefois la question de savoir dans quel acte pouvait être puisé ce commencement de preuve, était laissé à l'arbitrage du juge; mais l'art. 1347 exige un acte émané de la personne contre laquelle la demande est formée, ou de celui qu'elle représente : cet article n'est que la conséquence du principe que l'acte, soit authentique, soit sous seing privé, n'engage que les parties contractantes, et leurs héritiers ou ayant cause.

Il serait difficile d'énumérer les actes et de préciser tous les cas dans lesquels un commencement de preuve par écrit peut s'y rencontrer. De simples énonciations, une note sans signature, mais écrite de la main de celui à qui on l'oppose; une quittance d'arrérages postérieurs donnée par le créancier, sans réserve pour les arrérages antérieurs; un acte, quoique déclaré nul; une lettre par laquelle un débiteur ne ferait même que demander au créancier, si celui-ci n'a pas de titres contre lui, etc., etc., peuvent être considérés, selon les circonstances, comme des commencements de preuve suffisants pour obtenir la preuve testimoniale, et même pour justifier complétement la demande ou l'exception, si, au commencement de preuve, se joignent des présomptions graves, précises et concordantes (art. 1353).

M. **Toullier** prétend que l'art. 1347 n'est point limitatif : pour le démontrer, il cite l'art. 1335 qui attribue à des copies l'effet d'un commencement de preuve, et l'art. 1336 qui regarde aussi comme tel, la transcription d'un acte sur les registres publics, transcription qui n'est cependant pas un écrit émané de celui à qui on l'oppose. Disons plutôt que ces articles font exception à l'art. 1347, dont la disposition n'est pas moins générale, pour les cas non exceptés.

Cependant il ne faut pas prendre trop à la lettre les termes de cet article. L'écrit d'un mandataire, par exemple, quoiqu'il n'émane pas de son commettant, ne servirait pas moins de preuve contre celui-ci, parce que le mandataire représente le mandant. Il en serait de même, en plusieurs circonstances, de l'écrit du tuteur à l'égard de son mineur, du mari à l'égard de sa femme, de tous les écrits enfin qui, sans être de la main d'un individu, proviennent de son fait, ou de celui qui le représente : on doit en dire autant des actes qu'il a provoqués, ou auxquels il a coopéré, quoiqu'il ne les ait ni écrits, ni signés. Par exemple, j'ai vu élever la question de savoir si les énonciations qui se trouvent dans une quittance produite par le débiteur, pouvaient servir de commencement de preuve contre lui, et l'affirmative ne paraît pas douteuse, parce que cette quittance, quoique de la main du créancier, est cependant le fait du débiteur, que c'est lui qui l'a requise, qui en fait usage, et qu'en la souscrivant, le créancier n'a fait qu'attester la libération du débiteur.

Les inductions qu'on peut tirer des faits et des aveux contenus dans un interrogatoire sur faits et articles, peuvent former des commencements de preuve suffisants pour rendre vraisemblable le fait allégué, et faire admettre la preuve par témoins ou par présomptions. On ne doit pas s'attendre à l'aveu de la vérité tout entière, de la part de celui qui a pris le parti de la dénégation ; mais on peut lui arracher la confession de quelques faits ou circonstances de nature à rendre vraisemblable le fait qu'il s'agit de prouver : ses tergiversations, les contradictions qui lui échappent, peuvent aussi tendre à ce but ; bien plus, le silence ou le refus de répondre à l'interpellation, et même le défaut de se présenter à la justice, suffisent pour former un commencement de preuve et même une preuve complète, suivant les circonstances (1).

L'art. 1348 excepte aussi de la défense de prouver, par témoins, le cas où il n'a pas été possible de se procurer une preuve littérale. Cette exception s'applique à toutes les obligations qui naissent des *quasi-contrats*, des *délits*, des *quasi-délits* et à tous les cas de *force majeure*. Il serait inutile de s'étendre ici sur ces différents objets dont il sera traité, en expliquant les diverses attributions que la loi confère aux juges-de-paix.

15. Quelques auteurs, Toullier entre autres, ont prétendu que la défense de la preuve testimoniale est une loi d'ordre public que le juge doit appliquer d'office, et à laquelle les parties ne pourraient pas même renoncer (2). Cette doctrine nous semble un peu exagérée.

Sans doute la défense de prouver par témoins est un de ces moyens qui doivent être appliqués d'office, et sans la réquisition des parties. Il est vrai aussi qu'un tribunal n'est point engagé par le jugement de preuve qu'il a rendu, non qu'il puisse se réformer, mais parce que les interlocutoires ne lient jamais le juge, lequel après avoir considéré que, du fait dont il a admis la preuve, dépendait la solution de la difficulté, peut, en statuant définitivement, regarder cette preuve comme inutile et n'y avoir aucun égard, suivant le principe *frustrà probatur quod probatum non relevat.* Mais résulte-t-il de là que la prohibition de la preuve testimoniale soit une loi d'ordre public, à laquelle il ne soit pas permis de renoncer? Ce qui prouve le contraire, c'est que les parties peuvent remettre leur différend à la décision d'amiables compositeurs, lesquels statuent, sans égard à la défense de prouver par témoins ou par présomptions; une

---

(1) On peut voir, à cet égard, la jurisprudence générale de Dalloz, aux mots *preuve testimoniale,* art. 5, § Ier; et dans son recueil périodique, p. 114 de 1827; 153 de 1830; 380 et 414 de 1832; 88 de 1833; 83, 197 et 282 de 1837, et 199 de 1838, les espèces dans lesquelles ont été rendus les arrêts dès 11 janvier 1827, 3 mars 1830, 7 décembre 1831, 22 août 1832, 24 janvier 1833, 7 et 15 décembre 1836, 8 mars 1837, et 30 avril 1838. —Voyez aussi Toullier, tom. 9, p. 105 et suiv., et 197.

(2) Voir aussi le *Répertoire,* vo *Preuve,* sect. 2, § 3, art. 1, nos 28, 29 et 30.

autre preuve que cette défense n'est pas d'ordre public, se
puise dans la jurisprudence relative aux tribunaux : la partie
qui a exécuté, sans réserves, un jugement de preuve, ne peut
plus l'attaquer par la voie d'appel ou de cassation, tandis que,
s'il s'agissait d'un objet tenant à l'ordre public, l'acquiescement conventionnel serait impraticable.

16. Les art. 34 et suiv. du Code de procédure prescrivent
les formalités à suivre pour les enquêtes ordonnées par le
juge-de-paix. Discuter ces articles ce serait s'éloigner du but
de ce traité. Il suffit d'observer,

1º Que d'après l'art. 34, « si les parties sont contraires en
» faits de nature à être constatés par témoins, et dont le
» juge-de-paix trouve la vérification utile et admissible, il
» ordonnera la preuve et en fixera l'objet; » d'où il résulte
que le juge peut ordonner une enquête d'office, s'il le croit
convenable, sans que les parties l'aient demandée. Il peut
même arriver que les personnes qui paraissent devant lui soient
assez simples pour ignorer leurs moyens de défense; dans ce
cas, le juge doit venir au secours de l'ignorance, demander
à la partie si elle serait à même de prouver le fait qu'elle
allègue, et en ordonner la preuve, si elle est admissible.

2º Mais dans le cas même où la partie articule des faits tendant à établir sa demande ou son exception, le juge-de-paix
n'est point tenu d'en admettre la preuve; il ne doit ordonner
l'enquête qu'avec beaucoup de circonspection, et autant que
les faits sont non-seulement admissibles en droit, mais lui paraissent pertinents et vraisemblables.

3º Les règles établies par le Code de procédure pour l'audi-
tion des témoins dans les justices-de-paix, ne sont pas prescrites
à peine de nullité. Aussi par arrêt du 19 avril 1810, la cour
de cassation a-t-elle décidé que cette peine n'étant point attachée
à la disposition de l'art. 35, concernant la formule du serment,
l'enquête dans laquelle un juge-de-paix avait seulement fait
promettre aux témoins *de dire la vérité* était valable; cependant
cette formule est loin de remplacer celle du serment qu'exige
le texte de l'article. Les juges-de-paix doivent, au surplus,
être attentifs à observer exactement tout ce qui est ordonné
par la loi.

4° Les dires des témoins sont souvent suspects : leur qualité, la réputation dont ils jouissent, la manière dont ils s'expriment peuvent inspirer plus ou moins de confiance; le juge doit peser ces diverses circonstances avec discrétion. Tout ce qu'on peut dire, c'est que le poids des témoignages est plus à considérer que leur nombre; *testes non numerantur, sed ponderantur*. D'après la législation actuelle, la déclaration de deux témoins n'est pas même indispensable pour attester un fait, celle d'un homme de grande probité étant souvent préférable aux dires de plusieurs individus dont la réputation ne serait pas aussi intacte et qui témoigneraient le contraire.

Présomptions.

17. « Les présomptions sont des conséquences que *la loi* ou » *le magistrat* tire d'un fait connu à un fait inconnu. » (art. 1349.)

Ainsi deux sortes de présomptions, les présomptions légales et les présomptions humaines.

La présomption légale est celle qui est attachée par une loi spéciale à certains actes ou à certains faits. Il ne peut donc y avoir d'autres présomptions légales que celles écrites dans une loi encore en vigueur. On invoquerait en vain les présomptions que les lois romaines avaient établies dans plusieurs cas; le droit romain n'ayant plus force de loi, le juge ne doit point avoir égard à ces présomptions; du moins il ne pourrait les considérer que comme des présomptions humaines que, comme on le verra plus bas, la loi abandonne aux lumières et à la prudence du magistrat.

Il n'en est pas ainsi des présomptions écrites dans nos lois actuelles; la probabilité résultant de ces présomptions est tellement considérable, que le juge ne peut refuser de les admettre.

L'article 1350 du Code met au nombre des présomptions légales « 1° les actes que la loi déclare nuls comme présumés » faits en fraude de ses dispositions, d'après leur seule qualité; — » 2° les cas dans lesquels la loi déclare la propriété ou la libé- » ration résulter de certaines circonstances déterminées; — » 3° l'autorité que la loi attribue à la chose jugée; — 4° la force » que la loi attache à l'aveu de la partie et à son serment. »

Mais cette énumération n'est point limitative : parmi les présomptions légales autres que celles indiquées par l'art. 1350, se trouvent notamment la présomption de connaissance de la loi par tous les citoyens; la présomption de paternité du mari (Code civ., 312, 313); celles résultant des art. 721, 722, 784 en matière de succession; de l'art. 1082 sur les donations présumées faites au profit des enfants à naître du mariage; de l'art. 1064 sur l'étendue des termes d'une disposition gratuite; la ratification que l'art. 1338 fait résulter de l'exécution volontaire d'un acte; la présomption qui milite contre le locataire, en cas d'incendie, 1733; celle des articles 117 et 638 du Code de commerce relativement aux lettres de change et billets d'un négociant, etc., etc.

On doit aussi ranger dans la classe des faits auxquels la loi attache la présomption légale de propriété ou de libération, non-seulement les prescriptions, mais ce qui est déclaré, en matière de servitudes, par les art. 653, 666, 668 et 670; de la communauté, par l'art. 1402; de constructions, plantations et ouvrages, art. 552, 553; de possession de meubles, 2279; de la remise de la dette, art. 1282, 1283.

De ces diverses présomptions légales, il en est plusieurs que les juges-de-paix sont souvent dans le cas d'appliquer, comme on l'expliquera en traitant des diverses attributions que leur confère la loi du 25 mai 1838.

18. Bornons-nous ici à faire observer, en général, que toute présomption légale dispense de la preuve celui au profit duquel elle existe. Mais parmi ces présomptions, il en est qui excluent même toute espèce de preuve; d'autres peuvent être détruites par une preuve contraire : les premières étaient qualifiées, par les interprètes du droit romain, de présomptions *juris et de jure;* ils qualifiaient les autres de présomptions *juris* seulement. Et si les auteurs du Code civil n'ont pas formellement consacré cette distinction, ils l'ont fait d'une manière implicite; témoin l'article 1352 : « La présomption légale dispense de toute preuve » celui au profit duquel elle existe. — Nulle preuve n'est admise » contre la présomption de la loi, lorsque, sur le fondement » de cette présomption, elle annule certains actes ou dénie » l'action en justice, à moins qu'elle n'ait réservé la preuve

» contraire, et sauf ce qui sera dit sur le serment et l'aveu ju-
» diciaire. »

Ainsi, quand la loi n'admet aucune espèce de preuve contre
une présomption, tout ce que peut faire celui à qui on l'oppose, c'est d'en contester l'existence, s'il est possible ; mais le
fait duquel la loi fait résulter la présomption étant certain,
alors il doit en subir les conséquences, sans qu'il y ait possibilité de rien prouver de contraire. Par exemple, la nullité
des actes passés, par un mineur, étant fondée sur la présomption
légale de son incapacité, on demanderait en vain à prouver
qu'il était capable d'agir avec le plus grand discernement.
L'article 909 du Code regarde comme captatoires les dispositions faites en faveur des médecins et des ministres du culte
qui ont prêté leur secours au défunt dans sa dernière maladie ;
la loi prononce plusieurs autres incapacités, et l'art. 911 répute
personnes interposées les pères et mères, les enfants et descen-
dants et l'époux de la personne incapable. Enfin les art. 1596
et 1597 défendent aux personnes qui y sont désignées de se
rendre adjudicataires ou cessionnaires, regardant comme entachées de fraude les acquisitions auxquelles ils se seraient
livrés. Dans ces différents cas, on aurait beau articuler que la
plus grande bonne foi a présidé à la vente ou à la donation ;
le juge en devrait prononcer la nullité, quelles que pussent être sa
conviction et l'évidence des preuves contraires à la présomption
écrite dans la loi.

L'article 1965 déniant toute action pour une dette de jeu,
le créancier ne serait pas fondé non plus à prouver qu'il a
gagné loyalement ; le juge-de-paix devant lequel serait formée
une demande de cette nature devrait la rejeter.

La prescription, si l'on en excepte quelques prescriptions
courtes, et le serment décisoire, comme on le verra ci-après,
sont également des présomptions contre lesquelles la loi n'admet
aucune preuve contraire. L'effet de ces présomptions ne pourrait être détruit que par la renonciation spontanée de celui qui
les a en sa faveur ; on ne pourrait même lui déférer le serment
sur la légitimité de l'obligation.

L'autorité de la chose jugée est aussi une présomption légale
contre laquelle il n'existe ni preuves, ni moyens à opposer.

La décision de l'homme n'a rien d'infaillible; mais l'intérêt de la société exigeait que la loi mît un terme aux débats judiciaires; de là la maxime que la chose jugée doit être considérée comme la vérité même, *res judicata pro veritate habetur.* Suivant M. Toullier, cette présomption n'est pas exclusive de toute preuve contraire; seulement la loi aurait limité le délai dans lequel cette preuve doit être faite; mais ce raisonnement n'a rien d'exact, puisque, loin d'attacher la présomption irréfragable de vérité à tous les jugements, la loi ne l'accorde qu'à ceux auxquels l'acquiescement, soit légal soit conventionnel, a fait acquérir l'autorité de la chose irrévocablement jugée (art. 5, tit. 27, ordonn. de 1667).

19. A l'égard des autres présomptions légales, de ces présomptions *juris* qui ne rentrent point dans la catégorie de celles dont parle le § 2 de l'article 1352, l'effet de ces présomptions peut être détruit par une preuve contraire. Mais quel genre de preuve doit-on opposer à une présomption de cette nature, pour la faire cesser? « La présomption capable » d'attaquer celle de la loi, dit M. d'Aguesseau, doit être écrite » dans la loi même; elle doit être fondée sur un principe in-» faillible, pour pouvoir détruire une probabilité aussi grande que » celle qui sert de fondement à cette conjecture. Ce n'est donc » pas à des conjectures, à de simples indices qu'il faut re-» courir, lorsqu'on veut éluder une présomption de droit. Tant » qu'elle n'est combattue qu'avec de telles armes, le juge doit » lui laisser tout son effet. » Ainsi la présomption *juris* ne saurait être détruite par des présomptions humaines, quelque graves qu'elles puissent être, ni par la preuve testimoniale que, comme on le verra bientôt, la loi place sur la même ligne que les présomptions humaines. Aussi, pour détruire la présomption légale de paiement qui résulte de quelques prescriptions courtes, l'article 2275, à défaut d'écrits, n'admet-il d'autre preuve que la délation de serment faite au débiteur; l'art. 189 du Code de commerce prononce de même : quoique la preuve testimoniale soit toujours admissible, en matière de commerce, cependant cet article exige ou une reconnaissance séparée, ou le refus de serment déféré au débiteur, pour détruire la présomption de paiement qui résulte du délai de cinq ans écoulés depuis la souscription d'une lettre de change (1).

20. *Présomptions humaines.* Ce sont celles qui ne sont point établies par une loi en vigueur. Ces présomptions ne peuvent être admises que dans le cas où la preuve testimoniale est admissible. Dans ce cas, le juge ne doit même prendre pour base de sa décision que des présomptions graves, précises et concordantes; l'appréciation en est abandonnée à ses lumières et à sa prudence. Toute la doctrine sur cet objet se trouve renfermée dans l'art. 1353 du Code : « Les présomptions qui ne » sont point établies par la loi, sont abandonnées aux lumières » et à la prudence du magistrat, qui ne doit admettre que des » présomptions graves, précises et concordantes, et *dans les* » *cas seulement* où la loi admet les preuves testimoniales, à » moins que l'acte ne soit attaqué pour cause de fraude ou » de dol. »

Ainsi, toutes les fois que la preuve testimoniale est inadmissible, le juge-de-paix ne doit avoir aucun égard aux présomptions humaines, quelque graves et précises qu'elles puissent être. Quand la loi, exigeant une preuve par écrit, défend la preuve testimoniale et par conséquent celle par présomptions, sa disposition est tellement impérieuse que, le juge eût-il été témoin du fait allégué, il ne devrait pas moins rejeter la demande.

Ce n'est que dans le cas où la preuve testimoniale est admissible (ce qui arrive dans la plupart des affaires de sa compétence), que le juge-de-paix peut avoir égard aux présomptions humaines, soit pour remplacer, soit pour aider la preuve testimoniale ou le commencement de preuve par écrit; encore doit-il éviter de prendre pour des indices certains, pour des présomptions capables de motiver une condamnation, ces conjectures vagues et arbitraires qui, comme le dit Merlin, peuvent s'appliquer, avec une égale facilité, à des faits différents; ces vraisemblances incertaines, ces rapports éloignés, sur lesquels l'esprit de système pourrait fonder tout ensemble et la demande et la défense. « La loi, ajoute le même auteur,

---

(1) D'Aguesseau, tom. 2, p. 541; *Répertoire*, v° *Présomptions*, § 3, n° 16. Voy. aussi dans Dalloz, p. 532 de 1815; 435 de 1818, et 181 de 1838, les arrêts du 9 novembre 1812, 16 juin 1818 et 14 décembre 1837.

» entend par indice une induction si forte d'un fait, qu'il en
» résulte que la chose est telle qu'il l'annonce et qu'il est im-
» possible qu'elle soit autrement, *ut res aliter se habere non*
» *possit.* » Il serait difficile, au surplus, de tracer sur ce point,
d'une manière précise, la conduite à tenir dans les justices-
de-paix.

21. Tout ce qu'on peut dire, c'est que, dans les affaires qui
peuvent être jugées sur une preuve testimoniale et des présomptions, le juge remplit, en quelque sorte, la fonction de
juré, ce que beaucoup de gens regardent comme la chose la
plus simple et la plus facile du monde. L'expérience démontre,
au contraire, que la juste appréciation d'un fait est, de tous
les jugements, celui qui exige le plus de pénétration. De
faibles conjectures suffisent souvent pour déterminer l'homme
d'un esprit borné : *il y a bien à parier*, telle est sa conviction ;
tandis que celle d'un homme solide et éclairé ne s'établit que
sur des preuves positives et convaincantes (1).

§ III.

De l'expertise.

22. Parmi les affaires dont la connaissance est dévolue aux
justices-de-paix, il en existe plusieurs qui exigent une visite de
lieux. Souvent aussi le recours aux lumières des gens de l'art
est indispensable.

Il n'entre pas dans l'objet de ce traité de retracer les formes
établies par les articles 41, 42 et 43 du Code de procédure, re-

---

(1) Nous n'entendons point faire ici la critique de la procédure criminelle.
L'institution du jury a ses inconvénients, mais elle a aussi ses avantages ; l'in-
dulgence dont on a souvent fait reproche aux jurés, comme étant funeste au
repos public, est préférable à une trop grande sévérité ; et à part l'influence
qu'exerce l'esprit de parti, dans certains cas, leurs déclarations sont du reste
exemptes de partialité : un meilleur choix dans la composition du jury serait
seulement à désirer. N'a-t-on pas vu dans une affaire, le banc des jurés se
trouver réduit, par suite de récusations, à douze personnes tellement simples, que celui qu'ils avaient pris pour chef comme l'un des plus lettrés,
eut peine à lire son verdict ; et il s'agissait d'apprécier un écrit politique ! Que
l'on nous parle, après cela, d'introduire le jury dans les affaires civiles ; ce
serait une véritable plaie pour la société.

latifs aux *visites des lieux* et aux *appréciations*. Nous croyons devoir seulement examiner quelques questions qui peuvent présenter des difficultés, attendu le laconisme ou l'insuffisance de ces articles.

23. 1° Le juge-de-paix peut-il ordonner, *d'office*, soit son transport sur les lieux, soit une appréciation par experts? La négative semblerait résulter de l'art. 8 du tarif, lequel déclare que « le procès-verbal du juge doit faire mention de la réquisition » de la partie, et il n'est rien alloué, *à défaut de cette mention.* » Cependant l'art. 41 du Code de procédure veut que, dans le cas où il s'agit, soit de constater l'état de lieux, soit d'apprécier la valeur des indemnités, le juge-de-paix ordonne que le lieu contentieux *sera visité par lui en présence des parties,* et l'art. 42 veut également qu'il nomme des gens de l'art pour faire la visite avec lui, s'il s'agit d'objets exigeant des connaissances qui lui soient étrangères. La loi s'en rapportant sur ce point à la prudence du magistrat, il peut donc ordonner, d'office, son transport sur les lieux, avec ou sans experts, suivant qu'il le juge convenable, sans en être requis par les parties ; et dans le cas où elles ont fait cette réquisition, rien ne l'oblige d'y obtempérer, si l'opération lui paraît inutile. Tout ce qui peut résulter de la combinaison des articles du Code avec le tarif, c'est qu'il n'est rien alloué aux juges-de-paix, si l'accès des lieux est ordonné d'office. Le tarif prononce la même décision pour le transport sur les lieux, afin de procéder à une enquête. Mais à supposer que les parties se refusent à ce que l'on mentionne dans le procès-verbal une réquisition de leur part, le défaut de taxe de la vacation serait sans influence sur la conduite d'un magistrat jaloux de l'accomplissement de ses devoirs.

24. Dans le cas où il est nécessaire de recourir aux gens de l'art, en quel nombre le juge-de-paix doit-il nommer les experts? Cette nomination peut-elle être laissée au choix des parties?

L'art. 303 du Code de procédure porte que « l'expertise ne » pourra se faire que *par trois experts,* à moins que les par-» ties ne consentent qu'il soit procédé *par un seul.* » Mais c'est dans le livre 2 relatif aux tribunaux ordinaires que se trouve cette disposition , laquelle, par conséquent , est étrangère aux justices-de-paix. L'art. 42 leur accordant la faculté de recourir à des gens de l'art, sans en déterminer le nombre, tout, à cet égard, est donc laissé à l'arbitrage de ces magistrats.

La cour de cassation décide, qu'en matière criminelle, un seul expert peut être nommé; plusieurs cours ont jugé qu'il doit en être de même en matière de commerce (1). Pourquoi en serait-il autrement de la justice toute paternelle des tribunaux de paix? le juge-de-paix peut être appelé à des vérifications ou estimations très importantes, et pour lesquelles il est convenable de ne pas s'en rapporter à l'avis d'un seul expert. Mais la plupart des affaires qui se traitent dans ces tribunaux inférieurs étant extrêmement minutieuses, nommer en ce cas trois experts, ce serait occasionner aux parties des frais inutiles. C'est donc aux juges-de-paix qu'il appartient d'apprécier si la nomination d'un seul suffit, sans qu'il soit besoin pour cela du consentement des parties.

Quant au choix des experts, il n'en est pas ici comme dans les tribunaux ordinaires , où les experts ne doivent être nommés d'office, qu'à défaut par les parties de s'accorder sur le choix dans le délai fixé par le jugement. C'est le juge-de-paix que la loi charge de nommer les experts. Cependant si les parties sont d'accord sur ce point, rien n'empêche qu'il soit donné acte de la nomination faite par elles, en observant toutefois qu'il est prudent de ne commettre, soit d'office, soit par suite du désir des parties, l'opération, qu'à des experts en nombre impair, afin d'éviter une tierce expertise. Ce n'est que dans le cas où, comme on l'a vu pour les chemins vicinaux, pag. 30 , la loi prescrit aux parties de nommer chacune un expert et un tiers en cas de désaccord, qu'alors force est de tenir cette marche.

25. 3° Comment doit-il être procédé à l'expertise? La présence du juge-de-paix et de son greffier est-elle indispensable?

A s'en tenir à la lettre de l'art. 42 , il semblerait que les experts ne peuvent vaquer qu'en présence du juge-de-paix, et

---

(1) Arrêt du 23 juillet 1836 , **D.**, p. 445 et suiv. — Voy. dans le même recueil, p. 69, part. 2 de 1830, l'arrêt de la cour de Rouen du 10 décembre 1826 , et celui de la cour de Colmar du 24 décembre 1833 , part. 2 , p. 22 de 1835.

que, dans les causes sujettes à appel, le procès-verbal devrait toujours être rédigé par le greffier. Cette marche est la plus expéditive : le juge qui, faisant la visite avec les experts, reçoit leur rapport, est aussi plus à même de connaître la difficulté; mais en indiquant ce qui peut se pratiquer le plus communément, l'article ci-dessus, qui d'ailleurs n'attache aucune peine de nullité, en cas d'inobservation, n'a point entendu interdire toute autre forme. Or, il existe des affaires pour l'appréciation desquelles le juge-de-paix serait dans l'impossibilité de vaquer avec les experts, attendu la longueur de l'opération, et le greffier, quelque instruit qu'on le suppose, ne serait pas dans le cas de rendre exactement leur pensée. Indépendamment des actions possessoires dont quelques-unes peuvent exiger une expertise difficile, les actions pour dommages faits aux champs fruits et récoltes qui, comme on le verra plus loin, peuvent nécessiter des connaissances toutes spéciales; les rendues de baux, le bornage, l'estimation de la perte ou avarie d'effets confiés aux aubergistes et voituriers, et plusieurs autres attributions conférées aux juges-de-paix par la loi nouvelle, vont mettre ces magistrats dans le cas de faire procéder à de nombreuses expertises auxquelles ils ne pourraient assister, sans se détourner continuellement de leurs occupations ordinaires. D'ailleurs, comme on vient de le voir, il ne doit rien leur être alloué, sans la réquisition formelle des parties, qui se garderont bien de provoquer la présence du juge-de-paix et de son greffier à une opération qui exige des connaissances spéciales, et qui, devant se prolonger, occasionnerait ainsi des frais aussi inutiles que considérables. Le rapport peut donc être dressé par les experts eux-mêmes, et déposé au greffe de la justice-de-paix, excepté le cas qui se présente le plus fréquemment, et qu'a prévu le Code de procédure, celui d'une visite de lieu et d'une appréciation qui n'exigent que quelques moments, et lorsque la présence du juge-de-paix peut être utile; car autrement il pourrait se borner à faire entendre comme témoin l'expert qu'il aura désigné pour lui faire un rapport.

26. 4° Une règle applicable aux justices-de-paix comme aux autres tribunaux, c'est que, dans le cas même où le juge a nommé des experts pour suppléer à ses connaissances personnelles,

loin d'être lié par leur opération, il peut nommer d'autres experts, si le rapport des premiers lui paraît insuffisant, ou statuer contrairement à leur avis, sans toutefois s'en écarter d'une manière arbitraire, mais en motivant sa décision sur d'autres documents. Il n'y a d'exception à cette règle que pour certains cas, où la loi a voulu que l'on s'en rapportât à l'estimation des experts : les estimations auxquelles le juge-de-paix juge convenable de faire procéder, ne sont point de cette nature (1).

§ IV.

De l'aveu de la partie.

27. C'est la confession, déclaration ou reconnaissance d'une convention, d'une promesse, d'un fait quelconque.

L'aveu est *judiciaire* ou *extrajudiciaire*.

L'aveu judiciaire est celui que fait la partie devant un juge, soit spontanément, soit ensuite d'un interrogatoire.

28. La forme établie pour les interrogatoires, par les articles 324 et suivants du Code de procédure, n'est applicable qu'aux tribunaux ordinaires. Mais le juge-de-paix n'en a pas moins la faculté d'interroger les parties à l'audience, et même d'ordonner, soit d'office, soit sur la réquisition de l'une d'elles, que l'autre comparaîtra, en personne, pour répondre sur certains faits, sans exiger le serment qui ne peut être déféré que dans les cas et suivant les règles qui seront expliquées au paragraphe suivant. Dans toutes les questions de fait, l'interrogatoire des parties est un des moyens les plus puissants pour découvrir la vérité : l'usage en est accordé à tous les tribunaux, notamment aux juges de commerce par l'art. 428 du Code de procédure ;

---

(1) La cour de cassation a confirmé les principes ci-dessus par une foule d'arrêts. Voyez notamment ceux à la date des 12 janvier et 21 décembre 1825, 2 janvier 1828, 20 décembre 1830, 9 février 1832, 25 juillet 1833, 25 mars 1835, D., p. 273 de 1826, 81 de 1828, 189 et 190, de 1829 ; 23 et 325 de 1832, 321 de 1833, et 249 de 1835. — Il en est autrement, en matière d'expertise ordonnée à la requête de la régie, pour estimer la valeur d'un immeuble, en cas de mutation, ou en matière de douanes ; dans ces cas, le juge ne peut substituer ses propres lumières au rapport des experts. Arrêts des 28 mars 1831 et 30 avril 1838, D., p. 86 de 1831, et 242 de 1838.

et comment croire qu'il soit entré dans la pensée du législateur d'interdire cette faculté aux juges-de-paix ?

De l'article 9 du Code de procédure, qui autorise les parties à paraître par le fait de fondés de pouvoirs, il résulte que l'une d'elles ne pourrait, de sa propre autorité, contraindre son adversaire à paraître en personne; mais il en est autrement, si le juge trouve convenable de l'ordonner; le refus d'obtempérer à la citation signifiée en vertu de son ordonnance, élèverait contre le contrevenant une forte présomption, et pourrait être considérée, sinon comme une preuve complète, du moins comme un commencement de preuve du fait allégué, ainsi qu'on l'a vu page 103.

Si la personne qui doit subir un interrogatoire était, pour cause de maladie, dans l'impossibilité de se rendre à l'audience, alors le juge-de-paix pourrait se transporter à son domicile, pour y dresser procès-verbal de ses déclarations; et en cas d'éloignement, il pourrait commettre, soit un de ses suppléants, soit le juge-de-paix du lieu qu'habite la personne à interroger.

29. L'aveu fait dans un procès-verbal de conciliation doit aussi être considéré comme un aveu judiciaire. Mais ici le juge conciliateur n'exerce qu'une juridiction gracieuse sans force coactive; il ne pourrait donc ordonner, [soit d'office,] soit sur la réquisition de l'une des parties, que l'autre comparût en personne pour être interrogée et répondre sur certains faits. Plusieurs auteurs ont même mis en question le point de savoir si, dans ce cas, le juge-de-paix a le droit de faire des interrogations aux parties, si même le procès-verbal de non-conciliation ne doit pas garder le silence sur leurs dires respectifs, les interpellations qu'elles se sont faites et leurs réponses? Les doutes qui peuvent s'élever à cet égard proviennent de la différence qui existe entre la loi du 24 août 1790, dont l'art 3, tit. 10, obligeait le juge-de-paix de dresser procès-verbal sommaire des dires, aveux ou dénégations des parties, sur les points de fait, tandis que l'art. 54 du Code de procédure, après avoir dit qu'en cas d'arrangement, le procès-verbal en contiendra les conditions, porte que, dans le cas contraire, *il fera sommairement mention que les parties n'ont pu s'accorder.* Mais résulte-t-il de là, qu'il soit défendu au juge-de-paix de consigner les aveux

des parties? Lui dénier la faculté de faire des interrogations, de demander les explications nécessaires pour les amener à un arrangement, ce serait lui contester le droit de les concilier. La loi oblige de consigner, dans le procès-verbal, les conventions des parties, les conditions de l'arrangement, et même de recevoir le serment qui serait déféré, par l'un des comparants, à l'autre. Par quelle raison le juge-de-paix ne mentionnerait-il pas également les aveux faits devant lui, si surtout il en est requis?

M. Carré, l'un des partisans de la doctrine contraire à notre opinion, est forcé de convenir que le juge-de-paix serait tenu de déférer à cette réquisition, sauf à la partie qui l'aurait faite à supporter les frais excédant le tarif. Sans qu'il soit besoin d'examiner ce dernier point fort douteux d'ailleurs, et qui présente si peu d'intérêt, la véritable question ne nous paraît pas susceptible de doute : un arrêt de la cour de cassation du 11 février 1824 (D., pag. 499) a déclaré valable un compromis relaté dans un procès-verbal de conciliation, quoique non signé des parties, attendu *qu'un juge-de-paix est tenu de constater, dans son procès-verbal, les dires et prétentions des parties.*

50. Quant aux aveux faits à l'audience, personne n'en conteste l'efficacité: ainsi qu'on l'a vu pag. 75, le juge-de-paix a le même caractère que les autres tribunaux pour constater le contrat judiciaire. La forme et les termes à employer, à cet effet, ne sont déterminés par aucune loi. Un arrêt du 21 juillet 1836 (D., pag. 427.) a décidé que l'aveu pouvait être renfermé dans les qualités qui, devant les tribunaux, se rédigent contradictoirement (ce qui n'a pas lieu dans les justices-de-paix). Il semblerait résulter d'un autre arrêt du 17 février 1835 (D., page 175), que la simple mention d'un aveu, dans les motifs de la sentence, est suffisant. Mais il faut observer que la cour de cassation regarde comme irréfragables les faits retenus par le juge. On ne saurait donc prendre pour règle ce qui a été décidé dans l'espèce. Plusieurs cours jugent, au contraire, que l'aveu judiciaire ne fait foi pleine et entière, que quand le juge en a donné acte, dans le dispositif du jugement, ou dans le cours de l'instruction : telle est la jurisprudence constante de la cour royale de Besançon. Le système contraire pourrait avoir les plus graves inconvénients; un tribunal qui

voudrait mettre sa décision à l'abri de la censure des juges supérieurs, n'aurait qu'à la motiver sur un aveu obscur ou supposé.

Ainsi, dans les affaires sujettes à l'appel, le juge-de-paix devant lequel a été fait un aveu, doit avoir soin d'en donner acte, en rappelant textuellement les termes dans lesquels la partie s'est exprimée.

51. L'aveu extrajudiciaire est celui fait hors la justice, dans une lettre, par exemple, ou tout autre acte qui n'aurait même pas l'aveu pour objet; sur quoi il est bon d'observer que la personne à qui une lettre est adressée, peut seule s'en prévaloir; publier et produire en jugement des lettres adressées à de tierces personnes, ce serait abuser de la confiance et de la bonne foi. Aussi est-il de jurisprudence constante que, non-seulement il n'est pas permis de s'emparer subtilement d'une lettre écrite à un autre, mais que les lettres écrites à des tiers, et que ceux-ci remettent aux parties intéressées à en faire valoir le contenu, ne peuvent pas être produites en justice. La lettre doit être rejettée du procès, dès l'instant que ce n'est point à celui qui s'en prévaut, ou à son auteur, qu'elle a été adressée (1).

L'aveu peut aussi avoir été fait dans une conversation; mais la preuve d'un aveu purement verbal ne peut être admise que dans le cas où il s'agit d'une obligation ou d'une demande qui, à défaut d'écrit, pourrait être prouvée par témoins.

32. L'aveu, soit judiciaire, soit extrajudiciaire, fait pleine foi contre celui qui l'a fait; c'est une des présomptions légales établies par l'art. 1350 du Code, présomption qui n'est cependant pas exclusive de toute preuve contraire; car s'il est justifié que l'aveu n'a été que la suite d'une erreur de fait, alors il peut être révoqué; il en est autrement, s'il s'agit d'une erreur de droit, l'aveu ne peut être révoqué, sous ce prétexte.

Mais l'aveu ne peut être divisé : si par exemple, celui à qui on réclame un dépôt ou une somme prêtée, sans qu'il y en ait preuve écrite, en avouant le dépôt, déclare qu'il l'a rendu, ou qu'il a remboursé la somme qu'il convient lui avoir été remise,

---

(1) On peut voir à cet égard Merlin au *Répertoire*, et les nombreux arrêts qu'il cite, v° *Lettre*, n° 5.

alors le réclamant doit succomber dans sa demande, parce que
n'ayant d'autre titre que l'aveu, il ne peut le diviser. Il y a des
auteurs qui prétendent que la division peut avoir lieu, lorsque
l'aveu renferme deux faits distincts, qui, loin d'être corélatifs,
s'appliquent à des objets différents ; qu'alors l'un des faits peut
être retenu, comme étant prouvé par l'aveu, sans égard à
l'autre, dont le répondant doit administrer la preuve ; plusieurs arrêts l'ont même décidé ainsi (1). Mais une pareille distinction est-elle compatible avec l'art. 1356 du Code, disposant
formellement et sans exception, que l'aveu ne peut être divisé ?
peu importe que les deux branches de l'aveu portent sur deux
faits différents, si l'un de ces faits emporte libération de la dette
qui résulterait de l'autre, et pourquoi serait-il permis au demandeur de se prévaloir du premier, en rejetant le second,
dès l'instant que, la preuve testimoniale étant interdite, pour
justifier de l'obligation aussi-bien que de la libération, il n'y a
pas d'autre preuve que l'aveu du défendeur ?

Ainsi les juges-de-paix doivent éviter de diviser les aveux faits
par les parties. Cependant, comme la plupart des demandes portées devant ces juges, sont susceptibles de la preuve par témoins,
dans ce cas, l'aveu peut être divisé, si l'un des faits dont il se compose est absurde, invraisemblable, ou qu'il soit repoussé, soit
par de graves présomptions, soit par la preuve testimoniale.
Mais s'il s'agit d'une chose qui doit être prouvée par écrit, alors
le demandeur n'ayant d'autre titre que l'aveu du défendeur,
cet aveu ne doit point être divisé.

33. Le principe sur l'indivisibilité de l'aveu ne s'applique
point à l'ensemble des réponses que renferme un procès-
verbal d'interrogatoire, l'une peut être isolée des autres : autrement la faculté de faire interroger sur faits et articles serait
presque toujours illusoire ; car il n'est pas un répondant qui,
forcé d'avouer quelques circonstances, ne persiste à nier le fait

---

(1) Voy. notamment ceux des 14 janvier 1824 et 25 août 1831, D., p. 340 de
1824, et 327 de 1831. — Un autre arrêt du 17 novembre 1835, D. p. 62 de
1836, nous paraît avoir fait une interprétation beaucoup plus saine de l'art.
1356, en décidant que, dans les matières dont la valeur excède 150 fr., l'aveu fait
par le défendeur et qui forme le seul titre du demandeur, ne peut être divisé
quoique portant sur des faits distincts, dès l'instant que ni l'un ni l'autre de
ces faits n'est susceptible d'être prouvé par témoins.

principal. Le fait avoué doit donc être tenu pour constant, et l'on peut en tirer, sinon une preuve complète, du moins un commencement de preuve par écrit, sans que l'aveu puisse être écarté, sous le prétexte qu'il est en discordance avec d'autres réponses du même interrogatoire (1).

Quoique l'art. 1356 qui attribue pleine foi à l'aveu d'une partie, en déclarant qu'il ne peut être divisé, ne parle que de l'aveu judiciaire, il est évident que les mêmes règles sont applicables à l'aveu extrajudiciaire. Si la loi ne s'en est pas expliqué dans l'art. 1356, c'est, disent les auteurs, parce que cela était inutile, vu les art. 1319 et 1320, portant que tout acte, soit authentique, soit sous-seing-privé, fait foi pleine et entière contre celui qui l'a souscrit, non-seulement des conventions qu'il renferme, mais encore de ce qui n'y est exprimé qu'en termes énonciatifs. Il en est donc des actes énonçant un consentement, un fait quelconque, comme des aveux judiciaires; on ne peut les diviser, il faut prendre, telle qu'elle est, la promesse ou l'énonciation qu'ils renferment (1).

Souvent l'aveu puisé dans un acte judiciaire ou extrajudiciaire, présente, au lieu d'une preuve complète, un simple commencement de preuve, lequel peut être complété soit par une enquête, soit par des présomptions, ainsi qu'on l'a expliqué page 102.

34. Terminons par observer que, pour faire un aveu obligatoire, il faut être maître de ses droits, et avoir la disposition de la chose qui est l'objet de l'aveu. Ainsi l'aveu fait par un mineur, par son tuteur, sur un fait qui excède les bornes d'une simple administration, celui d'une femme non autorisée par son mari serait insignifiant, et ne pourrait être opposé à celui qui l'a fait. Il en serait de même de l'aveu d'un majeur, dans une matière tenant essentiellement à l'ordre public : de là la maxime : *Qui non potest donare, non potest confiteri.*

---

(1) Voir au *Répertoire*, v° *Chose jugée*, § 15, les conclusions et l'arrêt du 30 avril 1807. — Voy. aussi dans le Recueil périodique de Dalloz, l'arrêt du 6 avril 1836, p. 178.

(2) Voy. Merlin, *Questions de droit*, v° *Confession*, § 3 et 4; et les arrêts des 17 mai 1808 et 30 avril 1821, D., p. 357 et suiv. de 1808, et 500 de 1821. — *Contrà*, Toullier, tom. 10, n° 340, p. 447.

§ V.

Du serment.

35. La délation de serment est un moyen de terminer la contestation.

Le serment judiciaire est de deux espèces, le serment *décisoire* que défère l'une des parties à l'autre, et le serment *déféré d'office*, par le juge (art. 1357).

36. *Serment décisoire.* Ce serment peut être déféré sur une contestation quelconque (1358), soit par le demandeur, pour établir sa demande, soit par le défendeur pour fonder son exception. Cependant le serment étant une espèce de transaction, il faut, pour le déférer, avoir la capacité de contracter; et le serment ne peut avoir lieu que dans le cas où l'affaire pourrait être l'objet d'une convention, et non pour celles qui, tenant à l'ordre public, ne sont pas à la disposition des parties (1).

Le serment ne peut être déféré que sur un fait personnel, (1359); ainsi celui qui a contracté l'obligation, peut seul être tenu d'accepter le serment : on pourrait néanmoins obliger l'héritier à jurer sur le point de savoir, « s'il n'a pas connais- » sance que telle convention a été consentie par son auteur, » qu'un paiement lui a été fait, etc., etc. »

Le serment décisoire qui porte sur un fait honteux, illicite et déshonorant, peut-il être refusé par celui à qui on le défère? Le tribunal de Nevers avait décidé l'affirmative par jugement du 9 septembre 1826; et, sur le pourvoi, la cour de cassation, au lieu de trancher la question, l'a éludée, en motivant le rejet sur ce que, dans l'espèce, le serment déféré ne se rapportait en rien à la demande principale (2).

Ce qu'il y a de certain, c'est que les lois romaines décident de la manière la plus expresse, que le serment décisoire peut être déféré à une partie que l'on poursuit *civilement* pour cause de vol, de violence, ou d'injures. Et les auteurs les plus ac-

---

(1) Art. 6 du Code civil. Voy. le *Répertoire*, v° *Serment*, § 2, art. 2, n° 6.
(2) Arrêt du 15 février 1832, D., p. 374.

crédités pensent que, sous la législation actuelle, il en doit être
de même (1). Pourquoi, en effet, à défaut de toute autre ressource, serait-on privé de celle (bien hasardeuse à la vérité)
d'interroger par serment celui à qui l'on reproche une sous-
traction frauduleuse, un prêt à usure et d'autres faits illicites?
ce n'est qu'au criminel que le serment ne saurait être déféré
au prévenu. En justice civile, il est assez ordinaire de faire interroger la partie sur des faits de fraude, dans l'espoir d'obtenir, non pas la révélation de la vérité tout entière, mais l'aveu
forcé de quelques circonstances qui puissent mettre sur la voie
et servir de commencement de preuve par écrit; celui à qui
l'on reproche un fait déshonorant ne pourrait, sous ce prétexte,
refuser de répondre. On ne voit donc pas sur quoi il pourrait
motiver ce refus, si, au lieu d'un simple interrogatoire, on lui
défère le serment.

37. Le serment peut être déféré en tout état de cause (1360)
même avant l'instance et au bureau de paix (art. 55 du Code
de procédure); alors la partie est tenue de comparaître en
personne, pour prêter le serment, ou refuser de l'accepter,
sans toutefois que ce refus entraîne *de plano* la condamnation;
car le serment peut encore être prêté devant le tribunal où
l'affaire est introduite en cas de non conciliation (arrêt du 17
juillet 1810, D., pag. 334).

Le serment peut être déféré en appel comme en première
instance; mais lorsqu'il existe un jugement passé en force de
chose jugée tel que celui qui aurait ordonné le partage, on ne
peut plus, en exécution, déférer le serment, sur le point de savoir
si la totalité de l'objet n'avait pas été cédée au défendeur, avant la
demande en partage (arrêt du 7 juillet 1829, D., pag. 415).

Le serment peut être déféré, en l'absence de toute espèce de
preuves de la demande ou de l'exception, et même contre le
contenu aux actes. Si donc, malgré la numération des espèces
consignée dans un titre authentique, je soutiens n'avoir rien

---

(1) Voy. notamment M. Merlin au *Répertoire*, aux mots *Interrogatoire sur
faits et articles*, n° 5, et *Serment*, art. 2, § 2. — Suivant les articles 1013 du
Code civil et 279 du Code de procédure du pays de Vaud, le serment ne peut
être déféré, *si le fait dont il s'agit peut attirer à celui qui devrait le prêter une peine criminelle ou correctionnelle, et si le procès a pour objet
une cause en réparation d'injures.*

touché, sur ce point, je puis déférer le serment à mon adversaire.

38. Celui auquel le serment est déféré étant tenu de l'accepter, doit succomber en cas de refus. Cependant, au lieu de jurer lui-même, il peut référer le serment à son adversaire ; mais pour cela, il faut que le fait soit personnel aux deux parties (1361 et 1362). Ainsi, sur la demande qui m'est faite d'une somme, sans aucun titre, si je nie la devoir et que l'on me défère le serment, je puis, au lieu de le prêter, m'en rapporter moi-même au demandeur, sur le point de savoir s'il est vrai que la somme m'ait été prêtée, ou si je ne l'ai pas rendue : alors celui qui m'avait déféré le serment est tenu de le prêter.

Tant que le serment n'a pas été accepté, celui qui l'avait provoqué peut rétracter son offre. Mais l'acceptation ou le refus forment un contrat irrévocable, l'affaire est définitivement jugée, sans aucun recours, lors même que la fausseté du serment viendrait ensuite à être démontrée de la manière la plus évidente.

L'art. 366 du Code pénal punit de la dégradation civique (peine infamante qui consiste dans la privation des droits prévus par l'art. 34), celui à qui le serment aura été déféré ou *référé en matière civile*, et qui aura fait un faux serment. Mais la preuve du parjure établie par la voie criminelle n'exerce aucune influence sur le procès civil, lequel est irrévocablement jugé, comme on vient de le dire, au moyen de la prestation du serment : celui qui l'avait déféré ne peut pas même intervenir, devant la justice criminelle, à l'effet de réclamer des dommages-intérêts (1).

De ce que le serment décisoire a pour objet de terminer la contestation, il en résulte qu'il ne peut être déféré par conclusions subsidiaires ; celui à qui on défère ce serment ne

---

(1) Arrêt du 21 août 1834, D., p. 135 de 1837. — Le même arrêt a jugé que la fausseté du serment peut, sur l'action criminelle, être établie par la preuve testimoniale, alors même que le serment aurait été prêté, au sujet d'une obligation au-dessus de 150 fr., ce qui est contraire à l'opinion de M. Toullier, tom. 10, p. 495, n° 388; de M. Merlin, *Répertoire*, v° *Serment*, § 2, art. 2; et à ce qu'avait décidé la cour de cassation elle-même, par deux arrêts à la date du 5 septembre 1812 et 17 juin 1813, rapportés dans le recueil de Dalloz, p. 510 et 511 de 1823.

peut être tenu de l'accepter, qu'autant que son adversaire abdique toute autre preuve et renonce à tous moyens de défense.

39. Il en est du serment comme de l'aveu, il ne peut être divisé contre celui qui l'a prêté (1).

Si donc le défendeur à qui on défère le serment sur l'existence d'une obligation, en convient, mais en ajoutant qu'il l'a acquittée, alors le demandeur ne peut pas se prévaloir de la première partie de cet aveu. Il en est de même, si, sur l'allégation du défendeur que la cause énoncée dans un titre est fausse, le demandeur l'avoue, mais jure en même temps que l'obligation a été consentie pour une autre cause également licite.

40. *Serment d'office.* Le juge peut lui-même déférer d'office le serment à l'une des parties (art. 1366 et suiv.). Il y a deux espèces de serment d'*office:* celui qu'on nomme *supplétif,* parce que c'est un moyen de suppléer à l'insuffisance des preuves; et le serment *estimatif,* lequel est déféré, sur la valeur des choses qui sont l'objet du procès.

La délation du serment supplétif n'est point le fait de la partie, c'est celui du juge qui peut le déférer sans la consulter, et malgré son opposition.

Souvent il arrive qu'une partie, tout en concluant au rejet de la demande de son adversaire, demande, par conclusions *subsidiaires,* que le serment lui soit déféré : ce n'est toujours là qu'un serment supplétif que le juge a la faculté d'admettre ou de rejeter ; comme on vient de le dire, il ne peut y avoir de serment décisoire que l'on soit tenu d'accepter, sans l'abdication de tous autres moyens et conclusions (2).

41. Les juges-de-paix ne doivent user qu'avec discrétion de la faculté que la loi accorde aux tribunaux de déférer le serment d'office (3).

___

(1) Voyez les conclusions et l'arrêt du 18 janvier 1813, Répertoire, v° *Testament,* sect. 4, § 3.

(2) Arrêts des 20 novembre 1828 et 3 février 1829, D., p. 33, et 128 de 1829.

(3) M. Toullier s'élève avec force contre cette faculté : il signale le danger de confier la décision d'une cause au jugement d'une personne intéressée, *dans un temps,* dit-il, *où la dépravation des mœurs est à son comble, les croyances religieuses presque nulles, et où l'intérêt est le dieu caché de*

Les conditions que l'article 1367 exige pour autoriser ce serment, sont 1° que *la demande ou l'exception ne soit pas pleinement justifiée;* 2° qu'*elle ne soit pas totalement dénuée de preuves.* Hors ces deux cas, le juge *doit admettre ou rejeter la demande ou l'exception* (art. 1367). Assujétir le demandeur au serment, lorsque ses conclusions sont légalement établies, ce serait substituer l'arbitraire au droit; il en serait de même, si l'obligation du serment était imposée au défendeur, dans le cas où la demande est destituée de preuve.

Mais quel est ici le degré de probabilité nécessaire pour autoriser le serment d'office? De simples présomptions suffisent-elles? Il faut examiner, d'après les principes posés plus haut, si l'affaire est de nature à rendre la preuve testimoniale admissible, ou si, au contraire, cette preuve est interdite (voyez pag. 110). Dans le premier cas, le juge-de-paix peut déférer le serment, s'il existe une présomption grave, sans qu'il soit besoin de commencement de preuve par écrit. Dans le cas, au contraire, où la preuve testimoniale est inadmissible, le serment ne peut être déféré d'office, à moins qu'il n'existe un commencement de preuve par écrit, parce que, sans cela, les présomptions humaines, quelques graves qu'elles paraissent, ne peuvent être admises. Ainsi le livre de raison du créancier, quelle que soit sa probité connue, ne suffirait pas pour faire admettre son serment sur la réalité de la dette inscrite sur son livre (*Réper.*, v° *serment*, § 2, art. 2, n° 5).

42. M. Toullier, tome 8, pag. 546, et tome 9, pag. 105 et 106, soutient qu'il en doit être autrement du livre d'un marchand, lors même qu'il est produit contre un particulier non négociant, l'auteur regardant comme un commencement de preuve par écrit, l'inscription faite sur un registre de commerce : la raison qu'il en donne est que l'art. 1329 du Code civil, après avoir déclaré que les registres des marchands ne font point, *contre les personnes non marchandes,* preuve des fournitures qui y sont portées, ajoute, *sauf ce qui sera dit à*

---

la plupart des hommes. — Les quatorze années qui se sont écoulées depuis la publication du livre de l'honorable auteur, sont loin d'avoir arrêté les progrès de la démoralisation; cependant le serment d'office peut convenir en plusieurs circonstances.

l'égard du serment. On ne saurait admettre la conséquence que l'auteur prétend faire résulter de ces dernières expressions. L'art. 1329 est suivi de l'art. 1347, qui ne regarde comme commencement de preuve, que l'acte émané de celui contre lequel la demande est formée, et de l'art. 1367, qui défend aux juges de déférer le serment d'office, si la demande est totalement dénuée de preuves. Or, le livre de commerce, qui est le fait du marchand, et non de celui à qui il réclame le prix de ses fournitures, ne peut être considéré comme un commencement de preuve par écrit.

Il faut donc en revenir à la distinction qui vient d'être faite : s'il s'agit de fournitures dont le prix n'excède pas 150 fr. (telles sont la plupart des demandes de cette espèce portées dans les justices-de-paix), alors la preuve testimoniale étant admissible, le livre de commerce quoique non opposable à un particulier, comme preuve, présente néanmoins, s'il est bien tenu, une grave présomption de la réalité des fournitures qui y sont inscrites, et le juge-de-paix peut, en ce cas, déférer le serment au négociant. Si, au contraire, il s'agit d'une demande de plus de 150 fr., dans ce cas, la preuve testimoniale et les présomptions étant inadmissibles, le juge-de-paix ne pourrait déférer le serment sans un commencement de preuve par écrit, et le livre du marchand ne peut être regardé comme tel : sa demande doit donc être rejetée, à moins qu'il ne défère lui-même le serment décisoire à celui qui dénie la dette (1).

45. Dans le doute, c'est au défendeur que doit être déféré le serment, plutôt qu'au demandeur, sur qui repose le fardeau de la preuve et qui doit la compléter. Il serait difficile, au surplus, de tracer sur ce point des règles bien précises, le juge devant se déterminer par les circonstances, eu égard à la qualité et surtout à la réputation des parties : *Nisi judex*, dit Grégoire IX, *inspectis personarum et causæ circumstantiis, illud actori videat deferendum* (cap. ult., § 1, X, *de jurejurando*), texte du droit canon qui, comme tant d'autres, a servi de règle à la jurisprudence civile.

---

(1) Notre opinion sur ce point vient d'être consacrée par un arrêt de la cour de cassation du 30 avril 1838, D., p. 199. — Voy. aussi le *Répert.*, v° *Preuve*, sect. 2. § 2, n° 5, et au mot *Serment*, § 2, art. 2, n° 5.

44. Il n'en est pas du serment d'office comme du serment décisoire, lequel, comme on vient de le voir, termine le procès sans aucun recours. Au contraire la partie peut appeler du jugement qui a déféré le serment d'office, et le juge lui-même qui a prononcé cette délation peut en revenir. Ce n'est qu'à cause de l'incertitude de la preuve, que le serment d'office est déféré; si donc, *avant la prestation*, cet état d'incertitude cesse, s'il devient démontré que les faits sur lesquels l'affirmation était exigée sont contraires à la vérité, alors, et par la nature des choses, il est non-seulement dans le pouvoir, mais dans le devoir du juge de rétracter la délation et de prévenir la profanation du serment (1).

45. La seconde espèce de serment déféré d'office est le serment *estimatif* ou *in litem*, lequel est déféré à la personne privée de sa chose, par le dol ou la fraude de son adversaire, afin de déterminer la valeur de cette chose et la somme qui doit en conséquence être payée pour en tenir lieu (art. 1369.)

Le serment *in litem* peut être déféré en cas de vol, de perte d'effets déposés dans une auberge, ou confiés à un voiturier, toutes les fois, en un mot, que la perte et l'impossibilité d'estimation proviennent de la faute de celui qui est assigné. La loi nouvelle attribuant aux juges-de-paix les demandes relatives à la perte d'effets confiés aux voituriers et aubergistes, ces magistrats seront souvent dans le cas de déférer le serment dont il s'agit.

La délation du serment *estimatif* est beaucoup plus favorable que celle du serment *supplétif*. Ici, du moins, le fait principal est prouvé, savoir, le vol ou le dépôt, et si le défendeur ne restitue pas les objets, il doit s'en imputer la faute; il y a donc nécessité d'en estimer la valeur, et force est de s'en rapporter, pour cette estimation, à celui qui a subi la perte, quand il n'y a pas possibilité de faire autrement.

Cependant le demandeur pourrait exagérer la valeur de la chose perdue; le prix d'affection qu'il y attache doit aussi avoir des bornes : voilà pourquoi la loi veut que le juge fixe la somme à laquelle la chose devra être appréciée par serment, somme

---

(1) Arrêt du 10 décembre 1823, p. 3 et suiv. de 1824.

qui doit être déterminée d'après les circonstances, eu égard à la qualité des personnes et à la nature de l'affaire. On entrera sur ce point dans de plus longs détails, en discutant l'art. 2 de la loi du 25 mai 1838.

46. Tout ce qu'on peut dire sur le serment estimatif en général, c'est qu'on ne doit recourir à ce moyen, qu'à défaut de toute autre base d'appréciation. Ici s'applique le même principe qu'en ce qui concerne le serment supplétif. Si donc, avant la prestation de serment, il venait à être justifié que la valeur de la perte est moindre que celle qui avait été soumise à l'affirmation, alors on ne devrait avoir aucun égard à la sentence qui n'avait admis le serment qu'en l'absence et à défaut de toute autre preuve.

47. Il existe plusieurs cas dans lesquels la loi a voulu que l'on s'en rapportât au serment de l'une des parties. Ainsi, d'après l'art. 1716 du Code, le propriétaire doit en être cru sur son serment, pour ce qui concerne le prix du bail verbal. L'art. 1781 veut qu'il en soit de même à l'égard des gages des domestiques. Lorsque le défendeur oppose l'une des prescriptions établies par les art. 2271, 2272, 2273 et 2274, le demandeur, comme on le verra dans la section suivante, n'a d'autre ressource que celle de déférer le serment à son adversaire.

Mais dans ces différents cas, il ne s'agit plus du serment d'office dont la délation est abandonnée à la prudence du juge; c'est un serment décisoire que le créancier a seul le droit de déférer, et dont l'acceptation, comme on l'a vu plus haut, forme un contrat, contre lequel tout moyen devient improposable.

48. Terminons sur cet article, par une observation générale.

Dans tous les temps, on s'est plaint du peu de garantie que présente la foi du serment, qui pourtant est l'unique base d'un grand nombre de décisions judiciaires; et, de nos jours, le mal ne fait que s'accroître, on ne saurait le dissimuler. Parmi les causes de l'affaiblissement de cette garantie morale, nous croyons en apercevoir une dans l'opposition qui existe entre le principe du serment et les dispositions des lois actuelles sur cette matière. Le juge expose à la partie, ou au témoin, l'objet sur lequel il doit jurer, et celui-ci, levant la main, se borne à répondre *je le jure*. A n'en juger que d'après cette formule, on serait tenté de ne regarder le serment que comme une simple promesse qui n'engage l'homme que selon ses idées particulières, sur ce qu'on appelle honneur.

Cependant, le serment est un acte essentiellement religieux ; *adfirmatio religiosa Deo teste*, dit Cicéron, *de officiis*, lib. 3, cap. 29. Celui qui jure prend non-seulement Dieu à témoin de la vérité du fait, ou de la sincérité de la promesse, il s'adresse à la Divinité comme vengeresse de l'imposture, de la foi violée, du parjure, en un mot.

De là ces solennités établies pour frapper les sens et l'imagination dont les anciens entouraient le serment ; de là, chez les chrétiens, les serments prêtés *sur l'autel, sur les saints Évangiles, par la Trinité, par la Vierge*, etc.; de là ces formules effroyables d'imprécations dont on trouve un exemple dans la novelle 8 de Justinien, *in fine* (1).

En France comme à Rome, le serment eut toujours le caractère d'un acte religieux. *Je jure Dieu le Tout-Puissant, le Père, le Fils et le Saint-Esprit, en touchant les saints Évangiles ou la remembrance et figure de la benoiste croix.* Telle était la formule prescrite par les anciennes ordonnances de Franche-Comté ; dans d'autres provinces, le serment était accompagné d'expressions à peu près semblables. « Le serment, » dit Pothier, n° 103, est un acte religieux par lequel une » personne déclare qu'elle se soumet à la vengeance de Dieu, » ou renonce à sa miséricorde, si elle n'accomplit pas ce » qu'elle a promis. C'est, ajoute-t-il, ce qui résulte de ces » formules : *Ainsi Dieu me soit en garde* ou *en aide; je veux* » *que Dieu me punisse, si je manque à ma parole.* »

Tel était, parmi nous, l'état des choses, quand la tourmente révolutionnaire ayant fait crouler nos vieilles institutions, toute idée religieuse fut écartée de nos lois.

_____

(1) *Juro ergò per Deum omnipotentem, et Filium ejus unigenitum, Dominum nostrum Jesum Christum, et Spiritum sanctum, et per sanctam gloriosam Dei genitricem, et semper virginem Mariam, et per quatuor evangelia quæ in manibus meis teneo, et per sanctos archangelos Michaelem et Gabrielem*, etc...... *Si vera non hæc omnia ita servavero, recipiam hìc et in futuro seculo, in terribili judicio magni Domini Dei, et Salvatoris nostri Jesu Christi : et habeam partem cum Juda et lepra Giezi, et tremore Cain : insuper et pœnis quæ lege eorum pietatis continentur, ero subjectus.*

Le serment néanmoins, quelle qu'en soit la formule, n'a rien
pu perdre de son essence; et ne serait-il pas à désirer qu'au
lieu d'un geste, et de trois mots vides pour le plus grand nombre,
de toute pensée religieuse, le serment fût exigé dans des termes
capables de le faire paraître, aux yeux de tous, ce qu'il est
réellement, c'est-à-dire un lien de conscience?

Nos voisins en ont senti la nécessité : à Genève, la loi actuelle
exige que le serment soit prêté sur les saintes Écritures, et
quand la partie a répondu qu'elle est prête à jurer, le président
dit : *Que Dieu, témoin de votre serment, vous punisse, si vous
êtes parjure !*

La forme établie par le Code de procédure du canton de Vaud
est encore plus solennelle. — Le président adresse, à celui qui
va prêter serment, l'exhortation suivante : « Dans cet acte im-
» portant et solennel, je vous exhorte de prendre garde aux
» conséquences qu'il peut entraîner pour vous-même. C'est au
» nom de Dieu, c'est devant Dieu, que vous allez promettre de
» dire la vérité! Songez à l'énormité du crime que commet
» le parjure et aux malheurs auxquels il s'expose! — En trahis-
» sant la vérité, en la dénaturant, ou même en la dissimulant,
» vous ne vous rendez pas seulement coupable d'injustice
» envers votre prochain, mais vous trompez les juges, vous
» brisez le frein le plus respectable de la société, vous attirez
» sur vous l'infamie publique et la rigueur des peines de la loi!
» Vous perdez sans retour la paix de l'âme, le doux repos
» de la conscience, pour vous exposer aux remords les plus
» cuisants! Enfin (ce qui est le plus affreux à penser), vous
» provoquez, sur vous, les châtiments du Juge suprême qui
» punit les méchants, au-delà de cette vie! — Quel avantage
» temporel pourrait être mis en balance avec la somme ef-
» frayante de tant de maux? Je ne puis donc avoir aucun doute
» que vous ne remplissiez les obligations que vous impose le
» serment que vous allez prêter, avec droiture, avec sincérité
» et une entière pureté de cœur. » — Après cette exhortation,
le président prononce la formule suivante, les membres du
tribunal étant debout : « Vous jurez de dire toute la vérité et
» rien que la vérité; vous le jurez par le nom de Dieu, comme
» vous voulez qu'il vous assiste à votre dernier jour. » — La

partie ou le témoin, levant la main, prononce à voix distincte : *Je le jure.*

Le lien du serment n'existe qu'à l'égard de ceux qui croient en un Dieu rémunérateur et vengeur : à quoi se réduit donc le serment, si on le dépouille du caractère religieux qui est de son essence ? à une promesse revêtue de quelque solennité. Alors ce n'est plus la religion du serment, c'est le caractère moral de l'homme qui peut donner du poids à sa parole; *dat fidem vir jurejurando, et non jusjurandum viro,* comme le disait un ancien auteur.

Ainsi, dans les individus dont les croyances religieuses sont affaiblies ou presque nulles (et il n'y en a malheureusement que trop), le serment, quelle qu'en soit la formule, n'est qu'une faible sûreté contre le parjure. Il en est cependant qui tiennent à l'honneur et dont la seule parole serait préférable au serment le plus solennel.

Mais c'est la généralité et non pas les exceptions qu'il faut avoir en vue ; or, il existe un très grand nombre d'hommes chez qui domine encore le principe religieux, et dont il s'agit d'éclairer l'ignorance et de soutenir la faiblesse. Plusieurs, n'en doutons pas, hésiteraient de se livrer au parjure, si le serment était assujéti à une forme telle, que son caractère sacré ne pût être méconnu de personne.

Nous avons vu à Besançon, un ancien juge-de-paix qui s'était avisé d'établir chez lui une espèce de chapelle, dans laquelle il conduisait le plaideur prêt à *lever la main,* quand, lui connaissant des principes de religion, il le soupçonnait porté à un acte de mauvaise foi; le plaideur entré trouvait là un autel et le livre saint entre deux cierges allumés..... il renonçait au serment, et le procès était terminé. Quelque louable que fût l'intention de ce magistrat, il excédait ses pouvoirs; aussi le procureur-général lui fit-il fermer sa chapelle.

C'est à la loi seule qu'il appartiendrait d'environner le serment d'expressions solennelles et religieuses, le magistrat n'a pas le droit d'y suppléer. Cependant rien n'empêche le juge-de-paix de faire observer à la partie et aux témoins, en quoi consiste la religion du serment, et à quelles conséquences funestes peut entraîner le parjure.

SECTION IV.

DES PRESCRIPTIONS.

SOMMAIRE.

Introduction, renvoi aux auteurs qui ont traité cette matière *ex professo.*

§ Ier. *Dispositions générales.* — 1. Deux sortes de prescriptions : l'une pour acquérir, l'autre pour se libérer. — 2. Définition de la possession ; la possession annale fait présumer la propriété, et cette présomption devient preuve complète, si la possession est continuée pendant trente ans ou pendant dix et vingt ans avec titre et bonne foi. — 3. Choses imprescriptibles et qui ne peuvent donner lieu à l'action possessoire. — 4. La prescription, en matière civile, est une exception qui doit être proposée ; *secùs* en matière criminelle, le juge doit l'appliquer d'office. — 5. La prescription est opposable en tout état de cause. — 6. Celui qui la propose doit en justifier ; la preuve testimoniale, en matière personnelle, ne peut servir que pour la justification libératoire d'une somme de 150 fr. et au-dessous. — 7. Conditions nécessaires pour que la possession soit utile, énonciation des principes, renvoi de leur application aux actions possessoires. — 8. La prescription se compte par jour, et non par heures, jour *à quo,* jour *ad quem.*

§ II. *Des causes qui empêchent la prescription.* — 9. Nomenclature des détenteurs précaires qui ne peuvent jamais prescrire. — 10. A moins que le titre ne soit interverti ; doctrine sur les interversions ; quand et comment on peut ou non posséder contre, ou au-delà de son titre.

§ III. *Des interruptions.* — 11. Interruption naturelle, la possession, pour interrompre, doit être d'une année.—12. Interruption civile, actes qui la constituent. — 13. Demande en justice, comment elle est formée ; tentative de conciliation ; cas auxquels la demande en justice est regardée comme non avenue. — 14. Le commandement interrompt, mais non la sommation extra-judiciaire. — 15. Une saisie quelconque est un acte éclatant d'interruption. — 16. Reconnaissance du droit ou de la dette, comment doit-elle être formulée pour interrompre ? — 17. Interruption civile n'a pas lieu d'une personne à une autre, ni d'une action à une autre. — 18. L'interruption naturelle se prouve par témoins ; *secùs* de l'interruption civile, il faut une preuve par écrit ; le livre de raison du créancier ne peut servir pour justifier du paiement des arrérages.— 19. On ne peut interrompre que la possession qui court, et non les prescriptions accomplies ; il faut alors une renonciation.

§ IV. *Des causes qui suspendent la prescription.*—20. Différence entre l'interruption et la suspension, différentes causes de suspension. —

21. *Incapacité personnelle.* Les mineurs sont soumis aux prescriptions courtes ; suspension à l'égard des femmes, de l'héritier bénéficiaire ; la faillite, l'émigration, l'absence ne sont pas des causes de suspension.— 22. La prescription court contre l'état, les communes et les établissements publics; exception pour les objets qui forment le domaine public, national ou municipal.— 23. *Défaut d'intérêt ;* créances conditionnelles ou à terme, garantie ; la prescription ne commence à courir que du jour de l'événement, de la condition, du terme, ou du trouble causé par l'éviction. — 24. Ces causes de suspension ne s'appliquent point au tiers détenteurs ; exceptions pour les donations révoquées ou qui excèdent la portion disponible, et pour tous les cas où le tiers serait sans qualité pour faire des actes conservatoires. — 25. *Force majeure.* Cette impossibilité d'agir n'étant que relative et temporaire, n'est pas une véritable suspension.

§ V. *De la renonciation à la prescription.* — 26. Elle est expresse ou tacite. — 27. La renonciation tacite ne peut résulter que d'un fait bien positif et non explicable d'autre manière; jurisprudence. — 28. Pour renoncer, il faut avoir la disposition du droit qui est l'objet de la renonciation : énumération des personnes incapables de renoncer.

§ VI. *Des diverses espèces de prescriptions.*—29. Prescription de trente ans, n'exige ni titre ni bonne foi. — 30. Prescription de dix et de vingt ans, titre et bonne foi nécessaires pour l'acquisition d'immeubles par ce moyen. Actions en nullité ou en rescision, comptes de tutelles, responsabilité des architectes se prescrivent aussi par dix ans.— 31. Prescription de cinq ans ; arrérages de rentes, loyers et fermages, intérêts des sommes prêtées, des condamnations judiciaires, du prix de vente d'immeubles, mais non du capital payable par annuités ; les actions entre associés de commerce, celles concernant les lettres de change et billets à ordre se prescrivent aussi par cinq ans. — 32. Prescription de trois ans. — 33. Prescription de deux ans. — 34. — Prescription d'un an. — 35. Prescription de six mois. — 36. Les prescriptions courtes établies par les articles 2271 et 2272 ne sont que des présomptions *juris*, mais qui ne peuvent être détruites par toute espèce de preuve ; erreur de M. Toullier à cet égard ; le serment peut seulement être déféré au débiteur. — 37. Compte arrêté fait courir la prescription de trente ans. — 38. Prescription de six mois établie par le Code de commerce, en faveur des commissionnaires et voituriers. — 39. — Déchéances au-dessous de six mois, régies par les mêmes principes que les prescriptions. — 40. Prescriptions particulières en matière de délits, Code d'instruction criminelle, lois spéciales. — 41. L'action civile y est soumise, lorsqu'elle est formée devant les tribunaux civils, en l'absence même de toutes poursuites criminelles ; application que doit en faire le juge-de-paix statuant comme juge civil.

ENTRER dans tous les développements qu'exige la matière importante des prescriptions, ce serait excéder les limites que nous

nous sommes proposées ; d'ailleurs , les principes dont l'application se présente le plus fréquemment dans les justices-de-paix , seront exposés, dans toute leur latitude, en traitant des actions possessoires. Nous nous bornerons ici à l'analyse des règles générales (1).

§ Ier.

Dispositions générales.

1. « La prescription est un moyen d'acquérir ou de se libérer » *par un certain laps de temps*, et sous les conditions déter- » minées par la loi » (art. 2219).

Ainsi deux sortes de prescriptions, l'une pour acquérir , l'autre pour se libérer.

La plupart des définitions manquent d'exactitude, telle est celle que donne ici le Code. Ce n'est point par le seul effet du temps que s'opère la prescription. La prescription libératoire provient du silence du créancier ; quant à la prescription nécessaire pour acquérir la propriété, la possession corporelle en est le principe et la cause.

2. C'est à cette prescription que s'applique l'art. 2228 du Code : « La possession est la détention ou la jouissance d'une » chose ou d'un droit que nous tenons ou que nous exer- » çons par nous-mêmes ou par un autre qui la tient ou » l'exerce en notre nom. »

La possession , abstractivement considérée, n'est qu'un fait et non pas un droit ; mais ce fait est une présomption de propriété : celle-ci est souvent douteuse, et peut donner lieu à de longues discussions ; voilà pourquoi celui qui possède est censé propriétaire, jusqu'à preuve contraire. Néanmoins un seul fait de possession ne suffit pas, en matière immobilière : ce n'est qu'à la possession annale que la loi attache la présomption de pro-

---

(1) Ceux qui veulent approfondir les prescriptions peuvent recourir aux auteurs qui les ont traités *ex professo* : Dunod, Vazeille, et surtout le commentaire en deux volumes de Troplong, sur les art. 2219 et suiv. du Code ont épuisé la matière. Pour ce qui concerne les développements particuliers qu'exige le possessoire , voyez dans la seconde partie de cet ouvrage, le long commentaire sur l'article 6, § Ier, de la loi du 25 mai 1838.

priété d'un immeuble ou d'un droit réel : de là la nécessité de se pourvoir au possessoire en cas de trouble, pour se faire maintenir dans cette possession annale, afin de conserver la propriété, ou de l'acquérir par le moyen de la prescription.

Ainsi, en matière réelle, la possession annale est déjà une présomption légale de propriété. Cette propriété, qui n'est que présumée jusqu'à nouvel ordre, devient inaltérable et invincible, si la possession, jointe à un titre et accompagnée de bonne foi, se continue pendant 10 ou 20 ans, et même, si sans titre ni bonne foi, elle a durée pendant 30 ans.

3. Le résultat de la possession étant d'acquérir la prescription, il s'ensuit que la possession annale ne peut être invoquée que pour les choses prescriptibles. L'action possessoire étant la seule action réelle et immobiliaire dont la connaissance soit attribuée aux juges-de-paix, c'est en traitant de cette attribution importante, que nous donnerons le détail des choses imprescriptibles et que nous examinerons quels sont les caractères que doit avoir la possession en matière réelle, pour opérer la prescription. Il suffit, quant à présent, d'énoncer le principe, que le domaine des choses qui ne sont point dans le commerce est imprescriptible, et ne saurait par conséquent donner lieu à l'action possessoire; qu'il y a des choses qui sont imprescriptibles par elles-mêmes; d'autres qui ne le sont qu'à raison de leur destination; qu'il en existe enfin qui ne sont pas susceptibles de prescription, à cause des personnes à qui elles appartiennent.

4. La prescription est une exception qui doit être proposée par celui qui veut s'en prévaloir, ou par ses ayant cause, tels que la caution, les créanciers, etc., lesquels peuvent opposer ce moyen, à défaut du débiteur, et même malgré la renonciation qu'il en aurait faite (art. 2225). Mais, pour faire admettre cette exception, il ne suffit pas de la faire pressentir, il faut qu'elle soit articulée par *des conclusions formelles, ou par des énonciations précises et positives* (1). Cette exception ne peut être suppléée d'office : le ministère public, dans les causes des mineurs, des communes, des établissements publics et autres, où la loi exige ses conclusions, ne peut même faire va-

---

(1) Arrêt du 18 avril 1838, D., p. 206.

loir ce moyen, que dans le cas où il aurait été proposé par la partie intéressée.

Il en est autrement, en matière criminelle, correctionnelle ou de police : dès l'instant que l'action en réparation du délit ou de la contravention est prescrite, il ne peut plus intervenir de condamnation. Dans ce cas, la prescription peut non-seulement être proposée par le ministère public, il est du devoir du juge d'appliquer ce moyen d'office, ce que le tribunal d'appel et même celui de cassation doit faire, lorsque cette exception n'a été proposée devant aucune des juridictions que l'affaire a parcourues (1).

5. La prescription, étant une exception péremptoire, est opposable *en tout état de cause, même en appel;* à moins que celui qui avait à s'en prévaloir n'y ait renoncé d'une manière expresse ou tacite, comme on le verra au § 5.

6. Il en est de ce moyen comme des autres exceptions, celui qui propose la prescription doit en justifier.

En matière réelle, comme la possession d'une chose corporelle repose sur un fait, elle se prouve par témoins, sans qu'il soit besoin de titres; car on ne passe pas de titre, pour constater qu'on a labouré un champ, qu'on a récolté une vigne, qu'on a fait des plantations sur un terrain. Cependant la possession peut se prouver aussi par des actes écrits, tels que ceux servant à justifier la perception des fermages, le paiement des impôts, la garde d'une forêt, les poursuites exercées contre les délinquants et les usurpateurs, etc. : comme on le verra en traitant des actions possessoires, les titres ont aussi la plus grande influence pour éclairer et caractériser la possession.

En matière personnelle, la preuve de la possession résiste à la preuve testimoniale. Vainement prétendrait-on établir, par ce moyen, l'acquisition d'une rente ou de toute autre créance, en offrant de prouver que les arrérages ou les intérêts en ont été payés pendant 30 ans. Quant à la prescription libératoire, elle résulte du titre même. S'il a plus de 30 ans de date, la pres-

---

(1) On peut voir à cet égard le célèbre arrêt du 22 avril 1813, *Répertoire*, v° *Prescription*, sect. 3, § 7, no 5 (*bis*), ceux des 28 janvier 1808 et 20 mai 1824, D., p. 260 et suiv. de 1824; et pag. 530 de 1837, un autre arrêt du 1er juillet, rendu en matière de police.

cription est établie, à moins que le créancier ne prouve qu'elle a été interrompue, ce qu'il ne pourrait faire par témoins, que dans le cas où il s'agirait d'une obligation qui n'excéderait pas 150 fr.

7. Pour pouvoir prescrire, il faut une possession continue, paisible, non équivoque et à titre de maître; les actes de pure faculté et de simple tolérance ne peuvent fonder ni possession ni prescription. Il en est de même des actes de violence; cependant la possession utile commence, sitôt que la violence a cessé.

Enfin, soit pour compléter la prescription, soit pour être fondé à intenter l'action possessoire, on peut joindre, à sa possession, celle de son auteur, de quelque manière qu'on lui ait succédé, soit à titre universel comme héritier, soit à titre particulier, comme acheteur, donataire ou légataire (art. 2229, 2232, 2233 et 2235 du Code).

Pour éviter des redites inutiles, nous renvoyons l'application de ces principes au commentaire de l'art. 6, § 1er de la loi du 25 mai 1338.

8. « La prescription se compte jour par jour, et non par » heures; elle est acquise lorsque le dernier jour du temps est » accompli » (2260).

Le jour *à quo*, celui qui est le point de départ ne compte pas; quant au dernier jour du terme, que dans le langage du barreau on appelle le jour *ad quem*, il doit compter (1). Ainsi, supposons une obligation consentie le 31 mars 1808, la prescription de 30 ans n'ayant commencé que le 1er avril, sera acquise le **31 mars 1838** à minuit; et, le 1er avril, il ne sera plus possible de l'interrompre.

Lorsque la prescription est d'un an ou de plusieurs mois, le nombre des jours compris dans chaque mois, se règle suivant le calendrier grégorien, sans avoir égard à leur inégalité.

Peu importe que le jour *ad quem* soit un jour férié : celui qui doit interrompre la prescription dont ce dernier jour est le terme, doit s'imputer de n'avoir pas agi à temps utile. D'ailleurs,

---

(1) Voir la discussion élevée, à cet égard, par M. Troplong, *des Hypothèques*, tom. 1, n°s 293 et suiv.

en cas d'urgence, on peut obtenir, du juge, la permission de signifier et d'exécuter les jours de fêtes légales. (Art 63, 781, et 1037, Code de procédure.)

Telles sont, en analyse, les principes généraux en matière de prescription.

§ II.

Des causes qui empêchent la prescription.

9. Pour prescrire, il faut posséder pour soi-même; celui qui ne possède que pour autrui, n'est pas un véritable possesseur, mais un détenteur précaire. Chacun est censé posséder pour soi, à moins de preuve contraire; mais quand on a commencé à posséder pour autrui, on est toujours présumé posséder au même titre, à moins que l'on ne démontre que ce titre a été interverti; sans cela, ceux qui possédaient pour autrui, ainsi que leurs héritiers, ne peuvent jamais prescrire la propriété pour quelque laps de temps que ce soit (Art. 2230, 2231.)

Dans la catégorie des détenteurs précaires qui, ne possédant que pour autrui, ne peuvent jamais prescrire la propriété, l'article 2236 indique le *fermier*, le *dépositaire*, l'*usufruitier;* puis il ajoute, *et tous autres qui détiennent précairement la chose du propriétaire;* ce qui s'applique à l'usager, à l'emphytéote temporaire (l'emphytéose perpétuelle transférant la propriété, comme on le verra plus loin), au capitaine de navire, à l'envoyé en possession provisoire des biens de l'absent, au séquestre, à l'antichrésiste, au mari relativement aux biens de sa femme, au tuteur relativement aux biens de ses mineurs, au procureur ou mandataire, *negotiorum gestor*, etc. Quelque longue que soit la possession de ces détenteurs, elle ne peut servir à la prescription de la propriété; et la qualité de possesseur précaire passe à leurs héritiers qui ne prescrivent pas non plus: il en est autrement de ceux à qui ils auraient transmis la chose à titre particulier; ceux-ci possèdent pour eux-mêmes, et jouissent des avantages de la prescription.

10. Cependant le détenteur précaire peut commencer à prescrire, du moment de l'interversion de son titre, interversion

qui peut avoir lieu de deux manières : 1° par une cause venant d'un tiers ; 2° par la contradiction que le détenteur lui-même oppose au droit du vrai propriétaire (2238).

L'interversion s'opère, *par le fait d'un tiers*, lorsque le détenteur précaire acquiert ou reçoit la chose d'un étranger, si, par exemple, un tiers vend, donne ou lègue au fermier, au dépositaire, à l'usufruitier, le fond que celui-ci tenait à titre de bail, de dépôt, d'usufruit, etc. Le changement de possession qui s'opère en vertu de la vente, de la donation ou du legs, peut être injuste ; mais si cette nouvelle possession ne suffit pas pour la prescription de 10 et 20 ans qui exige la bonne foi, elle est suffisante pour acquérir la possession de 30 ans. Le détenteur précaire qui a joui, depuis un an, en vertu de son nouveau titre, possède utilement et pourrait, par conséquent, intenter l'action possessoire, même contre le propriétaire pour lequel il possédait, avant son changement de possession.

Toutefois, la possession utile ne peut commencer, et la prescription ne doit courir que du jour où le véritable propriétaire a acquis, d'une manière quelconque, la connaissance de l'acte qui a transféré la propriété au détenteur précaire ; jusque-là la possession de ce dernier n'est qu'équivoque et clandestine ; muni d'un titre ignoré du propriétaire, le détenteur est censé, non pas jouir en vertu de son nouveau titre, mais continuer la jouissance précaire qu'il avait auparavant.

La seconde cause qui peut intervertir le titre du détenteur précaire est celle qui vient *de la contradiction* opposée par ce détenteur. Si, par exemple, sans qu'il ait acquis un nouveau titre, il déclare dans un acte judiciaire ou extrajudiciaire, qu'il n'entend plus jouir comme fermier, usufruitier, etc., mais à titre de maître, le propriétaire, à vue de cette interpellation qui est un trouble de droit, peut se pourvoir en complainte, pour être maintenu dans la possession de sa propriété ; mais s'il néglige de le faire, et que le détenteur précaire ait joui depuis plus d'un an, à partir de l'interpellation qu'il a signifiée au propriétaire, alors celui-ci doit succomber dans l'action possessoire que le détenteur serait même fondé à intenter contre lui.

Ce cas d'interversion ne peut guère se présenter que devant le juge-de-paix ; il doit arriver rarement que la prescription

puisse s'acquérir de cette manière; car il est difficile de
se faire à l'idée d'un propriétaire assez oublieux de ses intérêts
pour rester trente ans dans l'inaction, au lieu de revendiquer
sa propriété sur le détenteur précaire qui a déclaré vouloir
en jouir à titre de maître.

Une interversion beaucoup plus naturelle est celle provenant
du fait même du propriétaire, lorsqu'il aliène à son fermier ou
à l'usufruitier, le fonds tenu à bail ou soumis à l'usufruit. Alors
la possession utile de celui qui n'était auparavant que détenteur
précaire est incontestable. En cas de trouble, il peut agir en
complainte, et joindre, à sa possession, celle de son vendeur.

Mais pour cela, il faut un titre translatif de propriété : la
simple reconnaissance émanée du propriétaire, ne changerait
rien à l'état des choses : *Si sit simplex recognitio, non immu-*
tatur qualitas rei, quæ tanquam erronea cedit veritati, dit
Dumoulin, *des fiefs,* tit. 1, § 51, n° 10; et cette doctrine a
été consacrée par une jurisprudence constante (1).

Tel est le résumé des principes sur l'interversion du titre
précaire. Sans cette interversion, le détenteur, on le répète, ne
peut ni prescrire, ni posséder contre la teneur de son titre;
lorsqu'apparaît le titre qui a été le principe de la possession,
alors la cause ne peut en être changée. Le détenteur précaire
et ses héritiers sont donc dans une toute autre position que
celui qui n'a pas de titre, lequel néanmoins possède utilement
pour lui-même et peut prescrire : de là la maxime, *meliùs est*
non habere titulum, quam habere vitiosum.

Cependant, si l'on ne peut prescrire contre son titre, on peut
prescrire outre son titre, c'est-à-dire acquérir un droit, une
étendue plus considérable que celui que donne le titre, ou
prescrire la libération de l'obligation qui y est imposée, tout
en conservant le droit que le titre a conféré, sous cette condition (art. 2241).

_____

(1) Questions de droit, v° *Communaux,* § 2. — On peut voir aussi dans
le *Traité d'Usage,* tom. 3, pag. 625 et suiv., les développements dans lesquels
je suis entré sur le précaire et l'interversion de titres.

§ III.

Des interruptions.

11. En matière de prescription, il y a deux sortes d'interruptions, l'interruption naturelle et l'interruption civile (art. 2242).

Interruption naturelle. Cette interruption, qui n'a lieu que pour les choses corporelles, consiste dans la privation matérielle de ce dont jouissait le possesseur, quand une autre possession vient prendre la place de l'ancienne. Mais, pour que l'interruption puisse avoir quelque effet, il ne suffit pas qu'elle prive, pendant un instant, un jour, un mois, le possesseur de sa jouissance, il faut que la possession de l'étranger dure l'an et jour (art. 2243). Ce n'est qu'à cette condition que la loi attache l'avantage du possessoire : celui qui a la possession annale peut seul s'y faire maintenir, sans que l'ancien possesseur puisse, devant le juge-de-paix, invoquer sa possession antérieure.

En traitant des actions possessoires, les seules qui soient dévolues aux juges-de-paix en matière réelle, nous reviendrons sur l'interruption naturelle.

12. *Interruption civile.* L'interruption civile, qui s'applique tant aux immeubles et droits réels qu'aux créances et autres droits incorporels, est formée par une citation en justice, par un commandement, par une saisie, et par la reconnaissance que le débiteur ou le possesseur fait du droit de celui contre lequel il prescrivait (art. 2244 et 2248). Discutons, en peu de mots, ces différents points.

13. Des moyens indiqués par la loi pour interrompre la prescription, le premier et le plus naturel est la *citation en justice.* Ces expressions de l'art. 2244 ne se bornent pas à l'ajournement signifié pour paraître devant un tribunal, elles s'appliquent à toutes les demandes soit principales, soit incidentes.

Ainsi l'intervention formée dans un procès lié avec d'autres parties, interrompt la prescription : il en est de même des conclusions réconventionnelles prises par le défendeur. La réclamation formée par un créancier pour être admis au passif d'une faillite est aussi une véritable demande judiciaire. En un mot, toutes les fois que, soit le demandeur, soit le défendeur, conclut à ce qu'une prétention lui soit adjugée, la prescription est interrompue.

En thèse générale, l'interruption ne date que du jour de la demande formée devant un tribunal; mais il en est autrement lorsqu'elle a été précédée de la tentative de conciliation; alors, la citation au bureau de paix interrompt la prescription, du jour de sa date, pourvu qu'elle soit suivie d'une demande en justice formée *dans le mois* du jour de la non conciliation ou du défaut de comparution au bureau de paix (art. 2245, Code civil, et 57, Code de procédure). Et quand bien même le terme nécessaire pour prescrire serait échu, au moment de l'assignation devant le tribunal, peu importerait, dès l'instant que l'interruption s'est opérée par la citation au bureau de paix.

Les parties pouvant y paraître *volontairement,* cette comparution doit avoir le même effet que la citation : dans ce cas, la prescription est interrompue, à dater du procès-verbal suivi d'ajournement dans le mois.

Dans le cas où la loi dispense de la tentative de conciliation, cette formalité, quoique inutile, peut-elle interrompre la prescription ? Par arrêt du 9 novembre 1809, la cour de cassation a jugé l'affirmative sur les conclusions conformes de M. Merlin (1). Mais il s'agissait, dans l'espèce, d'une question d'état soulevée au sujet d'un intérêt pécuniaire, et qui, d'après la loi de 1790, n'était point dispensée de conciliation.

Plusieurs auteurs, néanmoins, prétendent que, dans le cas même où l'affaire n'est pas susceptible de transaction, la citation au bureau de paix, quoique inutile, suffit pour interrompre. D'autres soutiennent, au contraire, que, dans ce dernier cas, la citation en conciliation étant un acte purement frustratoire auquel la partie ne peut être tenue d'obtempérer, cette citation n'est d'aucun effet (2). Nous croyons aussi que

---

(1) *Questions de droit,* v° *Légitimité,* § 2.
(2) Troplong, tom. 2, n° 502.

la citation ne serait interruptive que dans le cas où l'affaire, quoique dispensée de conciliation par le Code de procédure, serait susceptible de se terminer par la voie de transaction; mais qu'autrement, s'il s'agissait, par exemple, d'une action à intenter contre une commune, l'appel au bureau de paix n'aurait pas la puissance d'interrompre.

La citation en justice, quoique donnée devant un juge incompétent, n'est pas moins interruptive (art. 2246). Ici il n'y a point de distinction à faire entre l'incompétence absolue, *ratione materiæ*, et l'incompétence relative, *ratione personæ :* quelque incompétent que puisse être le juge devant lequel la citation est donnée, elle n'en a pas moins la force d'interrompre la prescription.

L'article 2247 considère comme non avenue l'interruption résultant de la demande en justice, dans les quatre cas suivants:

1° *Si l'assignation est nulle, par défaut de forme :* un exploit nul n'a point d'existence légale; cependant si la nullité de forme est couverte par des défenses au fond, alors cet ajournement interrompt la prescription (1).

2° *Si le demandeur se désiste de la demande :* alors elle est censée n'avoir pas existé.

3° *S'il laisse périmer l'instance :* l'article 401 du Code de procédure défend de se prévaloir d'aucun acte de la procédure éteinte; la péremption, lorsqu'elle est admise par le tribunal, fait donc disparaître l'interruption qui résultait de l'instance.

4° *Si la demande est rejetée :* le rejet faisant évanouir la demande, l'interruption qui en résultait disparaît par-là même.

Mais un rejet provisoire ne suffit pas; il faut un rejet définitif, faisant obstacle à ce que la demande se reproduise entre les mêmes parties, et ayant absolument la même valeur que si le demandeur s'était désisté.

14. Le second moyen tracé par la loi pour interrompre la prescription, c'est le commandement. On appelle ainsi l'acte par lequel un huissier requiert une personne d'avoir à exécuter un jugement ou à faire ce à quoi elle s'est obligée par

_____

(1) Voir ce qui a été dit pag. 9, en traitant des exceptions.

un autre titre exécutoire, et lui déclare qu'en cas de refus elle y sera contrainte.

Le commandement étant un commencement d'exécution, un acte préliminaire à toutes les saisies, voilà pourquoi la loi lui accorde la puissance d'interrompre la prescription; car une simple sommation, ou tout autre acte extra-judiciaire, n'est pas un trouble interruptif. On aurait donc beau signifier au débiteur un billet sous seing privé, avec sommation d'avoir à en opérer le paiement, cet acte n'interromprait pas la prescription. Le protêt d'une lettre-de-change est le seul acte extra-judiciaire auquel la loi attribue la force d'interrompre (art. 189, Code de commerce).

L'inscription aux hypothèques, les démarches faites devant l'administration, les demandes formées par lettres, etc., ces actes, et autres semblables, n'étant point désignés par la loi, ne seraient pas non plus interruptifs de la prescription.

15. Si le simple commandement suffit pour interrompre la prescription, la saisie du débiteur doit, à plus forte raison, opérer cet effet. Ainsi une saisie immobilière, une saisie-exécution, une saisie-gagerie, une saisie-brandon sauvent de la prescription le droit du créancier qui veille à ses intérêts par ces moyens de contrainte.

Mais l'art. 2244, parlant de saisie *signifiée à celui qu'on veut empêcher de prescrire,* il en résulte que ce n'est que du moment de cette signification, que date l'interruption ; qu'ainsi, pour ce qui concerne notamment la saisie-gagerie, la saisie-arrêt, la prescription n'est interrompue qu'au moyen de la dénonciation faite au débiteur saisi.

16. Enfin, la reconnaissance du droit par le débiteur, ou l'indu possesseur, est encore un moyen d'interruption.

Cette reconnaissance peut être *expresse;* telle est celle faite en conformité des art. 1337 et 1338 du Code; mais indépendamment des titres récognitifs proprement dits, la reconnaissance peut résulter de tout autre acte, même d'une lettre missive, si cette lettre présente un sens clair et précis; autrement les juges ne devraient pas s'y arrêter (1).

---

(1) Arrêt du 21 septembre 1830, D., pag. 23 de 1831.

La reconnaissance peut aussi être *tacite ;* ce qui a lieu lorsqu'elle résulte d'un acte qui suppose nécessairement l'existence du droit ou de la créance de celui contre lequel on voudrait prescrire. Mais on ne saurait attribuer l'effet d'interrompre, à ces réserves générales et de style que les notaires jettent, par habitude, dans les contrats, et qui, pour les parties, n'ont ni sens ni valeur.

17. L'interruption civile n'a pas lieu d'une personne à une autre : ainsi l'interpellation judiciaire faite à l'un des héritiers, n'interrompt pas la prescription à l'égard des autres (art. 2249). Il n'y a exception à cette règle, qu'en cas de solidarité, de cautionnement, d'indivisibilité, de saisie réelle, etc.

L'interruption civile n'a pas lieu non plus d'une action à l'autre. Dans le cas même où les deux actions sont incompatibles et semblent se contrarier, rien n'empêche de les cumuler par des conclusions subsidiaires.

18. L'interruption naturelle est un fait qui se prouve par témoins ; mais il n'en est pas ainsi de l'interruption civile ; elle doit être établie par un acte émané de celui qui veut interrompre. Dunod, Despeisses et surtout le président Favre, exceptent de cette règle, le cas où il s'agit d'intérêts et arrérages ; suivant ces auteurs, l'inscription de paiement sur le livre du créancier, lorsqu'il est homme de probité, suffit pour prouver que le titre, d'ailleurs constant, n'est pas éteint par la prescription ; mais l'art. 1331 du Code civil déclarant que les papiers domestiques ne font foi que contre celui qui les a écrits et jamais en sa faveur, cette disposition est trop générale pour se plier à l'adoption de l'ancienne jurisprudence. Le titre nouvel dont parle l'article 2263 du Code est le seul moyen de sauver de la prescription le créancier qui manque de preuve du paiement des arrérages (1).

19. En terminant ce qui concerne les interruptions, nous devons faire observer que les prescriptions non encore acquises sont seules susceptibles d'être interrompues : lorsque la prescription est consommée, les actes d'interruption sont insignifiants, et ne sauraient porter atteinte au droit acquis ; la re-

_____

(1) Voir à cet égard Toullier, tom. 9, pag. 184, et Troplong, tom. 2, n° 621.

nonciation expresse ou tacite dont il sera question au § 5, est alors le seul moyen qui puisse être opposé par le propriétaire, ou le créancier (1).

§ IV.

Des causes qui suspendent la prescription.

20. La suspension de la prescription ne doit pas être confondue avec l'interruption. Interrompre une prescription, c'est lui apporter un obstacle qui rend inutile le temps écoulé auparavant; la prescription interrompue est censée n'avoir jamais eu d'existence, elle ne peut recommencer qu'à dater de l'interruption. La suspension, au contraire, laisse subsister la prescription préexistante; lorsque la cause de suspension vient à cesser, le temps qui recommence à courir, se lie avec le temps acquis au moment de la suspension, et tous deux comptent, pour calculer le délai légal.

Toutes les causes de suspension se rattachent à l'impossibilité d'agir : de-là la fameuse maxime : *Contrà non valentem agere, non currit prescriptio.*

L'impossibilité d'agir peut provenir ou d'une incapacité personnelle, ou du défaut d'intérêt actuel, ou d'un cas de force majeure.

21. *Incapacité personnelle.* D'après la règle générale puisée dans l'art 2251, « la prescription court contre toutes personnes, à moins qu'elles ne soient dans quelque exception établie par une loi; » les articles suivants énumèrent les personnes en faveur desquelles la prescription est suspendue; ce sont :

1° Les mineurs même émancipés et les interdits, ce qui ne doit s'entendre que de l'interdiction absolue, et non du majeur, muni seulement d'un conseil judiciaire, lequel, pouvant aliéner avec l'assistance de ce conseil, demeure par conséquent soumis à la prescription.

Il n'y a que les prescriptions ordinaires dont le cours soit

---

(2) Arrêt du 10 mars 1834, D., pag. 171.

suspendu par la minorité et l'interdiction ; l'art. 2252 excepte ,
de cette suspension, les cas prévus par des dispositions particulières ; et d'après l'article 2278 , toutes les prescriptions dont il s'agit dans la section qui renferme cet article ,
courent contre les mineurs et les interdits , sauf recours contre
leur tuteur. La jurisprudence applique cette exception à toutes
les autres prescriptions courtes, ainsi qu'aux déchéances qui
se trouvent dans les Codes civil, de commerce et de procédure.

Ainsi le délai d'un an établi pour les actions possessoires court
contre toutes personnes.

2° La prescription ne court point *entre époux* : la femme ,
étant en la puissance du mari , celui-ci ne peut prescrire contre
elle. Mais la prescription peut être acquise , par un tiers , contre
la femme même non séparée, à moins qu'il ne s'agisse d'un fonds
constitué selon le régime dotal, lequel étant inaliénable d'a-
près l'article 1561 , est par-là même imprescriptible.

A l'égard des autres biens , la prescription n'est suspendue,
pendant le mariage , que dans le cas où l'action à intenter par
un tiers , réfléchirait contre le mari ; ou bien lorsqu'elle est
subordonnée à l'acceptation ou à la renonciation de la communauté, la femme ne pouvant opter à cet égard , qu'après
la dissolution (art. 2266).

3° La prescription ne court pas contre l'*héritier bénéficiaire*,
à l'égard des créances à recouvrer sur la succession ; mais la
prescription court en faveur des tiers, même pendant les trois
mois pour faire inventaire et les 40 jours pour délibérer : elle
court aussi contre une succession vacante, lors même qu'elle
ne serait pas pourvue de curateur (art. 2258 et 2259).

De la règle générale établie par l'art. 2251, que la prescription court contre toutes les personnes qui ne sont pas ex-
ceptées par la loi, il résulte que la suspension n'est opérée ni
par la faillite, ni par l'émigration , ni par l'absence de quelque
cause que ce soit, même pour le service militaire ; une loi
du 6 brumaire an 5 avait suspendu la prescription en faveur des
défenseurs de la patrie, mais l'effet de cette loi ne devait durer
que jusqu'à la paix générale ; une autre loi du 21 décembre 1814
a seulement prorogé jusqu'au 1er avril 1815 le délai accordé
aux militaires, pour faire valoir leurs droits.

22. Jadis les biens composant le domaine de la couronne étaient imprescriptibles ; mais l'art. 2227 du Code déclare que « l'état , les établissements publics et les communes sont soumis » aux mêmes prescriptions que les particuliers, et peuvent éga- » lement les opposer. » Cette disposition cependant ne saurait s'appliquer qu'aux biens productifs; les objets qui composent le *domaine public national ou municipal* n'étant point dans le commerce , tant qu'ils conservent cette destination , ne peuvent par conséquent se prescrire. On donnera le détail de ce qui com- pose le *domaine public*, en traitant des actions possessoires.

23. *Défaut d'intérêt.* La prescription ne peut opérer contre quelqu'un , que du moment qu'il a eu intérêt à agir ; jusque- là, il ne peut être accusé de négligence. L'article 2257 présente trois cas de suspension fondés sur ce que , tant qu'une action n'est pas née , l'exercice en est frustratoire et prématuré.

1° La prescription ne court point *à l'égard d'une créance qui dépend d'une condition jusqu'à ce que la condition arrive.* Celui, par exemple , dont le droit est subordonné à la condition de survie, serait dans l'impossibilité d'agir, avant la mort du do- nateur. Il en est de même de la condition résolutoire pour cause d'inexécution des charges : comment le créancier serait-il dans la possibilité d'agir , avant l'infraction du contrat ou de la do- nation ? Dans ces cas et autres semblables, la créance condi- tionnelle ne peut se prescrire, qu'à partir de l'événement qui la rend pure et simple.

2° La prescription ne court pas *à l'égard d'une action en garantie jusqu'à ce que l'éviction ait lieu.* Tant que l'acheteur n'est pas troublé dans sa possession, quelle raison aurait-il de se pourvoir contre son vendeur ? Ce serait agir sans cause et par conséquent sans intérêt.

3° La prescription ne court pas *à l'égard d'une créance à jour fixe, jusqu'à ce que ce jour soit arrivé :* celui qui a terme ne devant rien, il serait impossible d'agir contre lui; la prescription ne peut donc courir, que du jour où le terme est arrivé (1).

---

(1) Cependant si l'obligation est sous seing privée, le créancier peut, avant l'échéance, se pourvoir en reconnaissance des écrits et signatures; (voyez pag. 88); mais la prescription de la créance ne commence toujours à courir que du jour du terme.

24. Sur les causes de suspension prévues par l'art. 2257, il est à observer qu'en thèse générale, la disposition de cet article ne s'applique qu'entre le créancier et le débiteur, et ne saurait être opposée à un tiers détenteur. Entre le créancier et le débiteur, la prescription, pendant que le droit est en suspens, serait un outrage à la bonne foi ; le contrat qui les lie proteste sans cesse contre l'intention de prescrire, d'abdiquer un droit qui n'est pas encore ouvert. A l'égard du tiers détenteur, c'est tout différent, il jouit paisiblement *animo domini*, et rien n'empêche le créancier conditionnel d'assurer son droit par des mesures conservatoires : suspendre la prescription contre le tiers détenteur, en vertu de stipulations qui lui sont étrangères, ce serait porter atteinte au droit de propriété qui dérive de la possession.

La suspension à l'égard des tiers détenteurs ne peut donc avoir lieu que dans le cas où elle a été formellement prévue par la loi. Entrer dans des développements sur cette matière, ce serait s'éloigner du but d'un traité concernant la compétence des juges-de-paix : il suffit d'indiquer l'article 966 du Code, qui, pour le cas de révocation d'une donation pour cause de survenance d'enfants, décide que le donataire, ses héritiers ou ayant cause, *ou autres détenteurs des choses données*, ne pourront opposer la prescription, qu'après une possession de 30 années, *qui ne pourront commencer à courir que du jour de la naissance du dernier enfant du donateur, même posthume.* Quand il s'agit de faire réduire une donation comme excédant la portion disponible, et d'obliger un donataire au rapport, les aliénations et sous-aliénations faites par le donataire ne sont pas, non plus, un obstacle à l'exercice du droit des héritiers, qu'ils peuvent faire valoir contre les tiers détenteurs (art. 864 et 930 C. c.). On doit porter la même décision pour tous les droits attachés à la qualité d'héritier et subordonnés à l'ouverture d'une succession (1) ; alors l'impossibilité d'agir étant réelle, la maxime *contrà non valentem agere* reprend son empire.

25. *Force majeure.* L'impossibilité d'agir peut résulter aussi des cas de force majeure. Si le Code a gardé le silence sur cette

---

(1) Arrêt du 11 janvier 1825. D. pag. 141.

cause, c'est sans doute parce qu'il n'en résulte qu'une impossibilité relative, temporaire, et non une véritable suspension. En effet, la prescription n'est interrompue dans les cas de guerre, de peste et autres calamités, qu'autant que ces fléaux auraient rompu toute espèce de communication entre le créancier et le débiteur, ou que le cours de la justice aurait été suspendu : dans ce cas même on ne doit avoir aucun égard à l'impossibilité d'agir, qui n'était que temporaire, si, depuis que le créancier est rendu à la liberté, la prescription n'était pas encore acquise, et qu'il ait eu tout le temps nécessaire pour intenter son action, pour forcer le débiteur au paiement (1).

§ V.

De la renonciation à la prescription.

26. La prescription ayant été établie dans un but d'utilité générale, et pour punir celui qui néglige ses droits, on ne peut y renoncer d'avance; la renonciation n'est valable que lorsque la prescription est acquise (art. 2221); alors, comme on l'a vu au § III, il ne s'agit plus d'interruption; la renonciation de celui qui pourrait invoquer la prescription, peut seule faire évanouir le droit acquis par ce moyen.

La renonciation est *expresse* ou *tacite* (2221).

La renonciation *expresse* consiste dans une déclaration explicite de celui qui veut abdiquer le droit acquis par la prescription.

27. La renonciation *tacite* peut présenter plus de difficulté; elle résulte d'un fait qui suppose l'abandon du droit acquis. Il serait difficile de tracer des règles précises sur l'appréciation des actes d'où la renonciation peut s'induire, appréciation abandonnée aux lumières et à la conscience du juge : tout ce qu'on peut dire, c'est qu'il ne faut pas confondre les actes interruptifs, avec ceux nécessaires pour en faire résulter l'abandon du droit acquis par la prescription. Dans le premier cas, la simple reconnaissance du droit suffit; mais lorsqu'il s'agit de

---

(1) *Répertoire*, V° *Prescription*, tom. 17, pag. 427.

renonciation, on ne doit jamais perdre de vue le principe, que personne n'est censé renoncer gratuitement à un droit qui lui est acquis : il faut donc que le fait dans lequel on prétend puiser l'abandon tacite de la prescription, soit positif et ne puisse s'expliquer d'aucune autre manière. Ce qu'il y a de certain, c'est que la prescription étant opposable en tout état de cause, on ne saurait voir une renonciation dans la conduite de celui qui, au lieu de proposer d'abord cette exception péremptoire, fait valoir d'autres moyens de défense ; l'exécution d'un interlocutoire que la prescription rendait inutile, ne peut même être considérée comme une renonciation tacite (1).

28. La renonciation à la prescription étant une espèce d'aliénation, celui qui ne peut aliéner est par là-même incapable de renoncer (2222).

Ainsi le mineur, l'interdit ne peuvent renoncer à la prescription. Il en est de même des personnes chargées de la défense de l'état, des communes, des hospices et autres établissements publics.

Il en est qui prétendent que le mineur ou l'interdit pourraient être autorisés à renoncer à une prescription acquise sans bonne foi ; mais c'est une erreur : le devoir du tuteur est de ne point négliger la défense du mineur. *Tutoris præcipuum est officium, nè indefensum pupillum relinquat* (loi 30 ff. *de administ. et peric. tutor*); et la prescription étant un moyen péremptoire, de quel droit ceux qui sont chargés de la défense du mineur prendraient-ils sur eux d'en autoriser la renonciation ? Ce n'est qu'au mineur et à l'interdit, quand ils seront en possession de leur capacité, qu'il appartiendra de résoudre le cas de conscience qui peut résulter de la bonne ou mauvaise foi.

A l'appui de ce raisonnement, vient l'art. 481 du Code de procédure, lequel accorde *à l'état, aux communes, aux établissements publics* et *aux mineurs,* la voie de requête civile, *s'ils n'ont pas été défendus valablement.* Renoncer à un moyen

---

(1) On peut voir à cet égard, dans le recueil de Dalloz, les arrêts de cassation du 5 juin 1810, pag. 262 ; |8 décembre 1812, pag. 122 de 1813 ; 19 avril 1815, pag. 235 ; 19 août 1816, pag. 80 de 1817 ; 15 décembre 1829, pag. 37 de 1830 ; 16 mars 1831, pag. 136 ; 10 mars 1834, pag. 171 ; et l'arrêt de la cour de Limoges du 20 mars 1819, pag. 48, part. 2 de 1820.

aussi invincible que celui de la prescription, ce n'est pas seulement négliger la défense, c'est sacrifier les intérêts de ceux qu'on est chargé de représenter.

Si donc le mineur ou l'interdit avaient été autorisés par le conseil de famille à renoncer à la prescription, et que le tuteur ne demandât pas la nullité de cette autorisation, les tribunaux, il est vrai, ne pourraient appliquer la prescription, parce que, comme on l'a vu, il ne leur est pas permis de suppléer ce moyen d'office; mais le mineur ou l'interdit pourraient se pourvoir en requête civile, si l'autorisation avait été donnée dans le cours du procès, ou se faire restituer, d'après l'article 1305 du Code civil, si la renonciation avait été autorisée hors d'un procès.

En ce qui concerne l'état, les communes et les établissements publics, si la renonciation avait été autorisée par un acte du pouvoir législatif ou une ordonnance royale, dans ce cas elle devrait subsister, les formalités requises pour l'aliénation des biens du domaine et des communes, se trouvant ainsi remplies.

La femme mariée ne peut renoncer à la prescription, sans y être autorisée par son mari, mais au moyen de cette formalité la renonciation est inébranlable. Il en devrait être de même d'une renonciation faite par un prodigue assisté de son conseil judiciaire (art. 513 du Code civil).

§ VI.

Des diverses espèces de prescriptions.

29. La prescription de 30 ans qui, dans notre droit actuel, est la plus longue, éteint toutes les actions. Cette prescription n'exige ni titre ni bonne foi.

« Toutes les actions, tant réelles que personnelles, sont » prescrites par trente ans, sans que celui qui allègue cette » prescription soit obligé d'en rapporter un titre, ou qu'on » puisse lui opposer l'exception déduite de la mauvaise foi » (art. 2262).

La prescription de 30 ans est une de ces présomptions *juris et de jure*, qui, comme on l'a vu, sect. III, n° 18, lorsqu'elles sont constantes, ne peuvent être détruites par aucune preuve contraire. La prescription de 30 ans est une règle générale qui s'applique à tous les cas pour lesquels la loi n'a pas établi de prescriptions particulières.

Nous allons donner une idée sommaire des prescriptions plus courtes.

Prescriptions de dix et vingt ans.

30. D'après les articles 2265, 2266, 2267, 2268 et 2269 du Code civil, l'acquéreur de bonne foi en vertu d'un titre *juste* et *régulier*, prescrit, par dix ans entre présents, et 20 ans entre absents, l'immeuble vendu par celui que l'acquéreur regardait comme propriétaire.

La bonne foi est toujours présumée, à moins de preuve contraire; elle cesse dès l'instant que le véritable propriétaire se fait connaître par une interpellation juridique. Quant au juste titre, tout acte qui, de sa nature, est translatif de propriété, peut servir à cette prescription, sans égard au défaut de droit de celui qui a vendu, donné, ou légué (1).

L'art. 1304 soumet aussi les actions en nullité et en rescision à la prescription de 10 ans, temps qui suffit pour couvrir le vice de tous les actes.

L'art. 475 borne également à 10 ans, à compter de la majorité, la demande en reddition de compte du mineur à l'égard de son tuteur; ce qui ne s'applique qu'aux faits de la tutelle et non point aux demandes en restitution d'immeubles, qui seraient restés en la possession du tuteur, ni aux obligations dont celui-ci serait redevable, indépendamment de sa gestion.

Enfin, d'après l'article 2270, les architectes et entrepreneurs sont, après dix ans, déchargés de la garantie des gros ouvrages qu'ils ont faits ou dirigés.

Prescriptions de cinq ans.

31. L'article 2277 du Code a réduit à cinq ans les actions en paiement d'intérêts d'arrérages de rentes, pensions, loyers et fermages, enfin de *tout ce qui est payable par année ou à des*

---

(1) Il serait hors de notre sujet de donner la nomenclature des titres qui servent à la prescription de 10 ans et de ceux impuissants pour l'opérer. On peut voir à cet égard M. Troplong, tom. 2, n° 873 et suiv.

termes périodiques plus courts. La question de savoir si les intérêts de condamnations judiciaires, et ceux du prix d'une vente étaient assujettis à la prescription quinquennale, a divisé les auteurs et la jurisprudence. Mais les expressions de l'article sont trop générales pour souffrir quelque exception. Trois arrêts de la cour suprême, dont un confirme un arrêt de la cour de Metz, et les deux autres cassent des arrêts de la cour de Paris, ont décidé que l'art. 2277 s'appliquait aux intérêts du prix d'une vente d'immeubles, ainsi qu'à tous autres arrérages. La cour de cassation a jugé par trois autres arrêts dont deux ont cassé des arrêts de la cour de Paris, et le dernier un de la cour de Rennes, que les intérêts moratoires de sommes dues, en vertu de condamnations judiciaires, se prescrivaient également par cinq ans (1). Cette jurisprudence est fondée sur ce que la prescription quinquennale est d'ordre public, et que l'article 2277 l'ayant étendue à tout ce qui est payable par année, il ne peut y avoir de motifs pour en excepter, ni les intérêts d'un prix de vente, ni ceux de sommes dues en vertu de jugements.

En disant *et généralement tout ce qui est payable par années ou à des termes périodiques plus courts,* le dernier paragraphe de l'art. 2277 s'exprime cependant d'une manière trop large, mais qui ne doit être entendue que *secundùm subjectam materiam,* c'est-à-dire quant aux intérêts et arrérages seulement; car il est bien certain que, si le prix même d'une vente avait été stipulé payable par parties, d'année en année, ou que le capital d'une obligation eût été déclaré remboursable de cette manière, le débiteur ne pourrait opposer le *quinquennium,* faute d'avoir payé ces capitaux dans les termes convenus.

La prescription quinquennale est non-seulement fondée sur une présomption de paiement des intérêts ou arrérages, mais plus encore *sur une considération d'ordre public.* La loi a voulu punir le créancier d'une négligence *qui aurait coopéré à la ruine du débiteur, en laissant accumuler les arrérages.* Tels furent les motifs de l'ordonnance donnée par Louis XII en 1510;

(1) Voy. dans le recueil de Dalloz, pag. 162 de 1827, 46 de 1828, 315 de 1830, 153 de 1833, et 83 de 1838, les arrêts à la date du 7 février 1826, 5 décembre 1827, 14 juillet 1830, 12 mars 1833 et 29 janvier 1838.

tels sont aussi ceux énoncés dans le discours de M. Bigot-Préameneu, en proposant l'article 2277 qui a étendu les dispositions de cette ordonnance. De là il résulte que la prescription de cinq ans doit être appliquée, lors même que le défaut de paiement serait avoué et reconnu ; qu'ainsi le serment ne peut être déféré au débiteur.

Il n'en est pas ainsi de la prescription de cinq ans, établie par l'article 64 du Code de commerce, pour les actions entre associés, relatives à une société *commerciale*, et par l'art. 189 pour les demandes relatives aux lettres de change et aux billets à ordre souscrits entre négociants, ou pour fait de commerce. Cette dernière prescription n'étant qu'une présomption légale de paiement, on peut déférer le serment au débiteur.

Prescriptions de trois ans.

32. La demande en revendication d'un meuble, en cas de perte ou de vol, est soumise à la prescription de trois ans, par l'article 2279.

Les contribuables prescrivent aussi, par trois ans, l'impôt foncier contre les percepteurs (loi du 3 frimaire an 7, art. 149). Mais cette prescription ne serait pas opposable au tiers qui, ayant payé des impôts pour un autre, lui en demanderait la restitution (1).

Prescriptions de deux ans.

33. La demande en rescision d'une vente d'immeubles, pour lésion de plus de sept douzièmes, est assujétie à la prescription de deux ans, par l'article 1676 du Code. On se borne à énoncer ici cette prescription, les demandes de cette nature ne pouvant être portées devant le juge-de-paix que comme conciliateur et jamais comme juge.

Il en est de même de la prescription des droits de mutation, que l'art. 61 de la loi du 22 frimaire an 7 fixe à deux, trois et cinq années, dans les cas exprimés, les droits de cette nature se poursuivant par voie de contrainte dont l'opposition ne peut être portée que devant le tribunal civil.

---

(1) Arrêt du 26 janvier 1828, D., pag. 207.

A l'égard des actions en paiement des frais et salaires des avoués, que l'article 2273 réduit aussi à deux ans, *depuis la cessation de leur ministère*, et étend à cinq ans, *pour les affaires non terminées*, ces actions ne peuvent pas non plus concerner les juges-de-paix, elles sont portées devant les tribunaux auxquels sont attachés les officiers ministériels.

Mais cette prescription, étant restreinte aux avoués, ne serait pas applicable à des agents d'affaires, ou autres qui auraient été chargés de suivre ou défendre un procès; la demande en paiement de leurs frais et honoraires, qui n'est assujétie qu'à la prescription ordinaire de 30 ans, pourrait, par conséquent, être portée à la justice-de-paix, dans l'ordre de sa compétence (1).

Enfin, comme on l'a vu pag. 33, la loi du 21 mai 1836 déclare prescriptible, par deux ans, l'action en indemnité des propriétaires, pour les terrains qui auront servi à la confection des chemins vicinaux et pour l'extraction des matériaux.

Prescriptions d'un an.

34. L'article 1622 du Code réduit à un an le délai dans lequel doit être formée la demande en résiliation d'une vente d'immeubles, pour défaut de contenance, comme aussi celle en supplément ou en augmentation de prix, demandes qui sont hors de la compétence des juges-de-paix.

Il en est de même de la prescription d'un an, établie par l'art. 433 du Code de commerce, relativement aux négociations maritimes.

Mais voici des prescriptions que ces magistrats sont souvent dans le cas d'appliquer.

L'article 2272 soumet à la prescription d'un an, 1° l'action des médecins, chirurgiens et apothicaires, pour leurs visites, opérations et médicaments;

---

(1) Un arrêt du 5 septembre 1814 (D., pag. 621) a même décidé que les tribunaux de commerce ne sont pas compétents pour connaître des contestations relatives au recouvrement à faire par les agréés ou mandataires près ces tribunaux, de frais faits, à l'occasion des procès dans lesquels ils ont occupé pour leurs mandants. Les demandes de cette nature, qui n'excèdent pas 200 fr., doivent donc être portées à la justice-de-paix.

2° Celle des huissiers pour le salaire des actes qu'ils signifient et des commissions qu'ils exécutent ;

3° Celle des marchands pour les marchandises qu'ils vendent aux particuliers non commerçants; prescription qui s'applique aux bouchers, boulangers, cordonniers, serruriers, horlogers, etc., qui fournissent leurs marchandises et dont le travail ne peut être considéré comme celui d'un simple ouvrier; la prescription court du jour de chaque fourniture ;

4° L'action des maîtres de pension pour la pension de leurs élèves, et des autres maîtres pour le prix de l'apprentissage, même sans nourriture, ce qui s'applique aux clercs d'avoués, de notaires, etc. Il en est qui prétendent que cette prescription doit s'appliquer aux nourrices ; mais M. Troplong repousse ce sentiment qui lui paraît contraire à la lettre de la loi : c'est la prescription de cinq ans qui, selon lui, est applicable aux nourrices, d'après le dernier paragraphe de l'art. 2277. On reviendra sur cette question, en traitant l'article 5, § 4 de la loi du 25 mai 1838.

5° L'article 2277 soumet également à la prescription d'un an, le salaire des domestiques qui se louent à l'année; si leur engagement est *au mois*, la prescription ne doit être que de six mois, d'après la disposition finale de l'article 2271. On reviendra aussi sur cet objet, en commentant le § 3 de l'art. 5 de la loi de 1838.

Enfin, d'après l'article 23 du Code de procédure, l'action possessoire est non recevable et prescrite, si elle n'est pas intentée dans l'année du trouble.

Prescriptions de six mois.

35. L'art. 2271 réduit à six mois :

1° L'action des maîtres et instituteurs des sciences et arts, pour les leçons qu'ils donnent *au mois* ; la même prescription doit avoir lieu pour celles données à tant par cachet, quoique l'article n'en parle pas.

2° L'action des hôteliers et traiteurs, à raison du logement et de la nourriture qu'ils fournissent, est assujétie à la même prescription. — Peut-on regarder comme tels les boulangers, bouchers, pâtissiers, confiseurs et autres marchands de comestibles débitant, à boutique ouverte, des objets que l'acheteur emporte chez lui? Non : suivant M. Troplong, ce sont plutôt des marchands en détail, auxquels doit s'appliquer la prescription d'un an, établie par l'art. 2272, comme on vient de le voir. L'auteur veut qu'il en soit de même des cabaretiers, qui font des fournitures hors de leur maison ; M. Merlin, au contraire, pense qu'ils doivent être assimilés aux traiteurs, et cette opinion nous paraît préférable (1). Quelle différence, en effet, peut-il exister entre les fournitures faites à domicile, par un cabaretier, et celles d'un traiteur ou restaurateur dont l'action se prescrit par six mois? Les fournitures d'un cabaretier de campagne seraient donc considérées, par la loi, comme plus importantes que celles d'un homme versé dans l'art culinaire!

3° La même prescription de six mois est établie par l'article 2271 pour le paiement des journées, fournitures et salaire des ouvriers et gens de travail. Mais il existe, surtout dans les grandes villes, des ouvriers qui tiennent, en même temps, un magasin de commerce relatif à leur profession, tels que le tailleur qui ne prend pas ailleurs les draps et autres fournitures, pour confectionner les vêtements qu'il livre à ses pratiques, l'ébéniste, le cordonnier, le serrurier, l'horloger, etc., qui confectionnent également leurs propres marchandises. Doit-on appliquer à ces ouvriers la prescription de six mois? M. Troplong répond que non, parce que les gens de cette classe devant plutôt être considérés comme des marchands que comme des ouvriers, la prescription d'un an est la seule qui leur soit applicable, d'après l'art. 2272, § 3. Nous pensons aussi que, si l'art. 2271 parle de *fournitures et de salaires*, la prescription qu'il établit ne doit s'appliquer qu'au cas où un tailleur, par exemple, un menuisier et autres ouvriers semblables, ne façonnent que les matières qui leur sont remises ou qu'on les charge d'acheter, et non à ceux qui en tiennent magasin, cas auquel c'est la marchandise et non le travail qui prédomine.

Il en est de même, et à plus forte raison, des imprimeurs.

---

(1) Troplong, t. 2, p. 554. *Répertoire*, v° *Cabaretier*, § 2, n° 3, et *Prescription*, sect. 2, § 1, n° 1.

Cependant il résulterait des motifs d'un arrêt rendu par la cour d'Agen, le 5 juillet 1833, que, s'ils doivent être considérés comme marchands, à l'égard des ouvrages qu'ils débitent, quant à ceux qu'on leur donne à imprimer, ce ne sont que des ouvriers, et que le prix de leurs travaux serait alors sujet à la prescription de six mois. Tel est aussi le sentiment de M. Troplong (tome 2, pag. 565). Cependant il serait difficile d'assimiler l'impression d'un livre à la façon d'un habit, ou au travail d'un manœuvre. Ainsi, regardant l'imprimerie comme une entreprise, nous croyons que, pour tout ce qui sort de ses presses, l'imprimeur, quant à la prescription, doit être au moins rangé dans la classe des marchands qui vendent à des particuliers.

36. Il n'en est pas des prescriptions dont on vient de parler comme de la prescription quinquennale, contre laquelle la loi, comme on vient de le voir, n'admet aucune exception. L'article 2275 permet de déférer le serment à ceux qui opposent les prescriptions établies par les art. 2271, 2272 et 2273, ainsi qu'à leurs veuves et héritiers, et même au tuteur des mineurs sur la réalité du paiement. Mais ce serait une erreur de soutenir, comme l'ont fait MM. Toullier (tome 10, n° 54) et Duranton (tome 13, n° 434), que la présomption de paiement, sur laquelle reposent ces prescriptions courtes, peut être détruite par toute espèce de preuves; qu'ainsi le créancier doit avoir la faculté de faire interroger son débiteur, sur faits et articles. Comme on l'a vu pag. 109, si la présomption *juris* n'est pas exclusive de toute preuve, du moins on ne peut lui en opposer d'autres que celles puisées dans la loi-même, et non la preuve testimoniale, ni les présomptions. Or, ici la loi n'admet d'autre preuve que le serment du prétendu débiteur. C'est ce qu'a décidé la cour de cassation par arrêt du 29 novembre 1837, infirmatif d'un jugement du tribunal d'Alais qui, sur la présomption de non paiement, avait admis l'action d'un médecin en rétribution du prix de ses visites et consultations, quoique la demande n'eût été formée, contre l'héritier du défunt, que plus d'un an après le décès (D. pag. 181, de 1838).

37. Il est à observer que, s'il y a eu compte arrêté entre le créancier et le débiteur, alors disparaît non-seulement la

présomption légale de paiement, mais la prescription de 30 ans est la seule qui commence à courir, à partir de l'arrêté de compte ou de l'obligation.

38. L'art. 108 du Code de commerce soumet aussi à la prescription de six mois toutes actions contre les commissionnaires ou voituriers, à raison de la perte ou de l'avarie des marchandises, pour les expéditions faites dans l'intérieur de la France, et à la prescription d'un an pour celles faites à l'étranger; le tout à compter, pour les cas de perte, du jour où le transport des marchandises aurait dû être effectué, et pour les cas d'avarie, du jour où la remise des marchandises aura été faite, sans préjudice des cas de fraude ou d'infidélité.

39. Nous ne connaissons aucune prescription au-dessous de six mois, à moins que l'on ne range dans cette classe les déchéances établies par plusieurs lois, faute de se pourvoir dans un certain délai, déchéances qui, à quelques exceptions près, sont régies par les mêmes principes que les prescriptions (1).

Ainsi la loi du 20 mai 1838 vient de décider que le délai dans lequel devront être intentées les actions rédhibitoires serait, pour toute la France, de trente jours pour le cas de fluxion périodique des yeux et d'épilepsie ou mal caduc, et de neuf jours pour tous les autres cas (2).

40. Indépendamment des prescriptions établies par la loi civile, le Code d'instruction a établi des prescriptions particulières, en matière criminelle.

D'après les art. 637, 638 et 640, l'action *civile* en dommages-intérêts, aussi-bien que l'action *publique*, se prescrit par dix ans, pour les crimes, à dater du jour où ils ont été commis ou de la discontinuation des poursuites; par trois ans pour les délits ordinaires; et par un an pour les contraventions de police: l'art. 643 maintient, au surplus, les prescriptions qui ont été réglées par des lois spéciales.

Ainsi, d'après l'art. 12 de la loi du 30 avril 1790, toute action pour délit de chasse est prescrite par le laps *d'un mois*, à compter du jour où le délit a été commis.

---

(1) Voir sur ce point Troplong, *des Prescriptions*, tom. 1, n° 27, et mon *Traité d'Usage*, tom. 2, n° 405.

(2) Voir le texte de cette loi *suprà*, pag. 18.

La prescription *d'un mois* est également fixée par l'art. 8,
sect. 7 du Code rural (6 octobre 1791), pour les contraventions et délits ruraux prévus par ce Code, et que le Code
pénal n'a pas reproduits.

Les actions résultant des délits de pêche sont également
prescrites par un mois (art. 62 du Code fluvial).

Quant aux délits et contraventions, en matière forestière,
l'art. 185 du Code forestier déclare prescriptibles par trois mois
les actions qui en résultent.

Les poursuites criminelles interrompent la prescription de
l'action civile, et *vice versâ*, et s'il est intervenu un jugement
de condamnation, alors la prescription ordinaire de 30 ans
est la seule qui coure depuis ce jugement. Les art. 635, 636
et 639 du Code d'instruction criminelle ont fixé le délai après
lequel les différentes peines sont prescrites ; mais la prescription
de la peine n'est point applicable aux réparations civiles ; le
jugement rendu à cet égard n'est assujéti, comme les titres
ordinaires, qu'à la prescription de 30 ans.

41. Terminons par l'examen d'une question qui, pouvant
se présenter fréquemment, n'a pas encore été résolue d'une
manière bien précise.

Lorsque l'action civile est poursuivie devant le même juge
que l'action publique, que, par exemple, la personne lésée par
une contravention saisit elle-même le tribunal de police, alors
la prescription établie par le Code d'instruction criminelle et
les lois spéciales qu'on vient de rappeler peut lui être opposée, sans nul doute. En est-il de même, quand la personne
lésée par un délit, intente son action devant les tribunaux ordinaires, et dans le cas où le ministère public n'a exercé aucune
poursuite ?

La négative semblerait résulter d'un arrêt rendu par la cour
de cassation le 20 mars 1828, lequel a rejeté le moyen de
prescription qu'opposait le demandeur en cassation d'un arrêt
de la cour de Paris : « Attendu que le défendeur ayant la faculté
» de demander la suppression des entreprises qu'il prétendait
» avoir été faites sur ses propriétés par le demandeur, soit devant
» le tribunal correctionnel, soit devant le tribunal civil, il a
» usé d'un droit d'option que la loi lui donnait ; qu'ainsi, ni le

I. 11

» tribunal, ni l'arrêt qui a accueilli sa demande, en adoptant
» les motifs des premiers juges, n'ont violé l'art. 638 du Code
» d'instruction criminelle. »

Mais ce motif n'est qu'une fausse lueur. Il était même inutile
à la décision de l'affaire, dans laquelle il s'agissait, non pas
d'une contravention proprement dite, mais d'une action tendante à faire réparer une anticipation, aux dommages-intérêts
résultant du curage d'un fossé, et au paiement du prix des
broussailles que le défendeur avait coupées sur le terrain anticipé.

Quel a été le but de la prescription établie en matière criminelle? celui d'assoupir entièrement le crime ou le délit, d'empêcher qu'il ne soit réveillé *directement* ou *indirectement* par
une action *civile* ou *criminelle*, après le délai fixé par la loi.

Comme le disait M. Merlin, dans des conclusions consacrées
par un arrêt du 22 avril 1813, « en fait de prescription, l'action
» civile et l'action publique marchent toujours du même pas;
» et de même que *l'action civile ne peut jamais survivre à la*
» *prescription de l'action publique*, de même aussi l'action pu
» blique ne peut jamais survivre à la prescription de l'action
» civile (1).

Ainsi, que la partie lésée par un délit prenne la voie civile
ou la voie criminelle, le choix de la juridiction ne peut être
d'aucune influence. La prescription établie par la loi tant pour
l'action civile que pour l'action publique, est une règle impérieuse, à laquelle le défaut de poursuite, de la part du ministère public, ne saurait même faire exception. On ne croit
donc pas que le juge civil puisse refuser d'accueillir le moyen
de prescription opposé par le défendeur à la demande en dommages-intérêts résultant d'un fait qualifié de délit.

Cependant, le juge civil, saisi de la demande en dommages-
intérêts, ne doit appliquer la prescription pénale, que dans le
cas où le fait qui donne lieu à l'action civile était réellement
un délit ou une contravention, et ne saurait être considéré
sous un autre rapport. Condamné par la cour de Pau à des
dommages-intérêts pour réparation du préjudice causé à la

---

(1) *Répert.*, v° *Prescription*, sect. 3, § 7, art. 4, n° 5 *bis*.

demoiselle Dubois, créancière hypothécaire, par le désistement frauduleux d'une surenchère, de la part de Cavaré, celui-ci prétendait que s'agissant d'un délit prévu par l'art. 412 du Code pénal, l'action civile était prescrite; mais la cour de Pau décida que cet article n'était point applicable au fait, lequel constituait un simple dol; et le pourvoi contre l'arrêt de cette cour a été rejeté, par arrêt du 26 mars 1829: « Attendu » que l'action formée par la demoiselle Dubois, contre les de- » mandeurs, avait pour objet et pour but unique, de la part » de ladite demoiselle Dubois, d'obtenir la réparation d'un » dommage, qu'elle soutenait lui avoir été causé par les de- » mandeurs en cassation, et par des faits qui leur étaient per- » sonnels, *sans rattacher ces mêmes faits à aucun délit qualifié* » *par la loi, et dont elle leur adressât le reproche*; que c'est » ainsi, et *dans ce sens*, que la cour de Pau a *entendu et* » *caractérisé l'action en dol et fraude*, dont l'avait saisie, par » voie civile ordinaire, la demoiselle Dubois; qu'il était dans le » domaine et dans les attributions de cette cour d'apprécier les » faits et les circonstances qui avaient causé le dommage, et » d'en ordonner la réparation, par application de l'art. 1382 du » Code civil; — qu'il ne saurait appartenir au demandeur, *en* » *s'imputant une turpitude*, d'aggraver ces faits et ces cir- » constances, *et de leur donner le caractère d'un délit cor-* » *rectionnel, que la cour de Pau ne leur a point reconnu, que* » *la demoiselle Dubois ne leur a point attribué*, et de ne cher- » cher à leur imprimer ce caractère que pour échapper à une » condamnation purement civile, au moyen d'une prescription » prévue par les art. 2, 637 et 638 du Code d'instruct. crim.; — » que la prescription prononcée par ces trois articles, ne pou- » vant atteindre *l'action civile* en réparation de dommage, » *telle qu'elle a été jugée par la cour* de Pau, l'arrêt de cette » cour n'a ni violé, ni pu violer les susdits trois articles du » Code d'instruction criminelle, ni l'art. 412 du Code pénal (1).»

De cette jurisprudence, il résulte évidemment que, dans le cas même où le délit n'a été l'objet d'aucune poursuite

(1) Dalloz, pag. 369 de 1829. — Voy. aussi l'arrêt de la cour de Paris du 25 mars 1825, celui du 15 avril 1829, même recueil, part. 2, pag. 184 de 1825 et 179 de 1829, et l'arrêt de cassation du 6 juillet 1829, part. 1, pag. 288.

en répression, la prescription établie par la loi criminelle n'en est pas moins applicable à la demande en dommages-intérêts formée devant les tribunaux ordinaires. Mais, pour cela, il ne suffit pas que le fait qui donne lieu aux réparations civiles soit illicite, il faut qu'un texte formel de la loi lui ait donné le caractère de délit ou de contravention ; et la prescription étant ici extrêmement défavorable, le juge doit examiner, si le reproche fait au défendeur, au lieu de constituer clairement un délit, ne peut pas être envisagé sous un autre point de vue.

C'est ainsi, ce nous semble, que doit être résolue la question. Les conséquences à en tirer sont que, si le propriétaire porte devant le juge-de-paix, comme juge civil, une action pour dommage causé à ses fruits et récoltes, pour coupe, enlèvement de bois, ou autre fait semblable, il faudra examiner, si le fait reproché au défendeur constitue réellement un délit, ou une contravention, et, en cas d'affirmative, appliquer la même prescription (si toutefois elle est opposée) que si la contravention ou le délit eût été poursuivi devant le tribunal correctionnel, ou celui de simple police.

SECTION V.

DE LA PÉREMPTION D'INSTANCE.

SOMMAIRE.

1. Loi du 26 octobre 1790. — 2. Dérogation apportée à cette loi par le Code de procédure ; il n'y a plus de péremption dans les justices-de-paix que dans le cas d'un interlocutoire resté sans exécution pendant quatre mois. — 3. Différence entre l'interlocutoire et le simple préparatoire. — 4. Les interlocutoires sur le fond de la contestation sont les seuls qui entraînent la péremption de quatre mois. — 5. Cette péremption court, à dater du premier interlocutoire, dans le cas où plusieurs auraient été rendus successivement. — 6. Les parties peuvent renoncer à la péremption acquise ; mais leur comparution, après le délai de quatre mois, ne suffirait pas pour couvrir le vice du jugement définitif. — 7. La péremption court contre toutes personnes. — 8. Les jugements par défaut ne se périment point, faute d'exécution, dans les six mois.

1. LA loi du 26 octobre 1790, titre 7, art. 7, avait intro-

duit une espèce toute particulière de péremption. Les parties étaient tenues de mettre leur cause en état d'être jugée *définitivement,* au plus tard, *dans le délai de quatre mois, à partir du jour de la notification de la citation,* après lequel l'instance était non-seulement périmée, mais *l'action éteinte* et *le droit anéanti.*

2. Les auteurs du Code de procédure n'ont pas cru devoir renouveler une disposition aussi rigoureuse. Dans le but d'accélérer l'instruction des affaires, l'art. 13 dit bien que, la cause doit être jugée *sur-le-champ,* ou *à la première audience,* à moins que le juge ne croie nécessaire de se faire remettre les pièces; mais cette obligation n'est pas prescrite à peine de nullité; la péremption de l'instance n'est établie que dans l'hypothèse prévue par l'art. 15, dont voici les termes :

» Dans les cas où un *interlocutoire* aurait été ordonné, la
» cause sera jugée définitivement, au plus tard, *dans le délai*
» *de quatre mois, du jour du jugement interlocutoire;* après ce
» délai, *l'instance* sera périmée de droit; le jugement qui serait
» rendu, sur le fonds, sera sujet à l'appel, même dans les ma-
» tières dont le juge-de-paix connaît en dernier ressort, et sera
» annulé, sur la réquisition de la partie intéressée.— Si l'instance
» est périmée par la faute du juge, il sera passible de dommages-
» intérêts. »

Comme on le voit, il ne s'agit plus de l'extinction du droit qu'avait prononcée la loi de 1790, mais seulement de la péremption de l'instance; de sorte que si la partie est encore à temps de renouveler son action, si, en matière possessoire, par exemple, il ne s'est pas encore écoulé une année depuis le trouble, alors le demandeur peut ressaisir le juge-de-paix, par nouvelle citation.

La péremption, dans les justices-de-paix, ne peut avoir lieu que dans un seul cas, celui d'un jugement interlocutoire qui aurait été ordonné. Dans tous les autres cas, dit M. Merlin, *la péremption ne s'encourt point par le laps de quatre mois, ni même par celui d'une ou plusieurs années, après la citation.*

Le Code de procédure a donc dérogé à la loi de 1790 : quelques auteurs avaient pensé le contraire; mais leur système a été rejeté par la jurisprudence, et avec raison; il n'est plus possible de recourir à une loi antérieure au Code de procédure dont l'article 1041 a abrogé toutes les lois et réglements antérieurs; et l'article 15 du Code, quel qu'en soit le motif, est trop formel, pour que l'on puisse s'en écarter, en l'étendant à d'autres cas que celui qu'il a prévu.

3. L'interlocutoire dont parle cet article est un jugement ordonnant une enquête, une expertise, ou toute autre mesure qui préjugerait le fond. Il ne faut pas confondre l'interlocutoire avec le simple préparatoire, qui n'est qu'un jugement d'instruction rendu, afin de mettre la cause en état. L'art. 452 du Code de procédure signale la différence qui existe entre ces deux sortes de jugement; et quoique placée dans le livre 3 relatif à la procédure devant les tribunaux ordinaires, la définition que donne cet article ne doit pas moins servir de règle pour l'application de l'art. 15.

Ainsi, hors le cas où intervient un jugement interlocutoire, l'instance n'est sujette à aucune péremption; celle de trois ans, qu'a établie l'article 397, n'étant point applicable aux justices-de-paix (1).

La prescription de 30 ans est donc la seule qui puisse éteindre l'action pendante en justice-de-paix; il est vrai que, pour reprendre l'instance dont la poursuite aurait été discontinuée, il faudrait une nouvelle citation; mais cette reprise se reporterait à la première demande, et en reproduirait tous les effets.

4. Il n'y a que les interlocutoires portant sur le fond de la contestation, qui puissent entraîner la péremption de quatre mois; celui qui serait rendu pour déterminer la compétence du juge-de-paix, ou sur toute autre exception déclinatoire ou dilatoire, ne pourrait faire courir cette péremption (2). Il en serait de même du jugement qui renverrait à un tribunal, ou à l'autorité administrative, le jugement d'une question préjudicielle. Et si, avant le jugement de renvoi, il avait été rendu un interlocutoire sur le fond du litige, dans ce cas, la péremption de quatre mois serait suspendue, et ne reprendrait son cours

---

(1) Voy. les arrêts rapportés au *Répertoire*, v° *Péremption*, sect. 1, § 3, n°° 4 et 5.

(2) Arrêt du 31 août 1813, D., pag. 609.

qu'à dater de la signification du jugement du tribunal auquel avait été renvoyée l'exception préjudicielle.

En cas d'appel de la sentence interlocutoire, ce n'est également que depuis la signification du jugement rendu sur l'appel, que la péremption de quatre mois peut reprendre son cours.

5. Dans le cas ou plusieurs interlocutoires auraient été rendus successivement, est-ce à partir du premier, ou seulement du dernier, que court le délai de la péremption ?

Un arrêt de la cour de cassation *de Belgique*, à la date du 17 avril 1733, a décidé que, dans ce cas, le délai de péremption devait être prorogé, et ne commencer à courir qu'à partir du dernier interlocutoire, et M. Victor Augier, qui rapporte cet arrêt, en adopte la doctrine. M. Carré, au contraire, soutient que la péremption date du premier interlocutoire. Le texte de l'article 15 nous paraît trop positif, pour pouvoir adopter une autre opinion. Il n'en est pas de la péremption établie par cet article, comme de celle de trois ans, qui, d'après l'art. 397, a lieu dans les tribunaux ordinaires; pour opérer celle-ci, il faut une discontinuation de poursuites; tout acte de procédure suffit pour l'interrompre. Ici, au contraire, ce n'est point au défaut de poursuites, que l'art. 15 attache la péremption ; dans le cas d'un *interlocutoire*, le jugement *définitif* doit être rendu *dans les quatre mois*, autrement il est nul. Ainsi le délai de cette péremption n'est interrompu par aucun acte de procédure; et comment un second, un troisième interlocutoire pourraient-ils l'interrompre, dès l'instant que la loi exige impérieusement que la cause soit jugée définitivement dans les quatre mois ?

6. Que les parties, maîtresses de leurs droits, puissent renoncer à la péremption, cela est hors de doute : ayant la faculté d'introduire une nouvelle instance, de renoncer même à la prescription de l'action, si elle était acquise, pourquoi ne pourraient-elles pas convenir de continuer l'instance périmée, au lieu d'en ouvrir une nouvelle ? Mais la renonciation tacite suffirait-elle, ou, pour mieux s'exprimer, la péremption de quatre mois sera-t-elle couverte, si, après ce délai, les parties continuent de procéder devant le juge-de-paix ? Ici les auteurs sont encore en désaccord; M. Carré exige une renonciation formelle;

MM. Favard de Langlade et Victor Augier pensent, au contraire, que, si les parties procèdent volontairement, la prescription est couverte et le jugement qui intervient est valable. Mais n'est-ce pas toujours confondre la péremption établie pour les justices-de-paix, avec celle des affaires soumises aux tribunaux ordinaires ? Celle-ci, on le répète, n'a pas lieu de plein droit; elle doit être demandée et se couvre par les actes faits par l'une ou l'autre des parties (art. 399). Au contraire, la péremption de quatre mois, en cas d'interlocutoire rendu par un juge-de-paix, a lieu de plein droit; elle doit être prononcée d'office par le juge; et puisqu'elle n'est interrompue par aucun acte de procédure, la cause devant être jugée définitivement dans les quatre mois, comment, après ce délai, la comparution volontaire des parties suffirait-elle pour rendre sans effet la péremption acquise ? Dans ce système, l'art. 15 du Code serait tout-à-fait illusoire; le devoir qu'il impose au juge et la nullité qu'il prononce, ne seraient que de vains mots; la péremption qu'il établit, et qui doit avoir lieu de plein droit, ne serait plus regardée que comme un vice de forme qui se couvre par le silence des parties, et n'aurait pas même l'effet d'une prescription ordinaire qui, si elle ne peut être appliquée d'office, est du moins proposable en tout état de cause.

7. La péremption dont il s'agit court contre toutes les personnes, même contre les mineurs.

8. L'art. 156 du Code de procédure a établi un autre genre de péremption, c'est celle des jugements *par défaut*, qui doivent être regardés comme non avenus, s'ils n'ont été exécutés dans les six mois. Placée dans le livre 2 du Code, cette disposition n'est applicable qu'aux tribunaux ordinaires et non point aux justices-de-paix; les jugements par défaut n'y sont assujétis qu'aux règles prescrites par l'art. 20 de ce Code. L'art. 156 n'était pas même applicable aux jugements rendus par les tribunaux de commerce : pour leur appliquer cette disposition, il a fallu une loi spéciale, l'art. 643 du Code commercial; et comme il n'existe pas de disposition semblable pour les justices-de-paix, on doit tenir pour constant, qu'à défaut d'opposition ou d'appel de ces jugements, dans le délai fixé par la loi, ils cquièrent la force de chose jugée et ne se prescrivent, comme les jugements contradictoires, qu'à défaut d'exécution pendant 30 ans (*Questions de droit* v° *Défaut*, § 8).

Telles sont les régles sur la juridiction des juges-de-paix, en général, que nous avons cru devoir exposer, dans un traité préliminaire.

Les principes qui y sont développés trouveront leur application, et il suffira d'y renvoyer, dans la seconde partie de cet ouvrage, qui va renfermer tous les développements qu'exigent les diverses attributions conférées aux juges-de-paix par la loi nouvelle.

DEUXIÈME PARTIE.

LOI DU 11 AVRIL 1838.

ARTICLE 1er.

LES tribunaux civils de première instance connaîtront, en dernier ressort, des actions personnelles et mobilières, jusqu'à la valeur de quinze cents francs de principal, et des actions immobilières jusqu'à 60 francs de revenu, déterminé, soit en rentes, soit par prix de bail (1).

Ces actions seront instruites et jugées comme matières sommaires.

ARTICLE 2.

Lorsqu'une demande réconventionnelle ou en compensation aura été formée dans les limites de la compétence des tribunaux civils de première instance en dernier ressort, il sera statué sur le tout sans qu'il y ait lieu à appel.

Si l'une des demandes s'élève au-dessus des limites ci-dessus indiquées, le tribunal ne prononcera, sur toutes les demandes, qu'en premier ressort.

Néanmoins il sera statué en dernier ressort sur les demandes en dommages-intérêts, lorsqu'elles seront

---

(1) Les articles 2 et 4 de la loi du 25 mai attribuant aux juges-de-paix la connaissance de plusieurs affaires, *jusqu'au taux de la compétence en dernier ressort, des tribunaux de première instance*, il en résulte que, pour ces affaires, les juges-de-paix connaissent *en premier ressort de toutes les demandes qui n'excèdent pas 1,500 fr.*

fondées exclusivement sur la demande principale elle-
même.

LOI DU 25 MAI 1838.

ARTICLE 1er.

Les juges-de-paix connaissent de toutes actions purement personnelles ou mobilières, en dernier ressort,
jusqu'à la valeur de 100 francs, et, à charge d'appel,
jusqu'à la valeur de 200 francs.

ARTICLE 2.

Les juges-de-paix prononcent, sans appel, jusqu'à
la valeur de 100 francs, et, à charge d'appel, jusqu'au
taux de la compétence en dernier ressort des tribunaux
de première instance :

Sur les contestations entre les hôteliers, aubergistes
ou logeurs, et les voyageurs ou locataires en garni, pour
dépense d'hôtellerie et perte ou avarie d'effets déposés
dans l'auberge ou dans l'hôtel ;

Entre les voyageurs et les voituriers ou bateliers, pour
retards, frais de route et perte ou avarie d'effets accompagnant les voyageurs ;

Entre les voyageurs et les carrossiers ou autres ouvriers, pour fournitures, salaires et réparations faites
aux voitures de voyage.

ARTICLE 3.

Les juges-de-paix connaissent, sans appel, jusqu'à
la valeur de 100 francs, et, à charge d'appel, à quelque
valeur que la demande puisse s'élever :

Des actions en paiement de loyers ou fermages, des
congés, des demandes en résiliation de baux, fondées

sur le seul défaut de paiement des loyers ou fermages ; des expulsions de lieux et des demandes en validité de saisie-gagerie, le tout lorsque les locations verbales ou par écrit n'excèdent pas annuellement, à Paris, 400 francs, et 200 francs partout ailleurs.

Si le prix principal du bail consiste en denrées ou prestations en nature, appréciables d'après les mercuriales, l'évaluation sera faite sur celles du jour de l'échéance, lorsqu'il s'agira du paiement des fermages. Dans tous les autres cas, elle aura lieu suivant les mercuriales du mois qui aura précédé la demande. Si le prix principal du bail consiste en prestations non appréciables d'après les mercuriales, ou s'il s'agit de baux à colons partiaires, le juge-de-paix déterminera la compétence, en prenant pour base du revenu de la propriété, le principal de la contribution foncière de l'année courante, multiplié par cinq.

Article 4.

Les juges-de-paix connaissent, sans appel, jusqu'à la valeur de 100 francs, et, à charge d'appel, jusqu'au taux de la compétence en dernier ressort des tribunaux de première instance :

1° Des indemnités réclamées par le locataire ou fermier, pour non-jouissance provenant du fait du propriétaire, lorsque le droit à une indemnité n'est pas contesté ;

2° Des dégradations et pertes, dans les cas prévus par les articles 1732 et 1735 du Code civil.

Néanmoins le juge-de-paix ne connaît des pertes causées par incendie ou inondation que dans les limites posées par l'article 1er de la présente loi.

ARTICLE 5.

Les juges-de-paix connaissent également, sans appel, jusqu'à la valeur de 100 francs, et, à charge d'appel, à quelque valeur que la demande puisse s'élever :

1° Des actions pour dommages faits aux champs, fruits et récoltes, soit par l'homme, soit par les animaux, et de celles relatives à l'élagage des arbres ou haies, et au curage, soit des fossés, soit des canaux servant à l'irrigation des propriétés ou au mouvement des usines, lorsque les droits de propriété ou de servitude ne sont pas contestés ;

2° Des réparations locatives des maisons ou fermes, mises, par la loi, à la charge du locataire ;

3° Des contestations relatives aux engagements respectifs des gens de travail au jour, au mois et à l'année, et de ceux qui les emploient; des maîtres et des domestiques ou gens de services à gages; des maîtres et de leurs ouvriers ou apprentis, sans néanmoins qu'il soit dérogé aux lois et réglements relatifs à la juridiction des prud'hommes ;

4° Des contestations relatives au paiement des nourrices, sauf ce qui est prescrit par les lois et réglements d'administration publique à l'égard des bureaux de nourrices de la ville de Paris et de toutes les autres villes ;

5° Des actions civiles pour diffamation verbale et pour injures publiques ou non publiques, verbales ou par écrit, autrement que par la voie de la presse; des mêmes actions pour rixes ou voies de fait; le tout lorsque les parties ne se sont pas pourvues par la voie criminelle.

ARTICLE 6.

Les juges-de-paix connaissent, en outre, à charge d'appel :

1° Des entreprises commises, dans l'année, sur les cours d'eau servant à l'irrigation des propriétés et au mouvement des usines et moulins, sans préjudice des attributions de l'autorité administrative dans les cas déterminés par les lois et par les réglements; des dénonciations de nouvel œuvre, complaintes, actions en réintégrande et autres actions possessoires fondées sur des faits également commis dans l'année;

2° Des actions en bornage et de celles relatives à la distance prescrite par la loi, les réglements particuliers et l'usage des lieux, pour les plantations d'arbres ou de haies, lorsque la propriété ou les titres qui l'établissent ne sont pas contestés;

3° Des actions relatives aux constructions et travaux énoncés dans l'article 674 du Code civil, lorsque la propriété ou la mitoyenneté du mur ne sont pas contestés;

4° Des demandes en pension alimentaire n'excédant pas cent cinquante francs par an, et seulement lorsqu'elles seront formées en vertu des articles 205, 206 et 207 du Code civil.

ARTICLE 7.

Les juges-de-paix connaissent de toutes les demandes réconventionnelles ou en compensation, qui, par leur nature ou leur valeur, sont dans les limites de leur compétence, alors même que, dans les cas prévus par l'article 1er, ces demandes, réunies à la demande principale, s'élèveraient au-dessus de 200 francs. Ils connaissent, en outre, à quelques sommes qu'elles puissent monter, des demandes réconventionnelles en dommages-intérêts fondées exclusivement sur la demande principale elle-même.

ARTICLE 8.

Lorsque chacune des demandes principales, réconventionnelles ou en compensation, sera dans les limites de la compétence du juge-de-paix en dernier ressort, il prononcera sans qu'il y ait lieu à appel.

Si l'une de ces demandes n'est susceptible d'être jugée qu'à charge d'appel, le juge-de-paix ne prononcera sur toutes qu'en premier ressort.

Si la demande réconventionnelle ou en compensation excède les limites de sa compétence, il pourra, soit retenir le jugement de la demande principale, soit renvoyer, sur le tout, les parties à se pourvoir devant le tribunal de première instance, sans préliminaire de conciliation.

ARTICLE 9.

Lorsque plusieurs demandes formées par la même partie seront réunies dans une même instance, le juge-de-paix ne prononcera qu'en premier ressort, si leur valeur totale s'élève au-dessus de 100 francs, lors même que quelqu'une de ces demandes serait inférieure à cette somme. Il sera incompétent sur le tout, si ces demandes excèdent, par leur réunion, les limites de sa juridiction.

ARTICLE 10.

Dans les cas où la saigie-gagerie ne peut avoir lieu qu'en vertu de permission de justice, cette permission sera accordée par le juge-de-paix du lieu où la saisie devra être faite, toutes les fois que les causes rentreront dans sa compétence.

S'il y a opposition de la part des tiers, pour des causes et pour des sommes qui, réunies, excéderaient cette compétence, le jugement en sera déféré aux tribunaux de première instance.

ARTICLE 11.

L'exécution provisoire des jugements sera ordonnée dans tous les cas où il y a titre authentique, promesse reconnue, ou condamnation précédente dont il n'y a point eu appel.

Dans tous les autres cas, le juge pourra ordonner l'exécution provisoire, nonobstant appel, sans caution, lorsqu'il s'agira de pension alimentaire, ou lorsque la somme n'excédera pas 300 francs, et avec caution, au-dessus de cette somme.

La caution sera reçue par le juge-de-paix.

ARTICLE 12.

S'il y a péril en la demeure, l'exécution provisoire pourra être ordonnée sur la minute du jugement avec ou sans caution, conformément aux dispositions de l'article précédent.

ARTICLE 13.

L'appel des jugements des juges-de-paix ne sera recevable ni avant les trois jours qui suivront celui de la prononciation des jugements, à moins qu'il n'y ait lieu à exécution provisoire, ni après les trente jours qui suivront la signification à l'égard des personnes domiciliés dans le canton.

Les personnes domiciliés hors du canton auront, pour interjeter appel, outre le délai de trente jours, le délai réglé par les articles 73 et 1033 du Code de procédure civile.

ARTICLE 14.

Ne sera pas recevable l'appel des jugements mal à propos qualifiés en premier ressort, ou qui, étant en dernier ressort, n'auraient point été qualifiés.

Seront sujets à l'appel les jugements qualifiés en der-

I. 12

nier ressort, s'ils ont statué, soit sur des questions de compétence, soit sur des matières dont le juge-de-paix ne pouvait connaître qu'en premier ressort.

Néanmoins, si le juge-de-paix s'est déclaré compétent, l'appel ne pourra être interjeté qu'après le jugement définitif.

ARTICLE 15.

Les jugements rendus par les juges-de-paix ne pourront être attaqués par la voie du recours en cassation que pour excès de pouvoir.

ARTICLE 16.

Tous les huissiers d'un même canton auront le droit de donner toutes les citations et de faire tous les actes devant la justice-de-paix. Dans les villes où il y a plusieurs justices-de-paix, les huissiers exploitent concurremment dans le ressort de la juridiction assignée à leur résidence. Tous les huissiers du même canton seront tenus de faire le service des audiences et d'assister le juge-de-paix toutes les fois qu'ils en seront requis; les juges-de-paix choisiront leurs huissiers audienciers.

ARTICLE 17.

Dans toutes les causes, excepté celles où il y aurait péril en la demeure et celles dans lesquelles le défendeur serait domicilié hors du canton ou des cantons de la même ville, le juge-de-paix pourra interdire aux huissiers de sa résidence de donner aucune citation en justice, sans qu'au préalable il n'ait appelé, sans frais, les parties devant lui.

ARTICLE 18.

Dans les causes portées devant la justice-de-paix, aucun huissier ne pourra ni assister comme conseil, ni représenter les parties en qualité de procureur fondé, à peine d'une amende de vingt-cinq à cinquante francs, qui sera prononcée sans appel par le juge-de-paix.

Ces dispositions ne seront pas applicables aux huissiers qui se trouveront dans l'un des cas prévus par l'article 86 du Code de procédure civile.

ARTICLE 19.

En cas d'infraction aux dispositions des articles 16, 17 et 18, le juge-de-paix pourra défendre aux huissiers du canton de citer devant lui, pendant un délai de quinze jours à trois mois, sans appel et sans préjudice de l'action disciplinaire des tribunaux et des dommages-intérêts des parties, s'il y a lieu.

ARTICLE 20.

Les actions concernant les brevets d'invention seront portées, s'il s'agit de nullité ou de déchéance des brevets, devant les tribunaux civils de première instance; s'il s'agit de contrefaçon, devant les tribunaux correctionnels.

ARTICLE 21.

Toutes les dispositions des lois antérieures contraires à la présente loi sont abrogées.

ARTICLE 22.

Les dispositions de la présente loi ne s'appliqueront pas aux demandes introduites avant sa promulgation.

INSTRUCTION

DU MINISTRE DE LA JUSTICE SUR L'EXÉCUTION DE LA LOI QUI PRÉCÈDE.

LES attributions nouvellement conférées aux juges-de-paix témoignent de la confiance qui a été accordée à ces magistrats. En se pénétrant du sens de la loi, ils devront apporter un soin scrupuleux à exercer leur compétence entière, sans la dépasser. Dans la décision des contestations plus nombreuses et plus importantes qui leur seront soumises, il faut que, toujours consciencieux, ils s'éclairent par un examen plus attentif encore, s'il se peut, des droits des parties. De bons jugements préviendront des appels fréquents. Des réformations multipliées, si elles avaient lieu, ne manqueraient pas d'altérer le crédit moral du magistrat. Les bons effets de la loi dépendent de la saine intelligence de ses dispositions et de l'application qui en sera faite. L'expérience prononcera bientôt sur le mérite des innovations que cette loi renferme. C'est aux juges-de-paix à faire en sorte que cette expérience réponde aux vœux des justiciables et à l'espérance du législateur.

Je ne crois pas devoir exposer ici le sens des divers articles de la loi qui remplacent les articles 9 et 10, titre 3 de la loi du 24 août 1790. Outre que ces dispositions sont claires par elles-mêmes, c'est au droit commun, c'est à la jurisprudence qui s'établira, que devra être empruntée la solution des difficultés qui pourront se présenter.

Mais la nouvelle loi renferme quelques dispositions relatives à la discipline et au ministère des huissiers. La haute surveillance des officiers ministériels étant attribuée au chef de la justice, j'ai cru qu'il était utile d'entrer dans quelques explications au sujet des articles 16, 17, 18 et 19.

I. Vous reconnaîtrez que la première de ces dispositions déroge à l'article 28 du décret du 14 juin 1813. L'accroissement de la compétence des juges-de-paix doit produire ce résultat, que plus d'assignations seront données devant cette juridiction. C'est en considération de ce nouvel état de choses, que tous les huissiers dont la résidence est fixée dans le même canton, acquièrent le droit d'exploiter auprès de la justice-de-paix, droit qui n'appartenait qu'aux seuls audienciers.

La loi a dû dire comment cette règle s'appliquerait aux villes divisées en plusieurs justices-de-paix. Quoique les tribunaux de première instance puissent, en exécution de l'article 19 du même décret, distribuer les huissiers par quartiers, il est d'usage qu'ils n'ont pas recours à cette mesure, parce que l'intérêt de ces officiers ministériels suffit pour les déterminer à fixer leur demeure, là où elle doit être le plus à la portée des justiciables. Une telle distribution entraînerait d'ailleurs l'inconvénient, si elle devait être prise en considération, dans l'exécution de la loi nouvelle, de créer des défauts de qualités, et de donner lieu à des moyens de nullité qu'il est essentiel de prévenir.

Ainsi tous les huissiers qui résident dans ces villes auront le droit d'y exploiter concurremment auprès des divers juges-de-paix. Telle serait, au reste, la conséquence de l'absence seule des réglements, suivant lesquels ces officiers seraient répartis par quartiers. Dans ces résidences, les juges-de-paix trouveront auprès du procureur du roi, du tribunal d'arrondissement, et souvent même auprès des magistrats supérieurs, tout l'appui que les circonstances peuvent rendre nécessaire, afin que leur autorité soit toujours respectée, et que le nombre des huissiers qui auront droit d'instrumenter devant eux, ne trompe jamais leurs intentions conciliatrices.

Le même article 16 réserve, aux juges-de-paix, le pouvoir de choisir des huissiers audienciers. Si ces huissiers perdent le privilége exclusif qui leur appartenait, la confiance du juge les désignera toujours d'une manière spéciale à la confiance du public, et la signification des jugements par défaut leur appartiendra, en exécution de l'article 20 du Code de procédure. Ces avantages continueront probablement à assurer au magistrat l'assistance habituelle et nécessaire d'un ou plusieurs de ces officiers ministériels.

II. Beaucoup de juges-de-paix ont introduit, dans leurs cantons, l'usage des avertissements antérieurs aux citations en justice. Je ne vois que de l'avantage à ce que cet usage soit maintenu là où il existe, et à ce qu'il soit introduit dans les cantons où il n'a pas encore été établi. C'est afin de laisser, à cet égard, aux juges-de-paix tout le mérite de l'initiative, et de leur permettre d'apprécier les circonstances dans lsquelles la remise de ces avis serait utile ou superflue, que la loi n'en fait pas une obligation générale. Il était toutefois indispensable de leur conférer le pouvoir de défendre aux huissiers, qu'aucune assignation ne fût donnée sans ce préalable, et telle est la disposition de l'article 17.

Lorsqu'une pareille défense aura été faite, deux exceptions seulement dispenseront de l'observer : la loi a dû encore s'en expliquer. C'est d'abord l'éloignement du domicile du défendeur, afin de lui épargner les dépenses du déplacement; ce sont ensuite les cas d'urgence. Tantôt le magistrat lui-même en sera juge, si l'huissier a eu le temps de le consulter : tantôt, si ce temps lui a manqué, sa justification sera dans les faits mêmes qui caractériseront l'urgence. Ce sera à lui de les bien apprécier et de n'engager, qu'avec discernement, sa responsabilité.

III. L'article 18 est relatif à la comparution devant le magistrat. Il est dans l'esprit de l'institution des juges-de-paix, que les parties se présentent autant que possible elles-mêmes. Les lois de l'assemblée constituante voulâient même que les plaideurs ne fussent ni représentés ni assistés par des personnes *attachées à l'ordre judiciaire.* Le Code de procédure a prononcé, il est vrai, par son art. 9, l'abrogation de cette exclusion, souvent aussi gênante que mal fondée, et la loi nouvelle ne l'exprime qu'à l'égard des huissiers, dont le ministère consiste à servir d'intermédiaire aux deux parties, ce qui ne permet pas qu'ils se constituent les défenseurs de l'une d'elles. Il est néanmoins bien essentiel de remarquer que, si le procureur fondé qu'elles ont choisi, ne paraît pas digne de la mission qui lui a été confiée, le juge conserve toujours le droit d'écarter cette entremise, alors inutile ou contraire à l'intérêt de ceux qui réclament justice devant lui. Le droit commun veut qu'il puisse recourir à tous les moyens légaux d'éclairer sa décision. La comparution personnelle des parties constitue l'un de ces moyens. L'efficacité en est fréquemment décisive, soit pour discerner plus sûrement la vérité, soit afin d'arriver à une conciliation. Il ne tiendra donc qu'au juge d'ordonner, s'il le croit convenable, cette comparution pour le jour qu'il indiquera ; comme il peut prescrire la même mesure, lorsqu'il n'est appelé à connaître de l'affaire qu'à titre de conciliateur, puisque l'article 53 (Code de procédure) n'autorise la présence d'un fondé de pouvoir qu'en cas d'*empêchement* de la partie. C'est encore au magistrat qu'il appartient de décider, s'il y a réellement empêchement, si l'excuse est justifiée, si la partie elle-même ne doit pas, sur son ordre, venir exposer ses raisons.

IV. La sanction des articles 16, 17 et 18 se trouve dans l'article 19. Elle est de deux natures : l'interdiction de donner des assignations devant le juge-de-paix, et l'exercice ordinaire du pouvoir disciplinaire. Sous ce dernier rapport, la loi se réfère, de plein droit, et sans

qu'il ait été nécessaire de le déclarer, aux articles 102
et 103 du décret du 30 mars 1808. Quant à la première
sanction, la durée de l'interdiction ne peut être moindre
de 15 jours, ni se prolonger au-delà de trois mois. Le
juge-de-paix statue à cet égard, sans appel. Plus cette
dérogation à la loi générale, qui veut que les décisions
disciplinaires ne soient pas définitives, sans mon appro-
bation, est grave, plus les juges-de-paix comprendront
qu'ils ne doivent en user qu'avec une juste réserve.
Mais aussi ce droit a besoin d'exister avec l'étendue nécessaire, pour qu'il ait une efficacité réelle. Lorsqu'une
ville est divisée en plusieurs justices-de-paix, l'interdiction ne pouvant s'appliquer à toutes les juridictions
de cette nature qui sont établies dans la même résidence, la peine qui aura été prononcée produira toujours l'effet moral qui est attaché à de telles décisions;
si la répression ne paraissait pas suffisante, ce serait le
cas alors de recourir au pouvoir plus rigoureux qui est
réservé, c'est-à-dire à l'action en discipline, telle qu'elle
est réglée par le droit commun.

Ces instructions me paraissent devoir suffire, dans ce
moment, pour assurer l'exécution de la loi sur les juges-
de-paix (1).

---

(1) Les instructions ministérielles n'obligent que les préposés de l'administration auxquels le ministre dont elles émanent à droit de commander; mais elles
ne sont pas obligatoires pour les tribunaux. — On peut voir, à cet égard,
l'avis du conseil-d'état approuvé le 25 thermidor an 12, *Esprit du Code civil*
de M. Locré, tom. 2, pag. 32, les deux décrets des 17 janvier et 27 mars 1814
(*Bulletin des lois*); Toullier, tom. 1, pag. 52, n° 55; la jurisprudence attestée
par Dalloz, *Dictionnaire général*, et dans son recueil périodique, les arrêts
de cassation à la date des 11 janvier 1816, pag. 187, et 6 avril 1826, pag. 244.
— Voilà pourquoi le ministre, dans l'instruction ci-dessus, au lieu de tracer
aux juges-de-paix des règles d'interprétation, se borne à quelques observations sur des points de discipline.

COMMENTAIRE

DE

LA LOI DU 25 MAI 1838.

INTRODUCTION.

La loi du 25 mai 1838 ayant classé les diverses attributions conférées aux juges-de-paix, la discussion de cette loi serait confuse et difficile à saisir, si l'on s'écartait de l'ordre établi par le législateur.

Cette seconde partie du traité n'aura donc d'autre division que celle de chacun des articles de la loi dont le texte sera reproduit en tête, sauf les subdivisions qu'exigera l'importance de la matière.

Mais, parmi ces articles, il en est plusieurs qui renferment des attributions soumises au même ordre de compétence, et cependant régies par des principes tout différents : dans ce cas, chaque partie de l'article servira de division, et sera l'objet d'un traité spécial.

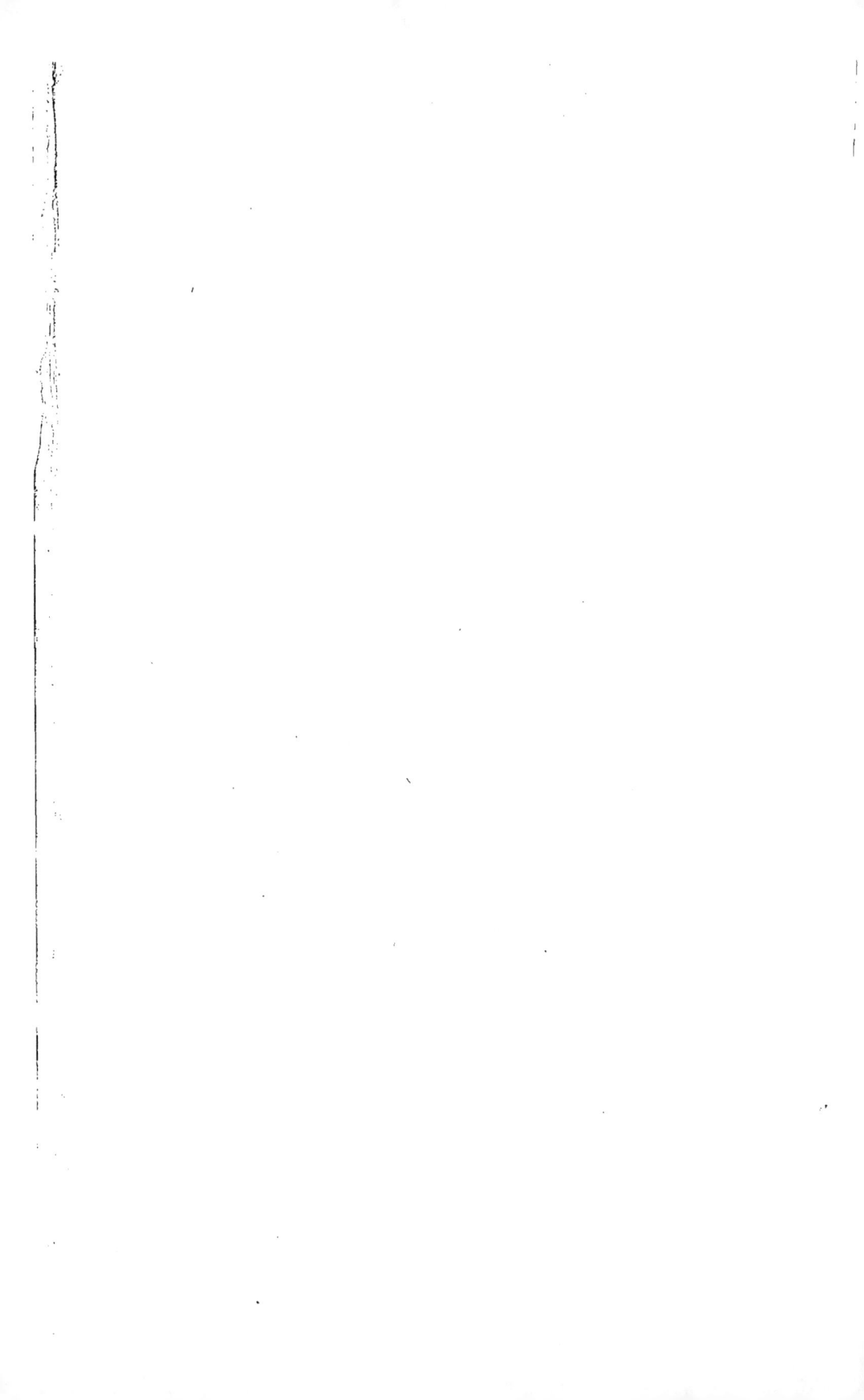

ARTICLE PREMIER.

DE LA LOI DU 25 MAI 1838.

« Les juges-de-paix connaissent de toutes actions
» purement personnelles ou mobilières, en dernier
» ressort, jusqu'à la valeur de 100 francs, et, à
» charge d'appel, jusqu'à la valeur de 200 francs. »

SOMMAIRE.

1. Motifs qui ont déterminé le doublement du taux de la compétence, en matière personnelle et mobilière.
§ 1. *Des actions purement personnelles.* — 2. Causes d'où dérivent ces actions. — 3. Des contrats. — 4. Des quasi-contrats, gestion officieuse des affaires d'autrui, indu paiement ; la preuve testimoniale est admissible au premier cas ; *secùs,* dans le second. — 5. Action personnelle résultant des délits ; on ne considère comme tels que les faits ainsi qualifiés par la loi. — 6. Des quasi-délits. — 7. Délits ou contraventions qui ne peuvent être poursuivis, sans la provocation de la partie lésée ; utilité de porter à la justice de paix les actions civiles résultant des délits et contraventions en général. — 8. La preuve peut se faire par témoins, par présomptions ou par des procès-verbaux. — 9. Prescription de trente ans pour les actions personnelles ; quant aux délits, prescriptions particulières. — 10. Exemples tendant à établir à quoi se borne la compétence du juge-de-paix et quelle est son étendue, en matière personnelle. — 11. Le juge de l'action l'est aussi de l'exception ; étendue et restriction de cette maxime. — 12. *Quid* du cas où la qualité d'héritier ou d'associé est contestée par le défendeur ; distinction, à cet égard, entre les contestations principales ou incidentes. — 13. C'est la demande et non la condamnation qui fixe la compétence ; demandes de plusieurs sommes qui, réunies, excèdent 200 francs ; demandes formées par plusieurs créanciers dans le même exploit ; demandes formées par ou contre plusieurs héritiers en paiement d'une créance ou dette héréditaire de plus de 200 francs ; demandes indéterminées. — 14. Actions personnelles qui ne sont pas de la compétence du juge-de-paix : affaires administratives ; droits à recouvrer par la régie des domaines.—15. Affaires commerciales, amendement proposé par la commission de la chambre des pairs, rejet.— 16. Ainsi les juges-de-paix ne peuvent connaître des lettres de change et autres actes de commerce faits par des particuliers. — 17. Ventes

de denrées, de chevaux dans les foires, par un propriétaire ou cultivateur, ne sont pas réputées actes de commerce. — 18. Les sociétés en participation sont de la compétence des arbitres; mais il en est autrement de celles qui existent dans plusieurs communes pour les *fruitières* ou fromageries ; ces sociétés n'ont rien de commercial.—19. Actes qui ne sont commerciaux que d'une part ; dans ce cas le marchand peut être traduit, soit devant le tribunal de commerce, soit en justice ordinaire. — 20. Le juge-de-paix pourrait statuer sur une affaire commerciale, du consentement des parties; sa juridiction, en ce cas, peut même être prorogée.

§ 2. *Des actions mobilières.* — 21. Ce qu'on entend par actions mobilières. — 22. En fait de meubles, possession vaut titre ; ancien usage adopté par le Code civil. — 23. Art. 2279 et 2280, l'expression *meubles* s'applique à tous les objets mobiliers, de leur nature, mais non aux créances et droits mobiliers qui ne peuvent être transmis qu'au moyen d'un transport. — 24. La présomption établie par le Code est-elle absolue? distinction entre le cas où le détenteur est tenu personnellement, et celui où il s'agit d'un tiers non obligé envers le propriétaire du meuble ; l'art. 2279 n'est applicable qu'au dernier cas. — 25. L'action en revendication contre le tiers détenteur n'est admise qu'en cas de perte ou de vol, et non point lorsque le meuble est sorti des mains du propriétaire par suite d'escroquerie ou d'abus de confiance. — 26. La vente de meubles, sans déplacement, ne peut être opposée aux créanciers du vendeur; *secùs* si elle est faite par un mari à sa femme. — 27. Application des principes ci-dessus aux justices de paix. — 28. Cas où la preuve testimoniale est ou non admissible, en cette matière. — 29. Le juge-de-paix ne peut statuer sur la revendication d'un meuble que quand le prix en est évalué dans la demande. — 30. Le défendeur n'a pas le droit de contester cette évaluation. — 31. Le juge-de-paix peut-il statuer sur une demande, en prestation de grains et denrées non évalués dans la demande, mais qui peuvent l'être d'après les mercuriales? — 32. Lorsqu'il s'agit d'un objet dont la valeur indéterminée est moralement au-dessous de 200 francs, le silence des parties peut suffire pour rendre le juge-de-paix compétent.

1. En fixant à 50 fr., en dernier ressort, et à 100 fr., en premier ressort, la valeur des actions dont la connaissance était attribuée aux juges-de-paix en matière purement personnelle et mobilière, l'art. 9, tit. 3, de la loi du 24 août 1790, avait déclaré que les législatures postérieures pourraient élever le taux de cette compétence : l'assemblée constituante prévoyait ainsi les modifications que le temps devait amener sur ce point.

La multiplication des valeurs mobilières ayant fait éprouver au signe monétaire une dépréciation progressive, l'extension

de la compétence des justices-de-paix était réclamée depuis long-
temps, et dans un premier projet présenté à la chambre des
députés, en 1835, le gouvernement avait cru devoir autoriser
les juges-de-paix à connaître des actions purement personnelles
et mobilières, jusqu'à la valeur de 150 fr. en dernier ressort,
et de 300 fr. à charge d'appel. Mais de nombreuses contradictions se sont élevées contre cet accroissement excessif. En
doublant le taux de la compétence établie en 1790, la loi
n'a fait que rétablir les parties dans la position où elles avaient
été placées à cette époque ; depuis 1786 jusqu'en 1837, on voit
que la valeur des grains, à laquelle on se rapporte communément, pour apprécier la différence des valeurs monétaires,
a augmenté de près de 4 pour 100.

L'art. 1er de la loi renferme deux attributions différentes,
les actions *purement personnelles* et les actions *mobilières*.

§ Ier.

Des actions purement personnelles.

2. Comme on l'a vu, dans la première partie de cet ouvrage,
l'action personnelle peut dériver, soit d'un contrat ou quasi-
contrat, soit d'un délit ou quasi-délit (1).

3. *Des contrats.* Cette dénomination s'applique ici à tout acte
par lequel une partie s'oblige envers l'autre. Que l'obligation
ne soit qu'unilatérale ou réciproque, l'action qui en résulte
est de la compétence du juge-de-paix dans les limites fixées par
la loi. Il serait inutile de répéter ce qui a été dit dans la première
partie de cet ouvrage, sur la nature des contrats et obligations,
leurs différentes espèces, la preuve littérale et la preuve testimoniale, etc., etc. (2).

4. *Des quasi-contrats.* On appelle ainsi les engagements qui
se forment sans convention. Le quasi-contrat dérive d'un fait

---

(1) *Personales sunt illæ quæ dantur ei cui alter obligatus est ex con-
tractu aut quasi, ex delicto aut quasi, ad dandum, faciendum aut
præstandum aliquid.* (Seguin, *Instit.*, lib. 4, tit. 6.)

(2) Voy., pag. 81, le *sommaire* de la section III, part. 1.

licite quel qu'il soit, au moyen duquel une personne que l'on n'a pas eu intention de gratifier, profite cependant du bien d'un autre, et par conséquent est tenu de rendre, à celui-ci, la chose ou la somme qui lui appartient.

Le Code civil (art. 1371 et suiv.) renferme quelques dispositions relativement à deux faits qualifiés de *quasi-contrats*, savoir la gestion officieuse et sans mandat des affaires d'autrui, et la répétition de ce qui a été indûment payé. Entrer dans les développements qu'exige cette matière, ce serait s'éloigner du but de cet ouvrage : on peut consulter, à cet égard, les auteurs qui ont commenté le Code (1).

En ce qui concerne les obligations ordinaires, la preuve testimoniale n'est admissible que dans le cas où l'objet du contrat n'excède pas 150 fr. Il n'en est pas ainsi des quasi-contrats; d'après l'art. 1348, n° 1, la preuve peut en être faite par témoins, à quelque somme que s'élève la demande. L'exception portée dans cet article, nous paraît néanmoins beaucoup trop générale : celui dont les affaires ont été administrées par un tiers, sans mandat et même à son insu, n'ayant pu se procurer une preuve par écrit, a nécessairement la faculté d'établir, par la preuve testimoniale, que le *negotiorum gestor* a retiré, de sa gestion, une somme de plus de 150 fr. Mais peut-il en être de même de l'autre quasi-contrat prévu par le Code, lequel consiste dans l'obligation de rendre ce qui a été indûment payé ? Celui qui, pour cette cause, répéterait une somme de plus de 150 fr., serait évidemment tenu de produire la quittance constatant l'indu paiement, ou de s'en rapporter à l'aveu de la partie adverse.

5. *Des délits ou quasi-délits.* A la différence des obligations qui résultent du fait licite que l'on appelle *quasi-contrat*, le délit ou quasi-délit est un fait illicite qui cause un dommage sujet à réparation.

Le terme *délit* est générique; il embrasse tous les faits attentatoires à la sûreté et à l'ordre public, savoir, les crimes emportant peine afflictive ou infamante; les délits que la loi punit de peines correctionnelles; et les contraventions qui, comme

---

(1) Voy. notamment M. Toullier, tom. II, liv. 3, tit. 4.

on l'a vu pag. 34 et suiv., sont réprimées par le tribunal de police.

Mais on ne doit considérer comme délits ou contraventions, que les faits ainsi qualifiés par un texte formel de la loi; en matière pénale, il n'est pas permis de raisonner par induction, analogie ou comparaison (1).

6. Cependant un fait peut nuire, quoique la loi ne l'ait placé, ni dans la classe des crimes, ni dans celle des délits ou contraventions, et personne ne peut impunément porter préjudice à un autre. « Tout fait quelconque de l'homme qui cause à » autrui un dommage, oblige celui par la faute duquel il est » arrivé à le réparer.—Chacun est responsable du dommage » qu'il a causé, non-seulement par son fait, mais encore par » sa négligence ou son imprudence » (art. 1382 et 1383 du Code).

Ainsi, de même que les délits, les quasi-délits donnent lieu à une action personnelle: celui qui a été lésé peut se pourvoir en réparation du dommage; et c'est le juge-de-paix qui doit connaître de la demande, si elle n'excède pas 200 fr. (2). La seule différence qui existe entre les délits et les quasi-délits, c'est que le quasi-délit ne peut donner lieu qu'à une action civile, tandis que, comme on l'a vu page 33, le fait qualifié *délit* par la loi, donne lieu à une double action, l'action publique et l'action civile.

La demande en répression qu'exerce le ministère public ne peut être portée que devant les tribunaux criminels, correctionnels ou de police. Quant à l'action civile, la personne lésée a le choix de poursuivre la réparation du dommage, devant les tribunaux civils ou devant les mêmes juges que l'action publique: il peut donc se rendre partie civile au grand criminel, ou saisir lui-même, soit le tribunal correctionnel, soit le juge

---

(1) Voy. dans le recueil de Dalloz les quatre arrêts du 8 septembre 1829, pag. 385 et suiv., et ceux des 27 janvier et 7 octobre 1826, et 6 décembre 1828, pag. 208 de 1826, 362 de 1827, et 34 de 1829.

(2) Comme on le verra au commentaire de l'article 5, le juge-de-paix connaît même, à quelque somme que la demande puisse s'élever, de la réparation de certains délits ou quasi-délits, tels que les dommages faits aux champs, fruits et récoltes, les injures et la diffamation verbale.

de police, par une citation directe ; mais s'il a pris l'une des deux voies, il ne peut plus recourir à l'autre ; *electâ und viâ, non datur recursus ad alteram.*

7. Les délits un peu graves sont les seuls qui excitent la prévention du ministère public ; il y a même des délits ou contraventions qui ne peuvent être réprimés, sans la provocation de la partie lésée. Tels sont notamment les faits de chasse sur les propriétés particulières dans les temps non défendus, et de pêche avec engins non prohibés, et dans la saison où elle est permise (1). Le dommage causé par le plus grand nombre des délits ne s'élevant pas à plus de 200 fr., le particulier lésé peut donc, s'il le juge convenable, s'adresser au juge-de-paix, comme juge civil, pour en obtenir la réparation : il est même expédient de prendre la voie civile, pour des demandes minutieuses, plutôt que de soumettre l'affaire à deux degrés de juridiction, en saisissant le tribunal correctionnel ou de police, et de s'exposer ainsi à des frais assez considérables, en cas de non succès.

Enfin la plupart des délits ruraux sont commis par des individus qui ne présentent aucune garantie, tels que des enfants, des domestiques, ou le pâtre du village conduisant la proie commune. Dans ce cas, la personne lésée ne peut avoir recours que contre les pères et mères ou le maire de la commune, qui ne sont assujétis qu'à la responsabilité civile et ne peuvent être traduits devant le tribunal correctionnel ou de police qu'avec l'individu auquel est imputable le fait de la contravention (2). A quoi bon alors prendre l'initiative sur le ministère public, afin de poursuivre un délinquant insolvable, au lieu de porter l'action civile devant le juge-de-paix, contre la personne civilement responsable du dommage ?

8. La preuve des délits ou quasi-délits peut se faire par té-

---

(1) Voy. la loi du 30 avril 1790, art. 8, et les art. 2 et 68 du Code fluvial.

(2) Voy. les articles 1384 et 1385 du Code civil, et l'art. 7, tit. 2, de la loi du 6 octobre 1791, concernant la police rurale ; et pour ce qui concerne le fait de chasse, celui de pêche et les délits forestiers, l'art. 6 de la loi du 30 avril 1790, l'art. 206 du Code forestier, et l'art 74 du Code fluvial. — On a vu aussi, page 35, que les tribunaux correctionnels et de police ne peuvent statuer sur les dommages-intérêts, qu'en prononçant une peine.

moins ou par présomptions (art. 1348, n° 1, et 1353 du Code civil).

Il n'y a d'exception à cette règle, que dans le cas où le délit présupposerait une convention antérieure dont la preuve testimoniale serait inadmissible. Supposons, par exemple, que le prévenu du délit de violation d'un dépôt de plus de 150 fr., nie l'avoir reçu, alors, en matière criminelle, comme en matière civile, il ne serait pas possible de prononcer une condamnation, parce que le prétendu délit dont la répression ou la réparation est demandée, présuppose une convention qui ne peut être prouvée que par écrit, à moins qu'il ne s'agisse d'un dépôt nécessaire, comme on le verra en discutant l'article 2.

Les délits ruraux se constatent ordinairement par le procès-verbal du garde champêtre de la commune ou celui du propriétaire. Ces procès-verbaux ne font pas foi, jusqu'à inscription de faux ; néanmoins ils doivent être crus, à moins de preuve contraire (1). Et si la demande en réparation est portée devant le juge civil, les procès-verbaux dont il s'agit doivent faire la même preuve, qu'en matière correctionnelle et de police.

9. Comme on l'a expliqué dans la première partie, section IV, § VI, n°s 40 et 41, l'action civile, résultant de faits que la loi qualifie de délit ou de contravention, est soumise à des prescriptions particulières. A l'égard des autres actions personnelles qui dérivent d'un contrat, d'un quasi-contrat, et même d'un quasi-délit, elles ne se prescrivent que par 30 ans.

Après avoir expliqué les différentes causes d'où peuvent dériver les actions personnelles dont la connaissance est attribuée aux juges-de-paix, examinons les difficultés que peut présenter l'application de cette compétence.

10. En la restreignant aux actions *purement personnelles*, la loi en exclut non-seulement les actions réelles-immobilières, mais aussi les actions mixtes. Par arrêt du 24 août 1826 (D., pag. 411 de 1827), il a été décidé que la demande d'une modique somme de 45 fr. était une action *mixte*, parce qu'elle

---

(1) Art. 154 et 189 du Code d'instruction criminelle. — Voy. aussi les arrêts des 21 février 1822, D., pag. 233, et 9 octobre 1824, pag. 41 de 1825.

avait été dirigée contre un héritier, non pas seulement pour sa part et portion, ce à quoi l'action personnelle aurait été réduite, mais comme *bien tenant de la succession*, et pour la totalité de cette dette dont l'héritier ne pouvait être tenu qu'hypothécairement.

C'est, sans doute, le même principe qui a déterminé l'arrêt que rapporte le recueil intitulé *Juge-de-paix*, tom. 1er pag. 195, sans en donner la date, arrêt qui a rejeté le pourvoi contre un jugement du tribunal d'Avesnes, lequel considérant comme une action mixte la demande en paiement d'une rente de 3 fr. 70 c. *hypothéquée sur une maison*, avait déclaré le juge-de-paix incompétent : car qu'une créance de 200 fr. ou au-dessous soit ou non garantie par hypothèque, peu importe ; l'affaire n'en est pas moins de la compétence du juge-de-paix, si l'on se borne à intenter, devant lui, l'action personnelle en paiement.

Peu importe également que l'action résultant d'un contrat ait eu pour cause l'aliénation d'un objet immobilier. Ainsi le juge-de-paix est compétent pour connaître d'une demande en paiement de la somme de 200 fr., formant la totalité ou le restant du prix de la vente d'un fonds. Il en serait autrement, si la discussion portait sur le privilége résultant de ce contrat, vis-à-vis d'un autre créancier du vendeur ; ce serait alors une action réelle ou mixte, hors de la compétence du juge-de-paix.

Par arrêt du 10 janvier 1809, (D. , pag. 8), il a été aussi décidé que l'obligation de construire sur un terrain, donnait lieu à une action purement personnelle, de la compétence du juge-de-paix ; que même sa juridiction pouvait être prorogée. Dans ce cas et autres semblables, il ne s'agit nullement de la propriété du terrain, mais de l'obligation *ad faciendum* qui est purement personnelle, et se résout en dommages et intérêts.

Les auteurs du *Juge-de-paix*, tom. 1, pag. 17, prétendent que « le droit d'occuper un banc dans une église paroissiale, » réclamé par un paroissien pour lui et pour sa famille, *soit* » *à vie, soit à perpétuité*, en vertu d'une prétendue concession faite à l'époque du rétablissement du culte en France, » et en vertu d'un réglement épiscopal, mais dont le titre primordial n'est pas représenté, *ce droit est mobilier*, et l'action

» qui en résulte est de la compétence du juge-de-paix. » Ils fondent cette opinion sur un jugement du tribunal de Bar-le-Duc qui nous paraît contraire à tous les principes. Le droit d'occuper un banc dans une église, fût-il mobilier, serait indéterminé; et déjà sous ce rapport, le juge-de-paix ne pourrait en connaître. Mais l'action ayant pour objet la concession d'un pareil droit, *à vie ou à perpétuité*, ne peut être purement personnelle ou mobilière, c'est, tout au moins, une action mixte.

Dans cette matière, le juge-de-paix ne serait compétent que dans le cas où il s'agirait de l'amodiation des bancs d'une église, ainsi que cela se pratique dans plusieurs communes; cas auquel la demande en paiement du prix de la location pourrait être portée devant ce magistrat, en vertu, soit de l'article 1er, soit de l'article 3 de la loi.

11. Quelque soit le montant du titre qui sert de fondement à l'action, c'est devant la justice-de-paix qu'elle doit être portée, dès l'instant que la demande n'excède pas 200 fr., afin d'obtenir, par exemple, la condamnation au paiement d'un terme, ou d'intérêts échus qui ne surpasseraient pas cette somme; et dans ce cas, le juge-de-paix, qui est juge de l'action, l'est aussi de l'exception. Si donc, sur la demande personnelle résultant d'un contrat, les clauses en sont contestées, le juge-de-paix doit les apprécier : quand il s'agirait, on le répète, d'un acte dont le montant serait supérieur au taux de sa juridiction, il ne devrait pas moins statuer, par voie d'interprétation, soit en premier, soit en dernier ressort, si la demande n'excède pas 200 fr., taux de sa compétence (1).

Peut-il également statuer, en cas de contestation sur la validité du titre? Lorsque le montant de l'obligation n'excède pas 200 fr., alors il doit statuer sur l'exception de nullité. Mais, dans le cas contraire, cette exception sort de la compétence du juge-de-paix, parce qu'elle ne porte pas seulement sur les arrérages qui sont l'objet de la demande, mais bien sur un capital qui excède les limites de sa ju-

---

(1) Arrêts des 16 août 1831, 14 avril 1835 et avril 1836, D., pag. 266 de 1831, 351 de 1835 et 335 de 1836.

riction ; et que', du jugement à intervenir dépend le sort du titre (1).

La compétence du juge-de-paix cesserait également, si de la défense à l'action personnelle, résultait une question de propriété d'où dépendît le sort de la demande. Par exemple, sur l'action en paiement d'une somme de 200 fr. ou au-dessous, pour enlèvement de fruits, ou toute autre entreprise, le défendeur prétend que c'est à lui qu'appartient l'héritage. Dans ce cas, il s'élève, au sujet de l'action personnelle, une question de propriété qui n'est point de la compétence du juge-de-paix, sur laquelle du moins il ne pourrait statuer, qu'autant que l'une des parties demanderait la maintenue au possessoire ; il doit donc renvoyer l'affaire devant qui de droit, ou surseoir de prononcer, jusqu'à ce qu'il ait été statué sur la question préjudicielle par l'autorité compétente (2).

En un mot, pour savoir si la défense place la cause hors de la compétence du juge-de-paix, il faut distinguer le cas où l'exception contre la demande n'est proposée qu'incidemment, de celui où elle devient l'objet principal de la discussion. Toutes les fois qu'il ne s'agit de décider la question incidente que relativement à la demande, sans qu'il puisse en sortir d'autre résultat, l'affaire en ce cas n'excède point les bornes de la compétence. Mais si la question incidente est le principal objet de la contestation, et que, du jugement à intervenir, puisse résulter l'exception de chose jugée relativement aux demandes qui seraient formées dans la suite, soit entre les mêmes parties, soit par d'autres, alors le juge-de-paix devient incompétent, quoique la demande originaire n'excède pas 200 francs (3).

12. Que doit-on décider, si l'exception porte sur la qualité d'héritier, d'associé, etc., que conteste l'assigné en paiement d'une somme de 200 fr. ? Il en est qui prétendent que, dans ce

---

(1) *Questions de Droit*, aux mots *Rente foncière*, § 5, *Répertoire*, v° *Chose jugée*, § 17.

(2) Arrêts des 4 février 1824 et 16 mars 1836, D., pag. 53 de 1824 et 229 de 1836.

(3) Voy. sur ce point la discussion élevée par Merlin, *Répertoire*, v° *Question d'état*.

cas, l'incompétence du juge-de-paix est absolue (1). Les auteurs qui le pensent ainsi, fondent leur opinion sur ce que le tribunal de paix n'est qu'un tribunal exceptionnel, institué pour juger certain genre de causes, *certum genus causarum.* Mais, comme on l'a fait observer dans la première partie de cet ouvrage, pag. 78, ce n'est qu'en matière réelle et immobilière que l'attribution des juges-de-paix se bornant à un certain genre d'affaires, aux actions possessoires seulement, ils ne sont, sous ce rapport, que des juges d'exception. En matière personnelle, au contraire, quoique délégués pour statuer *usquè ad certam summam,* ils n'en ont pas moins la plénitude de juridiction, laquelle peut être prorogée ; ce qui ne pourrait pas être, s'ils étaient des juges d'exception comme les tribunaux de commerce. Sous ce dernier rapport, donc, les juges-de-paix ont le même pouvoir que les tribunaux d'arrondissement statuant en dernier ressort, la juridiction de ces tribunaux étant, à cet égard, également limitée *usquè ad certam summam.* Or, il est de principe que les tribunaux ordinaires statuent en dernier ressort, lors même que, sur une demande de plus de 1500 fr., là qualité d'héritier est contestée incidemment (2). Pourquoi en serait-il autrement des juges-de-paix, lorsque la demande n'excède pas les bornes de leur compétence ? Par quelle raison cette compétence serait-elle éludée, sous le prétexte que la qualité d'héritier ou d'associé a été contestée par le défendeur, assigné en paiement d'une somme de 200 fr. et au-dessous ? Ici revient la distinction qui vient d'être faite entre le cas où le jugement à intervenir ne peut être applicable à d'autres demandes qu'à celle qui est soumise au juge-de-paix, et le cas, au contraire, où la qualité d'héritier, d'associé, est l'objet principal du litige. Si, par exemple, le demandeur concluait à ce que le défendeur fût déclaré héritier, ou tenu pour associé, et qu'en cette qualité il fût condamné au paiement d'une somme de 200 fr. et au-dessous, alors le juge-de-paix

---

(1) Encyclopédie des juges-de-paix, v° *Compétence*, pag: 126.

(2) Voir dans les *Questions de Droit*, v° *Héritier*, § 8, les conclusions et l'arrêt du 23 brumaire an 12 et l'article *dernier ressort*, § 17 du même recueil.

serait incompétent, parce qu'il s'agirait de statuer, non sur une exception incidente, mais bien sur une demande indéterminée qui excéderait les limites de sa juridiction ; et, qu'en ce cas, le jugement imprimerait au défendeur, la qualité d'héritier ou d'associé, et aurait l'autorité de la chose jugée, pour toutes les demandes à former contre lui, par la suite, sous la même qualité.

15. Comme on l'a vu, pag. 69, ce n'est point la condamnation, mais la demande formée par la citation, ou réduite dans le cours de l'instruction, qui fixe la compétence du juge-de-paix, en premier ou dernier ressort : sur quoi il s'élève plusieurs questions.

1° *Dans le cas où le demandeur conclut au paiement de plusieurs sommes, dont chacune est inférieure à 200 fr., mais qui réunies excèdent cette quotité, l'affaire est-elle de la compétence du juge-de-paix ?* M. Henrion de Pansey, *Traité de la compétence*, chap. 13, qui a soulevé cette question, paraissait tenir la négative, en se fondant sur l'art. 1342 du Code civil. Mais que peuvent avoir de commun les règles de compétence, avec celles qui sont relatives à la preuve testimoniale ? Le but de prévenir le danger de cette preuve n'eût pas été atteint, si, pour en éluder la prohibition, il suffisait de réunir plusieurs demandes dans le même exploit. Le même motif ne peut être supposé, en ce qui concerne la compétence. Avant la publication de la loi nouvelle, il semblait donc qu'il aurait fallu distinguer le cas où la demande des deux sommes reposait sur la même cause, dérivait du même titre, de celui où elle aurait été fondée sur deux causes, deux titres différents. Dans ce dernier cas, pourquoi le juge-de-paix, compétent pour statuer séparément sur chacune des deux demandes, deviendrait-il incompétent, parce que la partie a jugé convenable de les réunir dans un même exploit afin d'éviter des frais ? La sentence qui statue, en même temps, sur les deux demandes, ne renferme pas moins deux jugements différents.

Mais il ne peut plus y avoir de difficulté sur ce point, d'après l'art. 9 de la loi du 25 mai, lequel décide positivement, et sans distinction, que le juge-de-paix sera incompétent pour le tout, lorsque les demandes formées par la même partie excèdent, par leur réunion, les limites de sa juridiction. On reviendra sur ce point, en commentant cet art. 9.

2° *Que doit-on statuer, pour le cas où plusieurs personnes, ayant un intérêt distinct, se réunissent pour former, par le même exploit, chacune la demande d'une somme de 200 fr. ?* Ici M. Henrion de Pansey, chap. 14, n'hésite pas de prononcer que le juge-de-paix est compétent, quoique les demandes réunies excèdent le taux de sa juridiction. Il cite même un arrêt de la cour de cassation qui a jugé que, dans ce cas, la sentence doit être en dernier ressort, si la demande de chacun des créanciers n'excède pas le taux de la compétence en dernier ressort du juge-de-paix. Cette doctrine n'a rien de contraire à l'art. 9, dont on vient de parler, lequel ne s'applique qu'aux demandes formées par la même partie.

3° Mais *que doit-on décider si les créanciers qui se réunissent pour former chacun une demande de moins de 200 fr., ont le même intérêt*, s'il s'agit du même titre? *que, par exemple, trois héritiers se réunissent pour réclamer le paiement d'une dette héréditaire de 500 fr. ?*

Pour soutenir que, dans ce cas, le juge-de-paix est compétent, on pourrait dire que chacun des héritiers aurait pu intenter son action pour sa part afférente contre le débiteur, sans que le jugement rendu pour l'un, puisse être opposé sur l'action dirigée par les autres; qu'ainsi l'exploit peut-être considéré comme renfermant trois demandes, au lieu d'une. Cependant il nous paraît que le contraire doit être décidé, parce que les trois héritiers étant communiers pour le fait dont il s'agit, la demande, quoique dirigée par plusieurs, n'est toujours qu'une seule et même action, tendant au paiement d'une seule et même somme, qui excède la compétence du juge-de-paix.

On devrait décider de même pour le cas où ce serait un créancier qui agirait contre les trois individus en paiement d'une dette de 500 fr., si surtout ils étaient obligés solidairement, cas auquel la demande et la condamnation seraient, pour chacun d'eux, d'une somme excédant les limites de la compétence.

4° Si l'objet de la demande est d'une valeur indéterminée, que le demandeur, par exemple, conclue à des dommages-intérêts, sans en fixer la somme, alors l'incompétence du juge-de-paix est évidente ; il doit renvoyer l'affaire au tribunal civil. Mais c'est surtout en ce qui concerne les actions mobilières, que le défaut de détermination de la demande peut avoir lieu, comme on le verra au paragraphe suivant.

14. Quelque généraux que soient les termes de l'article, lequel attribue aux juges-de-paix la connaissance de *toutes actions purement personnelles*, il en est cependant dont il ne peut connaître.

Telles sont les affaires attribuées à l'administration. Ainsi que les tribunaux ordinaires, le juge-de-paix ne peut s'immiscer dans les matières administratives ; si donc, sur une action personnelle portée devant lui, il s'élève incidemment une question de compétence administrative, il est tenu de surseoir et de renvoyer, à l'autorité compétente, la décision de la question préjudicielle.

Le juge-de-paix n'est pas non plus compétent pour statuer sur les demandes en paiement des droits que la régie de l'enregistrement est chargée de recouvrer. D'après l'article 64 de la loi du 22 frimaire an 7, les affaires de cette nature sont exclusivement dévolues au tribunal d'arrondissement, qui statue sur mémoires, et en dernier ressort.

15. Quant aux affaires commerciales, l'art. 2, tit. 12, de la loi du 24 août 1790, en ayant attribué la connaissance à des tribunaux de commerce, et, dans les lieux où il n'existe pas de tribunal de ce genre, aux juges de district, aujourd'hui remplacés par les tribunaux d'arrondissement, il en résulte que les causes commerciales sont totalement exclues de la juridiction des juges-de-paix.

Cette juridiction n'étant qu'un démembrement de celle des tribunaux civils, il semblerait naturel qu'elle ne fût limitée par d'autres exceptions que celles qui limitent la juridiction de ces tribunaux, et que les justiciables ne fussent pas forcés de recourir hors du canton, pour des affaires du plus mince intérêt. Cet inconvénient a souvent même été funeste aux habitants des campagnes ; et c'est ce qui avait déterminé la commission de la chambre des pairs à ajouter, à l'article 1er de la loi, un paragraphe ainsi conçu : « *Cette juridiction s'étendra aussi aux*

» *affaires commerciales dans les limites de la compétence ci-*
» *dessus, dans les lieux où le tribunal de première instance*
» *remplit les fonctions de tribunal de commerce.* »

« Un abus très fréquent, disait le rapporteur, et signalé par
» un grand nombre de réclamations, a attiré l'attention par-
» ticulière de la commission. A l'effet d'obtenir des moyens
» d'exécution plus prompts, et d'effrayer leurs débiteurs par
» la sévérité d'une juridiction qui ne transige pas sur le défaut
» d'exactitude dans les paiements, les créanciers font souscrire
» à de simples cultivateurs des effets qu'ils savent rendre pas-
» sibles de la compétence des tribunaux de commerce, en les
» revêtant de toutes les formes sans lesquelles ils en seraient
» exclus, d'après les art. 636 et 637 du Code de commerce. On
» élude ainsi la compétence paternelle des juges-de-paix, on
» porte, hors de l'enceinte du canton, des affaires entachées
» de fraude et d'usure que l'on veut dérober à l'indignation
» de ses concitoyens et à la vigilance du magistrat local, qui
» s'interposerait pour prévenir la spoliation des familles. Ce
» mal est grand, messieurs, et votre commission a cru devoir
» vous proposer l'adoption d'un amendement qui doit contri-
» buer à en tarir la source.—On nous opposera que la nature
» des causes commerciales, les connaissances pratiques qu'elles
» exigent, les vérifications des comptes, des livres, sortent du
» cercle habituel des connaissances des juges-de-paix. Nous
» avons été complétement rassurés par les hommes les plus
» au fait de la nature de ces causes, les plus versés dans la
» jurisprudence commerciale. Ils pensent que les causes qui
» seront soumises aux juges-de-paix, en vertu de notre amen-
» dement, ne peuvent donner lieu à aucune des difficultés que
» l'on veut prévoir, et que, dans tous les cas, les lumières du
» simple bon sens peuvent suffire pour les décider. »

Le danger de commettre à des juges peu éclairés la décision
d'affaires épineuses, n'a pu être le motif du rejet de cet amendement. Les actions commerciales de 200 fr. et au-dessous
sont extrêmement minutieuses et n'exigent pas de grandes connaissances. D'ailleurs, il serait difficile de ne pas reconnaître
à MM. les juges-de-paix, autant d'intelligence et de capacité qu'à
la plupart des juges de commerce. Mais il a été observé qu'il y

aurait anomalie, si l'on attribuait à ces magistrats la connaissance de quelques affaires commerciales dans les lieux seulement où il n'existe pas de tribunaux de commerce; qu'ainsi les actions de cette nature seraient soumises à deux ordres de compétence, et certaines d'entre elles, qui se jugent en dernier ressort, subiraient deux degrés de juridiction; que, de plus, il faudrait alors rendre les tribunaux de commerce juges d'appel des justices-de-paix, chose pour laquelle ces tribunaux ne sont pas institués.

16. Ainsi les juges-de-paix sont non-seulement incompétents pour connaître des difficultés qui s'élèvent entre négociants, ces juges ne pourraient connaître ni d'une lettre de change de 200 fr. et au-dessous, ni d'aucune autre obligation de pareille somme que l'art. 632 du Code de commerce répute acte commercial.

17. Sont aussi réputés tels, tous achats de denrées ou marchandises pour les revendre, soit en nature, soit après les avoir travaillées et mises en œuvre, où même pour en louer simplement l'usage. Mais on ne saurait considérer, comme actes de commerce, les acquisitions de grains pour ensemencer les terres, les ventes de denrées provenant des fonds des cultivateurs, ni même les achats de bestiaux que les' habitants des campagnes sont dans l'habitude d'acheter, de revendre, ou d'échanger dans les foires. Les besoins de l'agriculture, l'éducation du bétail, la nécessité de se procurer des engrais, en consommant, sur les terres du domaine, les foins et pailles qui en proviennent; tel est le but principal de ces négociations qui n'ont rien de commercial.

18. Il en est de même de la vente des fromages provenant des fruitières ou fromageries. Pour faire ce qu'ils appellent *fruitières*, les habitants réunissent le lait de leurs troupeaux, lequel, apporté journellement, par chaque famille, dans un local commun, est mesuré et marqué sur une taille par le *fruitier*, c'est-à-dire l'homme chargé de la confection du fromage, qui se fait à tour pour chacun des habitants lorsqu'il a fourni la quantité de lait suffisante pour la formation d'une pièce. Les fromages, ainsi fabriqués, salés et soignés par le fruitier, sont vendus et livrés, en gros, pour des sommes assez considérables,

et l'on remet, à chacun, ce qui lui revient du prix de la vente,
suivant le nombre de fromages que le lait de son bétail a produits, déduction faite des gages du fruitier et des autres menus
frais qui sont répartis dans la même proportion. Ce genre d'as-
sociation, qui jadis n'avait lieu que dans les montagnes de
Franche-Comté et de quelques autres provinces, se multiplie
singulièrement et n'a rien de commercial. Les difficultés assez
rares que peut faire naître cette espèce de société où la bonne
foi préside, sont de la compétence des juges-de-paix et des tribunaux ordinaires, dans les limites de leur juridiction respective. Le marchand qui achète les fromages en gros, pour les
revendre, est le seul qui fasse un acte de commerce.

Mais il arrive souvent que des particuliers non négociants
s'associent pour acheter et revendre une partie de bois, de
grains ou d'autres denrées. Le compte et les difficultés que
peuvent occasionner ces sociétés en participation, doivent être
jugées par des arbitres, aux termes des articles 51 et suivants
du Code de commerce. Le juge-de-paix serait incompétent pour
connaître de ces contestations, lors même que la demande ne
serait que de 200 fr. et au-dessous.

19. Il est des actes qui ne sont commerciaux que d'une
part, et purement civils de l'autre. Telle est l'acquisition que,
comme on vient de le voir, fait un individu des fromages provenant d'une fruitière. Telles sont aussi les ventes faites par
un propriétaire ou fermier des fruits et denrées qu'il récolte,
des animaux qu'il élève dans la ferme, lorsque cette vente est
faite à un négociant ou particulier qui en fait le commerce.
Dans ce cas, le propriétaire ou cultivateur est libre de traduire,
à son choix, celui qui fait acte de commerce, soit devant le
tribunal de commerce, soit devant le tribunal civil, ou le
juge-de-paix, si la demande n'excède pas 200 fr. En traitant
avec un marchand, le demandeur n'a point entendu se rendre
justiciable du tribunal de commerce, et s'il lui convient de
s'adresser à ce tribunal, le défendeur n'a point à se plaindre
d'être traduit devant sa propre juridiction (1).

---

(1) M. Pardessus, *Cours de droit commercial*, tom. 5, n° 1347. — Arrêt
de cassation du 20 mars 1811.

20. L'incompétence des juges-de-paix pour statuer sur les affaires commerciales, est-elle absolue ? Le juge-de-paix pourrait-il en connaître, si les parties consentaient de plaider devant lui ? « Pourquoi, dit M. Merlin, ne le pourrait-il pas ?
» Le juge-de-paix est juge ordinaire dans les causes dont l'objet
» n'excède pas la valeur de 100 fr., il a donc, dans ces causes,
» un pouvoir égal à celui des tribunaux civils dans les affaires
» au-dessus de cette somme ; or, qui doute que les tribunaux
» civils ne puissent connaître des affaires commerciales que
» toutes les parties leur soumettent volontairement (1) ? »

Ce que disait l'auteur, de la somme de 100 fr. qui était alors le maximum de la compétence des juges-de-paix, s'applique nécessairement aux causes d'une valeur de 200 fr. d'après la loi nouvelle ; et, dans ce cas, le silence des parties suffirait pour couvrir l'incompétence, sans qu'il fût besoin de consentement écrit. Nous croyons même que le juge-de-paix pourrait, en vertu de prorogation consentie dans la forme voulue par l'art. 7 du Code de procédure (voy. pag. 73), statuer sur des causes de commerce, quelle que pût être la valeur de la demande. Car, encore une fois, il n'en est pas des justices-de-paix qui ont la plénitude de juridiction, comme des juges de commerce, qui, n'étant que des tribunaux d'exception, ne peuvent connaître que des affaires qui leur sont spécialement dévolues.

§ II.

Des actions mobilières.

24. L'action mobilière est celle qui a un meuble pour objet : *actio ad mobile censetur mobilis.*

Les art. 527 et suivants du Code ayant rangé dans la classe des meubles, les créances, les rentes et tous les droits mobiliers, les actions personnelles qui viennent d'être traitées dans le paragraphe précédent, peuvent être considérées comme des actions mobilières.

Cependant l'article distingue les actions *purement personnelles*

---

(1) *Répertoire,* v° *Tribunal de commerce,* n° 5.

des actions *mobilières*. Effectivement, si toute action personnelle est nécessairement mobilière, toute action mobilière n'est pas nécessairement personnelle. L'action mobilière, proprement dite, a pour objet la revendication d'un meuble ; si donc la demande est formée contre un tiers non obligé envers le demandeur, c'est une action réelle ; et l'action est mixte, si le défendeur, à la demande en revendication, est tenu envers le demandeur, par suite d'un contrat ou quasi-contrat, d'un délit ou quasi-délit, l'obligation, en ce dernier cas, étant tout à la fois personnelle et réelle.

Les biens qui sont meubles par leur nature et non par la détermination de la loi, comme les créances, sont de deux espèces : les uns se meuvent par eux-mêmes, tels que les animaux ; les autres consistent dans des choses inanimées qui ne peuvent se transporter d'un lieu à un autre, sans une force étrangère (art. 528).

Mais les meubles morts ou vifs sont soumis aux mêmes règles. L'action particulière qui les concerne, et à laquelle est destiné ce paragraphe, exige quelques développements.

22. Il n'en est pas des meubles comme des immeubles, dont la propriété ne peut se transférer ou s'acquérir que par un titre ou une prescription qui en tienne lieu : à l'égard des meubles qui, le plus souvent, se donnent ou se livrent de la main à la main, la seule possession doit être considérée comme un titre.

Le droit romain exigeait la possession de trois ans avec titre et bonne foi, pour acquérir la propriété d'un meuble (1). Aussi la voie de complainte, sous le nom d'*interdictum utrubi*, était-elle accordée, en cas de trouble dans la possession d'une chose mobilière. Mais le droit français n'avait point admis, à l'égard des meubles, une action possessoire distincte de la propriété ; la possession, ne fût-elle que d'un jour, valait titre.

« La prescription, dit Bourjon, n'est ici d'aucune considé
» ration ; elle ne peut être d'aucun usage, quant aux meubles,
» puisque, par rapport à de tels biens, la simple possession pro
» duit tout l'effet d'un titre parfait. La chose *furtive* peut être

---

(1) L. unic., Cod. *de Usurpatione transformandâ*; inst., lib. 2, tit. 6. — Dunod, *des Prescriptions*, pag. 7, 150 et 196.

» revendiquée, partout où on la trouve, c'est la seule exception
» qu'on puisse apporter à la règle qu'*en matière de meubles, la*
» *possession vaut titre.* » — Et dans ses observations, l'auteur
répète que, suivant la jurisprudence du Châtelet, la possession
d'un meuble, ne fût-elle que d'un jour, vaut titre de propriété,
à moins que le meuble ne soit furtif, ou qu'il n'y ait action
personnelle *en restitution,* contre celui qui tient le meuble du
propriétaire (1).

Tel est l'usage que les auteurs du Code ont érigé en loi (2).

23. « En fait de meubles, la possession vaut titre. — Néan-
» moins celui qui a perdu, ou auquel il a été volé une chose,
» peut la revendiquer pendant trois ans, à compter du jour
» de la perte ou du vol, contre celui dans les mains duquel il
» la trouve; sauf à celui-ci son recours contre celui duquel il la
» tient. — Si le possesseur actuel de la chose volée ou perdue,
» l'a achetée dans une foire ou dans un marché, ou dans une
» vente publique, ou d'un marchand vendant des choses pa-
» reilles, le propriétaire originaire ne peut se la faire rendre
» qu'en remboursant, au possesseur, le prix qu'elle lui a
» coûté. » (art. 2279 et 2280).

Ces dispositions sont claires et précises : *en fait de meubles,*
possession vaut titre, telle est la règle générale. C'est donc
avec raison que M. Troplong s'est élevé contre le sentiment
de M. Toullier, lequel soutient que la possession de trois ans,
requise par le droit romain, est encore nécessaire pour acquérir la propriété d'un meuble. La loi n'exigeant aucun laps
de temps, il faut dire, avec Bourjon, que la possession, *ne*
fût-elle que d'un jour, vaut titre de propriété, sauf l'exception que porte le § 2 de l'art. 2279, pour le cas de perte
ou de vol.

Observons que le mot *meuble,* qui se trouve dans l'article
2279, ne doit pas être restreint à la signification qui lui a été
donnée dans l'article 533; la règle qu'*en fait de meubles, pos-*
session vaut titre, s'applique à tous les meubles réels : il en
est autrement des objets qui, n'étant pas meubles de leur na-

---

(1) *Droit commun de la France,* tom. 1, pag. 911.

(2) Voy. le discours de M. Bigot-Préameneu, orateur du gouvernement.

ture, ne le sont que par la détermination de la loi, tels que les créances, les rentes, les actions et droits mobiliers; la propriété de ces objets ne pouvant être transmise qu'au moyen d'un acte de transport, l'art. 2279 ne saurait leur être applicable (1).

24. La possession d'un meuble réel forme-t-elle une de ces présomptions *juris et de jure*, qui, comme on l'a vu pag. 107, excluent toute preuve contraire ?

Sans entrer dans la longue discussion à laquelle se sont livrés les auteurs qui ne sont pas d'accord sur ce point (2), bornons-nous à la distinction qu'indiquent le bon sens et les principes les plus familiers du droit. Ou le demandeur agit par action personnelle contre un détenteur qui serait tenu par l'une des causes d'où dérivent les obligations; ou bien le propriétaire du meuble agit en revendication contre un tiers, qui n'a contracté aucune obligation envers lui.

Dans le premier cas, l'article 2279 est inapplicable. En effet, l'intention du législateur n'a été ni pu être de priver le maître d'un meuble, mort ou vif, de l'action personnelle qui, comme on vient de le voir dans le paragraphe précédent, peut résulter non-seulement d'un contrat, mais d'un délit. Si donc le propriétaire prouve que c'est de lui que le détenteur tient le meuble, à titre de dépôt, de prêt, de location, d'usufruit ou de toute autre manière, alors la demande ne peut manquer d'être accueillie. Il en sera de même, si le propriétaire du meuble prouve que c'est le détenteur qui le lui a enlevé. Car, pour opérer l'effet d'un titre, la possession dont parle l'article 2279, ne doit être ni *furtive*, comme le dit Bourjon, ni équivoque, ni précaire.

Mais pour ce qui concerne le détenteur d'un meuble qui n'est tenu, envers le propriétaire, par aucune obligation, il ne s'agit plus d'action personnelle; la demande en revendication est la seule qui puisse être dirigée contre lui; ce tiers ayant en sa faveur la présomption établie par l'article 2279, n'a

---

(1) Arrêt du 4 mai 1836, D., page 257.

(2) Voy. M. Toullier, tom. 14, pag. 115 et suiv.; M. Delvincourt, tom. 2, pag. 644; M. Duranton, tom. 4, n° 433, et surtout M. Troplong, *des Prescriptions*, tom. 2, pag. 650 et suiv.

point à justifier de la propriété du meuble qu'il détient : le propriétaire à qui appartenait le meuble doit succomber dans sa demande, à moins qu'il ne prouve en avoir été dépouillé par l'un des deux accidents prévus par la loi, celui de perte ou de vol.

« Il est de principe, dit Merlin, c'est même un axiome de » droit, *qu'en fait de meubles, possession vaut titre.* Ainsi, par » cela seul que je possède un effet mobilier, j'en suis censé » propriétaire ; et vainement chercherez-vous à me l'enlever, » en prouvant que vous en étiez propriétaire avant moi. Si » vous ne prouvez que cela, votre déclaration sera rejetée, » et je serai maintenu dans ma possession. Il en serait autre- » ment, sans doute, si vous prouviez que je tiens cet effet-là » de vous-même, à titre de prêt, de dépôt, de nantissement » ou de louage. Il en serait encore autrement, si vous prou- » viez que vous avez perdu cet effet, et que je n'en suis de- » venu possesseur que pour l'avoir trouvé. Il en serait autre- » ment enfin, si vous prouviez que cet effet vous a été volé, » et que je l'ai acquis soit du voleur, soit d'une personne à qui » le voleur l'avait transmis. — Mais qu'arriverait-il, si vous » prouviez que je l'ai acquis du dépositaire à qui vous l'avez » confié, du commodataire à qui vous l'aviez prêté, du loca- » taire à qui vous en aviez cédé l'usage, du courtier, de l'en- » tremetteur que vous aviez chargé de le vendre, pour votre » compte et qui l'a vendu pour le sien, ou qui, au lieu de le » vendre, l'a donné en paiement de sa propre dette ? — Indu- » bitablement, si, dans l'un de ces cas, vous prouvez que j'ai » connu le vice de la possession de mon vendeur, je serai évincé » et votre revendication triomphera (1). »

Toute la doctrine sur l'application de l'article 2279 se trouve renfermée dans ce passage.

En fait de meubles, possession vaut titre. La possession d'un meuble, ne fût-elle que d'un jour, est donc une présomption légale de propriété. Mais cette présomption peut être détruite par la preuve contraire, en différents cas. Si le propriétaire justifie que c'est de lui que le possesseur tient l'objet

_____

(1) *Questions de droit,* v° *Revendication.*

mobilier, ou que celui-ci le lui a volé, ou qu'il l'a acquis sciemment de l'individu qu'il savait en être le voleur ou le détenteur précaire, alors la demande en revendication doit triompher, attendu que le détenteur du meuble se trouve obligé envers le propriétaire, par suite d'un contrat, d'un délit ou d'un quasi-délit. S'agit-il, au contraire, d'un tiers qui, n'étant tenu par aucune de ces causes, détient le meuble de bonne foi; la possession actuelle de ce tiers est, on le répète, un titre irréfragable auquel ne peut être opposé que l'un des deux faits de perte ou de vol, dûment justifiés. Si le propriétaire ne prouve pas l'un de ces accidents, sa demande doit être rejetée, lors même qu'il serait avoué que le meuble lui appartenait. Mais s'il justifie tout à la fois de la perte ou du vol, et de l'identité de l'objet qu'il réclame comme lui appartenant, il doit en obtenir la restitution, sans même être obligé d'en rendre le prix au tiers possesseur, à moins que celui-ci n'ait acheté la chose volée ou perdue dans une foire, un marché, une vente publique ou d'un marchand vendant des choses semblables, cas auquel la bonne foi de son acquisition est incontestable. La loi, au surplus, n'accorde que trois ans au propriétaire, pour exercer sa demande en revendication.

25. Les deux cas de perte ou de vol, sont-ils les seuls qui puissent faire cesser la présomption légale de propriété qu'établit l'art. 2279? n'en doit-il pas être de même, si le meuble livré à un tiers est sorti des mains du propriétaire par suite d'une escroquerie? M. Troplong tient pour l'affirmative et c'est ce qu'avait décidé la cour de Paris dans l'espèce suivante: Bailleul, négociant au Hâvre, avait vendu à Malher une quantité considérable de bois de marine, que ce dernier avait revendus à Vespérieu; Bailleul, ayant fait condamner Malher pour délit d'escroquerie, avait assigné Vespérieu en revendication, et la demande contre ce tiers détenteur fut accueillie. Mais par arrêt du 20 mai 1835, la section civile a cassé, « attendu que les exceptions portées dans l'art. 2279 *sont de droit étroit;* que leur application doit être renfermée dans le sens rigoureux des termes employés par le législateur, et que le vol ne peut être confondu avec l'escroquerie, vu qu'en fait d'escroquerie, l'individu escroqué a suivi la foi de celui

J.   14

» qu'il a trompé, et, par la vente qu'il lui a faite, lui a donné
» un titre, indépendamment de la possession. »

Cet arrêt que rapporte Dalloz, pag. 338 de 1835, repousse
également l'opinion de Toullier, prétendant qu'il faut assimiler
au cas de vol celui où le meuble est sorti des mains du propriétaire, par suite d'un abus de confiance. Dans ce cas, comme
dans celui d'escroquerie, le détenteur du meuble ne pourrait
être tenu à restitution, qu'autant qu'il serait prouvé qu'il l'aurait acheté de celui qu'il savait n'en être possesseur que par
suite d'escroquerie ou d'abus de confiance; tandis qu'en cas
de vol ou de perte, la demande en revendication doit être admise contre le détenteur, quelle que puisse être sa bonne foi.

26. Du principe qu'*en fait de meubles, possession vaut
titre*, résulte une autre conséquence : c'est qu'à l'égard des
tiers, des créanciers, par exemple, un meuble a beau avoir
été vendu ; tant qu'il n'a pas été déplacé, il est censé appartenir à celui qui en est resté détenteur. « La vente des meubles
» faite sans déplacement, dit Bourjon, tom. 1er, pag. 146, est
» nulle à l'égard des créanciers du vendeur : et de là il s'en
» suit que les créanciers de celui qui a fait une telle vente
» peuvent, nonobstant icelle, les faire saisir et vendre, sur leur
» débiteur qui en est resté en possession. »

Cette règle a été consacrée par la jurisprudence de tous les
temps : elle ne serait néanmoins pas applicable au cas d'une
vente faite par un mari à sa femme pour la remplir de ses
droits ; obligée de vivre avec son mari, la femme devrait être
considérée comme la véritable détentrice des meubles vendus
et qu'elle ne pouvait déplacer.

Tels sont les principes en matière d'actions mobilières ; venons à leur application, en ce qui concerne les justices-de-
paix.

27. La loi attribuant à ces juges la connaissance des actions mobilières d'une valeur de 100 fr. en dernier ressort,
et de 200 fr. en premier ressort, il existe quantité d'objets
mobiliers qui n'excèdent pas cette valeur. Le juge-de-paix doit
donc fixer son attention sur le sens de l'article 2279, d'après
l'explication qui vient d'en être faite.

S'agit-il de l'action personnelle ou mixte, dirigée contre le

possesseur d'un meuble qui le tiendrait du propriétaire lui-
même, en vertu de prêt, de location, etc., ou que ce possesseur aurait enlevé furtivement ? Alors la possession est insignifiante ; le détenteur doit être condamné à restituer l'objet
mobilier ou sa valeur, si le demandeur justifie du titre précaire, ou de l'enlèvement furtif. Dans ce cas, l'article 2279
n'est nullement applicable ; l'affaire rentre dans le droit commun. Si, au contraire, il n'est pas justifié que le détenteur de
l'objet mobilier le tienne des mains du propriétaire qui revendique, alors le juge-de-paix rejettera la demande, sans même
que le défendeur soit tenu de justifier comment cet objet
mobilier est parvenu entre ses mains, à moins que le demandeur ne prouve qu'il l'a perdu, ou qu'il lui a été volé.

28. Quelle que soit la valeur de la chose perdue ou volée, la
preuve peut en être faite par témoins, attendu l'impossibilité
de se procurer la preuve par écrit d'un accident semblable ;
mais si le demandeur allègue avoir prêté ou loué l'objet mobilier, s'agissant alors d'un contrat, la preuve testimoniale ne
peut être admise que dans le cas où la valeur de l'objet ne serait que de 150 fr. et au-dessous, d'après les régles établies
part. I, sect. III, § 2.

29. Comme on l'a déjà fait observer, pour fixer la compétence du juge-de-paix, il faut que la demande soit déterminée
au taux de cette compétence. Or, il n'y a que l'argent qui ait
une valeur absolue ; les meubles ainsi que les immeubles n'ont
qu'une valeur relative et subordonnée, la plupart du temps,
à des motifs de convenance ou d'affection. Un propriétaire,
par exemple, peut tenir à un bijou qui lui vient d'une main
chère, à un animal domestique auquel il est attaché ! estimer
au taux du commerce des objets aussi précieux pour lui, ce
serait une injustice. Quant à ceux qui sont susceptibles d'évaluation, tel qu'un cheval, ou un autre meuble mort ou vif,
qu'il serait facile de remplacer, comment le juge-de-paix pourrait-il en évaluer le prix ? La loi, dit Henrion de Pansey, l'a
constitué juge et non arbitrateur ; et s'il a la faculté de recourir à une expertise, c'est dans le cas où la demande déterminée
est de sa compétence, et jamais pour en fixer les limites.

Quand la valeur de l'objet revendiqué est fixée dans la de-

mande et n'excède pas 200 fr., alors point de difficulté; le défendeur doit être condamné à la restitution en nature,
ou à la somme à laquelle la chose aura été évaluée, et même à
une somme moindre, si l'évaluation est exagérée. Mais quand le
demandeur se borne à conclure à la restitution en nature du
meuble revendiqué, sans en donner l'évaluation, dans ce cas,
la demande étant indéterminée, le juge-de-paix doit se déclarer
incompétent, quelque faible que lui paraisse la somme à laquelle
aurait pu être évaluée la chose qui est l'objet de la demande.

30. Lorsque la valeur de l'objet est déterminée dans la demande, le défendeur a-t-il le droit d'établir que cet objet est
d'une valeur supérieure, afin de décliner la compétence du juge-
de-paix? Henrion de Pansey soutient qu'au demandeur en revendication seul appartient le droit de déterminer la valeur de
l'objet réclamé. Carré pense, au contraire, que le défendeur
est bien fondé à contester cette fixation, et les auteurs du projet présenté en 1835 avaient adopté ce dernier sentiment.
L'art. 3 portait : « La compétence sera déterminée, s'il s'agit
» d'une somme d'argent, par les conclusions du demandeur ;
» s'il s'agit d'effets mobiliers, par l'*évaluation contenue en la*
» *demande* (la commission de la chambre des députés avait
» remplacé ces mots par ceux-ci : « *Qu'on sera tenu de donner*
» *en la demande* »), sauf au défendeur à contester cette éva-
» luation; auquel cas le juge-de-paix prononcera sur sa
» compétence, par une disposition distincte. » Cette disposition, contraire à tous les principes, n'est pas restée dans la
loi. Ainsi, dès l'instant que la demande est déterminée, le juge-
de-paix doit statuer, si l'évaluation n'excède pas les bornes de
la compétence; et de quel droit le défendeur contesterait-il
cette évaluation? De toutes les fins de non-recevoir, le
défaut d'intérêt est la plus péremptoire; comment alors le
détenteur pourrait-il se plaindre de ce qu'au lieu de lui demander plus que la chose ne vaut; on lui demande moins
que la valeur par lui prétendue? La proposition d'admettre
le défendeur à contester la réduction faite de cette valeur,
dans la demande, d'obliger ainsi le juge à l'apprécier lui-
même, afin de fixer sa compétence, était donc une véritable
aberration.

31. Le juge-de-paix est-il compétent pour statuer sur une demande indéterminée, lorsqu'il est question de fruits ou denrées, dont l'appréciation peut être faite d'après les mercuriales ? Dans son traité de la compétence, chap. 16, Henrion de Pansey, faisant l'application de la loi de 1790, qui autorisait déjà le juge-de-paix à connaître des actions mobilières jusques à concurrence de 100 francs, donne plusieurs exemples, au nombre desquels il place la circonstance où il s'agit de quelques mesures de blé ou autres grains qui se vendent sur les marchés publics, et du prix desquels les municipalités sont obligées de tenir registre. « S'il résulte, dit-il, de l'extrait de » ces registres, *joint à la citation*, que la valeur de l'objet » litigieux est de 100 fr. ou au-dessous, le juge-de-paix pourra » en connaître. » Mais, c'est éluder la question, au lieu de la trancher ; car en joignant à la citation l'extrait des mercuriales, il est bien évident que le demandeur évalue à son prix l'objet réclamé. A défaut d'évaluation fixée ainsi, ou de toute autre manière, nous pensons que la demande est indéterminée, malgré la facilité de fixer cette détermination, à vue des mercuriales. Comme on le verra plus loin, l'art. 3 de la loi a voulu que l'on s'en rapportât à cette base, pour fixer la compétence du juge-de-paix, en matière de baux dont le canon est en denrées ; mais cette fixation n'a point été établie pour les actions purement personnelles ou mobilières ; le juge, en ce cas, demeure donc assujetti à la règle du droit commun qui ne lui attribue que la connaissance des demandes déterminées à une valeur de 200 fr. ou au-dessous. Comment le juge-de-paix pourrait-il statuer sur des prestations en denrées dont le prix n'a point été fixé dans la demande, quand les tribunaux d'arrondissement eux-mêmes ne pourraient, dans ce cas, prononcer qu'en premier ressort (1) ?

Il serait à désirer que le législateur eût attribué aux juges-de-paix la connaissance, du moins en premier ressort, d'une foule de demandes portant sur des objets faciles à apprécier, et qui occasionnent aux parties des frais de procédure beaucoup plus considérables que la valeur du litige.

---

(1) *Questions de droit*, aux mots *Rente foncière*, § 5.

32. Observons néanmoins que, si, sur une demande dont la valeur, quoique indéterminée, est moralement au-dessous de 200 fr., les parties défendent, sans proposer l'incompétence, alors elles ne seraient pas recevables à attaquer la décision du juge-de-paix. Sa compétence, il est vrai, ne peut être prorogée par le consentement tacite des parties, il faut un acte formel, ainsi qu'on l'a expliqué page 74. Mais cette règle n'est applicable que dans le cas où la demande déterminée sort évidemment du cercle dans lequel la loi a circonscrit les attributions des justices de paix; quand, loin d'être palpable, l'incompétence est seulement présumée, faute par les parties d'avoir déterminé la valeur d'un objet d'ailleurs minutieux, ne doit-on pas faire ressortir cette détermination de leur silence? C'est ce qui paraît résulter de l'arrêt de la cour de cassation que nous avons cité, en traitant de l'incompétence (1).

Comme on l'a vu, pag. 200, n° 19, un contrat synallagmatique peut-être réputé acte de commerce, à l'égard de l'une des parties, quoiqu'il n'en ait point le caractère à l'égard de l'autre. Par exemple, le propriétaire ou cultivateur vend les denrées de son crû à un marchand de profession ou à un particulier qui ne les achète que pour revendre; des habitants vendent les fromages provenant de leur fruitière; celui-ci achète d'un maquignon des chevaux pour son usage; un autre fait à un marchand ou à un manufacturier, une commande de meubles, d'ustensiles pour sa maison. Dans ces cas et autres semblables, le marchand seul fait acte de commerce; et si, pour l'exécution du marché, il est obligé d'assigner le particulier qui a traité avec lui, il ne peut le traduire qu'en justice ordinaire. En est-il de même, si c'est le particulier qui soit obligé d'actionner le marchand, soit en paiement des denrées vendues, soit en délivrance des marchandises qu'il a commandées, soit en résolution de la vente, pour vice rédhibitoire ou toute autre cause? Dans ce cas, avons-nous dit, le propriétaire ou cultivateur est libre de traduire, à son choix, celui qui a fait acte de commerce, soit devant le tribunal de commerce, soit devant le

---

(1) Voy. part. 1, sect. 2, § 4, n° 31, l'arrêt du 12 mars 1829.

tribunal civil, ou le juge-de-paix, si la demande n'excède pas 200 francs.

Mais on croit devoir donner ici des explications sur cette question importante, question qui se rattache aux actions mobilières, aussi-bien qu'aux actions personnelles.

L'ordonnance de 1673, titre 12, art. 10, portait, à cet égard, une disposition formelle : « Les gens d'église, gentils-
» hommes et bourgeois, laboureurs, vignerons et autres,
» pourront faire assigner, pour vente de blé, vins, bestiaux
» et autres denrées procédant de leur crû, ou par-devant les
» juges ordinaires ou par-devant les juges-consuls, si les ventes
» ont été faites à des marchands ou artisans faisant profession
» de revendre (1). »

Et quoique cette disposition n'ait pas été reproduite dans le Code de commerce, M. Pardessus soutient qu'il en doit être de même, sous l'empire de ce Code. « Il n'y a rien d'injuste, dit-il
» dans le passage que nous n'avions fait qu'indiquer, envers
» le défendeur qui a dû s'attendre à être soumis à la compé-
» tence commerciale. D'un autre côté, ce même défendeur n'a
» pas dû compter que celui avec qui il traitait entendît con-
» sentir à plaider devant le tribunal de commerce dont son
» engagement ne l'a pas rendu justiciable, ce qui arriverait,
» s'il était obligé d'y traduire son adversaire. »

Rien de plus juste assurément que cette doctrine. Cependant il faut convenir que l'opinion contraire a ses partisans. Locré est le premier qui ait soulevé la question. Suivant lui, l'ordon-nance de 1673 doit être écartée, n'ayant plus de force législa-tive, d'après la loi du 15 septembre 1807, qui abroge toutes les dispositions relatives aux matières commerciales sur les-quelles le Code de commerce a statué, ce qui est très vrai.

Mais la disposition de l'ordonnance ne se trouve-t-elle pas implicitement renfermée dans le nouveau Code ? Non, dit l'auteur.

« Le retranchement de l'article de l'ordonnance n'est pas une

_____

(1) Un arrêt de réglement du parlement de Paris, du 24 janvier 1733, fai-sait, au contraire, aux juges de commerce, défense expresse de connaître des actions intentées par les marchands contre des particuliers, *pour vente de blé, vins, bestiaux et autres denrées provenant de leur crû.*

» simple omission; il est, au contraire, une suite de la diffé-
» rence qui se rencontre entre le système de cette loi et celui
» du Code, relativement à la manière de régler la compétence.—
» L'ordonnance la réglait tout à la fois par la qualité de la per-
» sonne et par la nature du fait, c'est-à-dire qu'elle ne décla-
» rait justiciable de la juridiction commerciale, que le com-
» merçant qui avait fait un acte de commerce. Dans ce système,
» il était fort naturel de ne pas obliger le demandeur à venir
» plaider devant des juges d'exception auxquels il n'était pas
» soumis. — Le Code admet bien ce système, mais il va plus
» loin que l'ordonnance : il veut que la nature du fait suffise
» pour établir la compétence du juge de commerce. Ainsi, du mo-
» ment qu'il y a un acte de commerce, la compétence est fixée,
» quelle que soit la qualité des parties; or, l'achat pour revendre,
» qui est celui que nous avons en vue, est un acte de com-
» merce. — Le texte de l'art. 631 est très conforme à cette
» théorie. Il décide, en effet, que *les tribunaux de commerce*
» *connaîtront*, ENTRE TOUTES PERSONNES, *des contestations*
» *relatives aux actes de commerce.* Ces mots, *entre toutes per-*
» *sonnes*, ne permettent pas d'admettre de distinction pour le
» cas où le demandeur n'est pas commerçant. » Cette opinion,
adoptée par Favard de Langlade et Dalloz, a même été consacrée par un arrêt de la cour de Bastia (1).

Il faut ajouter qu'à la session de 1838, un membre de la
chambre des députés ayant, au sujet de l'art. 5 de la loi, proposé d'attribuer aux juges-de-paix la connaissance des contestations, quelle qu'en fût la valeur, *entre les cultivateurs et les*
marchands à l'occasion de la vente de denrées, cet amendement
a été rejeté; et des raisons employées pour le combattre, il
paraîtrait que ce rejet a été motivé sur l'incompétence radicale
des juges-de-paix pour connaître de ces sortes d'affaires, comme
ayant un caractère commercial.

Malgré ces autorités, nous croyons devoir persister à l'opinion exprimée sous le n° 19; et si nous avons cru devoir y faire

_____

(1) *Esprit du Code de commerce*, tom. 8, pag. 200; *Répertoire* de Favard,
v° *Tribunal de commerce;* Dalloz, *Dictionnaire général*, aux mots *Com-*
pétence commerciale, art. 1, § 5, n° 83; arrêt du 10 août 1831; D., part. 2,
pag. 198 de 1832.

cette addition, c'est pour n'être point accusé d'avoir gardé le silence sur les raisons employées à l'appui du sentiment contraire.

D'abord, il est bien certain que le particulier qui a vendu des denrées à un négociant, ou qui a acheté de lui un cheval ou tout autre objet mobilier, ne pourrait être assigné en délivrance au premier cas, et en paiement dans le second, devant le tribunal de commerce, parce qu'en vendant des denrées de son crû ou en achetant une bête de trait ou des meubles pour l'usage de sa maison, il n'a pas fait acte de commerce; l'art. 638 du Code commerce est à cet égard on ne peut pas plus de positif. Pourquoi en serait-il autrement quand, au lieu de tenir la qualité de défendeur, le particulier qui n'a pas fait acte de commerce figure dans la cause comme demandeur, quand il est obligé d'assigner le marchand en paiement, en délivrance, ou en résolution pour vice rédhibitoire? Si le marchand est appelé devant la juridiction commerciale à laquelle il est soumis par sa qualité et la nature de son engagement, il n'a point à se plaindre; mais pourquoi le simple particulier serait-il tenu de traduire son adversaire devant cette juridiction exceptionnelle? Il ne peut pas plus y être soumis en demandant qu'en défendant, puisque, de son côté, il n'y a pas acte de commerce. La conséquence que tire Locré de l'art. 631 du Code nous paraît forcée. En attribuant aux tribunaux de commerce la connaissance *entre toutes personnes* des contestations relatives aux actes de commerce, l'article veut seulement que le non négociant demeure soumis à la juridiction commerciale, s'il fait un acte de commerce; mais cet article ne dit point qu'il en sera ainsi nécessairement, lors même qu'il n'y a pas acte de commerce de son côté.

A l'appui de ce raisonnement nous pouvons invoquer une autorité puissante, celle de Merlin, qui, ne trouvant dans les art. 632 et 638 du Code de commerce *qu'une répétition implicite de l'article* 10, *tit.* 12 *de l'ordonnance de* 1673, en fait l'application à différents cas, dans lesquels il a été traité entre un particulier et un négociant, en adoptant l'opinion de Pardessus (1).

_____

(1) Dernières additions aux *Questions de droit*, v° *Commerce*, § 9.

Cette opinion paraît même avoir été consacrée par un arrêt de cassation. S'agissant, dans l'espèce, de la réclamation d'un sac de nuit faite par un voyageur au directeur des messageries, celui-ci demanda son renvoi devant la juridiction commerciale, attendu que le Code de commerce répute acte du commerce toutes entrepreprises de transport par terre et par eau ; mais le déclinatoire fut rejeté par le tribunal de Niort et la cour de Poitiers, et l'arrêt de cette cour a été confirmé, « attendu » qu'on ne peut raisonnablement soutenir que le dépôt d'un » sac de nuit à une diligence soit un acte de commerce; d'où » il résulte que l'arrêt attaqué n'a pu contrevenir à l'art. 631 » du Code de commerce. (1)

Sirey, tome 11, pag. 193, présente cet arrêt comme ayant jugé « que les tribunaux de commerce sont incompétents pour » connaître des demandes du prix d'effets confiés à la diligence, » qui ont été perdus, et que c'est aux tribunaux ordinaires » seuls qu'il appartient d'en connaître. » Mais, comme le fait observer Merlin, en rejetant la demande en cassation de l'arrêt de la cour de Poitiers, si la section civile a dit que le dépôt d'un sac de nuit à la diligence n'était point un acte de commerce, c'est uniquement pour en conclure que *le voyageur qui a fait ce dépôt, peut en poursuivre la restitution devant les tribunaux ordinaires,* parce que, de son côté, le dépôt ne formait pas un acte de commerce. Mais, de la part de l'entrepreneur de la diligence, le transport du sac de nuit était évidemment un acte de commerce; l'arrêt, ajoute M. Merlin, n'aurait pu décider le contraire, sans violer la disposition de l'art. 632 du code commerce. Et avant la publication de la loi nouvelle, qui, comme on va le voir à l'article suivant, attribue aux juges-de-paix, jusqu'à concurrence de 1,500 fr., la connaissance des pertes ou avaries d'effets accompagnant les voyageurs, il est bien certain que la réclamation du sac de nuit eût pu être portée devant le tribunal de commerce; mais aussi le voyageur, qui n'avait pas fait acte de commerce, pouvait traduire l'entrepreneur devant les tribunaux ordi-

(1) Arrêt du 20 mars 1811, D., p. 187.

naires ; et c'est ce qu'a décidé l'arrêt du 20 mars 1811, dont les motifs sont peut-être un peu trop laconiques.

Cette discussion nous a paru importante en ce qui concerne la compétence des juges-de-paix. Les difficultés entre un propriétaire ou cultivateur et un marchand de profession ou même un particulier qui fait acte de commerce, peuvent être très fréquentes ; et souvent la valeur des contestations de cette nature ne surpasse point la compétence ordinaire des juges-de-paix. Dans ce cas, le non négociant ne saurait être traduit que devant la justice-de-paix de son canton. Mais, s'il est forcé lui-même de se constituer demandeur, d'assigner le marchand soit en paiement de denrées, soit en résolution et en dommages-intérêts à raison d'un vice rédhibitoire, et pour toute autre cause, en un mot, pour l'exécution d'un engagement quelconque, alors, au lieu de s'adresser au tribunal de commerce, pour des affaires presque toujours minutieuses, le particulier peut, sans aucun doute, à ce qu'il nous paraît, porter son action devant la justice-de-paix.

ARTICLE II.

« Les juges-de-paix prononcent, sans appel, jus-
» qu'à la valeur de 100 francs, et, à charge d'appel,
» jusqu'au taux de la compétence en dernier ressort
» des tribunaux de première instance :

» Sur les contestations entre les hôteliers, auber-
» gistes ou logeurs, et les voyageurs ou locataires en
» garni, pour dépense d'hôtellerie et perte ou avarie
» d'effets déposés dans l'auberge ou dans l'hôtel ;

» Entre les voyageurs et les voituriers ou bateliers,
» pour retard, frais de route et perte ou avarie d'ef-
» fets accompagnant les voyageurs ;

» Entre les voyageurs et les carrossiers ou autres
» ouvriers, pour fournitures, salaires et réparations
» faites aux voitures de voyage. »

SOMMAIRE.

Observations générales. 1. Importance des attributions que confère
l'article aux juges-de-paix ; la demande doit être déterminée. — 2. Le
juge-de-paix du domicile du défendeur est seul compétent, à moins de
saisie-gagerie, ou de retenue des effets du voyageur : mais on peut
assigner l'entrepreneur des messageries, au bureau de correspondance
le plus voisin.

§ Ier. *Des aubergistes, hôteliers ou logeurs.* — 3. Ces trois dénominations comprennent tous ceux qui font métier de loger des étrangers,
et non le propriétaire qui loue tout ou partie de son appartement, sans
être logeur de profession. — 4. La compétence établie par cet article,
s'applique-t-elle aux cafetiers, restaurateurs et baigneurs publics ? —
5. Nécessité des hôtelleries, obligations réciproques des aubergistes
ou hôteliers et des voyageurs. — 6. Leur devoir envers la police. —
— 7. Obligation que contractent les voyageurs. L'aubergiste doit-il en
être cru sur sa déclaration ? Manière de juger les difficultés de ce
genre. — 8. Privilége de l'aubergiste sur les effets des voyageurs. —
9. L'aubergiste exerce une profession libre ; il ne peut être forcé de

loger telle ou telle personne , à moins de circonstances impérieuses. — 10. Prescription de six mois pour logement et nourriture. — 11. Engagement des aubergistes et hôteliers, envers les voyageurs ; art. 1952 et suiv. du Code ; conséquences qui en résultent; ils sont responsables du vol d'effets même commis par des personnes étrangères ; ancienne et nouvelle jurisprudence. — 12. L'aubergiste est responsable de la simple négligence ou imprudence de lui ou de ses gens, exemples. — 13. Cependant il est déchargé de toute responsabilité , si le vol des effets a été causé par l'imprudence du voyageur ; arrêts qui l'ont jugé ainsi. — 14. C'est au voyageur à prouver l'apport de ses effets dans l'auberge ; mais s'agissant d'un dépôt nécessaire, cette preuve peut être faite par toutes sortes de moyens. — 15. Conférence sur l'article de l'ordonnance de 1667, qui a servi de type aux dispositions du Code civil. — 16. L'apport des effets dans l'auberge constitue le dépôt , lors même que l'aubergiste n'en aurait pas eu connaissance. — 17. Comment apprécier la valeur des effets perdus ou volés ; serment d'office. — 18. Les articles du Code civil ne s'appliquent point aux effets que le voyageur aurait confiés à l'aubergiste en partant ; ni aux objets qui lui auraient été remis par une personne qui ne logeait pas chez lui ; dans ce dernier cas, le juge-de-paix serait même incompétent , à moins que la demande n'excédât pas 200 fr.

§ II. *Des voituriers et bateliers.* — 19. Nature du contrat qui se forme entre eux et le voyageur. — 20. Action dirigée contre celui-ci , pour prix de la voiture. — 21. Action du voyageur contre les voituriers. — 22. Ils sont responsables de tous les accidents causés par suite de la mauvaise construction des voitures , du vice des chevaux , de l'imprudence des conducteurs ; exemples. — 23. Les entrepreneurs sont même responsables des voies de fait dont se rendraient coupables leurs employés, responsabilité qui pèse aussi sur les administrations publiques ; mais l'art. 2 ne s'applique pas aux dommages-intérêts résultant de ces voies de fait. — 24. Dommages-intérêts pour cause de retards. — 25. Perte ou avarie des effets, art. 1782 et suiv. du Code civil, 103 et suiv. du Code de commerce ; dispositions relatives au dépôt et au mandat. — 26. Comment doit être faite la preuve des effets confiés à un voiturier ? registre qu'il doit tenir ; l'entrepreneur ne répond que des effets dont ses registres sont chargés. — 27. Répertoire , jurisprudence. — 28. Mais l'entrepreneur qui n'a point de registre étant en faute, alors la preuve que des effets lui ont été confiés, peut être faite par toutes sortes de moyens. — 29. Estimation, en cas de perte, des effets dont la remise est légalement constatée ; le voiturier est responsable de leur valeur réelle, lors même qu'elle n'a pas été déclarée, jurisprudence constante ; serment qui peut être déféré au voyageur. — 30. Quant aux avaries, il est facile d'apprécier le dommage à vue des objets avariés ou brisés ; mode de procéder, en ce cas ; jugement rendu par un tribunal de commerce et qui peut servir de guide. — 31. Le cas de force majeure peut seul décharger le voiturier de toute responsabilité; qu'entend-on par le cas fortuit ou de force majeure ? Le vol même, avec effraction, ne pourrait être considéré comme tel. — 32. La force majeure ne décharge point de la responsabilité, si elle est précédée ou accompagnée de faute qui ait pu l'occasionner. — 33. L'entrepreneur peut avoir son recours contre le conducteur fautif. — 34. Prescription de six mois établie par le Code de commerce; est-elle applicable aux actions dont il s'agit ? — 35. Lors même que le voyageur serait un négociant, le juge-de-paix ne serait pas moins compétent, pour statuer sur la perte ou l'avarie des effets ou marchandises transportés avec lui.

§ III. *Des carrossiers et autres ouvriers.* — 36. Attribution spéciale qui n'a rien de commun avec celle portée dans l'art. 5, § 3. — 37. Le juge-de-paix doit arbitrer le prix de l'ouvrage, d'après ses connaissances personnelles, ou sur un avis d'experts. — 38. L'action prévue par ce dernier paragraphe se prescrit par six mois.

OBSERVATIONS GÉNÉRALES.

1. Les nouvelles attributions que cet article confère aux juges-de-paix, sont extrêmement importantes : ils jugent, en premier ressort, jusqu'au taux de la compétence en dernier ressort des tribunaux de première instance (laquelle est actuellement fixée à 1,500 fr.), toutes les contestations qui peuvent s'élever entre les voyageurs et les aubergistes, voituriers, bateliers, carrossiers et autres ouvriers (1).

Mais, pour fixer la compétence, il faut que la demande soit déterminée; si le voyageur, par exemple, se bornait à réclamer, à l'aubergiste ou au voiturier, la représentation des effets perdus ou volés, sans en fixer la valeur, alors la demande étant indéterminée ne serait pas de la compétence du juge-de-paix; quelque minime que paraisse le prix des effets réclamés, l'action devrait être renvoyée aux tribunaux ordinaires (2).

2. Quel sera le juge-de-paix compétent pour statuer sur les contestations énoncées en cet article ?

Les attributions dont il s'agit n'ayant été conférées aux juges-de-paix que dans la vue de mettre les parties à même d'obtenir prompte justice, il nous semble que, pour remplir tout-à-fait

---

(1) Voir pag. 169 la loi du 11 avril 1838.

(2) Voy. ce qui a été dit sur l'art. 1er, pag. 211, n° 29.

le but que l'on s'est proposé, il eût fallu attribuer juridiction au juge-de-paix du domicile de l'aubergiste ou du carrossier, et pour les effets dont se chargent les voitures publiques, au juge-de-paix du lieu où la perte et l'avarie seraient découvertes et constatées.

La proposition de rendre compétent le juge-de-paix du lieu de la dépense, a été faite, à réitérées fois, dans le cours de la discussion ; mais elle a été repoussée par le motif que la loi nouvelle ne devait déterminer la compétence des justices-de-paix qu'*à raison de la matière*, et non créer de nouveaux règlements de juridiction : voici comment s'est exprimé le rapporteur de la chambre des députés, lorsque la loi y a été rapportée pour recevoir son dernier complément.

« Devant quel juge seront portées ces demandes, aussi-bien » que celles de la disposition relative aux ouvriers employés » momentanément par les voyageurs ? On avait d'abord pensé » qu'il fallait que, dans tous les cas, le juge-de-paix du lieu » fût déclaré compétent. Il y avait intérêt à ce que la demande » reçût solution à l'instant même. Mais votre commission » n'a pas cru devoir déroger à l'ordre ordinaire des juridictions; » elle a compris que les droits de l'hôtelier étaient garantis, » puisqu'en faisant une saisie-gagerie, il pouvait obliger le » voyageur à intenter, à l'instant, son action ; mais les droits » du voyageur ne le sont pas, si, à chaque pas de sa course, il » peut être distrait de son juge naturel ; ces actions peuvent » être intentées, après le départ du voyageur, pour le faire con- » damner sans être entendu, lorsqu'il sera livré à un voyage de » long cours, ou pour le faire retourner d'une extrémité de » la France à l'autre. Enfin votre commission a été déterminée » par ce grave motif, qu'il ne faut pas briser ainsi la législation, » attribuer une compétence spéciale à chaque cas particulier, » et laisser les hommes et les choses dans une incertitude qui » n'offre que des embarras. »

Ces motifs, comme on va le voir, ne répondent qu'à une partie de la difficulté. Quoi qu'il en soit, la loi n'ayant apporté aucune dérogation à la règle, *actor sequitur forum rei*, cette règle générale doit donc être suivie.

Ainsi l'aubergiste, le carrossier, doivent s'adresser au juge-

de-paix du domicile du voyageur, pour obtenir paiement de la
dépense faite dans leur auberge ou atelier ; il en sera de même
du logeur à l'égard du locataire en garni. Mais, ceux qui exercent
l'une de ces professions, peuvent faire procéder à une saisie-
gagerie sur les effets et voitures du voyageur ou du locataire,
et forcer, par ce moyen, celui-ci à plaider devant le juge de
leur domicile ; car la saisie est attributive de juridiction, et
c'est devant le juge-de-paix que, dans les matières de sa compétence, doivent être portées les saisies-gageries, comme il
sera expliqué au commentaire de l'art. 10 de la loi. En retenant,
ainsi que cela se pratique, les effets du voyageur jusqu'au
paiement de sa dépense, celui-ci peut encore être forcé de
plaider devant le juge naturel de l'aubergiste, du carrossier et
du logeur. Ces moyens peuvent être également pratiqués par
le voiturier ou batelier, pour le prix du voyage.

  Pour ce qui concerne les effets perdus ou volés dans une
auberge, c'est au lieu du domicile de l'aubergiste que devra
être formée la demande en réclamation. Mais à l'égard des
voitures publiques, la chose présente plus de difficulté. Le
voyageur dont les effets se trouvent perdus, sera-t-il obligé de
porter sa demande en réclamation devant le juge-de-paix du
lieu du domicile de l'entrepreneur ? L'affirmative semblerait
résulter de l'art. 102 du Code civil, qui fixe le domicile du
défendeur *au lieu où il a son principal établissement*, et de
l'art. 59 du Code de procédure, qui, en matière de société,
veut que le défendeur soit assigné *devant le juge du lieu où elle
est établie ;* mais appliquer ici ces règles d'une manière rigoureuse, ce serait tromper les vues du législateur. Les messageries
publiques, dont le principal établissement est le plus souvent à
Paris, ont, dans les différentes villes, des bureaux et des employés. Nous croyons donc que c'est devant le juge-de-paix du
lieu où se trouve établi le bureau le plus voisin, et en parlant
à l'un des employés préposés par l'entrepreneur, que celui-ci
doit être assigné pour répondre de la perte ou de l'avarie. Le
système contraire aurait les plus graves inconvénients : si la
commission de la chambre des députés a refusé d'admettre la
proposition de rendre compétent le juge-de-paix du lieu de la
dépense, c'est, comme on vient de le voir, dans l'intérêt du

voyageur. Cet intérêt ne serait-il pas tout-à-fait froissé, si
l'homme qui découvre, à Besançon ou à Bordeaux, la perte
de ses effets, était tenu de recourir à Paris, pour faire les
preuves de cette perte et obtenir les dommages-intérêts qui
lui en résultent ?

Les rapports qui existent entre les voyageurs et les aubergistes, voituriers et carrossiers, entraînant des obligations qui
ne sont pas absolument régies par les mêmes principes, et reposent sur des faits différents, nous croyons devoir diviser en
trois paragraphes le commentaire de cet article.

§ Ier.

Des aubergistes, hôteliers, ou logeurs.

3. Ces dénominations comprennent tous ceux qui font métier
de loger des étrangers. Comme le décide la cour de cassation,
« le mot *hôtellerie* comprend les hôtels et maisons, ou partie
» d'hôtels et de maisons, où sont reçues *temporairement* les per-
» sonnes qui, moyennant un prix ou une rétribution, viennent
» y prendre le logement ou la nourriture (1). »

Aussi les logeurs de profession sont-ils sujets à patente comme
les aubergistes. D'une ordonnance à la date du 23 avril 1832,
il semblerait résulter que doivent y être assujétis tous ceux qui
louent des chambres garnies au mois ou à l'année (2). Mais un
jugement du tribunal correctionnel de Colmar, a décidé qu'on
ne pouvait considérer comme *logeurs en garni*, que ceux qui
faisaient métier ou profession de loger des étrangers pour un
temps plus ou moins long, et *dont les maisons sont publiques
et ouvertes à tout venant;* qu'ainsi, l'art. 475, n° 2, du Code
pénal obligeant les aubergistes ou loueurs de maisons garnies,
d'inscrire, sur un registre, ceux qu'ils logent, n'était point
applicable au propriétaire d'une maison qui loue des chambres
en garni, sans en faire sa profession (3).

---

(1) Arrêts des 27 janvier et 4 avril 1811, D., pag. 199 et 321 de 1811.

(2) D., pag. 109 et 110, part. 3, de 1832.

(3) Voy. dans Dalloz, pag. 9 de 1828, l'arrêt de la section criminelle du
8 novembre 1828, qui confirme cette décision.

Par arrêt du 18 mai 1825, la cour de Nîmes a également décidé que les articles 1952 et suivants du Code n'étaient point applicables aux propriétaires qui, sans être logeurs de profession, louent leur propre maison, pour un temps de foire, ou pour le cas d'une affluence extraordinaire d'étrangers.

Ne doit-il pas en être de même, pour ce qui concerne l'application de la loi actuelle? La nuance entre le logeur de profession et celui qui, sans en faire son état, loue *en garni* quelques chambres de sa maison ou de son appartement, peut être difficile à saisir, en certains cas; et l'on pourrait dire que la loi ne fait aucune distinction, puisqu'elle désigne *les voyageurs ou locataires en garni*. Cependant il nous semble que la compétence établie par cet article, ne doit s'appliquer qu'aux logeurs de profession, les seuls qui, comme l'a décidé la cour de Nîmes, sont soumis à l'application des articles 1952 et suivants du Code. Les baux d'un appartement garni rentrent dans un autre ordre de compétence, celui fixé par l'article 3.

4. L'article 2 est-il applicable aux cafetiers, restaurateurs et baigneurs publics? Que le dépôt des effets apportés dans ces établissements soit un *dépôt nécessaire*, rien de plus certain : les personnes qui tiennent ces maisons publiques sont donc assujéties à la même responsabilité que les aubergistes ou hôteliers (1). Mais la compétence ici attribuée aux juges-de-paix, se bornant aux contestations que peuvent faire naître les relations qui existent entre les *voyageurs* et les hôteliers ou aubergistes, cette compétence ne peut être étendue aux actions dirigées contre les cafetiers, restaurateurs ou baigneurs publics, au sujet de la perte d'effets qui auraient été transportés dans leur établissement; le juge-de-paix ne pourrait en connaître, qu'autant que la demande n'excéderait pas la somme ou valeur de 200 fr.

5. Les hôtelleries sont des asiles indispensables à ceux que leur santé ou leurs affaires obligent de voyager, et qui sont contraints d'y loger : si donc il est juste que l'hôtelier reçoive le prix de ses services, la sûreté publique exige qu'il soit assu-

---

(1) *Questions de droit*, aux mots **Dépôt nécessaire**.

jéti à une responsabilité rigoureuse. Il importe aussi que les contestations qui peuvent exister entre l'aubergiste et le voyageur, soient décidées promptement, et à moins de frais possible ; c'est ce qui a déterminé les auteurs de la loi à en attribuer la connaissance aux juges-de-paix.

« Il se forme, dit Domat, liv. 1, tit. 16, sect. 1, entre l'hô-
» telier et le voyageur, une convention par laquelle l'hôtelier
» s'oblige, envers le dernier, de le loger et de garder ses hardes,
» chevaux et autres équipages ; et, de son côté, le voyageur
» s'oblige de payer sa dépense. »

Trois choses sont à examiner, par rapport à ceux qui exercent cette profession : 1° Leurs devoirs relativement à la police et envers le public. 2° Les obligations que contractent envers eux les personnes qu'ils reçoivent ou logent, et l'action qui en résulte. 3° Leurs engagements envers ces personnes et les actions auxquelles ces engagements peuvent donner lieu. Après avoir discuté ces trois points, nous examinerons comment doivent être établies la preuve du transport des effets dans une auberge, et l'estimation de leur valeur, en cas de perte ?

6. *Devoirs des aubergistes envers la police.* Dans les campagnes, aussi-bien que dans les villes, les aubergistes, hôteliers ou loueurs de profession, sont tenus d'inscrire, sur un registre, les noms, qualités, domicile habituel, dates d'entrée et de sortie de toutes personnes qui auraient couché ou passé une nuit dans l'auberge ; ceux qui manqueraient à représenter ce registre aux époques déterminées par les réglements, ou lorsqu'ils en sont requis, aux maires, adjoints, commissaires de police, ou aux citoyens commis à cet effet, seraient passibles d'une amende de 6 à 10 fr. inclusivement ; et dans le cas où ils auraient logé, plus de 24 heures, sans avoir rempli cette formalité, quelqu'un qui, pendant son séjour dans l'endroit, se serait rendu coupable d'un crime ou d'un délit, ils sont civilement responsables des restitutions, indemnités et frais adjuges aux personnes à qui ce crime aurait causé quelque dommage, sans préjudice de la responsabilité établie par les articles 1952 et 1953 du Code dont on parlera tout à l'heure. Enfin les aubergistes et hôteliers encourent la peine d'emprisonnement de six jours au moins et d'un mois au plus, s'ils inscrivent *sciemment* sur leur registre,

sous des noms faux ou supposés, les personnes qu'ils logent (1).

Ces dispositions sont sévères, mais leur sévérité disparaît quand on considère, d'une part, qu'il est facile de s'y soustraire, en se conformant à la loi, et de l'autre, que, faute par les aubergistes d'inscrire, sur leur registre, l'entrée et la sortie des voyageurs, leur négligence peut favoriser l'impunité et priver la justice de notions propres à lui faire connaître les délits. L'inscription faite sciemment, *sous de faux noms*, est beaucoup plus grave, puisqu'elle fournit aux coupables les moyens de se dérober aux recherches du ministère public.

Les hôteliers, aubergistes et logeurs en garni sont, en outre, soumis aux réglements de police, qui, dans chaque localité, peuvent être faits par l'autorité municipale (2). L'infraction de ces réglements et des lois qui viennent d'être citées est réprimée par les tribunaux correctionnels ou de police; quant aux dommages-intérêts qui peuvent en résulter, le juge-de-paix ne pourrait connaître de la demande, comme juge civil, qu'autant qu'elle n'excéderait pas 200 fr., et ce, en vertu, non de l'art. 2, mais de l'art. 1er de la loi.

7. *Obligations contractées par les voyageurs.* La contestation sur ce point ne pouvant porter que sur la quotité et le taux de la dépense, présente peu de difficulté.

Seulement, il peut arriver que le voyageur soutienne avoir payé, ou ne convienne pas de la durée de son séjour à l'auberge. L'aubergiste, en ce cas, doit-il en être cru sur sa déclaration? Les auteurs de la nouvelle collection de Denisart soutiennent l'affirmative; mais ceux du *Répertoire* tiennent l'opinion contraire, d'après la maxime *actoris est probare*, et parce qu'il est rare de trouver crédit dans une auberge, d'où l'on ne sort ordinairement qu'après avoir payé; qu'ainsi la présomption est contre l'aubergiste, à moins qu'il n'ait

---

(1) Loi du 22 juillet 1791; arrêté du directoire exécutif du 2 germinal an 4; Code pénal, art. 73, 154, 471, n° 3, et 475, n° 2. — Les gendarmes sont au nombre des citoyens commis pour se faire représenter le registre que doit tenir un aubergiste. Ainsi décidé par arrêt de la cour de cassation, du 22 octobre 1831.

(2) Voir ce qui a été dit sur les *Réglements municipaux*, part. I, sect. II, § III, pag. 37 et suiv.

retenu quelques effets de celui qu'il prétend être son débiteur.

Il serait difficile de tracer, à cet égard, une règle générale
et invariable. Observons qu'il s'agit ici d'une convention tacite pour laquelle il ne saurait être exigé d'écrit, et dont la
preuve, par conséquent, peut être faite par présomptions. Si
donc l'aubergiste produit le livre sur lequel il est tenu d'inscrire, comme on vient de le voir, l'entrée et la sortie du
voyageur, comment ne pas s'en rapporter à cette preuve, à
moins que celui-ci ne démontre le contraire, en prouvant,
par exemple, qu'il n'était pas dans l'endroit ; et une fois que
la durée du séjour à l'auberge, et le nombre des personnes
ou chevaux qui y ont été logés auront été établis, ne sera-ce
pas le cas d'appliquer le principe écrit dans l'art. 1315 du Code,
que celui qui se prétend libéré doit justifier le paiement, ou le
fait qui a éteint son obligation ? Au surplus, en cas de doute,
le juge peut déférer le serment *in litem,* soit à l'aubergiste,
soit au voyageur, suivant les circonstances et la qualité des
personnes.

Il n'y a guère que le taux de la dépense qui puisse occasionner quelques difficultés, et alors rien de plus facile au juge
de-paix que de réduire la demande de l'aubergiste, si elle lui
paraît exagérée.

8. L'art. 2102, n° 5, du Code, accorde à l'aubergiste un
privilége sur les effets du voyageur. Mais on ne saurait lui retenir les habits qui lui sont indispensables ; telle était la jurisprudence, sous l'empire de la coutume de Paris, dont l'art. 175
accordait le même privilége ; et l'art. 2102 parlant des effets *qui
ont été transportés dans l'auberge,* paraît aussi en exclure l'ha-
billement du voyageur.

9. L'aubergiste exerçant une profession libre, n'est point
tenu de loger tous ceux qui se présentent : il ne saurait y
être contraint que dans des circonstances extraordinaires. Le
maire d'une commune, par exemple, pourrait intimer à un
cabaretier l'ordre de recevoir un passant qui, pressé par la
faim ou accablé de froid, resterait sans asile, en pourvoyant
toutefois au moyen de solder sa dépense. Il existe plusieurs
autres cas où la loi commande l'exercice d'une profession

d'ailleurs indépendante. Ainsi la loi du 22 germinal an 4 oblige les ouvriers, à peine d'emprisonnement, de déférer aux réquisitions du ministère public, pour les travaux relatifs à l'exécution des jugements criminels; et l'art. 114 du décret du 18 juin 1811, en rappelant les dispositions de cette loi, déclare qu'elles sont applicables au cas *où il y aurait lieu de faire fournir un logement aux exécuteurs*, ce qui ne peut s'entendre que du cas où l'exécuteur étant obligé de se déplacer, force est de vaincre la répugnance des aubergistes. Le ministère public serait d'ailleurs sans action pour forcer un particulier à louer pour un temps un appartement dans sa maison à l'exécuteur (1).

10. Comme on l'a vu, dans la première partie de cet ouvrage, section V, § VI, n° 35, l'action des hôteliers et aubergistes, pour le logement et la nourriture qu'ils fournissent, se prescrit par six mois; il en doit être de même des logeurs de profession assimilés en tout anx hôteliers.

11. *Engagements des aubergistes et hôteliers envers les voyageurs.* C'est ici que l'application de la loi peut donner lieu à des contestations sérieuses.

Voici les dispositions que le Code civil renferme à cet égard :

« Art. 1952. Les aubergistes ou hôteliers sont responsables
» comme dépositaires des effets apportés par le voyageur qui
» loge chez eux; le dépôt de ces sortes d'effets doit être re-
» gardé comme un *dépôt nécessaire.*

» 1953. Ils sont responsables du vol ou du dommage des
» effets du voyageur, soit que le vol ait été fait, ou que le
» dommage ait été causé par les domestiques ou préposés de
» l'hôtellerie, ou par des étrangers allant et venant dans l'hô-
» tellerie.

» 1954. Ils ne sont pas responsables des vols faits avec
» force armée ou autre force majeure. »

Les aubergistes, hôteliers ou logeurs en garni, contractent donc l'engagement de pourvoir à la sûreté des effets du voyageur, de veiller à la conservation de ses chevaux et équi-

---

(1) Arrêt du 28 décembre 1829, **D.**, pag. 76 de 1830.

pages (1). La perte ou l'avarie desdits effets leur est imputable, à moins qu'ils ne justifient d'un vol à main armée ou d'un autre cas de force majeure. Ils sont responsables non-seulement de leur propre fait, de celui de leurs femmes, enfants et domestiques, mais encore du fait des personnes qui sont reçues dans l'auberge, et même de celles qui s'y introduisent.

A cet égard, le Code civil n'a fait que consacrer les anciens principes.

Un marchand de vin qui avait une petite cassette renfermant une somme de 900 liv., l'ayant placée dans un coffre dont il avait demandé la clef à l'aubergiste, était allé en ville, laissant la clef de sa chambre pendue à un clou, suivant ce qui se pratique dans les hôtels; mais un autre voyageur s'étant emparé de cette clef entre furtivement dans la chambre, lève la serrure du coffre ainsi que celle de la cassette, et s'enfuit avec les 900 liv. Sur l'action intentée contre l'aubergiste, celui-ci disait ne pouvoir être responsable d'un vol qui n'était imputable à aucune des personnes attachées à sa maison; mais par arrêt du 22 janvier 1675, confirmatif d'une sentence du Châtelet, l'hôtelier fut condamné (2).

Le sieur Verdier, marchand forain, qui couchait dans une chambre à deux lits, chez un aubergiste d'Étampes, s'aperçut, à son réveil, que sa montre et sa bourse lui avaient été enlevées, quoiqu'il eût pris soin de les placer sous le chevet de son lit; et par arrêt du 22 février 1780, le parlement de Paris, infirmant la sentence qui avait renvoyé l'aubergiste de la demande, le condamna à payer à Verdier la somme de 146 liv., valeur estimative des objets volés.

Pothier, *Traité du dépôt*, n° 79, n'admet point cette jurisprudence, prétendant que le maître de l'hôtel ne peut être responsable que du fait de ses domestiques ou de ses pension-

---

(1) Le mot *effets*, dont parle l'article 1952 du Code, et qu'emploie aussi le § 2 de l'article que l'on commente, est un terme générique qui s'applique, non-seulement à des choses inanimées, mais aux chevaux et autres animaux qui accompagnent le voyageur entrant dans une auberge. L'hôtelier en est responsable; et c'est au juge-de-paix à statuer, dans les limites fixées par l'article, sur les dommages-intérêts qui peuvent résulter de la perte de ces animaux.

(2) *Journal du palais*, tom. 1, pag. 624.

naires, de la fidélité desquels il a pu s'assurer, et non de vols commis par des voyageurs qui ne logent qu'en passant dans son auberge et qu'il n'est pas obligé de connaître; mais cette distinction est repoussée par l'art. 1953 du Code, qui, comme on le voit, rend l'aubergiste responsable du vol ou du dommage des effets du voyageur, soit que le vol ait été fait ou que le dommage ait été causé par ses domestiques, soit qu'il ait été commis *par des étrangers allant et venant dans l'hôtellerie.*

Un arrêt rendu par la cour de Paris le 13 septembre 1808, a même décidé que l'aubergiste qui, recevant habituellement des rouliers, n'a pas de cour pour remiser leurs équipages, est responsable du vol commis sur une voiture laissée au-devant de sa maison par un roulier logé chez lui (Sirey, tom. 9, part. 2, pag. 20). Une semblable décision ne pourrait être rendue avec justice, à ce qu'il nous semble, que dans le cas où il serait prouvé que le vol a été commis par quelqu'un de la maison. En effet, que l'aubergiste soit responsable du vol commis dans l'intérieur de l'hôtel, par qui que ce soit, rien de plus juste, c'était à lui à prendre les précautions nécessaires pour l'empêcher. Mais lorsqu'il n'a pas de cour, ceux qui s'arrêtent chez lui, malgré cela, doivent veiller eux-mêmes à la sûreté des marchandises placées sur les voitures qu'ils laissent à l'extérieur de la maison : rendre, en ce cas, l'aubergiste responsable du vol commis par des passants étrangers à sa maison, ce serait étendre beaucoup la responsabilité déjà fort rigoureuse qu'a établie l'art. 1953.

12. A l'égard du dommage causé aux effets ou équipages du voyageur, l'aubergiste est responsable non-seulement des fautes graves, mais de la simple négligence ou imprudence de lui ou de ses gens.

Ainsi, par arrêt du 25 janvier 1825, la cour de Lyon a décidé qu'un aubergiste était responsable de la perte d'un cheval, qui avait reçu à la jambe un coup de pied d'un autre cheval placé à côté de lui. C'était au maître de l'hôtel à prendre les mesures nécessaires pour prévenir un pareil accident (1).

_____

(1) D., part. 2, pag. 123 de 1825.

Il en serait autrement si aucune négligence ne pouvait être reprochée à l'aubergiste. Le cheval d'un laboureur qui avait amené du blé au marché de Pontoise, ayant été blessé à l'épaule par la morsure d'un autre cheval, l'aubergiste avait été condamné aux frais de médicaments et aux dommages-intérêts, à tant par jour, jusqu'à entière guérison du cheval : mais par arrêt du 5 mars 1742, le parlement de Paris infirma la sentence. Dans un cas semblable, ce n'est ni au maître de l'hôtel, ni à ses domestiques que peut être imputée la faute; le propriétaire du cheval vicieux en est seul responsable.

13. L'aubergiste doit être également déchargé de toute responsabilité en cas de vol des effets du voyageur, si c'est à l'imprudence de celui-ci que la faute puisse en être imputée : que par exemple, il n'ait pas eu soin de fermer une somme notable en or ou en argent, des bijoux, ou autres effets précieux, qui à raison du péril, exigent une plus grande surveillance pour leur garde. « On n'est pas libre, disent les savants auteurs » de la collection de jurisprudence connue sous le nom de » *Nouveau Denisart*, de rendre des aubergistes responsables de » sommes indéfinies, en supposant, dans des malles, des effets » précieux, tels que des diamants et des bijoux, qui ne sont pas » présumés y être. En pareil cas, il faut déclarer à l'auber- » giste qu'on est porteur d'effets précieux dont on le charge » nommément. »

Delamarre, *Traité de la police*, tom. 2, pag. 728, rappelle plusieurs arrêts qui ont déchargé les hôteliers de toute responsabilité, lorsque les hôtes ne leur ont point déclaré le nombre et la qualité des effets précieux qu'ils apportent à l'auberge, ou qu'il leur a été désigné par l'hôtelier des armoires, coffres, ou autres endroits sûrs et bien fermés pour s'en servir. Dans l'espèce de l'un de ces arrêts, il s'agissait d'une demande en restitution d'une somme de 6,800 liv., à laquelle le comte des Armoises évaluait des diamants et autres bijoux, qui lui avaient été volés. L'aubergiste opposait que le demandeur avait eu tort de laisser, dans une antichambre, la valise qui renfermait ces bijoux, tandis qu'il avait dans sa chambre deux armoires bien fermées dont les clefs lui avaient été remises ; et par arrêt du 7 décembre 1700, il fut renvoyé de la demande.

La cour de Paris a rendu, le 2 avril 1811, un arrêt semblable. Le sieur d'Halinbourg ayant actionné la veuve Woel-Ferdin comme responsable d'un vol d'argent et de bijoux, fait dans une hôtellerie de Reims, a été débouté de sa demande, « attendu que lors même qu'il eût été volé des effets dont il » réclame la valeur, l'intimée n'ayant pas été instruite qu'il » avait, avec lui, de l'argent et surtout des bijoux, l'art. 1953 » ne pouvait être invoqué contre elle ; d'autant moins qu'il » avait été remis à d'Halinbourg les clefs de l'armoire et de la » chambre, ce qui l'avait mis dans le cas d'empêcher la sous- » traction des effets par lui réclamés.»

Ainsi, quelque rigoureuse que soit la responsabilité à laquelle la loi assujettit les hôteliers ou aubergistes, il ne serait pas juste de les rendre responsables d'effets dont la perte peut être imputée à la négligence du propriétaire.

14. *Comment et par qui doit être faite la preuve des effets apportés par le voyageur*, et dont l'art. 1952 déclare responsables les hôteliers ou aubergistes ?

Suivant les auteurs de la nouvelle collection de Denisart , la seule déclaration du voyageur, pourvu qu'il jouisse d'une réputation saine et entière, suffit pour faire condamner à la restitution des effets qu'il prétend avoir apportés dans l'auberge, et dont il articule la perte. Les mêmes auteurs citent un arrêt du 7 juillet 1724, qui, sur l'affirmation du sieur Barbier, chanoine d'Agen, et du sieur de Mazac, curé d'Aiguillon, condamna solidairement le nommé Chartier et sa femme, aubergistes, à une somme d'environ 2,000 fr., à laquelle ces ecclésiastiques évaluaient le montant des objets volés.

M. Toullier n'admet pas cette opinion. «Quelque respectable, » dit-il, quelque élevée en dignité que soit une personne, son » seul témoignage ne peut être un titre suffisant, en sa fa- » veur, pour lui déférer le serment ; il faut que sa demande » ne soit pas totalement dénuée de preuve, il faut, pour rendre » l'aubergiste responsable, prouver l'apport des paquets dans » l'auberge. »

Cette doctrine est conforme aux principes. Il est vrai qu'il s'agit ici d'un dépôt nécessaire, qui n'exige aucune convention et peut être prouvé par toute sorte de moyens. Mais le demandeur n'est pas moins tenu d'établir sa demande; et en exceptant de la règle générale qui exige une preuve par écrit, toutes les fois qu'il s'agit d'une somme ou valeur de plus de 150 fr., les articles 1348, n° 2, et 1950 du Code, ne dispensent point le voyageur de justifier de l'apport des effets qu'il prétend avoir été soustraits dans l'hôtel où il était logé. Ces articles permettent seulement de prouver cet apport par témoins et même par présomptions, aux termes de l'art. 1353; le juge n'est pas même tenu de s'en rapporter à ce genre de preuve qu'il ne doit admettre que, suivant les circonstances.

15. Les dispositions du Code civil ont été puisées dans l'art. 4, tit. 20 de l'ordonnance de 1667, lequel donna lieu à de sérieuses objections, ainsi que le démontre le procès-verbal des conférences, page 159.

M. le premier prési ent de Lamoignon observa « qu'il était » dangereux d'en faire une loi générale, parce qu'il dépendrait, » de la foi de deux témoins corrompus, de ruiner un hôte ; » que cela était bon, lorsqu'il se trouvait des commencements » de preuve et des circonstances fortes; qu'il ne fallait pas la » permettre dans tous les cas indifféremment. » —M. Pussort a reparti, «qu'il s'agissait de la sûreté publique pour laquelle » on pourrait même passer par-dessus les règles.... qu'il n'était » rien de plus ordinaire que d'aller dans les hôtelleries, et » comme cela était nécessaire, le dépôt qui se faisait, entre les » mains des hôtes, l'était de même; qu'enfin l'article n'enjoint » pas au juge de recevoir la preuve par témoins en ce cas, mais » qu'il lui laisse seulement la faculté de le pouvoir faire. » — Et sur la nouvelle observation faite par M. de Lamoignon « que, si l'on examinait tous les arrêts qui ont admis la preuve » par témoins contre les hôtes, ils se trouveraient rendus sur » des circonstances particulières et sur des commencements de » preuves; que si néanmoins il arrivait que ce fût un homme » de bien qui se plaignît d'un hôte mal famé, il dépendrait de » la prudence du juge d'y faire les considérations nécessaires : » mais il serait trop dur d'abandonner les hôtes à la discrétion » des filous et de toute sorte de gens qui vont loger chez eux. »

— M. Pussort a dit « que l'article ne portait autre chose, si-
» non la liberté aux juges de recevoir la preuve, ou de la reje-
» ter, suivant les différentes circonstances des personnes, des
» temps et des choses; que, cessant cette disposition, il fau-
» drait, en entrant dans une hôtellerie et se déchargeant des
» choses qu'on y apporte, en dresser toujours des actes. »

Les juges-de-paix peuvent puiser, dans cette discussion, des
règles de conduite, pour les cas où la demande du voyageur
peut être admise ou rejetée; mais il est difficile qu'il n'existe
pas, dans ces sortes d'affaires, un commencement de preuve,
une présomption quelconque, qui, d'après l'article 1367, autorise le juge à déférer le serment d'office, soit au voyageur, soit
à l'aubergiste, suivant les circonstances et la réputation des
personnes (1).

16. Ce qu'il y a de certain, c'est qu'il n'est pas nécessaire de
prouver que les effets ont été remis au maître de l'hôtel ou à
l'un de ses préposés et domestiques : ce n'est pas seulement
cette remise qui constitue le dépôt nécessaire; il se forme par
l'entrée des effets du voyageur à l'auberge, lors même que
l'aubergiste n'en aurait pas eu connaissance. Il suffit donc de
justifier du transport desdits effets, ce qui est toujours présumable, de la part d'un voyageur qui ne marche guère, sans
avoir avec lui une malle, un sac de nuit, un paquet quelconque, dont il ne s'agit plus que d'apprécier la valeur, en cas
de perte.

17. *Comment faire droit à la demande en dommages-intérêts
formée contre l'aubergiste,* en cas de vol d'effets qu'il n'est pas
possible d'apprécier, à défaut de représentation ?

C'est ici qu'il serait difficile d'exiger une preuve quelconque.
Lors donc que l'apport de la malle, du sac de nuit du voyageur
est constaté, comme il vient d'être dit, force est de s'en rapporter à lui pour le contenu, et il n'y a pas d'autre moyen
que celui de lui déférer le serment d'office, sur une déclaration
détaillée qu'il donnera de ses effets et qu'il affirmera véritable.

Mais cette déclaration peut être exagérée; il est possible
aussi que le voyageur attribue aux effets qu'il a réellement

---

(1) Voy. ce qui a été dit sur le serment déféré d'office, pag. 124 et suiv.

perdus, une valeur plus considérable que celle des choses de
même nature, un prix d'affection qu'il regarde comme ines-
timable ; enfin, comme on vient de le voir, l'aubergiste ne
saurait être responsable de la perte des bijoux ou autres effets
précieux, que le voyageur aurait dû renfermer avec soin. Il
est donc du devoir du juge de déterminer, avec modération, la
somme, jusqu'à concurrence de laquelle le demandeur doit
en être cru sur son serment ; cette détermination, prescrite
par l'art. 1369, doit être faite suivant les circonstances, la
qualité et la réputation du demandeur ; car si, en pareil cas,
la déclaration de celui-ci peut souvent être taxée d'exagéra-
tion, il peut arriver aussi qu'elle soit faite par un homme reconnu pour être d'une probité intacte, d'une exactitude scru-
puleuse ; et alors ce serait lui faire injure que de ne pas s'en
rapporter à sa déclaration en ce qui concerne la nature, la
quantité, et même l'estimation des effets qui lui ont été volés (1).

18. Terminons ce qui concerne les aubergistes par observer
que les règles qui viennent d'être développées ne s'appliquent
qu'aux effets qu'apporte le voyageur reçu dans une auberge,
et qui lui auraient été soustraits pendant son séjour. On ne
saurait appliquer la rigueur de ces règles aux objets que le
voyageur prétendrait avoir confiés à un aubergiste, en partant
de chez lui : ce serait là un dépôt purement volontaire, de la
part des parties. Le voyageur devrait donc établir ce dépôt par
écrit, à moins qu'il ne fût d'une valeur au-dessous de 150 fr.;
autrement le dépositaire devrait en être cru sur sa déclaration,
soit pour le fait même du dépôt, soit pour la chose qui en faisait l'objet, soit pour le fait de sa restitution (art. 1923 et
1924).

La même règle devrait être appliquée, à plus forte raison,
s'il s'agissait d'objets remis à un aubergiste par une personne
du lieu ou autre, qui ne serait pas logée chez lui, pour les
faire tenir ou transporter ailleurs. Dans ce cas, le juge-de-paix
ne serait pas même compétent, à moins que la demande en restitution n'excédât pas la somme de 200 fr., taux de sa compétence ordinaire en matière personnelle ou mobilière ; la com-

_____

(1) Voy., pag. 127, ce qui a été dit sur le *serment estimatif.*

pétence extraordinaire que lui attribue l'art. 2 de la loi ne devant recevoir d'application que pour les rapports qui existent entre les aubergistes et les voyageurs reçus dans leur hôtel.

§ II.

Des voituriers et bateliers.

19. Le marché fait avec les voituriers par terre ou par eau, est un contrat mixte qui participe de la nature du louage, du dépôt et du mandat. Le voiturier s'engage à conduire le voyageur à sa destination, à prendre soin de ses effets; et celui-ci, de son côté, s'oblige à payer les frais du voyage.

Ainsi ce contrat donne lieu à une double action : celle du voiturier en paiement de son salaire, et l'action en dommages-intérêts qui peuvent résulter de la négligence du voiturier ou de ses préposés.

20. En ce qui concerne la première de ces actions, la difficulté ne peut rouler que sur le prix de la voiture; mais les voyages par terre ou par eau se faisant ordinairement dans les diligences, malles-postes ou bateaux à vapeur, le prix de chaque place est réglé; il ne peut donc exister, sur ce point, de contestations sérieuses, entre les voyageurs et les voituriers. A l'égard des loueurs de chevaux et voitures, le prix de la journée est également connu : il ne pourrait y avoir de difficulté que pour la conduite entreprise par un homme qui ne serait pas voiturier de profession; et rien de plus facile encore que de régler, en ce cas, le prix de la voiture, suivant la coutume du lieu, si la convention faite avec le voiturier n'est ni avouée, ni prouvée.

21. L'action des voyageurs contre les voituriers ou bateliers, est celle qui exige le plus de développement.

22. Les entrepreneurs sont d'abord responsables de tous les accidents que leur faute ou celle de leurs préposés pourrait occasionner à la personne du voyageur. Ici s'appliquent les articles 1382, 1383 et 1384 du Code, qui obligent à la réparation de tout dommage quelconque, et rendent l'homme

responsable non-seulement de son propre fait, mais du fait des personnes dont on doit répondre.

Plusieurs réglements ont prescrit les mesures tendantes à pourvoir à la sûreté des voyageurs. « Les propriétaires ou en-» trepreneurs, porte l'article 8 de l'ordonnance du 16 juillet » 1828, seront poursuivis à raison des accidents arrivés par » leur négligence, sans préjudice de leur responsabilité civile, » lorsque les accidents auront lieu par la faute ou la négligence » de leurs préposés. » Les entrepreneurs sont donc responsables de tous les accidents qui peuvent survenir, par suite de la mauvaise construction des voitures, du vice des chevaux, de l'imprudence des conducteurs.

C'est ainsi que, par jugement du 12 août 1836, le tribunal de la Seine, fixant à la somme de 30,000 fr. l'indemnité due au docteur Aubenas, qui avait eu la jambe cassée, par suite d'une chute de la malle-poste se dirigeant de Paris sur Montélimar, a condamné l'administration des postes à payer 28,500 fr., et le maître de poste au surplus de l'indemnité, attendu que cet accident avait été occasionné par la négligence des agents de cette administration, et aussi par le vice des chevaux qu'avait fourni le maître de poste.

La cour de Paris à également condamné l'administration des messageries à 25,000 fr. de dommages-intérêts envers le sieur Collet-Delamarre, qui, placé sur une des banquettes de l'impériale, avait eu la jambe fracturée en deux endroits, par suite d'une chute de la diligence, à la descente de Poissy. Cet accident provenait d'un vice de construction de la voiture qui empêchait une des roues du devant de passer sous le coffre. L'administration se prévalait de ce que la voiture ayant été vérifiée, aux termes des ordonnances, le préfet de police en avait autorisé la circulation : mais la cour a considéré, « que » cette mesure administrative ne peut, dans aucun cas, élever » une fin de non-recevoir contre l'action des particuliers qui » viendraient à être lésés, par suite d'un vice de construction » des voitures (1). »

23. La responsabilité des entrepreneurs s'étend même aux

_____

(1) Arrêt du 20 juin 1830, D., part. 2, pag. 122.

dommages-intérêts résultant des voies de fait, délits ou crimes, dont se rendraient coupables les conducteurs et autres subordonnés, à l'occasion du service qui leur est confié.

Les administrations publiques, et à plus forte raison les entreprises particulières, sont soumises à la réparation du dommage causé par suite des voies de faits auxquelles se livreraient leurs agents; témoin l'arrêt du 19 juillet 1826, lequel a décidé que l'administration de l'octroi était civilement responsable des dommages-intérêts adjugés au sieur Lieutau, contre un préposé condamné à cinq ans de travaux forcés, pour avoir tiré, sur des personnes qui entouraient des objets saisis, un coup de carabine, et blessé ledit sieur Lieutau.

L'état lui-même est responsable des accidents qui proviendraient de la faute de ses agents. Mais par arrêt du 27 juin 1832, la cour de cassation a décidé que c'est à celui qui a éprouvé une perte ou des avaries, à démontrer qu'il y a eu faute, de la part des préposés à la navigation (1).

La demande en dommages-intérêts qui peuvent résulter des accidents ou voies de fait dont on vient de parler, pourrait-elle être formée devant un juge-de-paix? On ne le pense pas, à moins que cette demande ne soit restreinte à la somme de 200 fr. En effet, les justices-de-paix étant des tribunaux extraordinaires, leur juridiction est circonscrite dans les termes précis de la loi, sans qu'ils puissent les dépasser. Or, l'art. 2 ne leur attribue que la connaissance des demandes de 1,500 fr. et au-dessous, qui seraient formées par les voyageurs contre les voituriers *pour retards, pertes ou avarie d'effets accompagnant les voyageurs.*

24. Pour ce qui concerne les retards qui seraient apportés au voyage par suite soit de la défectuosité des voitures, soit de la négligence des conducteurs, soit de toute autre cause provenant de la faute de l'entrepreneur ou de ses préposés, le juge-de-paix doit arbitrer les dommages-intérêts, suivant le de-

---

(1) D., pag. 279 de 1832. — Sur la question de savoir si et quand on peut être tenu, non-seulement de la faute légère, mais *de culpâ levissimâ,* voir les dissertations auxquelles se sont livrés sur ce point Toullier, tom. 6, no 233; Proudhon, *Traité d'usufruit,* nos 1514 et suivants; Troplong, *Traité de la vente,* tom. 1, nos 361 et suiv.

gré de préjudice qu'a pu en ressentir le voyageur. Le retard,
qui souvent est, sinon indifférent, du moins de peu d'importance, peut causer un préjudice notable à celui auquel le défaut d'arrivée dans le lieu de sa destination, à certain jour,
et même à certaine heure, aurait fait manquer une entreprise
ou le débit des effets qui l'accompagnent. Il est impossible de
tracer aucune règle pour l'appréciation d'une indemnité que les
circonstances doivent rendre extrêmement variable : tout ce
qu'on peut dire, c'est que c'est au voyageur à justifier du
préjudice plus ou moins grave que le retard de la voiture lui
aurait occasionné.

25. La perte ou l'avarie des effets offre un champ beaucoup
plus vaste à la discussion. Quelle est l'étendue de la responsabilité dont peuvent être tenus les conducteurs de voitures et
les entrepreneurs de messageries publiques ? Comment doit
être prouvée la remise des effets dont le transport leur est
confié ? Comment doivent être estimés ces effets, en cas de
perte ou d'avarie ? Tels sont les questions à examiner.

25. En ce qui concerne la responsabilité des voituriers ou
bateliers, voici ce que prescrivent les articles 1782 et suivants
du Code civil :

« 1782. Les voituriers par terre et par eau, sont assujettis,
» pour la garde et la conservation des choses qui leur sont con-
» fiées, aux mêmes obligations que les aubergistes, dont il est
» parlé au titre du dépôt et du séquestre.

» 1783. Ils répondent non-seulement de ce qu'ils ont déjà
» reçu dans leur bâtiment ou voiture, mais encore de ce qui
» leur a été remis sur le port ou dans l'entrepôt, pour être
» placé dans leur bâtiment ou voiture.

» 1784. Ils sont responsables de la perte ou des avaries des
» choses qui leur sont confiées, à moins qu'ils ne prouvent
» qu'elles ont été perdues et avariées par cas fortuit ou force
» majeure.

» 1785. Les entrepreneurs de voitures publiques par terre
» et par eau, et ceux des roulages publics, doivent tenir
» registre de l'argent, des effets et des paquets dont ils se
» chargent.

» 1786. Les entrepreneurs et directeurs de voitures et rou-

» lages publics, les maîtres de barques et navires, sont en
» outre assujettis à des réglements particuliers, qui font la loi
» entre eux et les autres citoyens. »

Le Code de commerce renferme aussi les dispositions suivantes :

» Art. 103. Le voiturier est garant de la perte des objets à
» transporter, hors les cas de la force majeure. — Il est ga-
» rant des avaries autres que celles qui proviennent du vice
» propre de la chose ou de la force majeure.

» 104. Si, par l'effet de la force majeure, le transport n'est
» pas effectué dans le délai convenu, il n'y a pas lieu à indem-
» nité contre le voiturier pour cause de retard.

» 105. La réception des objets transportés et le paiement du
» prix de la voiture éteignent toute action contre le voiturier.

» 106. En cas de refus ou contestation pour la réception
» des objets transportés, leur état est vérifié et constaté par
» des experts nommés par le président du tribunal de com-
» merce, ou, à son défaut, *par le juge-de-paix*, et par or-
» donnance au pied d'une requête. — Le dépôt ou séquestre,
» et ensuite le transport dans un dépôt public, peut en être
» ordonné. — La vente peut en être ordonnée, en faveur du
» voiturier, jusqu'à concurrence du prix de la voiture.

» 107. Les dispositions contenues dans le présent titre sont
» communes aux maîtres de bateaux, entrepreneurs de dili-
» gences et voitures publiques.

» 108. Toutes actions contre le commissionnaire et le voi-
» turier à raison de la perte ou de l'avarie des marchandises,
» sont prescrites après six mois, pour les expéditions faites
» dans l'intérieur de la France, et après un an, pour celles
» faites à l'étranger; le tout à compter, pour les cas de perte,
» du jour où le transport des marchandises aurait dû être ef-
» fectué, ou pour les cas d'avarie, du jour où la remise des
» marchandises aura été faite, sans préjudice des cas de
» fraude ou d'infidélité. »

Enfin les voituriers sont assujettis aux règles de responsabilité que prescrivent, en général, les articles 1382 et suivants
du Code civil, et les articles 1927, 1928 et 1929, concernant
le dépôt et le mandat.

C'est au transport de tous les meubles, marchandises et denrées, que s'appliquent les dispositions du Code civil et du Code de commerce, que le propriétaire marche ou non avec lesdits effets. Mais ici la compétence du juge-de-paix est restreinte aux demandes en dommages-intérêts résultant de la perte ou avarie d'effets *accompagnant les voyageurs*. Dans tous les autres cas, la connaissance des contestations de ce genre appartient aux tribunaux civils, ou aux juges de commerce.

Cependant il ne faut pas prendre trop à la lettre les termes de la loi qui ne parle que des effets *accompagnant les voyageurs*. Souvent il arrive que, des personnes d'une certaine classe voyageant dans leurs propres voitures, font transporter en même temps par les diligences, les effets qui les accompagnent. Nous croyons qu'alors le juge - de - paix ne serait pas moins compétent pour statuer en cas de perte ou d'avarie desdits effets, quoiqu'ils ne soient pas transportés dans la même voiture que le propriétaire.

26. Comment doit être établie la preuve que des effets ont été chargés sur des voitures publiques ou déposés au bureau de roulage, pour en rendre responsable le voiturier ou l'entrepreneur?

On vient de voir au paragraphe précédent, qu'à l'égard des aubergistes, le seul apport des effets dans l'hôtellerie constitue un dépôt *nécessaire* et que cet apport peut être prouvé par témoins, par présomptions, et au moyen du serment déféré au voyageur. Il ne saurait en être de même des effets que l'on prétendrait avoir été chargés dans des voitures publiques. On invoquerait en vain, contre l'entrepreneur, l'art. 1782, qui assujettit les voituriers aux mêmes obligations que les aubergistes. Ce n'est que *pour la garde et la conservation des choses* que cette assimilation a lieu, et non pour la preuve du dépôt. A cet égard, l'art. 1348 n'excepte de la nécessité d'une preuve écrite que les dépôts *faits par les voyageurs, en logeant dans une hôtellerie*. En thèse générale, la remise des effets confiés à un voiturier doit donc être constatée par écrit : ce dépôt ne pourrait être prouvé par témoins que dans le cas où il serait d'une valeur de 150 fr. et au-dessous.

La raison de cette différence est que le voyageur entrant dans

une auberge, n'a aucun moyen de se procurer une preuve écrite;
il ne saurait faire enregistrer les effets qu'il y apporte; tandis que,
pour constater les objets dont le transport leur est confié, les
entrepreneurs de voitures publiques ont des registres à ce destinés. L'art. 1785 du Code leur en impose l'obligation : en exécution de cet article, il est intervenu un décret du 28 août 1808,
et une ordonnance du 16 juillet 1828, dont les art. 6 et 7
portent : « Les propriétaires ou entrepreneurs de voitures pu-
» bliques tiendront registre du nom des voyageurs qu'ils trans-
» porteront. Ils enregistreront également les ballots, malles et
» paquets dont le transport leur sera confié. Copie de cet en-
» registrement sera remise au conducteur, et un extrait, en ce
» qui les concerne, sera pareillement remis à chaque voyageur
» avec le numéro de sa place. — Les registres dont il s'agit au
» présent article seront sur papier timbré, cotés et paraphés
» par le maire. — Les conducteurs des voitures publiques ne
» pourront prendre en route aucun voyageur ni recevoir aucun
» paquet, sans en faire mention sur les feuilles qui leur auront
» été remises, au lieu du départ (1). »
    Si donc le voyageur ne fait pas inscrire les effets qui l'accom-
pagnent, il doit s'en imputer la faute : à défaut de cette inscription, il n'existe aucune preuve du dépôt, et l'entrepreneur ne
saurait en être responsable.
    « Il est de règle, dit l'auteur du *Répertoire*, que les entre-
» preneurs ne répondent que des effets dont leurs registres
» sont chargés. C'est ce qu'a jugé un arrêt du parlement de
» Paris, rapporté au *Journal des audiences* du 31 janvier 1693.
» Les motifs de cette jurisprudence sont aussi justes que sages :
» si vous remettez un dépôt à un cocher, sans en charger la
» feuille et sans vous en assurer, à quel titre le maître en serait-
» il garant? Il peut dire n'avoir rien eu à garder, et dans le vrai,
» il n'a contracté aucun engagement avec vous. Il peut d'ailleurs
» opposer qu'il y a fraude, de votre part, et que vous n'avez

---

(1) Il existe sur les voitures publiques une foule d'autres dispositions, toutes
de police et par conséquent étrangères à ce traité. Voir les lois, ordonnances
et réglements des 14 fructidor an 12 et 15 ventôse an 13, 23 juin et 6 juillet
1806, 13 août 1817, 4 février 1820, 28 juin 1821, 11 septembre 1822, 31 janvier 1829 et 23 avril 1834.

» omis l'enregistrement que pour avoir du cocher meilleur
» compte et frustrer le maître de ses droits. Aussi n'admet-on
» pas la preuve par témoins *contre des voituriers publics qui*
» *ont des registres.* »

Sur ce point, la jurisprudence actuelle est conforme à celle
des anciens tribunaux.

Le propriétaire d'un paquet contenant 45 aunes de mous-
selines brodées, qu'il prétendait avoir remis à un domestique
pour être transporté de Turin à Casal, ayant assigné l'entrepreneur, a été débouté de sa demande par le tribunal; et le
pourvoi contre ce jugement a été rejeté par arrêt du 5 mars 1811,
« attendu que les maîtres voituriers ne doivent répondre que
» des paquets qui leur sont confiés, et non de ceux remis à
» leurs domestiques. »

Par un autre arrêt du 29 mars 1814, la cour suprême a
cassé un jugement du tribunal de Montargis, lequel avait
condamné le sieur Huot, entrepreneur d'une voiture publique, à payer au sieur Sicard une somme de 120 fr. pour
perte d'un paquet, « attendu que le paquet ou ballot dont il
» s'agit n'a pas été remis par le fils Sicard dans le lieu de l'en-
» trepôt des marchandises du roulage, ni n'a été inscrit sur les
» registres de la messagerie; d'où il suit que Denis Huot n'a
» pas été légalement chargé de ce ballot, et que ce n'est que
» par une fausse application des art. 1384 et 1785 du Code
» civil, que ledit Huot a été déclaré responsable de la valeur
» de ce même ballot. »

La cour de Toulouse a rendu le, 9 juillet 1829, un arrêt semblable : il s'agissait d'un porte-manteau que le voyageur avait
remis au conducteur, sans le faire inscrire sur le registre, bien
qu'il existât un bureau dans le lieu où la remise avait été
effectuée; et il a été décidé que l'administration ne devait pas
répondre de la perte; l'arrêt paraît même avoir jugé que le
conducteur n'était pas non plus responsable, n'ayant accepté le
porte-manteau que par bienveillance et non comme agent de
l'entreprise (1).

_____

(1) Ces arrêts sont rapportés dans le recueil de Dalloz, pag. 191 de 1811, 358
et 359 de 1814, et part. 2, pag. 3 de 1830. — Voir aussi dans le même recueil,
pag. 378 de 1829, un autre arrêt de la cour de cassation du 10 novembre 1829.

Ainsi les voyageurs doivent être attentifs à faire inscrire, au bureau du départ, les effets qui les accompagnent, ou en faire charger la feuille du conducteur, si ces effets lui sont remis en route, et dans un lieu où il n'existe pas de bureau, afin de pouvoir exercer, en cas de perte, une action solidaire contre le conducteur et l'administration des diligences ou des postes, comme responsable du fait de ses préposés. A défaut de cette inscription prévue par la loi, que personne n'est censé ignorer, l'entrepreneur est déchargé de toute responsabilité.

Quant au conducteur, s'il était prouvé ou reconnu qu'il s'est chargé des effets, il en serait responsable; nous ne saurions admettre la doctrine contraire que l'arrêt de la cour de Toulouse paraît avoir adoptée; car, dès l'instant qu'il est justifié qu'un paquet a été remis au conducteur, il en est dépositaire, et comment le défaut d'inscription sur sa feuille pourrait-il l'excuser? Mais dans ce cas même, il faudrait prouver la remise qui lui a été faite, et cette preuve ne saurait être admise par témoins, s'il s'agissait d'une valeur au-dessus de 150 fr.

A l'égard des petits paquets, qu'au lieu de faire inscrire le voyageur conserve pour son usage journalier, c'est à lui à y veiller : le conducteur n'en est point chargé; l'entrepreneur, à plus forte raison, ne peut en être responsable, le registre ou la feuille ne pouvant porter des objets que le voyageur conserve par-devers lui.

28. Dans l'espèce des arrêts qui viennent d'être cités, il s'agissait d'entrepreneurs tenant des registres, et qui ont été déclarés non responsables, faute par le voyageur ou l'expéditeur d'y avoir fait inscrire ses effets ou marchandises. Mais si le voiturier public ne tient pas de registre, alors il est en faute, il contrevient à la loi, et le voyageur, privé de ce moyen pour faire constater la remise de ses paquets, doit être admis à en justifier par toute sorte de preuves. Ce serait alors le cas d'appliquer les règles concernant le dépôt nécessaire, qui ont été expliquées dans le paragraphe précédent, au sujet des aubergistes.

C'est ce qui résulte de la discussion élevée au conseil-d'état sur les articles 1782 et suiv. du Code. « Un maître, disait le » consul Cambacérès, ne peut suivre le domestique qu'il charge » de porter un paquet aux voitures publiques; cependant il faut

» qu'il ait ses sûretés, il ne peut les trouver que dans la respon-
» sabilité de l'entrepreneur. Celui-ci n'a pas à se plaindre : *s'il*
» *ne tient pas de registre, par cela seul, il devient suspect de*
» *mauvaise foi;* s'il en tient et qu'il n'ait pas enregistré, même
» sans que le voyageur l'ait requis, même malgré son refus, il
» est en faute. La loi doit veiller pour celui qui fait le dépôt,
» et rendre l'enregistrement forcé de la part de l'entrepreneur.
» Le voyageur, dira-t-on, profitera peut-être de l'omission de
» cette formalité, pour réclamer des effets plus précieux que
» ceux qu'il a déposés. Mais on sait comme on prononce sur
» de semblables contestations : on se réduit à ce qui est vrai-
» semblable et on défère le serment. »

A l'égard des voituriers publics qui tiennent des registres,
cette doctrine est contraire à la jurisprudence et même à l'é-
quité. Pour rendre l'entrepreneur responsable, il ne suffit pas
de confier les effets à un domestique, fût-il attaché à l'entreprise:
la preuve testimoniale au-dessus de 150 fr., n'est point admissible lorsqu'il y a eu possibilité de se procurer une preuve
par écrit; or, ici le voyageur a un moyen bien simple de se
procurer cette preuve, c'est de veiller à ce que le registre soit
chargé de ses effets. Pour ce qui est des voituriers publics qui
négligent de remplir l'obligation de tenir registre, que la loi
leur impose, ils commettent une faute grave : le voyageur
qui, par-là, se trouve privé du moyen légal de faire constater
la remise de ses effets, doit donc être admis à justifier de ce
dépôt par toutes sortes de moyens. Sur ce dernier point, l'opinion du consul Cambacérès est en harmonie avec la jurisprudence.

Le *Journal des audiences*, liv. VIII, chap. 41, cite un arrêt
rendu dans l'espèce suivante : François de la Rivière avait confié à Monniote, voiturier par eau, de Paris à Auxerre, un ballot
et un bahut, pour remettre le tout en passant, dans sa maison.
Monniote déchargea le ballot et non le bahut, qui, selon le
dire du déclarant, renfermait, tant en vaisselle d'argent qu'en
autres effets, une valeur de plus 500 liv. Sur la dénégation
du voiturier, lequel, requis de produire son registre, répondit
qu'il n'en avait point, François de la Rivière fut appointé à
prouver la remise du bahut, malgré la défense du voiturier

soutenant que la preuve testimoniale était inadmissible aux termes de l'ordonnance, parce qu'il s'agissait de plus de 100 liv. Mais il fut décidé que cette disposition était inapplicable aux messagers, maîtres de coche et autres personnes publiques, lesquels étaient obligés de tenir registre, et par conséquent responsables de leur négligence ou du défaut de représentation. En conséquence, sur l'appel interjeté par Monniote, de la sentence du bailli d'Auxerre, la cour, évoquant le principal, condamna l'appelant, par suite des preuves résultant de l'enquête, à la restitution des objets renfermés dans le bahut, sinon à leur valeur et estimation dont l'intimé serait cru à son serment, jusqu'à la somme de 200 liv. Le même arrêt enjoignit à l'appelant de tenir bon et fidèle registre. Cet arrêt peut servir de guide aux juges-de-paix qui ne pourraient néanmoins faire une pareille injonction pour l'avenir, attendu que, d'après la législation actuelle, les tribunaux ne doivent s'attacher qu'au fait qui est l'objet de la demande, sans pouvoir statuer par voie réglementaire.

29. Dans le cas où la remise des effets ayant été constatée légalement, le conducteur et l'entrepreneur en sont responsables, à quoi s'étend cette responsabilité? En cas de perte des effets, comment l'estimation doit-elle en être faite?

Si, lors du chargement, le voyageur a déclaré que ses malles ou paquets renfermaient des objets de telle ou telle nature, et qu'il en ait fixé la valeur, sa déclaration doit être crue, et la somme à laquelle il aurait évalué les effets qui se trouvent perdus, doit lui être adjugée, sans aucun doute. Il ne peut y avoir de difficulté que pour le cas où le voyageur s'est borné à faire inscrire une malle ou un ballot de tel ou tel poids, sans désigner ni la nature, ni la valeur des objets qui y sont renfermés, et c'est ce qui arrive le plus communément.

Une loi du 24 juillet 1793 voulait, qu'en ce cas, l'indemnité fût réduite à la somme fixe et modique de 150 fr.; mais cette mesure n'avait été établie qu'en faveur du gouvernement. Depuis que les messageries ont cessé d'être régies pour son compte, et qu'elles sont exploitées par des entreprises particulières, les entrepreneurs ont invoqué en vain l'application de la loi ci-dessus : il a été constamment décidé qu'ils étaient solidairement responsables avec les conducteurs de l'estimation réelle des effets perdus ou avariés.

Pour ce qui concerne la constitution du dépôt, l'entrepreneur, comme on vient de le voir, n'est responsable qu'autant que son registre ou la feuille de route en ont été chargés. Mais une fois que les malles ou ballots du voyageur ont été inscrits, le maître des voitures est tenu, pour la conservation de la chose, de la même responsabilité que l'aubergiste ; à cet égard, l'art. 1782 du Code est on ne peut pas plus positif. En cas de perte, le voiturier est même en quelque sorte moins excusable que l'aubergiste. On a vu, en effet, que celui-ci ne pouvait répondre de l'or, argent, bijoux et autres effets précieux que l'hôte aurait eu l'imprudence de laisser dans une malle ou valise, au lieu de déclarer ces objets ou de les fermer soigneusement dans une armoire. Au contraire, ce n'est que dans sa malle, ou son porte-manteau, que le voyageur place d'ordinaire ses effets précieux, et même l'argent qui ne lui est pas indispensable dans le cours du voyage. Le voiturier n'a donc pas le même motif que l'aubergiste, pour se décharger de la responsabilité à cet égard.

L'entrepreneur prétendrait vainement que le voyageur aurait dû déclarer les objets précieux que renfermaient ses paquets ; il aurait eu beau publier ou faire afficher des annonces portant, qu'à défaut de cette déclaration, il n'entendait être responsable de la perte que jusqu'à concurrence de telle où telle somme ; ces précautions ne peuvent le décharger de la responsabilité établie par les art. 1782 et suiv. du Code civil : le voyageur n'a d'autre obligation à remplir que celle de faire inscrire ses paquets au bureau ou sur la feuille ; cette inscription suffit, on le répète, pour constater le dépôt et rendre l'entrepreneur responsable de la valeur des objets qui lui sont confiés.

C'est ce que décident un grand nombre d'arrêts (1).

Cette jurisprudence est motivée sur ce que « l'entrepreneur » d'une messagerie est, relativement aux effets qui lui sont con-

---

(1) Voyez notamment ceux de la cour de cassation, des 6 février 1809, 16 avril 1828, 18 juin 1833, D., pag. 128 de 1809, 212 de 1828, et 281 de 1833. Voir aussi ceux rendus par la cour des Paris, à la date des 3 mars 1831 et 7 juillet 1832, même Recueil, part. 2, pag. 222 de 1832 et 17 de 1833.

» fiés, un véritable mandataire; qu'il doit veiller à leur conser-
» vation, et les remettre à leur destination tels qu'ils les a reçus
» du mandant; qu'il est responsable de la perte ou de l'avarie,
» à moins qu'il ne prouve que ces effets ont été perdus ou
» avariés par cas fortuit ou force majeure; — que si l'art. 62
» de la loi du 23 juillet 1793, a restreint seulement à 150 fr.
» l'indemnité due pour la perte des effets, cette dérogation aux
» règles du mandat n'a été introduite qu'en faveur du gouver-
» nement, et lorsque les messageries étaient en régie nationale ;
» que la loi du 9 vendémiaire an 6 ayant supprimé les mes-
» sageries nationales, les obligations des entrepreneurs par-
» ticuliers de messageries sont rentrées dans le droit commun;—
» que la responsabilité des messageries s'étend à toute la valeur
» des objets perdus, et que, si le propriétaire n'a pas déclaré
» cette valeur au moment du chargement aux messageries,
» *déclaration purement facultative et qui n'est ordonnée par au-*
» *cune loi,* c'est à ce propriétaire qu'il incombe de prouver la
» valeur des objets perdus, et que cette preuve peut s'établir
» par toute espèce de document. »

Ainsi tout ce qui résulte du défaut de déclaration de la valeur des objets que le voyageur confie aux messageries, c'est
qu'il est tenu de justifier de cette valeur, justification qui peut
être faite par la preuve testimoniale, par des présomptions, et
au besoin par le serment que peut lui déférer le juge-de-paix,
en exigeant de lui le détail des objets que renfermaient sa malle
ou ses paquets, et en fixant la somme sur laquelle il sera tenu
d'affirmer, ainsi qu'on l'a expliqué en traitant du serment estimatif, et dans le paragraphe précédent relativement aux effets
apportés dans une auberge.

30. A l'égard des avaries dont les entrepreneurs des messageries et leurs préposés sont également responsables, l'appréciation du dommage est plus facile, attendu la représentation
des objets avariés ou brisés.

Pour faire constater l'avarie, on peut s'adresser au juge-de-
paix, qui dresse un procès-verbal constatant l'état des effets,
celui de la malle ou caisse qui les renferme, et les circonstances tendantes à démontrer d'où peut provenir l'avarie, le
tout en présence soit de l'entrepreneur, soit de l'un de ses

agents, s'il en existe dans le lieu de l'arrivée, ou lui dûment appelé.

Le tribunal de commerce de Pau a rendu, le 7 nivôse an 14,
un jugement qui peut servir de règle de conduite dans les
contestations dont la connaissance est ici dévolue aux juges-
de-paix.

Le sieur Catalogne avait fait charger au bureau de roulage
du sieur Mérillon à Bordeaux, une caisse contenant une glace;
et à son arrivée à Pau, les demoiselles Lartigue à qui était
adressée cette glace, trouvant la caisse bien conditionnée, la reçoivent sans réclamation ni observation; ce ne fut que six jours
après, que, l'ayant ouverte, on s'aperçut que la glace était
brisée : alors elles citent le sieur Mérillon afin de paraître en
leur domicile au procès-verbal qu'elles entendaient faire dresser par le juge-de-paix, de l'état de la caisse et de la glace qui
y était renfermée. Le procès-verbal constate que la glace se
trouve brisée en plusieurs endroits, quoique la caisse n'eût
éprouvée aucune fracture extérieure, et deux témoins qui
avaient assisté à l'ouverture déposent que l'on avait pris toutes
les précautions nécessaires pour l'ouvrir, et que la glace s'était
trouvée brisée.

Sur l'action en dommages-intérêts intentée contre l'entrepreneur, celui-ci, opposant que les demoiselles Lartigue avaient
reçu cet objet sans réclamation, se prévalait surtout de l'annonce qu'il avait faite et de l'avis répété sur toutes ses lettres
de voiture, bulletins ou reconnaissances de dépôt, qu'en aucun cas, il n'entendait garantir le bris des choses fragiles, ni
le coulage des liquides. Malgré ces raisons, l'entrepreneur fut
condamné au paiement de la somme de 231 fr., prix de la glace;
et le pourvoi contre ce jugement a été rejeté (1).

34. De même que l'aubergiste, le voiturier ne pourrait être
déchargé de toute responsabilité, que dans le cas où la perte
et l'avarie seraient arrivées par un cas fortuit, de force majeure (art. 1784).

On entend, en général, par le cas fortuit dont personne ne

_____

(1) Voir dans le recueil de Dalloz, pag. 138 et suiv. de 1807, l'arrêt de rejet
à la date du 21 janvier de cette année.

saurait être responsable, tout accident qu'on n'a pu prévenir ou dont on n'a pu arrêter le coup ; *fortuitos casus quos nullum humanum consilium providere potest,* tels que la mort , l'invasion des ennemis ou des voleurs à main armée, un incendie, un naufrage de mer, un débordement subit des eaux. Loi 18, *ff. commodati;* loi 23, *de regulis juris.*

Le voiturier aurait beau articuler que l'objet dont on lui réclame la valeur lui a été volé : le vol même de nuit, et avec effraction, ne serait point un cas de force majeure, vu qu'il est possible de prendre les précautions nécessaires pour l'éviter. L'attaque, sur la route, de la voiture publique par une bande de voleurs pourrait seule être considérée comme un cas fortuit (1).

32. Enfin le cas fortuit, la force majeure ne décharge de toute responsabilité, qu'autant que la perte de la chose en résulte immédiatement; si le cas fortuit a été précédé ou accompagné d'une faute, de la part de celui aux soins duquel l'objet était confié, il ne cesse pas d'en être responsable. Par exemple, en cas d'incendie, l'entrepreneur et le voiturier ne seraient point déchargés de la responsabilité que la loi leur impose, s'il était reconnu que cet accident a été occasionné par des matières inflammables que renfermait la voiture. C'est ce qu'a jugé la cour de Paris, par arrêt du 29 avril 1820. Deux tonneaux renfermant 2,400 pannes de martre ayant été remis au roulage pour les transporter à Francfort, éprouvèrent une avarie considérable, par suite d'incendie manifesté dans l'intérieur de la voiture, et qui ne pouvait provenir du frottement du fer avec le bois, attendu que l'essieu et les roues n'avaient éprouvé aucun dommage. D'après le procès-verbal du maire du lieu, la cause de cet accident devait être attribuée à des briquets phosphoriques qu'on avait chargés sur la voiture, à l'endroit même où le feu avait été d'abord aperçu. Le tribunal de commerce de la Seine avait rejeté l'action en indemnité formée contre le voiturier, en le déclarant excusable par des motifs longuement développés. Mais sur l'appel, ce jugement a été infirmé, et le voiturier condamné à 9,620 fr. de dom-

(1) Arrêt de la cour de Paris du 3 mars 1831, D., pag. 17, part. 2 de 1833.

mages-intérêts, somme à laquelle fut évaluée la perte résultant de l'avarie (1).

C'est à celui qui est chargé de la conservation de la chose à justifier que la perte est arrivée par force majeure; mais une fois qu'il a prouvé le cas fortuit, tel qu'un incendie, c'est au voyageur à établir, s'il le prétend, que l'accident de force majeure a été occasionné par la faute du voiturier.

33. Actionné directement comme responsable, l'entrepreneur peut avoir son recours contre le conducteur ou tout autre préposé, si c'est par la faute de celui-ci que les effets ont été perdus ou avariés (2).

Sur quoi il est bon d'observer que, dans plusieurs messageries, il existe un réglement d'après lequel les objets de quelque valeur doivent être déclarés au conducteur, afin que, les plaçant à part, il les surveille plus soigneusement. A défaut de cette déclaration, le conducteur ne peut être condamné à l'indemnité de la valeur réelle des objets perdus ou avariés; l'entrepreneur est seul responsable envers le voyageur. C'est ce qu'a jugé la cour de Paris par arrêt du 7 juillet 1832. Il s'agissait, dans l'espèce, d'un ballot renfermant des cachemires de l'Inde dont l'expéditeur n'avait pas déclaré la nature. L'administration des messageries fut condamnée à 5,608 fr. de dommages-intérêts, et le conducteur à indemniser l'administration jusqu'à concurrence de 150 fr. seulement, attendu que la valeur des schals n'avait point été signalée sur sa feuille, ainsi que le prescrivait le réglement de cette administration (3).

34. Terminons ce qui concerne les voituriers, en observant que les actions en dommages-intérêts résultant de la perte ou de l'avarie, se prescrivent par six mois pour les expéditions faites dans l'intérieur de la France, prescription qui court, pour les cas de perte, du jour où le transport des marchandises aurait dû être effectué, et pour le cas d'avarie, du jour de la remise des marchandises.

---

(1) Cet arrêt est rapporté par Dalloz, supp. de 1821, pag. 17 et suiv., avec une consultation de M. Pardessus qui développe à cet égard tous les principes.

(2) Voy. dans la première partie de cet ouvrage, pag. 78 et suiv., comment s'exercent les demandes en garantie, dans les justices-de-paix.

(3) Voy. cet arrêt dans le Recueil de Dalloz, part. 2, pag. 222 de 1832.

Quoique établie par l'art. 108 du Code de commerce, cette prescription, à ce qu'il nous semble, s'applique généralement à tous les transports effectués par des voituriers ou commissionnaires (1).

35. Les voituriers de profession et les entrepreneurs de messagerie font des actes de commerce, lors même qu'ils ne transportent que les effets d'un particulier; et, comme on l'a vu pag. 203, dans ce cas, le particulier a le choix de traduire le négociant soit en justice ordinaire, soit devant le tribunal de commerce. Ce tribunal, au contraire, est seul compétent, s'il s'agit de marchandises transportées pour le compte d'un négociant, parce qu'alors il existe un acte de commerce de la part des deux parties. Mais, d'après l'art. 2 de la loi actuelle, la compétence des justices de paix s'applique aux cas de perte ou avarie des effets qui accompagnent le voyageur; et la loi ne faisant aucune distinction de personnes, ni de choses, lors même que le voyageur serait un négociant, le juge-de-paix, à ce qu'il nous paraît, ne serait pas moins compétent pour statuer dans les limites fixées par cet article, en cas de perte ou d'avarie des effets ou marchandises qui accompagneraient ce négociant.

§ III.

Des Carrossiers et autres ouvriers.

36. On verra dans le commentaire de l'art. 5, § III, que le juge-de-paix statue en premier ressort, à quelque somme que la demande puisse s'élever, sur les contestations relatives aux engagements, soit *des gens de travail au jour, au mois et à l'année*, soit *des maîtres et de leurs ouvriers et apprentis*. Il s'agit ici de travaux et d'ouvriers d'un autre genre. La voiture d'un voyageur se brise dans le cours du voyage, ou a besoin de réparations urgentes; pour cela il est forcé de s'adresser à un carrossier, sellier ou maréchal du lieu, lequel lui fait les fournitures nécessaires, dont le paiement lui est dû ainsi que

---

(1) Voy. ci-dessus, pag. 243, le texte de l'art. 108.

celui de la main d'œuvre. Cette circonstance exigeait une décision prompte ; voilà pourquoi le législateur a cru devoir déférer la connaissance de cet objet jusqu'à concurrence de 1,500 fr., aux juges-de-paix, qui, sans cela, n'auraient été compétents pour statuer, que dans le cas où la demande n'eût pas excédé 200 fr.

Il eût été naturel et dans l'intérêt des deux parties d'attribuer, en ce cas, la connaissance de l'affaire au juge-de-paix du lieu où la voiture serait restaurée. Mais, comme on l'a vu plus haut, cette proposition a été rejetée, ce qui au surplus est assez indifférent, vu que l'ouvrier ne livrant son travail que moyennant paiement, il est difficile que la contestation ne s'élève pas devant son juge naturel : du moins ce cas doit être extrêmement rare.

37. Ce dernier paragraphe de l'art. 2 présente peu de difficultés dans son exécution. Ici la contestation ne peut rouler que sur le prix excessif qu'exigerait l'ouvrier pour son travail et ses fournitures, et alors rien de plus facile au juge-de-paix que d'arbitrer lui-même ce prix, d'après ses connaissances personnelles, ou de nommer un ou plusieurs experts pour apprécier l'ouvrage, en suivant les règles que nous avons tracées pages 111 et suivantes, pour les expertises auxquelles il est procédé dans les justices de paix.

38. D'après l'art. 2271 du Code, l'action des ouvriers en général, pour le paiement de leurs fournitures et salaires, se prescrivant par six mois, cette prescription est évidemment applicable aux demandes prévues par le dernier paragraphe de cet article.

ARTICLE III.

« Les juges-de-paix connaissent , sans appel, jus-
» qu'à la valeur de 100 francs , et , à charge d'ap-
» pel , à quelque valeur que la demande puisse
» s'élever :

» Des actions en paiement de loyers ou fermages,
» des congés, des demandes en résiliation de baux,
» fondées sur le seul défaut de paiement des loyers
» ou fermages ; des expulsions de lieux et des de-
» mandes en validité de saisie-gagerie, le tout lorsque
» les locations verbales ou par écrit n'excèdent pas
» annuellement, à Paris, 400 francs, et 200 fr. par-
» tout ailleurs ;

» Si le prix principal du bail consiste en denrées
» ou prestations en nature , appréciables d'après les
» mercuriales , l'évaluation sera faite sur celles du
» jour de l'échéance, lorsqu'il s'agira du paiement
» des fermages. Dans tous les autres cas, elle aura
» lieu suivant les mercuriales du mois qui aura pré-
» cédé la demande. Si le prix principal du bail con-
» siste en prestations non appréciables d'après les
» mercuriales, ou s'il s'agit de baux à colons par-
» tiaires, le juge-de-paix déterminera la compé-
» tence , en prenant pour base du revenu de la
» propriété, le principal de la contribution foncière
» de l'année courante, multiplié par cinq. »

SOMMAIRE.

en dernier ressort que sur l'action en paiement des loyers et fermages.—
2. Leur compétence en premier ressort est déterminée par le canon
du bail. — 3. Difficultés que présente la détermination de la compétence, lorsque le canon du bail consiste pour le tout ou partie en denrées ou prestations en nature. — 4. Dans les différentes attributions
qui lui sont conférées relativement aux baux, le juge de l'action l'est en
même temps de toutes les exceptions ; *secùs*, s'il s'agit de résiliation,
la question de validité de l'acte est hors de sa compétence. — 5. Il prononce la contrainte par corps, si elle a été stipulée dans le bail. —
6. C'est devant le juge du domicile du défendeur que doivent être
portées les actions dont il s'agit, à moins de saisie-gagerie. 7. Le juge-
de-paix, en cas d'urgence, peut rendre son jugement exécutoire sur
la minute.

§ II. *Quels sont les actes auxquels peuvent s'appliquer les attributions conférées aux juges-de-paix par cet article ?* — 8. Dispositions du
Code civil sur les différentes sortes de louage ; l'art. 3 de la loi actuelle ne s'applique qu'aux baux à loyer ou à ferme, et non au
louage de travail ou de service ; ni aux baux à cheptel, mais bien
aux baux de meubles. — 9. Cette compétence s'applique aux baux à
longues années, comme aux baux ordinaires. Que doit-on décider relativement au bail à vie? doit-il être confondu avec l'usufruit? — 10. Baux
héréditaires d'après les usages de la province d'Alsace. — 11. Les actions en paiement de redevances stipulées dans un bail emphytéotique
sont-elles de la compétence des juges-de-paix? distinction entre l'emphytéose perpétuelle et l'emphytéose à temps; cette dernière rentre
dans la classe des baux. — 12. Louage de biens appartenant à l'état,
à des communes ou établissements publics ; forme des baux. — 13. C'est
aux tribunaux, et par conséquent aux juges-de-paix dans les limites
fixées par l'art. 3, à statuer sur les baux administratifs, à l'exception
de ceux des biens du domaine de l'état, dont l'exécution se poursuit
par voie de contrainte. — 14. Baux des biens des mineurs, des interdits, des femmes mariées, leur durée.

§ III. *Du paiement des loyers ou fermages.* — 15. Etendue de la compétence du juge-de-paix en ce qui concerne l'action en paiement. —
16. Dispositions du Code civil sur les baux faits sans écrit ; si le
bail n'a reçu aucune exécution, le serment de la partie qui le dénie
est la seule preuve admissible ; en cas d'exécution, on doit s'en rapporter au serment du propriétaire pour le prix, à moins que le locataire ne requière une expertise. — 17. Dans le cas ou le commencement
d'exécution est dénié, la preuve peut-elle en être faite par témoins? —
18. Si l'exécution est avouée, peut-on prouver par témoins les conditions et la durée du bail ? — 19. Les art. 1715 et 1716 du Code ne
s'appliquent point au louage de meubles ; la preuve par témoins peut en
être admise, mais seulement lorsque la demande n'excède pas 150 fr.; —
application de la maxime *en fait de meubles, possession vaut titre.* —
20. Des sous-locataires. La défense de sous-louer interdit-elle la fa-

culté de céder le bail, et *vice versâ?*—21. Faculté accordée au propriétaire de réclamer le prix de la sous-location pour ce qui lui est dû par le locataire principal. — 22. Les quittances données au fermier ou sous-locataire font foi contre les tiers, quoique non enregistrées.— 23. Dans le cas où le propriétaire dirige l'action contre le sous-locataire, est-ce au sous-bail ou au bail principal qu'il faut s'attacher pour fixer la compétence?

§ IV. *Des congés.* — 24. Qu'est-ce que le congé? cas dans lesquels il est nécessaire. — 25. Lorsque le bail est par écrit, il faut exécuter le terme convenu, et le congé est inutile, à moins que sa durée n'ait pas été déterminée par l'acte, ou qu'il s'agisse d'un bail avec faculté de résiliement à telle ou telle période. — 26. Le propriétaire ne peut occuper par lui-même, à moins de réserve expresse portée dans le bail, et à charge en ce cas de signifier le congé. — 27. A l'égard des baux faits sans écrit, il ne peut être question de congé en ce qui concerne les baux à ferme dont la durée est fixée par la loi pour le temps nécessaire afin de recueillir tous les fruits; ce n'est que pour les baux à loyer faits sans écrit, et pour ceux de meubles garnissant une maison, que le congé est nécessaire, suivant l'usage des lieux. — 28. Cet usage varie suivant les localités; le juge-de-paix doit se conformer à cet égard à la jurisprudence du ressort. — 29. Le congé doit être prouvé par écrit et signifié par huissier, à moins qu'il ne soit attesté par la correspondance; mais il n'a pas besoin d'être accepté. — 30. Que doit-on décider relativement au congé signifié par l'un des fermiers ou locataires sans l'intervention des autres engagés par le même bail? — 31. *Quid* du congé signifié à la requête de l'un des copropriétaires par indivis?— 32. Dispositions du Code relatives aux acquéreurs; elles s'appliquent à tous les successeurs à titre singulier. — 33. Ils ne sont obligés de tenir que les baux ayant date certaine. — 34. La faculté de résilier n'appartient pas au locataire, en cas de vente. — 35. A l'égard des baux ayant date certaine, le fermier ne peut être expulsé, à moins que cette faculté n'ait été réservée dans le bail; ce qui s'applique même au fermier non encore en jouissance. — 36. Les contestations qui peuvent s'élever à cet égard, sur les clauses de la vente, ne sont pas de la compétence du juge-de-paix. — 37. Congé, doit être donné par l'acquéreur, en cas de faculté de résiliation réservée dans le bail. — 38. Le propriétaire ne peut non plus expulser le fermier ou locataire, sans leur laisser les délais fixés par les articles 1775 et 1774.— 39. Durant le délai fixé pour le réméré, l'acquéreur sous pacte de rachat n'a pas plus de droit que son vendeur.

§ V. *De la réconduction tacite.* — 40. C'est un nouveau bail qui se forme par le consentement tacite du bailleur et du preneur; nécessité pour le bailleur de donner non pas un congé, mais un avertissement par écrit, pour empêcher la réconduction. — 41. La réconduction tacite ne peut avoir lieu, de la part d'un mineur ou d'un interdit non pourvu de tuteur; ni pour les biens de l'état et des communes, ni pour les baux judiciaires. — 42. La continuation de jouissance n'est qu'une présomption qui doit céder à la preuve contraire, et peut être apprécié, suivant les circonstances. Cas où la continuation de jouissance est insignifiante. — 43. *Quid* d'un nouveau bail passé à un tiers, avant l'expiration de l'ancien ? — 44. Le bail de réconduction est censé fait aux mêmes conditions et pour le même prix que le premier ; exemple d'un pot-de-vin qui aurait été stipulé. — 45. Soumis aux règles des locations verbales, le nouveau bail n'est pas investi des prérogatives de l'ancien. Caution, hypothèque, contrainte par corps, titre exécutoire. — 46. Le nouveau bail ne cesse pas de plein droit ; nécessité de faire signifier congé ou avertissement pour empêcher un nouvelle relocation.

§ VI. *Des demandes en résiliation de baux.* — 47. La condition résolutoire est sous-entendue dans tous les contrats ; application de ce principe au contrat de louage. — 48. La compétence du juge-de-paix se borne aux demandes en résiliation, pour défaut de paiement ; étrangeté de cette disposition. — 49. Le juge-de-paix peut accorder un délai. — 50. *Secùs,* s'il est stipulé que la résolution sera encourue de plein droit ; nécessité, en ce cas, d'une sommation de mise en demeure, à moins qu'il ne soit stipulé que l'acte en tiendra lieu.

§ VII. *De l'expulsion des lieux.* — 51. Cas où cette expulsion peut être demandée ; abus d'enlever les portes et fenêtres, au lieu de recourir à la justice. — 52. En cas de saisie et vente de tout le mobilier, ou de procès verbal de carence, le juge-de-paix peut ordonner l'expulsion et même l'exécution provisionnelle, sur la minute du jugement.

§ VIII. *Du privilége du bailleur.* — 53. Art. 2102 du Code, paraphrase de cet article. — 54. Les fruits récoltés sont soumis au privilége, comme meubles garnissant la ferme ; le privilége s'étend sur tous les effets mobiliers, même sur ceux qui auraient été *loués pour garnir l'appartement,* ou qui auraient été *vendus par le locataire.* — 55. Distinction entre les baux ayant une date certaine et ceux qui n'en ont pas ; au premier cas, le privilége a lieu pour tous les termes *échus* et à *échoir.* — 56. Dans ce cas, les autres créanciers doivent avancer tous les termes à échoir, mais ont la faculté de sous-louer, lors même que la défense en aurait été faite par le bail. — 57. En ce qui concerne les baux qui n'ont pas une date certaine, le privilége n'a lieu que *pour une année, à partir de l'expiration de l'année courante ;* ainsi qu'à tous les termes échus. — 58. Le privilége ne doit-il pas s'étendre aux termes à *échoir,* en cas de réconduction tacite, par suite d'un bail ayant date certaine ? — 59. Le privilége du propriétaire passe avant tous les autres créanciers ; à l'exception de ceux qui ont contribué à la conservation de la chose. — 60. Le privilége s'applique à toutes les obligations du preneur. — 61. Même aux avances faites par le propriétaire. Comment ces avances doivent-elles être constatées ? — 62. Droit de suite et revendication, en cas de déplacement des meubles sans son consentement exprès ou tacite. — 63. La revendication peut s'exercer sur les fruits déplacés de la ferme, mais non dans le cas où ces denrées auraient été vendues. — 64. En cas de transport des meubles dans une autre maison ou ferme, le premier propriétaire conserve-t-il son privilége?

§ IX. *De la saisie-gagerie.* — 65. Définition, art. 819 et 820 du Code de procédure. — 66. Le propriétaire qui a un bail authentique et exécutoire, doit procéder par voie de *saisie-exécution.* Il peut aussi, sans titre exécutoire, procéder à des saisies-arrêts : incompétence du juge-de-paix dans ces deux cas. — 67. En ce qui concerne la saisie-gagerie, compétence du juge-de-paix quelle que soit l'importance du mobilier saisi. — 68. C'est le juge-de-paix du lieu de la saisie.— 69. Si les objets, quoique déplacés, restent dans la possession du locataire, alors, c'est une simple saisie-gagerie et non une saisie-revendication qui n'a lieu que pour les objets dont un tiers est en possession.— 70. Peut-on saisir-gager pour des termes non échus?—71. Pour dommages-intérêts non liquidés? — 72. Saisie-gagerie sur les sous-locataires.— 73. Formes de la saisie-ga-gerie. Lorsque le bail n'est que verbal, il n'est pas besoin de la permission du juge; erreur échappée, sur ce point, dans le discours de présentation aux pairs.—74. Formes du commandement, de la saisie, du jugement de validité. — 75. Lorsqu'il y a en même temps des meubles et des fruits pendants, alors il faut deux saisies différentes : formalités de la saisie-brandon. — 76. Formalités de la saisie-revendication. — 77. La saisie-revendication sur un tiers peut-elle être exercée, lorsque les meubles restant dans la maison louée suffisent pour la garantie du propriétaire? — 78. Des oppositions, art. 10, § 2, de la loi nouvelle; difficultés d'assigner le cas où il peut être applicable. — 79. Créanciers du locataire; opposition non à la saisie, mais sur le prix; distribution par contribution, procédure étrangère au juge de paix. — 80. En cas d'opposition fondée sur la prétention de propriété des meubles saisis, dont la valeur est indéterminée, l'affaire ne saurait être de la compétence du juge-de-paix.

De toutes les innovations que renferme la loi du 25 mai, celle-ci est la plus heureuse. Pour arriver au paiement des loyers et à l'expulsion des locataires récalcitrants, force était d'employer des formules tendant à favoriser la mauvaise foi, par leur lenteur, à ruiner les petits propriétaires ; et en ce qui concerne le locataire honnête et malheureux, à l'accabler de frais qui doublaient le plus souvent la somme des loyers. C'est pour mettre un terme à des abus aussi graves, que l'art. 3 de la loi nouvelle a été proposé.

Pour discuter pleinement tout ce qui peut avoir rapport aux attributions importantes que cet article confère aux juges-de-paix, nous allons examiner d'abord comment doivent être déterminées les limites de leur compétence, et quels sont les actes auxquels elle doit s'appliquer. Nous traiterons ensuite du paiement des loyers et fermages, des congés et avertissements, de la réconduction tacite, de la résiliation des baux, de l'expulsion des lieux; et nous terminerons par ce qui concerne le privilège et la saisie-gagerie.

§ 1er.

Comment doivent être déterminées les limites des attributions conférées aux juges-de-paix par l'article 3?

1. La compétence du juge-de-paix, *en dernier ressort*, ne présente aucune difficulté : ici, comme dans toutes les autres dispositions de la loi, le taux de cette compétence est de 100 fr., ce qui ne doit s'appliquer qu'au cas où la demande a pour objet le paiement de 100 fr., ou d'une somme moindre, pour loyers ou fermages; car s'il s'agit de congé, de résiliation de baux, d'expulsion des lieux, alors la demande est indéterminée, elle frappe sur la jouissance de la chose louée ou affermée, et ne peut, par conséquent, être jugée en dernier ressort.

2. La compétence du juge-de-paix, *en premier ressort*, peut présenter des difficultés. Ce n'est plus la somme réclamée qui règle cette compétence, c'est le prix annuel de la location.

Lorsque ce prix a été stipulé en argent, alors rien de plus clair. S'il n'excède pas la somme de 400 fr. à Paris, et de 200 fr. partout ailleurs, le juge-de-paix doit se retenir la connaissance de la cause à quelque somme que la demande puisse s'élever; le montant des arrérages réclamés excédât-il le taux de la compétence ordinaire et en dernier ressort du tribunal civil, le juge-de-paix n'est pas moins compétent.

3. Mais le règlement de compétence est beaucoup plus difficile, lorsque le canon du bail consiste en denrées ou prestations en nature, si surtout, d'après ce qui se pratique assez communément pour les fermages, ils sont stipulés payables, tant en denrées qu'en argent.

En partant de la première partie de l'article qui attribue
aux juges-de-paix la connaissance des locations verbales ou par
écrit de 400 fr., ou 200 fr., il semblerait que, pour fixer la
compétence, on doit s'attacher non pas seulement au prix
principal du bail, mais encore aux accessoires; car le prix
d'un bail consiste dans tout ce que le locataire ou fermier est
tenu de payer ou livrer (1).

Le contraire néanmoins résulte de la dernière partie de l'article, qui, pour fixer la compétence, veut que, *si le prix principal* du bail consiste en denrées ou prestations en nature,
elles soient évaluées, soit d'après les mercuriales, soit en prenant pour base la contribution foncière multipliée par cinq.
Cette évaluation ne devant porter que sur le *prix principal,*
il en résulte nécessairement que, si la somme en argent, ou
la prestation en denrées ne forme pas le prix principal du bail,
c'est un accessoire qui ne doit pas compter pour la fixation de la
compétence. Supposons donc que, dans un bail de biens situés
en province, le fermage soit de 190 fr. en argent, à la charge
de livrer, en outre, un hectolitre de blé; cette livraison, ne
formant pas le prix principal du bail, ne devra point être évaluée. Cependant, en la réunissant à la somme de 190 fr., le prix du
bail excédera celle de 200 fr. Supposons, au contraire, que
les denrées ou prestations formant la majeure partie du canon
soient évaluées à 190 fr., et que, de plus, il ait été stipulé
une somme de 180 fr. payable en argent; en suivant la règle
ci-dessus, le juge-de-paix serait compétent, quoique la location
fût réellement de 370 fr.

Telle est, à ce qu'il nous semble, l'interprétation qui résulte de la combinaison des deux parties de l'article, ce qui
augmente, de beaucoup, la compétence du juge-de-paix en
cette matière. On a lieu de s'étonner du silence gardé sur ce
point, dans le cours de la discussion.

Le mode d'appréciation du prix principal du bail, lorsqu'il
consiste en denrées ou prestations, peut présenter aussi des

---

(1) La charge même de l'impôt foncier est une addition au prix du bail;
il n'y a que la contribution des portes et fenêtres qui soit pour le compte
du locataire et fermier (art. 12 de la loi du 4 frimaire an 7); aussi lui compte-
elle pour le cens électoral.

difficultés, et complique singulièrement l'instruction de l'affaire. Après avoir indiqué les mercuriales *du jour de l'échéance*, lorsqu'il s'agira du *paiement des fermages*, la loi veut que, *dans tous les autres cas*, on s'en rapporte aux mercuriales *du mois qui aura précédé la demande*. Pourquoi cette différence? Il serait d'autant plus difficile d'en pénétrer le motif, qu'à la demande en paiement des fermages, doit se trouver souvent réunie celle en validité de congé ou en résiliation du bail, ou en expulsion des lieux. Et, s'il est question de la demande en paiement d'un loyer de maison dont le canon consisterait en denrées ou prestations, on ne voit pas la raison pour laquelle il faudrait recourir aux mercuriales du mois qui aura précédé la demande, et non à celles du jour de l'échéance : cependant c'est ce qui paraît résulter des termes de l'article qui, après avoir distingué, dans la première partie, les *loyers* des *fermages*, veut dans la seconde que l'on ne prenne pour base les mercuriales, du jour de l'échéance, que *lorsqu'il s'agira du paiement des fermages*.

S'il n'est point tenu de mercuriales dans la localité, c'est à celles du marché le plus voisin qu'il faudra avoir recours. Souvent il se trouvera des variations dans le prix, si surtout il s'agit de consulter les mercuriales du mois qui aura précédé la demande; mais alors, quoique la loi ne le dise pas, le bon sens indique que c'est la moyenne de ces mercuriales qui devra être prise pour régulateur.

Enfin quand le prix principal du bail consiste en prestations non appréciables d'après les mercuriales, le juge-de-paix doit déterminer sa compétence, en prenant pour base la contribution foncière de l'année courante multipliée par cinq.

Il en sera de même s'il s'agit de baux à colons partiaires. Le colon partiaire est celui qui cultive sous la condition d'un partage de fruits avec le bailleur (art 1763). C'est ainsi que, dans plusieurs contrées, les champs sont amodiés moyennant le tiers des fruits, et les vignes à moitié : la quotité de ce que doit percevoir le propriétaire variant, en ce cas, suivant la nature et le plus ou le moins d'abondance de la récolte, il eût été difficile de s'en rapporter aux mercuriales : voilà pourquoi le législateur a voulu que l'on prît pour base la contribution foncière.

Alors donc qu'il s'agira soit d'un bail à colons partiaires, soit d'un fermage consistant en denrées ou prestations, pour déterminer la compétence du juge-de-paix, il sera nécessaire de produire, à l'appui de la demande, l'extrait des mercuriales du lieu de l'exploitation, ou celui de la contribution foncière; et il pourra s'élever sur la question de compétence des difficultés qui en rendront quelquefois le jugement plus difficile que celui du fond de la cause.

4. Examinons maintenant quelle est l'étendue des diverses attributions conférées aux juges-de-paix, en matière de baux.

Comme on l'a expliqué sur l'article 1er, en traitant des actions purement personnelles, le juge de l'action est en même temps juge de l'exception; d'où semblerait devoir résulter la conséquence, qu'en statuant sur le paiement des loyers et fermages, sur la validité des congés, la résiliation des baux, et l'expulsion des lieux, le juge-de-paix, dans les limites du taux fixé par la loi, devrait statuer sur toutes les exceptions qui peuvent être opposées par le défendeur.

Si l'on devait s'en rapporter à la discussion, il paraîtrait que telle n'a pas été la pensée des auteurs de la loi.

« Cette compétence aura ses limites, disait le garde-des-
» sceaux, dans son discours de présentation à la chambre des
» députés, le 6 janvier 1837; le juge-de-paix connaîtra des
» demandes en résiliation de bail formées pour défaut de *paie-*
» *ment du prix;* cette résiliation est alors l'alternative que le
» bailleur offre, devant le juge, au locataire qu'il assigne en
» paiement. — Le débat ne porte d'ailleurs jamais que sur cette
» question de fait, de solution simple et facile, *le preneur a-t-il*
» *acquitté son loyer ?* Mais quand la résiliation est basée sur
» d'autres causes, c'est la validité du contrat qui est en ques-
» tion; il s'agit de l'interprétation de conventions écrites.
» L'examen devient plus difficile, et c'est à la juridiction or-
» dinaire qu'il faudra continuer à la demander.

» Cette compétence, disait M. Barthe, en présentant la loi
» à la chambre des pairs, doit être bornée aux circonstances
» qui la rendent nécessaire..... S'il s'agit même d'interpréter le
» bail, et d'en prononcer la résiliation pour d'autres causes
» que le *défaut de paiement des loyers,* comme la difficulté

266 COMMENTAIRE. ARTICLE III.

» n'existera plus sur ces questions simples, *le bail est-il ex-*
» *piré? est-il dû des loyers, et combien en est-il dû?* rien
» ne sera changé alors aux règles générales qui fixent les at-
» tributions des diverses juridictions. »

Enfin voici comment s'est exprimé le rapporteur de la commission de la chambre des députés, lorsque le projet élaboré
a été représenté à cette chambre.

« Les questions de résiliation de baux ne sont que des *ques-*
» *tions de fait,* lorsqu'on les fonde uniquement *sur le défaut de*
» *paiement de loyers,* et la solution en appartient naturelle-
» ment au juge le mieux placé pour les apprécier; mais elles
» deviennent des *questions de droit,* qui offrent de grandes
» difficultés, lorsqu'il s'agit de prononcer sur l'interprétation
» ou la validité des conventions. Une solution imprudente peut
» compromettre des intérêts engagés, tels, par exemple, que
» la position d'un commerce et le sort d'une industrie; dès-lors,
» il convient de ne pas les laisser dans les attributions du juge-
» de-paix. Aussi, nous avons restreint sa compétence, au cas
» où la contestation ne porte que *sur le fait du paiement,* et
» n'offre par conséquent, dans sa solution, aucune difficulté.
» Nous demeurons, d'ailleurs, dans les termes du droit com-
» mun; notre disposition n'impose au juge-de-paix aucune
» obligation de prononcer la résiliation, dans le cas où il croi-
» rait devoir adopter un autre tempérament. »

Que conclure de cette discussion? qu'il faut s'en tenir aux
termes de la loi et aux principes généraux.

A l'égard des baux de 400 fr. à Paris, et de 200 fr. partout ailleurs, l'art. 3 attribue aux juges-de-paix la connaissance
des actions *en paiement de loyers ou fermages, des congés,* des
demandes *en résiliation de baux,* fondés *sur le seul défaut de paie-*
ment; des expulsions de lieux et *en validité des saisies-gageries.*
Si l'on excepte la résiliation des baux, pour laquelle la compétence des juges-de-paix est limitée au cas où elle aurait pour
motif le défaut de paiement des loyers ou fermages, cette compétence est générale pour ce qui concerne toutes les autres attributions que porte le même article. Le juge-de-paix doit donc
statuer, à cet égard, sur toutes les exceptions qui seraient opposées par le défendeur; autrement sa compétence serait illusoire.

En effet, l'action en paiement des loyers ou fermages présente la question de savoir s'il en est dû, combien il en est dû, et quelle en est la quotité. Pour statuer sur ces différents points, ne sera-t-il pas nécessaire de se livrer à l'interprétation de l'acte, si les clauses en sont contestées ?

En ce qui concerne les congés ou avertissements, le juge-de-paix est bien forcé d'examiner si le congé est nécessaire, s'il est valide, si le bail est expiré, si, au contraire, il n'y a pas réconduction tacite ?

Enfin, la loi confère au juge-de-paix la connaissance de la validité des saisies-gageries, et cette attribution n'aurait pas de sens, s'il n'était appelé à statuer sur les difficultés que peuvent présenter les droits respectifs du bailleur, des preneurs et sous-locataires.

La compétence du juge-de-paix ne cesse, encore une fois, que dans le cas où la résiliation du bail serait fondée sur un autre motif que le défaut de paiement des loyers ou fermages, et si la validité de l'acte est contestée. Aussi est-ce à ce sujet que, dans les discours d'ailleurs infiniment stériles qu'on vient de citer, les orateurs ont signalé la limite où devait s'arrêter la compétence attribuée par la loi aux juges-de-paix.

5. La contrainte par corps peut être stipulée dans un bail de biens ruraux; et à défaut même de stipulation, le fermier peut y être condamné, faute de reproduire les objets qui lui ont été confiés.

« La contrainte par corps, dit l'article 2062 du Code, ne
» peut être ordonnée contre les fermiers pour le paiement des
» fermages des biens ruraux, si elle n'a été stipulée formelle-
» ment dans l'acte de bail. — Néanmoins les fermiers et les
» colons partiaires peuvent être contraints par corps, faute
» par eux de représenter, à la fin du bail, le cheptel de bétail,
» les semences et les instruments aratoires, qui leur ont été
» confiés, à moins qu'ils ne justifient que le déficit de ces
» objets ne procède point de leur fait. »

Ainsi, le juge-de-paix, relativement aux baux dont la connaissance lui est attribuée, doit condamner par corps le fermier d'un bien rural, si toutefois cette contrainte a été formellement stipulée dans le bail; l'art. 2063 défend de la prononcer, hors les cas formellement déterminés par la loi. En ce qui concerne les objets qui lui ont été confiés par le propriétaire, le fermier peut aussi être contraint par corps, à défaut de reproduction; mais ici la prononciation de la contrainte est facultative, tandis que le juge ne peut se dispenser de condamner, par corps, au paiement des fermages, lorsque le fermier s'y est formellement engagé.

Dans l'un et dans l'autre des cas spécifiés dans l'art. 2262, le juge-de-paix doit fixer la durée de la contrainte qui ne peut être que d'un an au moins, et de cinq ans au plus, d'après l'art. 7 de la loi du 17 avril 1832.

6. Dans la première partie de cet ouvrage, sect. I, pag. 7, nous avons déjà fait observer que les actions dont il s'agit devaient être portées devant le juge-de-paix du domicile du défendeur, et non devant celui de la situation du domaine pris à ferme ou de la maison louée. La maxime *actor sequitur forum rei*, est, on le répète, une règle générale qui doit être suivie dans tous les cas, à moins qu'il n'y ait été dérogé par une disposition expresse; et cette dérogation ne saurait résulter de quelques expressions échappées à un rapporteur. On a vu, en discutant l'art. 2 de la loi, qu'à l'égard des aubergistes, la proposition de déférer la connaissance des affaires aux juges-de-paix du lieu où la dépense serait faite, avait été rejetée, par le motif *qu'il ne faut pas briser la législation, et attribuer ainsi une compétence spéciale à chaque cas particulier*. Pourquoi dévierait-on de ce principe, en ce qui concerne l'action personnelle résultant du contrat de louage? Au surplus, dans l'application de l'art. 3, le juge de la situation sera presque toujours le même que celui du domicile du défendeur. D'ailleurs, le propriétaire peut agir, par voie de saisie-gagerie, cas auquel le juge compétent ne peut être que celui du lieu de la saisie.

7. Le juge-de-paix, en matière de baux, peut-il rendre, s'il y a urgence, le jugement exécutoire sur la minute?

Un membre de la chambre des députés (M. Taillandier) avait proposé d'ajouter à l'article la disposition suivante: *En cas d'expulsion, après vente du mobilier, ou sur procès-verbal de carence, l'expulsion sera ordonnée par simple ordonnance rendue contradictoirement par le juge-de-paix, ou parties dûment appelées. Cette ordonnance sera présentée et exécutée par provision, et même sur minute, comme en matière de référé.*

Et, si cet amendement n'a pas été appuyé, c'est parce qu'il était inutile et surabondant, comme le prouve la discussion.

« Ce que vient de proposer l'honorable préopinant, répondit
» le rapporteur, ne peut être adopté ; car il introduit une dis-
» position nouvelle dont les juges-de-paix n'ont pas besoin. Le
» juge-de-paix a le pouvoir de faire tout ce qu'on demande. Par
» cet amendement, la disposition que vous introduiriez serait
» contraire aux principes de l'institution. — Dans l'état actuel
» des choses, le référé est admis pour les tribunaux qui ont
» plusieurs juges. L'un d'eux prononce *par provision*, et,
» plus tard, le tribunal complet apprécie la décision et *juge au
» fond.* — Vous feriez donc prononcer d'abord provisoirement
» *en référé* par le juge-de-paix, et ensuite définitivement *sur le
» fond;* mais vous entraîneriez nécessairement des longueurs
» et des frais, et ne remédieriez à aucun des inconvénients
» qu'on a signalés. *Lorsqu'il s'agit d'une expulsion de lieux,
» lorsque les faits ne sont pas bien prouvés au juge-de-paix,
» laissez-lui les moyens d'accorder les délais, de faire ce qu'il
» croira convenable dans l'intérêt de la justice.*

» L'objet de l'amendement sera rempli, répliqua M. de Bel-
» leyme, s'il est bien entendu que cette disposition s'applique
» aux expulsions de lieux, soit après la vente du mobilier,
» soit sur le procès-verbal de carence. »

M. le rapporteur ayant déclaré alors, pour répondre à l'observation de M. de Belleyme, que la commission n'avait pas distingué, et que cela s'appliquait à tous les cas, M. Taillandier retira sa proposition.

Comme on le verra, en discutant l'art. 12 de la loi, le juge-de-paix, s'il y a péril en la demeure, peut ordonner l'exécution provisoire sur la minute même de son jugement; et de la discussion ci-dessus, il résulte qu'étant juge unique, il n'a pas besoin de statuer en référé, comme le président d'un tribunal : l'exécution provisionnelle, sur la minute même de son jugement, est la suite du pouvoir discrétionnaire que la loi lui accorde, et dont il peut user relativement aux baux, comme en toute autre matière.

§ II.

Quels sont les actes auxquels peuvent s'appliquer les attributions conférées aux juges-de-paix par cet article.

8. Suivant l'art. 1708 du Code civil, « il y a deux sortes de » contrats de louage : celui des choses, et celui d'ouvrage. — » Le louage des choses, porte l'art. 1709, est un contrat par » lequel l'une des parties s'oblige à faire jouir l'autre d'une » chose pendant un certain temps, et moyennant un certain » prix que celle-ci s'oblige de lui payer. — Le louage d'ou- » vrage, dit l'art. 1710, est un contrat par lequel l'une des » parties s'engage à faire quelque chose pour l'autre, moyennant » un prix convenu entre elles. »

L'art. 1711 définit ensuite les espèces particulières de ces deux genres de louage. « On appelle *bail à loyer* le louage des » maisons et celui des meubles ; — *bail à ferme*, celui des héri- » tages ruraux ; — *loyer*, le louage du travail ou du service ; » — *bail à cheptel*, celui des animaux dont le profit se partage » entre le propriétaire et celui à qui il les confie ; — les *devis*, » *marchés* ou *prix fait*, pour l'entreprise d'un ouvrage, moyen- » nant un prix déterminé, sont aussi un louage, lorsque la » matière est fournie par celui pour qui l'ouvrage se fait. »

L'art. 3 ne parlant que des actions en paiement de *loyers ou fermages*, des *congés*, des demandes en résiliation de baux, etc., lorsque les locations verbales ou par écrit n'excèdent pas an- nuellement, à Paris, 400 fr., et 200 fr. partout ailleurs, il en résulte :

1° Que l'article ne s'applique point au louage de travail ou de service, ni aux devis, marchés ou prix fait. Ce n'est que dans le cas où le prix du marché n'excéderait pas la somme de 200 fr. que l'affaire pourrait être de la compétence du juge-de- paix en vertu de l'article 1er. Quant au louage de service ou d'ouvrage de gens de travail, *au jour, au mois et à l'année*, ou verra, à l'art. 5, que le juge-de-paix est compétent pour statuer, en premier ressort, sur les actions qui en résultent, à quelques sommes que la demande puisse s'élever. Mais il n'en est pas ainsi de tout autre louage de travail ; par exemple, le marché fait pour remplacer un jeune homme appelé au service militaire, en vertu de la loi de recrutement, rentre dans la catégorie des louages d'ouvrage, c'est ce qu'on appelle *locatio operarum;* mais le juge-de-paix ne serait compétent pour statuer sur la demande en paiement du remplaçant, que dans le cas où il ne s'agirait que d'un terme ou restant de prix qui ne s'élèverait point au-delà de 200 fr.

2° L'art. 3 ne s'applique pas, non plus, aux baux à cheptel. La connaissance des difficultés que pouvaient faire naître les baux de ce genre avait été attribuée aux juges-de-paix par une loi spéciale du 15 germinal an 3 ; mais il y a été dérogé, du moins implicitement, par celle du 2 thermidor an 6 (1).

Loin de rendre cette compétence aux juges-de-paix, les législateurs de 1838 ont déclaré le contraire. « Les baux à » cheptel, disait notamment M. Amilhau, dernier rapporteur » de la chambre des députés, ne sont pas compris dans nos » dispositions : leurs conditions sont trop variables, et l'in- » troduction de races d'un grand prix pourrait donner lieu » à de sérieuses difficultés, soit pour la valeur, soit pour l'in- » terprétation des conventions. »

L'application de l'art. 3 se borne donc aux baux à loyer et aux baux à ferme.

Mais on peut bailler à loyer des meubles ou des immeubles. Le juge-de-paix est donc appelé à connaître des actions en paiement de loyers d'un ou de plusieurs meubles, aussi-bien que du loyer de tout ou partie d'un bâtiment.

9. La loi parlant des loyers ou fermages sans distinction, il en résulte que la compétence ici attribuée aux juges-de-paix s'applique aux baux à longues années, comme aux baux ordinaires.

Peut-il connaître également des loyers ou fermages d'un bail à vie ?

L'auteur du *Répertoire,* v° *Usufruit,* § 1, n° 3, a soutenu que le bail à vie n'est autre chose qu'un usufruit. Dans son traité sur cette matière, tome 1er, n°s 103 et suiv., M. Proudhon

---

(1) Ainsi jugé par arrêt de la cour de cassation du 22 juin 1808, D., p. 447.

fait sentir, au contraire, la différence qui peut exister entre un bail à vie et un usufruit. L'opinion du savant professeur a été adoptée par la cour suprême. Le tribunal de Vervins, saisi de la demande en perception du droit de résiliation d'un bail à vie, avait considéré cet acte comme une simple réunion d'usufruit à la propriété ; mais le jugement de ce tribunal a été cassé, « attendu qu'en droit la jouissance par bail à vie et » l'usufruit diffèrent essentiellement dans leur nature et leurs » effets (1). »

Il serait inutile de s'étendre ici sur une question dont la connaissance ne peut appartenir aux juges-de-paix, puisqu'en cas de difficulté sur ce point, l'interprétation du contrat devrait être renvoyée aux tribunaux ordinaires ; tout ce que l'on peut dire, c'est que le bail à vie peut ne contenir qu'une véritable location, cas auquel il ne diffère du bail ordinaire qu'en ce que la durée de la jouissance du preneur est incertaine, au lieu d'être déterminée ; et, dans ce cas, l'action en paiement du loyer appartiendrait aux juges-de-paix, en vertu de l'art. 3. Mais si l'acte, quoique qualifié de *bail à vie*, renferme des clauses appartenant plutôt à la constitution d'usufruit, qu'à une simple location, alors l'action en paiement de la redevance stipulée pour prix du bail à vie ne pourrait être de la compétence du juge-de-paix : ce serait un véritable usufruit auquel l'art. 3 de la loi ne saurait s'appliquer (2).

10. Il existe dans la province d'Alsace un genre de contrat assez singulier ; c'est un bail transmissible aux héritiers du preneur. Un premier arrêt du 28 janvier 1833, cassant un jugement du tribunal de Strasbourg, avait décidé qu'un acte de ce genre transférait la propriété ; qu'ainsi le droit de mutation en était dû ; mais, sur le renvoi, le tribunal de Saverne ayant jugé de même que celui de Strasbourg, l'affaire a été déférée aux chambres réunies ; et, sur les conclusions de M. le procureur-général Dupin, il a été décidé que, d'après l'usage et

---

(1) Arrêt du 18 janvier 1825, D., pag. 69.

(2) On peut voir, sur cette distinction, les arrêts rapportés par les auteurs de la nouvelle collection de Denisart, aux mots *Bail à ferme*, pag. 35, et *Bail a vie*, pag. 54.

la jurisprudence de l'ancienne province d'Alsace, le bailleur, par bail héréditaire, était considéré comme conservant la propriété du fonds sur lequel le preneur n'acquérait les droits que d'*un simple fermier*, sauf la transmission de ces droits à ses héritiers (1).

Il est évident que l'action en paiement de la redevance établie par un acte de ce genre, lequel est considéré comme un bail dont la durée est indéterminée, serait de la compétence du juge-de-paix, dans les limites fixées par notre article, à moins qu'il ne s'élevât une discussion sur la nature et l'emport de l'acte, cas auquel l'affaire devrait être renvoyée aux tribunaux civils.

11. Le juge-de-paix est-il compétent pour connaître de l'action en paiement de la redevance stipulée dans un bail emphytéotique?

L'emphytéose est un contrat par lequel le propriétaire a cédé le fonds à un autre à perpétuité ou à temps, à charge de le cultiver, améliorer, et de payer annuellement au bailleur une redevance en argent ou en denrées, indépendamment des autres charges dont on peut convenir (2).

Il faut distinguer la redevance stipulée par une emphytéose *à temps,* de celle due en vertu d'une emphytéose, d'un bail à locatairie ou à culture *perpétuelle.* L'emphytéose perpétuelle n'a jamais pu être considérée comme un fermage. En cédant le domaine utile à l'emphytéote, le bailleur ne conservait que le domaine direct représenté par la redevance, laquelle était immobilière et ne pouvait être rachetée. Cet état de choses a été modifié par la nouvelle législation. Une première loi du 18 décembre 1790 a commencé par déclarer *rachetables* les rentes foncières, sans rien changer toutefois *à leur nature immobilière.* Mais ce caractère immobilier, déjà aboli par l'art. 7 de la loi du 11 brumaire an 7, fut effacé tout-à-fait par les art. 529 et 530 du Code civil, qui ont déclaré meubles les rentes foncières. Les baux emphytéotiques et à locatairie perpétuelle n'ont donc plus aujourd'hui d'autre caractère que celui d'une

(1) Arrêt du 24 novembre 1837, D., pag. 134 de 1838.

(2) Voy. le titre au Code, *de Jure emphyteutico.*

vente, et doivent être régis par les principes propres à ce contrat. Le preneur à emphytéose perpétuelle est propriétaire absolu ; la redevance qui était le prix de cette aliénation n'est plus qu'une créance à inscrire aux hypothèques, et qui peut être purgée par le détenteur de l'immeuble (1). Comment alors l'action en paiement d'une redevance stipulée dans un acte d'emphytéose perpétuelle, pourrait-elle être attribuée aux juges-de-paix en vertu de l'article qu'on discute ? La redevance étant le prix d'une aliénation, et non un fermage, le juge-de-paix ne pourrait en connaître qu'en vertu de l'art. 1er de la loi, et dans le cas où la demande en paiement d'un ou de plusieurs termes n'excéderait pas la somme de 200 fr.

Il en est autrement des emphytéoses qui, loin d'être perpétuelles, n'ont été stipulées que pour durer soit pendant la vie du preneur seulement, soit pour tout autre temps à calculer sur la vie d'un ou de plusieurs individus. Ces actes sont même souvent faits pour un temps déterminé, tel que celui de 99 ans. Quelle qu'en soit la durée, ils n'emportent pas aliénation de la propriété ; ce n'est autre chose qu'un bail plus ou moins modifié, mais dont la redevance est toujours un fermage dont le juge-de-paix doit connaître, de même que s'il s'agissait d'un bail ordinaire.

Aussi, par arrêts des 23 et 29 nivôse an 7, la cour de cassation a-t-elle décidé qu'un bail de jouissance de 29 ans ne pouvait être considéré que comme un bail à ferme, par le motif qu'un bail emphytéotique ne saurait concéder le domaine utile, *sans être perpétuel.* Cependant un autre arrêt du 19 juillet 1832, a rejeté le pourvoi contre un arrêt de la cour de Paris, lequel avait déclaré valable l'hypothèque constituée par le preneur, sur un terrain dépendant du domaine de la couronne, qui lui avait été laissé à emphytéose, pour 99 ans, par le ministre de la maison du roi, « attendu que les règles concernant l'em- » phytéose n'ont été ni changées, ni modifiées par le Code » civil ; que les lois lui ont toujours attribué un caractère

---

(1) *Répertoire*, aux mots *Rentes seigneuriales*, § 1, n° 2 ; *Questions de droit*, v° *Emphytéose*, § II ; arrêts rendus les 2 mars 1835 et 27 novembre de la même année, chambres réunies, D., p. 433 de 1835, et 41 de 1836.

» particulier; que ce contrat n'a jamais été confondu avec le
» contrat de louage (1). »

En un mot, pour savoir si l'affaire est une de celles dont
la compétence est attribuée aux juges-de-paix par l'art. 3 de la
loi, il faut examiner si l'acte rentre dans la définition attribuée
par l'art. 1709 au louage des choses. Que ce louage soit fait
à longues années, ou pour un temps subordonné à une ou
plusieurs vies, ce n'est toujours qu'une location, pour un
temps fixe ou indéterminé; et, par conséquent, le juge-de-
paix est compétent, si le canon annuel n'excède pas 400 fr.
à Paris, et 200 fr. dans les provinces.

On doit porter la même décision pour toutes les prestations
stipulées dans une concession *temporaire* d'un droit de jouissance ou d'usage. La concession *perpétuelle* d'un droit semblable est la seule qui demeure exclue de l'application de l'art.
3, parce qu'alors ce n'est plus une location, mais la concession
d'un droit de propriété ou d'usufruit.

12. Les biens donnés à bail peuvent appartenir soit à l'état,
soit à des communes ou des établissements publics, soit à des
particuliers majeurs ou mineurs.

Les baux de biens appartenant à l'état sont passés par les receveurs de la régie des domaines devant le préfet, ou le sous-
préfet de l'arrondissement, à la chaleur des enchères (2).

Les baux des biens des communes, des hospices et autres
établissements publics sont passés par les maires ou par les
administrateurs de l'établissement, devant un notaire désigné
par le préfet, dont l'autorisation est aujourd'hui suffisante pour
les baux de 18 ans et au-dessous. Les baux de plus de 18 ans
ne peuvent avoir lieu, sans être autorisés par une ordonnance
royale (3).

---

(1) D., pag. 206 de 1832. Motivé sur la loi spéciale du 21 juin 1826, qui
autorisait la concession, et sur une des clauses de l'acte, cet arrêt ne peut
être regardé comme fixant la jurisprudence; il est contraire à la doctrine
des auteurs les plus accrédités. — Voy. notamment M. Proudhon, *Traité
d'usufruit*, tom. 1er, n° 97, et M. Grenier, *Des hypothèques*, tom. 1er, p. 307.

(2) Lois du 12 septembre 1791 et 2 pluviôse an 8.

(3) Loi du 11 novembre 1789: décret du 12 août 1807; ordonnance du
7 octobre 1818; lois des 25 mai 1835 et 18 juillet 1837, art. 47.

13. C'est aux tribunaux qu'il appartient exclusivement de statuer sur l'exécution des baux administratifs et sur l'appréciation de leurs clauses, en cas de difficultés. Les lois qui défendent au pouvoir judiciaire d'interpréter ou modifier les actes de l'administration, ne sont point ici applicables : on ne regarde comme des actes administratifs proprement dits, que les décisions rendues par un administrateur, au nom de la puissance publique, et non les baux et adjudications de biens nationaux et communaux, contrats dans lesquels l'administrateur ne figure que comme mandataire ou tuteur des biens de l'état, des communes ou des établissements publics (1).

Ainsi c'est aux juges-de-paix à statuer sur les baux administratifs, dans les limites de la compétence fixées par l'article 3 de la loi. Il faut en excepter les baux passés par la régie des domaines; l'exécution de ces baux s'exerce par voie de contrainte, et, en cas d'opposition, l'affaire est jugée en dernier ressort par le tribunal d'arrondissement, sur mémoires, au rapport d'un juge, et le ministère public entendu. Cette forme de procéder étant opposée aux règles ordinaires, il fut question de savoir, si elle n'avait pas été abolie par le Code de procédure. Par un rescrit du 1er juin 1807, le conseil-d'état a décidé que l'abrogation prononcée par l'art. 1041 n'a eu pour objet que de déclarer qu'il n'y aurait désormais qu'une seule loi commune pour la procédure; mais que l'on n'a entendu porter aucune atteinte aux formes de procéder, soit dans les affaires de la régie de l'enregistrement et des domaines, soit en toute autre matière pour laquelle il aurait été fait, par une loi spéciale, exception aux lois générales. La nouvelle attribution donnée aux juges-de-paix ne peut donc

---

(1) Arrêt du 4 janvier 1817, D., pag. 57 et suiv. Voir dans le même recueil, les arrêts des 27 novembre 1833 et 11 novembre 1834, pag. 61 de 1834, et 17 de 1835. — Ce n'est que par suite d'une dérogation extraordinaire au droit commun, que des lois spéciales ont attribué aux conseils de préfecture l'interprétation des ventes de biens nationaux. — Autrefois, il était d'usage de réserver la juridiction administrative dans le cahier des charges d'une adjudication, au profit de l'état, d'une commune et d'un établissement public. Mais la jurisprudence du conseil-d'état a fini par reconnaître qu'il n'appartient ni à l'administration, ni à la partie prenante, d'intervertir ainsi l'ordre des juridictions. (Voy. les *Questions de droit administratif*, de M. de Cormenin, art. *Baux administratifs*.)

s'appliquer aux baux des biens dépendants du domaine de l'état : quelque faible que puisse être le canon d'un bail de ce genre, l'action en paiement n'appartient qu'au tribunal.

14. A l'égard des baux des biens de mineurs, ils sont passés par le tuteur, qui, d'après l'art. 450 du Code civil, doit administrer ces biens en bon père de famille. Il en est de même des biens de personnes majeures qui ont été frappés d'interdiction. Quant aux mineurs émancipés et aux majeurs munis d'un conseil judiciaire, ils peuvent passer des baux dont la durée n'excède pas neuf ans (art. 481); les baux à longues années sont regardés comme excédant les bornes d'une simple administration.

Suivant les art. 1429 et 1430, les baux que le mari a faits des biens de sa femme, sans le concours de celle-ci, pour un temps *qui excède neuf ans,* ne sont, en cas de dissolution de la communauté, obligatoires vis-à-vis de la femme ou de ses héritiers, que pour la période de neuf ans qui reste à courir depuis la dissolution ; en sorte que le fermier n'a que le droit d'achever la jouissance de la période de neuf ans dans laquelle il se trouve ; et quant aux baux de neuf ans et au-dessous, que le mari a passés ou renouvelés des biens de sa femme, plus de trois ans avant l'expiration du bail courant, s'il s'agit de biens ruraux, et plus de deux ans avant la même époque, s'il s'agit de maisons, ils sont sans effet, à moins que leur exécution n'ait commencé avant la dissolution de la communauté.

L'art. 595 a rendu les mêmes règles applicables aux baux passés par l'usufruitier, et l'art. 1718 à ceux des biens des mineurs.

§ III.

Du paiement des loyers ou fermages.

15. « On peut louer ou par écrit ou verbalement. » (Code civil, art. 1714).

L'article ayant déféré aux juges-de-paix la connaissance des actions *en paiement de loyers ou fermages,* lorsque les locations verbales ou par écrit n'excèdent pas, à Paris, 400 fr., et 200 fr. ailleurs, il en résulte que pour les baux dont le prix principal n'est que de cette somme, la compétence du juge-de-paix pour ce qui concerne le paiement des loyers ou fermages est absolue; que, juge de l'action, le juge-de-paix est par-là même juge de toutes les exceptions que le locataire ou fermier pourrait opposer à la demande en paiement. Comme on l'a vu au § Ier, n° 4, la compétence du juge-de-paix ne peut cesser que dans le cas où la validité de l'acte serait contestée, et la demande en résiliation fondée sur d'autres motifs que le défaut de paiement.

Si le bail est fait par écrit et qu'il ne soit pas argué de nullité, alors il est facile d'en interpréter les clauses pour savoir quelle est la quotité du loyer, quelle est la durée de la location.

16. Quant au bail fait sans écrit, voici quelles sont les dispositions du Code :

« Art. 1715. Si le bail fait sans écrit n'a encore reçu aucune » exécution, et que l'une des parties le nie, la preuve ne » peut être reçue par témoins, quelque modique qu'en soit le » prix, et quoiqu'on allègue qu'il y a eu des arrhes données. — » Le serment peut seulement être déféré à celui qui nie le » bail. »

» 1716. Lorsqu'il y aura contestation sur le prix du bail » verbal *dont l'exécution a commencé*, et qu'il n'existera point » de quittance, le propriétaire en sera cru sur son serment, » si mieux n'aime le locataire demander l'estimation par ex- » perts; auquel cas les frais de l'expertise restent à sa charge, » si l'estimation excède le prix qu'il a déclaré. »

Si donc le bail verbal n'a reçu aucune exécution, et qu'il soit dénié par l'une des parties, la preuve ne peut en être reçue, quelque modique que puisse être la valeur de la chose louée; le demandeur n'a d'autre ressource que celle de déférer le serment à la partie. L'art. 1715 renferme à cet égard une dérogation à l'art. 1341 du Code, article qui n'interdit la preuve testimoniale que dans le cas où il s'agit d'une valeur de plus de 150 fr. L'art. 1715 déroge-t-il également à l'art. 1347, qui excepte de la prohibition de prouver par témoins, le cas où il existe un commencement de preuve par écrit? Les auteurs ne sont pas d'accord sur ce point. M. Delvincourt soutient, qu'en cas de dénégation d'un bail verbal, le demandeur peut être reçu à en faire la preuve par témoins. M. Duranton paraît d'un avis contraire. Cette dernière opinion est la plus conforme au texte de l'art. 1715, lequel prohibe, sans distinction, toute autre preuve que le serment de l'adversaire. D'ailleurs, comment serait-il possible de fixer le prix et les conditions du bail sur la simple production d'un commencement de preuve par écrit ?

En cas de dénégation du bail non rédigé par écrit, tout ce que peut faire le juge-de-paix, c'est donc de recevoir le serment déféré par l'une des parties à l'autre. Comme on l'a fait observer, en traitant du serment, il s'agit ici d'un serment décisoire qui termine irrévocablement la contestation (1).

Si le bail verbal a été exécuté, alors son existence est attestée par la possession même du locataire ou fermier; il ne s'agit plus que de connaître le prix de la location; et, à défaut de quittances, l'art. 1716 veut qu'en ce cas le propriétaire en soit cru sur son serment, si mieux n'aime le preneur demander l'estimation par experts. C'est donc aux juges-de-paix à faire procéder à cette expertise, suivant l'une des formes que nous avons tracées dans la première partie de cet ouvrage, sect. III, § III; et si l'estimation excède le prix déclaré par le preneur, celui-ci devra être condamné aux frais de l'expertise; dans le cas contraire, ces frais doivent être à la charge du propriétaire.

17. Les règles prescrites pour le cas du bail verbal dont l'exécution a commencé, ne peuvent souffrir de difficultés, lorsque cette exécution est convenue; mais, dans le cas où elle serait déniée, la preuve peut-elle en être faite par témoins ?

Il serait difficile à celui qui occupe la maison, ou qui cultive le fonds d'autrui, de dénier le commencement d'exécution du bail, à moins qu'il ne prétende posséder à un autre titre. La question dont il s'agit ne peut donc se présenter que dans le cas où le propriétaire demanderait le prix d'un bail verbal à un locataire ou fermier, dont la jouissance aurait cessé, et qui contesterait soit le fait de cette jouissance, soit le nombre d'années qu'elle a duré. M. Toullier, qui a soulevé cette ques-

---

(1) Voy. part. I, sect. III, § V, n° 47.

tion, prétend qu'alors le propriétaire ne doit pas demander la preuve du bail même, laquelle est prohibée par la loi, quelque modique qu'en soit le prix, mais articuler des faits tendant à prouver que le défendeur a joui de sa maison ou de son domaine, et conclure à la restitution des fruits ou au paiement de la valeur de cette jouissance à estimer par experts (conclusions qui ne pourraient être de la compétence du juge-de-paix). Par arrêt du 1er août 1836, la cour de Nîmes a aussi décidé, que la preuve testimoniale n'est pas admissible à l'effet de prouver le commencement d'exécution d'un bail verbal au-dessus de 150 fr. (1).

Cette opinion ne saurait être adoptée généralement et sans distinction. La jouissance des terres ou l'occupation d'un bâtiment, pendant tel nombre d'années, sont des faits qui peuvent être prouvés par témoins, étant indépendants de toute convention. Dans l'hypothèse dont il s'agit, la solution de la question doit donc dépendre du genre de défense opposé à la demande du propriétaire. Si, sans prétendre aucun droit sur l'immeuble, le défendeur se borne à dénier la jouissance alléguée ou le temps qu'elle a duré, alors ce n'est qu'à titre de locataire ou fermier qu'il a pu jouir; et quel pourrait être le motif du rejet de la preuve des faits d'occupation ou de culture tendant à établir cette jouissance?

Si, au contraire, le défendeur, soit qu'il occupe la maison ou la ferme, soit qu'il ait cessé d'en jouir, soutient que c'est comme propriétaire qu'il en a joui (on a vu des exemples d'une pareille prétention), c'est alors que la preuve de l'exécution d'un prétendu bail verbal ne saurait être admise, et même, en ce cas, l'affaire excéderait les limites de la juridiction du juge-de-paix, et devrait être renvoyée au tribunal, puisqu'il s'agirait de statuer sur une question de propriété.

18. Lorsque le bail verbal a reçu un commencement d'exécution non contesté, peut-on prouver par témoins les conditions et la durée de ce bail? L'affirmative a été décidée par deux arrêts de la cour de Nîmes, l'un du 14 juillet 1810, l'autre du 22 mai 1819, par le motif « que l'art. 1715 du

---

(1) Toullier, tom. 9, pag. 39 et 40; Dalloz, part. 2, pag. 7 de 1838.

» Code n'exclut la preuve testimoniale de l'existence d'un bail
» à ferme dénié par l'une des parties, et qui n'a point été ré-
» digé par écrit, que lorsqu'il n'a reçu aucune exécution ;
» d'où il s'induit que lorsqu'il y a un commencement d'exécu-
» tion, et que le discord ne roule que sur la durée et les con-
» ditions du bail, la preuve est recevable, etc. »

Mais, comme le dit fort bien M. Toullier (tom. 9, n°s 33 et
34), la cour de Nîmes a été abusée par ce que les dialecticiens
appellent argument *à contrario sensu*, moyen qui, d'après
les lois romaines et tous les auteurs, ne peut jamais être employé pour faire dire à un article de la loi le contraire de
ce qu'elle dit dans un autre article.

Aussi, par arrêt du 4 mai 1825, la cour de Grenoble a-t-
elle décidé que la preuve testimoniale ne pouvait être admise
pour attester que le bail verbal, dont l'exécution était com-
mencée, ne devait avoir que tel ou tel terme. Le tribunal civil de Montpellier a rendu le 1er septembre 1830 une décision
semblable, « attendu, y est-il dit, que la preuve offerte par
» l'appelant, outre qu'elle ne serait pas concluante, puis-
» qu'elle n'avait pas pour objet le fait même de la convention
» alléguée, n'était point admissible, puisqu'il s'agissait d'un bail
» dont le prix excédait la somme de 150 fr. ; qu'il ne résulte
» pas, en effet, de l'art. 1715 du Code, que la preuve testi-
» moniale soit admissible en fait de baux verbaux, quels que
» soient l'objet et le prix du bail, de cela seul qu'il aurait reçu
» un commencement d'exécution ; qu'au contraire, cet article
» restreint, au lieu de l'étendre, l'admissibilité de la preuve tes-
» timoniale, et défend de prouver l'existence d'un bail verbal
» dont l'objet et le prix seraient inférieurs à 150 fr. ; s'il n'a
» reçu aucun commencement d'exécution, etc. » Le jugement,
soumis à la cour de cassation, a été maintenu par arrêt du 10
mai 1832.

Nous n'admettrions pas même la distinction faite entre le
bail dont le prix excède la somme de 150 fr. et celui d'un prix
inférieur. Dans l'un comme dans l'autre cas, la preuve testimoniale ne saurait être admise, à ce qu'il nous semble. A
quoi aboutirait-elle en effet? à établir le prix du bail? à cet
égard, l'art. 1716 décide, d'une manière générale, que pour

le bail verbal dont l'exécution a commencé, on doit s'en rapporter au serment du propriétaire ou à l'estimation d'experts, qui serait requise par le locataire. Les articles 1736 et 1774, ont également fixé la durée du bail verbal. Quant aux autres conditions, celui qui loue sa maison ou son domaine sans écrit, a entendu s'en référer au droit commun, et le locataire ou fermier est censé n'avoir contracté d'autres obligations que celles qui sont écrites dans le Code, au chapitre *du louage des choses*.

19. Les art. 1715 et 1716 étant placés sous la rubrique *des règles communes aux baux des maisons et des biens ruraux*, ne sauraient s'appliquer au louage des meubles fournis par un autre que le propriétaire qui loue un appartement garni.

On a vu à l'art. 1er, § 2, que la maxime, *en fait de meubles, possession vaut titre*, recevait exception, lorsque le meuble était détenu à titre précaire, titre qui peut résulter, soit d'une location à tant par mois ou par année, soit d'un prêt à usage ou commodat, qui diffère de la location en ce qu'il est essentiellement gratuit.

Dans le cas de louage d'un ou de plusieurs meubles, le prix de la location, si les parties n'étaient pas d'accord sur ce point, pourrait donc être établi par témoins, par experts, ou par d'autres documents.

Mais si le détenteur, au lieu de convenir du louage, soutient qu'il est propriétaire des meubles qui garnissent son appartement, alors la preuve testimoniale de l'existence du louage ne pourrait être admise, qu'autant que l'évaluation faite par le demandeur n'excéderait pas 150 fr., ou qu'il existerait un commencement de preuve par écrit. Dans le cas contraire, la preuve testimoniale étant inadmissible, le défendeur resterait sous le bénéfice de la présomption légale, qu'*en fait de meubles, possession vaut titre*.

Il en serait de même du cas où les meubles venant à être saisis par les créanciers du détenteur, celui qui les a loués agirait en revendication. La demande devrait être rejetée, si la valeur des meubles excédant 150 fr., il n'avait pas de preuve écrite. Ceux qui louent des meubles doivent donc prendre la précaution d'en faire constater le nombre et l'état par écrit.

Des sous-locataires.

20. Suivant l'art. 1717 du Code, « le preneur a le droit de
» sous-louer, et même de céder son bail à un autre, si cette
» faculté ne lui a pas été interdite. — Elle peut être interdite
» pour le tout ou partie. — Cette clause est toujours de
» rigueur. »

En ce qui concerne les baux ordinaires, le fermier ou locataire a donc droit de sous-louer et même de céder son bail,
à moins de stipulation contraire. (1).

Il en est autrement du colon partiaire qui ne peut ni sous-
louer, ni céder, *si la faculté ne lui en a été expressément accordée par le bail* (art. 1763).

21. Dans le cas où le fermier a usé de la faculté de sous-
louer, le propriétaire peut réclamer le prix du sous-bail, à
compte de ce qui lui est dû.

« Le sous-locataire, dit l'art. 1753, n'est tenu envers le pro-
» propriétaire que jusqu'à concurrence du prix de sa sous-
» location, dont il peut être débiteur au moment de la saisie,
» et sans qu'il puisse opposer des paiements faits par antici-
» pation. — Les paiements faits par le sous-locataire, soit en
» vertu d'une stipulation portée en son bail, soit en consé-
» quence de l'usage des lieux, ne sont pas réputés faits par
» anticipation. »

On a lieu de s'étonner de voir cet article placé dans les *règles*

---

(1) La défense de sous-louer interdit-elle la faculté de céder son bail à un
autre, et la défense de céder son bail empêche-t-elle de sous-louer en partie ?
La défense de sous-louer entraîne, à ce qu'il nous paraît, celle de céder
son bail. En effet, la faculté de céder un bail est quelque chose de plus que
celle de sous-louer ; or, en interdisant au fermier ou locataire la faculté de
sous-louer, même en partie, je lui ai à plus forte raison défendu de céder la
totalité de son bail. — Mais la défense de céder le bail n'empêcherait pas le
locataire de sous-louer en partie ; il en serait autrement, s'il était défendu de
céder le bail, *en tout ou en partie* ; alors la sous-location enfreindrait la
défense. Cependant il a été décidé par plusieurs arrêts que « la prohibition de
» céder le bail (en général) entraîne *nécessairement* celle de sous-louer en
» tout ou en partie. » — Voy. sur cette question, le *Répertoire*, vᵒ *Sous-location;* et dans Dalloz, part. 2, pag. 39 de 1818, 154 de 1823, 70 et 208 de 1825,
34 de 1827, et 182 de 1829, l'arrêt de la cour d'Angers du 27 mars 1817, celui
de la cour d'Amiens du 24 mai de la même année, et ceux de la cour de Paris,
à la date des 28 août 1824, 24 février 1825, 18 mars 1826 et 28 mars 1829.

particulières aux baux à loyer, la disposition qu'il renferme étant également applicable aux baux à ferme.

Aussi l'article 820 du Code de procédure dispose-t-il d'une manière générale. « Pourront les effets des *sous-fermiers* et » *sous-locataires* garnissant les lieux par eux occupés, et les » fruits des terres qu'ils sous-louent, être saisis-gagés pour » les *loyers* et *fermages* dûs par le locataire ou fermier de qui » ils tiennent; mais ils obtiendront main-levée, en justifiant » qu'ils ont payé sans fraude, et sans qu'ils puissent opposer ▪ des paiements par anticipation. »

22. En prenant à la lettre l'article 1328 du Code, on pourrait dire que les quittances données par le fermier au sous-locataire ne peuvent faire preuve du paiement contre le propriétaire, à moins qu'elles n'aient été enregistrées avant la demande ou la saisie formulée par celui-ci (1). Mais un débiteur n'étant tenu de faire enregistrer ses quittances que dans le cas où il est forcé de les produire en justice, il serait par trop rigoureux d'appliquer ici l'art. 1328 du Code. Aussi est-il de jurisprudence que les quittances d'un fermier ou d'un sous-fermier font preuve de paiement contre les tiers, à moins qu'il n'y ait preuve ou présomption de fraude.

23. En ce qui concerne l'action du propriétaire, à l'égard des sous-locataires, on peut élever la question de savoir si c'est le bail principal ou la sous-location qui doit fixer la compétence du juge-de-paix. Supposons, par exemple, qu'il s'agisse d'un bail passé en province et dont le prix principal soit de 1,000 fr., et que le fermier principal ait sous-loué à plusieurs pour le prix de 200 fr. et au-dessous; le juge-de-paix serait-il compétent pour connaître de la demande en paiement dirigée par le propriétaire contre l'un des sous-locataires?

Pour décliner la juridiction du juge-de-paix, on pourrait dire, qu'à l'égard du propriétaire, il s'agit d'un bail de plus de 200 fr., qu'ainsi le tribunal civil est seul compétent pour connaître de toutes les demandes relatives à ce bail. Mais le contraire doit être décidé, à ce qu'il nous paraît, et en voici la raison. Comme on vient de le voir, le sous-locataire ne peut

---

(1) Voir ce qui a été dit sur cet article, part, 1, pag. 98.

être tenu que jusqu'à concurrence de sa sous-location. Ainsi, quand le propriétaire s'adresse au sous-locataire pour être payé à compte de ce qui lui est dû, ce n'est point du bail principal qu'il est question; la sous-location est le seul titre qui constitue débiteur le sous-locataire; dès l'instant donc qu'il ne s'agit que de l'exécution d'un bail de 200 fr. et au-dessous, l'affaire rentre dans la compétence fixée par l'article 3 de la loi. D'ailleurs, le propriétaire qui agit contre le sous-locataire ne fait qu'exercer les droits et actions de son débiteur, le locataire principal; celui-ci pouvant porter, devant la justice-de-paix, la demande en paiement du prix de la sous-location, on ne voit pas pourquoi le propriétaire serait tenu d'exercer les droits de son débiteur devant une autre juridiction?

On pourrait soutenir qu'il en doit être autrement de la saisie-gagerie exercée par le propriétaire sur les meubles et effets du sous-fermier, que, dans ce cas, c'est son propre droit, et non celui du locataire principal, que fait valoir le propriétaire. Mais le sous-locataire ne peut être saisi que jusqu'à concurrence du prix de la sous-location, et, comme on vient de le voir n° 21, il doit lui être donné main-levée de la saisie, s'il justifie avoir payé celui dont il tient le sous-bail; ce n'est donc que de l'exécution de ce titre et non pas du bail principal qu'il s'agit, en cas de saisie-gagerie faite par le propriétaire.

§ IV.

Des congés.

24. Le congé, en matière de location, est l'acte par lequel l'une des parties déclare à l'autre qu'elle n'entend pas que le bail soit continué.

Ainsi le congé donné par le bailleur doit contenir sommation au preneur, d'avoir à quitter l'objet loué ou affermé, à telle ou telle époque. Le congé donné par le conducteur doit indiquer pareillement le temps auquel il se propose d'abandonner la maison ou la ferme.

Quels sont les cas dans lesquels il est nécessaire de donner congé?

Il faut distinguer, à cet égard, les baux à ferme des baux

à loyer; et, à l'égard de ceux-ci, les baux faits verbalement de ceux qui ont été rédigés par écrit.

25. Lorsque le bail est fait *par écrit* et que la convention détermine sa durée, les parties sont respectivement tenues de remplir le contrat; alors l'une d'elles ne pouvant faire cesser le bail avant l'expiration du terme convenu, le congé est inutile, la fixation du terme en tient lieu, suivant la maxime, *dies interpellat pro homine*.

Cependant le congé devient nécessaire, si le bail par écrit est fait, ainsi que cela se pratique souvent, pour trois, six ou neuf années, avec faculté de le résilier à la fin de la première ou de la seconde période, et même au bout de telle ou telle année. Dans ce cas, l'acte stipule ordinairement le délai dans lequel devra être signifié le congé; et à défaut de cette stipulation, l'usage est de s'avertir six mois à l'avance.

Le congé serait également nécessaire à l'égard d'un bail à loyer fait par écrit, mais dans lequel les parties auraient omis de déterminer sa durée.

26. Enfin, si le propriétaire s'est réservé la faculté d'occuper par lui-même, dans ce cas il est tenu de manifester cette intention d'avance, en signifiant congé.

La loi Æ de 3, au Code *locato conducto*, accordait au propriétaire le droit de résilier le bail, si des circonstances l'obligeaient à venir occuper lui-même l'objet loué, que, par exemple, la maison qu'il habitait vînt à être incendiée. Les auteurs du Code civil n'ont pas cru devoir autoriser, en ce cas, la résiliation du contrat. D'après les articles 1761 et 1762, le bailleur ne peut occuper la maison louée que, dans le cas où le bail porte expressément cette réserve; et alors, *il est tenu de signifier d'avance un congé, aux époques déterminées suivant l'usage des lieux.*

Sauf les exceptions dont on vient de parler, le congé n'a pas besoin d'être signifié, lorsqu'il s'agit d'un bail fait par écrit. Ce n'est que pour les baux sans écrit que cette mesure est indispensable.

Encore faut-il distinguer les baux *à ferme* des baux *à loyer*.

27. En ce qui concerne les baux à ferme, il ne peut être question de congé, puisque la durée de ces baux, quoique faits

sans écrit, est fixée par l'art. 1774 du Code, conçu en ces termes :
« Le bail sans écrit d'un fonds rural est censé fait pour le temps
» qui est nécessaire, afin que le preneur recueillie tous les
» fruits de l'héritage affermé.—Ainsi le bail à ferme d'un pré,
» d'une vigne, et de tout autre fonds dont les fruits se re-
» cueillent en entier dans le cours de l'année, est censé fait
» pour un an.—Le bail des terres labourables, lorsqu'elles se
» divisent par soles ou saisons, est censé fait pour autant
» d'années qu'il y a de soles. »

L'article 1775 porte, en conséquence : « Le bail des héritages
» ruraux, *quoique fait sans écrit*, cesse *de plein droit* à l'ex-
» piration du temps pour lequel il est censé fait, selon l'article
» précédent. »

Ainsi le bailleur d'un bien rural est tenu de laisser au preneur
le temps nécessaire pour recueillir tous les fruits de l'objet
affermé : de son côté, le preneur ne peut abandonner les terres
avant le temps fixé par l'art. 1774. Aucune des parties n'a, par
conséquent, la faculté de renvoyer l'autre. Seulement le propriétaire doit, à l'expiration du temps fixé par la loi, donner
un simple avertissement, afin d'éviter la réconduction tacite,
dont il sera parlé au paragraphe suivant.

Il faut observer que, si la jouissance du preneur comprend
tout à la fois des bâtiments, des prés, des vignes et des terres
divisées par soles, le bail verbal est censé fait pour le tout,
comme pour les terres.

Ainsi ce n'est que pour les *baux à loyer* qu'il est nécessaire
de donner congé d'après l'art. 1736 du Code, portant que,
« si le bail a été fait sans écrit, l'une des parties ne pourra
» donner congé à l'autre qu'en observant les délais fixés par
» l'usage des lieux. » C'est sans doute par inadvertance que
le législateur a rangé cet article dans la section *des règles com-*
munes aux baux des maisons et des biens ruraux, car, encore
une fois, il ne peut être question de congé, suivant l'usage des
lieux, pour ce qui concerne le bail de biens ruraux dont la
durée est positivement déterminée par la loi (1).

Quant aux baux de meubles destinés à garnir une maison,

---

(1) *Répertoire*, v° *Bail*, § 4.

une boutique ou un appartement, ils sont censés faits pour la durée ordinaire des baux de maisons, boutiques, etc., *selon l'usage des lieux* (art. 1757); il est donc aussi nécessaire de donner congé pour les baux de cette nature.

28. La loi s'en rapportant à l'usage des lieux, pour les baux de maisons et ceux de meubles, il nous serait difficile de donner à cet égard une règle fixe; chaque pays a ses usages que la jurisprudence fait même souvent varier; et il serait à désirer que, pour les maisons, la loi eût fixé une règle générale qui eût pu être calculée sur le plus ou le moins d'importance de l'objet loué.

A Paris, il y a annuellement quatre termes pour commencer et finir les baux des appartements et des maisons. Si le loyer est de 1,000 fr. par an ou au-dessus, le congé doit être signifié six mois avant l'expiration du terme de la sortie. La même règle s'observe à l'égard d'une maison louée en entier, d'un corps-de-logis, d'une boutique ouverte sur une rue, lors même que le loyer serait au-dessous de 1,000 fr. A l'égard des appartements ordinaires, dont la location ne se porte pas à 1,000 fr., le congé doit être signifié trois mois avant la sortie pour ceux de 400 fr. et au-dessus; et si le loyer est au-dessous de 400 fr., la signification du congé peut se faire six semaines avant la fin du bail. Tel était l'usage reconnu avant la révolution, par un acte de notoriété du Châtelet, du 28 mars 1713 (1).

Mais l'usage pouvant varier à Paris, comme dans les provinces, à raison de l'augmentation des loyers, les juges-de-paix devront prendre pour règle la jurisprudence du tribunal de leur ressort.

Le délai pour évacuer ne court pas du jour ou le congé a été signifié, mais seulement du jour de l'expiration du trimestre durant lequel la signification a été faite (2).

Il est aussi d'usage d'accorder au locataire, au-delà du jour de la cessation du bail désigné dans le congé, un délai pour sortir et procurer les réparations locatives, délai qui doit être plus ou moins long, suivant l'importance du bail. L'acte de no-

---

(1) Nouvelle collection de Denisart; *Répertoire*, v° *Bail*, § 4.

(2) Arrêt de la cour de Bordeaux du 10 juin 1829, D., part. 2, pag. 205.

toriété du Châtelet, dont on vient de parler, fixait ce délai de grâce, au-delà de celui du congé, à quinze jours, lorsque le congé devait être donné soit à six mois, soit à trois mois, et à huit jours seulement, dans le cas où le congé pouvait être signifié à six semaines de date.

29. Le congé doit être prouvé par écrit. On ne reçoit point à cet égard la preuve testimoniale, lors même que l'objet de la location n'excède pas 150 fr. Telle était la jurisprudence du Châtelet que les tribunaux actuels ont adopté, ce qui est une conséquence de l'art. 1715 du Code. Dès l'instant qu'on ne peut établir, par témoins, la preuve d'un bail verbal qui n'a pas reçu un commencement d'exécution, quelque modique qu'en soit le prix, le congé, qui se rattache nécessairement au bail dont il opère la résolution, *doit être conséquemment régi par les mêmes principes* (1).

Le congé doit donc être signifié par huissier, à moins qu'il ne soit convenu à l'amiable, ou que l'une des parties n'ait répondu par lettre qu'elle a reçu celle par laquelle l'autre a manifesté son intention de résilier.

Quelques auteurs pensent que le congé doit être accepté, qu'autrement celui qui l'a donné doit se pourvoir en justice pour faire prononcer sa validité; et, suivant la nouvelle collection de Denisart, le congé que le propriétaire donne sur une simple quittance ne serait point valable, l'acceptation de la quittance ne devant être considérée que comme une décharge de paiement, et non comme une acceptation du congé. Nous ne saurions partager cette opinion. Il ne s'agit pas ici de la résolution d'un contrat, laquelle doit être consentie comme le contrat même qui fait la loi des parties. Le congé, loin d'être un acte synallagmatique, n'est que l'exercice d'une faculté réservée par le bail, ou qui d'après la loi est inhérente à la location verbale, et dont chaque partie a le droit d'user sans le consentement et même contre le gré de l'autre. Il suffit donc d'administrer la preuve que la volonté d'exercer cette faculté a été manifestée à temps

---

(1) Arrêt de la cour de cassation du 12 mars 1816, D., p. 176. — Voy. dans le même recueil, pag. 134, part. 2 de 1827, l'arrêt rendu par la cour de Corse le 15 novembre 1826.

utile : on croit même, qu'à défaut d'un écrit constatant ce fait, la partie qui a voulu faire cesser le bail pourrait déférer le serment à l'autre sur le point de savoir s'il ne l'a pas avertie à temps ; mais le juge ne peut déférer ce serment d'office.

50. Lorsque le bail a été consenti solidairement par plusieurs locataires ou fermiers, avec faculté de le résilier, le congé signifié par l'un de ceux-ci suffit-il pour opérer la résiliation ?

La négative a été jugée dans l'espèce suivante : acte authentique par lequel la dame Dumas donne à bail aux sieurs Sarrasin, à Marie Sarrasin et à Chauvet, un domaine pour six années, avec stipulation qu'il serait libre à chacune des parties de faire cesser ce bail, après les deux ou les quatre premières années, en s'avertissant six mois à l'avance. Avant la fin de cette seconde période, Sarrasin déclare à la dame Dumas, qu'il entend faire cesser le bail pour ce qui le concerne ; mais cette déclaration ne fut point signifiée aux cofermiers qui continuèrent l'exploitation, jusqu'à la fin du bail. Assigné en paiement des fermages, Sarrasin opposa, qu'ayant fait signifier le congé à temps utile, il ne pouvait être redevable des fermages échus postérieurement. Ce système avait été adopté par la cour de Nîmes ; mais l'arrêt de cette cour a été cassé par la section civile le 19 avril 1831 : « attendu que l'exploit annonçant le congé ne fut notifié, ni à la dame Sarrasin, ni au sieur Chauvet, quoiqu'ils fussent cofermiers *et tenus solidairement*; que, d'*après la solidarité exprimée dans ledit contrat*, la réunion et le consentement des trois cofermiers étaient nécessaires pour opérer l'effet que le sieur Sarrasin entendait attacher à sa déclaration de congé; qu'en effet, la faculté de la résiliation avait été stipulée tant dans l'intérêt commun des preneurs *solidaires* que de la dame Dumas qui leur concédait le bail, *à la charge de leur obligation solidaire.* »

Comme on le voit, c'est sur l'engagement solidaire contracté par les preneurs, que s'est fondée la cour de cassation. Mais en devrait-il être de même d'un bail souscrit par plusieurs personnes non engagées solidairement, ou d'un bail verbal dont plusieurs communiers seraient en jouissance ? Dans l'une ou l'autre de ces deux hypothèses, le congé donné par l'un des preneurs serait-il sans effet ? On ne le pense pas : les preneurs n'étant liés par aucune solidarité, chacun d'eux a le droit de signifier le congé. Et si les autres continuent leur jouissance, alors c'est un nouveau bail tacitement consenti par le propriétaire, qui n'a pas usé du droit qu'il aurait eu de faire cesser leur jouissance, vu le défaut de l'un des preneurs qu'il avait entendu avoir pour obligé.

31. Retournons la thèse sur laquelle il a été statué par l'arrêt ci-dessus : supposons que ce soit un copropriétaire par indivis qui ait fait signifier le congé, sans l'assentiment des autres et même contre leur gré. Dans ce cas, nous croyons que le bail ne laisserait pas de subsister, parce que, malgré la part de chacun des copropriétaires dans l'objet affermé, l'exécution du bail est indivisible ; le locataire ou le fermier n'a pas entendu jouir partiellement ; et puisque les copropriétaires s'étaient réunis pour lui livrer la totalité de la maison, de l'appartement ou du domaine, la même réunion est nécessaire pour faire cesser le bail. Il en serait autrement, si les copropriétaires adhéraient au congé signifié par l'un d'eux ; ce serait alors une ratification du fait de celui-ci; *ratihabitio œquiparatur mandato* (1).

Telles sont les règles qui doivent servir de guide aux juges-de-paix pour statuer, dans les limites de leur compétence, sur la validité des congés.

Nous ne croyons pas devoir terminer ce paragraphe, sans parler des acquéreurs; car les droits respectifs du locataire et du nouveau propriétaire, en cas de vente de l'objet loué ou affermé, se rattachent à la compétence des juges-de-paix, en matière de congés.

32. Suivant la loi *emptorem* 9, au Code *locato conducto*, l'acquéreur n'était pas obligé d'entretenir le bail fait par son vendeur, à moins que cette condition ne lui eût été imposée

---

(1) Ainsi décidé par un arrêt de la cour de Douai du 6 février 1828 , D., part. 2, pag. 165. — Un autre arrêt de la cour de Rennes du 15 pluviôse an 12, que rapporte Sirey, tom. 4, part. 2, pag. 309, a jugé aussi que le congé signifié par l'un des copropriétaires, et non désavoué par l'autre, était valable.

dans la vente. Mais cette loi a été abrogée par le Code civil, dont voici les dispositions relatives aux acquéreurs :

« Art. 1743. Si le bailleur vend la chose louée, l'acquéreur » ne peut expulser le fermier ou locataire, qui a un bail au- » thentique où dont la date est certaine, à moins qu'il ne se soit » réservé ce droit par le contrat de bail. »

Les articles 1744, 1745, 1746 et 1747, décident comment l'indemnité doit être réglée, dans le cas où l'expulsion du locataire, en cas de vente, aurait été convenue dans le bail.

« 1748. L'acquéreur qui veut user de la faculté réservée » par le bail, d'expulser le fermier ou locataire en cas de » vente, est, en outre, tenu d'avertir le locataire au temps » d'avance usité dans le lieu pour les congés. — Il doit aussi » avertir le fermier de biens ruraux, au moins un an à » l'avance.

» 1749. Les fermiers ou les locataires ne peuvent être ex- » pulsés qu'ils ne soient payés par le bailleur, ou, à son défaut, » par le nouvel acquéreur, des dommages-intérêts ci-dessus » expliqués.

» 1750. Si le bail n'est pas fait par acte authentique, ou n'a » point de date certaine, l'acquéreur n'est tenu d'aucuns dom- » mages et intérêts.

» 1751. L'acquéreur à pacte de rachat ne peut user de la » faculté d'expulser le preneur, jusqu'à ce que, par l'expira- » tion du délai fixé pour le réméré, il devienne propriétaire » incommutable. »

Quoique ces articles ne parlent que de l'acquéreur, cependant leurs dispositions sont applicables à tout successeur à titre singulier, au donataire, au légataire soit de la propriété, soit même de l'usufruit (1).

33. Ainsi le nouveau propriétaire doit entretenir les baux authentiques ou ayant une date certaine avant la vente, à moins que le contraire n'ait été convenu lors du bail, cas auquel le preneur doit être indemnisé.

Mais si le bail n'a pas de date certaine avant la vente, alors l'acquéreur est considéré comme un tiers auquel l'acte sous

---

(1) Proudhon, *Traité d'usufruit*, tom 8, nᵒˢ 1223 et 1224.

seing privé ne peut être opposé (voy. pag. 98 , n° 11). Dans
ce cas , l'acquéreur n'est tenu d'aucuns dommages-intérêts ;
c'est le vendeur qui doit, au locataire ou fermier, une indemnité pour défaut de jouissance , indemnité dont il sera question
au commentaire de l'article 4.

La date certaine de l'acte , avant la vente ou tout autre
acte translatif de propriété, est la seule circonstance qui puisse
obliger le nouveau propriétaire à tenir le bail. Quand bien
même il aurait reçu les loyers ou fermages, il ne serait censé
en avoir été payé qu'en vertu de location verbale, à moins
qu'il ne se soit engagé formellement à entretenir le bail écrit ,
quoique sans date certaine (1).

34. La faculté de faire cesser le bail qui n'a pas de date certaine est-elle réciproque ? le fermier ou locataire peut-il en
user ? Pothier, n° 298, soutient l'affirmative ; mais nous ne
saurions partager le sentiment de cet auteur. Pourquoi le nouveau propriétaire n'est-il pas tenu d'entretenir le bail non enregistré que le vendeur ne lui a point dénoncé ? C'est, comme
on vient de le dire, parce que les actes sous seing privé n'ont
point de date contre les tiers. L'acte , au contraire , fait foi de
sa date contre le fermier qui l'a souscrit. Si donc le nouveau
propriétaire consent à tenir le bail, et reconnaît, par-là même, que
sa date est antérieure à l'acte qui lui a tranféré la propriété, alors
on ne voit pas , comment le fermier pourrait se soustraire à l'accomplissement de l'obligation qu'il a contractée. Il le peut d'autant moins que l'acquéreur lui-même ne peut l'expulser, s'il est
convenu , avec le vendeur, d'entretenir le bail sous-seing privé.

35. A l'égard des baux ayant date certaine, *l'acquéreur ne
peut* EXPULSER *le fermier ou locataire*, à moins que cette faculté n'ait été réservée dans le bail. Ces termes de l'art. 1743 ,
sembleraient ne devoir s'appliquer qu'au preneur qui , à l'époque
de la vente, serait en jouissance , et non à celui dont le bail
n'aurait pas encore commencé. Mais malgré ces expressions ,
il faut décider le contraire. L'art. 1743, on le répète, n'ayant
fait qu'appliquer, au contrat de louage, la règle générale établie
par l'art. 1328 , peu importe que le fermier soit ou non en

---

(1) Pothier, *Traité du louage*, n° 300 ; Duranton, tom. 17 , n° 145.

jouissance à l'époque de la vente; dès l'instant que son bail à une date certaine, il est opposable à l'acquéreur (1).

36. Au surplus, les contestations qui peuvent s'élever sur les clauses et les effets de la vente, sur la question de savoir, si ce contrat ou tout autre acte translatif de propriété confère au nouveau propriétaire le droit d'expulser le preneur, ne sauraient être de la compétence du juge-de-paix.

Le seul point qui puisse rentrer dans la discussion actuelle est ce qui concerne les congés, en cas de vente.

37. Or, d'après l'art. 1748, si dans le bail authentique ou qui a une date certaine, le fermier est convenu qu'il pourrait être expulsé, et que le nouveau propriétaire veuille user de cette faculté, il est tenu de signifier le congé suivant l'usage des lieux pour les baux à loyer, et au moins un an à l'avance pour ceux de biens ruraux (2).

38. Mais quand le bail n'a pas de date certaine, le nouveau propriétaire peut-il user du droit d'expulsion, sans accorder aucun délai au fermier ou locataire? La cour de Turin, devant laquelle s'est élevée cette question, a jugé l'affirmative, en motivant sa décision sur ce que l'art. 1748 n'obligeait l'acquéreur à donner congé, que dans le cas où la faculté de résilier le bail, en cas de vente, avait été réservée dans le bail, tandis que l'art. 1743, n'assujettissant point l'acquéreur à cette obligation, lui permet de faire cesser le bail à l'instant même (3).

M. Duranton soutient, au contraire, que l'acquéreur d'une maison est obligé de donner congé, suivant l'usage des lieux, conformément à l'art. 1736, et que, si la vente a pour objet un bien rural, le fermier ne peut être dépossédé que dans les termes fixés par l'art. 1774 (4). Nous ne pouvons qu'applaudir à cette opinion qui nous paraît aussi conforme aux principes

---

(1) Ainsi jugé par arrêt de la cour de Dijon du 21 avril 1827, D., part. 2, pag. 119.

(2) Il est bien entendu que, malgré cette stipulation insérée dans le bail, il peut être convenu, dans la vente, que l'acquéreur sera obligé de l'entretenir.

(3) Arrêt du 21 juin 1810, D., part. 2, pag. 114 de 1811.

(4) *Cours de droit français*, tom. 17, pag. 115, n° 144.

qu'à l'équité. En effet, si le fermier ou locataire ne peut opposer à l'acquéreur le bail qui n'a pas une date certaine avant la vente, l'occupation de la maison ou la jouissance de la ferme atteste du moins l'existence d'un bail verbal. Sous l'empire de la loi *emptorem*, qui prononçait la résolution du bail en cas de vente, l'acquéreur était néanmoins tenu d'accorder au locataire le délai d'usage, ainsi que l'enseigne Pothier, n° 297. Pourquoi n'en serait-il pas de même, d'après le Code civil qui, loin d'accorder la même faveur au nouveau propriétaire, l'oblige à entretenir les baux, à l'exception de ceux qui, n'ayant pas une date certaine à l'égard d'un tiers, sont considérés, par-là même, comme ayant été faits sans écrit.

39. Quant à l'acquéreur sous pacte de rachat, l'article 1751 ne lui permet d'expulser le preneur, qu'à l'expiration du délai fixé pour le réméré. Tant que ce délai n'est pas expiré, l'acquéreur ne peut exercer d'autres droits que ceux que le vendeur aurait pu exercer lui-même. Il ne peut par conséquent donner congé avant l'expiration d'un bail écrit, quoiqu'il n'ait pas de date certaine. Mais rien n'empêche l'acquéreur à réachat de donner congé d'un bail non écrit ou d'un bail souscrit par son vendeur, et dont la durée n'aurait pas été déterminée, parce qu'encore une fois, si, pendant le délai fixé pour le réméré il n'a pas plus de droits, du moins en a-t-il autant que son vendeur.

§ V.

De la réconduction tacite.

40. On vient de voir au paragraphe précédent, que le bail fait par écrit cesse de plein droit, à son expiration, sans qu'il soit besoin de signifier un congé.

Cependant l'art. 1738, relatif aux baux à loyer, porte que, « si à l'expiration des baux écrits, le preneur reste et est » laissé en possession, il s'opère un nouveau bail dont l'effet » est réglé par l'article relatif aux locations faites sans écrit, » bail qui par conséquent se règle, suivant l'usage des lieux, aux termes de l'art. 1736.

Et pour ce qui concerne les baux à ferme, l'article 1776

déclare également que, « si à l'expiration des baux ruraux
» écrits, le preneur reste et est laissé en possession, il s'opère
» un nouveau bail dont l'effet est réglé par l'article 1774. »

Ainsi, quoique le bailleur ne soit pas tenu de signifier un
congé, avant l'expiration du bail fait par écrit, ni même à l'instant
de cette expiration, cependant, afin d'empêcher le locataire ou
fermier d'opposer la réconduction tacite, il doit lui donner ce
qu'on appelle un *avertissement*. Il ne faut pas confondre cette
espèce de congé avec celui dont il a été question dans le paragraphe précédent ; le congé proprement dit n'est indispensable
que pour les baux *à loyer* faits *sans écrit*, tandis que l'avertissement du bailleur, afin d'empêcher la réconduction tacite,
est nécessaire pour toutes les locations, soit de biens ruraux,
soit de bâtiments. Quant au preneur, il n'a pas besoin de donner
un avertissement, il lui suffit de déloger de la maison ou de
quitter la ferme.

Il en est de l'avertissement comme du congé, il doit être
prouvé par écrit. (**V.** *suprà*, n° 29.)

41. La réconduction n'est pas précisément la continuation
du bail fait par écrit ; c'est un nouveau bail résultant de la convention tacite des parties, lequel est considéré comme une
location verbale. (1)

La réconduction tacite ne pouvant résulter que du consentement présumé du bailleur et du preneur, ne peut avoir lieu,
si la partie est incapable de consentir, que, par exemple, au
moment de l'expiration du bail, un mineur ou un insensé ne
soit pas encore pourvu de tuteur chargé d'administrer.

Il en est de même, s'il s'agit de biens appartenant à l'état,
à des communes ou à des établissements publics : ce n'est pas
que les biens de cette nature puissent manquer d'administrateurs, mais les baux sont assujétis à des formalités qui excluent
tout consentement tacite.

Les baux judiciaires ne sauraient être, non plus, susceptibles
de réconduction.

---

(1) On peut voir dans le recueil de Dalot, pag. 278 et suiv. de 1811, les arrêts
à la date des 11 et 17 juin 1811 qui ont décidé que la réconduction tacite, de
même que la location verbale, ne saurait être productive du droit d'enregistrement.

42. La continuation de jouissance tendant à opérer la réconduction tacite est une de ces présomptions légales dont il a été parlé dans la première partie de cet ouvrage, présomption néanmoins qui n'est pas du nombre de celles que les jurisconsultes qualifient de présomptions *juris et de jure*, mais qui doit céder à la preuve contraire, et peut être appréciée suivant les circonstances.

Si donc il avait été stipulé dans le bail, qu'il ne pourrait y avoir lieu à réconduction tacite, cette stipulation vaudrait avertissement; la réconduction n'aurait lieu, qu'autant que le propriétaire manifesterait clairement sa volonté de discéder de la clause insérée dans le bail.

Dans le cas où le propriétaire a fait signifier un congé ou un avertissement, le preneur aurait beau continuer sa jouissance, ce fait ne serait d'aucune considération. « Lorsqu'il y » a un congé signifié, le preneur, quoiqu'il ait continué sa » jouissance, ne peut invoquer la tacite réconduction » (article 1739).

Enfin, à défaut même d'avertissement, la continuation de jouissance du fermier ou du locataire ne suffit pas toujours pour en induire une réconduction tacite : c'est au juge à apprécier le fait, suivant les circonstances et la position des parties.

D'abord il faut que la continuation ait été pratiquée, au vu du propriétaire, et non point à son insu. Par exemple, il arrive souvent qu'un fermier, dont le bail est expiré et que son maître n'a pas intention de continuer, s'avise de retourner quelques sillons pour la culture de l'année suivante; qu'un vigneron s'empresse d'aller, dans un beau jour d'hiver, donner quelques façons à la vigne : il serait difficile de puiser, dans de pareils faits, la preuve d'un consentement à réconduction tacite, de la part du propriétaire.

S'il s'agit d'une maison, le séjour du locataire, pendant un court laps de temps, ne serait pas non plus suffisant pour en induire que le propriétaire a consenti un nouveau bail. La coutume d'Orléans, art. 420, voulait que la tacite réconduction eût lieu, lorsque le propriétaire avait laissé le locataire demeurer huit jours dans l'appartement, depuis l'expiration du bail, sans lui dénoncer de déloger. La coutume de Lille donnait au propriétaire jusqu'à la Chandeleur, pour sommer le fermier qui, depuis l'expiration du bail, avait labouré et ensemencé les terres, de cesser l'exploitation, à la charge de lui offrir le remboursement des labours et semences. Un arrêt de la cour de Pau, du 9 novembre 1827, a décidé que le séjour momentané d'un fermier sur l'héritage pendant huit jours, loin d'établir la présomption d'un consentement tacite, ne pouvait pas même servir de commencement de preuve d'un nouveau bail. Un autre arrêt de la cour de Lyon, du 22 juillet 1833, a jugé que le propriétaire était fondé dans sa demande en déguerpissement, malgré la continuation de jouissance du fermier, pendant trente-six jours, après l'expiration du bail (1).

Il serait difficile de poser à cet égard aucune règle précise : c'est au juge-de-paix et aux tribunaux chargés de statuer sur la validité des congés et avertissements, et sur l'expulsion des lieux, dans les limites de leur compétence respective, à peser les circonstances, pour savoir s'il peut en résulter un consentement à relocation tacite.

43. Un nouveau bail ayant date certaine, qui aurait été passé à un tiers par le propriétaire, avant la fin du bail courant, semblerait exclure toute réconduction tacite. Pothier, *Traité du louage*, n° 350, tout en convenant que le second bail résiste à cette présomption, décide néanmoins que, si le bailleur a laissé le preneur continuer sa jouissance sans avertissement, il ne peut plus le faire déguerpir, parce qu'en souffrant cette continuation, il l'a induit en erreur, lui a donné lieu de croire qu'il y avait réconduction, et lui a fait manquer les occasions de se pourvoir ailleurs. Pour le décider ainsi, dans l'hypothèse, il faudrait du moins que la continuation de jouissance du locataire ou du fermier fût extrêmement patente, et assez longue pour pouvoir en induire que le preneur a dû compter sur une réconduction tacite. Dans ce cas, au surplus, comme il ne s'agirait pas seulement de la validité d'un congé ou avertissement, mais de statuer sur la question de savoir si l'ancien bail est prorogé, ou si le nouveau ne doit pas être

---

(1) Voir ces arrêts dans le recueil de Dalloz, art. 2, pag. 25 de 1829 et 122 de 1834.

exécuté, la contestation, entre le propriétaire et les deux fermiers, serait de nature à excéder les limites de la compétence fixée par notre article.

44. Examinons maintenant quels sont les effets de la réconduction tacite.

D'après l'article 1759, le nouveau bail est censé avoir été consenti *aux mêmes conditions* que le premier, et par conséquent pour le même prix et payable dans les mêmes termes. Si donc il y avait eu un pot-de-vin stipulé dans l'ancien bail, la somme devrait en être répartie, en proportion de la durée de celui opéré par la réconduction. Supposons, par exemple, que ce pot-de-vin fût de 60 fr. pour un bail de six ans, dont le canon annuel serait de 200 fr.; alors le bail de réconduction serait de 210 fr. pour chacune des années qu'il aurait à courir.

45. Cependant le bail de réconduction diffère de l'ancien, soit en ce qui concerne la durée, soit relativement aux prérogatives dont le premier était investi.

D'abord, la réconduction tacite n'engage point les tiers qui avaient stipulé dans le premier bail. « La caution donnée pour » le bail, dit l'article 1740, ne s'étend pas aux obligations ré» sultant de la prolongation. »

Il en est de même des engagements extraordinaires qu'avait contractés le preneur. L'hypothèque qui aurait été stipulée, dans l'ancien bail, ne s'étendrait pas aux termes du nouveau bail consenti tacitement;—il en serait de même de la contrainte par corps à laquelle se serait engagé le fermier. Enfin, si le premier bail avait été passé par acte authentique et exécutoire, le bailleur ne pourrait plus procéder à une saisie-exécution, pour les termes du nouveau bail. Tels étaient les effets de la réconduction tacite, d'après l'ancienne législation (1); et c'est ce qui résulte implicitement des art. 1738 et 1776 du Code, suivant lesquels la réconduction tacite opère un *nouveau bail* qui demeure assujéti aux règles établies pour les baux faits sans écrit.

46. On a vu, au paragraphe précédent, que le bail à loyer fait par écrit, cesse *de plein droit*, à l'expiration du terme

---

(1) Pothier, *Traité du louage*, n°* 362 et suivants.

fixé, sans qu'il soit besoin de signifier un congé.— Il n'en est pas ainsi du nouveau bail opéré par la réconduction tacite : « Si le locataire d'une maison ou d'un appartement, dit l'article » 1759, continue sa jouissance après l'expiration du bail par » écrit, sans opposition de la part du bailleur, il sera censé » les occuper aux mêmes conditions, *pour le terme fixé par* » *l'usage des lieux*, et ne pourra plus en sortir ni en être ex- » pulsé, *qu'après un congé donné, suivant le délai fixé par* » *l'usage des lieux.* » En ce qui concerne la réconduction d'un bail à ferme, le terme en étant fixé par les art. 1774, 1775 et 1776, il n'est pas besoin de donner congé d'avance; mais le bailleur doit avoir soin de faire signifier avant, ou au moment de l'expiration du bail, un avertissement, afin d'empêcher une nouvelle rélocation tacite.

§ VI.

Des demandes en résiliation de baux.

47. « La condition résolutoire est toujours sous-entendue » dans les contrats synallagmatiques, pour le cas où l'une des » deux parties ne satisfera pas à son engagement. »

Telle est la règle générale établie pour tous les contrats, par l'art. 1183 du Code. C'est par application de cette règle que l'art. 1741 dispose que, « le contrat de louage se résout » par la perte de la chose, et par le défaut du bailleur et du » preneur de tenir leurs engagements. » Les divers cas spécifiés dans d'autres articles ne sont toujours que la conséquence du même principe.

Ainsi, dans les baux ordinaires, la clause qui défend de sous-louer étant *toujours de rigueur* (art. 1717), la sous-location, au mépris de cette défense, peut entraîner la résolution du bail. A l'égard du colon partiaire qui ne peut sous-louer ni céder, à moins de réserve expresse de cette faculté, l'art. 1764 porte expressément, qu'en cas de contravention, le propriétaire aura le droit de rentrer en jouissance, sans préjudice des dommages-intérêts résultant de l'inexécution, auxquels le preneur peut être condamné.

Le bailleur ne peut changer la forme de la chose louée; il doit en user en bon père de famille, et s'il l'emploie à un autre usage que celui auquel elle a été destinée, ou dont il puisse résulter un dommage pour le bailleur, celui-ci peut aussi faire résilier le bail, suivant les circonstances (1723, 1728, 1729).

Le locataire qui ne garnit pas la maison de meubles suffisants, peut être expulsé, à moins qu'il ne donne des sûretés capables de répondre du loyer (1752). Le propriétaire peut également faire résilier le bail d'un domaine rural, si le preneur ne le garnit pas des bestiaux et des ustensiles nécessaires à son exploitation, s'il abandonne la culture, s'il ne cultive pas en bon père de famille, etc. (1766).

Enfin la résolution peut avoir lieu pour des causes qui ne proviennent du fait ni du bailleur, ni du preneur. Ainsi, d'après l'article 1722, le bail est résilié *de plein droit*, si, pendant sa durée, la chose est détruite par cas fortuit. Si la destruction n'est que partielle, le preneur peut demander ou une diminution de prix, ou la résiliation du bail, *suivant les circonstances*, c'est-à-dire, selon le plus ou le moins d'importance de ce dont il est privé; et dans l'un et l'autre cas il ne peut y avoir lieu à dédommagement.

Mais lorsque la résiliation a lieu par la faute du locataire, celui-ci est tenu de payer le prix du bail, pendant le temps moralement nécessaire afin de mettre le propriétaire à même de pourvoir à la rélocation, sans préjudice des dommages-intérêts résultant de l'abus. C'est dans les *règles particulières aux baux à loyer*, que se trouve l'article 1760 renfermant cette disposition; mais elle n'est pas moins appliquable aux baux à ferme.

48. Il serait à désirer, qu'à l'égard des baux dont la connaissance est dévolue aux juges-de-paix, ces magistrats eussent été investis de la faculté d'en prononcer la résiliation, suivant les circonstances, dans plusieurs des cas qui viennent d'être exprimés. Quel a pu être le motif de la restriction de leur compétence, au seul cas où la demande en résiliation serait fondée *sur le défaut de paiement?* « Une solution imprudente, disait » le rapporteur de la commission de la chambre des députés, » peut compromettre des intérêts engagés, tels, par exemple,

» que la position d'un commerce et le sort d'une industrie. »
Mais la position d'un commerce, le sort d'une industrie ne
sauraient être attachés à la résiliation du bail d'un canon aussi
modique que celui de 400 fr. à Paris et de 200 fr. dans les provinces. Les différentes causes de résiliation ne reposent que sur
des faits faciles à apprécier et pour lesquels il importe au propriétaire d'obtenir une prompte justice. Quoi de plus simple et
de plus à la portée du magistrat placé sur les lieux, que la vérification du point de savoir, si la maison ou la ferme n'est
pas garnie de meubles, d'animaux et ustensiles aratoires suffisants pour garantir le paiement des loyers ou fermages? Cette
cause de résiliation, ainsi que plusieurs autres, se trouvent
souvent réunies au défaut de paiement; et n'est-il pas singulier
qu'à l'égard du même bail et pour des faits concomitants, la
cause soit dévolue à deux juridictions différentes?

Quoi qu'il en soit, le texte de la loi est trop positif, pour qu'il
soit possible d'étendre la compétence du juge-de-paix à des demandes en résiliation fondées sur d'autres causes que le *défaut
de paiement*.

49. D'après l'article 1184, le contrat n'est point résolu de
plein droit, la résolution doit être demandée en justice, et *il
peut être accordé au défendeur un délai, suivant les circonstances*.

Ainsi, à défaut de paiement, le juge-de-paix n'est pas tenu
de prononcer la résolution instantanée; il peut accorder un
délai au débiteur, et sera même souvent dans le cas d'user de
cette faculté. Alors, au lieu d'obliger les parties à revenir devant lui et d'obtenir deux jugements pour le même fait, il doit
statuer que le bail demeure résilié, si dans tel ou tel délai,
à partir soit du jugement, soit de la signification, le preneur
n'a point satisfait le propriétaire de tout ce qui lui est dû.

50. Mais il faut observer que la faculté accordée au juge
par l'article 1184, d'accorder un délai, suivant les circonstances,
n'est établie que pour le cas où la condition résolutoire, loin
d'être exprimée dans le contrat, n'y est que sous-entendue. S'il
est stipulé dans le bail, qu'à défaut de paiement d'un ou de
plusieurs termes, il sera résolu de plein droit, et que le preneur ait été mis en demeure par une sommation, le juge ne
peut plus accorder de délai; ce serait violer la loi que se sont

faite les parties. La résolution peut même être encourue à l'instant de l'échéance du terme, s'il est stipulé dans le bail qu'il en sera ainsi, sans qu'il soit besoin de sommation, de mise en demeure, *dont l'acte tiendra lieu.* Cette clause essentielle, on ne saurait trop recommander de l'insérer dans les baux ainsi que dans les autres contrats, parce qu'elle dispense de toute sommation et prévient toute espèce de chicane (1).

§ VII.

De l'expulsion des lieux.

51. Ce n'est pas seulement à cause de la résiliation pour défaut de paiement, que le juge-de-paix peut ordonner l'expulsion des lieux : cette expulsion peut être ordonné, toutes les fois que le locataire ou fermier refuse de déloger, malgré le congé ou l'avertissement dont il a été question aux paragraphes 4 et 5. Ainsi, soit en prononçant la validité du congé, soit par un jugement postérieur, le juge-de-paix peut condamner le preneur à évacuer l'appartement ou la maison de ferme dans un bref délai, passé lequel le propriétaire demeurera autorisé à faire procéder à cette évacuation, en jetant, au besoin, les meubles sur le carreau.

On a vu des propriétaires qui, fatigués de la conduite d'un locataire obstiné, s'avisaient d'enlever les portes et fenêtres de l'appartement (2). Une pareille expédition est illégale, c'est une voie de fait que le bailleur doit éviter, et qui peut l'exposer à des dommages-intérêts envers le locataire, quoique récalcitrant. Il n'est permis à personne de se rendre justice à soi-même; et la loi nouvelle offre au bailleur les moyens de l'obtenir d'une manière prompte, en s'adressant au juge-de-paix qui, dans les trois jours de la citation, peut condamner le locataire à évacuer,

---

(1) Voy. l'art. 1139 du Code, et argument de l'art. 1656.

(2) « On commence à enlever le toit des chaumières et à jeter par terre » les portes et fenêtres, mode d'expulsion très sommaire, très efficace, et qui » est encore en usage dans quelques partie de l'Écosse, quand un fermier se » montre réfractaire. » (Walter-Scott, *Guy Mannering*, chap. 8.) —[C'est là un usage abusif et intolérable dans un pays policé.

et ordonner même l'exécution provisionnelle sur la minute du jugement.

52. Comme on vient de le voir, le juge-de-paix ne pouvant prononcer la résiliation du bail, pour d'autres causes que le défaut de paiement, n'est pas même compétent pour vérifier, si la maison ou la ferme est garnie d'un mobilier suffisant pour la garantie des loyers et fermages. Cependant s'il est constaté, soit *par la vente du mobilier*, ensuite de saisie, soit par *un procès-verbal de carence*, que l'appartement du locataire ou la maison de ferme sont entièrement dégarnis de meubles, alors l'exécution du bail n'est plus possible, il doit être considéré comme résolu de plein droit; et, dans ce cas, le juge-de-paix peut ordonner l'expulsion et même l'exécution provisoire de son jugement sur la minute, suivant l'urgence. C'est ce qui résulte de la discussion rappelée au § 1er, n° 7, du commentaire de cet article.

§ VIII.

Du privilége du bailleur.

53. La saisie-gagerie, dont la connaissance est attribuée aux juges-de-paix, et qui sera traité dans le paragraphe suivant, n'étant que l'exercice du privilége du bailleur, il importe de donner une idée de ce privilége.

Dans la nomenclature des créances privilégiées sur certains meubles, l'art. 2102 du Code place, en premier ordre, celui du propriétaire pour *loyers et fermages*, privilége qui appartient également aux principaux locataires, vis-à-vis les sous-fermiers, à l'usufruitier qui jouit d'un bien loué ou affermé, à tous ceux enfin auxquels il est dû des loyers ou fermages.

54. Le privilége du bailleur s'étend *sur les fruits de la récolte de l'année, et sur le prix de tout ce qui garnit la maison louée ou la ferme.* En assignant le privilége sur les fruits *de la récolte de l'année*, la loi a-t-elle entendu en exclure ceux des années précédentes? non : le bailleur peut saisir, comme objets mobiliers garnissant la ferme, toutes les denrées qui y existent, quelle que soit l'année dans laquelle elles ont été récoltées. La

seule différence qui existe entre les fruits de la dernière récolte et ceux des années précédentes, est que le privilége du propriétaire peut s'exercer sur les fruits de l'année, quoiqu'ils se trouvent hors des bâtiments de l'exploitation, et tant que le fermier en conserve la possession civile ; tandis que, pour les fruits des années précédentes, le privilége se perd, lorsqu'ils ont cessé de garnir la ferme, sauf au propriétaire à exercer la revendication, dont il sera parlé plus bas, si ces fruits avaient été distraits frauduleusement.

Quant au mobilier, ce n'est pas sur les simples meubles meublants que porte le privilége ; il s'étend sur tous les effets mobiliers et apparents. Ainsi les animaux conduits dans la ferme par le preneur, les instruments et ustensiles aratoires, les marchandises que le négociant dépose dans la boutique ou le magasin qui lui est loué, les livres composant une bibliothèque, le linge de corps, les habits et vêtements placés dans des armoires, en un mot, tout ce qui est meuble de sa nature demeure soumis au privilége : les auteurs n'en exceptent que les obligations, l'argent comptant et même les bagues et pierreries.

Néanmoins, il faut que les meubles aient été placés à demeure dans la maison ; ceux qui n'y auraient été déposés que momentanément, ne seraient pas soumis au privilége (1). Le propriétaire ne pourrait donc exercer son privilége sur des animaux et des instruments aratoires que le fermier aurait empruntés pour s'en servir pendant quelque temps. Il en est autrement des meubles loués par le locataire pour garnir son appartement ; ils sont soumis au privilége du propriétaire de la maison. On croit cependant que le locateur des meubles pourrait se soustraire aux poursuites du propriétaire, en lui faisant signifier l'état des objets qu'il a loués ; mais, comme le décide un arrêt de la cour de Paris, du 26 mai 1814, le privilége existe, si la signification n'a été faite que postérieurement à l'introduction des meubles.

Un arrêt de cassation, du 22 juillet 1823, semblerait avoir établi en principe, que le propriétaire ne peut exercer son pri-

_____

(1) *Eos duntaxat qui hoc animo à Domino inducti essent, ut ibi perpetuò essent, non temporis causâ, accomodarentur obligatos;* L. 32, ff. de *pignorib. et hypoth.*

I.   20

vilége que sur des effets appartenant au fermier ou locataire ; mais cette doctrine énoncée dans les motifs de l'arrrêt, et dont l'application était même inutile à l'objet en discussion, est opposée à l'article 2102. La preuve que les meubles appartenant à des tiers sont soumis au privilége du bailleur, résulte aussi très clairement de l'article 1813, lequel oblige le propriétaire d'animaux mis en cheptel chez un fermier, de notifier cette remise à celui qui a donné le domaine à bail ; et par arrêt du 9 août 1815, la cour de cassation a même jugé que la signification doit être faite avant l'introduction, dans la ferme, des animaux qui forment le cheptel, la signification postérieure ne pouvant soustraire ces bestiaux à l'exercice du privilége du propriétaire (1).

La vente que le locataire aurait faite, même par acte authentique, de tout ou partie de son mobilier, ne pourrait empêcher la saisie des objets vendus. Le propriétaire ayant le droit de revendiquer, dans un certain délai, les effets déplacés sans son consentement, peut, à plus forte raison, exercer son privilége, tant qu'ils garnissent la maison.

Quelque absolue que soit la disposition de la loi, cependant s'il était notoire que les effets introduits dans la maison n'appartenaient pas au locataire, alors on pourrait admettre qu'ils ne sont pas soumis au privilége, ce qui dépend des circonstances. Ainsi par arrêt du 30 juin 1825, la cour de Poitiers a jugé que, des meubles à l'usage de pensionnaires ne pouvaient être saisis par le propriétaire qui avait loué à un maître de pension. Et dans l'espèce de l'arrêt de rejet du 22 juillet 1823, le locataire étant un filateur de cotons, le sieur Sellier revendiquait une certaine quantité de cotons qu'il avait donnés à filer, et il a été jugé, avec raison, que ces marchandises n'avaient pu être saisies par le propriétaire. Dans ces cas et autres semblables, il est bien évident que des meubles que le locataire ne tient que pour autrui et à cause de sa profession, ne peuvent être soumis au privilége, et que pour les y soustraire il n'est pas besoin de signification.

_____

(1) Les deux arrêts ci-dessus sont rapportés par Dalloz, pag. 400 de 1815, et 405 de 1823.

55. En ce qui concerne l'étendue de la créance sur laquelle porte le privilége, la loi distingue les baux ayant une date certaine, de ceux dont la date n'est pas opposable à des tiers.

Si les baux sont authentiques, ou si étant sous signature privée, ils ont une date certaine, le privilége a lieu *pour tout ce qui est échu* et *pour tout ce qui est à* ÉCHOIR. C'est ici un cas singulier, où le bailleur peut prétendre au paiement de tous les termes de son bail, avant leur échéance; ce qui ne doit avoir lieu que quand le fermier ou locataire se trouvant dans un état voisin de la déconfiture, les autres créanciers menacent d'absorber toutes ses garanties ultérieures.

56. Mais la loi vient au secours des créanciers obligés de faire l'avance de tous les loyers ou fermages à échoir. *Les autres créanciers*, dit l'article, *ont le droit de relouer la maison ou la ferme pour le restant du bail, et de faire leur profit des baux ou fermages, à la charge toutefois de payer au propriétaire tout ce qui lui serait encore dû.*

Cette disposition est-elle applicable, dans le cas même où le bail renferme la défense expresse de sous-louer ou céder ? Cette question est controversée (1). Cependant l'opinion commune est que les créanciers demeurent subrogés au bail du débiteur, quand bien même la faculté de sous-louer aurait été interdite. C'est là une subrogation légale et forcée que la loi a introduite, sans aucune distinction. Pourquoi les créanciers ne profiteraient-ils pas du fruit du bail, dès l'instant qu'ils paient au propriétaire tous les termes non encore échus; et comment celui-ci, qui se trouve rempli, par avance, de tout ce que le bail devait lui procurer, pourrait-il se plaindre de la sous-location, si toutefois elle est faite, à charge par le nouveau fermier ou locataire de remplir toutes les autres conditions du bail, et de n'employer la chose louée qu'à l'usage auquel elle était destinée? car le bailleur primitif doit être ici complétement désintéressé.

57. S'il s'agit d'un bail verbal, ou d'un bail écrit, mais dont la date, n'étant point assurée par l'enregistrement, ou l'une

_____

(1) Voy. pag. 208, part. 2 de 1825, un arrêt du 24 février jugeant que, dans ce cas, les créanciers ne peuvent sous-louer.

dès autres circonstances détaillées dans l'article 1328, n'est pas opposable à des tiers, alors le privilége n'a lieu que *pour une année, à partir de l'expiration de l'année courante*. De ces expressions de l'article, plusieurs auteurs ont tiré la conséquence que le propriétaire est dénué de privilége pour les années échues ; il en est même qui lui refusent privilége pour l'année courante (1). Mais la cour suprême a jugé la question *in terminis*, en cassant un jugement du tribunal de Meaux, qui avait refusé au propriétaire son privilége pour les années échues. — « Attendu que l'art. 2102 du Code accorde au pro-
» priétaire un privilége sur le prix de tout ce qui garnit la
» maison louée, pour tout ce qui est échu et ce qui est à
» échoir, lorsque le bail est authentique, ou qu'étant sous
» signature privée, il a acquis une date certaine; que, si ce
» même article, dans son § 2, limite le privilége du propriétaire
» à une année *à partir de l'expiration de l'année courante*,
» lorsque le bail n'est pas authentique ou que la location n'est
» que verbale, il ne s'ensuit nullement qu'il ait voulu priver
» le propriétaire de l'exercice de son privilége pour les *loyers*
» *échus;* que l'intention évidente du législateur a été, au con-
» traire, de conférer au propriétaire un privilége *pour tout ce*
» *qui est échu*, soit qu'il y ait bail, soit qu'il n'y en ait pas;
» que cette intention est clairement manifestée par les art. 661
» et 662 du Code de proc. civ., dont le premier porte que le pro-
» priétaire fera statuer préliminairement sur son privilége pour
» raison *des loyers à lui dus*, et dont le second déclare que les
» frais de poursuites seront prélevés par privilége, avant toute
» créance autre que celle pour loyers dus au propriétaire; que
» cette intention se trouve encore exprimée dans l'art. 819 du
» même Code, qui donne au propriétaire le droit de faire saisir,
» pour loyers échus, les meubles garnissant la maison louée,
» et même ceux qui avaient été déplacés sans son consentement,
» sur lesquels il lui donne le droit d'exercer son privilége,
» pourvu qu'il en ait fait la revendication conformément à l'ar-
» ticle 2102 du Code civil (2). »

---

(1) Tarrible, *Répertoire*, sect. 3, § 2, art. 5; Grenier, tom. 2, n° 309; Persil, art. 2102; D., 1, n°ˢ 14 et 15.

(2) Arrêt du 28 juillet 1824, D., pag. 446. — Troplong, tom. 1, n° 156.

58. On a vu au § V, n° 45, que l'hypothèque constituée par un bail authentique ne se reportait point sur le bail qu'opère la réconduction tacite. En est-il de même du privilége ? M. Troplong soutient qu'en ce cas, le privilége doit s'étendre à tous les termes à échoir, en vertu de la réconduction. En restreignant, dit-il, le privilége résultant d'un bail sans date certaine, *pour une année, à partir de l'expiration de l'année courante,* l'un des principaux motifs de la loi a été d'empêcher le propriétaire et le fermier de se concerter ensemble pour rédiger, après coup, un bail qui exagérerait le prix et le nombre des années à courir. Ici cette raison disparaît : dans le cas de continuation de jouissance, par suite d'un bail ayant date certaine, le prix de la réconduction est fixé par l'acte ; la durée du nouveau bail est aussi déterminée par la loi, suivant l'usage des lieux, s'il s'agit d'une maison, ou pour les années nécessaires à l'exploitation, s'il s'agit d'un bien rural (1). Cette opinion nous paraît extrêmement fondée. En effet, si l'hypothèque constituée dans un bail authentique ne s'étend pas à la réconduction tacite, c'est parce que l'hypothèque ne peut exister sans une convention spéciale, tandis que le privilége du bailleur dérive de la loi. Les stipulations insérées dans un bail qui n'a pas de date certaine n'étant pas opposables à des tiers, voilà pourquoi la loi a restreint le privilége qui résulte de ces baux. Mais ce motif cesse, quand il s'agit de la continuation de jouissance par suite d'un bail ayant date certaine ; alors le prix et la durée ne présentent aucune incertitude, tout étant déterminé par un acte probant et par les dispositions du Code.

59. Pour l'exercice de son privilége, le propriétaire est préféré à tous les autres créanciers, à l'exception, toutefois, de ceux qui ont contribué à l'entretien et à la conservation de la chose. *Néanmoins,* dit l'article, *les sommes dues pour les semences ou pour les frais de la récolte de l'année* (ce qui s'applique aux voitures et journées des gens de travail), *sont payées sur le prix de la récolte, et celles dues pour ustensiles,*

---

(1) *Traité des hypothèques,* tom. 1, n° 1:7. — Voy. *contrà,* arrêt de Bordeaux du 12 juin 1825, D., part. 2, pag. 175 de 1826.

sur le prix de ces ustensiles, par préférence au propriétaire dans l'un et l'autre cas.

La contribution foncière due au trésor public, lors même que le fermier a été chargé de l'acquitter, doit aussi être payée avant le propriétaire.

60. Le privilége du propriétaire ne se borne pas à assurer le paiement des loyers et fermages : *le même privilége a lieu pour les réparations locatives et pour tout ce qui concerne l'exécution du bail.* Ainsi le bailleur peut exercer son privilége pour le montant des dommages-intérêts résultant des dégradations commises par le locataire ou fermier.

61. Le même privilége a lieu pour les avances faites par le propriétaire, en argent ou en denrées, afin de mettre le fermier à même d'acheter du bétail et de l'aider dans les dépenses qu'exige l'exploitation. La seule difficulté est de savoir comment ces avances doivent être constatées. Plusieurs auteurs exigent qu'elles soient stipulées dans le bail, sans quoi, disent-ils, le titre ultérieur qui les constaterait devrait être assimilé à un contrat de prêt ordinaire (1). Pothier enseigne le contraire, lors surtout que ces avances ont été faites en grains ou autres espèces, et qu'on ne peut douter qu'elles aient été faites *pour faire valoir la métairie.* La cour d'Angers adopte cette opinion, qui nous paraît la mieux fondée (2). En effet, ce n'est pas précisément en faveur de l'acte que la loi accorde le privilége, c'est pour tout ce qui se rattache à l'exécution du bail, qu'il soit ou non écrit. Les avances faites à un fermier sont extrêmement favorables, c'est un secours que nécessitent souvent des circonstances qu'il eût été difficile de prévoir au moment du bail ; peu importe donc qu'elles aient été faites à l'entrée du fermier ou pendant sa jouissance, s'il est constaté qu'elles ont réellement eu lieu, afin de faciliter la mise en valeur de la ferme (3).

62. En thèse générale, les meubles n'ont pas de suite, car,

---

(1) Grenier, tom. 2, n° 309 ; Delvincourt, tom. 3, *notes,* pag. 273 ; Dalloz, *Hypothèques,* pag. 35, n° 13.

(2) Arrêt du 27 août 1821 ; D., *Hypothèques,* pag. 40 et 41.

(3) Troplong, tom. 1, n° 154.

comme on l'a vu dans le commentaire de l'art. 1er, § II, *en fait de meubles, possession vaut titre;* mais ici la loi déroge à ce principe : *le propriétaire peut saisir les meubles qui garnissaient sa maison ou sa ferme, lorsqu'ils en ont été déplacés sans son consentement; il conserve sur eux son privilége, pourvu qu'il ait fait la revendication; savoir, lorsqu'il s'agit du mobilier qui garnissait une ferme, dans le délai de quarante jours, et dans celui de quinzaine, s'il s'agit des meubles garnissant une maison.*

Ainsi, le bailleur a quinze jours pour revendiquer les meubles du locataire, et quarante jours pour ceux qui garnissaient la ferme, *lorsqu'ils ont été déplacés sans son consentement.* Le consentement exprès ou tacite suffit pour empêcher la revendication : toutes les fois donc que, des animaux ou d'autres objets mobiliers garnissant la maison ou la ferme ont été transportés ailleurs, au vu et su du propriétaire, *eo sciente,* et sans réclamation de sa part, la saisie-revendication ne peut avoir lieu; mais elle doit être admise, dans le cas contraire. C'est au tiers·saisi à prouver que le déplacement était à la connaissance du propriétaire, fait qui doit être apprécié suivant les circonstances, et pourrait être établi par la preuve testimoniale : à défaut de cette preuve, la revendication du mobilier peut avoir lieu, nonobstant l'acquisition de bonne foi que le tiers-saisi en aurait faite.

63. Relativement aux fruits récoltés, les auteurs ne sont pas d'accord. Il en est qui prétendent que le propriétaire ne peut jamais revendiquer ces fruits, parce qu'ils sont destinés au commerce. D'autres conviennent qu'en cas de vente, ils ne peuvent être soumis, il est vrai, à la revendication du propriétaire qui est censé avoir consenti au déplacement, à raison de leur destination; mais que, dans tous les autres cas, ils peuvent être revendiqués. Tel est le sentiment de M. Troplong; on ne peut s'empêcher d'y applaudir. (1) Comme on vient de le voir, les fruits provenant de différentes récoltes font évidemment

---

(1) *Traité des hypothèques,* tom. 1, n° 165. Voy. aussi Favard de Langlade, v° *Saisie- Gagerie,* n° 2. — *Contrà,* Tarrible, *Répert., Privilége,* sect. 3, § 2, n° 7; Dalloz, *Hypothèques,* pag. 37 et 38, n° 26, et Delvincourt, tom. 3, pag. 274.

partie du mobilier qui garnit la ferme; d'après les art. 2102 du Code civil et 819, du Code de procédure, ils peuvent donc être revendiqués, en cas de déplacement, contre le gré du propriétaire; mais ces fruits étant destinés à être vendus, le propriétaire ne peut se plaindre, si la vente en a été effectuée de bonne foi; il est présumé avoir consenti au déplacement, par la nature même de la chose.

64. Lorsque le locataire quitte une maison ou une ferme, et transporte ses meubles chez un autre locateur, ce dernier doit-il être préféré au précédent pour ce qui lui est dû? Il en est qui prétendent que le second propriétaire doit être préféré au premier; d'autres, qu'en cas de saisie, les deux doivent être colloqués, au marc le franc de ce qui leur est dû. Mais la plupart des auteurs pensent que, dans ce cas, il faut suivre, comme pour les autres, la distinction faite par la loi. Si les meubles sont sortis de la maison ou de la ferme du premier propriétaire, *eo sciente*, alors ils sont censés n'avoir pas été déplacés sans son consentement, et il perd son privilége. Si, au contraire, ils ont été enlevés à son insu, dans ce cas il a le droit de les revendiquer dans le délai fixé par la loi, et ce droit de revendication lui donne la préférence sur le second bailleur.

Il en serait autrement si, à défaut de place suffisante dans la ferme du propriétaire, le fermier était obligé d'amodier une autre grange, pour y placer des fruits. Alors, le propriétaire de la ferme n'aurait pas besoin, il est vrai, de revendiquer ces fruits qui resteraient dans la possession de son fermier; mais dans le cas où celui-ci devrait les loyers de la grange qui lui sert de succursale, le propriétaire de cette grange devrait être préféré pour ses loyers, et celui de la ferme n'aurait pas de privilége, le déplacement étant présumé avoir eu lieu de son consentement, à raison de l'insuffisance de sa ferme. Mais, excepté ce cas, le privilége subsisterait, attendu que, d'après l'article 1767 du Code, le fermier est tenu d'engranger dans les lieux à ce destinés par le bail (1).

_____

(1) Troplong, tom, 1, n° 165 *bis* et 167.

§ IX.

De la saisie-gagerie.

65. La saisie-gagerie est un acte par lequel les propriétaires ou principaux locataires arrêtent, en vertu d'un bail écrit ou verbal, les effets qui se trouvent dans les maisons et sur les terres louées ou affermées, pour sûreté des loyers et fermages qui leur sont dus. La saisie peut aussi être exercée, par voie de revendication, sur un tiers détenteur des effets mobiliers qui auraient été déplacés de la maison ou de la ferme, sans le consentement du bailleur.

La saisie-gagerie n'est donc que le moyen d'assurer l'exercice du privilége que l'article 2102 du Code civil accorde au propriétaire : c'est par suite et en exécution de cet article qu'ont été portées les dispositions que renferme à cet égard le Code de procédure.

« **Art. 819.** Les propriétaires et principaux locataires de
» maisons ou biens ruraux, *soit qu'il y ait bail, soit qu'il n'y*
» *en ait pas*, peuvent, un jour après le commandement, et
» *sans permission du juge*, faire saisir-gager pour loyers et
» fermages échus, les effets et fruits étant dans lesdites mai-
» sons ou bâtiments ruraux et sur les terres.

» Ils peuvent même faire saisir-gager *à l'instant,* en vertu de
» la permission qu'ils en auront obtenue, sur requête, du pré-
» sident du tribunal de première instance.

» Ils peuvent aussi saisir les meubles qui garnissaient la mai-
» son ou la ferme, lorsqu'ils ont été déplacés sans leur consen-
» tement, et ils conservent sur eux leur privilége, pourvu qu'ils
» en aient fait la revendication, conformément à l'art. 2102 du
» Code civil.

» **820.** Peuvent les effets des sous-fermiers et sous-locataires
» garnissant les lieux par eux occupés, et les fruits des terres
» qu'ils sous-louent, être saisis-gagés pour les loyers et fer-
» mages dus par le locataire ou fermier de qui ils tiennent ;
» mais ils obtiendront main-levée, en justifiant qu'ils ont payé
» sans fraude, et sans qu'ils puissent opposer des paiements
» faits par anticipation. »

Il y a entre la saisie ordinaire que l'on appelle *saisie-exécu-tion,* et la saisie-gagerie, cette différence, qu'en cas de saisie-exécution, le titre exécutoire suffit pour autoriser la vente des meubles saisis ; l'intervention du juge est inutile, à moins que la partie saisie ne forme opposition. Au contraire, la saisie-gagerie n'est qu'une mesure conservatoire, dont l'objet, il est vrai, est de placer les effets saisis sous la main de la justice, d'empêcher qu'ils ne soient distraits ; mais il ne peut être procédé à la vente, sans un jugement qui déclare la saisie valable. Ainsi, la saisie-gagerie n'est en quelque sorte que le préliminaire d'une instance, puisqu'elle doit être suivie d'une demande en validité, sur laquelle le saisissant est tenu de justifier de la créance et du privilége qu'il réclame. La validité des saisies-gageries est donc une conséquence de l'action en paiement des loyers et fermages ; ces deux demandes sont presque toujours instruites simultanément ; il est même expédient de procéder d'abord par voie de saisie, afin d'obtenir, sur le tout, une seule et même décision. Voilà pourquoi, en attribuant aux juges-de-paix la connaissance des actions relatives à certains baux, la loi les a investis du droit de statuer sur les demandes en validité de saisies-gageries.

66. Si le bail est authentique et exécutoire, alors le propriétaire n'a pas besoin de recourir à la saisie-gagerie dont la connaissance est dévolue aux justices-de-paix ; il peut et doit agir par la voie de *saisie-exécution ;* la saisie-gagerie, qui nécessite une demande en validité, serait une procédure inutile et frustratoire de la part de celui qui, muni d'un titre paré, peut, sans l'intervention du juge, saisir et faire vendre les meubles de son débiteur (1).

Le propriétaire qui a un bail authentique ou sous seing privé, et même en vertu de l'ordonnance du juge, si le bail n'est que verbal, peut aussi, en vertu des articles 557 et suivants du Code de procédure, faire procéder à une *saisie-arrêt* entre les mains d'un tiers, sur les sommes et effets appartenant au locataire ou fermier, saisie qui, de même que la saisie-gagerie, doit être suivie d'une demande en validité. Mais le juge-

---

(1) Voir ce qui a été dit sur les titres exécutoires, part. I, sect. III, n° 4.

de-paix ne serait pas non plus compétent pour statuer sur cette demande à laquelle un tiers se trouve intéressé. « La *saisie-* » *arrêt,* disait M. le garde-des-sceaux, à la différence de la » *saisie-gagerie,* met toujours en cause une troisième partie, » outre le saisissant et le débiteur; la suite de cette procédure » nécessite une distribution entre plusieurs intéressés, lorsqu'il » survient des oppositions. Statuer sur ces oppositions, pro- » noncer sur la déclaration du tiers saisi contre lequel est » formée une demande véritablement indéterminée, ce seraient » là autant d'attributions qui entraîneraient le magistrat hors » des limites ordinaires de sa compétence, et qui l'appelle- » raient à décider des questions d'une solution souvent trop » difficile (1). »

67. Revenons à la saisie-gagerie : les dispositions du Code de procédure sur ce point sont aussi claires que positives; bornons-nous à quelques explications.

1° Quelque important que puisse être le mobilier saisi, le juge-de-paix n'est pas moins compétent pour statuer sur la demande en validité, parce qu'en matère de saisie, ce ne sont point les meubles saisis, c'est l'objet pour lequel la saisie a été faite qui détermine la compétence. Il en serait autrement, si ces meubles étaient revendiqués par un tiers, comme on le verra ci-après.

68. 2° La saisie étant attributive de juridiction, le juge-de-paix compétent pour statuer sur sa validité est celui du lieu où elle a été faite. (Arg. des art. 608 et 825, C. P.) C'est d'ailleurs ce qui résulte de l'article 10 de la loi nouvelle.

69. 3° La saisie-gagerie peut être exercée, non-seulement sur les objets mobiliers qui existent dans la maison louée ou la ferme, mais aussi sur ceux qui en auraient été déplacés sans le consentement du propriétaire. Si ces meubles sont en la possession d'un tiers, alors il faut agir par la voie de saisie-re-vendication. Dans le cas, au contraire, où les meubles, quoique déplacés, restent dans la possession du fermier ou locataire, ce n'est qu'une simple saisie-gagerie, lors même que le fermier

---

(1) Discours de présentation à la chambre des députés, séance du 6 janvier 1837.

ou locataire aurait enlevé les meubles de la maison qui lui avait été louée, pour les transporter dans une autre par lui acquise ou qu'il aurait prise à bail : « Attendu, porte un arrêt de la » cour de Rennes, du 17 mars 1816, qu'il résulte du rappro- » chement des art. 819, 826 et 827 du Code de procédure, » qu'il ne s'agit point, en ce cas, d'une saisie-revendication, » mais bien d'une saisie-gagerie ; qu'ainsi, le propriétaire d'une » maison que le locataire a quittée, en emportant ses meubles » dans une autre, est réputé les trouver en la possession de » son débiteur, et peut se borner à saisir-gager, sans exercer » la saisie-revendication ; qu'il a fait tout ce qu'il devait, en » se conformant à l'art 819, *et en agissant dans le délai voulu* » *par l'art.* 2102 du Code civil, etc. (1) »

On pourrait dire que ce délai n'est fixé par l'article 2102, que pour la revendication, sur un tiers, des meubles qui garnissaient la maison ou la ferme, et non lorsqu'ils restent, malgré le dé-placement, dans la possession du débiteur. Ce qu'il y a de certin, c'est qu'il importe alors de signaler clairement les meubles saisis, afin d'éviter les contestations qu'un second propriétaire ou toute autre partie intéressée pourrait élever sur le point de savoir, si les meubles qui se trouvent dans la nouvelle maison qu'occupe le locataire ou le fermier, sont identiquement les mêmes que ceux qui ont été déplacés de la maison ou de la ferme appartenant au saisissant.

70. 4° On a vu que le privilége du propriétaire ayant un bail authentique ou d'une date certaine, avait lieu non-seulement pour les termes échus, mais pour tous ceux *à échoir.* La sai-sie-gagerie peut-elle être exercée pour avoir paiement des termes non encore échus ? Plusieurs cours, celle de Bourges notamment, décident la négative, d'après les termes de l'art. 819 du Code de procédure, qui semblerait n'accorder le droit de faire sai-sir-gager que *pour loyers et fermages échus* (2 . D'ailleurs, la saisie-gagerie pour des termes *à échoir* peut, en thèse géné-

---

(1) Cet arrêt est rapporté dans le *Juge-de-paix*, tom. 8, 4º. livraison, pag. 89.

(2) Voy. dans le recueil de Dalloz, part. 2, pag. 88, l'arrêt du 16 dé-cembre 1837.

rale, être considérée comme vexatoire. Cependant, s'il était démontré que, par un déplacement frauduleux, le fermier cherche à soustraire peu à peu son mobilier aux poursuites du propriétaire, alors on ne voit pas pourquoi il serait interdit à celui-ci d'assurer par une saisie-gagerie l'exercice de son privilége pour les termes à échoir.

71. 5° Plusieurs arrêts ont décidé aussi, qu'une saisie-gagerie ne pouvait être motivée sur des dommages-intérêts non liquidés, que le propriétaire prétendrait lui être dus, aux termes de l'article 2102, § 4, à raison de contraventions commises par le fermier pour ce qui concerne l'exécution du bail. On ne saurait adopter cette jurisprudence. La saisie-gagerie n'est qu'une mesure conservatoire que le bailleur a droit d'employer pour assurer l'exercice de son privilége. Dès l'instant donc que la loi applique ce privilége aux réparations locatives et à tout ce qui concerne l'exécution du bail, pourquoi le propriétaire ne pourrait-il pas saisir-gager pour cet objet, sauf à faire liquider la créance qui lui en résulte, sur la demande en validité de la saisie-gagerie?

72. 6° Le propriétaire a sur les meubles des sous-fermiers le même privilége que sur ceux du locataire principal, dès l'instant qu'ils garnissent la maison. Cependant la mesure des droits du propriétaire ne se règle pas ici en vertu du bail principal; le locataire ne peut être poursuivi que jusqu'à concurrence de la sous-location; et il doit lui être donné main-levée de la saisie, s'il justifie qu'il a payé le locataire principal, sans que les paiements faits par anticipation puissent être opposés. Ici revient l'application de l'art. 1753 du Code, qui regarde, comme ayant été fait par anticipation, tout paiement effectué contre les clauses du bail ou contre l'usage des lieux.

Formalités à observer.

73. Appelé à connaître des demandes en validité, le juge-de-paix aura à statuer non-seulement sur les droits du propriétaire, mais aussi sur la forme de la saisie-gagerie.

En ce qui concerne les droits du propriétaire, sa créance est fondée sur un titre, le bail, et, à défaut de bail écrit, sur le fait de l'occupation des lieux par le locataire ou fermier. Celui-ci ne peut donc obtenir main-levée de la saisie, qu'en justifiant, par quittances, du paiement des loyers et fermages, à moins qu'il ne nie le bail dont l'exécution ne serait pas démontrée. (Voy. *suprà*, pag. 278.)

Quant à la forme des saisies-gageries, nous aurions pu renvoyer au commentaire de l'article 10 tous les détails qu'exige cette matière. Cependant, comme l'article 10 n'est que la conséquence de celui qui nous occupe, après lequel il serait même naturel de le voir placé, nous allons indiquer en peu de mots, sauf à y revenir, comment il doit être procédé, en distinguant la *saisie-gagerie* ordinaire de la *saisie-exécution*.

Tout propriétaire ou principal locataire, soit qu'il y ait bail, *soit qu'il n'y en ait pas*, peut, un jour après le commandement, faire procéder à la saisie-gagerie, sans qu'il ait besoin pour cela d'aucune permission du juge. Ce serait donc s'égarer que de prétendre, comme l'a exprimé l'un des orateurs du gouvernement, que, *quand le bailleur fait procéder à une saisie-gagerie, une permission du juge lui est nécessaire, s'il n'existe pas de bail écrit* (1). L'art. 819 du Code de procédure dit positivement le contraire. Ce n'est que pour faire saisir-gager *à l'instant*, c'est-à dire sans commandement préalable, que le § 2 de cet article exige la permission du juge; et loin de déroger au Code de procédure sur ce point, l'art. 10 de la loi nouvelle veut seulement que la permission du président du tribunal soit remplacée par celle du juge-de-paix, dans les limites de sa compétence. « Dans les cas où la saisie-gagerie ne » peut avoir lieu qu'en vertu de permission de justice, cette » permission sera accordée par le juge-de-paix du lieu où la » saisie devra être faite, toutes les fois que les causes ren-» treront dans sa compétence. »

Ainsi donc la permission du juge-de-paix n'est requise que pour le cas où le bailleur, à cause de l'urgence, voudrait pratiquer une saisie-gagerie, sans avertir le locataire ou fermier par un commandement, cas auquel l'ordonnance du juge est nécessaire, qu'il y ait, ou non, un bail fait par écrit. Mais, en faisant signifier le commandement un jour à l'avance, le pro-

---

(1) Discours de présentation à la chambre des pairs.

priétaire n'a pas besoin de permission du juge, la saisie est valable *soit qu'il y ait bail, soit qu'il n'y en ait pas.*

74. On doit suivre, pour le commandement, les formes exigées par les articles 583 et 584 du Code de procédure. S'il existe un bail enregistré, il en sera donné copie; autrement il suffit d'énoncer que le locataire ou fermier jouit en vertu de bail verbal.

Quant au procès-verbal de saisie-gagerie, on doit suivre aussi les formalités indiquées par les art. 585 et suiv. du Code de procédure pour la *saisie-exécution,* sans qu'il soit besoin toutefois d'indiquer le jour de la vente; l'obligation imposée au saisissant de faire valider la saisie par un jugement, ne permet pas d'assigner ce jour d'avance.

Tous les meubles et effets du locataire ou fermier peuvent être saisis, à l'exception du coucher nécessaire au débiteur et à ses enfants communiers, et des habits dont ils sont vêtus et couverts.

C'est le saisi qui, d'ordinaire, est établi gardien. M. Thomine-Desmazures, n° 966, prétend même qu'il peut être forcé à se charger de la garde de ses meubles. Mais le texte de l'art. 821 du Code résiste à cette opinion : *Le saisi pourra être constitué gardien;* cette disposition n'est donc que facultative. Ce qu'il y a de certain, c'est que pour constituer gardien le locataire ou fermier, l'art. 821 n'exige pas le consentement du saisissant, lequel est exigé par l'art. 598 pour les saisies ordinaires. Le saisissant peut aussi avoir un juste motif pour écarter le saisi de la garde de ses meubles; on croit qu'alors un autre gardien pourrait être constitué, et, qu'en cas d'opposition de la part du saisi, l'huissier devrait en référer au juge-de-paix, qui, dans les limites de sa juridiction, remplace ici le président du tribunal.

La saisie-gagerie doit contenir assignation en validité, signifiée dans la forme ordinaire, à la personne ou au domicile du saisi. Et, en déclarant la saisie valable, le juge-de-paix ordonne la vente des objets saisis, et condamne, par corps, le saisi ou le gardien, s'il y en a un d'établi, à la représentation desdits effets (art. 824).

75. Voilà pour ce qui concerne la saisie du mobilier; mais si le propriétaire fait saisir, en même temps, des meubles et des fruits pendants, alors il doit y avoir deux saisies, l'une pour les meubles, dans la forme qui vient d'être indiquée, l'autre pour les fruits, dans la forme de la saisie-brandon. C'est ce qui résulte de l'art. 821 : « La saisie-gagerie sera faite » en la même forme que la saisie-exécution : le saisi pourra » être constitué gardien; et *s'il y a des fruits*, elle sera faite » dans la forme établie par le titre 9 du livre précédent. » Les termes, *s'il y a des fruits* ne peuvent s'entendre que des fruits pendants, les fruits récoltés faisant partie des meubles qui garnissent la ferme, ainsi qu'on l'a fait observer sous le n° 59; et pour le cas où il s'agit en même temps de meubles et de fruits, il n'a pu entrer dans la pensée du législateur d'assujettir la saisie des meubles à des formes qui ne peuvent convenir qu'à la saisie de fruits pendants. Dans ce cas, deux saisies sont donc indispensables.

Les articles 626 et suivants du Code de procédure ont tracé les formalités à suivre pour la saisie-brandon. Seulement les auteurs observent, et avec raison, que, dans le cas de l'article 821, il n'est pas nécessaire d'attendre, comme le veut l'art. 626, les six semaines qui précèdent l'époque ordinaire de la maturité des fruits. Soumis au privilége du bailleur, quelque soit leur degré de maturité, ces fruits peuvent être saisis, en tout temps, à sa requête : l'article 821 ne renvoie aux dispositions renfermées dans le titre 9, que pour les formes de la saisie-brandon. C'est le garde-champêtre qui, d'après l'art. 628, doit être établi gardien.

Le propriétaire qui a un bail authentique et exécutoire doit faire une saisie-brandon ordinaire, avec dénonciation du jour de la vente; mais à moins que la saisie-brandon n'ait été pratiquée en vertu d'un titre exécutoire, la vente ne peut avoir lieu, sans un jugement qui déclare la saisie valable.

76. Si la saisie-gagerie a pour objet des meubles qui, garnissant la maison ou la ferme, en ont été déplacés sans le consentement du propriétaire, et se trouvent dans la possession d'un tiers, par suite de vente ou autrement, alors il est nécessaire de se conformer aux règles tracées par les art. 826 et suivants du Code de procédure, pour la saisie-revendication.

Ainsi, soit qu'il y ait bail authentique ou sous seing privé, soit qu'il n'y en ait pas, le propriétaire ne peut saisir-revendiquer les effets qui se trouvent chez un tiers, sans une ordonnance du président du tribunal, lequel, d'après la loi actuelle, est remplacé par le juge-de-paix, pour les loyers et fermages qui rentrent dans sa compétence.

Les articles 3 et 10 de la loi ne parlent que des *saisies-gageries ;* mais les dispositions qu'ils renferment s'appliquent nécessairement à la *saisie-revendication* autorisée par le § 3 de l'article 819 du Code de procédure, et qui n'est autre chose qu'une saisie-gagerie, dès qu'il s'agit de loyers et fermages.

Cette saisie-gagerie tendant à la revendication de meubles qui se trouvent entre les mains d'un tiers, doit, comme la saisie-gagerie ordinaire, être suivie d'une demande en validité, qui, d'après l'article 831, se porte devant le tribunal (et ici par conséquent, devant le juge-de-paix) du domicile du tiers sur qui la saisie a été faite, juge qui pourrait ne pas être celui de la situation des objets saisis.

77. Le propriétaire peut-il employer la voie de saisie-revendication contre un tiers, lorsque le mobilier existant encore, dans la maison ou la ferme, est plus que suffisant pour répondre des loyers échus et à échoir ? Par arrêt du 2 octobre 1806, la cour de Paris a jugé l'affirmative. Mais cette décision paraît peu consonnante avec l'équité, et le principe général que l'intérêt doit être la mesure de toutes les actions. En accordant, au propriétaire, un privilége sur les meubles quoique déplacés, et le droit de revendication, le but de la loi a été de pourvoir à la pleine sécurité du bailleur, et non de paralyser, d'une manière absolue, la disposition des facultés mobilières du preneur. Dès l'instant donc que les meubles garnissant la maison ou la ferme sont évidemment suffisants pour répondre des loyers ou fermages, pourquoi serait il défendu de déplacer l'excédant ? Inquiéter, en ce cas, des tiers qui ont acquis de bonne foi, ce serait une vexation.

C'est au juge à peser les circonstances, et à voir si, loin d'avoir pour but de prévenir les fraudes et l'enlèvement successif du mobilier, la saisie-revendication n'est qu'une tracasserie de la part du propriétaire.

Oppositions.

78. Ici nous devons commencer par fixer le véritable sens de l'article 10 de la loi.

Le projet présenté aux chambres, était conçu en ces termes : « Dans le cas où la saisie-gagerie ne peut avoir lieu qu'en vertu de permission de justice, cette permission sera accordée par le juge-de-paix du lieu où la saisie devra être faite, *toutes les fois que les causes rentreront dans sa compétence.* — S'il y a opposition *de la part des tiers,* le jugement en sera déféré aux tribunaux de première instance. »

Cette dernière disposition était rationnelle. Mais la commission de la chambre des députés a cru qu'elle pourrait souvent rendre illusoire l'attribution des saisies-gageries qu'accorde la loi aux juges-de-paix. La moindre revendication, pour l'objet de la plus mince valeur, les rendrait incompétents. Tel est le motif qui a déterminé la commission à substituer au second paragraphe de l'art. 10, tel qu'il était présenté par le gouvernement, celui que renferme la loi : « S'il y a opposition *de la part des tiers,* pour des causes et pour des sommes qui, réunies, excéderont *cette compétence,* le jugement en sera déféré aux tribunaux de première instance. »

Dans la rédaction de l'article ainsi amendé, il existe évidemment une faute grammaticale. En effet, la première partie attribuant aux juges-de-paix le droit d'accorder, lorsqu'il est nécessaire, la permission de saisir-gager, *toutes les fois que les causes rentreront dans sa compétence,* c'est de la compétence relative aux matières qui peuvent donner lieu à la saisie-gagerie qu'il s'agit dans cette première partie; et la seconde attribuant aussi au juge-de-paix la connaissance des oppositions, quand les sommes réunies n'excéderont pas *cette compétence,* le pronom démonstratif semblerait indiquer, qu'en cas d'opposition à la saisie-gagerie, les difficultés élevées par les tiers opposants seront soumises à la compétence extraordinaire qui n'est établie que pour les objets auxquels se rapporte la saisie-gagerie, tels que les loyers et fermages; ce qui serait contraire à l'esprit de la loi et même impraticable, comme on va le voir.

C'est ainsi cependant que l'article est interprété dans un ouvrage qui vient de paraître, sous le titre de *Traité des justices-de-paix.* L'auteur, qui ne dissimule ni l'embarras, ni les inconvénients de son système, prétend qu'en conséquence, le juge-de-paix ne jugera des oppositions qu'autant que les sommes réunies, que réclameraient les tiers opposants, n'excéderont pas 400 fr. à Paris et 200 fr. dans les provinces; telle est, dit-il, le taux de la compétence attribuée aux juges-de-paix, dans la première partie de l'article, à laquelle doit nécessairement se référer la seconde (1).

Énoncer une pareille proposition, c'est en découvrir la faiblesse. D'abord, en partant du système de l'honorable professeur, la compétence du juge-de-paix pour statuer sur les oppositions, loin de pouvoir être restreinte à la somme de 200 ou de 400 fr., serait presque illimitée; car, en matière de loyers et fermages, les baux dont le prix annuel n'est que de 400 fr. à Paris et de 200 fr. partout ailleurs, sont l'objet auquel doit s'appliquer la juridiction du juge-de-paix, et non le taux de sa compétence, la demande, pour un canon de 200 fr., pouvant s'élever jusqu'à 1,800, s'il s'agissait d'un bail de neuf ans, dont le prix serait dû en entier, et même au-delà, si le bail était à longues années, sauf l'exception du *quinquennium* qui pourrait être proposée. D'ailleurs, l'article 10 de la loi ne s'applique pas seulement aux loyers ou fermages; c'est une disposition générale applicable à tous les cas dans lesquels une saisie-gagerie peut être pratiquée, et notamment à celui d'un aubergiste, qui ferait saisir-gager les effets d'un voyageur pour avoir paiement de sa dépense, cas auquel le taux de la compétence du juge-de-paix est déterminée à 1,500 fr.

Mais la loi, dans son interprétation, ne doit pas toujours être réduite à l'esclavage du sens grammatical. Les obscurités, les vices d'expression et toutes les difficultés relatives à la manière de bien entendre un article et de l'appliquer, doivent se résoudre par le sens le plus naturel, celui qui se rapporte le plus au sujet, qui est le plus conforme à l'intention du législa-

---

(1) Traité des justices-de-paix, par M. Benech, professeur à la faculté de droit de Toulouse, pag. 142 et 531.

teur, et le plus en harmonie avec le droit commun : *scire leges non hoc est, verba earum tenere, sed vim ac potestatem*, loi **17**, ff. *de legibus*. Et si l'on doit écarter une expression vicieuse pour s'attacher à l'esprit de la loi, c'est surtout lorsque cette expression en rendrait l'application absurde et impraticable (1).

Entendue dans le sens que lui prête l'auteur que l'on combat, la loi serait inapplicable, tandis qu'il est facile de lui donner une interprétation toute naturelle, en attribuant à chacune des parties de l'art. 10 le sens qu'il doit avoir, *secundùm subjectam materiam*.

Le juge-de-paix devant connaître des saisies-gageries *toutes les fois que les causes rentreront dans sa compétence*, c'est de la compétence extraordinaire que la loi lui attribue pour certaines causes, qu'il s'agit dans cette première partie de l'article, rien de plus évident. Si, d'après l'amendement de la commission, la seconde partie porte ensuite, qu'il *connaîtra des oppositions formées par des tiers, pour des causes* et *pour des sommes* qui, réunies, n'excéderont pas *cette compétence*, alors il ne peut être question que de la compétence à laquelle est soumise le tiers opposant, savoir de la compétence ordinaire de 200 fr. si la demande est purement personnelle, ou d'un autre ordre de compétence si l'opposition a pour cause une matière pour laquelle la loi accorde au juge-de-paix une juridiction plus étendue. Voila le seul sens raisonnable qui puisse être attribué à l'article 10; toute autre interprétation ne tendrait qu'à l'anomalie.

79. Il serait au surplus difficile d'indiquer quand et comment l'affaire pourrait être de la compétence du juge-de-paix, en cas d'opposition de la part des tiers, et dans quel cas le § 2 de l'art. 10 pourrait être appliqué. En effet, l'opposition à une saisie-gagerie peut avoir lieu soit de la part du débiteur, soit de la part des

---

(1) *Voluisse autem legislatorem à propriâ vocabulorum significatione abire, colligi poterit; tùm est antecedentibus et subsequentibus legis verbis, præfatione, epilogo, et similibus; tùm ex ratione legis, ipsi legi subjunctâ; tùm etiam ex eo quod verba propriè accepta involverent absurditatem, impossibilitatem, vitium, vel significationem, rei gerendæ non satis aptam.* Voët *ad Pandectas*, lib. 1, tit. 3, n° 20.

autres créanciers, soit à requête d'un tiers qui se prétendrait propriétaire de tout ou partie des objets saisis.

Si l'opposition au commandement ou à la saisie est formée par le fermier ou locataire (qui n'a pas même besoin de prendre cette voie, sa qualité de défendeur à la demande en validité le mettant à même de faire valoir toutes ses exceptions), alors la compétence du juge-de-paix ne peut être déclinée; la discussion, n'existant qu'entre le fermier et le propriétaire, ne roule que sur le point de savoir si des loyers ou fermages sont dus? Aussi la loi ne parle-t-elle que du cas où il y aurait opposition, *de la part des tiers*.

En ce qui concerne les autres créanciers du locataire ou du fermier, ils sont sans qualité, sans intérêt pour s'opposer à la saisie, ils ne peuvent prétendre qu'au prix de la vente; et ce n'est que sur ce prix que l'opposition peut être faite, d'après l'art. 609 du Code de procédure, dont voici les termes :
« Les créanciers du saisi, pour quelque cause que ce soit,
» même pour loyers, ne pourront former opposition que sur
» le prix de la vente : leurs oppositions en contiendront les
» causes; elles seront signifiées au saisissant et à l'huissier
» ou autre officier chargé de la vente, avec élection de domi-
» cile dans le lieu où la saisie est faite, si l'opposant n'y est pas
» domicilié : le tout à peine de nullité des oppositions et des
» dommages-intérêts contre l'huissier, s'il y a lieu. »

L'opposition des créanciers ne saurait donc empêcher, dans aucun cas, qu'il fût donné suite à la saisie et à la vente des meubles. Ainsi, malgré cette opposition, le juge-de-paix demeure compétent, pour statuer sur la validité de la saisie-gagerie.

Ce n'est que dans le cas où, les deniers provenant de la vente ne suffisant pas pour satisfaire tous les créanciers, il est nécessaire de procéder à la distribution par contribution, qu'alors peuvent s'élever des débats entre le propriétaire saisissant pour avoir paiement de ses loyers et fermages, et les autres créanciers.

Pour parvenir à cette distribution, les art. 656 et suivants veulent qu'il soit accordé un mois aux créanciers, pour s'accorder; qu'à défaut de cet accord, l'officier ministériel consigne le prix de la vente; qu'un juge soit commis pour procéder à la distribution, et que les créanciers, après sommation, soient tenus de produire leurs titres devant le commissaire qui arrête la distribution des deniers, et, en cas de difficultés, renvoie les parties à l'audience; et suivant l'art 662, « les frais de pour- » suites seront prélevées, par privilége, avant toute créance » autre que celle *pour loyers dus aux propriétaires.* » Ce qui ne s'applique qu'aux frais qu'a nécessités la distribution par contribution, car le propriétaire ne peut toucher ses loyers et fermages, qu'après le prélèvement des frais de saisie et de vente des meubles.

Il n'a pu entrer dans la pensée du législateur d'introduire dans les justices-de-paix, les formalités qu'exige la distribution par contribution, distribution qui d'ailleurs fait surgir des questions de préférence qui excéderaient les limites de la juridiction d'un juge-de-paix.

80. Pour ce qui est du tiers qui se prétendrait propriétaire des objets saisis, cette prétention peut être élevée, soit par celui sur lequel le propriétaire revendique, par la voie de saisie-gagerie, les meubles et effets déplacés de la maison ou de la ferme sans son consentement, soit par tout autre qui se dirait propriétaire de tout ou partie des animaux ou autres objets mobiliers trouvés chez le fermier ou le locataire, cas auquel ce dernier est tenu de remplir les formalités voulues par l'art. 608 du Code de procédure : « Celui » qui se prétendra propriétaire des objets saisis ou de partie » d'iceux, pourra s'opposer à la vente, par exploit signifié au » gardien, et dénoncé au saisissant et au saisi, contenant assi- » gnation libellée et l'énonciation des preuves de propriété, à » peine de nullité, etc. »

Mais dans l'un ou l'autre des deux hypothèses qui viennent d'être signalées, l'affaire ne saurait être de la compétence du juge-de-paix.

La loi lui attribue, il est vrai, la connaissance des demandes en validité des saisies-gageries, et par conséquent des saisies-revendication, si la saisie-gagerie est exercée sur un tiers possesseur, des meubles déplacés de la maison ou de la ferme, sans le consentement du propriétaire : dans ce cas, le juge-de-paix peut bien statuer sur la forme de la saisie-revendication, et même sur le point de savoir si elle a été faite à délai utile, aux termes de l'article 2102, § 6, du Code; mais là se bornent ses attributions. Si le tiers saisi prétend que les meubles lui appartiennent légitimement, alors ce n'est plus de la simple demande en validité de saisie qu'il s'agit; le débat n'existe pas seulement entre le bailleur et le preneur; la discussion ne se borne pas au point de savoir si la saisie est régulière, si des loyers et fermages sont dus; ce débat intéresse un tiers qui n'est point soumis à la juridiction établie par l'art. 3. L'exception porte sur une action mobiliaire qui, d'après l'article 1er, ne rentrerait dans la compétence du juge-de-paix qu'autant que la demande serait déterminée et ne surpasserait pas 200 fr.; mais qui excède les limites de cette compétence, puisqu'il s'agit de meubles revendiqués, en nature, et dont la valeur est indéterminée (1).

Il en doit être de même si c'est un tiers qui revendique, dans les formes voulues par l'art. 608, des animaux ou effets saisis dans la maison louée ou la ferme, comme les ayant prêtés momentanément ou donnés à cheptel au fermier ou locataire. Dans ce cas encore, la demande en revendication portera sur un objet indéterminé et qui excède par conséquent les bornes de la compétence du juge-de-paix, laquelle, on le répète, est réduite, en matière mobiliaire, aux demandes d'une valeur de 200 fr. et au-dessous, qui doit être déterminée par le réclamant.

Ainsi le juge-de-paix est compétent pour connaître des demandes en validité des saisies-gageries, pour statuer sur les exceptions à opposer par le fermier ou locataire, sur tous les débats qui peuvent exister entre lui et le propriétaire, relativement aux loyers et fermages. Mais la compétence fixée par l'art. 3 de la loi, doit cesser dès l'instant qu'il s'agit de l'intérêt d'un tiers, lequel intervenant dans la contestation, pour revendiquer, en nature, les meubles saisis, formera, par conséquent, une demande indéterminée.

_____

(1) Voir ce qui a été dit sur l'art. 1er, § II, pag. 211, n° 29.

Il serait difficile, on le répète, de signaler quand et comment pourrait être applicable la disposition du § 2 de l'art. 10, en cas d'opposition à la saisie, de la part d'un tiers.

En commentant cet article, on reviendra sur les questions qui viennent d'être agitées.

ARTICLE IV.

« Les juges-de-paix connaissent, sans appel,
» jusqu'à la valeur de 100 francs, et, à charge
» d'appel, jusqu'au taux de la compétence en der-
» nier ressort des tribunaux de première instance :
   » 1° Des indemnités réclamées par le locataire
» ou fermier pour non-jouissance provenant du fait
» du propriétaire, lorsque le droit à une indemnité
» n'est pas contesté ;
   » 2° Des dégradations et pertes, dans les cas
» prévus par les articles 1732 et 1735 du Code
» civil.
   » Néanmoins le juge-de-paix ne connaît des pertes
» causées par incendie ou inondation, que dans les
» limites posées par l'article 1er de la présente loi. »

SOMMAIRE.

sur les dommages-intérêts. — 9. Le juge-de-paix peut-il ordonner les réparations indispensables à la jouissance du locataire? conclusions à prendre par celui-ci pour fixer, en ce cas, la compétence. — 10. Cette compétence cesse, lorsque le droit à l'indemnité est contesté; mais une simple dénégation ne suffit pas; toutes les fois que la non-jouissance repose sur un fait incontestable, le juge-de-paix doit se retenir la connaissance de la cause; exemple des cas où il doit ou non prononcer le renvoi. — 11. Dans ce cas, c'est au tribunal à statuer sur l'indemnité ainsi que sur les dépens faits devant le juge-de-paix. — 12. Lorsque le droit à l'indemnité est contesté, l'incompétence du juge-de-paix est-elle absolue, ou doit-elle être proposée devant lui? diversité d'opinions; l'incompétence peut être proposée en tout état de cause, à moins de prorogation expresse. — 13. L'article est applicable au sous-locataire vis-à-vis le fermier principal, mais non à l'usufruitier vis-à-vis le propriétaire. — 14. Dans le cas où la jouissance aurait été troublée par un tiers, le juge-de-paix serait incompétent pour statuer contre lui, même sur l'action en garantie que dirigerait le propriétaire.

§ II. *Des dégradations et pertes imputées au fermier ou locataire.* — 15. Il n'en est pas des dégradations, comme de l'indemnité; ici le juge-de-paix, quand le droit est contesté, statue sur toutes les exceptions, sans en excepter celles qui seraient puisées dans une clause du bail. — 16. Dispositions du Code auxquelles se réfère la compétence établie par la loi nouvelle; si, dans une rendue de bail, la demande en dommages-intérêts pour des dégradations et défaut de réparations locatives est indéterminée, alors le juge-de-paix doit renvoyer le tout; inconvénient de la loi nouvelle à cet égard. — 17. Causes des dégradations qui peuvent être imputées, soit au locataire de maison, soit à un fermier de biens ruraux. — 18. Le juge-de-paix peut-il ordonner les réparations nécessaires? — 19. Le propriétaire peut agir contre le preneur, avant la fin du bail. — 20. Le preneur est responsable du fait des sous-locataires, des personnes de sa maison et même des ouvriers qu'il emploie. — 21. Action récursoire dirigée par le locataire contre les auteurs des dégradations; d'après l'article, le juge-de-paix ne serait compétent que pour statuer sur la garantie exercée contre les sous-locataires, à moins qu'il ne s'agit de dégâts faits aux champs par des tiers. — 22. Pertes causées par inondation; aux termes de l'article 5, le juge-de-paix ne serait-il pas compétent pour statuer sur une demande, quoique au-dessus de 200 fr., formée contre le locataire, si l'inondation a été occasionnée par sa faute? — 23. Incendie : explication des articles 1733 et 1734 du Code : les pertes occasionnées par ce fléau étant d'ordinaire au-dessus de 200 fr., il est rare que le juge-de-paix puisse en connaître. — 24. La compétence du juge-de-paix s'étend aux dégradations commises par le locataire qui continue sa jouissance, après la fin du bail. — 25. Quelles sont les impenses dont il doit être tenu compte au locataire ou fermier? — 26. Le juge-de-paix est-il compétent pour statuer sur la demande réconventionnelle, formée à cet égard par le locataire? comment doit-il prononcer en ce cas?

OBSERVATIONS GÉNÉRALES.

1. Dans les matières dont la connaissance est ici attribuée aux juges-de-paix, la compétence n'est point déterminée, comme à l'article précédent, par le canon du bail : quelle qu'en soit la valeur, ce juge est compétent, pourvu que la demande ne surpasse point le taux de la compétence, en dernier ressort, des tribunaux de première instance, c'est-à-dire la somme de 1,500 fr.

Les auteurs de la loi de 1790 avaient cru devoir réunir, dans un même article, les indemnités pour non-jouissance, qu'aurait à réclamer le locataire, les dégradations alléguées par le propriétaire et le défaut de réparations locatives; la connaissance, en premier ressort, de toutes les contestations de ce genre, était attribuée à la justice-de-paix, à quelque somme que les demandes pussent s'élever; et le projet présenté par le gouvernement avait maintenu cette disposition et la même compétence. Mais la chambre des pairs, on ignore par quel motif, a séparé les actions énoncées dans l'article 4, de celles concernant les réparations locatives dont il sera question à l'article 5, et pour lesquelles, seulement, la compétence illimitée du juge-de-paix est maintenue.

De ce changement apporté à la loi de 1790, résulte une véritable anomalie. En effet, les dégradations et le défaut de réparations locatives proviennent du même fait; souvent il serait difficile d'en distinguer la cause et d'en séparer la vérification. Comment faire cette distinction à la fin du bail, lorsqu'il s'agit de remettre en bon état la chose louée? Alors les dégradations se trouvent presque toujours confondues avec le défaut de réparations locatives; et si, de son côté, le locataire oppose que sa jouissance n'a pas été intégrale, force est de s'en rapporter à une expertise, pour vérifier les sujets de plaintes réciproques. Sous l'empire de la loi de 1790, qui attribuait aux juges-de-paix la connaissance de ces différents objets, quel qu'en pût être le montant, leur réunion était sans inconvénient. Aujourd'hui ce n'est plus cela : que l'une de ces demandes soit indéterminée, alors le juge-de-paix devient incompétent, même pour les réparations locatives, à l'égard desquelles sa compétence est illimitée ; c'est au tribunal civil qu'appartient la connaissance du tout ; car si, de divers chefs, l'un est de la compétence de ce tribunal, et l'autre de la compétence du juge-de-paix, mais que tous dérivent du même titre, le tribunal doit prononcer sur tous les chefs ; il ne peut les scinder et renvoyer au juge-de-paix ceux qui sont de la compétence de ce juge (1).

Le juge-de-paix ne peut donc être saisi de l'action dirigée, soit par le locataire pour non-jouissance, soit par le propriétaire pour dégradations, qu'autant que la somme à laquelle doit se porter l'indemnité sera précisée dans la demande ; car si elle est indéterminée, que le demandeur se borne à réclamer des dommages-intérêts à estimer ou régler, alors cesse la compétence du juge-de-paix. Et avec quelle facilité le vœu de la loi ne sera-t-il pas éludé par quelques praticiens avides qui, consultant leur propre intérêt, plutôt que l'avantage des justiciables, ne manqueront pas de formuler la demande, de manière à dépouiller les justices-de-paix de la juridiction qui leur est ici attribuée, afin de pouvoir exploiter ainsi, à grands frais, les affaires les plus minutieuses, devant les tribunaux ordinaires ?

Un magistrat éclairé (M. Jobard, député de la Haute-Saône), a vainement signalé cet inconvénient, en réclamant le maintien de la loi de 1790. Sa proposition a été écartée, sur l'observation du rapporteur que, quant aux réparations de pur entretien qui sont extrêmement minimes, si la compétence illimitée qu'attribuait la loi ancienne aux juges-de-paix était naturelle, il ne peut en être ainsi de l'indemnité réclamée au propriétaire pour non-jouissance. C'était éluder la difficulté, au lieu de la trancher. Le fait est que cette discussion n'a été soulevée qu'à la session de 1838, où le projet amendé par la chambre des pairs fut reproduit à celle des députés ; et cette chambre a voulu en finir. Tel est, au surplus, l'inconvénient des délibérations

---

(1) Arrêt de cassation du 8 août 1807, D., tom. 1er, pag. 778. — Voy., dans le même recueil, l'arrêt de la cour de Bourges du 7 mai 1831, part. 2, pag. 199 de 1831.

législatives dans une assemblée nombreuse : il n'est pas rare de voir accueillir un amendement qui dérange toute l'économie de la loi ; souvent aussi les meilleures propositions échouent devant une majorité lasse de débats, dont plusieurs membres ne sentent pas toujours la portée.

2. Les actions dont il s'agit en cet article, doivent être intentées devant le juge-de-paix du canton dans lequel sont assis les objets loués ou affermés; ainsi le veut l'article 3, n° 4, du Code de procédure. Comme on l'a fait observer dans la première partie de ce traité, page 7, c'est pour faciliter l'instruction des affaires de cette nature et les vérifications nécessaires, qu'il a été dérogé, sur ce point, à la règle *actor sequitur forum rei*, règle générale et qui régit d'ailleurs toutes les actions personnelles.

Si les terres du domaine sont situées dans des communes appartenant à plusieurs cantons, on croit, qu'en ce cas, la demande doit être formée devant le juge-de-paix du chef-lieu de l'exploitation, de celui où se trouve située la maison d'habitation de la ferme, ou, à défaut de maison, devant le juge-de-paix du lieu où la partie des biens affermés est la plus importante (1).

§ Ier.

Des indemnités réclamées par le locataire ou fermier pour non jouissance.

3. Commençons par retracer les diverses dispositions que le Code civil renferme à cet égard, pour tous les baux.

« Art. 1719. Le bailleur est obligé, par la nature du contrat, » et sans qu'il soit besoin d'aucune stipulation particulière, — » 1° de délivrer au preneur la chose louée. — 2° D'entretenir » cette chose en état de servir à l'usage pour lequel elle a été » louée. — 3° D'en faire jouir paisiblement le preneur pendant » la durée du bail.

---

(1) Argument de l'article 2210 du Code civil

» 1720. Le bailleur est tenu de délivrer la chose en bon état
» de réparations de toute espèce. — Il doit y faire, pendant
» la durée du bail, toutes les réparations qui peuvent devenir
» nécessaires, autres que les locatives.

» 1721. Il est dû garantie au preneur pour tous les vices
» ou défauts de la chose louée qui en empêchent l'usage,
» quand même le bailleur ne les aurait pas connus lors du
» bail. — S'il résulte de ces vices ou défauts quelque perte pour
» le preneur, le bailleur est tenu de l'indemniser.

» 1723. Le bailleur ne peut, pendant la durée du bail,
» changer la forme de la chose louée.

» 1724. Si, durant le bail, la chose louée a besoin de ré-
» parations urgentes et qui ne puissent être différées jusqu'à
» sa fin, le preneur doit les souffrir, quelque incommodité
» qu'elles lui causent, et quoiqu'il soit privé, pendant qu'elles
» se font, d'une partie de la chose louée. — Mais, si ces répa-
» rations durent plus de quarante jours, le prix du bail sera
» diminué à proportion du temps et de la partie de la chose
» louée dont il aura été privé. — Si les réparations sont de telle
» nature qu'elles rendent inhabitable ce qui est nécessaire au
» logement du preneur et de sa famille, celui-ci pourra faire
» résilier le bail.

» 1725. Le bailleur n'est pas tenu de garantir le preneur, du
» trouble que des tiers apportent *par voies de fait* à sa jouis-
» sance, sans prétendre d'ailleurs aucun droit sur la chose
» louée ; sauf au preneur à les poursuivre en son nom per-
» sonnel.

» 1726. Si, au contraire, le locataire ou le fermier ont été
» troublés dans leur jouissance, par suite d'une action concer-
» nant la propriété du fonds, ils ont droit à une diminution
» proportionnée sur le prix du bail à loyer ou à ferme, pourvu
» que le trouble et l'empêchement aient été dénoncés au pro-
» priétaire.

» 1727. Si ceux qui ont commis les voies de fait, prétendent
» avoir quelque droit sur la chose louée, ou si le preneur
» est lui-même cité en justice pour se voir condamner au
» délaissement de la totalité ou de partie de cette chose, ou
» à souffrir l'exercice de quelque servitude, il doit appeler le

» bailleur en garantie, et doit être mis hors d'instance, s'il
» l'exige, en nommant le bailleur pour lequel il possède.

» 1744. S'il a été convenu, lors du bail, qu'en cas de vente,
» l'acquéreur pourrait expulser le fermier ou locataire, et qu'il
» n'ait été fait aucune stipulation sur les dommages-intérêts,
» le bailleur est tenu d'indemniser le fermier ou le locataire, de
» la manière suivante :

» 1745. S'il s'agit d'une maison, appartement ou boutique,
» le bailleur paie, à titre de dommages-intérêts, au locataire
» évincé, une somme égale au prix du loyer, pendant le temps
» qui, suivant l'usage des lieux, est accordé entre le congé et
» la sortie.

» 1746. S'il s'agit de biens ruraux, l'indemnité que le bail-
» leur doit payer au fermier, est du tiers du prix du bail pour
» tout le temps qui reste à courir. »

» 1747. L'indemnité se réglera par experts, s'il s'agit de
» manufactures, usines, ou autres établissements qui exigent
» de grandes avances.

» 1749. Les fermiers ou les locataires ne peuvent être ex-
» pulsés qu'il ne soient payés par le bailleur, ou, à son défaut,
» par le nouvel acquéreur, des dommages et intérêts ci-dessus
» expliqués.

» 1750. Si le bail n'est pas fait par acte authentique, ou n'a
» point de date certaine, l'acquéreur n'est tenu d'aucuns dom-
» mages-intérêts. »

Voici maintenant les dispositions particulières au louage de
biens ruraux.

» Art. 1765. Si, dans un bail à ferme, on donne au fonds une
» contenance moindre ou plus grande que celle qu'ils ont réel-
» lement, il n'y a lieu à augmentation ou diminution de prix
» pour le fermier, que dans les cas et suivant les règles expri-
» mées au titre *de la vente*. »

Enfin, les art. 1769 et suivants règlent l'indemnité que peut
prétendre le fermier, dans le cas où, pendant la durée du bail,
la totalité ou la moitié d'une récolte au moins serait enlevée
par des cas fortuits. Suivant l'art. 1772, le preneur peut être
chargé de ces cas fortuits, par une stipulation expresse qui ne
peut s'entendre que des cas fortuits ordinaires, tels que grêle,

feu du ciel, gelée ou coulure, et non des cas fortuits extraordinaires, tels que les ravages de la guerre ou une inondation, à moins que le preneur n'ait été chargé de *tous les cas
fortuits prévus ou imprévus.*

4. Reprenons chacun de ces articles, et voyons dans quels
cas le juge-de-paix est compétent, pour la fixation de l'indemnité.

Le bailleur, suivant l'article 1719, étant obligé de délivrer
au preneur la chose louée et de l'en faire jouir paisiblement,
c'est au juge-de-paix qu'il appartient de statuer, dans les limites
de la compétence fixée par l'article, sur les dommages-intérêts résultant du retard ou du défaut de délivrance.

Il en est de même pour ce qui concerne les réparations de
toute espèce, que, d'après l'article 1720, le bailleur doit procurer, à l'entrée du bail. Faute par le propriétaire de remettre la
chose en bon état, le locataire ou fermier, dont la jouisssance
n'est pas pleine et entière, a droit à des dommages-intérêts. Sa
jouissance est également diminuée et altérée, si, pendant la
durée du bail, le propriétaire ne pourvoit pas aux réparations
de gros entretien, à toutes celles qui ne sont point à la charge
du locataire ou fermier, et dont il sera question dans l'article
suivant. Si, par exemple, un mur s'écroule, faute d'entretien,
si une partie du bâtiment tombe en ruine, par suite de vétusté, etc., alors le preneur, privé de la jouissance de tout ou
partie de la chose, par suite de la négligence du propriétaire,
a le droit de former, contre celui-ci, une action en indemnité
du préjudice qu'il a souffert.

Mais, dans le cas prévu par l'article 1724, où le preneur, qui
doit souffrir l'incommodité que causent les réparations urgentes, a droit néanmoins à une diminution proportionnelle
du prix du bail, si elles durent plus de quarante jours, on
croit que ce serait au tribunal civil à statuer sur la demande
en indemnité de plus de 200 fr., si les réparations étaient né-
cessitées par quelque accident; alors le défaut de jouissance,
résultant d'un cas imprévu, ne pourrait être considéré comme
provenant du fait du propriétaire.

D'après l'article 1721, le vice ou les défauts de la chose louée obligent aussi le propriétaire à indemniser le preneur. Plusieurs auteurs prétendent que, par argument des articles 1645 et 1646, relatifs à la vente, il faut distinguer le cas où le bailleur aurait eu connaissance de ces vices au moment du contrat, de celui où il ne les a ni connus, ni pu connaître; que, dans ce dernier cas, il n'est tenu que de reprendre la chose louée, sans être soumis à aucuns dommages-intérêts (1). Mais le texte de l'article 1721 résiste à cette interprétation, puisqu'il accorde une indemnité au preneur, s'il lui résulte *quelque perte des vices de la chose, quand même le bailleur ne les aurait pas connus lors du bail.* Quoi qu'il en soit de cette question, qui, si elle était élevée, placerait, comme on le verra, l'affaire hors de la compétence du juge-de-paix, toujours est-il que c'est à ce magistrat qu'appartient la fixation de l'indemnité, dans le cas prévu par l'article 1721.

Il en est de même de celui où le bailleur contrevient à la défense qui lui est faite par l'article 1723, de changer la forme de la chose louée; mais ce changement, pour qu'il donne lieu à l'indemnité, doit être de nature à entraver la jouissance du preneur, lequel ne pourrait se plaindre de constructions qui, sans lui faire éprouver de perte, seraient pratiquées, pour la convenance ou l'agrément du propriétaire.

Le juge-de-paix est également compétent pour statuer sur l'indemnité prévue par les articles 1726 et 1727, en cas de trouble apporté à la jouissance, par suite de l'action d'un tiers concernant la propriété du fonds; si, par exemple, le bailleur a succombé au pétitoire, et même au possessoire, sur la demande en revendication ou en complainte, de tout ou partie d'un ou de plusieurs champs qu'il avait loués; s'il est reconnu que le tiers y a un droit d'usufruit, d'habitation, d'usage, ou toute autre servitude, qui diminue ou entrave la jouissance du preneur. On dirait en vain que, dans ce cas, le défaut de jouissance ne provient pas du fait du propriétaire; c'est la faute de celui-ci d'avoir loué des fonds dont il n'avait pas la propriété ou la possession légale, ou de ne pas s'être assuré de leur véritable contenance. Le juge-de-paix peut donc être saisi

---

(1) Duranton, tom. 17, n⁰ˢ 63 et 64. — Arrêts du 30 mai 1837, D., pag. 409, qui jugent le contraire.

de la demande en indemnité du fermier, à moins que cette demande ne soit formée dans l'instance même qu'aurait intentée le revendiquant contre le preneur, et par voie de garantie qu'exercerait ce dernier contre le bailleur, cas auquel ce serait au tribunal à fixer l'indemnité, en statuant sur la revendication.

C'est aussi au juge-de-paix qu'il appartient de régler les dommages-intérêts du preneur évincé par l'acquéreur de tout ou partie de la propriété.

L'article 1744 prévoit l'hypothèse où il aurait été convenu dans le bail, qu'en cas de vente, l'acquéreur pourrait expulser le fermier ou locataire; et les articles suivants ayant fixé, en ce cas, les bases de l'indemnité, le juge-de-paix doit s'y conformer, s'il n'a pas été fait d'autres stipulations.

Mais dans le cas qui peut se présenter le plus fréquemment, celui où le bail n'ayant pas de date certaine, l'acquéreur n'est tenu ni de l'entretenir, ni des dommages-intérêts dus au preneur, lesquels ne doivent pas moins être supportés par le bailleur, ce ne sont point alors les bases fixées par lesdits articles qui doivent servir au règlement de l'indemnité. Le preneur qui n'a point consenti au déguerpissement, en cas de vente, a droit à tous les dommages-intérêts résultant *de la perte* qu'il éprouve, et *du gain dont il est privé* par la discontinuation du bail (art. 1149); ces dommages-intérêts doivent donc être estimés par experts, ou arbitrés par le juge-de-paix, d'après ses connaissances particulières.

5. Dans le cas où, d'après l'article 1765, le fermier d'un bien rural a droit à une diminution de prix, pour défaut de la contenance exprimée dans le bail, la demande peut-elle être de la compétence du juge-de-paix auquel la loi n'attribue que les actions en indemnité pour non-jouissance *provenant du fait du propriétaire?* M. Duranton décide l'affirmative; mais nous ne pouvons partager le sentiment de l'honorable auteur (1).

(1) *Cours de droit*, tom. 17, pag. 157, n° 181. — Le même auteur prétend que l'action accordée, soit au propriétaire, en cas d'excès, soit au fermier, pour le cas de défaut de contenance, ne se prescrit que par 30 ans. Mais l'article 1765 renvoyant ce qui concerne cette action aux règles exprimées au

Dans l'hypothèse prévue par l'article 1765, il ne s'agit pas précisément de l'indemnité dont le réglement attribué aux juges-de-paix, en l'absence de toute contestation, est extrêmement simple; il est question de diminuer le prix du bail et par conséquent de modifier le contrat, ce qui peut présenter des difficultés excédant les limites de l'attribution conférée par notre article.

6. En ce qui concerne l'indemnité que les articles 1769 et suivants accordent au fermier, en cas d'enlèvement par cas fortuit de la moitié au moins de la récolte, il est bien évident que l'action ne serait pas de la compétence attribuée au juge-de-paix par l'article, lequel exige que la non-jouissance provienne *du fait du propriétaire*. Le juge-de-paix ne serait compétent pour statuer sur une demande de cette nature, qu'autant qu'elle n'excéderait pas la somme de 200 fr,, cas auquel l'affaire rentrerait dans les limites de la juridiction établie par l'article 1er de la loi.

7. Enfin il peut y avoir lieu à indemnité de la compétence du juge-de-paix, toutes les fois que, par un fait quelconque du propriétaire médiat ou immédiat, la jouissance du locataire ou fermier a été altérée ou entravée d'une manière dommageable; si, par exemple, le maître d'une ferme fait abattre des arbres qui causent, en tombant, quelque dommage aux fruits et récoltes; si, au lieu de n'envoyer en pâturage avec les bestiaux du preneur que le nombre qu'il s'est réservé par le bail, le propriétaire en envoie davantage; si, pour sa commodité ou son

---

titre *de la Vente*, il nous paraît évident que la prescription d'un an, établie par l'article 1022, est applicable au bail, de même qu'à la vente.

Nota. L'article 1765, qui n'accorde une diminution de prix au fermier que dans le cas où le défaut de contenance est de plus d'un vingtième, n'est point applicable au cas spécifié dans l'article 1726, celui où le fermier est dépossédé par un tiers : dans ce cas, il a droit à l'indemnité résultant de l'éviction, lors même que le bail aurait été stipulé *sans garantie de mesure*, et quand, malgré l'éviction, il resterait au fermier une contenance plus forte que celle qui avait été donnée aux fonds. On doit ici suivre la règle établie pour la vente. *Qui fundum tradiderat jugerum centum, fines multò ampliùs emptori monstraverat; si quid ex his finibus evinceretur, pro bonitate ejus præstandum ait, quamvis id quod relinqueretur centum jugera haberet.* Loi 45, ff. *De evictionibus.* — *Questions de droit,* v° *Fait du souverain.*

agrément, il établit des plantations, des chemins ou allées qui diminuent la jouissance du fermier; si, dans le surplus de la maison qu'il s'est réservé, il fait des constructions, réparations ou embellissements qui rendent moins commode l'appartement qu'il a loué, etc., etc. Dans tous ces cas, comme dans ceux prévus par les articles du Code civil que nous venons d'extraire, l'action du locataire ou du fermier contre le propriétaire est de la compétence du juge-de-paix, pourvu que la demande en indemnité n'excède pas la somme de 1,500 fr.

8. Le défaut de jouissance du locataire ou du fermier peut aussi donner lieu à la résiliation du bail. Mais, comme on l'a vu dans le commentaire de l'art. 3, le juge-de-paix n'est compétent pour prononcer le résiliement, que dans le cas où la demande est fondée sur le défaut de paiement des loyers ou fermages. Si donc la résiliation était motivée sur le manque de délivrance de la chose louée, le changement de sa forme, les vices ou défauts dont elle est affectée, etc.; alors l'action devrait être portée devant le tribunal civil qui prononcerait sur les dommages-intérêts résultant du défaut de jouissance, en statuant sur la demande en résiliement.

9. En prononçant sur l'indemnité que réclame le locataire, pour non-jouissance, le juge-de-paix peut-il faire cesser les obstacles qui s'opposent à cette jouissance, et ordonner les réparations qui seraient jugées indispensables?

Pour la négative, on peut dire, qu'ici la compétence se borne au réglement de l'indemnité. Cependant cette compétence serait à peu près illusoire, si le juge-de-paix était sans autorité pour prévenir les inconvénients qui entravent la jouissance du locataire. Souvent, par exemple, la fumée rend les habitations incommodes, au point de paralyser l'usage auquel l'appartement ou la chambre est destinée. Dans ce cas et une foule d'autres semblables, à quoi se réduirait la juridiction du juge-de-paix, s'il ne pouvait faire cesser cet inconvénient, et qu'il fallût recourir, pour le même fait, à deux juridictions différentes, ou plutôt au tribunal, qui, comme on vient de le voir, doit statuer sur le tout, lorsque de deux chefs de demande l'un est de sa compétence et l'autre de celle des justices-de-paix?

Il est, à ce qu'il nous semble, un moyen bien simple d'éviter ce circuit : c'est de conclure à une somme de dommages-intérêts suffisante pour indemniser le locataire du dommage passé et de celui à venir. Alors, en condamnant le défendeur à payer la somme demandée, ou seulement une partie de cette somme (si, d'après la reconnaissance, elle est exagérée), faute, par le bailleur, de procurer dans un délai, les réparations nécessaires à la jouissance du locataire, le juge-de-paix ne sortira point des limites de sa compétence : l'indemnité dont la connaissance lui est attribuée, s'appliquant à toute la durée du bail, la loi lui confère, par ce moyen, toute l'autorité nécessaire non-seulement pour statuer sur les dommages-intérêts résultant de la non-jouissance, pendant un certain temps, mais pour faire lever les obstacles qui continueraient à entraver cette jouissance.

10. Au surplus, le juge-de-paix ne peut statuer que quand le fait de non-jouissance ou de jouissance imparfaite est avéré; la compétence cesse, *lorsque le droit à l'indemnité est contesté.* Cette restriction diminue beaucoup l'étendue des attributions du juge-de-paix, sur ce point.

Mais pour décliner la compétence du juge-de-paix, suffira-t-il au propriétaire de dire sèchement : *Je conteste le droit. Je ne dois point d'indemnité; mon fermier n'est pas fondé à en exiger?* S'il en était ainsi, la loi ne serait qu'une illusion, puisqu'il dépendrait de l'une des parties de reconnaître ou decliner, suivant son caprice et son intérêt, la juridiction du juge. Comme le fait observer M. Henrion de Pansey, telle n'a pu être l'intention du législateur. « Je crois, dit-il, que, pour qu'il y ait
» lieu au déclinatoire, il faut que la défense du propriétaire
» soit telle, qu'elle forme une fin de non-recevoir contre la de-
» mande du fermier, c'est-à-dire qu'il lui réponde : Telle est la
» nature des engagements que j'ai contractés envers vous,
» telles sont les clauses de votre bail, que, quand même vous
» n'auriez pas joui intégralement, ou que votre jouissance se-
» rait suspendue pendant un temps plus ou moins long, je ne
» vous dois aucun dédommagement. Alors le procès présente à
» juger une question d'interprétation d'acte, problème dont la

» solution exige le rapprochement des différentes clauses du
» bail et l'application des lois sur l'interprétation des conven-
» tions ; et c'est ce que la loi n'a pas voulu soumettre au juge-
» de-paix (1). »

Le déclinatoire devrait être admis, à plus forte raison, si le
propriétaire prétendait qu'il n'y a pas eu de bail, que le bail est
nul, où qu'il ne comprend pas tel objet que le fermier ou le
locataire soutient y avoir été compris.

La validité du bail et l'interprétation des clauses ne sont
pas les seuls moyens qui puissent servir de fondement à l'exception d'incompétence. Il y aurait également contestation sur
le droit à l'indemnité, si le propriétaire prétendait qu'il n'y a pas
défaut de jouissance d'après l'usage des lieux, que, par exemple,
ce n'était pas au fermier sortant, mais au fermier rentrant, à
labourer telle ou telle pièce de terre (2).

En est-il de même, lorsque l'exception du propriétaire ne
repose que sur un fait suceptible de vérification ? Voici comment
s'exprime, à cet égard, l'auteur de l'*Encyclopédie des juges-de-
paix.* « Quand la question se réduit à une simple vérification de
» faits, quand le propriétaire, par exemple, soutient que le fer-
» mier n'a droit à aucune indemnité parce qu'il a rempli toutes
» ses obligations, ou parce que celles dont on lui impute la vio-
» lation n'a causé aucun préjudice au demandeur, dans ce cas,
» la compétence du juge-de-paix ne saurait être mise en
» doute. »

Mais n'est-ce pas donner à cette compétence beaucoup plus
d'étendue que n'en accorde la loi ? Le propriétaire qui prétend
avoir rempli toutes ses obligations, que, par conséquent il ne
doit rien, ou que le fermier n'a éprouvé aucun préjudice du
fait par lui allégué, conteste bien réellement le droit à l'indemnité. Pour vérifier le fondement de la demande ou de l'exception, force est de recourir à une vérification, d'ordonner
une expertise ; et comment accorder cette attribution aux
juges-de-paix, d'après notre article, qui limite sa juridiction
au réglement des dommages-intérêts, dans le cas où le droit à
l'indemnité n'est pas contesté ?

(1) Compétence des juges-de-paix, chap. 29.
(2) Arrêt du 21 juin 1837, D., pag, 378,

Le seul cas, à ce qu'il nous semble, où l'exception déclinatoire du bailleur puisse être rejetée, c'est quand le droit à l'indemnité repose sur un fait incontestable, et qui n'a pas besoin d'être vérifié juridiquement.

Ainsi, lorsque la demande en indemnité est fondée soit sur le retard ou le défaut de délivrance, soit sur des réparations qui ont duré plus de quarante jours, soit sur l'adjudication de la propriété à un tiers ou sa maintenue en possession, soit sur le congé ou avertissement donné par l'acquéreur à un fermier ou locataire qu'il veut expulser; dans ces cas et autres semblables, le propriétaire aurait beau dire au preneur : *Je ne vous dois pas d'indemnité!* le fait et l'obligation imposée par la loi étant également incontestables, la compétence du juge-de-paix serait vainement déclinée.

Mais il doit en être autrement du cas où la demande du preneur, et l'exception du bailleur, ont besoin d'être vérifiées; si, par exemple, il s'agit de non-jouissance motivée sur le vice ou les défauts de la chose louée, et que le bailleur soutienne que ces vices n'existent pas, ou qu'il n'en résulte aucun dommage pour le preneur; si celui-ci se plaignant du changement de la forme de la chose louée, le propriétaire prétend que c'est une allégation chimérique, ou que le changement n'apporte aucune entrave à la jouissance du bail, etc., etc.

Il serait difficile de prévoir tous les cas dans lesquels l'exception du propriétaire oblige le juge-de-paix à se dessaisir de la demande et à la renvoyer devant les tribunaux ordinaires. Toutes les fois que, soit l'obligation du propriétaire, soit le fait de non-jouissance du locataire, ne sont pas d'une certitude évidente, alors il nous semble qu'il y a contestation sur le droit à l'indemnité, et qu'alors c'est au tribunal à statuer, à moins que la demande ne soit que de 200 fr. ou au-dessous, cas auquel le juge-de-paix ayant une juridiction plénière, d'après l'article 1er de la loi, peut non-seulement régler l'indemnité, mais doit apprécier toutes les exceptions qui seraient opposées par le propriétaire.

11. Dans le cas où, au moyen de la contestation du droit à l'indemnité, l'affaire rentre dans la compétence du tribunal civil, c'est à ce tribunal qu'il appartient de régler l'indemnité,

après avoir statué sur l'exception du propriétaire. Ce n'est pas seulement la question préjudicielle qui doit être renvoyée, le juge-de-paix, d'après notre article, n'étant compétent pour connaître des indemnités que quand le droit n'est pas contesté.

Mais la contestation peut être mal fondée, et alors il y aurait injustice à rendre le demandeur passible des frais de l'instance devant la justice-de-paix, et du jugement de renvoi qu'une mauvaise chicanne aurait nécessités. On croit qu'en ce cas le juge-de-paix, en se déclarant incompétent, doit réserver les dépens, pour y être fait droit par le tribunal auquel la cause est renvoyée.

12 En cas de contestation du droit à l'indemnité, l'incompétence du juge-de-paix est-elle absolue? est-ce là une de ces exceptions d'incompétence *ratione materiœ*, qui peut être opposée en tout état de cause?

Henrion de Pansey et Carré soutiennent qu'il ne s'agit ici que d'une incompétence relative qui n'est établie qu'en faveur du propriétaire, et doit être proposée *à limine litis*. M. Favard de Langlade combat cette doctrine, en se fondant sur la nature de la juridiction du juge-de-paix, qui ne peut-être prorogée, n'étant que juge d'exception (1). Ce motif nous semble peu concluant. Ainsi que nous l'avons exposé dans le traité préliminaire, sect. II, § V, ce n'est qu'en matière réelle et immobilière, que les justices-de-paix doivent être considérées comme des tribunaux d'exception : en matière personnelle, quoique délégués pour statuer *usquè ad certam summam*, les juges-de-paix n'en ont pas moins la plénitude de juridiction, puisqu'elle peut être prorogée, ce qui ne pourrait avoir lieu dans les tribunaux d'exception. Or, l'action relative à l'indemnité n'est autre chose qu'une action personnelle dont le juge-de-paix, comme on vient de le dire, pourrait connaître, lors même que le droit à l'indemnité serait contesté, s'il s'agissait d'une demande qui n'excédât pas 200 fr. Sa juridiction, en cette matière, pourrait donc

---

(1) *Répertoire*, article *Juges-de-paix*, § 16, n° 2; Carré, *Traité du Droit français*, tom. 2, pag. 519; *Répertoire* de M. Favard, v° *Justice-de-paix*, § 7.

être prorogée. Mais on a vu aussi que, dans le cas même où cette prorogation est permise, elle ne peut avoir lieu qu'en vertu de convention expresse des parties : autrement la compétence est absolue, dès l'instant que la demande excède le taux fixé par la loi. Telle est la jurisprudence de la cour de cassation (1).

C'est par suite du même principe qu'un arrêt du 21 juin 1837 a jugé, qu'en ce qui concerne l'indemnité dont la loi de 1790 n'attribuait déjà la connaissance aux juges-de-paix qu'à défaut de contestation sur le droit, il y avait, lorsqu'il est contesté, incompétence, en raison de la matière, laquelle devait être admise d'office, et avait pu, par conséquent, être proposée en cause d'appel, sans l'avoir été devant le juge-de-paix. Ce dernier arrêt est d'autant plus remarquable, que, du fait tel qu'il est exposé par Dalloz, page 378 de 1837, il résulterait que, dans l'espèce, la demande n'était que de 100 fr., ce qui n'eût pas excédé la compétence attribuée aux juges-de-paix par la loi de 1790. La cour suprême a-t-elle considéré qu'il s'agissait d'une action réelle, d'après l'article 3, n° 4, du Code de procédure, qui soumet la connaissance de l'indemnité et des dégradations au juge-de-paix du lieu où sont situés les objets donnés à bail? Mais cette disposition, qui n'a eu d'autre but que celui de faciliter la vérification et le règlement des dommages-intérêts, ne saurait changer la nature de l'action qui n'est toujours que personnelle. C'est ce qui résulte de l'art. 4 de la loi actuelle, lequel considère comme étant purement personnelles les actions dont il s'agit, tellement qu'en exceptant les pertes occasionnées par l'incendie ou l'inondation, le législateur a eu soin d'ajouter, que le juge-de-paix pourrait en connaître, dans les limites posées par l'article 1er.

Ainsi donc, la demande en indemnité ou se borne à 200 fr., où surpasse cette somme. Dans le premier cas, la demande rentrant dans la compétence ordinaire du juge-de-paix, il doit statuer, lors même que le droit serait contesté par le propriétaire. Mais dans le cas où, la demande excédant 200 fr., il y a contestation sur le droit, alors, d'après notre article, le juge-de-paix ne peut en connaître, à moins que sa juridiction n'ait

_____

(1) Voy. les arrêts cités part. I, pag. 68.

été prorogée par le consentement exprès des parties : sans cette prorogation, l'incompétence est absolue et proposable en tout état de cause. Tel est, à ce qu'il nous paraît, la conséquence que l'on doit tirer des articles 1er et 4 de la loi, combinés avec l'article 7 du Code de procédure et la jurisprudence.

13. L'article ne parlant que des indemnités réclamées *par le locataire ou fermier*, pour non-jouissance *provenant du fait du propriétaire,* ne serait pas applicable à l'usufruitier qui se plaindrait des obstacles apportés à sa jouissance. Mais la disposition s'applique évidemment à l'indemnité qui serait prétendue contre un usufruitier qui aurait donné à bail, ou qui jouirait de celui passé par son auteur.

Il en est de même de la demande qui serait formée par un sous-locataire contre le fermier principal, lequel est considéré comme propriétaire, vis-à-vis du premier. Assigné, en vertu du sous-bail, le fermier principal pourrait aussi recourir contre son bailleur, si, du fait de celui-ci, provenait le défaut de jouissance du sous-locataire, et le juge-de-paix serait compétent pour statuer tant sur la demande principale que sur la garantie.

14. Mais si, sur l'action dirigée contre lui, le propriétaire exerçait son recours vis-à-vis d'un tiers qui aurait troublé la jouissance du locataire ou fermier, dans ce cas, le juge-de-paix ne serait pas compétent pour statuer sur cette demande en garantie, à moins qu'elle ne fût bornée à une somme de 200 fr. : l'attribution, au-dessus de cette somme, confère au juge-de-paix une juridiction extraordinaire dont l'exercice est limité au cas spécial que prévoit l'article, celui où il s'agit de régler, entre le bailleur et le preneur, l'indemnité réclamée, par ce dernier, pour non-jouissance. On ne saurait donc appliquer ici la règle qui oblige le garant à procéder devant le juge saisi de la demande principale.

§ II.

Des dégradations et pertes imputées au fermier ou locataire.

15. Ici la compétence n'est point limitée, comme dans le § Ier, au cas ou *le droit à l'indemnité n'est pas contesté*. Que les dégradations soient ou non avouées, et quelle que puisse être l'exception du défendeur, le juge-de-paix doit connaître de la demande, pourvu qu'elle soit renfermée dans les limites de la compétence fixées par l'article; car si elle excède la somme de 1,500 fr., alors c'est le tribunal civil qui doit en connaître. Il en sera de même si la demande en dommages-intérêts pour cause de dégradations est indéterminée, ce qui doit avoir lieu fréquemment, l'appréciation du dommage de cette nature dépendant presque toujours du résultat d'une expertise.

Mais il peut arriver aussi que le demandeur fixe à la somme de 1,500 fr. et au-dessous, le montant de l'indemnité qu'il prétend lui être due; alors la juridiction du juge-de-paix est absolue; c'est à lui à procéder à toutes les vérifications nécessaires, soit pour reconnaître la réalité des dégradations alléguées, leur importance, et si elles proviennent de la faute du preneur; soit pour estimer la valeur de la perte qui en résulte, et fixer, en conséquence, la somme des dommages-intérêts; car il ne faut point s'en rapporter, à cet égard, à la demande formée par le propriétaire, laquelle peut être exagérée, et c'est à lui à en établir la quotité. En un mot, c'est au juge-de-paix qu'il appartient de vérifier la demande et de statuer sur toutes les exceptions et fins de non-recevoir qui pourraient être proposées par le locataire ou fermier.

Suivant l'auteur de l'*Encyclopédie des juges-de-paix*, v° *Bail*, n° 7, « lorsque le fermier, sans nier les faits de dégradation, » prétend qu'ils ont eu lieu en vertu d'une clause du bail, » alors comme il s'agit de l'interprétation d'un contrat, le juge-» de-paix n'a plus d'attributions; il doit renvoyer les parties » devant qui de droit. » Nous ne saurions partager ce sentiment : il en est de la compétence attribuée aux juges-de-paix relativement aux dégradations, comme de celle que lui attribue l'art. 1er d'une manière plus limitée, en ce qui concerne les actions purement personnelles. Or, on a vu, pag. 195, que, d'après la jurisprudence, le juge-de-paix saisi d'une demande de 200 fr. et au-dessous, a le droit d'apprécier et d'interpréter le contrat, si les clauses en sont contestées. Pourquoi en serait-il autrement, quand il s'agit de l'application de l'art. 4, lequel attribue aux juges-de-paix, sans restriction, la connaissance des dégradations et pertes. Dès l'instant que la demande n'excède pas la somme de 1,500 fr., c'est au juge-de-paix, on le répète, à vérifier si elle est bien ou mal fondée, et par conséquent à apprécier les clauses du contrat, ainsi que tous autres moyens que fait valoir le défendeur. Le juge de l'action est juge de l'exception, autrement son pouvoir demeurerait enchaîné et sa compétence illusoire : on ne doit excepter de cette règle que le cas où, du jugement à intervenir résulterait l'autorité de la chose jugée, non-seulement pour l'objet en litige, mais pour toutes les autres affaires qui pourraient se présenter dans la suite. Ici la décision du juge-de-paix se bornera nécessairement aux dommages-intérêts résultant des dégradations alléguées par le propriétaire, et ne saurait avoir d'autres conséquences. Si, dans ce cas, le juge ne pouvait apprécier les obligations qui résultent du bail, alors il faudrait dire, qu'en ce qui concerne les dégradations, sa compétence est restreinte comme pour l'indemnité dont il vient d'être question dans le paragraphe précédent, au cas où il n'existe aucune contestation sur le droit; et cette restriction n'est point applicable au § 2 de l'article, tous les auteurs en conviennent.

16. Voyons maintenant quelle est l'étendue de la compétence attribuée aux juges-de-paix relativement aux dégradations.

Suivant la loi de 1790, ils devaient connaître des *dégradations alléguées par le propriétaire*, en général; et leur compétence en cette matière s'étendant à toutes les demandes quel qu'en pût être le montant, elle était fort étendue.

Aujourd'hui cette compétence, dont le taux n'est plus que de 1,500 fr., est bornée aux cas prévus par les articles 1732 et 1735 du Code.

Voici le texte de ces articles.

« 1732. Le preneur répond des dégradations ou des pertes
» qui arrivent, pendant sa jouissance, à moins qu'il ne prouve
» qu'elles ont eu lieu sans sa faute.

» 1735. Le preneur est tenu des dégradations et des pertes
» qui arrivent par le fait des personnes de sa maison, ou de
» ses sous-locataires. »

Le Code renferme plusieurs autres dispositions, qui ne sont
que la conséquence du principe posé par les articles 1732 et
1735, et auxquels le juge-de-paix doit s'attacher pour fixer sa
compétence.

Ainsi, d'après les articles 1728, 1729 et 1766, le preneur
doit cultiver et user de la chose louée, en bon père de famille, sans pouvoir l'employer à un autre usage que celui
auquel elle a été destinée, et dont il puisse résulter un dommage
pour le bailleur. Ce dommage peut même, suivant les circonstances, donner lieu à une demande en résiliation qui ne serait pas de la compétence du juge-de-paix; mais lorsqu'il ne
s'agit que des dommages-intérêts résultant de la mauvaise culture et de l'usage dommageable de la chose louée, c'est au
juge-de-paix qu'en appartient la connaissance.

Suivant les art. 1730 et 1731, « s'il a été fait un état des
» lieux entre le bailleur et le preneur, celui-ci doit rendre la
» chose telle qu'il l'a reçue, suivant cet état, excepté ce qui
» a péri et a été dégradé par force majeure. — S'il n'a pas été
» fait d'état des lieux, le preneur est présumé les avoir reçus
» en bon état de réparations locatives, et doit les rendre tels,
» sauf la preuve contraire. »

L'application de ces deux articles rentre aussi dans les limites des attributions que confèrent aux juges-de-paix les articles 4 et 5 de la loi nouvelle. Comme l'enseigne le professeur Carré, c'est à ce juge de prononcer sur les débats qui
peuvent s'élever au sujet de l'état des lieux fait ou à faire; il
peut constater cet état par jugement, en cas de désaccord entre
les parties, soit sur les choses à décrire, soit sur le mode d'opérer : par exemple, si le propriétaire refuse de dresser un état
des lieux, le preneur peut en rédiger un, et assigner le bailleur devant le juge-de-paix, pour accepter ou contester cet état;

et *vice versâ*, si le refus vient du preneur, le bailleur peut le citer, pour voir dire que l'état qu'il a dressé est juste, ou que le juge-de-paix lui-même rédigera procès-verbal, à vue des lieux. C'est aussi à ce juge à vérifier, en cas de difficulté à la sortie du bail, si les choses sont dans le même état qu'elles étaient à l'entrée, si, au contraire, elles n'ont pas été dégradées.

Et c'est ici qu'apparaît, dans toute son évidence, l'inconvénient d'avoir séparé, pour le taux de la compétence, les demandes relatives (aux dégradations, de celles qui concernent les réparations locatives; il existe entre ces deux actions une affinité telle, que souvent la dégradation n'est que la suite du défaut de réparations locatives. Que fera donc le juge-de-paix s'il a été fait un état des lieux, qu'il s'agisse de la rendue de la chose louée d'après cet état, et que la demande en dommages-intérêts, fondée sur les dégradations et le défaut de réparations locatives, soit indéterminée? Quoique compétent pour statuer, en ce qui concerne les réparations locatives, dans ce cas, néanmoins, à raison de la connexité, il devra renvoyer le tout devant les tribunaux ordinaires, où l'affaire sera débattue à grands frais; tandis que, d'après la loi ancienne, elle eût été instruite et jugée sommairement par le juge-de-paix.

17. Il serait difficile d'énumérer les différentes causes qui peuvent donner lieu aux réclamations du propriétaire, au sujet des dégradations dont le preneur est responsable. Tout ce qui tend à ruiner ou à déprécier la maison ou le domaine, rentre dans cette catégorie.

A l'égard des baux à loyer, par exemple, il y a dégradation, lorsque le locataire endommage des murs et croisées, des lambris, des papiers et tapisseries; lorsqu'il détruit ou détériore les arbres d'un jardin, qu'il laisse les espaliers sans les tailler, qu'il brise les ballustrades, etc., etc.

A l'égard des biens ruraux, la responsabilité du fermier est beaucoup plus étendue. Il y a dégradation,

1° S'il ensemence les fonds, sans le fumier nécessaire;

2° S'il divertit les foins, pailles et engrais, qui doivent être consommés dans la ferme;

3° S'il coupe des arbres, des taillis, dépendant du domaine, sans que le bail lui en ait donné le pouvoir (1);

4° Si le fermier laboure les terres ou les ensemence trop tard;

5° S'il ne prépare pas les fumiers, suivant l'usage, et en bon père de famille;

6° Lorsqu'il convertit, au mépris de cet usage, des prés ou des pâturages en labour; et *vice versâ,* lorsqu'il établit des prairies artificielles, dans des terres qui ne sont pas propres à cette espèce de production;

7° Lorsqu'il endommage les prés, en les faisant pâturer, au lieu de les faucher, et lorsqu'il fauche, contre l'usage, des terrains en pâture, au lieu de les faire paître;

8° Lorsqu'il laisse des fonds en jachères, dans la saison où ils doivent être labourés;

9° Lorsqu'il détruit, au moyen du labour, les chemins nécessaires à l'exploitation, ou les allées destinées soit à l'utilité, soit à l'agrément du propriétaire;

10° Lorsqu'il détruit ou endommage les haies de clôture, au lieu de les entretenir;

11° Dans le cas où des bois lui sont amodiés, s'il les coupe avant l'âge ou la saison convenable; qu'il déshonore les arbres restant sur pied; qu'il exploite, au mépris des lois et réglements forestiers (2);

12° Enfin pour ce qui concerne les vignes, il y a dégradation, si le vigneron ne les provigne pas soigneusement; qu'il néglige d'y donner les coups nécessaires, et que, par sa négligence, il en diminue le produit.

18. Ici revient l'observation faite dans le paragraphe précédent, n° 9, relativement à l'indemnité. Le juge-de-paix est-il compétent pour condamner le fermier ou locataire aux travaux qui seraient nécessaires pour réparer les dégradations?

---

(1) Voir dans le recueil de Dalloz, pag. 328 de 1820 et 376 de 1830, les arrêts des 29 mars 1820 et 21 juillet 1830.

(2) La compétence du juge-de-paix, sur ce point, n'est applicable qu'au fermier d'un domaine. Les dégradations commises par l'acquéreur ou l'adjudicataire d'une coupe de bois, ou par un usufruitier, ne rentrent point dans la compétence attribuée aux juges-de-paix, par cet article.

Sous l'empire de la loi ancienne, qui attribuait aux jugés-de-paix la connaissance *des dégradations alléguées par le propriétaire*, l'affirmative était sans difficulté, et il en doit être de même de l'application de notre article, quoiqu'il ne soit pas absolument conçu dans les mêmes termes. En effet, la responsabilité que la loi impose au preneur relativement aux dégradations, le place dans la nécessité d'indemniser pleinement le propriétaire, et par conséquent à réparer ce qui a été dégradé.

Le juge compétent pour connaître des dégradations, l'est donc, par-là même, pour ordonner les réparations nécessaires. Au surplus, comme il n'y a pas de moyen d'obliger quelqu'un à remplir, en nature, une obligation qui ne peut que se résoudre en dommages-intérêts, le juge-de-paix doit autoriser le demandeur à faire lui-même les réparations, faute par le fermier ou le locataire de les procurer dans le délai fixé par le jugement, et condamner celui-ci à payer au propriétaire ce qu'auront coûté ces réparations.

19. Le propriétaire n'est point obligé d'attendre la fin du bail pour se plaindre des dégradations. Rien ne l'empêche d'actionner le preneur, à l'instant même du préjudice causé par la dégradation. Vainement objecterait-on, qu'en exposant le fermier à des poursuites continuelles, l'agriculture serait paralysée : c'est au juge-de-paix à veiller aux intérêts de l'une et l'autre partie, à discerner le véritable dégât de ce qui ne serait qu'un acte de libre jouissance, une tentative d'amélioration.

20. D'après les articles 1732 et 1735 du Code, le preneur est responsable de toutes les dégradations qui surviennent pendant la durée de son bail, à moins qu'il ne prouve qu'elles ne proviennent pas de sa faute ou de celle de ses sous-locataires et *des personnes de sa maison*, termes qui s'appliquent non-seulement à sa femme, à ses enfants et domestiques, mais encore à ses pensionnaires, aux gens qu'il reçoit chez lui, et aux ouvriers qu'il fait travailler, tels que les moissonneurs, les vendangeurs, les terrassiers, etc. (1).

Ainsi la demande du propriétaire se trouve vérifiée, dès l'instant que l'existence d'une dégradation quelconque est dé-

_____

(1) Duranton, tom. 17, pag. 75.

montrée. Le preneur ne peut être dégagé de la responsabilité que la loi lui impose, qu'en prouvant que la dégradation a eu lieu par suite d'un cas fortuit, ou par le fait de personnes étrangères à sa maison, sans qu'il ait eu la possibilité de l'empêcher; mais c'est à lui à justifier de cette exception, laquelle peut être établie par témoins; il serait même difficile de produire une autre preuve.

21. En cas de sous-location, le propriétaire peut agir directement contre le fermier principal, lors même qu'il aurait consenti au remplacement de celui-ci, ce consentement n'entraînant pas novation (1).

Le fermier principal peut aussi agir contre le sous-locataire, devant le juge-de-paix, soit par voie de garantie, soit même directement. Carré, tome 2, page 516 de son *Traité du droit français*, argumentant des termes de la loi de 1790, qui ne parlait que des dégradations *alléguées par le propriétaire*, soutient que, le locataire ou fermier principal étant sans intérêt actuel et réel, tant que le propriétaire ne se plaint pas du dommage causé à sa propriété, le sous-locataire ne peut être actionné qu'au moment de cette plainte; mais c'est là un raisonnement contraire à tous les principes, et qu'il ne serait même plus possible de proposer, d'après les expressions de notre article, lequel attribue aux juges-de-paix la connaissance des dégradations et pertes, dans les cas prévus par les art. 1732 et 1735 du Code. Le locataire principal étant responsable vis-à-vis le propriétaire de toutes les dégradations survenues pendant la durée du bail, il a évidemment intérêt à ce que la chose louée ne soit pas dégradée, et à la faire rétablir, avant la réclamation du propriétaire. Pourquoi donc s'exposerait-il au danger d'un procès de la part de celui-ci, au lieu de prendre des précautions pour l'éviter? *Meliùs est jura intacta servare, quàm post querelam, remedium quærere.*

Le juge-de-paix est-il compétent pour statuer sur l'action récursoire qui serait dirigée par le locataire contre un tiers auteur des dégradations?

Si c'est une personne employée par le locataire qui ait dé-

---

(1) Arrêt du 28 août 1833, D., pag. 342.

gradé, il en est responsable, sauf son recours contre elle.
Dans le cas, au contraire, où les dégradations ont été commises par un étranger, il est dégagé de toute responsabilité,
et l'action récursoire est inutile. Cependant il peut être de
l'intérêt du locataire de faire juger contradictoirement avec
le tiers, que c'est à celui-ci que les dégradations doivent être
imputées. Alors, en partant de l'art. 181 du Code de procédure,
il semblerait naturel d'appeler devant le juge-de-paix l'auteur
des dégradations, dans l'une et l'autre des deux hypothèses que
l'on vient d'exposer.

Mais il en faut revenir à l'observation déjà faite, § I, n° 14,
savoir : que le juge-de-paix n'exerce ici qu'une juridiction extraordinaire à laquelle le tiers, auteur des dégradations, n'est
pas soumis. On ne peut donc agir contre lui que par action
personnelle, et d'après les termes du droit commun. Ainsi le
juge-de-paix ne serait compétent pour statuer contre ce tiers,
qu'autant que la demande directe ou récursoire n'excéderait
pas la somme de 200 fr.

Observons néanmoins que, d'après l'art. 5 de la loi, la compétence du juge-de-paix, pour statuer en premier ressort sur
les dommages faits aux champs, fruits et récoltes, soit par
l'homme, soit par les animaux, est illimitée. Si donc il s'agit
d'un bien rural, le fermier assigné comme responsable des
dégradations de la chose louée, pourrait, en vertu de cet article,
exercer son recours en garantie devant le juge-de-paix, contre
les auteurs du dommage causé aux héritages affermés.

22. En attribuant aux juges-de-paix la connaissance des
dégradations, la loi en excepte les pertes causées par incendie
ou inondation dont ces magistrats ne peuvent connaître que
dans les limties posées par l'art. 1er.

Il était assez inutile d'énoncer cette exception, du moins
en ce qui concerne l'inondation.

Les pertes qui en résultent ne sont ordinairement que le résultat de la force majeure, et, dans ce cas, le fermier ne peut
en être responsable. Cette responsabilité ne pourrait exister,
qu'autant que la perte aurait été occasionnée par sa négligence, à raison d'un barrage, par exemple, qu'il aurait pra-

tiqué imprudemment, ou faute par lui d'avoir levé l'empellement du déversoir d'une usine. Mais alors, l'art. 4 de la loi
n'est-il pas en contradiction avec l'art. 5, qui attribue aux
juges-de-paix la connaissance des actions pour dommages faits
aux champs, fruits et récoltes? Comme on le verra au commentaire de cet article, cette compétence s'applique à tous
les dommages résultant soit médiatement, soit immédiatement
du fait de l'homme, et par conséquent à l'inondation occasionnée par sa faute. Pourquoi alors le juge-de-paix, compétent pour statuer sur les dégâts de cette nature, à quelque
somme que la demande puisse s'élever, ne le serait-il que
dans les limites posées par l'art. 1er, s'il s'agit de dégradations
occasionnées par les eaux et provenant de la faute du fermier?

23. A l'égard de l'incendie, ce ne sont point les art. 1732
et 1735, mais bien les art. 1733 et 1734 qui prévoient ce cas.

D'après ces articles, le preneur « répond de l'incendie, à
» moins qu'il ne prouve que l'incendie est arrivé par cas fortuit
» ou force majeure, ou par vice de construction, ou que le
» feu a été communiqué par une maison voisine. — S'il y a
» plusieurs locataires, tous sont solidairement responsables de
» l'incendie, à moins qu'ils ne prouvent que l'incendie a com-
» mencé dans l'habitation de l'un d'eux, auquel cas celui-là
» seul en est tenu; ou que quelques-uns ne prouvent que l'in-
» cendie n'a pu commencer chez eux, auquel cas ceux-là
» n'en sont pas tenus. »

L'importance des pertes occasionnées par ce fléau, et les
difficultés que présente souvent l'instruction des demandes en
réparation du dommage, voilà ce qui a déterminé le législateur
à excepter de la compétence des justices-de-paix les dégradations
causées par l'incendie.

Cependant si la demande n'excède pas 200 fr., l'affaire rentre
dans la compétence générale qui leur est attribuée pour
toutes les actions personnelles. Mais ces juges ayant rarement
à s'occuper des questions que peut faire naître l'application des
art. 1733 et 1734, attendu la gravité du dommage résultant
de l'incendie, lequel excède ordinairement les limites de leur
compétence ordinaire, il serait inutile d'entrer dans de longs
détails sur cet objet.

Tout ce qu'on peut dire, c'est qu'il en est des dégâts causés par l'incendie, comme des autres dégradations dont le locataire répond, à moins qu'il ne prouve qu'elles ont eu lieu sans sa faute; mais les art. 1733 et 1734 signalent le genre de preuves que le locataire est tenu d'établir pour détruire la présomption légale, et afin de se soustraire à la responsabilité qui en résulte. Faute par lui d'administrer la preuve de l'un des faits retracés par ces articles, il est tenu seul du dommage, ou solidairement avec les autres locataires.

Cette règle étant une exception au droit commun, ne peut être étendue; elle doit être restreinte au propriétaire, vis-à-vis de son locataire. Ainsi, tout autre que le propriétaire d'une maison louée, est tenu de justifier que le dommage causé par l'incendie est la suite de la faute de celui à qui il réclame une indemnité. Quand bien même l'incendie aurait commencé chez le propriétaire demeurant dans la même maison que ses locataires, l'art. 1733 ne lui serait pas applicable; le locataire n'aurait, contre lui, que l'action ordinaire en dommages-intérêts, dans le cas où il serait prouvé que l'incendie a été la suite de sa négligence ou de son imprudence. Il en serait de même de l'un des locataires vis-à-vis des autres; ceux-ci devraient prouver non-seulement que le feu a commencé chez leur colocataire, mais encore que l'incendie a eu lieu par sa faute.

Cependant le principal locataire est considéré comme propriétaire à l'égard de ses sous-locataires; il a par conséquent son recours contre eux. Mais le propriétaire peut aussi agir directement contre les sous-locataires, pour la réparation du dommage que l'incendie lui a fait éprouver.

On peut consulter, à cet égard, les auteurs qui ont traité cette matière (1).

24. La compétence du juge-de-paix ne porte que sur les dégradations qui arrivent durant sa jouissance. Mais s'il prolonge cette jouissance au-delà du terme convenu par l'acte ou déterminé par la loi, s'il a refusé d'obtempérer au congé ou à l'aver-

---

(1) Voy. notamment Dunod, à la suite de ses *Observations sur la coutume*, pag. 695 et suiv.; Toullier, tom. 11, pag. 232, n° 161; et Duranton, tom. 17, n° 104 et suivants.

tisement qui lui a été donné, cette continuation de jouissance doit être considérée comme étant la suite du bail ; et le juge-de-paix demeure compétent pour évaluer l'indemnité des dégradations faites durant cette époque. Cependant la cour de cassation a décidé que le juge-de-paix n'était pas compétent pour connaître des dé‐gradations survenues pendant l'instance en règlement de l'indem‐nité, ces nouvelles dégradations devant être l'objet d'une autre action à intenter devant les tribunaux ordinaires. Mais il faut observer que, dans l'espèce, les [dégradations survenues du‐rant le bail, avaient été estimées par experts ; que le locataire condamné à effectuer les réparations, avait appelé du jugement au lieu de l'exécuter, et que les nouvelles dégradations pro‐venaient de cette inexécution.

Tel est le motif qui a déterminé la cassation du jugement qui avait reconnu la compétence du juge-de-paix pour statuer sur les nouvelles dégradations (1).

25. A la demande formée par le propriétaire pour dom‐mages-intérêts résultant des dégradations, il est possible que le locataire ou fermier excipe, qu'il a fait des impenses dans l'objet loué ou affermé, et demande la compensation. A ce sujet, qui peut se présenter assez fréquemment, deux questions sont à examiner : la première, s'il est dû au preneur une indemnité pour cause d'améliorations ; la seconde, si le juge-de-paix serait, en ce cas, compétent pour statuer sur la de‐mande en compensation.

On distingue trois sortes d'impenses : les impenses néces‐saires qui ont été faites pour la conservation de la chose ; les impenses utiles qui, sans être indispensables, augmentent la valeur de l'objet ; et les impenses voluptuaires qui ne sont que de pur agrément (2). Outre ces impenses, il y a celles d'en‐tretien ordinaire, telles que labour, curage des fossés, travaux des jardins et *autres petites accommodations*, pour nous servir des expressions de Loiseau, qui, étant réputées faites *fructuum*

---

(1) Arrêt du 15 juin 1819, D., pag. 420 de 1819.

(2) L. 1, § 1, ff. *De imp. in res dot.* ; Pothier, *De la communauté*, part. 4 chap. 1, sect. 2, art. 4 ; Proudhon, *Usufruit*, n° 1089, art. 555, 802, 803, 1347, 1673 et 2175 du Code civil.

causâ, sont à la charge du détenteur de la chose d'autrui, et pour lesquelles il ne peut être question d'indemnité.

A l'égard des impenses ou réparations nécessaires et qui ne sont pas de pur entretien, quoiqu'il soit de la prudence du locataire ou fermier d'avertir le propriétaire, pour qu'il ait à les procurer, cependant, si, à défaut de cet avertissement, le preneur a pourvu lui-même à ces réparations, que, par exemple, il ait restauré un bâtiment menaçant ruine, rétabli les brèches d'un mur, fait un report de terre asssez considérable, replanté une vigne, etc., on doit lui rembourser ce qu'a coûté ou dû coûter cette grosse réparation; autrement le propriétaire s'enrichirait à ses dépens.

Pour ce qui concerne les impenses utiles et voluptuaires, plusieurs auteurs pensent, que le locataire ou fermier n'a aucune indemnité à prétendre, dès l'instant que le bailleur n'a point donné ordre de les faire; que seulement le preneur a la faculté d'enlever tout ce qui est susceptible d'enlèvement, en rétablissant les choses dans l'état où elles étaient, au commencement du bail.

Mais l'opinion la plus commune et la plus conforme à l'équité est que, dans le silence du Code relativement au preneur, il ne peut être traité plus sévèrement que le possesseur de mauvaise foi, et que l'art. 55 lui est applicable; qu'ainsi le propriétaire peut exiger la suppression de toutes les plantations, constructions et ouvrages; mais que, s'il préfère les conserver, il doit le remboursement de la valeur des matériaux et du prix de la main-d'œuvre, sans égard à l'augmentation de valeur que le fonds a pu en recevoir (1).

26. Examinons maintenant la question qui rentre dans le commentaire de notre article, celle de savoir si le juge-de-paix est compétent pour statuer sur les impenses et améliorations dont la valeur serait offerte par le fermier ou locataire, en compensation de l'indemnité prétendue par le propriétaire au sujet des dégradations.

Pour la solution de cette question, nous sommes obligés d'empiéter ici sur le commentaire des art. 7 et 8 de la loi.

---

(1) Proudhon, *Traité d'usufruit*, n° 1466; Duranton, tom. 17, n°s 219, 220 et 221; loi 55, § 1, et 61, ff. *locati.* — *Contrà,* Pothier, *Contrat de louage,* n° 131; et Toullier, tom. 3, n° 130.

D'après l'art. 7, le juge-de-paix connaît de toutes les demandes réconventionnelles et en compensation, qui, *par leur nature ou leur valeur*, sont dans les limites de sa compétence, alors même que, dans les cas prévus par l'art. 1er, la demande réconventionnelle réunie à la demande principale s'élèverait au-dessus de 200 fr. Et, suivant l'art. 8, § 3, si la demande réconventionnelle ou en compensation excède les limites de sa compétence, il a la faculté, soit de retenir le jugement de la demande principale, en renvoyant le défendeur à faire statuer sur sa demande réconventionnelle, par le tribunal; soit de renvoyer sur le tout les deux parties à se pourvoir.

Appliquons maintenant ces dispositions à la demande réconventionnelle ou en compensation dont il s'agit.

Le juge-de-paix, auquel l'art. 4 attribue la connaissance des dégradations jusqu'à concurrence de la somme de 1,500 fr., n'a, pour ce qui regarde les impenses, d'autre attribution que celle qui lui est conférée par l'article 1er de la loi; il ne pourrait donc statuer sur cet objet, qu'autant que la demande réconventionnelle n'excéderait pas 200 fr.; mais, dans ce cas, il doit statuer sur les deux demandes, quoique leur réunion soit de 1,700 fr.

Si, au contraire, la demande réconventionnelle pour impenses est de plus de 200 fr., alors le juge-de-paix pourra user de l'option que lui défère l'art. 8. Il examinera, dans sa sagesse, si la demande réconventionnelle est sérieuse et paraît fondée; alors, au lieu de condamner le fermier ou locataire aux dommages-intérêts résultant des dégradations, en le renvoyant à faire valoir ses droits pour les impenses, il renverra le tout à la décision du tribunal, en réservant les dépens pour y être statué avec le fond.

Mais s'il paraît au juge-de-paix que la demande réconventionnelle n'est qu'un prétexte, que les impenses alléguées par le fermier ou locataire, loin d'être justifiées, ne reposent sur aucune base, dans ce cas, il doit se retenir la demande principale et condamner le défendeur, s'il y a lieu, sauf à lui à se pourvoir comme il trouvera convenir, pour être statué sur les impenses ou améliorations qu'il prétend avoir procurées aux objets compris dans le bail.

En commentant les articles 7 et 8 de la loi, nous préciserons les différentes hypothèses dans lesquelles il peut y avoir lieu à l'application de ces articles, en traçant aux juges-de-paix la conduite qu'ils doivent tenir, suivant la nature des demandes réconventionnelles et les divers genres de preuves qui peuvent leur servir de fondement.

ARTICLE V [1].

PARTIE I.

« Les juges-de-paix connaissent également sans
» appel, jusqu'à la valeur de 100 francs, et à
» charge d'appel, à quelque valeur que la demande
» puisse s'élever :

» 1° Des actions pour dommages faits aux champs,
» fruits et récoltes, soit par l'homme, soit par les
» animaux, et de celles relatives à l'élagage des
» arbres ou haies, et au curage, soit des fossés,
» soit des canaux servant à l'irrigation des propriétés
» ou au mouvement des usines, lorsque les droits
» de propriété ou de servitude ne sont pas con-
» testés. »

SOMMAIRE.

---

[1] La compétence établie par cet article s'appliquant à des matières de nature tout-à-fait différente, chaque partie doit être traitée séparément.

tion du défendeur est motivée sur la possession annale, c'est au juge-
de-paix à y statuer incidemment ou par action séparée. — 8. Dans le
cas où la sentence du juge-de-paix est réformée quant à la compétence,
le tribunal peut-il évoquer? Distinction. — 9. C'est devant le tribunal
de la situation que doivent être portées les actions dont il s'agit.

§ II. *Des dommages faits aux champs, fruits et récoltes, soit par
l'homme, soit par les animaux.*— 10. Le mot *champs* s'applique à toutes
les propriétés productives de fruits naturels. — 11. Interprétation des
termes de la loi; ils ne s'appliquent qu'aux dégâts des propriétés rurales. — 12. Dégâts provenant du fait de l'homme; l'action en dommages-intérêts résultant soit des crimes, soit des délits, soit des contraventions, est de la compétence du juge-de-paix; exemples. — 13. Il
est également compétent pour connaître des dégâts occasionnés par
des quasi-délits : exemples. — 14. Les reprises de terres rentrent-elles
dans la compétence fixée par l'article? — 15. Il n'est pas besoin que
le dégat ait été occasionné par le fait immédiat de l'homme ; exemple
de l'inondation causée par la hauteur d'un barrage, qu'il ait été ou non
autorisé. — 16. Le juge-de-paix ne peut statuer que sur un fait accompli et non prescrire des mesures pour l'avenir. — 17. Il en est des
manufactures ou ateliers comme des usines ; compétence du juge-de-
paix pour statuer sur les dégâts qui peuvent en résulter. — 18. Dommage causé par les animaux, art. 1385 du Code : application. —
19. Dégât causé par les volailles. — 20. Par les pigeons. — 21. Par
les lapins tenus en garenne, ou dont le propriétaire favorise la multiplication dans ses bois. — 22. Responsabilité des pères et mères,
commettants, etc. — 23. Des communes, pour dégâts commis par
les bestiaux confiés à la garde du pâtre. — 24. Responsabilité des
communes, en cas d'attroupements ; le juge-de-paix ne serait pas compétent pour statuer sur cette responsabilité, mais bien pour condamner
aux dommages-intérêts les auteurs du dégât. — 25. Prescriptions
diverses.

§ III. *Des actions relatives à l'élagage des arbres ou haies.* —
26. Nouvelle attribution étrangère à l'action possessoire et à celle pour
dégâts ruraux. — 27. Article 672 du Code : explication. — 28. Formé
de la demande en élagage ; jugement ne doit être exécuté que dans le
temps propre à la taille. — 29. Les arbres forestiers sont soumis à
l'élagage ; exception pour ceux qui avaient plus de trente ans, au moment de la publication du Code forestier. — 30. La demande en élagage
est imprescriptible ; mais ici, comme pour l'âge des arbres forestiers,
en cas de contestation, le juge-de-paix serait incompétent. — 31. Des
haies ; obligation de les élaguer. — 32. Haie mitoyenne ou n'appartenant qu'à un seul. — 33. Contestation sur la propriété ; compétence
du juge-de-paix, s'il s'agit d'un simple bornage, ou du possessoire.

§ IV. *Du curage des fossés et canaux.* — 34. Fossés des routes et des chemins vicinaux ; le curage est à la charge de l'administration. — 35. Fossés de délimitation ; le curage même de ceux qui délimitent les forêts domaniales et communales est de la compétence du juge-de-paix. — 36. Le fossé mitoyen est le seul dont le curage puisse être requis ; marques de mitoyenneté. — 37. Fossés de desséchement ; cas auquel ils sont ou non nuisibles et ou le curage peut en être requis. — 38. Curage des rivières doit être dirigé par l'administration ; il en est de même des ruisseaux, lorsque la mesure est prescrite dans un intérêt général : lois et autorités. — 39. Canaux d'irrigation ; différentes espèces dont les unes se rapportent à la compétence du juge-de-paix, et les autres non. — 40. Cours d'eau destinés au mouvement des usines ; cas auquel le curage doit en être ordonné et aux frais de qui ? — 41. Canal ou bief creusé à main d'homme ; le propriétaire de l'usine peut être actionné devant le juge-de-paix, pour en opérer le curage. — 42. Vases et déblais qui proviennent du curage de tous les cours d'eau ; servitude naturelle imposée au fonds adjacent, sauf indemnité, s'il y a lieu,

INTRODUCTION.

1. QUOIQUE soumises au même ordre de compétence, les actions dont il s'agit dans cette première partie de l'article, sont régies par des principes différents : on doit même être surpris de voir les nouvelles attributions que la loi confère aux juges-de-paix relativement à l'élagage, et au curage des fossés et canaux, amalgamées avec les dommages faits aux champs, fruits et récoltes, dont la loi ancienne leur attribuait déjà la connaissance.

Chacune de ces matières a donc besoin d'être traitée séparément ; mais il est nécessaire d'exposer d'abord les règles de compétence qui leur sont communes.

§ Ier.

Des règles de compétence applicables aux diverses actions dont il s'agit.

2. Ici, la compétence reçoit un nouvel accroissement : en premier ressort, elle est illimitée ; quelle que soit l'importance du litige, le juge-de-paix doit en connaître ; mais en dernier ressort, il ne juge toujours que jusqu'à la valeur de 100 fr.

Les jugements rendus sur des demandes qui ne seraient pas bornées à cette somme, sont donc les seuls susceptibles d'appel.

Ne doit-on pas être étrangement surpris de la proposition contraire qui se trouve dans un opuscule publié au moment de l'apparition de la loi? « Le juge-de-paix, dit l'auteur, peut-» il statuer en dernier ressort, toutes les fois que les dommages » réclamés n'excèdent pas 100 fr., *quelle que soit la valeur de la* » *possession réclamée?* La jurisprudence semblait fixée pour » l'affirmative par une longue suite d'arrêts; mais le système » contraire a postérieurement été établi, par un arrêt de la cour » de cassation rendu en sections réunies. Par cet arrêt il a été » décidé que la demande (*il s'agissait d'une action possessoire,* » *mais* LE PRINCIPE EST LE MÊME *en ce qui concerne les ac-* » *tions pour dommages faits aux champs, fruits et récoltes*) » dans laquelle on ne réclame que 50 fr., aujourd'hui 100 fr., » de dommages-intérêts, ne peut être jugée en dernier ressort, » lorsque *la valeur de la possession réclamée,* jointe aux dom-» mages-intérêts, excède 50 fr., ou lorsque cette valeur est » indéterminée. » Suit la citation d'un grand nombre d'autres arrêts (1).

La question est aussi singulière que la réponse : à quoi bon faire intervenir, pour l'application de l'art. 5, la jurisprudence relative aux actions possessoires, jurisprudence consacrée par l'art. 6 de la loi, qui n'attribue aux juges-de-paix la connaissance de ces actions, qu'*à charge d'appel,* tandis que, d'après notre article, il connaît, *sans appel,* jusqu'à la valeur de 100 fr. des actions qui y sont comprises? *Le principe est le même,* dit-on! il n'existe, au contraire, aucune espèce de similitude entre l'action possessoire et celle en indemnité pour dommages faits aux champs, fruits et récoltes. L'action possessoire est une action immobilière; les dommages-intérêts qui peuvent résulter du trouble n'en sont que l'accessoire; le principal du litige, c'est la possession de la chose, possession dont la valeur est indéterminée et même inappréciable, puisqu'à défaut de titre suffisant pour fonder une demande en revendication, le possesseur annal ne peut être dépossédé. Au contraire, l'action

(1) Commentaire de M. Giraudau, pag. 75 et 76.

pour les dommages dont parle l'art. 5 est purement personnelle; la possession en ce cas n'est nullement en litige : il ne
peut être question que de l'indemnité résultant au propriétaire
du dégât de sa propriété, lorsqu'elle n'est pas contestée; car,
s'il y a contestation sur ce point, le juge-de-paix devient incompétent : il ne s'agit donc pas, comme dans l'action possessoire, de la valeur indéterminée de la possession annale qui,
si elle était mise en jeu, devrait être jugée d'après l'art. 6,
et non point en vertu de l'article 5. Aussi, n'est-il pas nécessaire de se pourvoir en réparation du dommage, dans l'année
où il a été commis; la date du fait qui a occasionné ce dommage, ne pouvant faire acquérir aucun droit, n'est par conséquent pas susceptible d'évaluation.

Mais c'est trop s'arrêter à la réfutation d'un système aussi
opposé à l'esprit qu'au texte de la loi. Si dans l'un des cas
prévus par l'art. 5, la demande est indéterminée, que le demandeur se borne à conclure à ce que le défendeur fasse procéder à l'élagage, au curage, ou aux dommages-intérêts résultant des dégâts que sa propriété a éprouvés, tels que lesdits
dommages-intérêts seront réglés par experts ou arbitres par le
juge, alors la sentence sera sujette à appel, le juge-de-paix ne
pouvant statuer, en dernier ressort, que dans le cas où la
demande est fixée à une somme de 100 fr. ou au-dessous.
Mais si le demandeur borne à cette somme sa demande en
dommages-intérêts résultant du dégât, ou que, s'agissant de
l'élagage ou curage de fossés, il conclue à ce que, faute d'y
procéder, le défendeur soit condamné à ladite somme ou à une
moindre, alors il est bien évident que la sentence sera en dernier ressort.

3. Dans les matières dont la connaissance est attribuée au
juge-de-paix par l'art. 5, sa compétence est absolue, en ce
sens, qu'il a droit de statuer sur toutes les exceptions que peut
proposer le défendeur, pour se soustraire aux dommages-intérêts qui lui sont réclamés, ou à l'obligation qu'on veut lui
imposer. L'exception de propriété est la seule qui fasse cesser la
compétence établie par l'article.

Si donc le défendeur soutient qu'il est propriétaire ou qu'il a seulement un droit de servitude qui l'autorise à faire ce qui lui est reproché, ou à s'abstenir de ce qu'on veut lui prescrire, alors l'affaire rentre dans la juridiction ordinaire ; ce n'est plus le dommage, c'est le droit de propriété même qui vient en litige ; alors peu importe la somme à laquelle auraient été fixés les dommages-intérêts dans la demande, la question de propriété qui est soulevée n'en est pas moins hors des attributions de la justice-de-paix.

Le sieur Petit, propriétaire d'une usine, ayant cité, devant le juge-de-paix, d'Évreux la dame de Courcy, en paiement de la somme de 49 fr. à titre de dommages-intérêts, pour préjudice causé, par une prise d'eau, au roulement de cette usine, et la défenderesse ayant soutenu qu'elle tenait ce droit des anciens propriétaires, et que, s'agissant d'examiner son titre, le juge-de-paix était incompétent ; la cour de cassation a rejeté le pourvoi contre le jugement qui avait admis le déclinatoire, « attendu que la demande dont le sieur Petit avait saisi le juge-» de-paix, comme juge civil, n'était ni une action possessoire » ou en complainte fondée sur une possession d'an et jour, ni » une action purement personnelle, puisque, pour l'accueillir, » il aurait fallu juger ou préjuger un droit de prise d'eau, dont » la dame de Courcy se disait propriétaire, *en vertu d'un titre ;* » modifier ou restreindre l'exercice de ce droit au profit dudit » sieur Petit : ce qui donnait à l'action, dès quelle ne pouvait » pas être qualifiée d'action possessoire, le caractère d'une ac-» tion réelle, ou tout au moins d'une action mixte, etc. (1). »

4. Mais, pour rendre le juge-de-paix incompétent, et nécessiter le renvoi devant les tribunaux ordinaires, il faut que la contestation ait pour objet un droit de propriété ou de servitude, qui légitime le fait reproché au défendeur, s'il s'agit de dommage causé aux champs, fruits et récoltes ; ou qui l'autorise à s'abstenir de ce qu'il est requis de faire, s'il est question d'élagage ou de curage de fossés ; car, on le répète, c'est au juge-de-paix à statuer, d'ailleurs, sur toutes les exceptions qui ne tiennent pas à la propriété.

L'auteur du *Juge-de-paix*, tom. 2, pag. 102, cite un arrêt

---

(1) Arrêt du 8 avril 1829, D., pag. 213 et 214.

de la cour de Bourges, du 17 mai 1831, rendu dans une espèce où il s'agissait de dommages éprouvés par la retenue des
eaux d'un moulin *à une élévation supérieure à celle fixée par
l'ordonnance de concession*, au moyen de *hausses qui auraient
dépassé la hauteur des repères de police*. Saisi de la contestation,
le tribunal de Clamecy s'étant déclaré incompétent, avait renvoyé la demande en dommages-intérêts au juge-de-paix, comme
étant de sa compétence; et le jugement de ce tribunal a été réformé, « attendu qu'une telle demande ne peut être comprise
» dans les attributions du juge-de-paix, bornées, en cette
» partie, à la simple réparation des dommages faits aux champs,
» fruits et récoltes, sans pouvoir entraîner, sous ce rapport,
» l'examen du droit des parties, etc. »

Mais, dans l'espèce, le défendeur se prévalait-il d'un titre
de propriété? Non : il soutenait seulement n'avoir pas contrevenu à l'ordonnance de concession. Pourquoi dire alors qu'il
n'entrait pas dans les attributions du juge-de-paix, de vérifier
l'existence du dommage, et d'en apprécier le montant? il le
pouvait d'autant mieux que, comme on le verra bientôt, l'arrêté administratif qui fixe la hauteur des eaux ne saurait dispenser le propriétaire de l'usine de réparer le préjudice qui
peut résulter de leur élévation; qu'ainsi, lors même que le défendeur n'eût pas dépassé cette fixation, il n'était pas moins
responsable du dommage, si son écluse en avait occasionné.
Dès l'instant donc qu'il ne s'élevait aucune question de propriété ou de servitude, l'affaire restait dans les limites de la
compétence qu'attribuait aux juges-de-paix la loi de 1790,
dont notre article n'a fait que reproduire la disposition sur ce
point.

C'est ainsi que la cour de cassation appliquait cette disposition. Les sieurs Vignat et consorts, ayant le droit de prendre
des eaux dans une rivière pour l'irrigation de leurs prés,
avaient construit, à cet effet, une écluse qui faisait parvenir
les eaux à la hauteur d'un canal d'irrigation; et dans une nuit,
pendant laquelle ils avaient fait baisser, comme de coutume,
l'empellement de leur écluse, il survint une pluie abondante
qui fit refluer les eaux sur l'autre rive, à tel point que, les se-
condes herbes de trois prés affermés aux sieurs Delorme et

consorts furent entièrement avariés. Cités en réparation du dommage, les sieurs Vignat déclinent la compétence du juge-de-paix, lequel, rejetant le déclinatoire, condamna les défendeurs à 575 fr. de dommages-intérêts ; et, sur l'appel, le tribunal de Trévoux infirma la sentence ; « 1° parce que le » dommage dont on demandait la réparation n'avait été fait ni » par les hommes, ni par les animaux, puisqu'il provenait d'une » crue d'eau extraordinaire, et de ce que les sieurs Vignat » avaient tenu leur écluse fermée, dans un temps de pluie ; » 2° qu'on ne pouvait statuer sur la réclamation du sieur De- » lorme, sans examiner quels étaient les droits des sieurs Vi- » gnat, relativement à leur écluse, ce qui engageait une » contestation au pétitoire, dont le juge-de-paix ne pouvait » connaître. »

Mais ce jugement a été cassé, « attendu, 1° que le juge-de- » paix est compétent pour connaître du dommage causé dans » les champs, lorsqu'ils proviennent du fait de l'homme ; que » le jugement attaqué reconnaît lui-même que le dommage » commis dans les champs de *Delorme* provient du fait des *Vi-* » *gnat,* puisqu'il en attribue la cause à ce que ceux-ci n'ont » pas baissé leur écluse dans un temps d'orage ; d'où la con- » séquence que le juge-de-paix pouvait prononcer sur l'action » qui lui était soumise ; — 2° que cette affaire ne donnait lieu » à aucune contestation sur le pétitoire, puisqu'on ne contes- » tait aux Vignat aucun des droits qu'ils prétendaient avoir sur » leur écluse, puisqu'on n'excipait, de part ni d'autre, *d'au-* » *cun titre de propriété,* puisque les parties en cause agissaient, » non en qualité de propriétaires, mais en celle de fermiers (1). »

Ainsi, quels que soient les moyens opposés à la demande, le juge-de-paix doit prononcer, à moins que l'action en dommages-intérêts, en élagage ou curage de fossés, ne soit subordonnée au jugement d'une question de propriété, cas auquel cesse la compétence établie par la première partie de cet article.

5. Mais suffit-il d'alléguer un droit de propriété ou de servitude ? Non : la question de compétence ne peut dépendre du

---

(1) Arrêt du 18 novembre 1817, D., pag. 561. — Voir aussi *infrà*, les arrêts cités n°⁵ 14 et 15.

caprice ou de la chicane d'une des parties, et c'est ce qui arriverait, si, sur la simple allégation du défendeur, le juge-de-paix était obligé de se dessaisir de l'affaire, lors même qu'il n'apparaît aucun titre.

Dans la première partie de ce traité, pag. 54 et 55, on a vu que, pour obtenir du tribunal correctionnel ou de police le renvoi à fins civiles, il ne suffisait pas que le prévenu alléguât vaguement, qu'il est en droit de faire ce qui lui est reproché; qu'il fallait un titre apparent ou des faits de possession équivalents. La règle établie, à cet égard, par l'article 182 du Code forestier, n'est pas restreinte aux poursuites de délits commis dans les forêts; c'est une règle générale, qui, d'après la jurisprudence, *régit toutes les matières qui sont susceptibles de son application;* et quoique les tribunaux civils soient seuls compétents pour prononcer *définitivement* sur la force et la validité des titres, le tribunal de répression n'en a pas moins caractère *pour statuer sur la présomption qui peut en résulter,* et pour accorder ou refuser, *d'après cette appréciation,* le sursis et le renvoi demandés (1).

S'il en est ainsi des tribunaux correctionnels ou de police, malgré leur incompétence radicale pour connaître d'une question de propriété, il doit en être de même, dans le cas particulier, où il s'agit de statuer sur des dommages qui résultent souvent d'un délit. La compétence ne peut donc être déclinée arbitrairement; et, sans être juge du mérite des titres, de la question préjudicielle qui s'élève devant lui, le juge-de-paix en est du moins l'appréciateur, pour le règlement de cette compétence.

6. Dans le cas où l'exception de propriété et de servitude est appuyée d'un titre dont la validité et l'interprétation n'appartiennent pas au juge-de-paix, doit-il se déclarer incompétent, ou simplement prononcer un sursis pour faire vider la question préjudicielle par les juges qui doivent en connaître?

Dans un des commentaires qui viennent de paraître, l'auteur adopte cette dernière opinion comme étant la plus raisonnable

---

(1) Arrêts des 23 avril 1824 et 19 mars 1835, D., pag. 414 de 1824 et 203 de 1835.

et la plus conforme à l'esprit de la loi nouvelle (1). C'est la demande, dit-il, qui fixe la compétence; il ne peut dépendre du caprice du défendeur de l'éluder par des exceptions de mauvaise foi: Si, dans ce cas, le juge-de-paix était entièrement dépouillé de la connaissance de la cause, il serait donc obligé de condamner aux dépens un demandeur qui, loin d'avoir à s'imputer aucune faute, n'aurait fait que remplir le vœu de la loi, en formulant une demande qui rentrait exclusivement dans les attributions du juge auquel il l'a soumise. L'auteur convient que le texte de la loi présente une objection contraire à son système; mais, ajoute-t-il, ce serait en interpréter judaïquement les termes que de prétendre enlever au juge-de-paix toute juridiction, dans le cas où la propriété est contestée; cette interprétation ne reposerait que sur l'argument *à contrario*, dont chacun connaît le danger. Le professeur Bénech (pag. 176) adopte la même opinion.

Malgré ces autorités, nous n'hésitons pas de décider que l'exception de propriété dépouille entièrement le juge-de-paix de la connaissance des dommages-intérêts. Les raisonnements qu'on oppose, pour soutenir le système contraire, n'ont rien de spécieux.

D'abord le texte de la loi est on ne peut pas plus clair. S'il eût été dans l'intention du législateur, de ne renvoyer aux tribunaux ordinaires que la question de propriété, la loi aurait dit, qu'en ce cas, le juge-de-paix surseoirait de prononcer, jusqu'à ce qu'il eût été statué sur cette question préjudicielle, ainsi que cela est prescrit en matière correctionnelle ou de police. Au contraire, la loi n'attribuant aux juges-de-paix la connaissance des actions pour dommages faits aux biens ruraux, ainsi que celles relatives à l'élagage des arbres et au curage des fossés, que *lorsque les droits de propriété ou de servitude ne sont pas contestés*, il est bien évident que la compétence cesse, en cas de contestation sur ce point. Quand, sur la poursuite d'un délit, il s'élève une question préjudicielle, le concours de deux juridictions est forcé; et pourquoi? c'est que l'incompétence du tribunal civil étant radicale, pour ce qui concerne la

---

(2) Commentaire de M. Masson, pag. 111.

répression, le juge correctionnel ou de police ne peut en être dessaisi ; il doit donc se borner à surseoir, en fixant un délai pour le jugement de la question de propriété : ici, au contraire, c'est une attribution extraordinaire que la loi confère au juge-de-paix, en la limitant au cas où le droit de propriété ne serait pas contesté. Pourquoi le tribunal auquel l'affaire est renvoyée, en cas de contestation, ne statuerait-il pas en même temps, sur la question de propriété et sur les dommages-intérêts qui n'en sont que la conséquence? Pour que la fixation des dommages-intérêts dût retourner au juge-de-paix, il faudrait que sa compétence fût exclusive, tandis que le tribunal a pour cet objet, comme dans les autres matières, la plénitude de juridiction. Aussi a-t-on vu, pag. 332, que le tribunal saisi d'une demande ayant plusieurs chefs, ne peut les scinder, mais doit se retenir la connaissance du tout, quand bien même l'un de ces chefs serait de la compétence du juge-de-paix.

Ainsi, la loi étant positive et conforme aux règles ordinaires, il n'est pas besoin de l'argument *à contrario sensu*, pour l'interpréter. D'ailleurs, en matière d'interprétation, cet argument est très valide : le seul cas où il puisse être repoussé, c'est lorsqu'on prétend en induire soit l'abrogation, soit la modification d'une loi antérieure, ou d'un point de droit commun, ce qui ne se présente point dans l'hypothèse où il s'agit, au contraire, de limiter le sens d'une loi exceptionnelle (1).

Loin d'exposer les justiciables à un circuit d'actions, la loi, au contraire, a voulu éviter ce circuit, en n'attribuant aux juges-de-paix la connaissance des matières dont il s'agit que dans le cas où les droits de propriété ou de servitude ne sont pas contestés, et en prescrivant conséquemment, dans le cas contraire, le renvoi au tribunal civil. A quoi bon, en effet, les parties retourneraient-elles devant le juge-de-paix, après la décision de la question de propriété, afin d'obtenir un second jugement? Et dans le cas où, l'exception du défendeur étant admise, la demande en dommages-intérêts, en élagage ou

---

(1) *Argumentum à contrario sensu in legibus, statutis et ultimis voluntatibus est validum, nisi, hujusmodi interpretatione, inducatur legis, statuti, vel juris communis emendatio*, etc. Godefroy, sur la loi 2, au Code, *De conditionibus insertis.*

curage deviendra sans objet, le renvoi devant le juge-de-paix ne serait-il pas absurde ?

Quant aux dépens, si le défendeur succombe dans son exception de propriété, il est vrai qu'il serait injuste d'y condamner le demandeur qui n'a fait que suivre la marche de la loi, en saisissant le juge-de-paix d'une demande qui rentrait dans ses attributions ; mais comme il a été observé plus haut, il est facile d'éviter cet inconvénient, en réservant les dépens pour y être statué par le juge auquel la cause est renvoyée ; ce qui se pratique dans tous les cas de renvoi pour cause de connexité.

Ainsi, c'est au tribunal, après avoir statué sur la question de propriété, à fixer, s'il y a lieu, les dommages-intérêts, à prescrire l'élagage, à ordonner les travaux nécessaires, s'il est question de fossés ou canaux, le juge-de-paix étant entièrement dessaisi par le renvoi de la question principale et des accessoires.

7. Au surplus, le renvoi, devant le tribunal civil, ne doit être ordonné que, dans le cas où l'exception de propriété ou de servitude tient au pétitoire ; car s'il ne s'agit que du possessoire, le juge-de-paix reste compétent pour juger le tout, pouvant maintenir l'une des parties en possession, soit par action séparée, soit incidemment à la demande en dommages-intérêts ou à celle relative, soit à l'élagage, soit au curage des canaux et fossés.

Pour l'intelligence de cette proposition, il faut observer que celui qui a la possession annale est censé propriétaire ; que, par conséquent, on ne peut ni lui reprocher un fait qui est la conséquence du droit de propriété, ni lui imposer une obligation contraire à ce droit. Le dommage reproché au défendeur eût-il été commis, depuis plus d'une année, cela serait indifférent, parce que, comme on l'a déjà fait observer, un délit ou quasi-délit ne peut opérer l'avantage d'une possession utile ; il en serait de même si le défendeur se prévalait du défaut d'élagage ou de curage depuis nombre d'années, la tolérance, sur ce point, n'ayant pu lui faire acquérir aucun droit. Mais si sur la demande en réparation de dégâts, ou celle relative à l'élagage ou au curage de fossés, le défendeur prétend avoir la possession annale du terrain endommagé ou ombragé, alors l'exception du possessoire présente une question préjudicielle, question qui rentre dans la compétence attribuée aux juges-de-paix par l'art. 6 de la loi, que, par conséquent, ce juge doit retenir, le renvoi au tribunal civil n'étant obligé, on le répète, que quand l'exception tient au pétitoire.

8. Dans le cas où, sur l'appel d'une sentence du juge-de-paix, le tribunal civil infirme la décision, peut-il évoquer et faire droit aux parties ?

Il faut distinguer : si le juge-de-paix s'est, mal à propos, déclaré incompétent, alors le tribunal, faisant ce que le premier juge aurait dû faire, peut, en annulant la sentence, évoquer et statuer sur la demande originaire.

Si, au contraire, le juge-de-paix s'est déclaré compétent, malgré l'exception de propriété fondée sur un titre, ou que la question de propriété ou de servitude n'ait été élevée qu'en appel, dans ce cas, le tribunal doit se borner à déclarer nulle la décision du juge-de-paix, pour cause d'incompétence. Ce n'est que comme juge de première instance, que ce tribunal aurait dû connaître de la question de propriété; en qualité de juge d'appel, ses attributions ne peuvent dépasser celles du juge de première instance. En prononçant sur le fond du droit, d'après les titres dont l'interprétation n'appartient pas au juge-de-paix, le tribunal d'appel méconnaîtrait donc les règles de sa compétence; il confondrait celle qui lui est dévolue, comme juge d'appel, avec celle qui lui appartient, comme tribunal de première instance (1).

9. D'après l'art. 3, n° 1, du Code de procédure, c'est devant le juge de-paix de la situation des lieux, que doivent être portées les actions dont il s'agit dans la première partie de cet article. Le Code ne parle que des actions pour dommages, la loi de 1790 n'ayant point attribué au juge-de-paix les actions relatives à l'élagage et au curage. Mais il y a parité de raison pour ce qui concerne ces attributions nouvelles. L'action en élagage, surtout, tient même plus de la réalité que celle en dommages-intérêts pour dégâts de propriétés rurales.

_____

(1) Arrêt du 11 avril 1837, D., pag. 310 et 311.

§ II.

Des dommages faits aux champs, fruits et récoltes, soit par l'homme, soit par les animaux.

10. Le mot *champs* qu'emploie ici [la loi ne doit pas être restreint aux terres labourables, il s'applique à toutes les propriétés productives de fruits naturels, tels que les jardins et vergers, les prés, les bois et les vignes. Mais les dommages causés à un édifice, à des meubles, à des hommes ou à des animaux, ne sont pas soumis à la disposition de l'art. 5; le juge-de-paix ne pourrait en connaître, qu'autant que la demande n'excéderait pas 200 fr.

11. La disposition dont il s'agit dans ce paragraphe, n'est que la répétition de celle que portait la loi du 24 août 1790. Les auteurs qui ont écrit sous l'empire de cette loi, ne se sont point attachés à la définition précise de ces termes, *dommages faits aux champs, fruits et récoltes, soit par l'homme, soit par les animaux;* et l'on a vu porter devant la justice-de-paix des actions en dommages-intérêts, pour atteintes portées à la propriété, actions qui ne pouvaient appartenir qu'à la justice ordinaire. Commençons donc par préciser en quoi consistent les dommages dont parle la loi.

Le mot dommage, *damnum,* est un terme générique qui s'applique à tout détriment, perte ou préjudice tendant à diminuer l'avoir d'un propriétaire (1).

Mais c'est du dommage fait à la chose même, qu'il est ici question, et dans ce cas, le dommage signifie *dégât :* la compétence établie par l'article 5, n'est donc relative qu'aux actions résultant des dégâts faits aux champs, fruits et récoltes, soit dans le dessein de nuire, soit par négligence ou imprudence.

Ainsi, que le champ ou le pré du voisin ait été moissonné, fauché frauduleusement, ou que l'on s'empare ainsi des arbres de sa forêt, des fruits de son jardin et verger, il éprouve un

---

(1) *Damnum et damnatio ab ademptione et quasi deminitione patrimonii dicta sunt.* L. 3, ff. *de Damno infecto.*

dommage bien réel ; mais c'est un vol, et non un simple dégât ; le dégât n'existerait, qu'autant que l'on aurait coupé le blé en vert, dévasté la moisson, ou coupé des arbres, sans s'emparer de la chose.

L'usurpation de la propriété, qu'elle ait lieu par erreur ou de mauvaise foi, peut aussi faire éprouver un grand préjudice au propriétaire ; mais les dommages - intérêts qui en résultent, ne peuvent être que l'objet d'une action ordinaire ; ce n'est point là, non plus, un de ces dommages auxquels puisse s'appliquer l'art. 5.

Restreintes aux simples dégâts, les attributions dont il s'agit ne laissent pas d'être fort étendues, et sont souvent de grande importance, comme on va le voir.

Dommages ou dégâts ruraux provenant du fait de l'homme.

12. Les dégâts de cette nature peuvent résulter non-seulement de délits ou quasi-délits, mais aussi de crimes emportant peines afflictives ou infamantes.

Par exemple, l'art. 434 du Code pénal punit de mort quiconque aura mis volontairement le feu à une forêt, à des *bois taillis* ou *récoltes*, soit *sur pied*, soit *abattus*, soit aussi que les bois *soient en tas ou en cordes*, et les récoltes *en tas ou en meules*. A moins donc que la personne lésée par un crime de cette nature ne se soit rendue partie civile au criminel, c'est, devant le juge-de-paix, que doit être portée la demande en dommages-intérêts. Quelle que soit la gravité du fait et l'importance du dommage ou dégât causé à des propriétés rurales, fruits ou récoltes, l'action rentre dans la compétence fixée par notre article.

Il en serait de même, si l'incendie n'avait été occasionné que par imprudence, ou pour avoir contrevenu, soit à l'article 148 du Code forestier, qui défend de porter du *feu dans l'intérieur et à la distance de* 200 *mètres des bois et forêts*, soit à l'article 10, tit. 2, de la loi sur la police rurale, qui défend aussi d'en allumer *dans les champs*, plus près que 50 toises des maisons, *vergers, haies, meules de grains, paille ou de foin*.

La compétence dont il s'agit, s'applique également aux dégâts qui pourraient être l'objet de poursuites correctionnelles, tels que les dévastations de récoltes sur pied, ou de plants venus

naturellement ou faits de main d'hommes; la coupe ou muti-
lation d'arbres dans le dessein de nuire, la destruction des
greffes (art. 444, 445, 446, 447 et 448), la dégradation des
blés en vert, l'enlèvement des fumiers, marnes ou engrais placés
sur les terres (art. 28 et 33 de la loi du 6 octobre 1791), etc

Mais l'action civile qui peut résulter d'un vol de fruits ou
récoltes, de la coupe d'arbres ou taillis pour se les approprier,
ne nous paraît pas rentrer dans la compétence attribuée au
juge-de-paix, par cet article. Celui qui commet un délit forestier peut, il est vrai, dégrader la forêt; mais la demande en
dommages-intérêts, résultant des délits de eette nature, a moins
pour but la réparation du dégât que la restitution de la valeur
des arbres coupés; la coupe d'arbres ou de taillis, pour se les
approprier, étant un vol, c'est l'action *de furtis* qu'intente le
demandeur en dommages-intérêts. Si la réparation civile des
délits forestiers dont la valeur est au-dessus de 200 francs, était
attribuée aux juges-de-paix, il en résulterait que les récole-
ments de coupes devraient lui être soumis dans les bois de particuliers (dans ceux de l'état et des communes, c'est devant les
tribunaux correctionnels que les contraventions sont poursuivies); ce serait donner beaucoup trop d'étendue à la compétence déjà assez considérable que confère l'art. 5 aux juges-
de-paix.

Cette compétence s'applique aussi aux dommages-intérêts
résultant de plusieurs des contraventions dont il pourrait connaître également comme juge de police.

Les cas qui peuvent se présenter le plus fréquemment, sont
ceux prévus par les articles 471, n°⁸ 13 et 14, et 475, n°⁸ 9 et
10 du Code pénal, de terrains ensemencés ou chargés de récoltes quelconques, qui ont été foulés par le passage de l'homme
ou des animaux. Mais il est à observer que, d'après l'article 41,
tit. 2, de la loi du 6 octobre 1791, sur la police rurale, « les
» voyageurs et voituriers ont droit de passer sur les propriétés
» riveraines, lorsque le chemin ordinaire est *impraticable.* » Et
par application de cette loi, la cour de cassation a décidé que,
malgré la défense portée dans l'ordonnance des eaux et forêts,
et l'art. 147 du Code forestier, le passage d'un voiturier dans
la forêt de Compiègne ne pouvait constituer un délit, dès l'in-

stant que le grand chemin joignant cette forêt avait été reconnu impraticable (1).

Ainsi, c'est au juge-de-paix, soit comme juge civil, soit qu'il tienne le tribunal de police, à vérifier si le chemin joignant la propriété endommagée est réellement impraticable, cas auquel le piéton ou voiturier, ayant été forcé d'y passer, ne serait passible d'aucuns dommages-intérêts.

13. La compétence du juge-de-paix n'est pas bornée aux réparations civiles des crimes, délits ou contraventions qui détruisent ou endommagent les propriétés rurales; il connaît également des dommages occasionnés par des quasi-délits; si, par exemple, des fruits et récoltes sont détériorés par la négligence ou l'imprudence du voisin; que, de cette manière, des plaies ou autres dégâts aient été faits à des arbres, haies ou arbustes. Il en serait de même des travaux ou constructions qui causeraient préjudice au terrain contigu, des eaux qui, sans y couler naturellement, y seraient amenées par le tracé des sillons de labour, ou toute autre entreprise; des fouilles de sable, marne, etc., qui, pratiquées trop près de l'héritage d'autrui, en auraient causé l'éboulement; de l'abattage d'un arbre qui aurait endommagé la propriété voisine d'une manière quelconque, et même de la chute d'un édifice qui, jusqu'à preuve contraire, doit être attribuée à la négligence du propriétaire, au défaut de réparations, plutôt qu'à l'effet de la force majeure.

Les dégradations ou dommages commis par les entrepreneurs de travaux publics, seraient aussi de la compétence du juge-de-paix, à moins que les dépôts ou enlèvements de terres n'aient eu lieu sur des terrains désignés par l'autorité administrative, en vertu des lois des 16 septembre 1807 et 21 mai 1836, cas auquel c'est au conseil de préfecture à régler l'indemnité due au propriétaire (2).

Il serait difficile de prévoir tous les cas qui peuvent donner lieu à l'action pour dommages causés aux champs, fruits et

---

(1) Arrêt du 16 août 1828, D., pag. 385. — *Répert.*, v° *Voies de fait*, § 1, art. 2, n° 5.

(2) Voy. part. I, pag. 26.

récoltes; il suffit de rappeler la disposition de l'art. 1382 du Code : « Tout fait quelconque de l'homme qui cause à autrui » un dommage, oblige celui par la faute duquel il est arrivé, » à le réparer. »

14. Au nombre des dommages dont la connaissance est attribuée aux juges-de-paix, les auteurs placent les reprises de terre. Voici la définition qu'en donne M. Henrion de Pansey : « Dans le temps des semailles, dit-il, un laboureur déplace le » sillon qui borne sa terre, et le trace dans celle de son voi- » sin, à la distance de quelques pieds, se flattant que cette » légère anticipation ne sera pas remarquée. Cependant le voisin » s'en aperçoit. La voie légale était de former devant le juge- » de-paix une demande en complainte, pour anticipation de terre » commise dans l'année; mais il préfère se faire justice à lui- » même, et il reprend la terre usurpée sur lui. »

L'auteur, qui, loin de donner des explications sur une partie aussi importante de la compétence civile des juges-de-paix, ne s'attache qu'aux cas où ils peuvent être compétents, comme juges de police en cette matière, prétend que la reprise de terre rentre dans l'application de l'art. 28, tit. 2, de la loi du 10 octobre 1791 : « Si quelqu'un, avant leur maturité, coupe » ou détruit de petites parties de blé en vert, ou d'autres pro- » ductions de la terre, *sans intention manifeste de voler*, il » paiera, en dédommagement au propriétaire, une somme égale » à la valeur que l'objet aurait eue dans sa maturité. Il sera » condamné à une amende égale à la somme du dédommagement, » et il pourra l'être à la détention de police municipale. »

Cette disposition ne nous paraît guère applicable au cas dont il s'agit; d'ailleurs, n'est-il pas de jurisprudence, que celui qui ne fait que reprendre la propriété qui lui a été enlevée, n'est passible d'aucune peine, à moins que cette voie de fait n'ait été accompagnée de coups ou blessures (1).

Il ne nous paraît pas non plus, que ce fait puisse être rangé dans la classe des dégâts dont l'article attribue la connaissance aux juges-de-paix. En traitant *de la réintégrande*, dans le com- mentaire de l'art. 6, nous examinerons la question de savoir,

---

(1) *Répertoire*, vᵒ *Questions préjudicielles*, nᵒ 7.

si l'usurpateur qui n'a pas la possession annale, serait fondé à se faire réintégrer dans son usurpation. Quoi qu'il en soit, l'usurpation sur le champ voisin ne peut qu'être l'objet d'une action ordinaire; et, en reprenant le sillon qui vient de lui être enlevé, le propriétaire ne fait aucun dégât à la propriété de l'usurpateur : si ce dernier a employé mal à propos sa graine, en la semant malicieusement sur une partie du fonds de son voisin, c'est un acte de mauvaise foi qu'il doit s'imputer; et la faible perte qu'il peut en ressentir doit être au moins compensée avec les dommages-intérêts résultant de son indue entremise. Ce cas, à ce qu'il nous semble, rentre dans la juridiction ordinaire, et n'est point un de ceux prévus par notre article.

15. En attribuant aux juges-de-paix la connaissance des dommages faits aux champs, fruits et récoltes par le fait de l'homme, l'article n'a pas entendu seulement parler du cas où le dommage aurait été causé par un fait immédiat; la compétence du juge-de-paix s'étend à tous les cas où ce fait n'est que la cause médiate du dégât. C'est ce qui résulte de l'arrêt cité pag. 368, dans l'espèce duquel il s'agissait de l'inondation occasionnée par une pluie abondante survenue dans une nuit, durant laquelle le propriétaire avait levé, comme de coutume, l'empellement de l'écluse destinée à l'irrigation de ses prés.

Il en est de même, à plus forte raison, lorsque le dommage provient de contravention aux lois et réglements de la matière, de la part d'un propriétaire d'usine ou d'étang.

Les articles 15 et 16 de la loi du 6 octobre 1791 portent que, « personne ne pourra inonder l'héritage de son voisin, » ni lui transmettre volontairement les eaux d'une manière nui- » sible, sous peine de payer le dommage et une amende qui » ne pourra excéder la somme du dédommagement. — Les » propriétaires ou fermiers des moulins et usines, construits ou à » construire, seront garants de tout dommage que les eaux pour- » raient causer aux chemins et aux propriétés, par la trop » grande élévation du déversoir ou autrement. Ils seront forcés » de tenir les eaux à une hauteur qui ne nuise à personne, et » qui sera fixée par le directoire du département, d'après l'a-

» vis du directoire de district. En cas de contravention, la peine
» sera une amende qui ne pourra excéder la somme du dé-
» dommagement. » L'art. 457 du Code pénal punit aussi d'une
amende qui ne pourra excéder le quart des restitutions et dommages-intérêts, ni être au-dessous de 50 fr., les propriétaires ou
fermiers, ou toute personne jouissant des moulins, usines,
ou étangs qui, par l'élévation du déversoir de leurs eaux, au-
dessus de la hauteur déterminée par l'autorité compétente,
auront inondé les chemins ou les propriétés d'autrui.

Ces dispositions prévoient deux cas différents. L'art. 15 du
Code de police rurale est applicable à toute espèce d'inondation, de transmission des eaux, d'une manière nuisible aux
propriétés, tandis que l'art. 16, aussi-bien que l'art. 457 du
Code pénal ne s'appliquent qu'aux propriétaires ou fermiers
d'usines ou étangs, dont la hauteur du déversoir a été fixée par
l'administration. La transmission des eaux d'une manière nuisible est, en général, un délit; mais lorsque la hauteur en a été
fixée par l'administration, alors il n'y a pas délit, si les propriétaires de moulins, usines ou étangs, tiennent les eaux à
la hauteur déterminée (1).

Au surplus, ce n'est qu'en matière correctionnelle, que cette
distinction peut avoir lieu, et non pour ce qui concerne la réparation du dommage. Dès l'instant que la cause de l'inondation provient de la hauteur des eaux destinées au roulement
d'une usine, que cette hauteur ait été ou non fixée par l'administration, et quand la fixation n'aurait point été dépassée,
le propriétaire du terrain n'est pas moins fondé à réclamer des
dommages-intérêts, sans que le meunier puisse s'y soustraire,
en se prévalant de l'autorisation, en disant qu'il n'a fait que se
conformer exactement à ce que prescrivait l'acte de concession.
Il ne peut, en effet, dépendre de l'administration de favoriser
un particulier, au préjudice de l'autre; les mesures dictées par
l'intérêt public sont les seules qu'elle a dû prévoir. Aussi l'établissement d'une usine n'est-il autorisé que, *sauf le droit des
tiers*; et, quand cette clause aurait été omise dans l'acte de
concession, elle y est toujours sous-entendue. Il est vrai que

---

(1) Arrêt du 23 janvier 1819, pag. 58.

c'est à l'autorité administrative qu'il faudrait s'adresser, pour obtenir la destruction de l'usine autorisée ; mais si quelqu'un éprouve, dans sa propriété, un dommage quelconque que peut causer le voisinage d'une usine, soit à raison du reflux des eaux, soit à raison de la modification opérée par l'établissement de l'écluse dans le cours ou la direction du fluide, qui va causer plus bas des affouillements, là où il n'en causait point auparavant, soit de toute autre manière, il est en droit d'en demander réparation, et cette demande est de la compétence exclusive du pouvoir judiciaire (1).

Si donc, c'est à des propriétés rurales, que le voisinage d'une usine a causé des dégâts, c'est au juge-de-paix à statuer sur les dommages-intérêts, lors même que le propriétaire ou fermier de l'usine n'aurait pas dépassé la hauteur fixée administrativement. Dans ce cas, son jugement ne doit reposer que sur la vérification d'un fait, celui de savoir, si c'est la retenue des eaux, l'établissement du barrage, qui a causé l'inondation.

16. Suivant le droit romain, celui qui entreprenait une construction de laquelle il y avait lieu de craindre un préjudice envers d'autres, pouvait être forcé à fournir, d'avance, un cautionnement pour la réparation des pertes à redouter dans le futur : c'est là ce qu'on appelait *damni infecti*, ou *damni non facti satisdatio* (2). Cette disposition n'a point passé dans la législation actuelle ; on ne peut se plaindre que d'un dommage réel. Ainsi, que le propriétaire d'une usine exhausse son écluse, au moyen de planches, les propriétaires voisins pourront s'adresser à l'administration pour faire cesser cette entreprise, mais non demander, d'avance, la réparation d'un dommage qui n'est qu'éventuel, et peut ne pas survenir, si les planches sont enlevées, lors d'une crue d'eau. Le juge-de-paix de Cérisy ayant, dans un cas semblable, ordonné l'enlèvement des planches, et condamné le meunier à 1 fr. 50 cent. de dommages-intérêts,

---

(1) Voy. le *Traité du domaine public* du professeur Proudhon, tom. 3, n° 1106 et suiv.; — et les arrêts de cassation, à la date des 23 mai 1831, 2 janvier 1832 et 31 janvier 1833, D., pag. 341 de 1831, 63 de 1832 et 138 de 1833.

(2) Voir les lois au digeste, sous le titre du livre 39. *De damno infecto.*

avec amende de pareille somme, son jugement a été cassé par arrêt du 16 frimaire an 14 (1).

Le juge-de-paix ne serait donc pas compétent pour ordonner des travaux et des réparations, tendant à prévenir, à l'avenir, les dégâts qui peuvent résulter de l'inondation. Le juge-de-paix du canton de Château-Régnard s'étant avisé de rendre, sous la forme d'*ordonnance de police*, une décision tendant à arrêter les ravages d'un torrent, cette décision a été cassée, d'office, par arrêt du 3 février 1806.

La police des eaux n'appartient qu'à l'administration ; néanmoins, lorsqu'elle n'a encore pris aucune mesure relative à leur cours, le pouvoir judiciaire, saisi d'une contestation concernant des *intérêts privés*, est compétent pour faire reconnaître et ordonner les travaux nécessaires, afin de prévenir des débordements. Ainsi décidé par un décret impérial du 23 mai 1810, qui a cassé un arrêté de conflit qu'avait pris le préfet du département du Cantal (2). Mais ce n'est qu'aux tribunaux ordinaires qu'il appartiendrait de statuer ainsi. La loi n'attribuant au juge-de-paix que la connaissance des dégâts *faits aux champs, fruits et récoltes*, il ne peut connaître que des demandes relatives à un dommage réel, qui résulte d'un fait accompli ; les mesures, tendant à prévenir des dommages futurs, sont hors de sa compétence.

17. Ce qui vient d'être dit des usines s'applique également aux manufactures, et ateliers insalubres et incommodes. Ces établissements divisés en trois classes ne peuvent avoir lieu sans autorisation. Le but des règlements portés à cet égard a été de parer, autant que possible, aux inconvénients que présentent ces établissements (3). Mais malgré l'autorisation qui n'est accordée que sous le rapport de l'intérêt général, si l'exploitation de ces ateliers ou manufactures cause du dommage

---

(1) *Répertoire*, v° *Inondation*, n° 3.

(2) Ce décret est rapporté dans les *Questions de droit*, v° *Pouvoir judiciaire*, et l'arrêt du 3 février 1806, dans le *Répertoire*, aux mots *cours d'eau*, n° 5.

(3) Voy. notamment le décret du 15 octobre 1810 et les ordonnances des 14 janvier 1815 et 29 juillet 1818, qui ont été étendues ou modifiées par plusieurs autres.

aux propriétés particulières, la personne lésée peut se pourvoir devant les tribunaux, sans même qu'on puisse se prévaloir de l'opposition qu'elle avait formée à l'établissement, et à laquelle l'administration n'aurait eu aucun égard : « attendu » que, si l'établissement, la conservation, la surveillance, » et en général pour tout ce qui a trait aux mesures dictées » *par l'intérêt de la sûreté publique*, les manufactures et » ateliers donnant lieu à des exhalaisons insalubres et incom- » modes, sont exclusivement du ressort de l'autorité admini- » strative, les questions des dommages effectivement et réel- » lement causés par leur exploitation nuisible, *sur une partie* » *quelconque de la propriété des particuliers*, rentrent aussi ex- » clusivement dans la juridiction des tribunaux ordinaires. » Ainsi décidé par plusieurs arrêts (1).

Il peut arriver que ces ateliers ou manufactures endommagent les fruits et récoltes, qu'ils rendent même improductifs les jardins, vergers ou champs voisins. Dans ce cas, est-ce au juge-de-paix qu'il appartient de connaître du dommage? Plusieurs affaires de ce genre ayant été portées devant les tribunaux ordinaires, et aucun débat ne s'étant élevé sur la compétence, la question dont il s'agit n'avait pas été résolue; mais voici une espèce dans laquelle elle a été jugée *in terminis*.

Traduit devant la justice-de-paix de Pantin, en réparation du dommage causé aux fruits du jardin de Graindorge, par les exhalaisons qui émanaient d'un atelier d'affinage d'or et d'argent, le sieur Lebel qui exploitait cet établissement proposa un déclinatoire, et le juge-de-paix, sans s'y arrêter, ayant fait vaquer des experts, condamna Lebel à 2,020 fr. montant de l'estimation du dommage. — Appel et jugement du tribunal de la Seine qui rejette également le déclinatoire, en réduisant toutefois à 1,000 fr. l'évaluation des dommages-intérêts. — Le pourvoi contre ce jugement a été rejeté par la chambre civile, « attendu, sur le premier moyen, qu'il était question, dans la » cause, de dommages-intérêts matériels causés par l'établisse-

(1) Voy. notamment ceux des 11 et 19 juillet 1826 et 3 mai 1827, D., pag. 424 et suiv. de 1826, et 228 de 1827.

» ment de la fabrique du sieur Lebel, et qu'aux termes de la
» loi du 24 août 1790, l'autorité judiciaire était compétente
» pour en connaître; que sa compétence à cet égard n'a été ni
» restreinte, ni modifiée, par le décret du 15 octobre 1810, ni
» par aucune autre loi; — attendu, sur le second moyen,
» que tout fait de l'homme qui porte dommage aux fruits et
» récoltes, rentre dans les attributions de la justice-de-paix,
» qu'il soit causé par son fait *médiat* ou *immédiat*, et que,
» dans l'espèce, c'était un fait de cette nature qui constituait le
» litige (1). »

Ainsi en restreignant les attributions du juge-de-paix aux
dégâts causés aux propriétés rurales, ces juges qui, comme
on le voit, doivent en connaître, toutes les fois que le dégât provient soit immédiatement soit médiatement du fait de l'homme,
sont appelés, par-là même, à statuer sur des objets qui peuvent
être de la dernière importance.

Dans la plupart des affaires de cette nature, les lumières du
juge suffiront pour vérifier le dommage, et en apprécier la
somme; mais lorsqu'il s'agira de dégâts occasionnés par des inondations, par l'influence lente et imperceptible du voisinage
d'une manufacture, des gaz émanés d'une fabrique, alors le
juge-de-paix sera obligé d'ordonner une expertise et de recourir aux lumières de gens ayant des connaissances spéciales.

Dommage causé par les animaux.

18. « Le propriétaire d'un animal, dit l'article 1385 du Code,
» ou celui qui s'en sert, pendant qu'il est à son usage, est res-
» ponsable du dommage que l'animal a causé, soit que l'ani-
» mal fût sous sa garde, soit qu'il fût égaré ou échappé (2). »

C'est par application de cet article que la loi attribue aux
juges-de-paix la connaissance des dommages faits, dans les
champs, par des animaux.

Ainsi, indépendamment de la compétence du juge-de-paix,
en matière de simple police, il est compétent, comme juge ci-

---

(1) Arrêt du 19 juillet 1826, D., pag. 426.

(2) Voir aux *Institutes*, liv. 4, tit. 9, et au digeste, liv. 9, tit. 1, les
lois, sous le titre *Si quadrupes pauperum fecisse dicatur.*

vil, pour statuer sur les dommages-intérêts résultant des dégâts occasionnés par l'introduction des bestiaux dans une forêt, ainsi que dans un champ chargé de récoltes, dans un pré, avant la levée des foins et même après, si le vain-pâturage y est interdit; et, à plus forte raison, dans les prairies artificielles, les vignes, oseraies, plantations de mains d'hommes, pépinières, etc., où l'art. 24, titre 2, de la loi sur la police rurale interdit l'entrée du bétail d'aucune espèce, et en aucun temps.

Si le dégât a été commis par des bestiaux laissés à l'abandon, l'art. 12, titre 2, de ladite loi décide que, « le propriétaire qui » éprouvera les dommages aura le droit de saisir les bestiaux, » sous l'obligation de les faire conduire, dans les vingt-quatre » heures, au lieu du dépôt qui sera désigné à cet effet par la » municipalité. Il sera satisfait aux dégâts par la vente des » bestiaux, s'ils ne sont point réclamés, ou si le dommage n'a » point été payé dans la huitaine du jour du délit. » Cette disposition n'est applicable qu'aux bestiaux *laissés à l'abandon*. Quand le maître ou le gardien du bétail est présent, on ne peut que recourir aux voies de droit : il eût été trop dangereux de permettre, en ce cas, au propriétaire du terrain, de saisir et d'emmener les bestiaux, de son autorité privée, ce qui donnerait lieu à des rixes et à des violences, que la loi a sagement prévenues, en n'autorisant la saisie des bestiaux que dans le seul cas où ils ont été laissés à l'abandon.

19. Les *bestiaux*, terme qui comprend, dans sa généralité, les *chevaux*, *mules*, *mulets*, *ânes*, *chèvres* et *moutons*, ne sont pas les seuls qui causent des dommages aux fruits et récoltes. Les *volailles*, les *pigeons*, les *lapins*, occasionnent souvent des dégâts considérables.

L'art. 12, tit. 2, de la loi sur la police rurale porte que, « si ce sont des volailles *de quelque espèce* que ce soit qui causent » le dommage, le propriétaire, le détenteur ou le fermier » qui l'éprouvera pourra les tuer, mais seulement sur le lieu » et au moment du dégât. » La difficulté de saisir et d'arrêter des volailles sur le lieu où elles causent du dommage, celle de reconnaître positivement à qui appartiennent ces animaux, c'est ce qui a porté le législateur à permettre aux propriétaires de les tuer sur le lieu; et cette disposition étant à la suite des dommages causés par des bestiaux *laissés à l'abandon*, il en résulte que celui qui éprouve du dommage de l'introduction des volailles, dans son jardin ou son champ, n'est point autorisé à les tuer en présence du propriétaire, et lorsqu'elles ne sont point à l'abandon (1).

De cette permission de tuer les volailles, il ne faut pas induire que, le propriétaire de celles qui sont trouvées sur le terrain d'autrui, ne soit soumis à aucune action en dommages-intérêts pour les dégâts que ces animaux peuvent causer. De la combinaison des articles 3 et 12, tit. 2, de la loi du 6 octobre 1791, il résulte, au contraire, que le dommage causé par les volailles, est considéré comme une contravention punissable des peines de simple police; et les volailles étant incontestablement comprises sous le terme générique d'*animaux*, le dommage qu'elles occasionnent donne lieu à une action civile en dommages-intérêts, laquelle rentre dans les attributions conférées aux juges-de-paix par notre article, et même par l'art. 1er; car il serait difficile que la somme des dommages-intérêts résultant de pareils dégâts excédât 200 fr. (2).

20. Les pigeons ne peuvent être compris sous le nom de *volailles*, terme restreint aux *poulets, canards, oies, dindons*, en un mot, aux oiseaux domestiques sur lesquels le propriétaire conserve tous ses droits, lors même qu'ils s'échappent au loin et passent dans une autre habitation, qu'ils y aient été ou non attirés par un moyen illicite.

À l'égard des pigeons, l'art. 2 de la loi du 4 août 1789, veut qu'ils soient enfermés aux époques fixées par les communautés : « Pendant ce temps ils seront regardés comme *gibier*, » et chacun aura le droit de les tuer *sur son terrain*. » Les pigeons ne peuvent donc être tués que dans le temps où leur excursion est prohibée; alors même ils ne peuvent l'être que par le propriétaire ou ensuite de ses ordres, et seulement sur le terrain auquel ils causent du dommage; celui qui les tuerait ailleurs que sur son terrain ou hors des temps prohibés, serait

---

(1) *Répertoire*, aux mots *Volailles* et *Colombier*, n° **12 ter.**

(2) *Répertoire*, v° *Volailles*, n° **1.**

répréhensible et pourrait être actionné en dommages-intérêts. La jurisprudence a varié sur le point de savoir si la contravention à l'arrêté qui ordonne la fermeture des colombiers était passible d'une peine de police (1). Ce qu'il y a de certain, c'est qu'il en est des pigeons comme des volailles : l'autorisation accordée au propriétaire de les tuer sur son terrain, dans les temps prohibés, ne l'empêche pas d'intenter une action en dommages-intérêts pour les dégâts commis par ces animaux, et cela lors même qu'il n'existerait aucun arrêté déterminant le temps pendant lequel les pigeons doivent être renfermés. Ce qui est également certain, c'est qu'à cet égard, la compétence du juge-de-paix se borne à statuer sur le dommage; il ne lui appartient pas de faire défense au propriétaire des pigeons *de ne plus les laisser sortir à l'avenir, dans le temps où les récoltes pendent par racines et sont dans leur maturité.* En faisant cette défense, le juge-de-paix excéderait ses pouvoirs, il empiéterait sur les attributions de l'autorité administrative (2).

21. Les lapins sont encore des animaux nuisibles, qui, quoique d'une nature très différente de celle des pigeons, ont néanmoins, dans leurs habitudes, des points d'analogie avec eux. Ils sont, comme les pigeons, de la classe des animaux sauvages; mais comme eux aussi, ils ont une demeure fixe, et vivent en société dans leur garenne, comme les pigeons dans leur colombier. Plus dévastateurs encore que les pigeons, ils gâtent les blés et les autres grains dont les terres sont ensemencées, mangent les herbages et les fruits, détruisent les vignes, rongent jusqu'à l'écorce des jeunes arbres fruitiers et autres, souvent au point de les faire périr; et, se multipliant à l'excès, ils désolent les campagnes qui se trouvent autour de leurs demeures.

Que le propriétaire de lapins tenus en garenne soit responsable des dégâts que peuvent causer ces animaux aux fruits et récoltes, rien de plus certain. Les articles 524 et 564 du Code déclarant qu'ils appartiennent au propriétaire de la garenne où ils se retirent, il en résulte qu'il est responsable des dégâts

---

(1) Voir à cet égard les arrêts cités pag. 51, au sujet des *Réglements municipaux.*

(2) Arrêt du 28 janvier 1824, D., pag. 57.

causés aux fruits et récoltes, par ces animaux. Ici s'applique l'art. 1385.

Mais en sera-t-il de même du dommage causé par des lapins qui ont établi leurs terriers dans un bois ? On peut dire, pour la négative, qu'il en est de ces animaux, comme des loups, des renards, qui, réfugiés dans une forêt, en sortent pour dévorer des moutons et des volailles; ou des cerfs et des sangliers qui ruinent les moissons voisines; le propriétaire du bois ne serait pas plus responsable des dégâts causés par ces animaux que de ceux occasionnés par les corbeaux, moineaux, etc., qui peuvent se multiplier dans son domaine.

Cependant il faut distinguer le cas où les lapins (il en est de même des autres animaux) se multiplient dans un bois par le fait du propriétaire, du cas où, loin de favoriser cette multiplication excessive, il cherche à l'empêcher et autorise la destruction de ces animaux par les voisins. Dans ce dernier cas, il ne peut être responsable des dégâts; mais il en est autrement dans le premier, l'art. 1383 rendant chacun responsable du dommage qu'il a causé *non-seulement par son fait, mais encore par sa négligence ou son imprudence.* Ainsi le décident plusieurs arrêts (1).

Responsabilité.

22. « On est responsable non-seulement du dommage que
» l'on cause par son propre fait, mais encore de celui qui est
» causé par le fait des personnes dont on doit répondre, ou
» des choses que l'on a sous sa garde. » (Art. 1384 du Code).

Devant les tribunaux correctionnels ou de police, celui qui n'est tenu que de la responsabilité civile, ne peut être condamné que, dans le cas où le juge prononce en même temps une condamnation à l'amende, contre l'auteur du délit (2).

Devant le juge civil, c'est différent : la personne responsable du fait d'une autre, peut être assignée en dommages-intérêts devant le juge-de-paix, sans qu'il soit besoin d'intenter l'action

---

(1) Voy. notamment ceux des 3 janvier 1810, 14 septembre 1816 et 22 mars 1837, D., pag. 38 de 1810, 82 de 1817 et 285 de 1837.

(2) Voir ce qui a été dit à cet égard pag. 35 et 192.

contre celui dont elle doit répondre ; ce qui serait même inutile,
s'il s'agit d'une femme ou d'un enfant qui aurait laissé échapper
le bétail confié à sa garde, ou, comme il arrive souvent,
aurait causé du dégat, soit en mutilant des arbres, soit en dé-
truisant des greffes, ou de toute autre manière.

23. L'art. 1384 rendant les maîtres et les commettants responsables du dommage causé par leurs domestiques et préposés dans les fonctions auxquelles ils les ont employés, cette
responsabilité s'applique aux communes, de même qu'aux particuliers : lorsque des animaux sont confiés à la garde du
pâtre, ce n'est plus le propriétaire de l'animal qui en est responsable ; ce serait le pâtre qui devrait être poursuivi comme
délinquant, si le délit était porté devant le tribunal correctionnel ou de police. Mais les pâtres sont presque tous insol-
vables, et les communes étant responsables de leur fait, on
peut donc faire assigner le maire, devant le juge-de-paix, pour
faire condamner la commune aux dommages-intérêts résultant
des dégats qui proviennent de la faute, ou de la négligence
du pâtre (1).

24. La loi du 10 vendémiaire an IV (2 octobre 1795), sur
la *police intérieure des communes,* les rend responsables des
délits commis *à force ouverte ou par violence,* sur leur territoire, par des attroupements ou rassemblements armés ou non
armés, soit envers les personnes, soit contre les propriétés nationales ou privées, ainsi que des *dommages-intérêts* auxquels
ils peuvent donner lieu.

Si le dégât était commis sur des propriétés rurales, et que
les auteurs de l'attroupement fussent connus, ils seraient solidairement responsables du dommage, et l'action dirigée contre
ces particuliers rentrerait dans la compétence établie par
l'art. 5. Mais le juge-de-paix ne peut connaître de la demande
en dommages-intérêts, qui serait formée contre la commune
elle-même, comme responsable de l'attroupement. D'après les
articles 3 et suivants de la loi du 10 vendémiaire an 4, c'est

---

(1) Henrion de Pansey, *Traité de la compétence,* chap. 21. — Voir aussi
mes observations sur le *Traité d'usage* du professeur Proudhon, tom. 2,
pag. 91 et suiv.

devant le tribunal civil du département (aujourd'hui le tribunal d'arrondissement), que doit être poursuivie l'action en dommages-intérêts, dont les communes peuvent être tenues; et la loi nouvelle n'a point dérogé à cette compétence spéciale (1).

25. Les actions pour dégâts faits aux champs, fruits et récoltes, par suite d'un quasi-délit, ne sont soumises qu'à la prescription ordinaire. Mais il en est autrement des dommages qui résulteraient d'un crime ou délit, ou contravention. La demande en réparation, quoique portée devant le juge-de-paix comme juge civil, serait sujette à la même prescription que l'action publique (2).

§ III.

Des actions relatives à l'élagage des arbres ou haies.

26. C'est ici une nouvelle attribution que la loi confère aux juges-de-paix. « En s'expliquant sur les *dommages faits* » *aux champs, fruits et récoltes*, a dit M. Barthe à la chambre » des pairs, la loi de 1790 se taisait sur les actions relatives *à l'é-* » *lagage* et *au curage des fossés*. Pour de telles causes, combien » n'est-il pas regrettable de voir s'introduire devant les tri- » bunaux d'arrondissement des procès qu'élève souvent l'a- » mour-propre, plus qu'un véritable intérêt; et qui, plus tard, » n'entretiennent la mésintelligence entre voisins, qu'à raison » des frais que chaque plaideur s'efforce de rejeter sur son ad- » versaire. »

Néanmoins, plusieurs auteurs avaient pensé que l'action en élagage rentrait dans la compétence relative aux dommages

---

(1) La rigueur de la loi du 10 vendémiaire an 4, qui renferme plusieurs autres dispositions non moins odieuses, a excité la critique des auteurs (voir Toullier, tom. 11, pag. 331 et suiv.). — D'après la jurisprudence de la cour de cassation, pour rendre la commune responsable, il faut qu'il soit prouvé que la dévastation a eu lieu par une réunion de plus de quinze personnes, nombre qui, d'après l'art. 9 de la loi du 3 août 1791, constitue ce qu'on appelle un attroupement (arrêt du 27 avril 1813, pag. 257). Quant à l'action dirigée contre les auteurs de la dévastation, le juge-de-paix serait compétent, quel qu'en fût le nombre.

(2) Voy. à cet égard la discussion à laquelle nous nous sommes livré, part. 1, sect. 4, n° 41, pag. 161 et suiv.

faits aux champs; un arrêt de la cour de cassation du 9 décembre 1817 l'avait même décidé ainsi; mais un autre arrêt a jugé au contraire, et avec raison, « que l'action en élagage » ne peut être confondue avec l'action pour dommages faits » aux champs fruits et récoltes, parce qu'il ne s'agit, dans celle- » ci, que du dommage résultant d'un délit ou quasi-délit; tandis » que le dommage qui donne lieu à la demande en élagage, se » rapporte à un fait fondé sur le droit de propriété, c'est-à- » dire à une plantation d'arbres (1).

Dans son *Traité de la compétence*, chap 25, § 14, M. Henrion de Pansey a prétendu que l'action en élagage devait être portée devant le juge-de-paix, et cela par le motif que *cette action, absolument étrangère à la propriété, est purement possessoire*, ce qui était aussi une erreur : en effet, l'action possessoire ne peut être admise que pour les choses prescriptibles, et, comme on va le voir, le droit d'élagage ne saurait être prescrit.

Aussi l'action dont parle notre article n'a-t-elle rien de commun avec la demande en complainte, qui doit être formée dans l'année du trouble. Pour ce qui concerne l'élagage, la compétence du juge-de-paix ne peut être déclinée, qu'autant que le défendeur se prétendrait propriétaire du terrain sur lequel avancent les branches de l'arbre, ou prétendrait avoir un titre établissant une servitude sur ce fonds.

27. Le droit d'élagage est fondé sur l'art 672 du Code. Le § 1er de cet article accorde au voisin le droit d'exiger l'arrachement des arbres et haies qui n'auraient pas été plantés à la distance prescrite par la loi. Le § 2 porte que « celui sur la » propriété duquel avancent les branches, des arbres du voisin, » peut contraindre celui-ci à couper ces branches. » Et d'après le § 3 : « si ce sont les racines qui avancent sur son héri- » tage, il a droit de les y couper lui-même. »

Ainsi, quoique l'arbre ait été planté à la distance prescrite, il peut nuire par l'extension de ses branches, et le voisin peut en requérir l'élagage. Ce droit, d'ailleurs, est fondé sur l'art. 552,

---

(1) Arrêt du 29 décembre 1830, D., pag. 179 de 1831.

La propriété du sol emportant la propriété du dessus et du dessous, le propriétaire du terrain ne peut être obligé de souffrir l'avancement des branches d'un arbre au-dessus de son héritage.

Mais il n'en est pas de l'extension des branches, comme des racines qui croissent dans le sol : à l'égard des racines, le propriétaire du terrain peut les couper lui-même, sans qu'il soit besoin d'avertissement; en cela, il ne fait qu'user du droit de propriété, tandis que pour les branches, il doit en requérir l'élagage. En ébranchant, de sa propre autorité, l'arbre du voisin, il commettrait une voie de fait passible de peine correctionnelle (1).

28. Celui dont le terrain est ombragé, doit donc sommer le propriétaire de l'arbre d'avoir à le faire élaguer; et faute par celui-ci d'obtempérer à la sommation, l'assigner devant le juge-de-paix. Le même exploit peut même servir de sommation et de citation, pour le cas où l'on refuserait de s'y conformer. En conséquence, le juge-de-paix se transportera sur les lieux pour vérifier le fait, et ordonnera au défendeur d'avoir à faire élaguer dans un délai, passé lequel le demandeur sera autorisé à faire procéder lui-même à l'élagage, aux frais du défendeur, en condamnant au besoin celui-ci à telle somme de dommages-intérêts réglés par le jugement, en cas d'inexécution. Sur quoi il est à observer que, l'élagage ne doit être exécuté que dans le temps propre à la taille, autrement on risquerait de faire périr l'arbre.

Relativement à l'action pour dommages faits aux champs, fruits et récoltes, la compétence du juge-de-paix est limitée, comme on l'a vu, au cas où il existe un dommage réel : ici c'est différent; que l'arbre cause ou non du dommage, que le demandeur soit animé par un sentiment d'amour-propre plutôt que par un véritable intérêt, l'action est fondée, dès l'instant que les branches de l'arbre se projettent sur son terrain.

Ici se présente l'examen de deux questions, celle de

---

(1) Arrêt du 15 février 1811, D., pag. 144. Telle est aussi la disposition de l'art. 150 du Code forestier.

savoir, si l'action dont il s'agit peut être prescrite; et, si le droit de réquérir l'élagage s'étend aux arbres des forêts?

29. L'administration forestière élevait la prétention de soustraire au droit d'élagage les arbres des forêts; mais déjà avant la publication du Code forestier, les tribunaux avaient rejeté cette prétention (1). Et voici la disposition que porte l'article 150 de ce Code : « Les propriétaires riverains des bois et » forêts ne peuvent se prévaloir de l'art. 672 du Code civil, » pour l'élagage des lisières desdits bois et forêts, *si ces arbres* » *de lisières ont plus de 30 ans.* — Tout élagage qui serait » exécuté, sans l'autorisation des propriétaires des bois et » forêts, donnera lieu à l'application des peines portées par » l'art. 196. »

De cet article qui aurait pu être rédigé plus clairement, on tirerait en vain la conséquence que la demande en élagage est prescrite, dès l'instant que l'arbre a acquis l'âge de 30 ans. Il résulte de la discussion (et il est peu de lois qui aient été discutées plus nettement et plus largement), que la défense d'élaguer les arbres de lisière parvenus à l'âge de 30 ans, loin d'être une prohibition *perpétuelle*, n'est qu'une disposition *transitoire*, pour les arbres de lisière ayant alors plus de 30 ans. Aussi le gouvernement, qui avait promis de fixer ainsi l'interprétation de la loi, a-t-il eu soin de lever tous les doutes, en publiant l'ordonnance réglementaire. Voici ce que porte l'art 176 de cette ordonnance : « Quand les arbres de lisière *qui ont* ACTUELLEMENT » *plus de 30 ans* auront été abattus, les arbres qui les remplaceront *devront être élagués* conformément à l'article 672 » du Code civil, *lorsque l'élagage en sera requis par les rive-* » *rains* (2). »

Ainsi le propriétaire de fonds voisins d'une forêt peut requérir le préfet, s'il s'agit d'un bois domanial, le maire, si le bois appartient à la commune, aussi-bien que le propriétaire

---

(1) Voy. notamment dans le recueil de Dalloz, pag. 328, l'arrêt du 31 juillet 1827 qui a rejeté le pourvoi de l'administration forestière contre un arrêt de la cour de Paris.

(2) On peut voir sur ce point la discussion à laquelle je me suis livré dans le commentaire du *Code forestier*, tom. 2, pag. 406 et suiv., et dans le *Traité d'usage*, tom. 2, pag. 355 et suiv.

d'un bois de particulier, d'avoir à faire procéder à l'élagage des arbres dont les branches s'étendent. Et en cas de refus, c'est au juge-de-paix à ordonner que ces arbres seront élagués. Si le défendeur prétend qu'en 1827, époque de la publication du Code forestier, l'arbre avait déjà plus de 30 ans, il doit justifier de cette exception ; autrement la demande en élagage devrait être accueillie. Mais on croit, qu'en ce cas, le juge-de-paix serait incompétent, parce que le droit étant contesté, il s'agirait de statuer sur une question de servitude non conventionnelle, il est vrai, mais dont le titre se trouve dans la loi.

30. Venons à l'autre question, celle de savoir si la prescription peut être opposée à une demande en élagage, sous le prétexte que, depuis plus de trente ans, les branches s'avancent sur l'héritage.

Pour ce qui est relatif aux arbres non plantés à la distance prescrite, le propriétaire, si l'arbre existe depuis plus de 30 ans, peut opposer la prescription à la demande en arrachement formée par le voisin, comme on le verra, en commentant le § 2 de l'art. 6, qu'il eût été naturel de réunir à celui qui nous occupe, les deux actions étant fondées sur le même article du Code. Mais ici l'âge de l'arbre est indifférent : si le Code forestier a voulu que l'on respectât les arbres de lisière d'une forêt qui avaient plus de 30 ans, c'est, comme on vient de le voir, une exception purement transitoire. En ce qui concerne les arbres plantés à distance, la prescription du droit d'élagage ne pourrait commencer à courir que du jour où l'extension des branches devient préjudiciable à l'héritage voisin, et il serait difficile de préciser l'instant où ce préjudice a dû être senti.

« La prescription, dit l'auteur du *Traité d'usufruit*, ne peut
» avoir lieu que là où la possession est absolument fixe et
» certaine, parce qu'on ne peut admettre un effet, sans être sûr
» que sa cause existe : or, lorsqu'il s'agit des branches d'un
» arbre qui croissent et s'allongent annuellement, il est im-
» possible de dire quelle était déjà leur longueur il y a trente ans ;
» il serait impossible d'affirmer avec sécurité, qu'alors elles
» fussent déjà saillantes sur le fonds voisin ; et, malgré toutes

» les marques de vétusté que leur aspect pourrait offrir, il
» serait surtout impossible d'assigner le terme précis de la pro-
» jection que la nature leur aurait fait faire, pendant trente ans.
» Du moment donc que, dans le fait, il y a impossibilité de
» reconnaître quel était l'état de la possession il y a trente
» ans, il y a de même impossibilité légale d'admettre la prescrip-
» tion, puisqu'on ne peut jamais la déclarer acquise que sur
» l'état des choses, tel qu'il existait, quand elle a commencé
» son cours. » Loi 7, ff. *de servit. urban. prœdiorum* (1).

Cependant M. Troplong combat cette doctrine : suivant lui,
le droit du voisin commençant à l'instant où les branches s'é-
tendent sur son fonds, la prescription commence à courir dès
cet instant, puisqu'il s'agit non d'une simple faculté, mais
d'un droit qui donne lieu à l'action. Vous pouviez, dit-il, demander la coupe alors même que les branches étaient moins
grandes, vous l'avez négligé, vous avez souffert que le mal
fît des progrès qui étaient dans sa nature et que vous deviez
prévoir ; il y a donc eu, de votre côté, défaut d'action, et,
d'autre part, continuité de possession, pendant le temps suffisant pour prescrire (2).

Mais, comme je l'ai fait observer dans le *Traité d'usage*,
à quelles conséquences ce système ne conduirait-il pas ? En
admettant que le droit du riverain est sujet à prescription,
il faudrait donc décider, qu'elle commence à courir, dès l'instant où la moindre petite branche viendra se projeter sur le
terrain voisin. Mais alors il faudra distinguer les diverses
branches de l'arbre, et dire qu'il y a autant de prescriptions
du droit d'élaguer que de branches soumises à l'élagage ;
qu'ainsi la possession du propriétaire de l'arbre a commencé,
pour chaque branche, dès l'instant que le plus petit rameau s'est
avancé sur le voisin. On ne voit pas, en effet, par quelle raison
la patience du riverain, relativement à l'une des branches,

---

(1) *Traité d'usage*, 2e édition, tom. 2 pag. 374, — Voy. aussi M. Pardessus,
Des servitudes, n° 196, pag. 295, 7e. édition ; Vareille, *Prescriptions*,
tom. 1, pag. 132 ; Valla, *De rebus dubiis*, tract. 8, pag. 51, et Mornac, *Ad
leg.* 13, ff. *fin. regund.*

(2) Commentaire sur l'art. 2229, n°s 346 et 347.

pourrait entraîner, à l'égard des autres, la prescription de la demande en élagage. Et quand on supposerait que toutes les branches se sont avancées en même temps ; comme elles ne couvraient, il y a trente ans, qu'un faible espace de terrain, pourquoi la servitude serait-elle acquise sur une plus grande étendue qui n'a été ombragée que successivement ; la possession à cet égard n'ayant rien de continu, il faudrait donc appliquer la maxime, *tantùm præscriptum, quantum possessum.*

Ainsi la preuve déjà si incertaine que la projection des branches a commencé à telle année, ne suffirait pas ; force serait de prouver encore que, depuis telle époque, elles ont couvert le terrain, sur plus ou moins d'espace : comment admettre un système dont l'application présenterait des difficultés aussi inextricables ?

Si cependant la difficulté s'élevait devant le juge-de-paix, il devrait se déclarer incompétent, la contestation du droit d'élagage devant être considérée, en ce cas, comme la prétention d'une servitude sur le fonds voisin.

Des haies.

31. On appelle *haie* une clôture d'épines, de ronces ou d'autres arbrisseaux, et quelquefois même de branches sèches. Il ne peut être ici question que des haies vives.

Le Code ne dit rien de l'obligation du propriétaire d'une haie, de la tondre ou élaguer. Mais, comme le fait observer M. Pardessus, « elle résulte implicitement de l'art. 671. Cet article
» détermine les distances légales en raison de la hauteur des
» arbres, et range les haies dans la classe des arbres à basse
» tige, pour lesquels il requiert la moindre des distances :
» laisser croître les haies, serait éluder la disposition qui dé-
» termine la distance des arbres à haute tige. Il ne nous paraît
» donc pas douteux que le voisin n'ait le droit de contraindre
» le propriétaire de la haie à la tondre : les usages locaux et
» les réglements de police ont assez généralement prévu ce
» cas, qui peut donner lieu à tant de difficultés ; ils doivent
» servir de règles pour les époques et la hauteur de cette tonte.
» Par suite de ces principes, le propriétaire d'une haie n'a le
» droit d'y laisser s'élever des baliveaux ou grands arbres, qu'au-

» tant qu'elle serait placée à la distance requise pour la plan-
» tation des arbres à haute tige (1). »

Ajoutons que le défaut d'entretien et d'élagage d'une haie
peut causer un préjudice notable à l'héritage voisin, à raison,
non-seulement de l'ombrage, mais surtout des rejetons et
accrues que produit la haie sur le terrain formant la distance
légale, et même au-delà. Dans le cas où les accrues se trouvent
sur l'héritage du voisin, celui-ci a, comme pour les racines
qui épuisent le sol, le droit de les arracher et de s'en emparer sans autre formalité, le bois qui a crû sur son terrain
étant sa propriété. Mais il ne peut faire ces arrachis, lorsque
les rejetons se trouvent sur le terrain formant la distance
légale entre son héritage et celui du propriétaire de la haie;
dans ce cas, le droit du voisin se réduit à une action; il en est
de même de l'élagage.

32. La haie peut être mitoyenne ou n'appartenir qu'à un
seul propriétaire.

D'après l'article 670 du Code, la haie qui sépare deux héritages est réputée mitoyenne, et le milieu de la haie fait la
séparation; mais cette présomption cesse, s'il n'y a qu'un seul
des héritages en état de clôture, ou s'il y a titre ou *possession
suffisante* au contraire.

Les auteurs, MM. Pardessus et Toullier entre autres, prétendent que ces mots *possession suffisante* doivent être entendus
de la possession annale, laquelle suffirait pour faire cesser la
présomption de mitoyenneté; mais d'après la cour de cassation,
quoique la possession annale d'une haie puisse donner lieu à
l'action en complainte, néanmoins la maintenue au possessoire
ne détruit point la présomption légale de mitoyenneté; la *possession suffisante*, dont parle la loi, ne peut être que celle qui
équivaut à un titre (2).

La haie cesse encore d'être réputée mitoyenne, si, entre la
haie et l'un des deux héritages qu'elle sépare, il existe un fossé;

---

(1) *Traité des servitudes*, n° 197, pag. 298.

(2) Voy. l'arrêt du 8 vendémiaire an 14 que rapporte le *Répertoire*, v° *Haie;*
celui du 14 avril 1830, dans le recueil de Dalloz, pag. 209, et surtout l'arrêt
du 13 décembre 1836, même recueil, pag. 13 de 1837. — On reviendra sur
cette question, en traitant des actions possessoires.

alors la haie est censée appartenir à celui qu'elle touche immédiatement.

En discutant l'article 6, § 2, nous verrons à quelle distance du terrain voisin on peut planter des arbres ou des haies.

Pour l'application de l'art. 5, § 1, il suffit d'observer que, si la haie n'appartient qu'à un seul propriétaire, le voisin peut le requérir d'avoir à l'élaguer, en lui accordant passage à cet effet; car quoique, régulièrement, personne n'ait le droit d'entrer dans le clos d'autrui, néanmoins la nécessité et les règles de bon voisinage obligent à le souffrir dans plusieurs circonstances. En cas de refus, c'est au juge-de-paix qu'il faut s'adresser pour faire ordonner l'élagage, à la hauteur et dans le temps fixés par l'usage des lieux.

Si, au contraire, la haie est mitoyenne, chacun des propriétaires est tenu de l'entretenir et par conséquent de l'élaguer de son côté; celui qui s'y refuserait, peut également être actionné devant le juge-de-paix.

Souvent il se trouve dans la haie mitoyenne de grands arbres qui appartiennent aux deux voisins. Alors chacun d'eux peut en exiger l'ébranchement de son côté; mais il ne peut y procéder sans le consentement de l'autre, à moins que l'ébranchage n'ait été ordonné par le juge. Le droit de chacun des propriétaires va plus loin; il peut exiger que l'arbre soit entièrement abattu : ainsi le décide l'art 673 du Code; il n'est donc pas besoin, pour cela, du concours des deux volontés. De là il résulte aussi que, dans le cas où l'arbre a été abattu, ou serait mort par quelque cause que ce soit, un seul des copropriétaires de la haie mitoyenne nepourrait le faire remplacer, sans le consentement de l'autre.

55. A l'égard des haies, de même que pour les arbres, le juge-de-paix devient incompétent si, sur la demande en élagage, il s'élève une question de propriété ou de servitude; que, par exemple, le propriétaire de la haie prétende à la propriété de l'espace de terrain qui se trouve au-delà, que la mitoyenneté soit contestée, etc., etc. Dans ces différents cas, l'affaire doit être renvoyée en justice ordinaire, à moins que l'exception préjudicielle ne repose que sur la possession annale, ou s'il

suffit d'un simple bornage, pour lever la difficulté, cas auquel
le juge-de-paix serait également compétent, d'après l'article 6
de la loi actuelle.

§ IV.

Du curage des fossés et canaux.

La loi attribuant ici aux juges-de-paix la connaissance des
actions relatives *au curage soit des fossés, soit des canaux ser-*
vant à l'irrigation des propriétés ou au mouvement des usines,
il s'agit de voir quand et comment ils doivent user de cette
double attribution.

Des fossés.

34. Les fossés sont établis pour la conservation des propriétés publiques ou particulières.

Les routes sont ordinairement accompagnées de fossés laté-
raux, soit pour servir à l'écoulement des eaux, soit pour mettre
obstacle aux anticipations, de la part des propriétaires riverains.
C'est à ceux-ci que les lois anciennes imposaient l'obligation du
curage, et la même mesure avait été prescrite par les art. 32
et 109 d'un décret du 16 décembre 1811 ; mais cette disposition, contraire à la justice, a été abolie par la loi du 12 mai 1825,
dont l'article 2 porte qu'*à dater du 1ᵉʳ janvier 1827,* « le cu-
» rage et l'entretien des fossés qui font partie de la propriété
» des routes royales et départementales, seront opérés par les
» soins de l'administration publique, et sur les fonds alloués au
» maintien de la viabilité desdites routes. » Cet objet donc est
totalement étranger à la compétence des juges-de-paix.

Il en est de même des fossés, que, d'après l'art. 21 de la loi
du 21 mai 1836, le préfet peut faire établir le long des chemins vicinaux, et dont il doit déterminer la largeur et la profondeur : ces fossés font partie des chemins ; ils ne peuvent
être pris sur les propriétés particulières sans une indemnité à
régler d'après les art. 15 et 16 de ladite loi (1). C'est par l'ad-

_____

(1) Voy. part. I, pag. 25 et suiv.

ministration qu'il doit être pourvu au curage de ces fossés; les fonds limitrophes ne sont grevés d'aucune autre servitude que celle de recevoir, sur leurs bords, les terres et déblais provenant du curage, ainsi que cela se pratique à l'égard des routes.

Ce n'est donc qu'au curage des fossés particuliers que peut s'appliquer notre article.

Ces fossés sont de deux sortes : les uns servent à la délimitation des héritages, les autres sont destinés à l'écoulement des eaux, au desséchement des fonds.

35. *Fossés de délimitation.* Celui qui veut délimiter, au moyen d'un fossé, doit le pratiquer sur son propre terrain ; le voisin ne peut être obligé de contribuer à ce genre de délimitation, mais seulement à la position de bornes.

L'art. 4, tit. 27 de l'ordonnance de 1669, obligeait les propriétaires de bois joignant les forêts de l'état, de les séparer par des fossés, dont l'entretien était à leur charge. Mais cette servitude onéreuse a été abolie par le Code forestier; l'art. 14 porte : « Lorsque la séparation ou délimitation sera effectuée par un » simple bornage, elle sera faite à frais communs. — Lorsqu'elle » sera effectuée par des fossés de clôture, ils seront exécutés aux » frais de la partie requérante, et pris, *en entier,* sur son » terrain. »

Ainsi, pour ce qui concerne le fossé délimitatif d'une forêt, le curage ne peut être l'objet d'une action, que dans le cas où les deux propriétaires seraient convenus de délimiter de cette manière, et d'entretenir le fossé en commun; alors, en cas de refus, c'est devant le juge-de-paix que devrait être portée la demande, fût-elle dirigée par ou contre le préfet, ou le maire d'une commune, s'il s'agit d'une forêt domaniale ou communale, la loi lui attribuant la connaissance du curage, sans distinction.

Le juge-de-paix serait également compétent pour ordonner le curage des fossés, qui, d'après l'article 71 du Code forestier, doivent-être pratiqués, *à frais communs,* entre les usagers et l'administration, pour empêcher les bestiaux de s'introduire dans les coupes non défensables.

36. Lorsqu'il existe un titre attestant la mitoyenneté ou la

propriété exclusive d'un fossé délimitatif, il faut s'y conformer. Mais, à défaut de titre, la loi veut que le fossé soit réputé mitoyen, à moins de marques contraires. Voici quelles sont, à cet égard, les dispositions du Code :

« Art. 666. Tous fossés entre deux héritages sont présumés » mitoyens, s'il n'y a titre ou marque du contraire. » (Il ne peut être ici question, comme pour les haies, de distinguer l'héritage en état de clôture.)

» 667. Il y a marque de non mitoyenneté, lorsque la levée » ou le rejet de la terre se trouve d'un côté seulement du » fossé.

» 668. Le fossé est censé appartenir exclusivement à celui du » côté duquel le rejet se trouve.

» 669. Le fossé mitoyen doit être entretenu à frais com-» muns. »

Ainsi, le fossé mitoyen est le seul dont on puisse requérir le curage : celui qui a la propriété exclusive d'un fossé peut le laisser combler et en disposer de toute manière.

La présomption légale étant pour la mitoyenneté, à moins de marques du contraire, il serait à désirer que la loi en eût attribuée la reconnaissance au juge-de-paix, en cas de contestation; mais elle ne l'a pas fait. Si donc, malgré l'évidence, le défendeur s'opiniâtre à soutenir que le fossé lui appartient, alors il s'élève une question de propriété qui exige le renvoi devant les tribunaux ordinaires.

37. *Fossés de desséchement.* Tout propriétaire a droit de faire les fossés qu'il juge convenable dans son propre fonds, pour le rendre productif, ou en jouir d'une manière plus avantageuse (1), pourvu qu'il ne porte pas de préjudice à l'héritage voisin, que, par exemple, le fossé, établi sur l'héritage supérieur, ne précipite pas les eaux d'une manière plus nuisible sur le fonds inférieur; cas auquel la réparation du dégât rentrerait dans les actions pour dommages faits aux champs, dont il vient d'être question au § 2.

---

(1) *Sed et fossas, agrorum siccandorum causâ factas, Mucius ait fundi colendi causâ fieri.* Loi 1, § 7, ff. *de aquâ et aquæ pluv. arcend.*

Il en serait de même des travaux pratiqués dans l'héritage
inférieur, et qui feraient refluer les eaux sur le fonds supérieur.
D'après l'article 640 du Code, « les fonds inférieurs sont assu-
» jettis envers ceux qui sont plus élevés, à recevoir les eaux
» qui en découlent naturellement, sans que la main de l'homme
» y ait contribué. — Le propriétaire inférieur ne peut point
» élever de digue qui empêche cet écoulement ; le propriétaire
» supérieur ne peut rien faire qui aggrave la servitude du fonds
» inférieur. »

Mais si le reflux , soit naturel, soit artificiel des eaux , loin
d'être nuisible au fonds supérieur, tendait à le féconder, au
moyen de l'irrigation, le propriétaire de ce fonds pourrait-il se
plaindre du fossé ou de toute autre entreprise pratiquée dans
l'héritage inférieur qui priverait le fonds supérieur du bénéfice
des eaux dont le reflux lui était profitable ? Non : le maître de
l'héritage inférieur n'est assujetti à aucune autre obligation que
celle de ne point empêcher l'écoulement naturel des eaux ; ainsi,
à moins de titre contraire , il ne peut être empêché de disposer
de celles qui arrivent sur son fonds , de la manière qu'il juge
convenable , et de procurer ainsi le desséchement d'un terrain
marécageux ; il ne fait , en cela , qu'user de son droit.

Par la même raison , le propriétaire du fonds inférieur, auquel l'écoulement des eaux serait profitable, ne pourrait se
plaindre du fossé établi sur l'héritage supérieur, afin d'y retenir
des eaux qui seraient utiles à cet héritage.

Ici vient l'application de deux lois romaines dont MM. Merlin et Proudhon invoquent l'autorité, dans le silence du Code (1).

La première de ces lois suppose l'existence d'une digue pratiquée dans l'héritage supérieur pour y retenir les eaux : le
propriétaire de cet héritage a détruit la digue, ou bien elle a
été enlevée par la force du torrent. Peut-il être forcé à la rétablir ou à retenir les eaux de toute autre manière ? La loi 1 ,
§ 23, ff. *de aquâ et aquæ pluviæ arcendæ*, décide que non. Cependant, si le propriétaire de l'héritage inférieur offrait de rétablir la
digue à ses frais, alors le maître du fonds supérieur ne pour-

_____

(1) *Répertoire*, article *Eaux pluviales; Traité du domaine public*,
tom. 4, n°ˢ 1311 et 1327.

rait s'y opposer, dit la loi 2, § 5, au même titre, à moins qu'il ne prouvât que la digue lui est nuisible.

La loi 2, § 1, au même titre, prévoit aussi l'hypothèse du propriétaire d'un héritage inférieur, qui, sans rien faire qui porte obstacle à l'écoulement des eaux que le fonds supérieur lui envoie, néglige de curer un fossé qui se trouve sur son fonds, lequel engorgé par les immondices dont il est rempli, occasionne sur le fonds supérieur un reflux qui n'existait pas avant que le fossé fût comblé. Dans ce cas, dit la loi, le propriétaire du fonds inférieur peut être forcé, sinon à curer le fossé, du moins à le laisser curer aux frais du propriétaire de l'héritage supérieur.

En effet, tout ce qu'exigeait du propriétaire inférieur la loi romaine dont l'article 640 du Code n'est que l'écho, c'est que le propriétaire inférieur ne forme aucun obstacle à l'écoulement naturel des eaux. Il ne peut donc être tenu de curer lui-même la rigole qui se trouve sur son fonds, mais doit seulement en permettre le curage au propriétaire du fonds supérieur, ce qui doit s'appliquer principalement à un cours d'eau naturel : la loi romaine parle, il est vrai, d'un fossé fait à main d'homme, mais de temps immémorial, *proponitur fossa vetus esse agrorum siccandorum causâ, nec memoriam extare quandò facta est;* alors le fonds inférieur pouvait être considéré comme grevé d'une servitude ; autrement le propriétaire de ce fonds, qui y aurait pratiqué lui-même un fossé pour sa propre utilité, ne saurait être tenu ni de le curer, ni d'en permettre le curage, pouvant disposer de son terrain, comme il le juge convenable.

Au surplus, ce n'est que pour l'intelligence des principes de la matière, que nous entrons dans ces détails. S'il s'élevait devant le juge-de-paix une difficulté de ce genre, elle présenterait une question de servitude, qui placerait la cause hors des limites de la compétence établie par notre article.

Des canaux servant à l'irrigation des propriétés ou au mouvement des usines.

38. Les eaux des rivières, ainsi que celles des ruisseaux, étant destinées à l'irrigation et au mouvement des usines, il en résulte que la compétence ici conférée aux juges-de-paix

s'applique à tous les cours d'eau. Mais il est difficile de bien préciser les cas où il sera nécessaire de recourir à ces magistrats.

D'abord, il ne sanrait en être question, pour ce qui concerne les rivières flottables et navigables dont le régime est du ressort exclusif de l'administration. C'est aussi à l'autorité administrative qu'il appartient d'ordonner le curage des autres rivières. La loi du 14 floréal an 11 veut qu'il y soit procédé de la manière prescrite par les anciens réglements, ou d'après les usages locaux ; et, en cas de difficulté sur leur application, il doit y être pourvu par un règlement d'administration publique, rendu sur la proposition du préfet : la quotité de la contribution de chaque imposé doit être relative *au degré d'intérêt qu'il aura aux travaux qui devront s'effectuer.* Les rôles de répartition sont rendus exécutoires par le préfet ; le recouvrement s'en opère, comme celui des contributions publiques ; et toutes les contestations relatives doivent être portées devant le conseil de préfecture.

Ce serait s'éloigner du but de cet ouvrage, que d'entrer dans quelques développements sur les dispositions de cette loi : on peut recourir à l'excellent traité du *Domaine public* de M. Proudhon, qui ne laisse rien à désirer sur la matière.

De la doctrine de ce savant professeur, il résulterait que, si le curage des petites rivières ne peut être réglé sans un décret de l'administration publique, il ne saurait en être ainsi des simples ruisseaux, qui, loin de faire partie du domaine public, appartiennent aux riverains.

Cependant, quoique la loi du 14 floréal an 11 ne parle que des *canaux et rivières non navigables,* elle n'est pas moins applicable au curage des ruisseaux, lorsqu'il est dirigé dans un intérêt général. D'anciens réglements chargeaient l'autorité municipale d'y pourvoir ; et dans une loi en forme d'instruction du 16-20 août 1790, la direction de toutes les eaux du territoire est une des mesures prescrites aux corps administratifs et municipaux, dans l'intérêt de l'agriculture (1).

---

(1) « Il est ordonné à tous échevins, preud'hommes, jurez et habitants des » communautés de ce pays, dedans six mois, faire nétoyer *les ruisseaux et* » *biefs* qui fluent rière leurs territoires, et, après les avoir mis en estat, les » y entretenir, sous réserve de se faire rembourser par les particuliers qui

Aussi voit-on des conseils municipaux délibérer sur la nécessité du curage d'un ruisseau qui traverse le territoire, et
prescrire les mesures nécessaires à cette opération, dont les frais
sont mis à la charge des propriétaires riverains, et recouvrés,
de la même manière que les contributions publiques, ensuite
de l'autorisation du préfet. Une délibération semblable ayant
été prise dans le département de la Haute-Saône, un riche propriétaire refusa d'y obtempérer; mais après avoir épuisé tous
les degrés de la juridiction administrative et judiciaire, il a été
forcé de payer les frais de curage auquel la commune avait fait
procéder, à son refus, le long de ses propriétés. Le conseil-d'état
a seulement renvoyé aux tribunaux la question de savoir si,
comme il le prétendait, il avait été anticipé, par le curage, sur
sa prairie, en donnant au ruisseau une largeur plus considérable que celle de l'ancien lit; et il a également succombé sur
ce point.

Ainsi, pour les ruisseaux comme pour les rivières, le curage
ne peut concerner le juge-de-paix, lorsque cette mesure est
prescrite dans un intérêt général. Ce n'est que dans le cas
où des intérêts purement privés sont mis en jeu, que l'action
relative au curage soit des canaux d'irrigation, soit de ceux
destinés au mouvement des usines, doit être portée à la justice-de-paix.

39. En ce qui concerne l'irrigation, l'art. 644 du Code ac-

» ont des héritages *au voisinage desdits ruisseaux*, et des autres qui pro-
» fiteront de telles réparations, selon les marchez que lesdites communautés
» en auront faits et les répartements auxquels les officiers des lieux procéderont,
» parties à qui le fait touche appelées. A défaut de quoi, et le susdit terme
» passé au regard de la première réquisition, et quant à l'entretien ou se-
» condes réparations à l'advenir, six mois après due réquisition et interpel-
» lation des parties intéressées ou aucune d'icelles, il sera vaqué auxdits
» nétoyements et repurges, aux frais desdites communautés, sans espoir de
» recouvrement et encore à peine d'amende arbitraire (*art. 479 de la suite*
» *des anciennes ordonnances du comté de Bourgogne*). — Elles (les
» municipalités) doivent diriger enfin *toutes les eaux de leur territoire,*
» vers un but d'utilité générale, d'après les principes de l'irrigation (*loi du*
» *16 août* 1790). »

La question de savoir, si actuellement le lit des rivières non navigables ni
flottables n'appartient pas aux riverains comme celui des ruisseaux est fort
controversée. — Voy. sur ce point l'ample dissertation de M. Troplong,
Prescriptions, tom. 1, n° 145, pag. 214 et suiv,

cordant à tous ceux dont la propriété borde une eau courante, autre que celle des rivières navigables et flottables, le droit d'en user à son passage pour l'irrigation de leurs propriétés : cet usage ne peut avoir lieu, sans établir un canal ou une rigole dans le pré, laquelle ne peut souvent être alimentée, qu'au moyen d'un barrage, avec empellement, pour y faire surgir les eaux.

Il existe aussi, dans plusieurs départements, des canaux artificiels pour distribuer les eaux dans différentes prairies, canaux qui ont été construits, et doivent être entretenus, aux frais des propriétaires des prés à l'irrigation desquels ils sont destinés.

Et lorsque ces canaux sont d'une importance qui regarde toute une contrée, alors leur établissement pouvant être ordonné pour cause d'utilité publique, il est nécessaire de recourir au gouvernement, et même au pouvoir législatif, pour leur établissement. C'est ainsi qu'une loi du 23 pluviôse an 12 à autorisé, dans le département des Hautes-Alpes, sur la rive gauche de la rivière de Drac, un canal d'irrigation pour fertiliser le territoire de la ville de Gap, et celui des communes environnantes. La même loi autorise l'acquisition des terrains nécessaires, charge l'administration de diriger les travaux, et lui attribue la connaissance de toutes les contestations. La loi du 14 floréal an 11 s'applique encore à ces canaux, établis dans l'intérêt d'une masse; et, dans ce cas, les travaux du curage, en général, ne regardent que l'administration.

Il se forme aussi quelquefois, sous le nom collectif de *compagnie d'arrosants*, une société qui a ses syndics pour agir et défendre, dans l'intérêt de la masse, sur tout ce qui peut intéresser les associés, ainsi que sur l'exécution des lois et réglements touchant l'usage des eaux.

Indépendamment de ces sociétés, que le gouvernement autorise, plusieurs propriétaires, dont les fonds sont traversés ou bordés par un cours d'eau, peuvent, dans leur intérêt particulier, se partager les eaux, et en tracer la direction, en pratiquant, au travers de leurs propriétés contiguës, des canaux d'irrigation dont le curage est convenu, et les dépenses réparties, suivant le degré d'intérêt de chacun d'eux. C'est pour ces canaux particuliers d'irrigation, que la loi attribue une compétence spéciale aux juges-de-paix, compétence qui se borne au curage, et qui doit cesser, s'il s'élève une difficulté entre les contractants, soit sur les clauses de leur traité, cas auquel l'affaire est de la compétence des tribunaux, soit sur les règlements administratifs. s'il en existe, cas auquel la question doit être renvoyée à l'autorité compétente, ou sursise, jusqu'à ce qu'il ait été statué par l'autorité administrative.

Enfin, sans qu'il existe de traité entre les propriétaires de fonds contigus, il est possible que le défaut de curage des canaux ou fossés établis par chacun d'eux, soit préjudiciable au fonds voisin, qu'il fasse refluer les eaux sur l'héritage supérieur, ou forme obstacle à leur libre cours dans le fonds intérieur.

Au surplus, comme on l'a vu n° 37, le propriétaire inférieur ou supérieur ne peut être tenu d'entretenir, pour l'avantage d'un autre fonds, le canal d'irrigation qu'il aurait pratiqué sur son propre héritage. Ce que l'on a dit à l'égard d'un fossé destiné à retenir ou à procurer l'écoulement des eaux pluviales, s'applique également aux eaux courantes.

40. A l'égard des eaux destinées au mouvement des moulins et usines, s'il s'agit d'une rivière, c'est à l'administration, comme on vient de le voir, à diriger les travaux du curage. Sur quoi, il est à observer que la loi du 14 floréal an 11, voulant que les frais en soient répartis en proportion du degré d'intérêt de chaque imposé, c'est le propriétaire d'une usine qui doit supporter le curage de la baie ou de la partie supérieure du cours d'eau, à partir du point où les eaux commencent à être stagnantes et cessent d'entraîner les gravois qui s'amassent au-dessus de l'écluse : c'est cette construction qui souvent amène la nécessité du curage, lequel d'ailleurs est ici pratiqué principalement pour l'utilité de l'usine (1).

S'il s'agit d'un ruisseau, c'est au juge-de-paix à ordonner le curage, à moins qu'il ne soit prescrit par l'administration, dans l'intérêt général d'une commune ou de la contrée. Mais on ne croit pas que le propriétaire de l'usine puisse forcer les riverains à procéder au curage, ou à y contribuer, s'ils n'ont

---

(1) *Traité du domaine public*, tom. 3, n° 1032.

rien fait pour entraver le cours de l'eau; il pourrait seulement les forcer à lui permettre le curage à ses frais. Ici revient encore l'application de la règle établie sous le n° 37.

41. Mais il existe ordinairement un canal ou bief creusé à main d'homme, lequel est une dépendance du moulin ou de l'usine; et l'on conçoit que les propriétaires de fonds adjacents puissant exiger qu'il soit curé, si le défaut de curage nuit à leur propriété par l'amas des graviers qui peuvent faire refluer les eaux et causer des inondations. Les canaux de fuite ou de dérivation, établis pour rendre à leur cours naturel les eaux qui ont fait mouvoir l'usine, sont ceux surtout dont l'entretien est souvent négligé. Il peut arriver aussi que celles qui sortent des patouillets ou lavoirs à mines, répandent sur les fonds adjacents des eaux extrêmement contraires à la fécondité. Dans ces différents cas, il n'est pas douteux que les propriétaires de fonds placés plus haut et plus bas n'aient le droit de requérir le curage des canaux dont il s'agit. Dans une brochure qui vient de paraître, l'auteur prétend, que des difficultés sérieuses sur la compétence, peuvent être soulevées, de la part du meunier ou propriétaire d'usine, lequel résistera souvent à l'action, en *se prétendant propriétaire exclusif du canal dont on demandera le curage,* en soutenant qu'il est artificiel et creusé de main d'hommes, que par conséquent les riverains sont non-recevables dans leur demande (1). Mais c'est précisément parce que le canal appartient au propriétaire de l'usine, que celui-ci ne peut se soustraire à l'obligation de le curer, dès l'instant que le défaut de curage préjudicie aux propriétés adjacentes. Il ne pourrait, au contraire, décliner la juridiction du juge-de-paix, qu'en prétendant que le canal est un bras de rivière qu'il n'est pas tenu de faire curer, ou dont le curage ne saurait être ordonné que par l'autorité administrative.

42. Terminons ce qui concerne le curage des canaux par l'examen de la question de savoir, où doivent être déposés les vases et déblais.

Les propriétaires de canaux faits à main d'homme ont or-

---

(1) Commentaire de M. Masson, pag. 110.

dinairement la propriété d'un certain espace de terrain pour les francs-bords ; mais à défaut de cette propriété, ils ont tout au moins une servitude, laquelle consiste dans le droit de pénétrer sur l'héritage voisin, d'y faire, à droite et à gauche du canal, l'entrepôt des matériaux et ustensiles préparatoires, enfin, de laisser indéfiniment sur les mêmes bords, tout ce qui provient du curage ; et cette faculté doit être acccordée non-seulement au propriétaire d'un canal d'usine, mais à tous ceux qui font procéder au curage d'une rivière ou ruisseau, d'un cours d'eau quelconque. C'est ce qui résulte de la loi 11, § 1, ff. *communia prædiorum.*

Les dépôts et embarras peuvent être plus ou moins onéreux pour le fonds riverain ; mais le propriétaire est obligé de les supporter, comme accessoires de la servitude dont son héritage est grevé. Cependant, il ne peut être forcé de souffrir, en pure perte pour lui-même, et seulement pour l'avantage des autres, la dégradation que peut causer le curage à la superficie de son fonds, si, au lieu de vases fertilisantes, ce sont des gravois stériles qui s'y trouvent déposés ; dans ce cas, il a droit à une indemnité (1).

Cette indemnité n'étant qu'un accessoire du curage, doit être réglée par le conseil de préfecture, dans le cas où les travaux ont été prescrits par l'administration ; mais, si la demande en a été formée devant le juge-de-paix, c'est à lui qu'appartient le réglement de l'indemnité, laquelle rentrerait d'ailleurs dans les dommages causés à la propriété rurale par le fait de l'homme, dont la connaissance lui est également attribuée par le § 1er de cet article.

---

(1) *Traité du domaine public*, tom. 3, n° 1040, et tom. 4, n°s 1327 et 1328.

ARTICLE V.

PARTIE II.

« Les juges-de-paix connaissent également, sans
» appel, jusqu'à la valeur de 100 francs, et, à
» charge d'appel, à quelque valeur que la de-
» mande puisse s'élever :
     » 2° Des réparations locatives des maisons et
» fermes, mises, par la loi, à la charge du locataire. »

SOMMAIRE.

1. La compétence du juge-de-paix ne s'applique qu'aux réparations
locatives, que la loi met à la charge du fermier, et non à d'autres stipulées
par le bail, cas auquel le tribunal est seul compétent. — 2. Cette attribution ne s'applique pas, non plus, aux réparations usufructuaires,
mais bien à celles des presbytères auxquelles est tenu le curé ou des-
servant. — 3. C'est le juge-de-paix de la situation qui doit connaître de
la demande ; forme de la citation, du jugement ; prescription. —
4. Art. 1730 et 1731 du Code, règle générale applicable à tous les
baux. — 5. Réparations locatives des maisons, principes généraux. —
6. Réparations spécifiées nommément dans l'art. 1754, application de
cet article aux différents objets. — 7. Autres réparations qui d'après
l'usage sont à la charge des locataires, détails de ces réparations ; le
locataire est responsable du vol des objets ; par qui doivent être supportées les réparations locatives des lieux servant à plusieurs locataires ? — 8. Réparations locatives des moulins et usines ; si le fermier
est chargé par une clause du bail des grosses et menues, le tribunal
seul est compétent. — 9. Réparations locatives que l'usage met à la
charge du fermier d'un moulin. — 10. Les mêmes règles s'appliquent
aux autres usines ; détails des agrès, ustensiles, tournants et travaillants,
dont le fermier de l'usine doit répondre. — 11. Application à cet égard
des articles 1730 et 1731 du Code ; mode de procéder à l'estimation
dans le cas où il existe une reconnaissance d'entrée, et, à défaut de reconnaissance, ou si elle est insuffisante. — 12. Le juge-de-paix est compétent pour la rendue d'une usine, si le fermier n'est chargé que des
réparations d'usage. — 13. Réparations locatives des fermes ; la plupart
se confondent avec les dégradations. — 14. Vignes, échalas, fosses à
provins. — 15. Inconvénient d'avoir séparé, pour le taux de la compé-

tence, deux choses aussi étroitement liées que les dégradations et les réparations locatives.

1. La loi du 24 août 1790 attribuait déjà aux juges-de-paix la connaissance des *réparations locatives ;* et, sous l'empire de cette loi, il était de jurisprudence que cette attribution devait se borner aux réparations de menu entretien auxquelles la loi assujétit les locataires et fermiers, et ne pouvait être étendue aux réparations plus considérables dont le preneur aurait été chargé par une clause du bail. La loi nouvelle doit être appliquée de même, et à plus forte raison, le législateur ayant eu soin de restreindre la compétence du juge-de-paix aux réparations locatives *mises par la loi* à la charge des locataires ou fermiers.

Le juge-de-paix n'a donc point à s'occuper des clauses du bail ; mais, quant à l'application de la loi, sa compétence est absolue : c'est donc au juge-de-paix à examiner, quelles sont les réparations dont le preneur est chargé de droit et d'après l'usage ; quelles que soient les exceptions opposées par le défendeur sur ce point, il ne doit pas moins statuer.

Mais si, comme cela doit se pratiquer fréquemment, il s'agit non-seulement des réparations ordinaires, mais d'autres auxquelles le fermier ou locataire aurait été assujéti par convention, alors l'affaire doit être renvoyée au tribunal. Il serait absurde de prétendre que les réparations concernant le même bail doivent être l'objet de deux instances à introduire devant des juridictions différentes. D'ailleurs, comme on a déjà eu occasion de le faire observer, lors même qu'il existe plusieurs chefs distincts, mais qui procèdent du même titre, et dont l'un serait de la compétence du juge-de-paix, ils ne peuvent être scindés ; le tribunal doit statuer sur le tout (1).

2. La loi ne parlant que du *fermier* ou *locataire,* l'attribution qu'elle accorde aux juges-de-paix ne saurait s'appliquer aux réparations mises par la loi à la charge des usufruitiers.

Il en est autrement des titulaires d'une cure ou succursale. L'art. 6 du décret du 6 novembre 1813, déclare, il est vrai,

---

(1) Voir les arrêts cités, pag. 332.

que les bénéficiers ecclésiastiques exercent les droits d'usufruitiers et en supportent les charges; mais, à l'égard des presbytères, l'art. 21 du même décret décide que, *les curés ne sont tenus qu'aux réparations locatives, les autres étant à la charge de la commune.* Ainsi les curés et desservants doivent être considérés comme des locataires; par conséquent les réparations locatives, et les dégradations qui seraient alléguées par la commune, sont de la compétence du juge de-paix.

3. C'est devant le juge-de-paix du canton dans lequel sont assises les choses louées ou affermées que, d'après l'article 3, n° 3, du Code de procédure, doivent être portées les demandes relatives aux réparations locatives dont le locataire ou fermier est responsable (1).

La citation doit désigner la nature ou le montant des réparations; du moins le demandeur doit conclure à ce qu'elles soient vérifiées. Le juge-de-paix ne pourrait statuer, en dernier ressort, qu'autant que les réparations seraient évaluées dans la demande à une somme de 100 fr. et au-dessous. Quant à la compétence en premier ressort, laquelle est illimitée, il n'est pas besoin de spécifier ici la somme, comme pour les dégradations.

Après avoir vérifié lui-même ou fait vérifier les réparations par experts, le juge-de-paix doit condamner le défendeur à les procurer dans un délai, passé lequel le propriétaire demeurera autorisé à y faire procéder lui-même, et le locataire ou fermier condamné à payer la somme qu'elles auront coûtée : ce sont les réparations en nature dont il est tenu. D'ailleurs, il serait possible que l'estimation qui en aurait été faite fût trop faible, et le propriétaire ne saurait être soumis à une chance aussi incertaine; le seul moyen de l'indemniser justement est donc de lui adjuger la somme qu'il justifiera avoir employée réellement aux réparations, dans le cas où le preneur refuserait de les procurer.

Dans quel délai doit être formée la demande relative aux réparations; par quel espace de temps peut-elle se prescrire?

---

(1) Voir à cet égard l'observation faite pag. 333, n° 2, pour le cas où les objets affermés sont assis sur différents territoires.

Le professeur Carré enseigne que cette action doit être intentée, au moment de la sortie du locataire ou peu de temps après. — « Lorsque le propriétaire, dit-il, laisse écouler un certain » temps sans agir, il est censé avoir fait la remise des répa- » rations, d'autant plus qu'elles cessent bientôt d'être recon- » naissables. » Il est bien vrai que le propriétaire qui aurait, ou replacé un nouveau locataire dans la chose louée, ou repris lui-même la jouissance sans réclamation, devrait être difficilement écouté. Si cependant le défaut de réparations dont était tenu le précédent locataire était constant, que cela eût été reconnu d'une manière quelconque, alors on ne voit pas comment une autre prescription que celle de trente ans, pourrait être opposée à la demande du propriétaire. L'art. 2277 du Code ne concerne que les loyers et fermages, il est inapplicable soit aux réparations locatives, soit aux dommages-intérêts résultant des dégradations.

D'après l'interprétation donnée à la loi de 1790, le juge-de-paix était compétent pour connaître, non-seulement des réparations locatives qui concernent les maisons et les héritages ruraux, mais aussi de celles que la loi a mises à la charge des fermiers de moulins, usines, verreries, etc. Il en doit être de même, sous l'empire de la loi nouvelle; les termes de *réparations locatives des maisons ou fermes* qu'elle emploie sont généraux; ils doivent s'entendre nécessairement de tous les objets loués ou affermés dont il s'agit dans la section 3, tit. 8, liv. 3, du Code, qui, sous la dénomination de *baux de maisons et de biens ruraux*, y comprend les *manufactures, usines ou autres établissements*, comme le prouve l'article 1747.

Relativement aux réparations locatives, voici la disposition générale que renferme cette section :

« Art. 1730. S'il a été fait un état des lieux entre le bailleur » et le preneur, celui-ci doit rendre la chose telle qu'il l'a reçue, » suivant cet état, excepté ce qui a péri ou a été dégradé » par vétusté ou force majeure.

» 1731. S'il n'a pas été fait d'état des lieux, le preneur est » présumé les avoir reçus en bon état de réparations locatives, « et doit les rendre tels, sauf la preuve contraire. »

Mais quelles sont les réparations locatives que la loi met

à la charge des fermiers ou locataires des maisons, domaines, moulins ou usines ? C'est ce qu'il s'agit d'expliquer.

Réparations locatives des maisons.

5. « Le propriétaire ou possesseur, dit Pothier, est tenu de
» toutes les réparations à faire à l'héritage qu'il a donné à
» loyer. — Il y a néanmoins certaines menues réparations qu'on
» appelle *locatives,* dont l'usage a chargé les locataires de mai-
» sons. — Le fondement de cet usage est qu'elles proviennent
» ordinairement de la faute des locataires ou de leurs gens,
» ou des personnes qu'ils introduisent chez eux, et dont ils
» sont responsables. — Pour juger quelles réparations sont
» locatives, on doit donc tenir pour constant, que ce sont
» les menues réparations qui ont coutume de provenir de la
» faute des locataires ou de leurs gens, et qui ne proviennent
» pas de la vétusté ou mauvaise qualité des parties dégradées (1). »
Le Code a sanctionné cette doctrine. Suivant l'article 1754,
« les réparations locatives ou de menu entretien dont le lo-
» cataire est tenu, s'il n'y a clause contraire, sont celles dé-
» signées comme telles *par l'usage des lieux,* et, entre autres,
» les réparations à faire aux âtres, etc. » (Nous entrerons tout
à l'heure dans le détail des objets nommément spécifiés) : et
l'art. 1755 porte : « Aucune des réparations *réputées locatives,*
» n'est à la charge des locataires, quand elles ne sont occa-
» sionnées que par *vétusté* ou *force majeure.* »

De là il résulte : 1° que le bailleur, à l'entrée du bail, est tenu de mettre la maison ou l'appartement en état de toutes réparations quelconques ; mais pendant la jouissance du locataire, c'est celui-ci qui doit procurer les réparations de menu entretien ; elles sont de droit, à sa charge, à moins qu'il ne prouve que la chose a été détériorée par vétusté ou force majeure.

2° Les réparations locatives étant celles qui sont présumées provenir de la faute du locataire, le Code civil veut que l'on se conforme sur ce point à l'usage des lieux, en désignant toutefois certaines réparations qui, quel que puisse être cet usage, doivent nécessairement être comprises parmi les locatives.

_____

(1) *Traité du contrat de louage,* n° 219.

6. Examinons d'abord celles qui sont spécialement désignées par le Code ; nous verrons ensuite quelles sont les autres réparations que l'usage des lieux met aussi à la charge des locataires.

Les réparations nommément désignées dans l'art. 1754, sont celles à faire :

1° *Aux âtres, contre-cœurs, chambranles et tablettes des cheminées.* — Les locataires sont donc responsables des contrecœurs, lors même qu'étant en plaques de fonte, ils viennent à casser, ainsi que des croissants propres à retenir les pelles et les pincettes, et qui plus est des chambranles et tablettes des cheminées ; qu'ils soient en menuiserie, en pierre ou en marbre, le locataire en est responsable, quand ils sont cassés ou fêlés, ou détériorés d'une manière quelconque. Il en serait autrement, s'il était démontré, que la détérioration provient de la mauvaise qualité de la pierre, ou de toute autre cause, dont le locataire ne saurait répondre. Mais, comme le dit Goupy dans ses notes sur Desgodets, il est souvent difficile de distinguer cette cause de celle qui peut être attribuée au défaut de soin, et à la trop grande activité du feu, qui fait ordinairement éclater les objets de cette nature.

La responsabilité du locataire s'applique également aux tables, buffets et cuvettes de marbre qui dépendent de la maison.

2° *Au recrépiment du bas des murailles, des appartements et autres lieux d'habitation, à la hauteur d'un mètre.* — C'est le posage des meubles ou autres objets près des murailles, qui détruit le crépi dont elles sont recouvertes : il était donc naturel d'obliger les locataires à cette réparation jusqu'à hauteur d'appui, afin de les forcer à y faire attention.

3° *Aux pavés et carreaux des chambres, lorsqu'il y en a seulement quelques-uns de cassés.* — Si les carreaux se trouvent feuilletés ou brisés en grande partie, alors il est vraisemblable que la détérioration provient, soit de leur mauvaise qualité, soit de la vétusté, soit de l'humidité, et le propriétaire est chargé de la réparation, à moins qu'il ne soit prouvé que le dommage provient de la faute du locataire.

La même règle s'applique aux pavés des grandes cours, des

à la charge des fermiers ou locataires des maisons, domaines,
moulins ou usines ? C'est ce qu'il s'agit d'expliquer.

Réparations locatives des maisons.

5. « Le propriétaire ou possesseur, dit Pothier, est tenu de
» toutes les réparations à faire à l'héritage qu'il a donné à
» loyer. — Il y a néanmoins certaines menues réparations qu'on
» appelle *locatives*, dont l'usage a chargé les locataires de mai-
» sons. — Le fondement de cet usage est qu'elles proviennent
» ordinairement de la faute des locataires ou de leurs gens,
» ou des personnes qu'ils introduisent chez eux, et dont ils
» sont responsables. — Pour juger quelles réparations sont
» locatives, on doit donc tenir pour constant, que ce sont
» les menues réparations qui ont coutume de provenir de la
» faute des locataires ou de leurs gens, et qui ne proviennent
» pas de la vétusté ou mauvaise qualité des parties dégradées (1). »
Le Code a sanctionné cette doctrine. Suivant l'article 1754,
« les réparations locatives ou de menu entretien dont le lo-
» cataire est tenu, s'il n'y a clause contraire, sont celles dé-
» signées comme telles *par l'usage des lieux*, et, entre autres,
» les réparations à faire aux âtres, etc. » (Nous entrerons tout
à l'heure dans le détail des objets nommément spécifiés) : et
l'art. 1755 porte : « Aucune des réparations *réputées locatives*,
» n'est à la charge des locataires, quand elles ne sont occa-
» sionnées que par *vétusté* ou *force majeure*. »
De là il résulte : 1° que le bailleur, à l'entrée du bail, est
tenu de mettre la maison ou l'appartement en état de toutes réparations quelconques ; mais pendant la jouissance du locataire,
c'est celui-ci qui doit procurer les réparations de menu entretien ;
elles sont de droit, à sa charge, à moins qu'il ne prouve que la
chose a été détériorée par vétusté ou force majeure.
2° Les réparations locatives étant celles qui sont présumées
provenir de la faute du locataire, le Code civil veut que l'on se
conforme sur ce point à l'usage des lieux, en désignant toutefois certaines réparations qui, quel que puisse être cet usage,
doivent nécessairement être comprises parmi les locatives.

---

(1) *Traité du contrat de louage*, n° 219.

6. Examinons d'abord celles qui sont spécialement désignées par le Code ; nous verrons ensuite quelles sont les autres réparations que l'usage des lieux met aussi à la charge des locataires.

Les réparations nommément désignées dans l'art. 1754, sont celles à faire :

1° *Aux âtres, contre-cœurs, chambranles et tablettes des cheminées.* — Les locataires sont donc responsables des contre-cœurs, lors même qu'étant en plaques de fonte, ils viennent à casser, ainsi que des croissants propres à retenir les pelles et les pincettes, et qui plus est des chambranles et tablettes des cheminées ; qu'ils soient en menuiserie, en pierre ou en marbre, le locataire en est responsable, quand ils sont cassés ou fêlés, ou détériorés d'une manière quelconque. Il en serait autrement, s'il était démontré, que la détérioration provient de la mauvaise qualité de la pierre, ou de toute autre cause, dont le locataire ne saurait répondre. Mais, comme le dit Goupy dans ses notes sur Desgodets, il est souvent difficile de distinguer cette cause de celle qui peut être attribuée au défaut de soin, et à la trop grande activité du feu, qui fait ordinairement éclater les objets de cette nature.

La responsabilité du locataire s'applique également aux tables, buffets et cuvettes de marbre qui dépendent de la maison.

2° *Au recrépiment du bas des murailles, des appartements et autres lieux d'habitation, à la hauteur d'un mètre.* — C'est le posage des meubles ou autres objets près des murailles, qui détruit le crépi dont elles sont recouvertes : il était donc naturel d'obliger les locataires à cette réparation jusqu'à hauteur d'appui, afin de les forcer à y faire attention.

3° *Aux pavés et carreaux des chambres, lorsqu'il y en a seulement quelques-uns de cassés.* — Si les carreaux se trouvent feuilletés ou brisés en grande partie, alors il est vraisemblable que la détérioration provient, soit de leur mauvaise qualité, soit de la vétusté, soit de l'humidité, et le propriétaire est chargé de la réparation, à moins qu'il ne soit prouvé que le dommage provient de la faute du locataire.

La même règle s'applique aux pavés des grandes cours, des

remises et des écuries ; les locataires ne sont tenus de la réparation que, quand il s'en trouve quelques-uns hors de place ;
ceux qui sont cassés ou ébranlés, doivent être à la charge
du propriétaire, qui a dû s'attendre que le poids des voitures
et les pieds des chevaux pourraient produire cet effet, sans
qu'aucune faute puisse être imputée au locataire.

A l'égard des petites cours, où il n'entre pas de voitures,
ainsi que des cuisines et autres lieux qui ne sont pas destinés à
recevoir de grosses charges, le locataire est tenu de réparer
les pavés ou les cadettes qui sont cassés, et de remplacer celles
qui manquent, à moins que la détérioration ne provienne de vétusté, ce qui est également présumable, lorsqu'une grande
partie se trouve en mauvais état. Quant à la destruction du
ciment qui provient des lavages continuels, le locataire, en
cela, n'a fait qu'employer les cuisines, offices et laboratoires à
l'usage auquel ces lieux sont destinés, celui de recevoir des
eaux ; il ne peut donc en être tenu. Il en serait autrement de la
détérioration occasionnée par les eaux répandues sur un
plancher.

Pour ce qui concerne les parquets, le locataire ne peut être
tenu que des panneaux et battants qui auraient été cassés ou en-
foncés par violence, et non de ceux qui se détériorent en grande
partie, à moins qu'il n'ait causé lui-même le dommage, ce que
doit prouver le propriétaire.

4° *Aux vitres, à moins qu'elles ne soient cassées par la
grêle, ou autres accidents extraordinaires ou de force majeure,
dont le locataire ne peut être tenu.* — Les vitres sont présumées
avoir été livrées, sans cassures ni fêlures, et tenant bien dans leur
châssis ; le locataire doit donc les rendre de même, à moins
qu'il ne soit prouvé, qu'à l'entrée de son bail, une grande quantité de vitres étaient déjà cassées ou fêlées, cas auquel il ne serait
pas tenu de les rendre dans un meilleur état. Quand les vitres
ont été endommagées par une force majeure, telle que l'ex-
plosion d'un amas de poudre dans le voisinage, ou une forte
grêle, ce n'est point au locataire à les réparer. Si cependant
il existait des contrevents qu'il eût négligé de fermer, en ce
dernier cas, la réparation serait à sa charge.

A l'égard des glaces qui garnissent une maison, étant placées

sur les cheminées ou ailleurs, elles sont sous la garde du locataire qui doit les rendre entières, à moins qu'elles n'aient été
cassées, soit par l'effort des parquets qui les supportent, soit
par le tassement ou gonflement des plâtres, cas auquel la perte
est supportée par le propriétaire; mais autrement le locataire
est tenu d'en rendre de neuves, de même qualité et dimension,
et les morceaux de celles qu'il remplace lui appartiennent.

5° Enfin le Code désigne comme étant à la charge du locataire, les réparations à faire *aux portes, croisées, planches de
cloisons ou de fermeture de boutique, gonds, targettes et serrures.* — Cette disposition s'applique aux contre-vents, volets,
et à toutes autres sortes de fermetures. Les chambranles des
portes, leurs embrasures, ainsi que celles des croisées, les
cloisons de toute espèce, et toutes les menuiseries d'une maison
en général, sont à la charge du locataire, à moins que ces
objets ne soient usés par vétusté ou endommagés par un cas
fortuit. Il en est de même des sculptures et ornements semblables, des dessus de portes et autres tableaux, ainsi que de
leur bordure.

Le locataire qui a pratiqué une chattière, doit faire remettre
la planche en entier, et non pas seulement un morceau pour
boucher l'entaille. Le propriétaire peut aussi exiger que l'on
remplace, par une planche neuve et peinte de la même couleur,
celle qui a été percée pour fixer une serrure dans une autre
place que celle où elle était.

S'il existe aux croisées des tringles de fer, destinées à porter
des rideaux, et que les poulies et croissants, placés pour les tenir,
viennent à se casser, la réparation est à la charge du locataire.
Il est également tenu de réparer les balcons et les grilles de fer
auxquels il manquerait quelque enroulement ou barreau.
Il en est de même des treillis en laiton ou fil de fer, qui se
trouveraient endommagés, autrement que par vétusté.

Enfin, toute la serrurerie des portes, des fenêtres, des armoires, est au nombre des objets dont les réparations sont locatives. Le preneur est donc chargé de représenter, à la fin du bail,
toutes les serrures et clefs des portes, croisées, armoires, etc.,
qui dépendent de la maison, et de réparer toutes celles qui
peuvent être cassées, descellées ou autrement endommagées. De

tous les matériaux, le fer qui semblerait être le plus durable, est souvent celui qui dure le moins : on pourrait donc dire que les garnitures des serrures ne sont pas assez solides pour résister au frottement continuel des clefs et à la poussière qui s'y insinue et oblige souvent à des efforts pour pouvoir ouvrir et fermer; qu'ainsi ces objets se détériorent, se gâtent, sans que la faute puisse en être imputée au locataire. Mais, d'un autre côté, rien n'est plus facile et plus fréquent que de forcer la garniture d'une serrure, en ouvrant la porte sans attention; c'est pour éviter cet abus que, d'après Goupy, le locataire doit être chargé de l'entretien des serrures, et répondre de leur dégradation.

7. Indépendamment des réparations dont on vient de parler, que désigne nommément l'art. 1754, ou qui sont la conséquence de cette désignation, il existe plusieurs autres réparations à la charge du locataire, d'après l'usage des lieux, auquel renvoie cet article. Cet usage peut varier, suivant les localités; mais on regarde assez généralement comme étant de droit commun, ce qui se pratique dans les pays qui étaient soumis à la coutume de Paris. Voici quelles sont ces réparations.

1° Le ramonage des cheminées, lequel doit être plus ou moins fréquent, suivant que l'on y fait plus ou moins de feu, est évidemment une réparation locative. Et, si le feu qui a pris dans une cheminée en faisait crever le tuyau, le locataire serait tenu de le rétablir, à moins qu'il ne s'y trouvât une pièce de bois qui pût être la cause de l'accident.

2° A l'égard des fourneaux de cuisine, le bailleur reste chargé des murs, voûtes et planchers de ces fourneaux; mais le locataire doit entretenir les carreaux placés sur le plancher, qui reçoivent les cendres des réchauds, et celui qui est au-dessus des fourneaux; il doit aussi rétablir les potagers ou réchauds, qui viennent à se casser, ainsi que les grilles, lorsqu'elles sont brûlées; il en est de même de tous les autres fourneaux, notamment de ceux qui servent aux lavoirs.

Quant aux paillasses de cuisine, le locataire n'est tenu d'entretenir que le carreau de dessus. On appelle *paillasses de cuisine*, de petits massifs de maçonnerie, carrelés par-dessus, et qui sont élevés de terre d'un pied ou de quinze pouces (environ trente-six centimètres), sur lesquels on met du charbon ou de la cendre chaude, pour faire cuire doucement les viandes.

3° En ce qui concerne les fours, l'usage est que le propriétaire en entretienne le mur ou la cheminée, ainsi que la voûte de dessous s'il y en a une. La seule réparation, à la charge du locataire, est celle de l'aire du four, laquelle est en terre ou carrelée, et la chapelle, c'est-à-dire la voûte intérieure en briques, qui, couvrant le four, est immédiatement soumise à l'action du feu.

4° C'est aussi au locataire à répondre des éviers ou des pierres à laver, lorsqu'elles sont cassées ou écornées, à moins que la détérioration ne provienne de quelques défauts qui se seraient trouvés dans la pierre, cas auquel la réparation serait à la charge du propriétaire.

5° Lorsqu'il existe un tuyau, pour recevoir les eaux du lavoir, avec une petite grille de plomb qui en empêche l'engorgement, et que cette grille se trouve enfoncée ou rompue, il est présumable que c'est la charge qui a occasionné la détérioration, et le locataire doit en répondre, mais non du tuyau. Il y a des experts qui le rendent responsable de la jonction du tuyau à la pierre, quand elle est détruite ; mais Goupy n'approuve pas ce sentiment, attendu que le propriétaire avait un moyen bien simple de rendre solide le soudage du tuyau à la pierre, c'était d'employer du plomb au lieu de mastic ; il serait donc injuste de faire supporter, au locataire, une réparation occasionnée par le défaut de solidité provenant de ce que le propriétaire ayant voulu économiser, a rendu la chose peu solide.

6° A l'égard des puits et citernes, le curage était autrefois regardé comme une réparation locative, dans certains pays ; mais l'art. 1756 du Code décide positivement que, le curage des puits ainsi que celui des fosses d'aisances, sont à la charge du propriétaire.

Il ne peut donc être question que des poulies et mains de fer du puits, lesquels sont des meubles à l'usage des locataires, et dont, par conséquent, ils doivent répondre. Il faut en dire autant du piston, de la tringle de fer qu'il fait mouvoir et du balancier des pompes, qui, dans les maisons ou jardins, peuvent être établies au lieu de puits.

En ce qui concerne les auges de pierre, servant d'aisement aux puits ou à tout autre usage, le locataire doit veiller à ce qu'elles ne soient pas endommagées; si la pierre est écornée ou cassée pendant le cours du bail, on présume que c'est par la faute du locataire à moins que la pierre ne soit viciée, ou que la rupture n'ait été causée par cas fortuit.

7° Dans les écuries, les trous faits à la maçonnerie et aux mangeoires doivent être rebouchés, aux frais du locataire. C'est encore lui qui est tenu de réparer le devant des mangeoires qui se trouvent rongées, étant responsable des chevaux qu'il place dans l'écurie, et devant éviter d'y placer ceux qui ont le défaut de ronger le bois : on évite cet inconvénient, au moyen d'une plaque de fer-blanc qui garnit le devant des mangeoires. Si les rateliers se trouvent endommagés ou détruits, autrement que par vétusté, c'est aussi au locataire à les réparer. Il en est de même des piliers et barres qui servent à séparer les chevaux.

8° Il est d'usage que les barrières et les bornes, qui se trouvent dans les cours ou sous les remises, soient à la charge du locataire. Cependant Goupy critique cet usage, attendu que ces barrières et ces bornes, loin de servir aux locataires, sont seulement destinées à préserver les murs du choc des voitures. Mais il faut observer que ces objets sont toujours assez forts pour supporter ce choc; ainsi leur destruction, à moins qu'elle ne provienne de vétusté ou de cas fortuit, ne peut guère être attribuée qu'à la maladresse des cochers ou voituriers.

9° L'entretien des tuyaux de descente, établis pour conduire soit les eaux des toits, soit celles des appartements, ne peut être à la charge du locataire. Voici les raisons qu'en donne Goupy : « Si ces tuyaux, dit-il, ne reçoivent que les eaux des » combles, et qu'ils viennent à se fendre, c'est la gelée qui en est » cause et non point le fait du locataire. Et, s'ils viennent à être » engorgés, ou c'est faute de grilles dont le propriétaire aurait dû » les munir, pour empêcher l'entrée des gravois ou immondices » qu'entraînent les eaux des toits, ou bien, s'il y a des grilles, » l'engorgement provient alors du mastic ou des sels qui s'at-

» tàchent aux parois intérieures, ce dont le locataire ne saurait
» être responsable. »

Il ne le serait pas davantage des tuyaux établis pour la conduite des eaux de son appartement, s'il en use d'une manière
convenable. Trente ans, d'ailleurs, ne suffiraient quelquefois
pas, pour qu'il se fît de ces sortes d'engorgements; alors, comment serait-il possible de démontrer que c'est la faute du locataire, et de l'en rendre responsable? Pour cela, il aurait donc
fallu qu'à chaque bail, on fit déposer et fendre les tuyaux de
descente pour faire enlever le mastic qu'auraient occasionné les
eaux, pendant la durée du premier bail. Si cependant les grilles
étaient rompues ou enfoncées, ou que les tuyaux fussent cassés
par violence, et autrement que par vétusté ou cas fortuit, le
locataire, pendant la jouissance duquel serait arrivée cette détérioration, serait tenu de la réparer.

10° À l'égard des jardins, les locataires sont obligés d'entretenir et de rendre en bon état les allées sablées, les parterres,
les plates-bandes, les bordures et les gazons. Les arbres et arbrisseaux doivent être rendus de mêmes espèces, et en même
nombre qu'ils étaient à l'entrée du bail, et les locataires doivent
remplacer ceux qui manquent, à moins toutefois que les
arbres ne soient morts de vétusté, ou n'aient été détruits par
force majeure.

On ne regarde point comme réparations locatives celles des
treillages placés le long des murs, ou dans les autres parties du
jardin, qu'ils forment palissade, berceaux ou portiques. Si les
vents rompent ou renversent ces treillages, c'est la faute du
propriétaire de ne les avoir pas rendus plus solides; le locataire
ne pourrait donc en être tenu, qu'autant qu'il serait prouvé
que c'est par son fait, ou par violence, que ces objets ont été
détériorés.

L'entretien des bassins, des jets d'eau et de leurs conduits,
n'est pas non plus à la charge du locataire, à moins qu'il n'y
ait de sa faute; que, par exemple, la gelée ait fait crever des
bassins et des conduits, qui auraient dû être vidés pendant l'hiver, et qu'il ait négligé de le faire; car, si les bassins ou jets
d'eau ne peuvent se vider à volonté, l'événement de la gelée ne
saurait lui être imputable.

A l'égard des vases et pots de fleurs servant à l'ornement du jardin, ainsi que des bancs que le propriétaire y a laissés, en donnant la maison à bail, les auteurs font la distinction suivante : pour ce qui concerne les bancs mobiles et caisses de bois, les vases de faïence, de fonte ou de fer, cassés ou dégradés, autrement que par vétusté, la détérioration est censée provenir de la faute du locataire ou de ses gens ; il est donc tenu de réparer ces objets ou d'en substituer d'autres. Mais si ce sont des vases de marbre, de pierre ou de terre cuite, et des bancs de pierre, la dégradation de ces choses pouvant venir de l'intempérie des saisons, le locataire n'en est point tenu, à moins qu'il ne soit prouvé qu'ils ont été rompus par violence.

Sur quoi, il est à observer que le locataire peut refuser de se charger de la garde ou de l'entretien de plusieurs des objets dont on vient de parler ; tels que, dans les jardins, les caisses renfermant des arbrisseaux, les vases de faïence, de fonte ou de fer ; dans les appartements, les tringles des rideaux, les croissants pour les tenir ouverts, les tables de marbre, les glaces ou trumeaux, qui ne sont point attachés à perpétuelle demeure, les armoires non scellées, les doubles portes d'étoffe, les paillassons, les stores de croisées, les tableaux ou dessus de portes non arrêtés dans la menuiserie de l'appartement ; dans les escaliers, les lanternes ; dans les cuisines, les tablettes ou rateliers propres à tenir la vaisselle, les tables de cuisine ; enfin toutes les choses qui, pouvant être transportées aisément, sont meubles et ne font pas nécessairement partie de la maison.

Mais pour être déchargé de la garde de ces objets, le locataire doit protester de son refus, lors de son entrée en jouissance ; autrement il ne serait plus recevable à refuser l'entretien d'effets mobiliers qui se trouvent dans la maison.

11° Relativement aux réparations locatives, le locataire n'est pas seulement responsable de son fait, de celui de ses gens ou des personnes qu'il reçoit chez lui ; toute dégradation qui arrive, pendant sa jouissance, lui est imputable. Si même des plombs, des fers et autres choses, dépendantes de la maison, viennent à être volés, c'est au locataire à les rétablir, à moins qu'il ne justifie qu'il a pris toutes les précautions convenables, et qu'aucune négligence ne saurait lui être imputée.

12° Par qui doivent être supportées les réparations locatives des escaliers, passages, et autres objets communs, si la maison est louée à plusieurs locataires, par différents baux ? Les auteurs ne sont pas d'accord sur ce point. Goupy pense, qu'en ce cas, le propriétaire seul doit supporter les réparations dont il s'agit ; la raison qu'il en donne est que, la présomption de faute, d'où résulte l'obligation de réparer, ne pouvant militer contre le locataire, qu'à l'égard des dégradations faites dans le local qu'il occupe seul, le propriétaire, qui a passé des baux à plusieurs, ne pourrait, avec justice, s'adresser à l'un plutôt qu'à l'autre.

« Je ne suis pas, dit Pothier, de l'avis de Goupy : la réponse
» au raisonnement sur lequel il se fonde, est que la présomption
» que les réparations locatives viennent de la faute du locataire,
» n'est pas la cause prochaine qui oblige le locataire à les faire.
» Cette présomption a pu donner lieu à l'usage qui l'y a assu-
» jetti ; mais, l'usage une fois établi, la cause prochaine de
» l'obligation que tous les locataires contractent, de faire ces
» réparations est que, suivant la règle, *in contractibus tacitè*
» *veniunt ea quæ sunt moris et consuetudinis*, les locataires
» se sont tacitement soumis à la charge des réparations qu'il
» est d'usage que les locataires supportent (1). »

Mais l'auteur du *Nouveau Desgodets* trouve le raisonnement de Pothier peu concluant, et soutient le sentiment de Goupy d'une manière qui paraît assez judicieuse. « Comment, dit-il,
» serait-il possible de faire contribuer chaque locataire aux ré-
» parations des escaliers, passages et autres lieux communs ? vou-
» drait-on qu'ils y contribuassent, en proportion du prix de leur
» loyer ? Une contribution de ce genre ne pourrait avoir lieu, à
» moins qu'elle n'ait été stipulée dans le bail de tous les locataires.
» Chacun d'eux dira, qu'en passant bail, il a bien été chargé,
» d'une manière tacite, des réparations de son appartement,
» parce qu'il est à même de veiller à la conservation de tout ce
» qui le compose, mais qu'il n'a pas entendu se rendre garant des
» objets dont tous les autres locataires ont la jouissance comme
» lui ; qu'il ne peut être responsable de la faute des autres, at-

---

(1) *Traité du louage*, n° 223.

» tendu qu'il n'existe, entre eux et lui, aucune société qui puisse
» entraîner une obligation. Le propriétaire eût pu insérer, dans
» les baux, quelques clauses relatives aux réparations des objets
» communs; quand il ne prend pas cette précaution, il consent
» donc tacitement à supporter seul la réparation des objets
» communs (1). »

Cette discussion, au surplus, ne pourrait avoir lieu que, dans
le cas où il serait impossible de savoir, par le fait de qui la dégradation est arrivée; car, si l'on connaît celui des locataires
qui l'a occasionnée par sa faute, par celle de ses gens, ou par
les étrangers qui viennent chez lui, alors il en est évidemment
responsable.

Telles sont, à l'égard des appartements, les règles établies
par les auteurs, d'après la loi et l'usage (2), et, comme on le
voit, cette partie des attributions conférées aux juges-de-paix
ne laisse pas d'être importante.

Il serait difficile de prévoir tous les cas; mais les détails dans
lesquels on vient d'entrer, peuvent servir de règle pour d'autres
réparations à peu près semblables. Ne perdons pas de vue le
principe posé plus haut, et qui doit être la base des décisions à
rendre en cette matière; savoir, qu'il y a lieu à réparations
locatives, toutes les fois que la dégradation est présumée provenir de la faute ou de la négligence du preneur, à moins
qu'il ne prouve, que la chose a été endommagée ou détruite
par suite de vétusté ou de force majeure : à défaut de cette
preuve, qui serait souvent difficile, la loi met ces réparations
à la charge du locataire.

Réparations locatives des moulins et usines.

8. Le Code civil n'ayant spécifié aucune des réparations qui
sont particulières aux moulins et usines, on doit, d'après

---

(1) L'art. 1734 du Code, qui rend tous les locataires solidairement responsables de l'incendie, à moins qu'ils ne prouvent qu'il a commencé dans l'habitation de l'un d'eux, paraîtrait contraire au raisonnement de l'auteur; mais
c'est là une exception au droit commun qui ne saurait être étendue hors de
son cas.

(2) Voy. notamment le *Nouveau Desgodets* de Lepage, part. 2, chap. 3,
§ 2, tom. 2, pag. 148 et suiv.

l'article 1754, s'en rapporter à l'usage des lieux, s'il n'y a clause contraire, dans les baux de ces établissements.

Souvent il est stipulé que, *le preneur entretiendra les bâtiments et usines de toutes réparations* GROSSES ET MENUES, *et rendra le tout, à sa sortie, en bon état, ou en parfait état, ou dans le meilleur état possible;* clause qui, répétée dans les baux subséquents, charge le nouveau fermier de pourvoir à ce que le précédent rende l'usine, en bon état de toutes réparations.

Au moyen de cette charge, qui assure pleinement la tranquillité du propriétaire, le prix du bail est moindre, sans doute; mais aussi s'en trouve-t-il dédommagé, étant ainsi à l'abri des discussions qu'entraîne quelquefois l'exigence des fermiers, relativement aux réparations à la charge du bailleur.

9. Quel que puisse être l'effet d'une pareille clause, nous n'avons point à nous en occuper, puisqu'elle place évidemment la rendue hors des limites de la compétence du juge-de-paix, qui ne peut connaître que des réparations locatives que la loi ou l'usage mettent à la charge du fermier d'un moulin ou usine. Il s'agit de voir quelles sont ces réparations.

Il n'est pas ici question des édifices dont se composent les usines pour logements, halles et magasins; les bâtiments, quel qu'en soit l'usage, sont sujets aux mêmes réparations locatives que celles qui viennent d'être expliquées pour les maisons.

Mais, outre les édifices, les moulins et les usines ont des tournants et travaillants; il y existe des machines, des ustensiles et autres objets mobiliers destinés à leur exploitation. Comment et par qui ces objets doivent-ils être entretenus et réparés? Voilà ce qu'il faut examiner.

Voici comment s'exprime le *Nouveau Desgodets*, chap. 3, § 4.

« Dans l'impossibilité de connaître les usages de chaque » pays, nous nous contenterons d'indiquer l'usage dans la » coutume de Paris, qui fait le droit commun; cet usage » est de faire estimer tous les objets particuliers aux mou- » lins lorsqu'on les livre au locataire; et, si la prisée faite, à » son entrée, est plus forte que celle qui a lieu à sa sortie, » il paie le déficit; dans le cas de mieux-value, il est remboursé » de l'excédant par le bailleur:

» Tous les objets particuliers aux moulins, et qu'on n'énonce
» pas comme sujets à réparations locatives, sont à la charge
» du propriétaire; la présomption est qu'ils sont usés par vé-
» tusté. Le locataire n'en serait tenu que dans le cas où on
» prouverait que la dégradation est arrivée par violence, et
» n'est pas l'effet d'un cas fortuit. »

L'auteur met à la charge du locataire :

1º Les vannes ou espèces de portes qu'on lève ou baisse
à volonté;

2º Les tournants et travaillants d'un moulin à eau doivent
être entretenus par le locataire, à moins qu'il ne prouve que
les dégradations qui y arrivent viennent ou de vétusté, ou
de force majeure;

3º On comprend dans les tournants et travaillants : l'arbre de
la roue, la roue, les frettes, les tourillons qui portent sur les
deux chevreciers, le rouet, sa brasure, ses embraiements,
coins et fermetures;

4º L'arbre qui est debout, sa potence, ses frettes, et par
conséquent sa souche garnie de sa palette, de ses pars, contre-
fiches, embraiements et fermetures, et toutes ses dépendances;

5º La lanterne, frettes, fuseaux, son fer garni de la fusée
et de la nille, et ses quatre bras;

6º Les meules gisantes et volantes, la boîte, les boîtillons
avec liens de fer, les pièces d'enchevêtrures, les archures et
converseaux, les trémies, trémions, porte-trémions, le chapeau,
l'orgueil et les coins de levée, la huche à recevoir la farine,
le baille-blé garni de ses bajoues.

10. L'auteur ne parle que des moulins; mais la même règle
s'applique à toutes les usines.

Observons cependant qu'à l'égard de ces établissements, les
objets dont le fermier doit répondre sont de deux sortes; savoir,
les objets mobiliers qu'exige l'exploitation, et ce qu'on appelle
les tournants et travaillants.

1º Dans toutes les usines, manufactures, ateliers, filatures
à la mécanique, et autres établissements de cette espèce, il
existe ce qu'on appelle les outils et agrès, tels que tenailles,
ringards, marteaux, enclumes, ciseaux, manches, ressorts

de gros marteaux de forges ou de martinets, frettes, cercles, cames en bois, en fonte ou en fer acéré, étriers, hurasses, boîtes, tourillons, empoises, poids à peser, meules, nilles, paufers, marteaux à piquer, mesures, modèles de toute espèce, câbles, tours mobiles ou portatifs, fonds, contre-vents, et autres pièces mobiles servant à établir une chaufferie à affiner le fer, et une immense quantité d'objets divers servant également à l'exploitation.

Tous ces objets doivent être entretenus et rendus par le locataire en même nature, poids ou valeur et en même état de service qu'il les a reçus. L'usage paraît généralement établi à cet égard.

2° Au nombre des tournants qui, d'après un usage également général, doivent être évalués, à l'entrée et à la sortie du bail, sont les roues, rouets, arbres tournants, les engrenages de toutes espèces, les pignons, lanternes, laminoirs, cylindres, moufles, taillants, leurs arbres, vis, écrous, presses d'huilerie et de papeterie, ourdons de forge ordinaire ou à l'anglaise, soit en bois, soit en fonte ou en fer, et tous les agrès et assortiments constituant une usine, une filature mécanique, soit à bras, soit à eau, soit à vapeur; en un mot, toute espèce de pièces de bois ou de métal qu'on peut appeler tournants ou travaillants, et autres accessoires, tels que soufflets, pales, vannes mobiles, courants de roues, coursiers; tous les objets enfin constituant une usine ou fabrique, de quelque espèce que ce soit.

Tous ces objets se dégradant par l'usage journalier qui en est fait, la présomption est que, les réparations qu'ils exigent proviennent de la faute du locataire, à moins qu'il ne soit démontré que c'est la vétusté, le vice des matériaux ou la force majeure qui a causé les dégradations. Ainsi, quoique le fermier soit responsable d'un arbre tournant, cependant s'il a péri par un vice occulte, alors c'est le propriétaire qui doit la réparation, et cela lors même que ce vice aurait échappé aux experts qui ont fait la reconnaissance d'entrée. Il en est ainsi de tous les objets qui viennent d'être détaillés.

On ne doit pas ranger dans la classe des tournants et travaillants qui sont à la charge du locataire, les objets dormants, tels que le poutrage des moulins et autres usines ; le seuil, les colonnes et le chapeau d'un empellement de décharge ou des roues, ni les blonchis et coursiers de décharge ; les huches de tête de biez en bois ; les chevalets et les sommiers d'un pont de bois, ni même les madriers ou plateaux qui le couronnent, s'ils sont couverts d'un pavé ou d'une épaisseur suffisante de gravois dont la couche est entretenue ; ni les fermes de longerons, de courants ou coursiers ; ni les chevreciers, chevalets ou plumeseuils sous les bouts des arbres tournants horizontalement ; ni la charpente principale d'une filature ; en un mot, tous objets semblables qui, quoique d'une nature périssable, ne sont pas soumis à l'action immédiate du mouvement, ou du locataire et de ses ouvriers, et qu'on ne peut pas appeler proprement travaillants.

11. A l'égard des tournants et travaillants, agrès ou ustensiles, ici s'appliquent les art. 1730 et 1731 du Code, d'après lesquels le preneur doit rendre la chose telle qu'il l'a reçue, suivant l'état des lieux dressé à l'entrée du bail, et à défaut de cette reconnaissance, il est présumé les avoir reçus en bon état.

Mais une grande partie des objets qui viennent d'être détaillés ayant besoin d'être journellement réparés et même remplacés, les dégradations dont le fermier est responsable doivent nécessairement se compenser avec les améliorations qu'il peut avoir procurées. L'estimation des unes est inséparable de celle des autres.

Il faut donc se placer dans deux hypothèses différentes, celle d'une reconnaissance d'entrée, dans laquelle la valeur desdits objets aurait été estimée, et le cas où cette estimation ne pourrait être prise pour base, à raison soit du défaut de reconnaissance, soit de son insuffisance.

Dans la première de ces hypothèses, qui est la plus commune, les experts estiment, à la sortie du bail, ce que valent alors les agrès et ustensiles, tournants et travaillants ; et, comme on vient de le voir, si la seconde estimation est plus faible que la première, alors le fermier est chargé du déficit ; si, au contraire, elle est plus forte, il a droit à être indemnisé de l'excédant.

Sur ce mode d'opérer, Desgodets recommande aux experts chargés de la seconde estimation de considérer l'état où se trouvent les objets, eu égard à l'état où ils étaient, au commencement du bail. Si, dit-il, on ne faisait attention qu'à leur valeur actuelle, qui peut varier selon les temps, le propriétaire ou le locataire pourrait être lésé.

Supposons, ajoute son commentateur, que la première estimation soit de 1,500 fr.; qu'au moment de la seconde prisée, les mêmes objets, à raison de la hausse du prix des bois et des métaux, soient encore estimés 1,500 fr., quoique ces objets aient perdu le quart de leur valeur primitive pendant le bail, le locataire ne paierait rien pour la dépréciation, ce qui ne serait pas juste. En supposant donc cette dépréciation d'un quart, il faut supposer aussi que ces objets, qui ne valaient que 1,500 fr. à l'entrée du bail, vaudraient 2,000 fr. s'ils étaient dans leur état primitif; dès l'instant donc que, d'après la valeur actuelle des matériaux, la somme de 1,500 fr. ne représente que les trois quarts de la valeur des choses, à l'entrée en jouissance, le locataire doit payer 500 fr.

Un ancien maître de forges de la Côte-d'Or, qui a publié un ouvrage sur cette matière, ne partage pas tout-à-fait ce sentiment. « J'adopte, dit-il, la recommandation de Desgodets, » mais non pas le raisonnement ni la conclusion du commen-» tateur. » Pour en démontrer le vice, il se livre à une foule d'exemples qu'il serait trop long de rapporter; les conséquences qu'il en tire sont :

« 1° Que toute innovation à un premier inventaire régulier » doit être interdite, tant qu'une longue expérience n'a pas » démontré que les mercuriales, suivies pour les estimations, » sont sensiblement différentes des mercuriales qui seraient » faites sur le taux moyen de vingt ou trente ans qui se sont » écoulés depuis, et qui auraient une cause permanente et ». étrangère à tout événement transitoire.

» 2° Que toute innovation, jugée nécessaire d'après ces prin-» cipes, ne peut être introduite pour régler le compte du lo-» cataire sortant, parce que l'inventaire, à son entrée, fait » partie de son contrat et devient la base de ses engagements » et des indemnités allouées à lui pour les usés des bois : base

» à laquelle on ne doit rien changer de droit, et qu'on ne chan-
» gerait d'ailleurs pas, sans froissement injuste, comme on vient
» de le voir.

» 3° Que, s'il se trouve quelques pièces de bois réformées
» par les arbitres, la dépense d'achat et tous les frais sont à
» la charge du locataire sortant; et si le compromis prescrit
» aux arbitres de les estimer et d'en débiter le locataire, ils en
» estiment la dépense, valeur du jour, à la colonne de droite;
» mais ils estiment, valeur à rendre par le locataire entrant,
» suivant le taux de l'inventaire précédent, et portent cette es-
» timation dans la colonne à gauche.

» Le locataire se trouve en perte ou en bénéfice, suivant la
» hausse ou la baisse des prix comparés à ceux de ce premier in-
» ventaire; mais la compensation se rétablit *sur les usés des*
» *pièces restant en service,* qui sont alloués sur le taux du même
» inventaire.

» 4° Que, si c'est le propriétaire qui reprend son usine pour
» la faire valoir lui-même, il rentre alors ici dans la qualité de
» locataire, en prend les chances; et la marche de l'opération
» est la même.

» Si les arbitres parfaitement informés sont convaincus de
» la nécessité de changer les taux de l'inventaire précédent,
» soit pour les bois de telle ou telle dimension, soit pour la
» totalité, ils feront, après avoir réglé le compte du locataire
» sortant, un nouvel inventaire qui deviendra la règle du lo-
» cataire nouveau à sa sortie (1). »

Bornons-nous à indiquer ces considérations; c'est à des experts intelligents qu'il appartient de les peser, afin d'établir
une reconnaissance qui, comparée à celle d'entrée, établisse
clairement l'état des objets dont le locataire doit répondre, en
compensant la dépréciation des uns avec l'amélioration des
autres, de manière à ne froisser, ni les intérêts du propriétaire,
ni ceux du fermier.

Dans le cas où un premier procès-verbal de visite n'est pas
représenté, alors vient l'application de l'art. 1731. Le preneur

(1) *Traité des baux et visites de toutes espèces d'usines,* par M. Jour-
deuil, pag. 74 et 204.

étant censé avoir reçu les travaillants et tournants, ainsi que les agrès et ustensiles en bon état, doit les rendre également en bon état de roulement, sauf ce qui a péri par vétusté. Et dans ce cas, il est nécessaire d'estimer les réparations qu'exigent ces différents objets pour les rendre propres à l'usage auquel ils sont destinés.

Il est difficile que, pendant la durée du bail, un fermier d'usine n'ait pas remplacé certains objets et pourvu aux réparations et améliorations de plusieurs autres, améliorations dont il doit lui être fait état. Mais l'homme qui a de l'expérience saura bien découvrir, si telle chose existait avant l'entrée en jouissance, ou si elle a été fournie par le locataire. Il appréciera la date des remplacements, par l'état où se trouve chaque pièce.

12. Entrer dans de plus longs développements sur cette matière, ce serait excéder les bornes de ce traité. Terminons par l'examen de la compétence du juge-de-paix relativement aux réparations des usines.

Si, comme cela se pratique souvent, une clause du bail charge le fermier *des grosses et menues réparations,* ou seulement de quelques-unes qui ne soient pas locatives, alors, comme on l'a fait observer plus haut, le tribunal seul est compétent pour la vérification et l'estimation des unes et des autres.

Mais si, au contraire, le fermier n'est chargé que des réparations qui, d'après l'usage, sont réputées locatives, en ce qui concerne les moulins et usines, ainsi qu'on vient de l'expliquer, alors c'est au juge-de-paix à nommer des gens de l'art, pour procéder aux visites et reconnaissances dont il est question.

On prétendrait en vain, qu'à l'égard des usines, la vérification des réparations locatives à la charge du fermier, étant inséparable de celle des améliorations qu'il peut avoir procurées aux objets destinés au roulement, et dont il doit répondre; c'est le tribunal qui doit statuer sur le tout, par les raisons que nous avons développées, en traitant de la demande en compensation des impenses faites pendant un bail ordinaire, avec celle en indemnité réclamée par le propriétaire pour dégradations (1).

Notre article attribue aux juges-de-paix la connaissance des réparations locatives que la loi met à la charge des fermiers ou locataires, et la loi s'en rapporte à l'usage, pour les cas qu'elle n'a point nommément spécifiés. Or, il est d'un usage constant, que le fermier réponde des machines, agrès, ustensiles, tournants et travaillants que l'exploitation de l'usine dégrade journellement : l'usage veut, qu'à la sortie du bail, le locataire rende ces choses dans l'état où elles lui ont été remises, à l'entrée; c'est ce qui résulte d'ailleurs des articles 1730 et 1731 du Code. Dès l'instant donc qu'il n'est pas possible de séparer la reconnaissance des dégradations de ce genre, sans reconnaître en même temps les améliorations ou remplacements journaliers qu'exigent les mêmes objets, force est d'en conclure que c'est au juge-de-paix à statuer, d'après ce mode, qui est le seul au moyen duquel puissent être évaluées les réparations locatives d'une usine.

Au surplus, il est rare que le bail ne s'explique pas sur cet objet; et si l'on excepte quelques moulins de peu de valeur, la rendue des usines est ordinairement faite par des arbitres ou des experts nommés à l'aimable.

Réparations locatives des fermes.

13. Si le bail comprend des bâtiments, une maison de ferme, jardin et dépendances, telles que grange, écurie, étables, etc., les réparations locatives doivent être réglées, comme il a été dit en parlant des maisons.

Il ne s'agit donc ici que des biens ruraux, abstraction faite des bâtiments qui servent à leur exploitation.

Les dispositions que renferment les articles 1730 et 1731 du Code sont générales, et s'appliquent à tous les baux. Mais on ne trouve, dans ce Code, rien de particulier, pour ce qui concerne les réparations locatives mises par la loi à la charge des fermiers. La raison en est simple; c'est que les réparations se confondent avec les dégradations dont il a été traité en com-

----

(1) Voy. pag. 357 et suiv., nos 25 et 26.

mentant l'art. 4; il en est de même de la plupart des réparations locatives des maisons; et l'on ne conçoit pas comment
il a pu entrer dans la pensée du législateur de séparer deux
choses aussi étroitement liées que les réparations locatives et les
dégradations (1).

En effet, le preneur étant tenu de jouir et de cultiver en
bon père de famille, de n'employer la terre qui lui est affermée
qu'à l'usage auquel elle a été destinée dans le bail, de ne point
labourer les prés, de ne pas laisser, au contraire, les champs
en jachères, de soigner les arbres, d'entretenir les haies en
état de clôture, de curer les fossés, d'enlever les pierres qui
nuisent à la charrue, de soigner les chemins d'exploitation,
d'étendre les taupinières, de détruire les fourmilières, etc., etc.
La négligence et le défaut de soin qui devaient être apportés à
ces différents objets, occasionnent des dégradations, et obligent
par-là même le fermier aux réparations nécessaires, afin de
rendre les choses suivant l'état des lieux, s'il y en a un de
dressé à l'entrée du bail, étant présumé, dans le cas contraire,
les avoir reçues en bon état de réparations locatives.

Ainsi, relativement aux réparations d'un domaine affermé,
on ne peut que renvoyer à ce qui a été dit relativement aux
dégradations, pag. 349 et suivantes.

14. A l'égard des vignes, *Vaudoré* place au nombre des
réparations locatives que l'usage met à la charge du vigneron,
l'entretien des échalas. Mais cet usage n'est pas général : dans
plusieurs localités, c'est le propriétaire qui doit fournir les
échalas, le vigneron étant seulement tenu de les placer. Il est
une autre réparation imposée au fermier d'une vigne; c'est l'obligation de faire, chaque année, un certain nombre de fosses,
suivant qu'il est déterminé dans le lieu; et ce nombre ne suffisant pas à beaucoup près, le propriétaire est tenu de payer
l'excédant nécessaire pour bien provigner.

15. Terminons par observer que le défaut d'entretien des
terres, lequel donne lieu à des réparations locatives, peut entraîner des dégradations qui obligeraient le fermier à des réparations beaucoup plus considérables que celles qui sont mises

---

(1) Voir les observations faites à cet égard, pag. 331 et 332..

à sa charge par la loi. Et dans ce cas, le juge-de-paix, dont la compétence en premier ressort est illimitée, pour ce qui concerne les réparations locatives, deviendrait incompétent, si la demande excédait la somme de 1,500 fr. ou qu'elle fût indéterminée; puisque, d'après l'art. 4, il ne peut connaître des dégradations que jusqu'à concurrence de cette somme.

En séparant les réparations locatives des dégradations, en soumettant chacun de ces objets à un taux de compétence différent, la loi a donc rendu, presque illusoire, la juridiction du juge-de-paix, surtout en ce qui concerne les baux à ferme.

ARTICLE V.

PARTIE III.

« Les juges-de-paix connaissent également sans
» appel, jusqu'à la valeur de 100 francs, et, à
» charge d'appel, à quelque valeur que la demande
» puisse s'élever :

» 3° Des contestations relatives aux engagements
» respectifs des gens de travail au jour, au mois et
» à l'année, et de ceux qui les emploient; des
» maîtres et des domestiques ou gens de service à
» gages; des maîtres et de leurs ouvriers ou ap-
» prentis, sans néanmoins qu'il soit dérogé aux lois
» et réglements relatifs à la juridiction des pru-
» d'hommes. »

SOMMAIRE.

Introduction. — 1. Les trois différentes classes auxquelles s'applique ici la compétence, doivent être traitées séparément.

§ Ier. *Des gens de travail au jour, au mois ou à l'année.* — 2. Cette disposition s'applique à tous les ouvriers quelconques, employés par un cultivateur ou propriétaire. Les ouvrages, à prix fait, sont exceptés. — 3. Règles à suivre par le juge-de-paix.

§ II. *Des engagements respectifs des maîtres et domestiques ou gens de service à gages.* — 4. Acception du mot *domestique*, deux classes bien distinctes. — 5. La compétence du juge-de-paix s'applique-t-elle à ceux de première classe, tels que les *secrétaires, précepteurs, bibliothécaires, commis, etc.?* opinions diverses; jurisprudence; solution. — 6. On ne peut engager ses services que pour un temps. — 7. Les maîtres et les domestiques peuvent se quitter réciproquement. Peut-on faire une retenue sur leurs gages, en cas de maladie? — 8. La compétence ici établie ne s'applique point aux effets que le domestique réclamerait à son maître.

§ III. *Des engagements des maîtres et de leurs ouvriers ou ap-*

prentis. — 9. Différence de cette attribution avec celle qui a été traitée dans le § Ier. — 10. Anciens édits et réglements relatifs aux corps d'arts et métiers et aux manufactures. — 11. Loi du 22 germinal an 11. — 12. Arrêté du 9 frimaire an 12. — 13. Établissement des conseils de prud'hommes, leur compétence et celle du tribunal de commerce, en cas d'appel. — 14. Application de ces lois à la compétence du juge-de-paix ; précision des limites de celle des prud'hommes. — 15. Les ouvriers attachés à une maison de commerce ne sont point justiciables de la juridiction commerciale ; erreur commise à cet égard par la cour de Paris ; jurisprudence contraire de la cour de cassation. — 16. Ainsi, la compétence du juge-de-paix s'applique à tous les ouvriers autres que ceux qui travaillent pour des fabriques désignées dans le décret ou l'ordonnance d'établissement d'un conseil de prud'hommes. — 17. Cette compétence est absolue ; difficultés qui peuvent s'élever. — 18. Attributions des juges-de-paix, en matière de congés d'acquit ; le cultivateur peut recevoir, sans congé, l'ouvrier sortant d'une manufacture. — 19. Objets sur lesquels il est à statuer, en ce qui concerne les apprentis. — 20. A cet égard ainsi que pour les ouvriers, l'action doit être portée devant le juge de la situation de la manufacture ou de l'atelier. — 21. Si le contrat d'apprentissage a été stipulé par un père ou un tuteur, engagé personnellement, l'action doit être portée en justice ordinaire, en cas d'inexécution ; *secùs*, si le père ou le tuteur n'a traité qu'au nom de son fils ou du mineur. — 22. Prescription des frais d'apprentissage.

INTRODUCTION.

1. La compétence indéfinie que cette partie de l'article 5 attribue aux juges-de-paix s'applique à trois différentes classes de personnes qui doivent être l'objet d'un examen séparé. Il connaît, en premier ressort, à quelque somme que la demande puisse s'élever : 1° Des engagements respectifs des gens de travail au jour, au mois et à l'année, et de ceux qui les emploient ; 2° des engagements des maîtres et des domestiques ou gens de service à gages ; 3° des engagements des maîtres et de leurs ouvriers ou apprentis.

Que ces engagements aient été contractés verbalement ou par écrit, dans l'un comme dans l'autre cas, le juge-de-paix est compétent. Il le serait également, quand il s'agirait d'un billet causé pour gages des domestiques ou salaire d'ouvriers et gens de travail ; la forme du titre ne peut rien changer à la nature de la dette ; le billet souscrit par le maître, ne tend donc qu'à l'exécution de l'engagement dont la connaissance est dévolue aux juges-de-paix; mais il faudrait que la cause fût mentionnée dans le billet, autrement il serait considéré comme une obligation ordinaire, dont le juge-de-paix ne pourrait connaître, qu'autant que la demande n'excéderait pas 200 fr,

§ Ier.

Des gens de travail au jour, au mois et à l'année.

2. Dans son commentaire sur la loi du 24 août 1790, qui attribuait aux juges-de-paix la connaissance des actions en paiement du salaire *des gens de travail*, M. Henrion de Pansey disait que, par ces mots, on ne doit entendre que les *terrassiers*, les *moissonneurs*, les *vendangeurs*, les *faucheurs*, et en général tous les *journaliers*, c'est-à-dire ceux dont l'engagement peut commencer et finir dans la même journée.

C'était restreindre un peu trop le sens de la loi; mais cette restriction ne saurait être admise aujourd'hui que notre article parle des engagements respectifs des gens de travail *au jour, au mois et à l'année, et de ceux qui les emploient.* Cette disposition s'applique, par conséquent, à tous les ouvriers quelconques dont se sert un propriétaire ou chef de famille. Ainsi, les engagements des menuisiers et charpentiers, des maçons ou gypseurs, des tailleurs, ouvrières en linge, fileuses, etc., de tous les artisans, en un mot, qui seraient employés à tant par jour, ou par mois, ou par an, rentrent dans la compétence attribuée aux juges-de-paix. Il en est de même d'un piqueur, ou conducteur d'ouvrages, chargé de surveiller les autres ouvriers, s'il est payé à tant par jour, par mois, ou par année.

Il n'y a que les ouvrages à prix fait, ensuite de devis et marchés, et ceux, à tant la toise ou la pièce, auxquels ne s'appliquerait pas la disposition actuelle: à cet égard, le juge-de-paix ne serait compétent que dans le cas où la demande n'excéderait pas 200 fr., sauf ce qui sera expliqué au § III, relativement aux garçons ou apprentis des maîtres ouvriers.

La compétence dont il est ici question ne serait pas applicable, non plus, à l'engagement *à prix fait,* qui aurait été

convenu avec un propriétaire pour la moisson de ses champs,
la vendange de ses vignes, la fauchaison de ses prés, ou pour
la culture de ses héritages, à tant par coup de charrue; ceux
qui auraient pris des engagements semblables ne pourraient
être considérés comme des ouvriers à la journée ou au mois;
ils ne seraient soumis qu'à la juridiction ordinaire du juge-de-
paix, et non point à celle qu'établit l'article que l'on commente.

Les ouvriers dont il est question dans cette partie de l'article,
sont ceux qui travaillent manuellement, tels que les manœuvres
et artisans : on ne saurait ranger, dans cette classe, les artistes
proprement dits, les personnes exerçant des professions libérales.

3. Les engagements respectifs des gens de travail et de ceux
qui les emploient présentent peu de difficultés.

S'il existe un engagement par écrit, il doit être exécuté,
à moins qu'il n'y ait sujet légitime de rompre le contrat, et
le juge-de-paix doit condamner aux dommages-intérêts résultant de l'inexécution, d'après les articles 1142 et suivants
du Code.

Mais, le cas qui se présente le plus fréquemment, est celui
de l'ouvrier à tant par jour, dont l'engagement n'est que verbal;
alors le maître peut renvoyer l'ouvrier en payant l'ouvrage
fait, et ce dernier peut également quitter le maître sans s'exposer à des dommages-intérêts. Néanmoins le juge-de-paix doit,
à cet égard, admettre les tempéraments qu'exige l'équité.
Le maître qui a pris un ouvrier à la journée ne serait pas
libre de le renvoyer avant la fin du jour; il devrait également
payer sa journée entière, lors même que le travail serait terminé avant la fin du jour; c'était à lui à le prévoir ou à employer l'ouvrier à d'autres travaux auxquels celui-ci est habitué.
Enfin, s'il s'agissait de journaliers appelés pour des ouvrages
pressants, tels que la fauchaison, la moisson, la vendange, etc.,
l'engagement, quoique verbal, peut être censé avoir été contracté pour durer jusqu'à la fin de l'ouvrage; si l'ouvrier
quittait auparavant et sans raison, il pourrait être passible
de dommages-intérêts, ou de retenue sur le prix des journées
faites.

Il ne saurait s'élever non plus de grandes difficultés, sur le salaire des journaliers. On ne leur paie que le temps qu'ils emploient; et s'ils perdent un jour, une demi-journée, un quart de journée, on le déduit de leur salaire. Il en est de même si, par force majeure, le maître est empêché de tirer parti des gens de travail qu'il a loués, que, par exemple, la pluie ne permette pas de vendanger, de moissonner, de se livrer à tout autre travail dans les champs; le maître ne doit alors aucun salaire. Si, cependant, il avait fait venir, de loin, des ouvriers qu'il aurait promis de nourrir, il serait tenu, en ce cas, de leur fournir le logement et la nourriture (1).

Il serait inutile, au surplus, de s'étendre sur les contestations que peuvent faire naître les engagements de cette nature, les décisions à rendre tenant souvent à l'usage des lieux et à des circonstances sur lesquelles MM. les juges-de-paix ont plus de lumières pratiques qu'un jurisconsulte.

Terminons par observer que, d'après l'art. 1781 du Code, le maître doit en être cru sur son affirmation, soit pour le prix du salaire, soit pour les à-comptes qu'il aurait donnés. Cet article est applicable au salaire des gens de travail, de même qu'aux domestiques, dont il sera question dans le paragraphe suivant.

Et pour les autres difficultés qui peuvent s'élever entre l'ouvrier et le maître, le juge doit généralement s'en rapporter, de préférence, à l'affirmation de ce dernier.

Comme on l'a vu, part. I, section IV, pag. 157 et 159, la demande en paiement du salaire des ouvriers et gens de travail se prescrit par six mois, sauf le serment qu'ils peuvent déférer à ceux qui les ont employés, sur le point de savoir s'ils ont réellement payé.

§ II.

Des engagements respectifs des maîtres et domestiques,
ou gens de service à gages.

4. Fixons-nous d'abord sur le véritable sens de la loi qui attribue aux juges-de-paix la connaissance des engagements

---

(1) On peut voir à cet égard, Pothier, *Du louage*, n°s 165 et 168.

respectifs *des maîtres et des domestiques ou gens de service à gages.*

Dans son acception générale, le terme *domestique* s'entend de tout ce qui a rapport à l'intérieur de la famille; aussi dit-on le *foyer domestique*, les *chagrins domestiques*, les *guerres domestiques*, dans le sens moral : quant au personnel, le mot *domestique* s'applique à tous ceux qui font partie d'une maison, *qui domi stant*, et reçoivent du maître une rétribution pour prix de leurs services.

Il y a donc deux sortes de domestiques; ceux dont les fonctions plus relevées sont même honorables, et ceux dont les fonctions plus humbles sont aussi plus dépendantes.

A la première classe appartiennent les secrétaires, précepteurs, bibliothécaires, intendants, etc. : que l'on considère, comme des appointements ou de véritables honoraires, les gages qu'ils reçoivent, ils n'en sont pas moins subordonnés au chef de la maison, sans être toutefois sous son entière dépendance.

La seconde classe comprend les domestiques ordinaires, ceux que l'on a coutume de désigner sous le nom de valets, serviteurs ou servantes. Ces derniers se divisent encore en serviteurs attachés à la personne ou au ménage, tels que les cuisiniers, laquais, cochers, femmes-de-chambre, etc., et ceux qui sont principalement occupés aux travaux de la campagne, les valets de labour.

5. De là naît une question importante, celle de savoir si la compétence attribuée aux juges-de-paix, par notre article, s'applique aux personnes de toutes les classes attachées au service quelconque d'une maison, ou si cette compétence doit être restreinte aux serviteurs ou valets, soit de la ville, soit de la campagne.

Sous l'empire de la loi du 24 août 1790, qui déjà avait attribué aux juges-de-paix la connaissance du paiement *des gages des domestiques et de l'exécution des engagements respectifs des maîtres et de leurs domestiques, ou gens de travail,* Henrion de Pansey, en divisant, comme nous venons de le faire, les domestiques en deux classes, n'élevait aucun doute sur la compétence du juge-de-paix, à l'égard des uns et des autres. L'opinion de ce grand jurisconsulte est admise par tous ceux qui ont écrit sur la matière (1).

Et il y a d'autant plus de raison d'appliquer ainsi la loi nouvelle, qu'au mot *domestiques*, employé seul par la loi ancienne, notre article ajoute, *ou gens de service à gages*, expression beaucoup plus large, qui doit s'entendre de toutes les personnes qui reçoivent un salaire, que leurs services soient plus ou moins relevés, et comprend même ceux qui reçoivent des gages ou appointements, sans vivre à la maison, tels que les commis, les clercs de notaire, d'huissier, les portiers, jardiniers, etc.

Une discussion qui s'est élevée, à la chambre des pairs, pourrait faire naître quelques doutes sur la question.

La commission ayant proposé d'étendre la compétence des juges-de-paix aux engagements des commis attachés à une maison de commerce, « sans déroger néanmoins aux lois et régle- » ments relatifs à la juridiction des tribunaux de commerce et » à celle des prud'hommes, » le commissaire du gouvernement fit observer que certains commis, tels que les caissiers, teneurs de livres et autres, recevaient des appointements de plusieurs mille francs, que même il y en avait qui, sans être associés, prenaient part à une certaine quotité des bénéfices; qu'ainsi les engagements de cette nature pourraient donner lieu à des actions importantes et excédant la compétence des juges-de-paix; que d'ailleurs cette compétence s'étendrait aux engagements du chef envers les commis, et des commis vis-à-vis du chef; ce qui entraînerait la connaissance des demandes en reddition de comptes. Le commissaire se fondait aussi sur la jurisprudence de la cour de Paris, qui regarde, comme affaires commerciales, les demandes en paiement des salaires de commis des négociants (2).

_____

(1) *Traité de la compétence*, chap. 30; Carré, *Lois de la compétence*, tom. 2, n° 445; *Encyclopédie des juges-de-paix*, tom. 2, pag. 378 et 379.

(2) Les autres cours jugent le contraire. — Voy. notamment l'arrêt de la cour de Caen du 8 mars 1825, celui de la cour de Rouen du 26 mai 1828, trois autres, l'un de la cour de Poitiers du 17 janvier, le second de la cour d'Aix du 23 du même mois, et le troisième de la cour de Montpellier du 10 juillet 1830; D., part. 2, pag. 212 de 1825, 65 de 1829, 261 et 263 de 1830, et 133 de 1833. — Cette jurisprudence est d'ailleurs consacrée par plusieurs arrêts de la cour de cassation. (Voy. *infrà*, § III, n° 15.)

A quoi le rapporteur (M. Gasparin) répondit, que, tous les jours, les juges-de-paix de Paris statuaient sur des contestations de ce genre, attendu que, d'après l'interprétation donnée à la loi ancienne, un commis était considéré comme domestique, c'est-à-dire attaché à la maison; qu'au surplus, d'après la réserve portée dans l'amendement, l'affaire rentrerait dans la compétence des tribunaux commerciaux, s'il s'agissait de discuter l'intérêt que pourrait avoir le commis dans la maison de commerce.

M. le garde-des-sceaux insista sur l'importance des contestations de ce genre, qui pouvaient entraîner des redditions de comptes.

Enfin M. Tripier proposa un *mezzo termine*, lequel consistait à ce qu'il fût ajouté à l'article 3 de la loi, une disposition qui rendrait les juges-de-paix compétents en cette matière, si la demande n'excédait pas la compétence en dernier ressort des tribunaux ordinaires. Mais la chambre a rejeté soit la proposition de la commission, soit le terme moyen que proposait M. Tripier (1).

Comme le fait remarquer M. Merlin, dans plusieurs endroits de ses œuvres, les motifs qui paraissent avoir déterminé le législateur ne sont pas toujours des guides certains. Que d'articles de nos codes dont l'interprétation doctrinale a été fixée d'une manière contraire à ce qui semblait avoir été exprimé dans la discussion! Et, d'après le mécanisme actuel de nos chambres législatives, la proposition et le rejet d'un amendement inutile, donnent souvent lieu à des débats qui, loin d'être concluants, ne font que s'éloigner de la question. Quelle est donc la conclusion à tirer de ceux qui se sont élevés à la chambre des pairs? Qu'incompétent pour statuer sur des affaires de commerce, le juge-de-paix ne peut connaître des contestations relatives à des comptes, ou à la prétention d'un intérêt dans les bénéfices, que peut entraîner la demande en paiement de son salaire, formée par un commis, contre le chef d'une maison de commerce.

Cependant, s'il fallait s'en rapporter à l'opinion du dernier

(1) Séance du 24 juin 1837, *Moniteur* du 25.

rapporteur de la chambre des députés, la compétence du juge-de-paix serait beaucoup plus restreinte. Voici comment s'est exprimé M. Amilhau :

« On s'est demandé, si les commis et ceux qui les emploient
» devaient être déférés à la compétence des juges-de-paix. Ce
» système tenait à la préoccupation qui confondait dans la
» classe des domestiques ou gens de service, les secrétaires, les
» précepteurs, les bibliothécaires et les commis; mais il n'y a
» rien de comparable dans ces situations et dans celles qui
» tiennent au service proprement dit. Les commis reçoivent
» presque toujours un traitement qui excède la compétence
» des juges-de-paix (1). »

Enfin, c'est ainsi que l'article est entendu par ceux qui ont essayé quelques réflexions sur la loi nouvelle. Pour ne rien omettre de ce qui peut tendre à la solution de ce point important, nous croyons devoir transcrire l'observation du professeur Benech, sur la doctrine de M. Henrion de Pansey.

« Quelle que soit pour nous, dit-il, l'autorité de celui qui
» a écrit ces paroles, nous ne pouvons adopter la première partie
» de sa distinction, et, il répugne à notre raison comme à nos
» sympathies, de ranger dans la classe des *domestiques*, les bi-
» bliothécaires, les précepteurs, les secrétaires, les intendants
» des maisons. Il paraît bien que, dans le vocabulaire de notre
» ancienne jurisprudence, on donnait à ce mot *domestique*
» l'acception que lui a maintenue M. Henrion de Pansey, et
» après lui, M. Carré. Mais cela pouvait tenir à l'influence
» qu'exercent toujours, sur le langage et les mœurs, les idées
» politiques, et il nous semble que, depuis les changements si
» profonds qui se sont opérés dans nos habitudes et dans notre
» organisation sociale, une semblable interprétation doit être
» *sévèrement proscrite*. Qui croira, par exemple, que les au-
» teurs des constitutions de 1791, de l'an 3 et de l'an 8,
» qui avaient successivement refusé la qualité de *citoyen fran-*

_____

(1) Le gage du cuisinier, du cocher, du premier valet-de-chambre d'une grande maison est souvent supérieur au salaire de la plupart des commis ; c'eût été une raison pour restreindre la compétence jusqu'à une certaine somme ; mais il ne peut en résulter que la loi doive être entendue autrement que d'après l'acception de ses termes, qui sont généraux et ne font pas d'exception.

» çais, ou suspendu l'exercice des droits attachés à cette qua-
» lité pour ceux qui étaient en état de domesticité, aient voulu
» embrasser, dans ces expressions, les *précepteurs, secrétaires?*...
» Ces professions sont trop honorables, pour que nos idées do-
» minantes puissent autoriser une semblable doctrine. Il fau-
» drait donc, par la même raison, classer dans cette catégorie,
» les clercs des avoués et des notaires, et tous ceux qui, aspi-
» rant à l'exercice d'une profession libérale, sont obligés, pour
» y parvenir, de traverser une postulation plus ou moins
» longue, et de subir des épreuves dont la qualification devien-
» drait ainsi essentiellement humiliante! Énoncer les consé-
» quences principales d'une semblable théorie, c'est en avoir
» démontré le vice. Il faut, dès-lors, selon nous, distinguer
» avec soin les services et les travaux de l'ordre intellectuel
» et moral, de ceux qui n'appartiennent qu'à un ordre pure-
» ment matériel et mécanique. La cour royale de Bourges ne
» manqua pas de consacrer cette distinction basée sur des idées
» aussi juridiques que libérales, dans la cause du sieur Qui-
» naut et du général Alix. Ce général avait appelé, auprès de
» lui, en qualité de secrétaire, le sieur Quinaut, ancien offi-
» cier retraité. Celui-ci n'étant pas payé du traitement qui lui
» était promis, actionna le général devant le tribunal de pre-
» mière instance de Clamecy. Que fit le défendeur? Il proposa
» le déclinatoire, et demanda le renvoi de la cause devant le
» juge-de-paix, seul compétent, d'après lui, aux termes de la
» loi de 1790. Mais ce déclinatoire, blessant pour le deman-
» deur, fut rejeté par ce motif, que les secrétaires ne pou-
» vaient être compris dans la dénomination de domestiques; le
» 30 mai 1829, la cour royale confirma cette décision (1).
» En adoptant la doctrine de cet arrêt, bien qu'il n'ait pas ob-
» tenu l'assentiment de tous les jurisconsultes, nous restrein-
» drons la compétence des juges-de-paix aux contestations qui
» s'élèveront entre les maîtres et les *domestiques* proprement
» dits, c'est-à-dire à ceux qui sont placés sous l'action du
» maître d'une manière directe ou immédiate, qui sont attachés
» à sa personne; qu'il peut, d'après les usages reçus, renvoyer

---

(1) Cet arrêt est rapporté par Dalloz, part. 2, pag. 140 de 1830.

» à volonté, même arbitrairement, au moyen d'une légère in-
» demnité; qui louent leurs travaux et leurs soins ; qui sont
» régis par les dispositions des art. 1780 et 1781 du Code civil;
» qu'on emploie à des œuvres serviles, à pourvoir principale-
» ment aux besoins et aux agréments de la vie privée, et cela
» pour des rétributions en argent, désignées sous le nom spé-
» cial de *gages*, qu'il ne faut confondre avec ces rémunérations
» et ces honoraires, par lesquels on reconnaît les services et
» les soins d'un ordre moral. » — Et après le passage du discours
de M. Amilhau, qui vient d'être traduit, l'auteur, tout en convenant que ce point ne fut pas mis en discussion, ajoute :
« Il n'est donc pas douteux que les théories de MM. Henrion
» de Pansey et Carré sont aujourd'hui *surannées*, et que les
» mots dont se sert notre article recevront une interprétation
» beaucoup plus restreinte que celle qui leur était donnée par
» ces savants jurisconsultes. »

Ces raisonnements, quoique spécieux, ne peuvent soutenir
le choc de la discussion.

L'argument principal est tiré des différentes constitutions qui
excluent l'état de domesticité de l'exercice des droits politiques.
Qui croira, dit-on, qu'il ait pu entrer dans la pensée du législateur de refuser à un *précepteur* ou *secrétaire* la qualité de
citoyen français? Mais il est facile de rétorquer cet argument;
la simple lecture des textes qu'invoque l'honorable auteur suffit pour repousser la conséquence qu'il en déduit. « Pour être
» citoyen actif, il faut, disait la constitution de 1791, n'être
» pas *dans un état de domesticité*, c'est-à-dire, de *serviteur à*
» *gages.* » Déjà ces termes ne pouvaient désigner que les domestiques de la basse classe; cependant afin de lever toute équivoque,
les autres constitutions se sont exprimées d'une manière plus
claire. La dernière, celle de l'an 8, déclare positivement, article 5, que, « l'exercice des droits de citoyen est suspendu
» par l'état de domestiques à gages, attachés *au service de la*
» *personne ou du ménage* (1). »

Ainsi, dans la pensée du législateur, l'acception du terme

(1) Un arrêt de la cour de Rennes du 23 juin 1827, décide que cette disposition est encore en vigueur.

de *domestiques* est tellement générale, que, quand il s'agit de la suspension des droits civiques, il a soin d'expliquer qu'elle n'aura lieu, qu'à l'égard de ceux qui seront attachés au ménage ou à la personne du maître. Loin donc que l'on puisse puiser, dans nos constitutions, la preuve que la signification des mots *domestiques ou gens de service à gages* qu'emploie la loi actuelle, doit être restreinte, on y trouve la preuve du contraire.

La compétence du juge-de-paix ne peut, ajoute-t-on, s'appliquer qu'aux engagements régis par les art. 1780 et 1781 du Code civil! Mais, si l'engagement d'un secrétaire ou commis ne doit pas être réglé par ces dispositions, quel est donc le texte spécial qui pourrait être applicable? La section du louage s'applique évidemment à tous les services. Est-ce qu'en cas de contestation, sur la quotité des appointements d'un secrétaire, précepteur ou commis, il serait possible, à défaut de preuve écrite, d'en admettre une autre que celle que prescrit l'art. 1781, savoir l'affirmation du maître?

Jadis, les personnes comprises dans la première classe des domestiques étaient, pour le moins, aussi considérés qu'ils le sont aujourd'hui. N'était-ce pas un homme honorable, cet ecclésiastique qui remplissait les fonctions de bibliothécaire chez un intendant des classes de la marine, et auquel fut adjugé, par l'arrêt du parlement de Paris, que cite M. Henrion, une part dans les legs faits aux domestiques? Vit-on jamais confondre avec un valet, le secrétaire, l'aumônier d'une grande maison, le gouverneur d'un fils de famille? Comment donc les idées nouvelles, les changements qui se sont opérés dans notre organisation politique, auraient-ils pu changer l'acception des termes?

Ce n'est point dans des sympathies, qu'il faut chercher la preuve d'un pareil changement; elle ne pourrait être puisée que dans le langage des lois et de la jurisprudence. Or, à la suite de la tourmente révolutionnaire, à une époque où l'effervescence des principes de liberté et d'égalité semblait avoir fait disparaître à jamais toutes les classifications sociales, on vient de voir que les auteurs de la constitution de l'an 8 avaient eu soin de distinguer les domestiques attachés à la personne du maître et au ménage. La preuve que le mot *domestique*, employé sans restriction, s'applique au service de toutes les classes, résulte de l'application des différentes lois relatives à la matière.

D'après l'ordonnance de 1539, celle de 1667 et les articles 61 et 68 du Code de procédure, la copie d'une assignation, à domicile, doit être laissée à un parent, serviteur ou domestique. Et qui oserait contester la validité d'un exploit dont la copie a été laissée au secrétaire ou commis de la maison (1)?

L'art. 283 du Code de procédure, plaçant au nombre des personnes qui peuvent être reprochées comme témoins, les *serviteurs ou domestiques*, tous les auteurs enseignent qu'un secrétaire, un bibliothécaire, etc., peut être reproché, de même que le serviteur attaché à la personne (2).

L'art. 2101 du Code place au nombre des créances privilégiées sur les meubles, *les salaires des* GENS DE SERVICE *pour l'année échue, et ce qui est dû sur l'année courante.* Et comment serait-il possible de dénier ce privilége à aucune des personnes salariées pour un service quelconque? M. Troplong, qui restreint la prescription établie par l'art. 2272, aux personnes qui *se louent à l'année,* pour des services réputés humbles et entraînant un assujettissement personnel, n'hésite pas de donner une autre interprétation à l'art. 2101. « La loi du » 11 brumaire an 7, dit-il, ne parlait que des *domestiques.* » Notre article emploie une expression plus large : il se sert des » mots *gens de service,* ce qui s'étend à toute espèce de service » salarié, et résultant d'un contrat de louage annuel. Je ne fais » donc pas difficulté d'appliquer notre article, non-seulement » aux domestiques et gens attachés à la personne, mais encore » aux commis, secrétaires, agents qui, moyennant un trai- » tement *fixe à l'année,* font tourner la totalité de leur travail » au profit de celui qui les paie (3). »

---

(1) Voir dans le recueil des *Questions de droit,* les arrêts rapportés au mot *Exploit,* § 1.

(2) Toullier, tom. 9, pag. 496, n° 314. — Le contraire semblerait résulter de l'un des motifs d'un arrêt de la cour de Riom du 28 novembre 1828, (D., part. 2, pag. 206 de 1829); mais l'arrêt ajoute, que le précepteur, dont il s'agissait, n'habitait plus la maison, lorsqu'il fut appelé à déposer.

(3) *Traité des hypothèques,* tom. 1, n° 142, pag. 191.

Cette doctrine a été consacrée par plusieurs arrêts, notamment par la cour de Lyon. Les syndics d'une faillite disputaient le privilége à un commis du débiteur ; et cette cour a confirmé le jugement du tribunal de Trévoux, qui avait accueilli la réclamation du commis, « attendu que les *gens de* » *service* ne sont pas nécessairement des domestiques ; que » cette expression *gens de service*, revient à celle de *serviteur;* » que les serviteurs sont non-seulement les domestiques, mais » encore ceux qui se louent à l'année, au mois et à la journée. » (Pothier, *Traité des obligations*, n° 793 (1). »

Enfin, l'art. 386 du Code pénal punit de la peine de réclusion, le vol fait par *un* DOMESTIQUE *ou un* HOMME DE SERVICE A GAGES , *même lorsqu'il aura commis le vol envers des personnes qu'il ne servait pas, mais qui se trouvaient soit dans la maison* DE SON MAÎTRE , *soit dans celle où il l'accompagnait.* Ces termes sont absolument les mêmes que ceux employés dans notre article ; et c'est surtout en matière criminelle, qu'ils devraient être restreints , si leur acception n'embrassait pas tous les genres de service quelconques.

Cependant il a été décidé par une foule d'arrêts qui ont cassé des décisions contraires, que le vol , le détournement de deniers dont s'étaient rendus coupables, le commis d'une maison de commerce , le clerc d'un notaire ou d'un huissier, le secrétaire d'un sous-préfet, le caissier d'un percepteur, était passible de la peine infligée par l'art. 386.

Ces arrêts sont motivés sur ce que, les termes de cet article embrassent tous les services quelconques , et sont applicables à toutes les personnes salariées ; que les commis , clercs ou secrétaires ne sont que des *gens de service à gages , recevant un salaire de ceux qui les emploient; que les rapports du maître et du serviteur , ne sont pas changés par l'éducation plus soignée et la position sociale de ce dernier , plus relevée que celle d'un domestique ordinaire* (2).

---

(1) Arrêt du 1er février 1831, D., part. 2, pag. 192 de 1832.

(2) Voy. notamment les arrêts de cassation des 5 et 9 septembre 1825, 15 décembre 1826, 14 février 1828, 27 mars 1829, et 7 janvier 1830; D., pag. 445 de 1825, 40 de 1826, 360 de 1827, 132 de 1828, 202 de 1829, et pag. 40 de 1830.

En présence de ces arrêts, comment est-il possible de prétendre que les secrétaires, précepteurs, bibliothécaires et commis, ne peuvent être rangés dans la classe des domestiques ou gens de service? pourquoi dire que l'acception générale donnée au mot *domestique* ne se trouve que dans le vocabulaire *de notre ancienne jurisprudence*, et qu'une semblable interprétation *doit être sévèrement proscrite*, depuis les *changements si profonds* qui se sont opérés *dans nos habitudes et dans notre organisation sociale?* Par quelle raison n'appliquerait-on pas la compétence établie par la loi nouvelle à toutes les personnes employées dans une maison à un service quelconque, quand, telle est l'application à laquelle se livrent journellement les tribunaux pour toutes les lois qui renferment des termes semblables à ceux de notre article?

6. Venons aux règles qui doivent être suivies dans son exécution.

D'après l'article 1780 du Code, dont la disposition est générale, et s'applique, on le répète, à tout louage de services, soit domestiques, soit manuels, soit industriels, « on ne peut en-» engager ses services, qu'à temps ou pour une entreprise dé-» terminée. » Si donc le louage de service ou de travail était stipulé pour des années qui, à raison de l'âge du domestique ou de l'ouvrier, absorberaient évidemment le reste de sa vie et même au-delà, l'engagement pourrait être déclaré nul : la question de savoir s'il devrait subsister, en ce cas, serait abandonnée à la prudence du juge.

Mais ce principe n'est applicable qu'aux contrats; rien n'empêche un maître de disposer, pour le cas et sous la condition qu'à l'époque de son décès, le domestique sera encore à son service; une disposition de ce genre ne liant point celui au profit de qui elle est faite, lequel reste libre de quitter le service, et de perdre ainsi l'avantage qu'il eût pu retirer de l'accomplissement de la condition.

Il en est des domestiques comme des gens de travail : MM. les juges-de-paix sont, plus que personne, à même d'apprécier les contestations qui peuvent s'élever à ce sujet.

7. Voici, au surplus, ce qui se pratique assez généralement.

Le louage des domestiques, de même que celui des ouvriers, n'est ordinairement que verbal : dans ce cas les parties ont la liberté de se quitter, quand il leur plaît, sans même attendre l'expiration de l'année. Pothier n'accorde cette faculté qu'au maître, et point au domestique. Telle était la conséquence de l'art. 1er, tit. 17, de l'ordonnance de Charles IX du 4 février 1567, renouvelée par la déclaration de Henri III, du 21 novembre 1577, par une ordonnance du lieutenant de police de Paris du 16 octobre 1720, et par un arrêt du parlement de Rouen du 26 juin 1722, qui défend aux domestiques, engagés à temps, de quitter le service de leurs maîtres, avant l'expiration de leurs engagements, et qui interdit à toute personne de prendre, à son service, un domestique sortant d'une autre maison, s'il n'est porteur d'un congé. Mais ces règlements sont tombés en désuétude, du moins dans la plupart des localités. Suivant M. Henrion de Pansey, dont l'opinion est généralement adoptée, *la faculté de se quitter est réciproque*. Il n'excepte que les domestiques attachés à la culture des terres, à ce qui tient à l'exploitation et aux travaux de la campagne. « La nécessité, dit-il, de faire ces » travaux dans un temps et dans un ordre déterminé, a fait in- » troduire l'usage d'engager ces sortes de domestiques pour un » temps fixe, qui d'ordinaire est d'un an (1). »

D'après l'usage général, la location de ces domestiques commence à la Saint-Martin (11 novembre), époque d'où partent la plupart des baux à ferme. Un valet de charrue ne pourrait donc quitter son maître avant l'année, sans motif légitime; et le maître ne pourrait le renvoyer avant cette époque, sans payer, au domestique, une indemnité qui le mît à même d'attendre un autre placement.

On croit aussi, qu'un chef de famille ne pourrait, sans de graves motifs, renvoyer un secrétaire, précepteur, bibliothécaire ou commis, qu'en lui accordant une indemnité, ou un délai suffisant pour se procurer un autre emploi.

Au surplus, le juge-de-paix doit se conformer à l'usage du pays : il y en a où le maître et le domestique, même attaché à

---

(1) *Traité de la compétence*, 7e édition, pag. 304.

la personne ou au ménage, ne peuvent se quitter, sans motif, avant l'expiration de l'année.

Enfin, s'il existait un engagement par écrit, (ce qui est assez rare), il n'y a pas de doute, qu'en ce cas, la convention ne dût être exécutée pour le temps convenu, étant la loi des parties (art. 1134); du moins celle qui s'y refuserait, serait passible de dommages-intérêts, à moins que le contrat ne dût être résolu pour des causes que le juge-de-paix devrait apprécier.

Si un domestique tombe malade, le maître peut-il déduire, de ses gages, une somme proportionnelle au temps de sa maladie? L'humanité semblerait devoir repousser une pareille proposition. Ce qu'il y a de certain, c'est que la retenue sur les gages ne serait pas fondée, si le domestique n'avait été malade que quelques jours dans l'année. Il en serait de même, à plus forte raison, si la maladie, quoique grave, avait eu pour cause, le service forcé du domestique. Mais, dans tout autre cas, les auteurs pensent, que la longue maladie étant un cas fortuit, sur lequel le maître ne devait pas compter, il serait injuste de lui faire payer le prix du service, pour un temps notable pendant lequel il en aurait été privé. Tout cela, comme on le voit, dépend des circonstances (1).

Il arrive souvent, qu'un maître fait soigner le domestique chez lui : serait-il fondé, en ce cas, à lui réclamer le prix des visites du médecin et des médicaments pris chez l'apothicaire de la maison? Une semblable prétention ne pourrait être que le fait d'un maître cruel et sordide, on ne pense pas qu'elle puisse être accueillie : ce serait faire tourner la bienfaisance contre le malheureux domestique qui, sans cela, eût pu éviter toute dépense, en se faisant transporter à l'hôpital.

Pour ce qui concerne la quotité des gages, le paiement de l'année échue et les à-compte donnés pour l'année courante, quel que soit le montant de ces différents objets, l'article 1781 veut que l'on s'en rapporte au serment du maître : le domestique ne serait donc pas recevable à produire des témoins, en présence desquels il alléguerait, qu'il a été convenu de porter son gage à une somme plus forte que celle avouée par le maître. Cette disposition, bien entendu, n'est applicable, qu'au cas où il

---

(1) Pothier, *Du louage*, n° 168.

n'existe pas de preuve par écrit ; car si, pour les domestiques ou gens de service de quelque classe que ce soit, il existe un engagement qui fixe les gages ou honoraires, alors il est bien certain que le juge doit s'y conformer.

8. L'article 5 s'applique-t-il à toutes les difficultés que peuvent faire naître les rapports de commensalité ? Si, par exemple, un domestique congédié réclamait des effets, des papiers qu'il prétendrait avoir apportés chez son maître, le juge-de-paix pourrait-il connaître d'une réclamation semblable ?

Cette question s'est présentée, sous l'empire de la loi du 24 août 1792. La veuve Arnoudet avait formé contre les héritiers du sieur Perrin, son ancien maître, une demande tendant : 1° au paiement d'une somme de 2,000 fr. pour vingt années de gages ; 2° à la remise d'un billet de 900 fr. qu'elle prétendait avoir été souscrit à son profit par le défunt, et avoir été enveloppé sous les scellés, lors de leur apposition sur les papiers de la succession ; 3° à la restitution d'une autre somme de 192 fr., de ses papiers de famille, ses effets personnels, ainsi que de différents meubles qu'elle prétendait lui appartenir ; et le tribunal de Vaucluse avait décidé que ces demandes n'était point de la compétence de la justice-de-paix

Sur le pourvoi en cassation, M. Merlin disait que, le juge-de-paix était évidemment incompétent pour connaître du dernier chef, d'après la loi du 24 août 1790 ; mais que la compétence n'eût pu éprouver de difficulté, si la demande se fût bornée aux 2,000 fr., pour gages, d'après l'art. 10, tit. 3, de ladite loi ; qu'il n'y en aurait pas eu davantage, quant au billet de 900 fr. dont la veuve Arnoudet ne demandait pas le paiement, mais seulement la remise, puisque d'après l'article 5 de la loi du 6 pluviôse an 2, le juge-de-paix était compétent pour ordonner cette remise, à moins que la propriété du titre ne fût contestée, mais sans pouvoir aujourd'hui condamner à l'amende (1).

---

(1) Cet article est ainsi conçu : « Tous détenteurs ou dépositaires de titres, » papiers et contrats de rentes réclamés, qui ne se trouvent pas sous scellés, » sont tenus de les remettre à la première réquisition du propriétaire ou fondé » de pouvoirs. — En cas de retard ou refus, ils y seront condamnés dans les » vingt-quatre heures, sur simple citation, par le juge-de-paix, ensemble

Et par arrêt du 22 frimaire an 9, le pourvoi a été rejeté, « attendu que l'art. 10 du titre 3 de la loi du 24 août 1790, ne » donne aux juges-de-paix de compétence pour prononcer sur » les engagements respectifs des maîtres et des domestiques, » qu'autant que ce qui est réclamé, à titre de semblables enga- » gements, tient nécessairement au rapport de domesticité; — » que le décret du 6 pluviôse an 2, fait pour assurer le recou- » vrement d'objets échappés aux scellés, est absolument » étranger aux domestiques qui prétendent avoir porté chez » leurs maîtres des obligations de grande valeur (1). »

D'après l'art. 2172 du Code, l'action des domestiques est soumise à la prescription annale. Mais, comme on l'a fait observer plus haut, M. Troplong trouve que les expressions *énergiques et peut-être un peu dures* de cet article, *qui se louent à l'année,* ne sauraient être applicables à un secrétaire, un aumônier, un bibliothécaire, un précepteur : faute de disposition qui concerne ces personnes, il faudrait, suivant lui, recourir à la prescription de cinq ans établie par l'art. 2277. Il nous serait difficile de partager le sentiment de ce savant auteur. L'art. 2277 ne s'applique qu'à des arrérages ou intérêts, *aux loyers des maisons* et au prix de fermes de biens ruraux. C'est dans les articles précédents que sont établies diverses prescriptions courtes, concernant l'action pour marchandises et fournitures, médicaments et visites des médecins, salaire des huissiers et avoués, des ouvriers, et enfin des domestiques ou gens de service. On ne peut donc ranger, que dans cette dernière catégorie, les secrétaires, précepteurs, commis, etc., surtout d'après la définition du mot *domestique* qui s'applique, on le répète, à tous les genres de service, même les plus relevés.

» aux dommages-intérêts que ce retard ou refus aurait occasionnés, et à une » amende qui ne pourra excéder le quart de leur imposition mobilière. »

(1) *Questions de droit*, aux mots *justices-de-paix*, § 1.

(2) *Traité des hypothèques*, tom. 2, pag. 569.

§ III.

Des engagements des maîtres et de leurs ouvriers ou apprentis.

9. Il n'est question, dans le § 1ᵉʳ, que des manœuvres ou artisans employés à la journée, par un cultivateur ou autre chef de famille. Maintenant il s'agit d'ouvriers d'une autre catégorie.

Suivant quelques auteurs, la loi ancienne aurait déjà attribué aux juges-de-paix les contestations que peuvent faire naître les engagements relatifs à l'apprentissage et au compagnonage. Mais, comme on l'a vu, M. Henrion de Pansey restreignait leur compétence aux simples journaliers, même à ceux qui ne sont employés qu'aux travaux de la campagne ; et c'est avec raison que la cour de Bordeaux a décidé qu'un ouvrier travaillant à prix fait, chez un maître, ne pouvait être considéré comme un homme de travail, dans le sens de la loi du 24 août 1790 (1).

La loi actuelle a levé tous les doutes sur ce point, en attribuant, aux justices-de-paix, la connaissance *des engagements des maîtres et de leurs ouvriers ou apprentis*, « sans néanmoins » qu'il soit dérogé aux lois et réglements relatifs à la juridiction » des prud'hommes. »

Pour l'intelligence et l'application de ce point de compétence, il est nécessaire de faire connaître d'abord les lois qui régissent les rapports des ouvriers ou apprentis avec leurs maîtres, et en quoi consiste la juridiction des prud'hommes.

10. Lorsque les villes commencèrent à s'affranchir de la servitude féodale, et à se former en communes, les différentes professions devinrent autant de communautés particulières dont la commune était composée. De là, l'origine des *corps d'arts et métiers*, ou *maîtrises*. Ces communautés, une fois formées, rédigèrent des statuts, et parvinrent à se faire accorder dans toutes les villes principales, sous différents prétextes ou moyennant finances, des priviléges onéreux pour les particuliers,

_____

(1) Arrêt du 24 novembre 1829, D., part. 2, pag. 174 de 1830.

exclusifs de toute concurrence, et contraires aux progrès de l'industrie. Tels furent les motifs qui déterminèrent le souverain à porter, au mois de février 1776, un édit qui supprima les corps d'arts et métiers.

On ne tarda pas à prévoir les inconvénients de cette suppression totale ; des mémoires furent présentés à ce sujet ; le parlement de Paris y joignit ses représentations, et un autre édit du mois d'août 1776 rétablit les corporations d'arts et métiers, mais avec des modifications tendant à détruire les abus qui résultaient de l'ancien régime de ces communautés. Postérieurement à cet édit, la police des manufactures et des ouvriers fut assurée par de nombreux règlements (1), qui tombèrent avec l'abolition entière des maîtrises et jurandes que prononça l'assemblée constituante.

Mais, dit l'auteur du *Répertoire*, l'absence de ces règlements *amena bientôt une anarchie complète :* et le gouvernement qui s'éleva à la suite de nos troubles révolutionnaires, chercha à rétablir l'ordre. Tel a été l'objet de la loi du 22 germinal an 11, de l'arrêté du 9 frimaire an 12, et de l'institution successive des conseils de prud'hommes dans les villes manufacturières. Il est nécessaire de rappeler ici ces nouveaux règlements qui se rattachent à l'étendue et l'application de la compétence attribuée aux juges-de-paix.

Loi du 22 germinal an 11.

11. Voici ce que portent les titres 3 et 5 de cette loi, relatifs, l'un, *aux obligations entre les ouvriers et ceux qui les emploient,* l'autre, à la *juridiction.*

« Art. 9. Les contrats d'apprentissage consentis entre majeurs,
» ou par des mineurs avec le concours de ceux sous l'autorité
» desquels ils sont placés, ne pourront être résolus, sauf l'in-
» demnité en faveur de l'une ou de l'autre des parties, que, dans
» les cas suivants, 1° d'inexécution des engagements de part
» ou d'autre ; 2° de mauvais traitements de la part du maître ;
» 3° d'inconduite de la part de l'apprenti ; 4° si l'apprenti s'est

---

(1) Lettres-patentes des 5 mai 1779, 4 et 28 juin, 29 juillet, 1er août 1780, et 28 juillet 1783 ; arrêts du conseil des 28 janvier 1780, 12 mars 1781, 15 février et 4 septembre 1783, 15 janvier et 14 mars 1784.

» obligé à donner, pour tenir lieu de rétribution pécuniaire, un
» temps de travail dont la valeur serait jugée excéder le prix
» ordinaire des apprentissages.

» 10. Le maître ne pourra, sous peine de dommages-inté-
» rêts, retenir l'apprenti au-delà de son temps, ni lui refuser
» un congé d'acquit quand il aura rempli ses engagements. Les
» dommages-intérêts seront au moins du triple du prix des
» journées depuis la fin de l'apprentissage.

» 11. Nul individu employant des ouvriers, ne pourra re-
» cevoir un apprenti sans congé d'acquit, sous peine de dom-
» mages-intérêts envers son maître.

» 12. Nul ne pourra, sous les mêmes peines, recevoir un
» ouvrier, s'il n'est porteur d'un livret portant le certificat d'ac-
» quit de ses engagements, délivré par celui de chez qui il sort.

» 13. La forme de ces livrets et les règles à suivre pour leur
» délivrance, leur tenue et leur renouvellement, seront déter-
» minés par le gouvernement, de la manière prescrite pour les
» réglements d'administration publique.

» 14. Les conventions faites de bonne foi entre les ouvriers
» et ceux qui les emploient, seront exécutées.

» 15. L'engagement d'un ouvrier ne pourra excéder un an,
» à moins qu'il ne soit contre-maître, conducteur des autres
» ouvriers, ou qu'il n'ait un traitement et des conditions sti-
» pulées par un acte exprès.

» 19. Toutes les affaires de simple police entre les ouvriers
» et apprentis, les manufacturiers, fabricants et artisans, seront
» portées, à Paris devant le préfet de police, devant les com-
» missaires-généraux de police dans les villes où il y en a d'éta-
» blis, et, dans les autres lieux, devant le maire ou un des ad-
» joints. Ils prononceront sans appel les peines applicables aux
» divers cas, selon le Code de police municipale.

» Si l'affaire est du ressort des tribunaux de police correction-
» nelle ou criminelle, ils pourront ordonner l'arrestation pro-
» visoire des prévenus, et les faire traduire devant le magistrat
» de sûreté.

« 20. Les autres contestations seront portées devant les tri-
» bunaux auxquels la connaissance en est attribuée par les lois.

» 21. En quelque lieu que réside l'ouvrier, la juridiction sera

» déterminée par le lieu de la situation des manufactures ou
» ateliers dans lesquels l'ouvrier aura pris du travail.

Arrêté du 9 frimaire an 12.

» **12.** Art. 1er. A compter de la publication du présent arrêté,
» tout ouvrier travaillant en qualité de compagnon ou garçon,
» devra se pourvoir d'un livret.

» 2. Ce livret sera en papier libre, coté et paraphé sans frais,
» savoir : à Paris, Lyon et Marseille, par un commissaire de
» police; et, dans les autres villes, par le maire ou l'un de ses
» adjoints. Le premier feuillet portera le sceau de la municipa-
» lité, et contiendra le nom et le prénom de l'ouvrier, son âge,
» le lieu de sa naissance, son signalement, la désignation de sa
» profession, et le nom du maître chez lequel il travaille.

» 3. Indépendamment de l'exécution de la loi sur les passe-
» ports, l'ouvrier sera tenu de faire viser son dernier congé par
» le maire ou son adjoint, et de faire indiquer le lieu où il se
» propose de se rendre. — Tout ouvrier qui voyagerait sans
» être muni d'un livret ainsi visé, sera réputé vagabond, et
» pourra être arrêté et puni comme tel.

» 4. Tout manufacturier, entrepreneur, et généralement toutes
» personnes employant des ouvriers, seront tenus, quand ces
» ouvriers sortiront de chez eux, d'inscrire sur leurs livrets un
» congé portant acquit de leurs engagements, s'ils les ont rem-
» plis. — Les congés seront inscrits sans lacune, à la suite les uns
» des autres; ils énonceront le jour de la sortie de l'ouvrier.

» 5. L'ouvrier sera tenu de faire inscrire le jour de son
» entrée sur son livret, par le maître chez lequel il se propose
» de travailler, ou, à son défaut, par les fonctionnaires publics
» désignés en l'art. 2, et sans frais, et de déposer le livret entre
» les mains de son maître, s'il l'exige.

» 6. Si la personne qui a occupé l'ouvrier refuse, sans motif
» légitime, de remettre le livret ou de délivrer le congé, il sera
» procédé contre elle de la manière et suivant le mode établi
» par le tit. 5 de la loi du 22 germinal. En cas de condamna-
» tion, les dommages-intérêts adjugés à l'ouvrier seront payés
» sur-le-champ.

» 7. L'ouvrier qui aura reçu des avances sur son salaire,

» ou contracté l'engagement de travailler un certain temps, ne
» pourra exiger la remise de son livret et la délivrance de son
» congé, qu'après avoir acquitté sa dette par son travail et rempli
» ses engagements, si son maître l'exige.

» 8. S'il arrive que l'ouvrier soit obligé de se retirer parce
» qu'on lui refuse du travail ou son salaire, son livret et son
» congé lui seront remis, encore qu'il n'ait pas remboursé les
» avances qui lui ont été faites : seulement le créancier aurait
» le droit de mentionner la dette sur le livret.

» 9. Dans le cas de l'article précédent, ceux qui emploieront
» ultérieurement l'ouvrier, feront, jusqu'à entière libération,
» sur le produit de son travail, une retenue au profit du créan-
» cier. — Cette retenue ne pourra, en aucun cas, excéder les
» deux dixièmes du salaire journalier de l'ouvrier : lorsque la
» dette sera acquittée, il en sera fait mention sur le livret. —
» Celui qui aura exercé la retenue, sera tenu d'en prévenir le
» maître au profit duquel elle aura été faite, et d'en tenir le
» montant à sa disposition.

» 10. Lorsque celui pour lequel l'ouvrier a travaillé ne saura
» ou ne pourra écrire, ou lorsqu'il sera décédé, le congé sera
» délivré, après vérification, par le commissaire de police, le
» maire du lieu ou l'un de ses adjoints, et sans frais.

» 11. Le premier livret d'un ouvrier lui sera expédié, 1° sur
» la présentation de son acquit d'apprentissage, 2° ou sur la de-
» mande de la personne chez laquelle il aura travaillé, 3° ou
» enfin sur l'affirmation de deux citoyens patentés de sa profes-
» sion, et domiciliés, portant que le pétitionnaire est libre de
» tout engagement, soit pour raison d'apprentissage, soit
» pour raison d'obligation de travailler comme ouvrier.

» 12. Lorsqu'un ouvrier voudra faire coter et parapher un
» nouveau livret, il représentera l'ancien. Le nouveau livret ne
» sera délivré qu'après qu'il aura été vérifié que l'ancien est rem-
» pli ou hors d'état de servir. Les mentions des dettes seront tran-
» sportées de l'ancien livret sur le nouveau.

» 13. Si le livret de l'ouvrier était perdu, il pourra, sur la
» représentation de son passeport en régle, obtenir la permission
» provisoire de travailler, mais sans pouvoir être autorisé à
» aller dans un autre lieu, et à la charge de donner à l'officier de

» police du lieu, la preuve qu'il est libre de tout engagement,
» et tous les renseignements nécessaires pour autoriser la déli-
» vrance d'un nouveau livret, sans lequel il ne pourra partir. »

Conseils de prud'hommes.

13. La ville de Lyon est la première où fut établie cette juridiction extraordinaire, dont les membres sont choisis parmi les fabricants et les chefs d'ateliers.

Suivant l'article 6 de la loi du 18 mars 1806, qui fixe les bases de cet établissement dans ladite ville, « le conseil de » prud'hommes est institué pour terminer, par la voie de conci- » liation, les petits différends qui s'élèvent, *soit entre des fa-* » *bricants et des ouvriers, soit entre des chefs d'ateliers et* » *des compagnons ou apprentis,* et, *pour juger jusqu'à la* » *somme de soixante francs,* sans forme, ni frais de procé- » dure et *sans appel,* les différends à l'égard desquels la voie » de conciliation aura été sans effet. »

Et l'art. 9 dit que, « tout différend portant une somme » supérieure à celle de 60 fr., qui n'aura pu être terminé par » la voie de conciliation, sera porté devant le tribunal de com- » merce, ou devant les tribunaux compétents. »

Cette loi a été suivie d'un premier décret réglementaire à la date du 3 juillet 1806, qui n'est relatif qu'au mode d'installa- tion des prud'hommes, à la tenue du conseil, et à la nomina- tion du président et du secrétaire.

A ce décret en a succédé un autre à la date du 11 juin 1809, lequel a été refondu dans celui du 20 février 1810, qui règle tout ce qui concerne les conseils de prud'hommes. Nous ne transcrirons ici que ce qui a rapport à la juridiction.

« Art. 10. Nul ne sera justiciable des conseils de prud'hommes, s'il n'est marchand, fabricant, chef d'atelier, contre-maître, teinturier, ouvrier, compagnon ou apprenti : ceux-ci cesse- ront de l'être, dès que les contestations porteront sur des af- faires autres que celles qui sont relatives à la branche d'indu- strie qu'ils cultivent, et aux conventions dont cette industrie aura été l'objet. Dans ce cas, ils s'adresseront aux juges ordi- naires.

» 11. La juridiction des conseils de prud'hommes s'étend sur

tous les marchands, fabricants, les chefs d'ateliers, contre-
maîtres, teinturiers, ouvriers, compagnons et apprentis, travaillant *pour la fabrique du lieu* ou *du canton de la situation
de la fabrique, suivant qu'il sera exprimé dans les décrets particuliers d'établissement de chacun de ces conseils, à raison des
localités,* quel que soit l'endroit de la résidence desdits ouvriers.

» 12. Les conseils des prud'hommes ne connaîtront que
comme arbitres, des contestations entre fabricants ou marchands pour les marques, comme il est dit art. 6, et entre un
fabricant, ses ouvriers, contre-maîtres, des difficultés relatives
aux opérations de la fabrique. »

D'après la loi de 1806, la compétence des conseils de pru-
d'hommes était bornée à la somme de 60 fr.; mais l'art. 39 du
décret de 1809, confirmé par celui de 1810, portant que les
jugements, *jusqu'à la concurrence de 300 fr.,* seraient exécutoires *par provision,* de là résultait l'extension illimitée de la
compétence de ces conseils, en premier ressort.

Cette compétence a été fixée définitivement par un dernier
décret du 3 août 1810.

« Art. 1er. Les conseils de prud'hommes sont autorisés à juger *toutes les contestations* qui naîtront entre les marchands,
fabricants, chefs d'ateliers, contre-maîtres, ouvriers, compagnons et apprentis, quelle que soit la quotité de la somme
dont elles seraient l'objet, aux termes de l'art. 23 de notre décret du 11 juin 1809.

» 2. Leurs jugements seront définitifs et sans appel, si la
condamnation n'excède pas 100 fr. en capital et accessoires. —
Au-dessus de 100 fr., ils seront sujets à l'appel devant le tribunal de commerce de l'arrondissement; et à défaut de tribunal de commerce, devant le tribunal civil de première instance.

» 3. Les jugements des conseils de prud'hommes, jusqu'à
concurrence de 300 fr., seront exécutoires par provision,
nonobstant appel, aux termes de l'art. 39 du décret du 11 juin
1809, et sans qu'il soit besoin, pour la partie qui aura obtenu
gain de cause, de fournir caution. — Au-dessus de 300 fr.,
ils seront exécutoires, par provision, en fournissant caution. »

L'art. 4 de la même loi déclare que « tout délit tendant à
» troubler l'ordre et la discipline de l'atelier, tout manquement

» grave des apprentis envers leurs maîtres, pourront être punis,
» par les prud'hommes, d'un emprisonnement qui n'excèdera
» pas trois jours, sans préjudice de l'exécution de l'art. 19,
» tit. 5, de la loi du 22 germinal an 11, et de la concurrence
» des officiers de police et des tribunaux. — L'expédition du
» prononcé des prud'hommes, certifiée par leur secrétaire, sera
» mise à exécution par le premier agent de police, ou de la
» force publique, sur ce requis. »

Ces dispositions sont applicables à toutes les villes manufacturières, où sont établis des conseils de prud'hommes, établissements, qui depuis la loi de 1806, concernant les fabriques
de Lyon, ont été et sont encore formés par des décrets ou ordonnances.

En quoi consiste la juridiction des juges-de-paix, relativement aux ouvriers ?

14. En attribuant, à ces magistrats, la connaissance des contestations qui peuvent s'élever entre les ouvriers ou apprentis
et leurs maîtres, l'art. 5 de la loi actuelle en a excepté ce qui
appartient à la juridiction des prud'hommes. Il s'agit donc de
préciser les limites de cette juridiction : cela est d'autant plus
nécessaire, que, dans les livres, on ne voit que des divagations,
et la jurisprudence n'est pas même fixée sur ce point.

Cependant le décret du 20 février 1810 nous paraît on ne
peut pas plus positif. D'après l'article 11, la juridiction des
conseils de prud'hommes ne concerne que les fabricants, contre-
maîtres, ouvriers, compagnons et apprentis, *travaillant pour
les fabriques du lieu* ou du canton, auxquelles s'applique le
décret ou l'ordonnance d'établissement. Ainsi, par exemple,
un décret du 7 août 1810 ayant établi, dans la ville de Lou-
viers, un conseil de prudhommes, auquel doivent concourir les
fabricants de draps, les *fileurs* et *tisseurs de coton* et les *tan-
neurs*, il n'y a que les ouvriers attachés à ces trois branches
d'industrie qui soient soumis à la juridiction des prud'hommes.
Par ordonnance du 17 février 1836, il a été formé également,
à Évreux, un conseil de prud'hommes, lequel doit être pris
parmis les *filateurs*, les *fabricants de coutils*, ceux de *bonne-
terie*, etc.; et l'art. 3 déclare, en conséquence, que « la ju-

» ridiction du conseil s'étendra sur tous les marchands , fabri-
» cants, contre-maîtres, chefs d'ateliers, commis, ouvriers,
» compagnons ou apprentis des deux sexes, *dans les fabriques*
» *des deux cantons d'Évreux,* ou travaillant dans les autres
» communes de l'arrondissement *pour lesdites fabriques.* »

Il en est de même pour toutes les autres villes manufacturières. Le conseil de prud'hommes est une juridiction exceptionnelle qui, entraînant la compétence du tribunal de commerce, comme juge d'appel, ne peut être étendue à d'autres
ouvriers que ceux des fabriques et manufactures spécialement désignées dans l'ordonnance d'institution.

15. Les engagements contractés entre tous les autres maîtres
et leurs ouvriers ou apprentis, rentrent dans le droit commun,
sans en excepter l'ouvrier qui travaille pour une maison de
commerce ; car en s'attachant à une manufacture ou un atelier
quelconque, il ne fait point un acte de commerce qui le rende
justiciable des juges commerciaux ; et encore bien que l'entrepreneur, le marchand ou le manufacturier, spécule sur le travail de l'ouvrier, cette spéculation, en soi, n'est pas non plus
un acte de commerce.

Cependant la cour de Paris, se fondant sur l'exception
apportée à cette règle, par les lois qui confèrent au tribunal de
commerce l'appel des décisions d'un conseil de prud'hommes,
a jugé, que dans les lieux où il n'existe pas de prud'hommes,
le tribunal de commerce n'était pas moins exclusivement
compétent, pour statuer sur les difficultés qui existent entre
tous les ouvriers et les négociants pour lesquels ils travaillent (1).

Mais la jurisprudence de la cour de cassation repousse ce
système.

Par convention verbale, il avait été stipulé, entre les sieurs
Garrigou et compagnie, fabricants de faux, et le sieur Rives,
ouvrier platineur, que ce dernier s'engageait à travailler, pour
le compte de cette maison de commerce, pendant dix années
consécutives, moyennant le prix fixé à tant le cent de faux,

---

(1) Arrêt du 2 juillet 1831, D., part. 2, pag. 191 de 1832.

et sous la faculté accordée à Rives de prendre un apprenti. Assignée devant le tribunal civil de Toulouse, la maison Garrigou déclina la compétence, prétendant que la demande eût dû être portée devant le tribunal de commerce; mais ce déclinatoire fut rejeté par le tribunal et la cour de Toulouse. — Pourvoi motivé sur la violation des articles 631 et 634 du Code de commerce, et des lois sur la juridiction des prud'hommes. Mais par arrêt du 12 décembre 1836, le pourvoi a été rejeté:

« Attendu que la juridiction des tribunaux de commerce est
» une juridiction d'exception qui doit être restreinte dans les
» limites expressément tracées par la loi; — que, si l'art. 631
» du Code de commerce porte que les tribunaux de commerce
» connaîtront, entre toutes personnes, des contestations rela-
» tives à des actes de commerce, il s'ensuit seulement que
» toutes personnes, même non commerçantes, qui font, entre
» elles, des actes de commerce ou participent à des actes de
» cette nature, sont justiciables des tribunaux de commerce;
» mais qu'on ne saurait en conclure qu'un individu non com-
» merçant, et qui, en traitant avec un commerçant n'a pas
» fait personnellement acte de commerce, puisse être appelé
» par ce commerçant devant la juridiction consulaire, sur le
» fondement que la convention formée entre eux avait pour
» objet le trafic auquel le commerçant se livre; — que si l'ar-
» ticle 634 du Code de commerce porte que les tribunaux de
» commerce connaîtront des actions contre les facteurs, com-
» mis des marchands ou leurs serviteurs, pour le fait seule-
» ment du trafic du marchand auquel ils sont attachés, on ne
» pourrait en induire, sans ajouter à la loi, que les actions des
» facteurs, commis ou serviteurs des marchands, ne peuvent,
» à peine de nullité, être portées devant les tribunaux ordi-
» naires; — attendu que, dans l'espèce, Rives, ouvrier pla-
» tineur de faux, n'achetait pas pour revendre; que son indus-
» trie consistait à rendre confectionnée, moyennant salaire,
» la matière qu'on lui confiait; qu'en ce faisant, il louait
» purement et simplement son temps et ses œuvres, et ne faisait
» pas acte de commerce; — attendu que Rives n'était ni com-
» mis, ni facteur, ni serviteur de la maison Garrigou, puis-

» qu'il travaillait dans son propre domicile et à son compte ,
» sans recevoir de gages; que les malfaçons étaient à sa charge,
» qu'il n'était payé qu'à la pièce, et à raison du nombre de
» faux rendus, et non à la journée ; — attendu , enfin , que
» la juridiction des prud'hommes, invoquée par les demandeurs
» pour établir la compétence de la juridiction commerciale,
» n'est relative qu'aux ateliers et manufactures, et limitée aux
» rapports respectifs des chefs d'ateliers à leurs subordonnés ,
» et n'est pas applicable à la cause, puisque ces rapports n'exis-
» taient pas entre Rives et la maison Garrigou, avec laquelle il
» avait traité à forfait; d'où il suit que l'arrêt attaqué, en ap-
» préciant, comme il l'a fait, les circonstances et les actes de la
» cause, n'a violé aucune loi (1). »

Cet arrêt eût pu être motivé d'une manière plus précise.
Chargée de maintenir l'application littérale de la loi, la cour
suprême ne doit laisser aucun doute sur son véritable sens; et à
quoi peut tendre la distinction entre l'ouvrier qui travaille à
tant la pièce, et celui qui est à la journée? celui-ci ne faisant
pas plus acte de commerce que l'autre, ne saurait être assujéti à la juridiction commerciale. Le contraire semblerait résulter du dernier considérant; mais le tribunal de commerce
n'est compétent pour statuer sur les difficultés qui s'élèvent
entre les fabricants et les ouvriers, que comme juge d'appel des
décisions rendues par les conseils de prud'hommes ; et dans ce
cas, la loi ne fait aucune distinction entre les ouvriers à la
journée et ceux à tant la pièce; elle soumet à la juridiction exceptionnelle tous les ouvriers *travaillant pour la fabrique du
lieu* pour laquelle a été établi le conseil de prud'hommes.
Dès l'instant donc qu'il n'existait pas de conseil semblable à
Toulouse, il ne pouvait être question des lois qui règlent la
compétence des prud'hommes et celle du tribunal de commerce,
en cas d'appel.

L'arrêt n'en consacre pas moins le principe, qu'en thèse générale, l'ouvrier qui travaille pour une fabrique commerciale,
n'est point justiciable des tribunaux de commerce.

---

(1) D., pag. 194 de 1837. — Voir dans le même recueil les arrêts à la date
des 20 novembre 1833 et 12 mars 1834, pag. 18 et 344 de 1834.

16. Les difficultés de cette nature, qui devaient être portées devant les tribunaux ordinaires, étant attribuées aujourd'hui aux juges-de-paix, la compétence de ces magistrats est fort étendue, puisqu'elle s'applique aux compagnons et apprentis de tous les métiers, et à tous les ouvriers quelconques, à l'exception de ceux qui travaillent pour des fabriques d'une ville ou canton spécialement désignées dans le décret ou l'ordonnance d'établissement d'un conseil de prud'hommes.

17. Ici les juges-de-paix ne sont pas seulement appelés à connaître des demandes en paiement du salaire des ouvriers. La connaissance de toutes les difficultés qui peuvent s'élever entre ces ouvriers et leurs maîtres, est dévolue à ces magistrats.

Ainsi, d'après l'art. 14 de la loi du 22 germinal an 11, les conventions faites de bonne foi entre les ouvriers et ceux qui les emploient, doivent être exécutées. Si donc il existe un acte qui fixe, soit la durée du service de l'ouvrier, soit le prix de son ouvrage, à tant par jour, ou à tant la pièce, cet engagement doit être exécuté pour le temps qu'il a été convenu.

A défaut de conventions écrites, l'engagement de l'ouvrier ne peut, d'après l'art. 15, excéder une année, à moins qu'il ne soit contre-maître ou conducteur des autres ouvriers ; et la loi ne fixant pas le temps de service obligé de ces chefs d'ouvriers, c'est à l'usage qu'il faut s'en rapporter, à défaut de convention.

On doit avoir aussi égard aux circonstances, pour ce qui concerne les simples ouvriers.

Par exemple, les manufactures de fer peuvent les assujettir à un service qui, une fois commencé, doit être suivi sans interruption ; tel est celui d'un fourneau à mines, lorsqu'il est en feu. Un arrêt du conseil du 27 décembre 1729 punissait de 300 fr. d'amende les ouvriers attachés à ce service, s'ils l'abandonnaient, et la cour de Bourges vient de décider que cette disposition n'avait point été abrogée par le règlement général que renferme la loi du 22 germinal an 11, pour toutes les fabriques et manufactures. « Attendu qu'il est de principe que les lois » spéciales ne sont abrogées par les lois générales postérieures » qu'expressément ou tacitement : expressément, lorsque celles- » ci contiennent à cet égard des dispositions formelles ; taci-

» tement, lorsque les dispositions des nouvelles lois sont incon-
» ciliables avec celles des lois spéciales (1). »

En admettant, que cette disposition pénale fût encore obligatoire, toujours est-il qu'elle ne pourrait être appliquée que
par les tribunaux correctionnels, dans le ressort des parlements
qui l'auraient enregistrée. Mais ce qu'il y a de certain, c'est
qu'un ouvrier qui abandonnerait un fourneau en feu, serait passible de dommages-intérêts, dont la demande devrait être portée
devant le juge-de-paix.

18. D'après les art. 6, 7 et 8 de l'arrêté du 9 frimaire an 12,
le maître, après le temps fixé par la loi ou par la convention, est
tenu de délivrer congé à l'ouvrier et de lui remettre son livret,
à moins que celui-ci n'ait reçu des avances sur son salaire, cas
auquel il doit continuer son travail pour acquitter sa dette, si
son maître l'exige. Ce serait encore aux juges-de-paix à statuer
sur cette difficulté.

Les art. 11 et 12 de la loi du 22 germinal an 11, défendent à
tout manufacturier, à tout individu employant des ouvriers, de
recevoir un apprenti ou tout autre ouvrier, s'ils ne sont por-
teurs d'un congé d'acquit de leurs engagements. Cette disposition ne porte aucune sanction pénale ; il ne peut y avoir lieu
qu'aux dommages-intérêts résultant de l'infraction (2). Mais le
juge-de-paix ne serait pas compétent pour statuer sur l'action
civile contre le manufacturier qui aurait reçu un ouvrier ou
apprenti sans congé d'acquit ; il pourrait seulement condamner
à des dommages-intérêts l'ouvrier qui se serait ainsi laissé
débaucher.

De ces mots, *nul individu employant des ouvriers*, un fabricant ayant voulu tirer la conséquence que la défense d'en
recevoir sans congé était générale, et s'appliquait à toutes les
personnes quelconques, la cour de cassation a décidé, qu'elle
n'est point applicable à un cultivateur qui prend à son service
l'ouvrier sortant d'une manufacture : « attendu que, si la loi
» du 22 germinal an 11, et l'arrêté du 9 frimaire an 12, res-

_____

(1) Arrêt du 21 décembre 1837, D., part. 2, pag. 96 de 1838.

(2) Arrêt du 9 juillet 1829, pag. 297.

» treignent les manufacturiers et toutes personnes se livrant à
» des opérations et entreprises industrielles, à se faire repré-
» senter les livrets des ouvriers, avant que de les recevoir dans
» leurs manufactures ou ateliers, les dispositions de cette loi,
» soit que l'on en consulte l'esprit ou même les termes, ne
» peuvent jamais s'appliquer au simple cultivateur qui, n'ayant
» pas le droit d'exiger la représentation d'un livret, puisqu'il
» n'en donne pas lui-même, ne saurait encourir aucune respon-
» sabilité vis-à-vis d'un manufacturier, chez lequel aurait pu
» antérieurement être occupé l'homme qui vient lui offrir ses
» services (1). »

19. Venons maintenant à ce qui concerne les apprentis.

Un arrêté du directoire exécutif du 16 fructidor an 4, attribuait
déjà aux juges-de-paix la connaissance qui leur est aujourd'hui
dévolue. « Toutes les contestations, porte l'art. 18 de cet arrêté,
» qui pourraient s'élever dans les manufactures entre les entre-
» preneurs ou fabricants et leurs ouvriers, relativement au
» salaire de ceux-ci et *à leurs engagements respectifs*, seront
» portés devant le juge-de-paix du canton, qui y statuera en
» dernier ressort, ou à la charge de l'appel, suivant les dis-
» tinctions établies par l'art. 10 du tit. 3 de la loi du 24 août
» 1790, sur l'organisation judiciaire. »

L'art. 20 de la loi du 22 germinal an 11, déclarant que les
contestations de cette nature seront portées devant les tribunaux auxquels la connaissance en est attribuée par les lois,
semblait ne point déroger à l'arrêté ci-dessus; il n'y était pas
dérogé, non plus, par les décrets relatifs à la juridiction des pru-
d'hommes. Cependant la cour de Paris, admettant cette dérogation, décidait que, dans les lieux où il n'existe pas de pru-
d'hommes, le tribunal de commerce était seul compétent pour
juger des apprentissages (2), comme si l'apprenti faisait un
acte de commerce, en contractant avec un maître pour ap-
prendre son métier.

Au surplus, s'il était vrai qu'il eût été dérogé à l'arrêté de

---

(1) Arrêt du 30 juin 1836, D., pag. 45 de 1838.

(2) Arrêt du 2 juillet 1831, D., part. 2, pag. 191 de 1832.

l'an 4, la loi nouvelle aurait rendu aux juges-de-paix la com‑
pétence que leur attribuait cet arrêté.

Les apprentis du lieu où il existe un conseil de prud'hommes,
et qui travaillent dans des ateliers dépendant de l'une des fa‑
briques désignées dans le décret d'établissement de ce conseil ,
sont les seuls qui soient soumis à sa juridiction, et non à celle
des juges-de-paix.

A l'égard des autres apprentis, la compétence de ces ma‑
gistrats est absolue ; c'est à eux qu'il appartient de statuer, soit
sur la validité des contrats d'apprentissage, soit sur l'exé‑
cution, ou la résiliation, s'il y a lieu, aux termes de l'art. 9
de la loi du 22 germinal an 11, enfin sur les dommages-in‑
térêts dont le taux est fixé par l'art. 10, pour le cas où le
maître retiendrait l'apprenti au-delà de son temps, ou lui re‑
fuserait un congé d'acquit, lorsqu'il a rempli ses engagements.

20. D'après l'article 21 de la loi du 22 germinal an 11, les
contestations doivent être portées devant le juge-de-paix de
la situation de la manufacture ou de l'atelier dans lequel l'ap‑
prenti ou l'ouvrier a pris du travail.

Mais un mineur non émancipé ne peut stipuler un contrat
d'apprentissage que par le fait de son père ou tuteur. Dans ce
cas, l'affaire ne doit-elle pas être portée devant le juge-de-paix
du lieu du domicile du père ou du tuteur ? La question s'est
présentée dans l'espèce suivante :

Ducourneau, fils mineur, s'était engagé, solidairement avec
sa mère, tutrice, domiciliée à Bordeaux, en qualité d'apprenti
chez un maréchal-ferrant. Celui-ci ayant cité, devant le juge-
de-paix de son propre domicile, la dame Ducourneau, tant en
son nom personnel que comme tutrice de son fils, pour la
faire condamner à lui payer ; 1° la somme de 40 fr. pour le
préjudice causé par l'absence du jeune apprenti ; 2° celle de
93 fr. pour prix de l'apprentissage qui restait à faire ; 3° une
autre somme de 600 fr. dans le cas où il ne lui serait pas fourni
un remplaçant ; la défenderesse déclina la compétence du juge-
de-paix, prétendant qu'elle aurait dû être assignée à Bordeaux ;
que d'ailleurs la demande , étant de plus de 100 fr. , excédait,
d'après la loi de 1790, les limites de la compétence des justices-

de-paix. Le déclinatoire a été rejeté par le juge-de-paix, et en appel, par jugement du tribunal de la Réole, motivé sur la compétence qu'accordait aux juges-de-paix la loi de 1790, en ce qui concerne les gens de travail.

Mais ce jugement a été cassé : « attendu que les mineurs
» n'ont d'autre domicile que celui de leurs tuteurs; que la
» veuve Ducourneau, en s'engageant pour l'apprentissage de
» son fils, figurait comme principal obligé, et qu'il est reconnu
» qu'elle n'est pas domiciliée dans l'arrondissement de la jus-
» tice-de-paix de Saint-Macaire; — attendu qu'il ne s'agit,
» dans la cause, ni de délit, ni de contravention à des réglements
» de police; que dès-lors la veuve Ducourneau, placée sous
» l'empire du droit commun au moment de son engagement,
» n'a pas pu, pour cause d'inexécution, être traduite ensuite
» devant une juridiction exceptionnelle qui ne concerne que
» les contestations survenues entre les maîtres, ouvriers et gens
» de travail; qu'il suit de là, que le jugement attaqué a fait
» une fausse application de l'art. 10 de la loi du 24 août 1790,
» et de l'art. 21 de celle de germinal an 11, et expressément
» violé les art. 2 et 59 du Code de procédure, et l'art. 9, tit. 3,
» de la même loi du 24 août 1790 qui détermine la compétence
» des juges-de-paix; — casse (1). »

Que, dans l'espèce, la veuve Ducourneau n'eut pu être distraite de ses juges naturels, rien de mieux; elle était la principale et même la seule obligée, l'intervention, dans le contrat de son fils, mineur non émancipé, étant absolument vaine; mais l'arrêt pouvait être tout autrement motivé. Il semble décider d'une manière implicite, que, sans l'engagement de la mère, la matière eût été réglée par la loi du 24 août 1790, tandis que cette loi, ne parlant que du *salaire des gens de travail*, ne pouvait évidemment s'appliquer aux dommages-intérêts résultant de l'inexécution d'un contrat d'apprentissage. Le juge-de-paix n'aurait pu en connaître, qu'en vertu de l'arrêté du 16 fructidor an 4, à supposer qu'il n'y eût pas été dérogé par les lois postérieures. Qu'était-il besoin aussi d'invoquer ici le principe, que *les mineurs n'ont d'autre domicile que celui de*

_____

(1) Arrêt du 22 décembre 1835, D., pag. 34 de 1836.

leurs tuteurs ? Un majeur ne peut pas non plus, en thèse générale, être assigné devant un autre juge que celui de son domicile; mais la loi du 22 germinal an 11 a fait exception à cette règle pour ce qui concerne les ouvriers et apprentis.

21. Nous croyons donc, que le père ou tuteur qui s'est engagé personnellement pour l'apprentissage de son fils ou du mineur, ne peut être traduit que devant les tribunaux ordinaires, en cas d'inexécution du contrat, parce que notre article ne défère aux juges-de-paix que la connaissance des engagements des maîtres, ouvriers ou apprentis, et l'on ne peut ranger dans cette catégorie le père ou le tuteur.

Mais si, au lieu de s'engager personnellement, le père ou le tuteur n'a fait que contracter, au nom de son fils ou du mineur, alors le juge-de-paix est évidemment compétent; et peu importe que le mineur n'ait d'autre domicile que celui de son tuteur, puisque la loi du 22 germinal an 11, dérogeant à la règle générale *actor sequitur forum rei*, veut que l'ouvrier ou l'apprenti soit assigné devant le juge de la situation de l'atelier auquel il est attaché.

22. Terminons, en observant que, d'après l'article 2272, § 4, du Code, l'action des maîtres, *pour prix de l'apprentissage* est soumise à la prescription d'un an, ce qui, comme l'enseigne M. Troplong, s'applique au cas où le maître fournit le logement et la nourriture, de même qu'à celui où il ne fait que donner des leçons; mais, suivant l'article 2275, le serment peut être déféré sur le fait du paiement, soit à l'apprenti majeur, soit au père ou tuteur du mineur.

ARTICLE V.

PARTIE IV.

« Les juges-de-paix connaissent également, sans
» appel, jusqu'à la valeur de 100 fr., et, à charge
» d'appel, à quelque valeur que la demande puisse
» s'élever :

» 4° Des contestations relatives au paiement des
» nourrices, sauf ce qui est prescrit par les lois et
» réglements d'administration publique à l'égard
» des buréaux de nourrices de la ville de Paris et de
» toutes les autres villes. »

SOMMAIRE.

1. Dans quel but le paiement des nourrices a-t-il été conféré au juge-de-paix ? étendue de cette attribution. — 2. Difficultés sur la prescription; celle d'un an paraît être la seule applicable. — 3. Loi du 25 mars et décret du 30 juin 1806. Dans toutes les villes où il existerait un réglement semblable, le juge-de-paix ne serait plus compétent.

1. Cette disposition intercalée dans l'art. 5, avec tant d'autres matières hétérogènes, pourrait être regardée comme inutile ; car les mois de nourrices ne comportent guère d'arrérages excédant la somme de 200 fr., et, s'il est possible que les demandes formées à ce sujet excédent la compétence ordinaire des juges-de-paix, le cas du moins doit être infiniment rare. Quoi qu'il en soit, de toutes les actions, la plus juste, la plus favorable, celle dont l'instruction doit être la plus prompte et la moins dispendieuse, est évidemment la demande qui a pour objet le paiement d'une nourrice : il était donc naturel de déférer aux juge-de-paix la connaissance de toutes les demandes de cette nature, à quelque somme qu'elles pussent s'élever.

Le premier projet du gouvernement semblait présenter une attribution plus large que celle qui se trouve dans la loi : « Les » juges-de-paix, était-il dit, connaîtront des contestations entre » les nourrices et les pères et mères, ou tuteurs des enfants qui » leur sont confiés. » Mais la connaissance *des contestations re-latives au paiement des nourrices*, entraîne nécessairement celle de toutes les difficultés que peuvent faire naître leurs rapports avec les pères et mères ou tuteurs. Le juge-de-paix doit sta-tuer, par-là même, soit sur le taux du paiement, s'il est contesté, soit sur la quotité des mois qui peuvent être dus. La tenue de l'enfant étant le titre de la nourrice, c'est à la per-sonne qui le lui a confié, à justifier du paiement par écrit, ou par témoins, s'il s'agit d'une somme qui n'excède pas 150 fr.

Le paiement des nourrices, dont la connaissance est attribuée au juge-de-paix, doit s'entendre non-seulement du prix des mois convenus, ou fixés d'après l'usage, mais aussi des four-nitures de linge et autres objets que la nourrice aurait faites, ou des médicaments qu'elle aurait payés, en cas de maladie de l'enfant, lequel peut avoir été placé dans un lieu éloigné de ses père et mère.

2. La seule difficulté qui puisse s'élever est celle qui concerne la prescription.

L'art. 2272 du Code déclarant prescriptible par six mois l'action « des maîtres de pension, pour le prix de la pension de » leurs élèves ; et des autres maîtres, pour le prix de l'ap-» prentissage, » plusieurs auteurs ont pensé que les nourrices ne pouvaient être rangées dans une autre catégorie. M. Trop-long veut, au contraire, que la prescription de cinq ans leur soit applicable. « Brodeau, dit-il, proposait de déclarer les pensions » des nourrices sujettes à la prescription annale. M. Vazeille ac-» cepte cette opinion. Elle s'adaptait parfaitement aux ex-» pressions de l'art. 265 de la coutume d'Orléans. On a plus de » peine à la plier à notre article, et, malgré tout ce qu'on pour-» rait dire de l'origine de l'article 2272, je ne puis y souscrire, » parce que le texte de notre paragraphe s'en éloigne trop ou-» vertement. Il faudra donc se rejeter sur le dernier paragraphe » de l'art. 2277. Mais alors quelle bizarrerie dans la loi ! que

» d'anomalies et d'inexplicables classifications dans une section
» si facile à rédiger dans un esprit homogène (1) !! »

Nous ne pouvons partager ce sentiment : l'art. 2277 du Code
n'est applicable qu'aux arrérages de rentes, aux intérêts des
créances, et aux loyers et fermages. C'est, dans les articles
précédents que le législateur a placé tout ce qui pouvait concerner le paiement des fournitures, salaires, pensions, etc.
Comment serait-il possible alors de ne pas appliquer aux mois
de nourrices, la prescription d'un an, laquelle est établie par
l'art. 2272 pour les maîtres de pension?

3. Notre article renfermant la réserve suivante : *sauf ce qui
est prescrit par les lois et réglements d'administration publique
à l'égard des bureaux de nourrices de la ville de Paris et de
toutes les autres villes*, il en résulte que l'attribution conférée
aux juges-de-paix cesse, dans les lieux où il a été et où il serait
pourvu au paiement des nourrices par voie administrative.

Dans tous les temps, la conservation des enfants que les nourrices viennent chercher à Paris et dans la banlieue a excité la
sollicitude de l'autorité publique (2).

Une loi du 25 mars 1806 a tracé le mode de recouvrement
du prix des mois de nourrice des enfants de la ville et banlieue
de Paris, en ces termes :

« Art. 1. Le recouvrement du prix des mois de nourrice des
» enfants de la ville et banlieue de Paris, sera fait désormais,
» d'après un rôle qui sera rendu exécutoire par le préfet du dé-
» partement, lequel, en cas de retard de paiement, pourra dé-
» cerner contrainte, comme pour les contributions, sans que la
» voie de contrainte, par corps, puisse jamais avoir lieu.

» 2. Il sera statué par le conseil de préfecture, présidé par
» le préfet du département, sur les oppositions aux rôles ou
» contraintes, et sur les contraventions aux lois et réglements
» touchant le bureau des nourrices. »

Il est intervenu, en conséquence, à la date du 30 juin 1806,

---

(1) *Traité des Prescriptions*, tom. 2, pag. 566, n° 968.

(2) Voy. au *Répertoire*, v° *Nourrice*, les déclarations du roi des 29 janvier
1715, 1er mars 1727, 24 juillet 1729, et les lettres-patentes du mois de mai 1780
qui ont ordonné l'établissement d'un bureau de nourrices à Lyon.

un décret impérial concernant l'administration du bureau des nourrices de la ville de Paris, lequel fait partie des attributions de l'administration générale des secours et hôpitaux de la ville, sous l'autorité du préfet du département pour la partie administrative, et, pour la police, sous celle du préfet de police.

Nous ne connaissons pas de réglements d'administration publique qui auraient été faits pour d'autres villes que Paris, à moins qu'on n'exécute encore à Lyon les lettres-patentes du moi de mai 1780, que vise le décret du 30 juin 1806, avec les déclarations des 29 janvier 1715 et 1er mars 1727. Ce qu'il y a de certain, c'est que dans la réserve que renfermait le projet, on avait spécifié la loi du 25 mars 1806 et le décret du 30 juin de la même année, tandis que la loi parle des réglements d'administration publique, en général, à l'égard des bureaux des nourrices de la ville de Paris *et de toutes les autres villes.*

Quoi qu'il en soit, le juge-de-paix est compétent pour connaître des demandes en paiement des nourrices, dans tous les lieux où le mode n'en est point réglé par voie administrative; et sa compétence cesse, dès l'instant qu'il existe dans quelques villes un pareil réglement, en vertu des lois actuelles, ou de celles qui interviendraient par la suite.

ARTICLE V.

PARTIE V.

« Les juges-de-paix connaissent également, sans
» appel, jusqu'à la valeur de 100 francs, et, à
» charge d'appel, à quelque valeur que la de-
» mande puisse s'élever :

» 5° Des actions civiles pour diffamation verbale,
» et pour injures publiques ou non publiques, ver-
» bales ou par écrit, autrement que par la voie de
» la presse ; des mêmes actions pour rixes ou voies
» de fait ; le tout lorsque les parties ne se sont pas
» pourvues par la voie criminelle. »

SOMMAIRE.

saisi de la cause qui doit les réprimer? Distinction. — 20. Conduite à tenir par le juge-de-paix, en cas d'irrévérence et d'outrages. — 21. Injure commise par les magistrats; prise à partie. — 22. Marche à suivre contre ceux qui ont à se plaindre d'injures faites par les agents de l'autorité, dans l'exercice de leurs fonctions. — 23. Dénonciation et plaintes. — 24. Un prêtre peut-il, sans autorisation du conseil-d'état, être poursuivi pour injures dans l'exercice des fonctions ecclésiastiques? — 25. Excuses; la vérité du fait imputé ne pouvant servir d'excuse à l'injuriant, la preuve ne peut en être admise. — 26. Exceptions. — 27. La provocation est une excuse. — 28. Pour constituer l'injure, l'intention d'injurier et de calomnier est nécessaire. — 29. L'ivresse et la colère sont-elles une excuse suffisante? — 30. Compétence; c'est devant le juge-de-paix du domicile du défendeur que la demande en réparation doit être formée. — 31. L'injure peut être prouvée par toutes sortes de moyens. — 32. Dommages-intérêts, impression et affiches du jugement; il ne peut y avoir lieu à réparation d'honneur, ni à des injonctions. — 33. L'action est éteinte par la réconciliation. — 34. Prescription; par quel temps peut-elle s'acquérir?

§ II. *Des rixes et voies de fait.* — 35. Acception générale du terme *voie de fait;* la voie de fait proprement dite est celle qui a lieu sans violence. — 36. Compétence des tribunaux de police; Code de brumaire an 4; Code pénal. — 37. Le silence de ce Code sur les *rixes et voies de fait* en général, peut-il être considéré comme une abrogation de l'article 605 du Code de brumaire an 4? opinions diverses; arrêt important. — 38. Le soufflet est un coup qui rentre dans la compétence du tribunal correctionnel; *secùs,* de l'outrage commis en crachant à la figure. — 39. La voie de fait s'exerce aussi sur les choses. — 40. Compétence civile des juges-de-paix; elle ne s'applique qu'aux voies de fait dont l'auteur n'a frappé ni blessé personne. — 41. Le charivari est une voie de fait répréhensible, lors même qu'il n'est pas accompagné d'injures, ou qu'il ne se prolonge pas, pendant la nuit.

INTRODUCTION.

1. La loi du 24 août 1790 attribuait aux juges-de-paix la connaissance des actions pour *injures verbales, rixes et voies de fait,* « pour lesquelles les parties ne se seraient pas pourvues » par la voie criminelle; » cette compétence s'étendait à toutes les injures publiques ou non publiques, à la diffamation de même qu'à l'injure simple, pourvu que l'expression injurieuse n'eût été proférée que verbalement; la réparation des injures par écrit restait seule dans le domaine des tribunaux ordinaires.

En reproduisant la disposition de la loi ancienne, notre article a étendu la compétence des juges-de-paix aux injures écrites, mais non point à la diffamation produite de cette manière ; ils ne peuvent en connaître, comme d'après la loi de 1790, que lorsqu'elle est verbale ; ce qui ne peut manquer de présenter des difficultés dans l'exécution, car il n'est pas toujours facile de saisir la nuance qui existe entre la simple injure et celle qui peut être qualifiée de diffamation.

De même que la loi ancienne, la loi nouvelle attribue aussi aux juges-de-paix la connaissance des actions civiles, pour rixes et voies de fait.

Enfin les injures et les voies de fait étant des délits ou des contraventions passibles de peines correctionnelles ou de simple police, notre article borne la compétence civile du juge-de-paix, au cas où les parties ne se seraient pas pourvues *par la voie criminelle.*

2. Cette disposition n'est que la conséquence des principes que nous avons développés en traitant de la compétence des juges-de-paix en matière de police, savoir que tout délit ou contravention peut donner lieu à une double action, l'action publique tendant à la répression du délit, et l'action civile, qui ayant pour objet la réparation du dommage, peut être poursuivie par la personne lésée, soit devant les mêmes juges que l'action publique, soit devant les tribunaux civils.

Ici, c'est la justice-de-paix qui est compétente, pour connaître, au civil, des dommages-intérêts qui peuvent résulter, soit des rixes et voies de fait, soit des injures écrites et de la diffamation verbale ; mais si la personne lésée, qui peut aussi poursuivre son action par la voie criminelle, a pris cette voie, elle ne peut plus saisir le juge-de-paix de la même action, comme juge civil. *Electâ unâ viâ, non datur recursus ad alteram.*

Cependant il ne faut pas abuser de cette maxime ; elle ne saurait être applicable que dans le cas où le tribunal de répression demeure saisi de la plainte ; car si la partie civile y a renoncé, rien ne l'empêche alors de former son action devant la justice civile.

« Lésé par un délit, dit M. Merlin, je puis poursuivre le
» délinquant, ou par un simple exploit d'assignation devant le

» *juge civil*, ou par plainte devant le *juge criminel*, et si je
» prends la voie civile, celle de la plainte m'est fermée. Mais
» comme il m'est permis de renoncer à mon propre avantage,
» et que mon adversaire ne serait pas recevable à se plaindre
» de ce que je n'use pas contre lui de toute la rigueur de mon
» droit, je peux, après avoir rendu plainte d'un délit qui m'a
» causé du dommage, et *avant qu'il y ait été statué*, renoncer
» à la voie criminelle et prendre la voie civile (1). »

C'est par suite de ce principe, que, sous l'empire de la loi
de 1790, la cour de cassation a décidé que le juge-de-paix était
compétent pour connaître de l'action civile en réparation d'injure, dans une espèce où le demandeur ayant d'abord porté
sa plainte devant le tribunal de police, ce tribunal s'était déclaré incompétent, et avait, ainsi que le juge d'appel, renvoyé le
plaignant devant le tribunal correctionnel. Au lieu de suivre
cette marche, il s'était pourvu devant le juge-de-paix comme
juge civil; et la cour a jugé, qu'en prenant la voie civile, il
avait renoncé, par-là même, à la voie criminelle : le jugement
qui avait décidé le contraire a été cassé (2).

En parlant de la voie criminelle, notre article, de même que
la loi de 1790, a entendu désigner le cas où le demandeur se
serait pourvu, soit devant le tribunal correctionnel, soit devant
celui de simple police, qui sont les tribunaux de répression,
en ce qui concerne les injures et les voies de fait.

Il est vrai que, d'après l'art. 5 de la loi du 8 octobre 1830,
qui a remis en vigueur la disposition de l'art. 13 de la loi du
26 mai 1819, qu'avait abrogé celle du 25 mars 1822, c'est
devant la cour d'assises que doivent être poursuivis les outrages
dont on se serait rendu coupable envers un fonctionnaire, soit
par la voie de la presse, soit *dans des lieux ou réunions publiques;*
mais cette attribution extraordinaire ne change point la nature
du délit; les cours d'assises sont seulement chargées d'appliquer
des peines correctionnelles, sur la déclaration du jury.

Terminons ce qui concerne la litispendance qui peut exister
entre l'action civile et l'action criminelle, en observant que,

---

(1) *Questions de droit*, v° *Option*, § 1, n° 4.

(2) Arrêt du 21 novembre 1825, D., pag. 50 de 1826.

si malgré la rénonciation de la partie lésée à la voie criminelle, le tribunal de répression restait saisi de l'action publique, alors le juge-de-paix, devant lequel serait portée l'action civile, devrait surseoir, jusqu'à ce qu'il eût été statué sur l'action publique, ainsi que le prescrit l'art. 3 du Code d'instruction criminelle.

Pour donner à ce point important de la compétence des juges-de-paix, tous les développements qu'exige la matière, la discussion sera divisée en deux paragraphes.

Dans le premier, on examinera en quoi consistent la diffamation et les injures; et comme la juridiction du juge-de-paix tenant le tribunal de police est intimément liée avec la compétence civile qui lui est ici attribuée, nous préciserons qu'elle est, en matière d'injures, l'étendue des attributions de ce magistrat, soit comme juge civil, soit comme juge de police.

La même précision aura lieu pour ce qui concerne les rixes et voies de fait, qui seront l'objet du second paragraphe.

§ Ier.

De la diffamation et des injures.

5. Suivant la définition qu'en donne le répertoire, l'injure, en général, est *un outrage par paroles, ou par écrit, ou par voie de fait*.

L'outrage par voie de fait sera l'objet du paragraphe suivant, il ne s'agit ici que des injures par paroles ou par écrit.

« Les injures par paroles se commettent, dit l'auteur, lorsqu'en
» présence de quelqu'un, ou en son absence, on tient contre
» lui des propos injurieux; qu'on lui fait quelques reproches
» outrageants; que l'on chante des chansons qui l'insultent, ou
» qu'on lui fait quelques menaces de lui faire de la peine, soit
» en sa personne, ou en ses biens, ou en son honneur (1).

---

(1) Les menaces ne peuvent être rangées dans la classe des injures, à moins qu'elles ne soient accompagnées d'expressions outrageantes; car la menace peut n'avoir rien d'injurieux, et l'injure rien de menaçant. Aussi la menace n'est-elle point classée, par le Code pénal, au nombre des injures qui ne sont jamais qu'un délit, tandis que la menace est quelquefois regardée comme un crime (voy. les articles 305 et suiv., ainsi que l'article 436).

» Les injures qui se commettent par écrit sont, lorsque
» l'on compose ou distribue des chansons et d'autres écrits ou
» libelles diffamatoires contre quelqu'un.

» On peut mettre dans la même classe, les peintures inju-
» rieuses, qui sont une autre manière de divulguer les faits
» et, pour ainsi dire, de les écrire. Pline rapporte que le peintre
» Clexides ayant été peu favorablement reçu de la reine
» Stratonice, pour se venger d'elle, en partant de sa cour, y
» laissa un tableau dans lequel il la représentait couchée avec
» un pêcheur qu'elle était soupçonnée d'aimer : cette peinture
» était beaucoup plus offensante qu'un libelle qu'il aurait écrit
» contre la reine. »

4. La vie privée de l'homme *doit être murée*, disait un de nos
profonds politiques. Dans tous les pays policés, la diffamation
et l'injure doivent donc être sévèrement réprimées. Autrement
l'injure deviendrait la source des plus graves excès; la vérité
du fait ne peut même servir d'excuse à l'injuriant, car, s'il était
permis de divulguer ce que l'on prétend savoir sur le compte
d'autrui, ce prétexte donnerait lieu à des haines perpétuelles,
à des discordes sans fin.

L'injure est plus ou moins grave, suivant la gravité des
propos ou de l'écrit injurieux, suivant aussi le plus ou le moins
de publicité que peut y avoir donné l'offenseur.

Le Code pénal (art. 367 et suiv.) distingue trois sortes
d'injures; la calomnie, qui consiste dans l'imputation d'un fait;
les injures ou expressions outrageantes qui ne renferment
l'imputation d'aucun fait précis, mais celle d'un vice déterminé;
enfin les propos injurieux qui ne renferment l'imputation,
ni d'un fait précis, ni d'un vice déterminé, et ne sont que
des invectives, des termes de mépris.

5. Mais la loi du 17 mai 1819, sur la répression des crimes
et délits commis *par la voie de la presse ou par tout autre
moyen de publication*, en donnant à ces délits une classification nouvelle, et a parfaitement distingué la diffamation de
l'injure.

L'art. 13 porte : « Toute allégation ou imputation *d'un fait*
» qui porte atteinte à l'honneur ou à la considération de la

» personne ou du corps auquel le fait est imputé, *est une*
» *diffamation.*

» Toute expression outrageante, terme de mépris ou in-
» vective qui ne renferment l'imputation d'aucun fait, *est une*
» *injure.* »

Quoique placée dans une loi pénale, cette définition ne doit
pas moins servir à fixer la compétence civile du juge-de-paix,
attendu la distinction faite par notre article, de la diffamation dont le juge-de-paix ne peut connaître que lorsqu'elle
est verbale, et des injures dont la connaissance lui est attribuée, qu'elles soient proférées verbalement, ou renfermées dans
un écrit.

Avant de discuter ces deux points, il importe d'examiner,
per transennam, quelle est, en matière d'injures, la compétence du juge-de-paix tenant le tribunal de simple police.

Compétence des tribunaux de police.

6. Les articles 367 et suivants du Code pénal déclarent coupable de calomnie, « celui qui, soit dans des lieux ou réunions
» publiques, soit dans un acte authentique et public, soit dans
» un écrit imprimé ou non, qui aura été affiché, vendu ou dis-
» tribué, aura imputé à un individu quelconque, *des faits*,
» qui, s'ils existaient, exposeraient celui contre lequel ils sont
» articulés à des poursuites criminelles ou correctionnelles,
» ou même l'exposeraient seulement au mépris ou à la haine
» des citoyens. » Et, cet article infligeant des peines correctionnelles plus ou moins graves, les tribunaux de simple police sont incompétents, pour connaître du délit de calomnie ou
de diffamation, lorsque le fait avancé par l'offenseur a été
rendu public, de l'une des manières indiquées par la loi.

Il en est de même du cas prévu par l'article 375, celui
d'injures ou expressions outrageantes qui ne renfermeraient
l'imputation d'aucun fait précis, mais celle d'*un vice déterminé*,
si elles ont été proférées *dans des lieux ou réunions publiques,*
ou insérées *dans des écrits imprimés ou non*, qui auraient été
répandus et distribués. L'article appliquant ici une amende de
16 fr. à 500 fr., cette peine excède encore les limites de la
compétence du tribunal de police.

Mais l'art. 376 ajoute : « Toutes autres injures ou expres-
» sions outrageantes qui n'auront pas eu *ce double caractère*
» *de gravité et de publicité*, ne donneront lieu qu'à des peines
» de simple police. »

De cette disposition, il résulte clairement que c'est au tribunal de police à connaître des injures, quelques graves qu'elles
soient, qu'il y ait diffamation ou seulement invectives, lorsqu'elles n'ont pas été proférées publiquement ; qu'ainsi le tribunal correctionnel n'est compétent que dans le cas où, à la
publicité, se joint l'imputation, soit d'un fait précis, soit d'un
vice déterminé.

7. Les lois postérieures ont-elles apporté quelque changement à cette compétence des tribunaux de police ? C'est là une
question sur laquelle l'opinion des auteurs n'est pas fixée d'une
manière bien précise.

L'objet de la loi du 17 mai 1819 fut de réprimer la diffamation et l'injure publique, de prévenir, surtout, les écarts de
la presse.

L'art. 1er commence par établir en principe que « quiconque,
» soit par des discours, des cris ou menaces, proférés dans des
» lieux ou réunions publics, soit par des écrits, des imprimés,
» des dessins, des gravures, des peintures ou emblèmes vendus
» ou distribués, mis en vente, ou exposés dans des lieux ou
» réunions publics, soit par des placards et affiches exposés
» aux regards du public, aura provoqué l'auteur ou les
» auteurs de toute action qualifiée crime ou délit, à la com-
» mettre, sera réputé complice et puni comme tel. »

Suivent les crimes et outrages envers le gouvernement, qui
auraient été commis par l'une des voies de publication indiquées en tête de la loi.

Puis vient l'art. 16, qui punit d'un emprisonnement de huit
jours à dix-huit mois et d'une amende de 50 fr. à 3,000 fr.
(emprisonnement et amende qui peuvent être infligés cumulati-
vement ou séparément), « la diffamation envers tout déposi-
» taire ou agent de l'autorité publique, pour des faits relatifs
» à ses fonctions (1). »

_____

(1) La loi du 25 mars 1822 ajoute encore à cette disposition : l'article 6 de cette

La même peine est infligée par l'art. 17, en cas de diffamation envers les ambassadeurs et autres agents diplomatiques.

Et suivant l'art. 18, « la diffamation *envers les particuliers* » sera punie d'un emprisonnement de cinq jours à un an, et » d'une amende de 25 fr. à 2,000 fr., ou de l'une de ces deux » peines seulement, selon les circonstances. »

Quant aux injures qui, ne renfermant pas l'imputation d'un fait précis, n'ont point le caractère de diffamation, l'article 19 porte : « L'injure contre les personnes désignées par les art. 16 » et 17 de la présente loi, sera punie d'un emprisonnement de » cinq jours à un an, et d'une amende de 25 fr. à 2,000 fr., » ou de l'une de ces deux peines seulement, selon les circon» stances.

» L'injure *contre les particuliers* sera punie d'une amende » de 16 fr. à 500 fr. »

Mais l'art. 20 ajoute : « Néanmoins l'injure qui ne renferme» rait pas l'imputation d'un vice déterminé ou qui ne serait » pas publique, *continuera* d'être punie des peines de simple » police. »

On pourrait dire que, de ces termes, résulte une dérogation à l'art. 376 du Code pénal, lequel attribuait aux tribunaux de police, la répression de l'injure qui ne réunit pas *le double caractère de gravité et de publicité*, tandis que la conjonction alternative ou, qui se trouve dans l'art. 20 de la loi de 1819, indiquerait que, pour rendre compétent le tribunal de police, il faut que l'injure ne soit ni grave, ni publique, que, si elle a seulement l'un de ces caractères, si, sans être publique, elle renferme l'imputation, soit d'un fait, soit d'un vice déterminé, ou qu'à défaut de cette imputation, elle soit publique, alors c'est au tribunal correctionnel, et non à celui de simple police qu'appartient la répression.

8. Mais loin de déroger à l'article 376 du Code pénal, la

loi punit d'un emprisonnement de quinze jours à deux ans et d'une amende de 100 francs à 4,000 francs, *l'outrage fait publiquement d'une manière quelconque*, à raison de leurs fonctions ou de leur qualité, à un ou plusieurs membres des deux chambres, à un fonctionnaire public, à un ministre de l'une des religions légalement reconnues, en France, etc., etc.

loi de 1819 n'a fait qu'en confirmer la disposition, cela nous paraît évident.

D'abord, le but de cette loi toute politique a été, on le répète, de réprimer la diffamation et l'outrage commis par la voie de la presse ou par tout autre moyen de publication. Il n'entrait pas, dans les vues du législateur, de déroger au Code pénal, en ce qui concerne les injures proférées contre des particuliers, et d'apporter, à cet égard, aucun changement à la compétence des tribunaux de police. Ces termes, *l'injure qui ne renfermerait pas*, etc., CONTINUERA *d'être punie des peines de simple police*, excluent toute idée de dérogation.

La loi du 26 mai 1819 vient à l'appui de ce raisonnement. Il est question, dans cette loi, de régler les poursuites des délits de publications injurieuses prévus par la loi du 17 du même mois : et l'art. 13 attribue aux cours d'assises la connaissance de tous ces délits, *à l'exception de ceux désignés dans* l'article suivant; et voici ce que porte l'article 14 : « Les délits » de diffamation *verbale* ou d'injure *verbale* contre toute » personne, et ceux de *diffamation* ou d'injure *par une voie* » *de publication quelconque* contre des particuliers, seront » jugés par les tribunaux de police correctionnelle, sauf les » cas attribués aux tribunaux de simple police. »

Cette loi reconnaît donc, qu'en ce qui concerne les particuliers, un seul des caractères de gravité ou de publicité ne suffit pas pour investir le tribunal correctionnel des poursuites en répression; que des injures publiques (lors même que la voie de la presse leur aurait donné la plus grande publicité) peuvent être de la compétence du tribunal de simple police; donc il n'a point été dérogé à l'art. 376 du Code, qui attribue à ce tribunal la connaissance de toute injure, qui ne réunit pas le double caractère de gravité et de publicité.

Ainsi, quelque grave que puisse être une injure, qu'il y ait diffamation réelle, imputation d'un fait précis, ou d'un vice déterminé, le tribunal de police est compétent, dès l'instant que l'injure n'a pas été proférée soit dans un lieu ou réunion publique, soit dans un écrit imprimé ou répandu; et, lors même que l'injure a reçu cette publicité, le tribunal de police est également compétent, si, sans renfermer l'imputation soit d'un fait précis, soit d'un vice déterminé, l'injure ne consiste que dans des expressions outrageantes, des invectives, ou termes de mépris.

9. C'est ce qui résulte de la jurisprudence.

On pourrait opposer, comme ayant jugé le contraire, l'arrêt du 24 avril 1828, que rapporte Dalloz, pag. 224. — Il s'agissait d'un jugement du tribunal de police qui avait condamné le sieur Lancizolle à faire, à l'audience, réparation d'honneur au sieur Martin, qui avait été publiquement injurié, sans provocation. Le procureur-général ayant attaqué ce jugement, d'office, observa, dans son réquisitoire, que, bien que le tribunal de police n'eût pas spécifié les injures, *la circonstance seule de la publicité indiquait un délit prévu par l'art. 19 de la loi du 17 mai 1819*, et punissable d'une amende de 16 fr. à 500 fr., d'où il concluait que le tribunal de simple police était incompétent. Et en lui supposant juridiction, ajoutait-il, il aurait excédé ses pouvoirs, en condamnant le prévenu à faire réparation d'honneur, ce qui est arbitraire, ce qui est une aggravation de peine, une pareille condamnation n'étant point autorisée par la loi. Et la cour a cassé *par les motifs exprimés au réquisitoire*. Mais l'amende honorable auquel avait été condamné le prévenu étant un excès de pouvoir, le jugement ne pouvait échapper à la cassation. De ce que la cour a adopté le réquisitoire, dans lequel était échappé au procureur-général une proposition contraire à notre système, on ne peut donc pas en induire qu'il a été jugé d'une manière positive, que l'injure simple sort des limites de la compétence du tribunal de police, dès l'instant qu'elle a été proférée publiquement.

La question s'est présentée devant la cour de Bordeaux qui l'a jugée *in terminis*, dans l'espèce suivante :

Un officier de la garde nationale avait dit à un de ses subordonnés, très publiquement (c'était dans une réunion à la suite de la bénédiction du drapeau) : *vous êtes un mauvais citoyen, un homme suspect ;* et cette cour a décidé qu'une semblable injure n'était pas de la compétence du tribunal correctionnel :

« Attendu 1° que la loi du 26 mai 1819 déclare, dans son » article 14, qu'il est des cas où les faits d'injures verbales, » *par voie de publication*, restent dans les attributions des tri-» bunaux de simple police; — attendu que ces cas semblent être

» ceux où l'injure ne renferme pas l'imputation d'un vice dé-
» terminé; que l'art. 20 de la loi du 17 mai 1819 paraît de-
» voir être entendu en ce sens, que, si l'injure manque, ou
» du caractère de précision que cet article indique, ou de celui
» de publicité, c'est le tribunal de simple police qui doit conti-
» nuer à en connaître; qu'à cet égard, la législation établie par
» le susdit article 20, n'aurait fait que reproduire ce qu'avait
» exigé l'art. 375 du Code pénal, pour que l'injure fût de la
» compétence correctionnelle : qu'aux termes de ce dernier ar-
» ticle, elle devait renfermer l'imputation d'un vice déterminé,
» et être publique; que l'art. 20 de la loi du 17 mai, ne semble
» pas avoir voulu exprimer autre chose; que si, au lieu de se
» servir, dans l'art. 20 précité, de la disjonctive *ou*, le législa-
» teur y avait employé la conjonctive *et*, on aurait pu en con-
» clure qu'il n'y avait que les injures qui, tout à la fois, ne
» renfermaient pas l'imputation d'un vice déterminé, *et* qui
» n'étaient pas publiques, qu'on dût continuer de punir des
» peines de simple police; que telle n'a pas été son intention,
» puisque les injures non publiques, alors même qu'elles ren-
» ferment l'imputation d'un vice déterminé, n'en doivent pas
» moins être déférées aux tribunaux de simple police; que même
» une injure, *quelle que soit sa gravité*, est, *à moins qu'elle ne
» soit publique*, de la compétence de ces derniers tribunaux; —
» attendu que, si, en donnant la définition de l'injure dans
» son art. 13, la loi du 17 mai a dit que toute expression ou-
» trageante, terme de mépris ou invective, qui ne renferme
» pas l'imputation d'un fait précis, est une injure, elle a dé-
» signé l'espèce d'injure publique qu'elle soumettait à la ré-
» pression, par voie correctionnelle, en énonçant dans l'art. 20,
» que c'était celle renfermant l'imputation d'un vice déter-
» miné; — attendu qu'en l'absence d'une disposition formelle
» sur ce point, on ne pourrait admettre que, quelle que soit la
» nature des injures proférées, et ne s'agit-il que de celles que
» l'art. 471, n° 11, a prévues, la seule circonstance de la pu-
» blicité est suffisante pour que les tribunaux correctionnels
» en soient saisis (1). »

_____

(1) Arrêt du 13 janvier 1832, D., part. 2, pag. 117 et suiv. de 1833.

Par arrêt du 10 juillet 1834, la cour de cassation a interprété de même les lois de 1819, combinées avec l'art. 376 du Code pénal.

La dame Lhabitant fut traduite, à la requête de Deslandes, devant le tribunal correctionnel de la Seine, pour avoir dit en public, qu'il avait été *condamné aux galères et à la marque pour vol de vases sacrés* (c'était bien là l'imputation d'un fait précis, la diffamation la plus grave qui puisse être). Mais le tribunal, reconnaissant que ces propos n'avaient pas été tenus dans un lieu public, condamne la dame Lhabitant, comme tribunal de simple police, à 5 fr. d'amende, et à 4,000 fr. de dommages-intérêts. Ce jugement fut confirmé par la cour de Paris, et, le pourvoi contre l'arrêt a été rejeté : « attendu qu'il résulte
» de la combinaison des articles 376 du Code pénal, 13, 14,
» 18 et 20 de la loi du 17 mai 1819, que la diffamation envers
» les particuliers, qui n'est pas publique, est assimilée à l'injure ;
» — attendu, qu'aux termes de l'art. 14 de la loi du 26 mai
» 1819, la diffamation et l'injure, qui ne sont pas publiques,
» sont de la compétence des tribunaux de simple police. »

C'est aussi ce qui résulte des motifs d'un autre arrêt à la date du 10 novembre 1826.

« Attendu que l'art 376 du Code pénal, général dans ses ex-
» pressions, comprend toutes les injures quelconques qui n'au-
» raient pas les caractères de publicité et de gravité déterminés
» par les articles qui le précèdent, et que les injures écrites,
» comme les injures verbales, entre lesquelles cet article ne fait
» point de distinction, sont également comprises dans ces dis-
» positions ; — attendu que l'art. 471, n° 11, Code pénal, qui
» semble restreindre la contravention et la peine de simple po-
» lice à ceux qui, sans avoir été provoqués, auront proféré
» contre quelqu'un des injures autres que celles prévues depuis
» l'art. 367 jusques et compris l'art. 378, n'est point en con-
» tradiction, et se concilie parfaitement, au contraire, avec
» l'art. 376, puisque les deux articles punissent des mêmes
» peines de simple police, toutes les injures autres que celles
» prévues depuis l'art. 367 du Code pénal, et que lesdits art.
» 367 et suivants, sont relatifs aux injures écrites et aux in-
» jures verbales commises avec différents caractères de gravité

» et de publicité; — attendu que des art. 13 et 20 de la loi du 17
» mai 1819, il résulte encore évidemmeut que la loi punit de
» peines de simple police, toute injure qui ne renfermerait pas
» l'imputation d'un vice déterminé, ou qui ne serait pas pu-
» blique, etc. »

Enfin, par arrêt du 16 janvier 1826, la cour de cassation
a décidé « que la connaissance et la répression *de toute*
» *diffamation grave et publique* contre des particuliers ap-
» partiennent à la juridiction correctionnelle, » parce qu'il s'a-
gissait d'une calomnie évidente que les juges avaient déclarée
publique (1).

En présence de ces arrêts, comment serait-il possible de
soutenir qu'il a été dérogé à l'art. 376 du Code pénal, par
l'art. 20 de la loi du 17 mai 1819?

10. Ainsi, les propos et même les écrits injurieux appartiennent aux tribunaux correctionnels, lorsqu'ils réunissent
le double caractère de gravité et de publicité : dans tous les
autres cas, c'est le tribunal de simple police qui doit en connaître.

Si donc, au lieu d'imputation, soit d'un fait précis, soit d'un
vice déterminé, l'injure ne consiste que dans des expressions
outrageantes, de simples invectives, ou termes de mépris, alors,
quel que soit le degré de publicité qu'ait reçue l'injure de ce
genre, le tribunal de simple police n'est pas moins compétent,
parce qu'au caractère de publicité, celui de gravité ne se trouve
pas réuni.

Mais si l'offenseur impute à un individu un fait précis, tel
que celui de *vol*, de *meurtre*, d'*adultère*, d'*usure*, ou que seulement il l'accuse d'un vice déterminé, en le traitant de *fripon*,
de *libertin*, d'*ivrogne*, d'*usurier*, etc., alors, ou l'injure a été
proférée dans une réunion publique, ou renfermée dans un
écrit soit imprimé, soit à la main, soit dans une lithographie,
peinture ou gravure, qui auront été distribués ou répandus;
ou bien cette injure n'a pas reçu de publicité, par l'une des
voies qu'indiquent l'art. 367 du Code pénal et l'art. 1er de la

_____

(1) Ces trois derniers arrêts sont rapportés dans le recueil de Dalloz,
pag. 209 de 1826, 279 de 1833, et 436 de 1834.

loi du 17 mai 1819. Dans ce dernier cas, quelque grave que soit l'injure, le juge-de-paix tenant le tribunal de police est seul compétent. Dans le premier cas, au contraire, c'est le tribunal correctionnel qui devra connaître de la répression, parce que l'injure est tout à la fois grave et publique.

11. Mais quand l'imputation doit-elle être considérée comme publique ? Si l'injure est renfermée dans un écrit, l'art. 367 du Code pénal exige, pour qu'il y ait publicité, que l'écrit ait été distribué ou répandu ; et, s'il s'agit d'une diffamation verbale, le même article, ainsi que la loi du 17 mai 1819, veulent que les propos aient été proférés *dans des lieux ou réunions publics.*

Il peut y avoir publicité, quoique la réunion ait été faite dans un endroit qui n'est pas considéré comme *lieu public.* C'est ce qu'a décidé le dernier arrêt qui vient d'être cité ; la compétence du tribunal correctionnel a été reconnue, « attendu que » la publicité ne résulte pas seulement de ce qu'un fait » s'est passé dans *des lieux publics*, mais que cette publicité » existe encore, lorsque ce fait a eu lieu dans toutes *réunions* » *publiques ;.....* qu'en effet, une réunion, quoique formée dans » un lieu *non public*, peut devenir *publique*, soit par le concours d'un grand nombre de personnes que rassemble ou » l'intérêt ou la curiosité, soit par la présence des autorités » locales appelées par la voix publique ou par des réclamations particulières ; soit enfin par toute autre circonstance » que la loi n'a pas spécifiée, et dont elle a laissé aux juges » l'appréciation (1). »

Par la raison contraire, les propos diffamatoires, quoique proférés dans un lieu regardé comme public, peuvent n'avoir pas un caractère de publicité, à défaut de réunion dans ce lieu. Aussi la cour de cassation a-t-elle jugé qu'une injure n'était pas publique, quoiqu'elle eût été proférée dans une salle d'audience, où se trouvaient seulement les juges, le substitut et les membres du barreau (2).

Nous avons cru devoir entrer dans ces détails, afin d'éclairer

---

(1) Arrêt du 26 janvier 1826, D., pag. 209.
(2) Arrêt du 4 août 1832, D., pag. 347 de 1833.

MM. les juges-de-paix, au sujet des poursuites en répression
d'injures qui peuvent être portées devant les tribunaux de police;
comme on le voit, la fixation de leur compétence, sur ce point,
ne laisse pas de présenter des difficultés.

Quittons cette digression, pour en venir à l'examen de notre
article.

Compétence du juge-de-paix, comme juge civil en matière
d'injures.

12. La compétence du juge-de-paix, en cette matière, est
beaucoup plus étendue que sa juridiction, comme juge de
simple police.

Déjà sous l'empire de la loi du 24 août 1790, il était reconnu
que la disposition de cette loi, étant générale, embrassait toutes
les actions pour injures *verbales*, quelques graves qu'elles
fussent, et ne pouvait être restreinte aux actions qui, si elles
étaient formées par voie de plainte, devraient être portées devant les tribunaux de police (1).

Notre article, loin de restreindre cette compétence, l'a étendue, au contraire, en attribuant aux juges-de-paix la connaissance des actions civiles pour *diffamation verbale* nommément,
et pour injures *publiques* et *non publiques*, *verbales* ou *par*
écrit, autrement que *par la voie de la presse*.

A la chambre des députés, qui a fait ajouter cette restriction,
elle fut combattue par plusieurs membres, M. Parant, entre
autres, qui ne voyaient pas des raisons assez graves pour
traiter les injures produites par l'impression ou la lithographie,
autrement que celle qui était consignée dans un manuscrit.
Mais, répondit le rapporteur, « les injures faites par la voie de
» la presse ne sont, à cause de leur publicité, comparables à
» aucune autre. Si vous vous occupez de la gravité du délit,
» il est nécessairement plus considérable que si l'injure avait
» été faite par un écrit à la main, il a plus de portée, prouve
» plus de malice, et produit un plus fâcheux résultat..... Il ne
» s'agit pas de simples pamphlets, mais des ouvrages les plus
» longs, des journaux publiés chaque jour : les juges-de-paix

---

(1) Voy. le réquisitoire et l'arrêt du 21 décembre 1813, D., pag. 516 de 1814.

» auraient sans cesse à décider, si un ouvrage sérieux et de
» longue haleine, si un ouvrage comme celui de M. de Lamennais,
» par exemple, ou tel autre, contient des injures. Les injures
» adressées par un tel moyen de publication, ne peuvent-être
» renvoyées devant un degré de juridiction aussi inférieur. Je
» pense, qu'énoncer une telle proposition, c'est la résoudre (1). »

On pourrait s'étonner de voir, dans un rapport sur les dangers
de la presse en général, signaler particulièrement un auteur.
Quoi qu'il en soit, la loi est claire, elle exclut de la compétence
civile des juges-de-paix les injures produites par la voie de la
presse, ce qui doit s'entendre des journaux, et non-seulement
des œuvres d'une certaine étendue, mais du moindre pamphlet
imprimé : par le même motif, le juge-de-paix ne pourrait pas
connaître, non plus, de l'injure produite par une gravure,
par le moyen qui est aujourd'hui si fréquent, celui des ca-
ricatures (2). Mais tout manuscrit, toute peinture rentrent dans
sa compétence. L'exception concernant les injures produites
par la voie de la presse, ne s'applique néanmoins qu'à la
compétence illimitée que l'article attribue aux juges-de-paix
en cette matière. Si la demande en réparation se bornait à
200 fr., alors, quoiqu'il fût question d'un écrit imprimé, l'affaire
rentrerait dans la compétence établie par l'article 1er, pour
toutes les actions personnelles.

La loi distinguant, de l'injure, la diffamation dont le juge-
de-paix ne peut connaître que si elle est verbale, nous devons
retracer les cas auxquels doit s'appliquer cette distinction ;
viendra ensuite l'examen des principes généraux qui doivent
servir de guide aux juges-de-paix dans tous les cas.

13. *Diffamation verbale.* Suivant la distinction faite par
l'art. 13 de la loi du 17 mai 1819, « toute allégation ou im-

_____

(1) *Moniteur* du 21 avril 1838.

(2) Ce moyen dangereux de publication a même été l'objet d'une disposition
spéciale que porte la loi du 9 septembre 1835. « Aucun dessin, dit l'article 20,
» aucunes gravures, lithographies, médailles et estampes, aucun emblème de
» quelque nature et espèce qu'ils soient, ne pourront être publiés, exposés ou
» mis en vente, sans une autorisation préalable du ministre de l'intérieur à
» Paris, et des préfets dans les départements. » — La contravention est punie
d'un emprisonnement d'un mois à un an, et d'une amende de 100 fr. à 1000 fr.

» putation d'*un fait* qui porte atteinte à l'honneur ou à la
» considération de la personne ou du corps auquel le fait est
» imputé, est une diffamation. » Comme on l'a déjà fait observer, cette distinction, quoique faite pour la classification des
délits d'injures, n'en doit pas moins servir à fixer la compétence civile du juge-de-paix : c'est sous l'impression de cette
loi que notre article a été rédigé : en distinguant la diffamation
de l'injure, les législateurs de 1838 n'ont donc pas eu d'autre
pensée que ceux de 1819.

Ainsi, accuser quelqu'un d'un meurtre, d'un vol, d'une
banqueroute, etc., c'est lui imputer un fait; il y a par conséquent diffamation. Dire à quelqu'un *qu'il n'est qu'un reste
de prison* et *qu'il y sera mis encore*, semblerait ne pas être
l'imputation d'un fait bien précis, cependant il a été décidé
que c'était une diffamation (1). Enfin il a été jugé que, reprocher à un individu *d'avoir volé une oie*, c'était aussi le diffamer
dans le sens de la loi (2).

Comme on le voit, la diffamation peut être plus ou moins
grave, suivant la gravité de l'inculpation; et la diffamation peut
facilement se confondre avec l'injure. Pour ce qui est de la
compétence du juge-de-paix, il faut donc retenir que l'offenseur
diffame, dès l'instant qu'il divulgue, contre l'offensé, un fait
précis et capable de l'exposer à des poursuites criminelles ou
correctionnelles, ou seulement de porter atteinte à son honneur
et à sa considération.

Dans ce cas, le juge-de-paix n'est compétent que quand le
fait a été imputé verbalement; si au contraire il est renfermé
dans un écrit quelconque, la demande en dommages-intérêts
n'appartient qu'aux tribunaux ordinaires.

14. C'est ici le cas d'examiner une question qui peut se présenter, celle de savoir si l'imputation de *sorcellerie* est une
diffamation.

Nos pères étaient imbus de l'idée superstitieuse qu'il existait
des sorciers allant au sabbat, et jetant un sort sur les hommes et

---

(1) Arrêt du 15 février 1828, D., pag. 135.

(2) Arrêt du 20 janvier 1825, D , pag. 169.

les animaux (1). Aux yeux des gens sensés, cette opinion est regardée comme la chose la plus stupide, depuis un temps infini. Déjà, sous le règne de Louis XIV, la raison commençant à faire des progrès, un arrêt du conseil, du 26 avril 1672, enjoignit de relâcher un grand nombre de bergers et d'autres gens accusés de sorcellerie; et, depuis cette époque, les accusations de ce genre n'ont plus été admises dans les tribunaux français (2). Aujourd'hui celui qui, abusant de la crédulité publique, se ferait délivrer quelque somme, serait poursuivi pour délit d'escroquerie.

Néanmoins le préjugé de la sorcellerie n'est point entièrement déraciné dans les campagnes; et parmi les absurdités dont aime à se repaître la multitude, il n'en est pas de plus commune et en même temps de plus dangereuse que celle des ensorcellements. L'imputation de sorcellerie contre un individu est donc une injure grave qui peut donner lieu, soit à une plainte devant le tribunal correctionnel ou de police, soit à une action civile en dommages-intérêts devant le juge-de-paix, si, comme il arrive communément, ce genre de diffamation n'est que verbal.

Une plainte avait été portée devant le tribunal de police du canton de l'Ile-sur-le-Serein, par plusieurs particuliers, contre Claude Griffe, qui s'était permis de répandre dans le public qu'il les avait vus au sabbat, un certain soir, danser autour d'un feu et d'une table, *le diable étant au milieu sur un fauteuil tout doré, où il présidait à la danse.* Le juge-de-paix regardant un conte aussi absurde comme indigne de fixer l'attention de la justice, crut devoir mettre les parties hors de cour, attendu *qu'une accusation de sortilège ne peut qu'occasionner en public du mépris et de la risée.*

Mais par arrêt du 15 mars 1811, ce jugement a été cassé

---

(1) On peut voir dans le recueil des anciennes ordonnances de Franche-Comté de nombreuses dispositions sur les sorciers et sabbatisants.

(2) En Franche-Comté, la dernière accusation de ce genre est celle qui eut lieu, en 1640, contre une mendiante nommée Catbin, qui fut condamnée au feu par la justice de la baronnie de Belvoir. Dans son *État civil des personnes et de la condition des terres dans les Gaules*, Perreciot rapporte tous les errements de cette procédure singulière.

d'office dans l'intérêt de la loi, « attendu que l'imputation de
» sorcellerie faite à Louis Ralassey, Jean Painson, etc., par
» Claude Griffe, formait *une injure grave*, qui pouvait nuire
» à la réputation de ceux auxquels elle était adressée; que
» d'ailleurs cette imputation, en la laissant accréditer, pouvait
» égarer l'opinion du peuple, troubler l'ordre et la tranquillité
» publics et occasionner des résultats facheux, au préjudice
» de ceux qui en avaient été l'objet. »

Nous croyons devoir transcrire ici les principaux passages
du réquisitoire remarquable qui a provoqué cet arrêt.

« Rien ne serait plus raisonnable, disait le procureur-général
» Merlin, que la manière de prononcer du juge-de-paix, si la
» raison était l'apanage de la multitude : mais, on ne le sait
» que trop, les choses les plus absurdes sont toujours celles
» que la multitude croit le plus volontiers; et, parmi les absur-
» dités dont elle aime à se repaître, il n'en est pas de plus
» dangereuses que les accusations de sorcellerie.

» Déjà plusieurs exemples de cette déplorable vérité, ont
» frappé les regards de la cour. En voici notamment un qui
» a laissé de profondes traces dans tous les esprits.

» Le 21 novembre 1807, un mendiant nommé François Plet,
» fut arrêté dans la commune de Frans, arrondissement de
» Mayenne, par Joseph Horeau, et conduit dans la maison
» occupée par la famille de ce particulier. Là, on lui reprocha
» d'avoir ensorcelé Julien Horeau, lequel se trouvait atteint
» d'une maladie grave, et on le somma de le désensorceler.
» Le malheureux François Plet eut beau protester qu'il ne sa-
» vait ce qu'on lui voulait dire, qu'il n'entendait rien à la sor-
» cellerie, qu'il lui était impossible de guérir une maladie dont
» la cause lui était aussi étrangère qu'inconnue : on lui lia les
» mains et les pieds, et, dans cet état, on l'introduisit dans
» un four chauffé exprès, en lui déclarant qu'on l'y laisserait
» jusqu'à ce qu'il eût désensorcelé Julien Horeau. On ne l'y
» laissa en effet que trop long-temps; il en sortit tout brûlé,
» et il expira, cinq jours après, dans des douleurs affreuses.
» De là, une procédure en assassinat contre Joseph Horeau,
» Anne Letessier sa mère, Anne Horeau sa sœur, Louis et
» Étienne Horeau ses frères. Tous furent jugés coupables, tous

» furent condamnés à mort par arrêt de la cour de justice cri-
» minelle du département de la Mayenne, du 18 juin 1808;
» et cet arrêt fut confirmé par la cour de cassation, le 19 août
» suivant.

» Tels sont les épouvantables excès auxquels peuvent con-
» duire les accusations de sorcellerie; et comment nier,
» d'après cela, que les accusations de sorcellerie ne soient des
» injures ?

» Il y a nécessairement injure, toutes les fois qu'il y a im-
» putation d'un fait blâmable, n'importe que ce fait soit réelle-
» ment possible, ou qu'il ne soit réputé tel, que par une opi-
» nion erronée.

» Il est donc bien indifférent, que la sorcellerie soit un crime
» imaginaire : dès que l'opinion d'un grand nombre de per-
» sonnes le regarde comme possible, il est clair que c'est
» nuire à la réputation de quelqu'un, au moins dans l'opinion
» de ces personnes, que de le lui imputer. Il est clair, par con-
» séquent, qu'imputer à quelqu'un le crime de sorcellerie, c'est
» l'injurier; et, par conséquent encore, il est clair que refu-
» ser de faire droit sur une demande en réparation de propos
» imputant ce crime à quelqu'un, c'est violer le n° 11 de l'ar-
» ticle 471 du Code pénal, lequel veut que les tribunaux de
» police punissent d'une amende, depuis un franc jusqu'à cinq,
» *ceux qui, sans avoir été provoqués, auront proféré contre quel-*
» *qu'un des injures* (1). »

Il y aurait également violation de l'art. 5 de la loi actuelle,
si, sous le prétexte que la sorcellerie est une absurdité, le juge-
de-paix refusait de faire droit à la demande en dommages-in-
intérêts formée par quelqu'un qui aurait été diffamé de cette
manière.

15. Dans l'ouvrage que vient de publier M. Benech, il pré
tend, pag. 216, que la diffamation verbale dont la connaissance
est attribuée aux juges-de-paix, doit être publique; *sans ce*
caractère, dit-il, *elle ne serait pas diffamation.*

Ce raisonnement serait juste, s'il s'agissait d'appliquer les
peines correctionnelles que la loi inflige, dans le cas seule

(1) *Répertoire*, v° *Sortilège.*

ment où les expressions diffamatoires ont été proférées *dans des lieux ou des réunions publiques ;* autrement l'affaire rentre dans la compétence des tribunaux de simple police. Mais, pour ce qui concerne l'application de la loi actuelle, cette circonstance est indifférente. Diffamer, c'est, d'après le vocabulaire français, *décrier, déshonorer, perdre de réputation.* Peu importe donc que l'injure ait été proférée devant quelques personnes seulement ou un plus grand nombre; il y a diffamation, dès l'instant qu'on impute, à un autre, un fait précis et déshonorant.

Rien de moins public assurément, qu'une lettre injurieuse, et surtout une lettre anonyme. Cependant la cour de cassation décide que, si, pour l'application de la peine, la diffamation doit être accompagnée de publicité, une lettre semblable peut donner lieu à l'action en dommages-intérêts de celui auquel on impute un fait diffamatoire (1). On a vu aussi d'après les arrêts cités sous le n° 9, que la diffamation dénuée de publicité était passible des peines de simple police.

La loi actuelle n'attribuant aux juges-de-paix la connaissance que de la diffamation verbale, l'action en dommages-intérêts résultant d'une lettre par laquelle on accuserait un individu de vol ou de tout autre fait précis, ne pourrait être considéré comme une simple injure, l'action en résultant rentrerait dans la compétence des tribunaux ordinaires, auxquels la loi réserve la connaissance de la diffamation par écrit.

16. *Des injures.* La compétence, en premier ressort, du juge-de-paix est illimitée en ce qui concerne les injures ; qu'elles soient publiques ou non, verbales ou par écrit, le juge-de-paix doit en connaître dans tous les cas, excepté celui où l'injure aurait été commise par la voie de la presse.

Indépendamment de la diffamation, il y a deux sortes d'injures, celles qui renferment l'imputation d'un vice déterminé, et celles qui ne consistent que dans des expressions vagues, dans des invectives, des marques de mépris.

Cette seconde espèce d'injure est beaucoup moins grave que

---

(1) Arrêt du 10 mai 1827, D., pag. 238. — Voy. aussi le *Répertoire,* v° *Anonyme,* et l'arrêt du 16 juin 1837, D., pag. 528.

la première : elle s'excuse facilement, surtout entre gens grossiers, parmi les habitants de la campagne habitués à peu mesurer leurs termes. De la part des personnes qui ont reçu de
l'éducation, ces sortes d'injures sont moins excusables, lors
surtout qu'elles s'adressent à des personnes de quelque considération; car l'offense se mesure sur le caractère et la qualité
de l'offensé.

Quant aux injures de la première classe, celles qui renferment
l'imputation d'un vice déterminé, cette imputation pourrait
être considérée comme aussi grave que celle d'un fait précis,
et même plus, dans certaines circonstances. En effet, traiter quelqu'un de fripon, d'assassin, d'usurier, etc., ne serait-ce pas se
rendre coupable envers lui, d'une diffamation aussi condamnable
que si on lui imputait un fait de vol, de meurtre, d'usure,
précis et déterminé?

Mais la loi et la jurisprudence distinguent les deux cas : par
exemple, un justiciable s'était oublié au point de dire publiquement à un juge-de-paix, *qu'il ne remplissait pas ses de-*
voirs, qu'on n'avait aucun ménagement à garder avec un homme
tel que lui; c'était là, certainement, une injure très grave adressée
à ce magistrat, à raison de ses fonctions. Cependant il a été jugé
que « ce propos ne contenant l'allégation, ni l'imputation
» d'aucun fait précis, ne constituait donc pas le délit de diffa-
» mation, tel qu'il est défini par la première partie de l'art. 13
» de la loi du 17 mai 1819, et qu'en le qualifiant seulement
» d'injure, le tribunal de Tarbes à bien appliqué la seconde
» partie de cet article, et n'a point contrevenu à la pre-
» mière (1). »

Néanmoins, relativement aux imputations faites à un fonctionnaire public, à raison de ses fonctions, l'article 6 de la loi
du 18 mars 1822 comprend, sous le nom d'*outrage fait publi-*
quement, la diffamation et les injures de tout genre.

Au surplus, peu importent ces distinctions, pour ce qui concerne la compétence dont il s'agit : que l'injure renferme l'imputation soit d'un fait précis, soit d'un vice déterminé, ou
qu'elle ne consiste que dans des invectives, des termes de mé-

(1) Arrêt de la section criminelle du 11 avril 1822, D., pag. 190.

pris ; que la diffamation, l'injure, l'outrage, ait offensé un fonctionnaire public ou un simple particulier ; le juge-de-paix n'est pas moins compétent, si la personne offensée prend la voie civile, sauf à mesurer les dommages-intérêts sur la gravité de l'injure, en ayant aussi égard à la qualité et à la position des parties : la seule chose à considérer pour ce magistrat est de savoir si un écrit injurieux constitue ce que la loi appelle diffamation ; ne pouvant connaître que de celle qui est verbale, l'affaire, en cas de diffamation écrite, devrait être renvoyée aux tribunaux ordinaires.

17. Venons maintenant aux règles applicables soit à la diffamation verbale, soit à l'injure proférée verbalement ou consignée dans un écrit.

Quand et comment la poursuite en réparation peut-elle être dirigée ? Quelles sont les preuves à la charge du demandeur, et les exceptions ou excuses que peut faire valoir le défendeur ? Devant quel juge-de-paix la demande doit-elle être portée, et à quelle réparation peut-il condamner ? Comment, enfin, l'action peut-elle être éteinte ? Telles sont les questions à examiner.

18. *Poursuites.* Dans quel cas peut-on poursuivre la réparation d'une injure devant le juge-de-paix ? Par qui et contre qui peut-elle être poursuivie ?

Généralement parlant, l'injurié est seul recevable à poursuivre la réparation de l'injure qui lui a été faite. Il est cependant des cas, où un tiers peut exercer cette poursuite, c'est lorsque l'injure rejaillit sur lui. Ainsi un mari peut poursuivre la réparation de l'injure faite à sa femme ; un père, de l'injure faite à son enfant mineur ; des parents peuvent venger l'injure faite à un de leurs parents, lorsqu'elle rejaillit sur toute la famille ; des héritiers peuvent venger l'injure faite à la mémoire du défunt ; un maître, l'injure faite à ses domestiques, lorsqu'elle rejaillit sur sa personne.

Le mari n'a pas même besoin de l'assistance de son épouse lorsque l'injure faite à celle-ci peut rejaillir sur lui. Ainsi décidé par arrêt du 14 germinal an 13 (1).

_____

(1) *Répertoire*, v° *Injure*, § 5, n° 2.

La poursuite ne peut être dirigée que contre l'injuriant, ou son tuteur, s'il est mineur; et, si l'injure a été proférée par une femme en puissance ou contre elle, l'action doit être dirigée contre elle et son mari, ou par celui-ci et sa femme.

Le décès de l'injuriant fait évanouir l'action publique; mais il n'en est pas ainsi de l'action civile, elle peut-être poursuivie contre les héritiers.

19. Quel que soit le lieu où l'injure a été faite, et les circonstances qui y ont donné sujet, la personne offensée a droit de poursuivre.

Cependant, il faut en excepter le cas, où la diffamation résulterait d'un plaidoyer ou d'un écrit consacré à la défense. Dans ce cas, la loi distingue les allégations calomnieuses ou diffamatoires, des simples injures.

Pour ce qui est des injures, qu'elles soient débitées contre l'une des parties au procès, ou contre un tiers étranger à la cause, peu importe; c'est au juge saisi de l'affaire à sévir, et, s'il ne le fait pas, l'injure est couverte par son silence, elle est censée n'avoir pas excédé les bornes de la défense.

A l'égard des allégations diffamatoires, il faut distinguer encore: si c'est contre l'une des parties figurant au procès qu'elle sont dirigées, elles peuvent être aussi réprimées incidemment; la partie diffamée ne peut exercer son action devant un autre tribunal, qu'autant que le juge qui était saisi de l'affaire lui en a fait des réserves, en déclarant que les faits diffamatoires étaient étrangers à la défense.

Le tiers, au contraire, qui n'est pas de cause, a droit de poursuivre, soit par la voie civile, soit par la voie criminelle, sans qu'il soit besoin de lui faire des réserves, et, quand bien même les allégations diffamatoires paraîtraient avoir quelque rapport à l'affaire.

Tel est le sens de l'art. 23 de la loi du 17 mai 1819 : « Ne
» donneront lieu à aucune action en diffamation ou injure, les
» discours prononcés où les écrits produits devant les tribu-
» naux.—Pourront néanmoins, les juges saisis de la cause, en
» statuant sur le fond, prononcer la suppression des écrits in-
» jurieux ou diffamatoires, et condamner qui il appartiendra à
» des dommages-intérêts. — Les juges pourront aussi, dans le

» même cas, faire des injonctions aux avocats et officiers mi-
» nistériels ou même les suspendre de leurs fonctions. La durée
» de cette suspension ne pourra excéder six mois; en cas de
» récidive, elle sera d'un an au moins et de cinq ans au plus. —
» Pourront, toutefois, les faits diffamatoires *étrangers à la*
» *cause*, donner ouverture, soit à l'action civile des parties,
» *lorsqu'elle leur aura été réservée par les tribunaux ;* et, *dans*
» *tous les cas*, à l'action civile des tiers. »

Cette disposition, qui ne parle que des tribunaux, ne nous
paraît pas moins applicable aux justices-de-paix, à l'exception,
toutefois, de la suspension des avocats ou avoués dont le
ministère n'est pas reconnu devant ces justices. Si donc, dans
une cause portée devant le juge-de-paix, une partie se livre à
des injures ou à la diffamation envers sa partie adverse, c'est à
ce magistrat à user de répression, lorsque les propos injurieux
excèdent les bornes de la défense.

Mais s'il s'agit d'allégations diffamatoires, étrangères à la
cause, et qui soient renfermés dans un écrit, comme il ne peut
connaître que de la diffamation verbale, il doit alors se borner
à déclarer, s'il en est requis, que les faits allégués étaient inutiles à la défense, et renvoyer la partie requérante à se
pourvoir devant le tribunal compétent.

Quant à la diffamation verbale qui aurait eu lieu dans un
plaidoyer devant les tribunaux, le juge-de-paix ne pourrait
connaître de l'action civile, que dans le cas où le tribunal, qui
était saisi de la cause, aurait déclaré que les allégations diffamatoires y étaient étrangères, et aurait fait des réserves à la partie
diffamée ; réserves, au surplus, qui ne peuvent être d'aucune influence, pour la décision de la demande en dommages-intérêts :
c'est au juge de-paix, devant lequel serait formée cette demande,
à apprécier lui-même, d'après les circonstances, si l'imputation
a été faite, à dessein de nuire, où si elle rentrait dans les bornes
de la défense. Enfin le tiers calomnié dans un procès où il ne
figurerait pas, a le droit incontestable de porter, devant le juge-
de-paix, sa demande en réparation civile, sans qu'il soit besoin
de renvoi, le tribunal qui était saisi de l'affaire n'ayant rien
pu statuer, ni préjuger, à son égard.

Terminons sur ce point, en observant que l'exception portée

par la loi de 1819, pour le cas où des allégations diffamatoires ont eu lieu devant le juge saisi d'un procès, ne s'applique qu'au plaidoyer prononcé ou à l'écrit produit pour la défense de la cause, et non à des injures qui auraient été proférées dans une salle d'audience, lors même qu'elles l'auraient été en présence du barreau et du public, et pendant le temps que les juges sont en délibération. Dans ce cas, le juge-de-paix serait compétent pour connaître de la diffamation verbale, sans qu'il fût besoin de renvoi (1).

L'exception de la loi ne serait pas non plus applicable, si l'injure était renfermée dans une pétition adressée au ministre ou à toute autre autorité. A l'administration, il est vrai, appartient le droit d'apprécier les faits imputés à des fonctionnaires, dans l'excercice de leur gestion administrative, de rejeter la dénonciation, si les faits lui paraissent faux, de faire, au contraire, usage de son autorité, s'ils sont reconnus vrais; et l'on conçoit, qu'en ce cas, la personne qui se croit offensée doive attendre le résultat de la décision administrative : mais si la pétition ou la réponse renferme des faits relatifs à la vie privée des individus qui en sont l'objet, et capables de porter atteinte à leur honneur et à leur considération, alors l'article 23 de la loi du 17 mai 1819, ne forme aucun obstacle à l'exercice de la demande en réparation, cet article n'étant applicable qu'aux plaidoyers et écrits que la partie produit devant les tribunaux pour sa défense (2).

20. Quelle conduite doit tenir le juge-de-paix, si une partie s'oublie, au point de tenir contre ce magistrat, des propos injurieux? Ici vient d'abord l'application de l'article 11 du Code de procédure : « Dans le cas d'insulte ou irrévérence grave » envers le juge, il en dressera procès-verbal, et pourra con- » damner à un emprisonnement de trois jours au plus. »

Mais cette disposition n'est établie que pour le cas de manque de respect. Si l'insulte était portée au point d'inculper l'honneur et la délicatesse du juge-de-paix, à raison de ses fonctions, alors ce serait un outrage passible de peines cor-

---

(1) Arrêt du 19 novembre 1829, D., pag. 414.

(2) Arrêt du 2 août 1821, D., pag. 465.

rectionnelles, d'après l'art. 222 du Code pénal, article auquel les lois postérieures n'ont porté aucune atteinte (1). Dans ce cas, le juge-de-paix devrait se borner à en dresser procès-verbal, afin de provoquer la poursuite du délit devant le tribunal correctionnel, et former, devant ce tribunal, sa demande en dommages-intérêts, ou la porter, devant un de ses suppléants, s'il lui convenait de prendre la voie civile, la justice-de-paix, d'après notre article, étant seule compétente pour statuer civilement sur l'action d'injures, et de diffamation verbale, quelles que puissent être la gravité des propos outrageants et la qualité de la personne outragée.

21. Peut-on se pourvoir en réparation d'injures qui auraient été commises par des magistrats et autres fonctionnaires publics, dans l'exercice de leurs fonctions ?

Après avoir] défini en quoi consiste le délit de calomnie, l'article 367 du Code pénal ajoute : « La présente disposition » n'est point applicable aux faits dont la loi autorise la publi-» cité, ni à ceux que l'auteur de l'imputation était, par la na-» ture de ses fonctions ou de ses devoirs, obligé de révéler ou » de réprimer. » Cet article est un de ceux abrogés par l'article 26 de la loi du 17 mai 1819 ; mais cette abrogation ne porte que sur la première partie de l'article, et non point sur le paragraphe qu'on vient de transcrire. D'ailleurs l'article 367, n'ayant pas été compris dans la loi de révision des Codes criminels du 28 avril 1832, a toujours force de loi.

La disposition dont il s'agit s'applique à tous les magistrats ; ils ne sauraient être accusés de diffamation, pour avoir apprécié et signalé dans leurs jugements ou dans des actes d'instruction, des faits qu'une partie prétendrait être attentatoires à son honneur et à sa considération. Mais ce sont principalement les officiers du ministère public et de police judiciaire que la loi a voulu placer sous sa sauvegarde.

Nos anciennes lois étaient loin de présenter autant de garantie à la partie publique. On a vu des procureurs du roi condamnés à des dommages-intérêts, et même décrétés, à raison de poursuites indiscrètes, et faute de pouvoir nommer un dénonciateur.

---

(1) Arrêt du 2 avril 1825, D., pag. 207.

« La sévérité des arrêts, disait Serpillon, tome 1er, pag. 394, a
» rendu les parties publiques si timides, qu'elles ont négligé
» la poursuite des plus grands crimes. Leur précaution la plus
» ordinaire, dans cette occasion, est de ne nommer personne
» dans la plainte, de la donner contre des *quidams;* et si, sur
» les preuves de l'information, il y a des décrets, la partie pu-
» blique ne risque rien, le ministère public ne fait qu'exécuter
» les ordres de la justice, en mettant le décret à exécution. »
La loi actuelle met les officiers du ministère public à l'abri de
pareilles craintes.

Cependant les magistrats ne sont pas couverts du manteau
de l'impunité; l'honneur et la réputation des citoyens ne sauraient être à leur merci : si donc, abusant de leur ministère,
ils diffament une partie, sans aucun motif, alors ils rentrent
dans la loi commune, et sont tenus de réparer le dommage
qu'ils ont causé (1).

Dans ce cas, la seule voie à employer, à ce qu'il nous semble,
serait celle de la prise à partie. Au nombre des causes qui
peuvent y donner lieu, l'art. 505 du Code de procédure place
le *dol*, la *fraude* ou la *concussion;* et le magistrat qui, loin de
se renfermer dans la ligne de ses devoirs, aurait été entraîné
par la passion ou quelque autre influence, serait par-là même
coupable de dol.

Mais, pour légitimer une action semblable, il faudrait des
preuves évidentes. A l'époque où, comme on vient de le voir,
le ministère public était exposé à l'action en dommages-intérêts
résultant d'une plainte sans fondement, voici ce qu'observait
M. l'avocat-général Talon, dans les conclusions rapportées
tom. 9 des *Causes célèbres,* pag. 363. « Nous faisons toujours,
» disait ce grand magistrat, une grande différence entre le
» dénonciateur *forcé* et le *volontaire :* celui-ci ne peut apporter
» trop de précautions pour éviter la peine des dommages et
» intérêts. Le dénonciateur *forcé* doit aussi apporter beaucoup
» de circonspection dans cette démarche; mais on considère,
» à son égard, la nécessité absolue où il a été de faire sa dé-
» nonciation; on ne la regarde comme téméraire, que lorsque

---

(1) Toullier, tom. 6, pag. 265, n° 182.

» la calomnie est évidente, et qu'il n'y a ni preuve, ni corps
» de délit. Le dénonciateur forcé est présumé agir par l'obli-
» gation que lui inspire son ministère. Le dénonciateur volon-
» taire, qui agit en pleine liberté, est censé avoir suivi les
» mouvements de sa passion, s'il ne justifie pas son accusation :
» en un mot, c'est à l'accusé à prouver que le dénonciateur
» forcé est un calomniateur ; et au contraire, c'est au dénon-
» ciateur volontaire à prouver la vérité du fait qu'il a dé-
» noncé. »

Ce serait s'éloigner de notre objet, que d'entrer dans une plus
longue discussion sur ce point. D'après l'art. 509 du Code
de procédure, la prise à partie devant être portée à la cour
d'appel ou de cassation, l'action en dommages-intérêts ne peut,
en ce cas, concerner le juge-de-paix.

23. Il en serait autrement de celle résultant d'une dénonciation calomnieuse faite par un particulier, et contre laquelle
la partie lésée n'aurait pas agi par la voie criminelle.

Le juge-de-paix peut aussi connaître de la réparation d'injures qui se trouveraient renfermées dans un acte relatif aux
fonctions d'un administrateur, tel qu'un maire ; mais il est
difficile que, dans un pareil acte, il ne soit pas articulé un fait
précis, ce qui constituerait une diffamation écrite dont notre
article réserve la connaissance aux tribunaux ordinaires. Dans
tous les cas, le fonctionnaire, ou agent de l'autorité publique,
ne peut être traduit en justice pour faits relatifs à ses fonctions,
sans que la poursuite ait été autorisée par le conseil-d'état, aux
termes de l'art. 75 des constitutions de l'an 8.

24. Ici se présente la question de savoir, s'il est besoin de
cette autorisation, pour poursuivre, soit par la voie criminelle,
soit par la voie civile devant le juge-de-paix, l'action d'injures
qui seraient reprochées, à un prêtre, dans l'exercice de ses
fonctions ecclésiastiques ?

Que les prêtres ne puissent être considérés comme des agents
de l'autorité, toujours est-il que l'exercice de leurs fonctions
réclame la plus grande liberté, et éprouverait de continuelles
entraves, si, à raison de cet exercice, un ecclésiastique pouvait
être arbitrairement et, au gré de l'esprit de parti, traîné devant
les tribunaux.

C'est pour éviter le scandale auquel pourraient donner lieu de semblables poursuites, que la disposition suivante a été insérée dans la loi organique du concordat du 19 germinal an 10, article 6 : « Il y aura recours au conseil-d'état, dans tous les » cas d'abus, de la part des supérieurs et autres personnes ec- » clésiastiques » : et, au nombre de ces· cas, se trouve *la contravention aux lois et réglements,* « et toute entreprise ou » tout procédé qui, dans l'exercice du culte, peut *compromettre* » *l'honneur des citoyens,* troubler arbitrairement leur con- » science, dégénérer contre eux en oppression *ou en injures,* » ou en scandale public. » — L'art. 8 porte, en conséquence : « Le recours compétera à toute personne intéressée. A défaut » de plainte particulière, il sera exercé d'office par les préfets. — » Le fonctionnaire public, l'ecclésiastique ou la personne qui » voudra exercer ce recours, adressera un mémoire détaillé et » signé, au conseiller-d'état chargé de toutes les affaires con- » cernant les cultes, lequel sera tenu de prendre, dans le plus » court délai, tous les renseignements convenables, et, sur » sur son rapport, l'affaire sera suivie et définitivement ter- » minée dans la forme administrative, ou renvoyée, *selon l'exi-* » *gence des cas,* aux autorités compétentes. »

De ces dispositions, il semblerait résulter qu'un prêtre ne peut être poursuivi pour un délit quelconque, commis dans l'exercice de ses fonctions, sans le renvoi du conseil-d'état; c'est ce qui a été jugé pendant long-temps, et telle est encore la jurisprudence du conseil (1).

Cependant, depuis la révolution de 1830, la cour de cas- sation a décidé qu'un prêtre pouvait être poursuivi directement par le ministère public, sans qu'il fût besoin d'autorisation. Un premier arrêt rendu dans ce sens, sur les conclusions du pro- cureur-général Dupin, a été suivi de plusieurs autres (2).

Mais il faut faire attention qu'il s'agissait de poursuites in- tentées par le ministère public, pour des propos séditieux qui

---

(1) Voy. M. de Cormenin, article *Appels comme d'abus*, et l'arrêt du conseil du 16 décembre 1830, D., part. 3, pag. 39 de 1831.

(2) Voy. les arrêts à la date des 23 juin, 9 septembre, 3, 25 novembre et 23 décembre 1831, D., pag. 248 et 309 de 1831, 38, 59 et 72 de 1832.

auraient été tenus par des ecclésiastiques dans l'exercice de leurs fonctions, délits qui, d'après ces arrêts, ne peuvent être assimilés aux cas d'abus qu'énumère la loi du 18 germinal an 10.

Quant aux injures, aux actes diffamatoires dont les particuliers pourraient avoir à se plaindre, l'autorisation du conseil-d'état est indispensable; la jurisprudence de la cour suprême n'a jamais varié, sur ce point.

Voici un arrêt récent qui vient de le décider encore, sur le pourvoi formé par la dame Guillaume, contre un jugement du tribunal de Digne, qui s'était reconnu incompétent pour statuer sur la plainte dirigée par elle contre le curé de Reillant, à raison d'injures et diffamations dont elle prétendait que, dans l'exercice de ses fonctions, ce dernier s'était rendu coupable envers elle, attendu qu'il y avait lieu à recours au conseil-d'état, dans les termes de la loi du 18 germinal an 10. — L'avocat-général a conclu à la cassation du jugement d'une manière très développée; mais par arrêt du 26 juillet 1838, la section criminelle a rejeté le pourvoi :

« Attendu, en fait, que la plaignante impute à l'inculpé,
» ministre du culte catholique, une diffamation dont il se serait
» rendu coupable à son égard, en chaire, et par conséquent
» dans l'exercice de ce culte; — attendu, en droit, que des
» art. 6 et 8 de la loi du 18 germinal an 10, il résulte que,
» dans tous les cas d'abus, il doit y avoir recours préalable
» au conseil-d'état; que l'affaire est suivie et définitivement
» terminée dans la forme administrative, ou renvoyée, suivant
» l'exigence des cas, aux autorités compétentes; — attendu,
» qu'au nombre des cas d'abus énumérés dans l'art. 6, pré-
» cité, le législateur a compris *toute entreprise ou tout procédé*
» *qui, dans l'exercice du culte, peut compromettre l'honneur*
» *des citoyens, ou dégénérer contre eux en injure ou en scandale*
» *public;* — attendu que la diffamation, en chaire, est évidem-
» ment un procédé qui, dans l'exercice du culte, peut com-
» promettre l'honneur de la personne diffamée et dégénérer
» contre elle en injure ou scandale public; qu'ainsi, **en**
» déclarant la demanderesse non recevable, en l'état, dans
» son action, le jugement attaqué, loin de violer la loi de

» germinal an 10, en a fait une juste application (1). »

La personne qui prétendrait avoir été diffamée par un prêtre, dans l'exercice de ses fonctions, ne pourrait donc intenter la demande en réparation sans y avoir été autorisée par le conseil-d'état : à défaut de cette autorisation, le juge-de-paix doit déclarer la demande non recevable.

Excuses. Après avoir examiné les cas dans lesquels il peut y avoir lieu à réparation d'injures, et comment l'action doit être dirigée, il faut en venir aux exceptions que peut opposer le défendeur pour justifier l'écrit ou les propos qui lui sont reprochés.

25. Et d'abord la vérité du fait peut-elle servir d'excuse à celui qui l'a divulgué ?

En thèse générale, on doit tenir la négative; *veritas con·vicii non excusat injuriam :* cette maxime du droit romain a passé dans notre législation. Cependant l'art. 370 du Code pénal y apporte la restriction suivante : « Lorsque le fait imputé » sera légalement prouvé vrai, l'auteur de l'imputation sera à » l'abri de toute peine. — Ne sera considéré comme preuve lé-» gale que celle qui résultera d'un jugement ou de tout autre » acte authentique. »

L'art. 20 de la loi du 26 mai 1819, fait une autre exception pour ce qui concerne les faits reprochés à une personne publique relativement à ses fonctions : « Nul ne sera admis à » prouver la vérité des faits diffamatoires, si ce n'est dans le » cas d'imputation contre des dépositaires ou agents de l'auto-» rité, ou contre toute personne ayant agi dans un caractère » public, *de faits relatifs à leurs fonctions.* Dans ce cas, les » faits pourront être prouvés par toutes les voies ordinaires, » sauf la preuve contraire, par les mêmes voies. » La loi du 8 octobre 1830 a rétabli cette exception qu'avait abrogée l'article 18 de la loi du 25 mars 1822.

L'art. 370 du Code pénal étant un de ceux compris dans l'abrogation prononcée par le dernier article de la loi du 17

---

(1) Voir cet arrêt et les conclusions contraires de M. Hello, dans le recueil de Dalloz, pag. 334 de 1838; — et dans le même recueil trois autres arrêts à la date des 25 août 1827, 28 mars 1828 et 18 février 1836, pag. 478 de 1827, 196 et suiv. de 1828 et 329 de 1836.

mai 1819 , il est des auteurs qui prétendent, que l'imputation d'un fait légalement constaté , n'est pas moins une diffamation répréhensible. Il nous serait difficile de partager cette opinion. Le jugement qui condamne un homme à la peine du vol, l'arrêt qui envoie aux galères un meurtrier, sont des actes publics, qui, dans l'intérêt même de la société, doivent être soumis à la plus grande publicité. Les forçats libérés peuplent nos villes; malgré la surveillance à laquelle ils demeurent astreints, on les voit prendre part à toutes les séditions, figurer comme auteurs ou complices de la plupart des crimes! Et il ne serait pas permis de les signaler comme des hommes dangereux!!

Une pareille conséquence ne saurait être tirée des lois de 1819. Tout ce qui résulte de l'art. 20 de celle du 26 mai, c'est que la preuve testimoniale du fait imputé ne peut être admise, à moins que ce fait ne soit relatif aux fonctions d'une personne publique. L'art. 370 du Code pénal conserve, au surplus, son empire, en ce qui concerne les particuliers, d'autant mieux que cet article n'est point un de ceux abrogés par la loi de révision du 28 avril 1832.

Mais, faute d'acte authentique , l'offenseur aurait beau invoquer la notoriété publique , demander la preuve par témoins du fait qu'il impute à la personne diffamée; cette preuve est inadmissible , il doit être condamné, par cela seul qu'il a révélé un fait déshonorant. Quoique placée dans des dispositions pénales, cette règle ne doit pas moins être observée dans les actions civiles en dommages-intérêts , qui seraient portées devant le juge-de-paix , en vertu de notre article.

26. Il faut en excepter le cas dont il vient d'être question, sous le n° 19 , où le fait diffamatoire, loin d'être étranger à la cause, est nécessaire à la demande ou à la défense. Dans ce cas l'allégation n'a rien de répréhensible; s'il en était autrement , il serait impossible d'obtenir la preuve du dol, de la fraude , d'un délit quelconque, preuve qui est admise journellement dans les tribunaux civils.

La règle, que la vérité du fait n'excuse pas l'injuriant, reçoit encore exception , lorsque le reproche diffamatoire est suivi d'une plainte ou dénonciation légale, que, par exemple, celui qui est assigné en réparation d'injure, pour avoir imputé un vol, un acte de violence dont il a été victime, étant assigné par l'auteur de ce délit, le traduit devant le tribunal correctionnel, ou que l'affaire s'instruit à requête du ministère public. Alors le juge-de-paix qui serait saisi de la demande en réparation d'injure, soit en tribunal de police, soit comme juge civil, devrait surseoir de prononcer, jusqu'à ce qu'il eût été statué sur la plainte par le tribunal chargé de la répression du délit. Et, dans ce cas, l'absolution de l'injurié n'est pas toujours une raison suffisante pour lui faire adjuger les dommages-intérêts qu'il réclame; pour cela, il faut que la plainte ou la dénonciation ait été portée sans motifs, dans le dessein de nuire, qu'elle soit évidemment calomnieuse, ou téméraire (1).

27. Il existe aussi plusieurs circonstances, où l'action pour injures serait tentée sans succès. Tel est le cas de provocation prévu par l'art. 471, n° 11, du Code pénal. Comme le décide la cour de cassation, « L'ordre public n'est essentiellement » blessé par le délit d'injure entre particuliers, que quand les » injures n'ont pas été provoquées; si la loi en subordonne la » poursuite à la plainte de la partie lésée, elle subordonne, » par voie de conséquence, la condamnation, dans l'intérêt de » la vindicte publique, à la preuve que la plainte de cette partie » est légitime, et cette plainte n'est pas légitime, si les injures » que le demandeur dénonce ont été provoquées par d'autres » qu'il s'est permises (2). » S'il en est ainsi, en matière de police, il en doit être de même, à plus forte raison, lorsque l'injurié ayant pris la voie civile, il ne peut être question de la vindicte publique.

Le juge-de-paix ne doit donc avoir aucun égard à la demande en dommages-intérêts, quand les torts sont respectifs, si l'injure dont se plaint une partie, n'est que la suite d'une provocation injurieuse, ou que le provocateur ait riposté lui-même par des injures, ainsi que cela se pratique, surtout dans les campagnes : quelquefois même, des injures, on en vient aux coups.

---

(1) Voir les arrêts rapportés au *Répertoire*, v° *Injure*, § 3, et la discussion qui se trouve dans le même recueil aux mots *Réparation civile*, § 2.

(2) Arrêt de la chambre criminelle du 11 octobre 1827, D., pag. 511.

Cependant, si la partie à laquelle son adversaire n'avait adressé que des invectives, a répondu par l'imputation de faits graves et diffamatoires, alors le système de la compensation d'injure pourrait ne pas être appliqué. C'est aux juges à apprécier ce point, d'après les circonstances (1).

28. L'intention d'injurier ou de calomnier est nécessaire, pour constituer la diffamation et l'injure proprement dite. Mais quand les expressions sont par elles-mêmes outrageantes ou diffamatoires, l'intention de nuire est présumée de droit, et il est difficile à celui qui a outragé de s'en disculper. Cependant, des propos grossiers, tels que ceux qui échappent habituellement de la bouche de gens mal élevés, ne sauraient être considérés comme des injures dignes de réparation. C'est ici surtout que la qualité de l'injuriant et celle de l'injurié doivent être prises en considération. On doit aussi se garder de prendre au sérieux des plaisanteries, des expressions équivoques ou hypothétiques, quand il paraît qu'il n'y a pas eu intention d'injurier ou de diffamer.

Enfin les circonstances et la position des parties peuvent servir à justifier l'injure, lors même qu'il s'agit d'un fait grave et précis. L'auteur du *Répertoire* en cite une exemple assez remarquable. Le sieur Duval, recherchant, dans sa maison, une somme que sa belle-sœur assurait lui avoir été soustraite, trouve cette somme dans la paillasse du lit de ses deux servantes, avec d'autres effets qui y étaient cachés. — A l'instant l'une de ces filles demande : *Qui a donc mis ces effets dans ma paillasse ?* et il répond : *Il faut bien que ce soit l'une de vous deux.* Puis voyant l'autre pleurer, *il faut bien que ce soit toi,* dit-il, en s'adressant à elle. Ces deux filles, qui n'étaient pas coupables, abandonnent le service du sieur Duval qui les presse de revenir, et leur offre, si elles l'exigent, *un certificat de bonnes mœurs.* — Mais n'écoutant que leur ressentiment, elles font citer leur maître au tribunal de police, où il est condamné à une amende et à 400 fr. de dommages-intérêts avec impression et affiche. — Le sieur Duval se pourvoit en cassation, et par arrêt du 30 janvier 1807, le jugement a été cassé : « attendu que

_____

(1) Arrêt du 2 décembre 1836 , D., p. 473 et suiv. de 1837.

» les faits énoncés dans la plainte ne présentaient point le ca-
» ractère d'une injure, ni d'une diffamation; que lors de ces
» faits, les filles Hébert et Lhernand étaient domestiques à
» gages de Duval; que celui-ci a pu raisonnablement les croire
» coupables du vol commis chez lui; qu'il en a pu émettre le
» soupçon, sans se rendre coupable de calomnie; que lorsqu'il
» a été éclairé sur l'innocence desdites filles, il leur a offert un
» certificat de bonnes mœurs, de bonne conduite; qu'il a ainsi
» satisfait à tout ce que lui imposait la justice, et qu'il a ré-
» paré, autant qu'il dépendait de lui, le préjudice que leur
» réputation pouvait avoir éprouvé des circonstances extraor-
» dinaires qui avaient déposé contre elles; mais que la con-
» duite et les reproches de Duval ne pouvant être imputés à
» un esprit de calomnie et de diffamation, il n'y avait pas lieu
» à une action en injure contre lui, etc. »

Il serait inutile de s'étendre davantage sur le défaut d'intention, laquelle seule peut constituer le délit d'injure; les circonstances justificatives *sont abandonnées à l'arbitrage du juge* (1).

29. L'ivresse peut-elle faire excuser l'injure? Non, elle peut
seulement en atténuer la gravité. La colère ou l'emportement
ne sont pas, non plus, une excuse suffisante, à moins que,
comme on vient de le dire, il y ait eu provocation. Cependant si, à l'instant même où le mouvement de colère est
appaisé, celui qui s'était emporté rétracte ses expressions injurieuses, et cela devant les personnes en présence desquelles ces
expressions lui étaient échappées, alors il n'y aurait plus de
préjudice, et l'on croit, qu'en ce cas, la demande en réparation ne devrait pas être admise.

50. *Compétence, preuves, jugement.* En matière de police,
c'est devant le juge-de-paix du lieu où l'injure a été faite que
le contrevenant doit être cité (art. 139 du Code de procédure),
mais l'action civile dont il est ici question doit être intentée, de
même que les autres actions personnelles, devant le juge-de-
paix du domicile du défendeur.

---

(1) *Hic multùm arbitrio judicis delinquendum videatur, ut ex rebus
atque personis statuat, utrùm injuria hoc modo illata videatur, nec
ne.* — *Voët ad Pand.* lib. 47, tit. 10, n° 8.

31. Le demandeur peut prouver l'injure ou la diffamation verbale par témoins, si les propos injurieux ou diffamatoires sont déniés. Quant aux injures faites par écrit (le juge-de-paix n'étant compétent que pour la diffamation verbale), elles sont constatée par l'acte, l'exploit ou la lettre qui les renferme.

32. Le juge-de-paix doit mesurer la somme de dommages-intérêts suivant les circonstances, la gravité de l'injure, et la qualité des personnes. Il peut même se borner à condamner le défendeur aux dépens pour tous dommages-intérêts, s'il ne s'agit que d'invectives sans conséquence. Il n'en est pas de l'action civile comme de celle en police simple, cas auquel la condamnation à des dommages-intérêts, fussent-ils réduits aux dépens, ne peut avoir lieu, sans la prononciation de l'amende ou de l'emprisonnement.

Si la diffamation ou l'injure a reçu une grande publicité, l'impression et l'affiche du jugement, dans un ou plusieurs lieux, peuvent être ordonnées. Mais le juge-de-paix ne peut, soit en matière de police, soit comme juge civil, prononcer ce genre de réparation, que sur la demande de la partie lésée, et sans excéder le nombre d'exemplaires fixé par les conclusions ; autrement il jugerait *ultra petita*, ce qui serait un excès de pouvoir.

Plusieurs arrêts, rendus en matière de simple police, ont aussi décidé que le juge-de-paix ne pouvait ordonner, même sur la demande de l'offensé, une réparation d'honneur à son profit ; ce serait une aggravation de peine que la loi n'autorise pas. Il en doit être de même, quand la demande en réparation est formée par la voie civile, l'amende honorable ou réparation d'honneur étant une espèce de peine que le juge civil ne pourrait infliger, quand même elle serait prévue par la loi pénale.

La réparation civile ne peut donc consister que dans une somme de dommages-intérêts, avec impression et affiche du jugement, si la demande en est formée, et qu'elle paraisse convenable.

Le juge-de-paix doit aussi s'abstenir d'enjoindre à la partie *d'être plus circonspecte à l'avenir*, de ne plus tenir de propos injurieux, ou d'autres injonctions semblables. Ce n'est qu'aux avocats et officiers ministériels attachés aux tribunaux, que la loi autorise de faire des injonctions. A l'égard des parties, le juge doit se borner à statuer sur le cas qui se présente, l'article 5 du Code lui défend de prononcer, par voie de dispositions réglementaires (1).

55. *Extinction.* L'action d'injures s'éteint par la renonciation et par la prescription.

La renonciation est expresse ou tacite ; elle est expresse, lorsque l'offensé l'a faite d'une manière formelle, soit verbalement, soit par écrit. Mais à l'égard de la renonciation verbale, si l'offensé la désavoue, elle ne peut être prouvée par témoins, à moins qu'il n'y ait un commencement de preuve par écrit (art. 1341 et 1347 du Code civil). L'atteinte portée à l'honneur et à la réputation d'un citoyen est inappréciable et par conséquent d'une valeur au-dessus de 150 fr., quand bien même la demande en dommages-intérêts serait bornée à une moindre somme.

La renonciation est tacite, quand elle résulte d'un fait qui suppose le pardon de l'injure ; si, par exemple, l'offensé a reçu, postérieurement à l'offense, quelque service de l'offenseur, si l'un a bu ou mangé chez l'autre, s'ils se sont embrassés , etc. Dans ces cas et autres semblables, il y a réconciliation. La personne offensée est présumée avoir renoncé à poursuivre l'injure ; la manifestation d'un nouveau ressentiment ne doit plus être écoutée. Il n'en est pas ici comme de la renonciation expresse, qui ne peut être prouvée que par écrit ou par l'aveu de l'injurié ; la preuve des faits tendant à démontrer la renonciation tacite , pourrait être faite par témoins.

34. Quant à la prescription, elle est plus ou moins longue, suivant la gravité de l'injure.

S'il s'agit de diffamation ou de l'imputation d'un vice déterminé, qui aurait été faite dans un lieu ou dans une réunion publique, alors l'injure étant, comme on l'a vu, un délit passible de peines correctionnelles, la prescription n'est acquise qu'après trois années révolues, à compter du jour où ont été

---

(1) Arrêts des 6 juillet 1826, et 31 mars 1832, D., pag. 405 de 1826 et 249 de 1832. — Un autre arrêt du 4 juillet 1838, pag. 338 et 339, semblerait contraire.

tenus les propos diffamatoires, si, dans cet intervalle, il n'a été fait aucune poursuite; en cas de poursuites non suivies de jugement, la prescription de trois ans ne court, qu'à compter du dernier acte d'instruction (art. 637 et 638 du Code d'instruction criminelle).

L'art. 29 de la loi du 26 mars 1819 a établi une prescription particulière, celle de six mois, pour les délits commis par la voie de la presse ou *tout autre moyen de publication.* Mais ce n'est que pour l'action publique; le paragraphe dernier de l'article portant que « l'action civile ne se prescrira, dans » tous les cas, que par la révolution de trois années, à compter » de la publication; » prescription qui est de droit commun pour toutes les actions résultant d'un délit.

Si l'injure ne réunit pas le double caractère de gravité et de publicité, on a vu aussi, qu'en ce cas, ce n'était qu'une contravention passible des peines de simple police : d'après l'art. 640 du Code d'instruction criminelle, l'action, en ce cas, est prescrite après une année révolue, à compter du jour où ont été tenus les propos injurieux.

Quoique établies pour les actions dirigées devant les tribunaux correctionnels ou de police, ces prescriptions ne sont pas moins applicables à l'action civile qui serait intentée devant le juge-de-paix, en vertu de notre article, parce qu'à moins d'une disposition spéciale qui serait contraire, l'action civile est soumise aux mêmes prescriptions que l'action publique (1).

§ II.

Des rixes et voies de fait.

35. « Dans le sens le plus étendu, dit l'auteur du *Réper-* » *pertoire*, le mot *voie de fait* désigne presque toutes les actions » qui blessent une personne, dans son corps, dans son honneur » ou dans ses biens, ou seulement qui contrarie ses prétentions, » comme violence, dommages, méfaits injurieux, mauvais » traitements, construction ou destruction d'ouvrages, dégra-

---

(1) Voir, à cet égard, les observations faites pag. 161 et suiv., n° 41.

» dation, détérioration, innovation, spoliation, trouble à la
» possession, en un mot, tout ce que les jurisconsultes com-
» prennent sous le mot d'injures réelles. »

» Mais, ajouts-t-il, il ne faut pas confondre la violence avec la
» voie de fait. Toute violence est voie de fait, mais toute voie
» de fait n'est pas violence. La distinction est établie dans
» l'ordonnance de 1667, tit. 18, art. 2, tit. 19, art. 16 et
» 17, et dans l'ordonnance de 1670, tit. 16, art. 4. La simple
» voie de fait *sans violence,* est *la voie de fait proprement*
» *dite.* »

C'est dans ce dernier sens, à ce qu'il nous paraît, que doit
être interprété notre article. En appliquant les termes *voie de*
fait, suivant leur acception générale, qui comprend les atteintes
quelconques dont peut être victime un citoyen dans sa personne ou ses propriétés, la compétence du juge-de-paix serait indéfinie; elle s'étendrait à presque toutes les actions personnelles, notamment à celles qui résultent des délits, des crimes
les plus graves.

Pour mieux fixer l'interprétation de la loi, nous allons expliquer d'abord, en quoi consiste la compétence du juge-de-
paix tenant le tribunal de police, quant aux voies de fait : nous
verrons ensuite si, comme juge civil, cette compétence peut
être plus étendue.

Compétence des tribunaux de police en ce qui concerne les voies de fait.

36. La loi du 20 avril 1790, art. 9, et celle du 19, sanctionnée
le 22 juillet 1791, avaient attribué aux corps municipaux ce
qui s'appelait alors la *police municipale.* Elle était étrangère aux
juges-de-paix; et au nombre des contraventions de police,
l'art. 19 de cette dernière loi rangeait les cas de *voies de fait*
ou *violences légères,* dans les assemblées et les lieux publics,
ou les bruits et attroupements nocturnes. Cette contravention
était passible d'une amende du tiers de la contribution mobiliaire,
sans pouvoir être au-dessus de douze livres; et suivant la gravité du cas, d'une détention de trois jours, dans les campagnes,
et huit jours, dans les villes. La contravention devait être poursuivie devant les tribunaux correctionnels, si elle était com-

mise par des gens *sans aveu*, ou *suspects*, ou *malintentionnés* (1).

Est survenu le Code du 3 brumaire an 4, lequel a confié aux juges-de-paix la répression des délits de police, dont la connaissance était dévolue aux officiers municipaux par la loi précédente; et l'art. 605, n° 8, de ce Code, déclare aussi punissables des peines de simple police, « les auteurs de rixes, attrou-
» pements injurieux ou nocturnes, *voies de fait et violences*
» *légères, pourvu qu'ils n'aient blessé ni frappé personne*, ou
» qu'ils ne soient pas notés, d'après les dispositions de la loi
» du 19 juillet 1791, comme *gens sans aveu, ou suspects, ou*
» *malintentionnés*, auxquels cas ils ne peuvent être jugés que
» par le tribunal correctionnel. » Voilà bien la reproduction littérale du délit prévu par l'art. 19 de la loi de 1791; seulement le législateur a soin d'expliquer, encore plus clairement, que les voies de fait ou violences légères, ne sont que celles dont les auteurs n'ont frappé ni blessé personne.

Enfin, le Code pénal de 1810, révisé en 1832, a donné une nouvelle classification, aux faits constituant les crimes, les délits, et les contraventions. Et, au nombre de ces dernières infractions, ce Code n'a prévu que les trois genres de voies de fait suivants :

« Art. 471, n° 12. Seront punis d'amende, depuis un franc
» jusqu'à cinq francs inclusivement..... ceux qui imprudemment
» auront jeté des immondices, sur quelque personne.

» 475, n° 8. Seront punis d'amende depuis six francs jusqu'à
» dix francs inclusivement..... ceux qui auraient jeté des pierres
» ou d'autres corps durs ou des immondices contre les maisons,
» édifices ou clôtures d'autrui, ou dans les jardins ou enclos,
» et ceux aussi qui auraient volontairement jeté des corps
» durs ou des immondices sur quelqu'un.

» 479, n° 8. Seront punis d'une amende de onze à quinze
» francs inclusivement..... les auteurs ou complices de bruits

---

(1) D'après l'art. 3 de la même loi, il devait être tenu à la municipalité un registre sur lequel étaient inscrits les gens, *sans aveu*, ceux hors d'état de travailler et qui n'avaient aucun moyen de subsistance; les *suspects*, ceux qui refusaient toute déclaration; et les *malintentionnés* ceux convaincus d'avoir fait de fausses déclarations.

» ou tapages injurieux ou nocturnes, troublant la tranquillité
» des habitants. »

37. Mais le Code pénal de 1810 garde le silence sur les *rixes,
voies de fait et violences légères*, dont les auteurs n'ont frappé
ni blessé personne, que le Code de brumaire an 4 avait rangées
dans les contraventions de police.

M. Henrion de Pansey en donne pour raison, que les législateurs
de 1810 ayant spécifié les différents cas où la paix des cités
et la tranquillité des citoyens pouvaient être troublées, qu'ayant
puni tous les excès, il ne restait rien à réprimer : « Ces dif-
» férents excès prévus et frappés, que restait-il à punir? Et
» qu'est-ce qu'une rixe dans laquelle il n'y a ni coups portés,
» ni injures proférées? Cela se réduit nécessairement à quelque
» violence tellement légère, qu'elle ne peut compromettre ni la
» sûreté des individus, ni la tranquillité publique. Mais alors
» quelle peine pourrait-on infliger, etc.? »

Suivant cet auteur, le nouveau Code pénal aurait donc abrogé
l'art. 605 de celui de brumaire an 4.

C'est ce qui semble résulter d'un avis du conseil-d'état du
8 février 1812, lequel a déclaré que l'art. 2 de la loi du 22 floréal
an 11, relatif à ceux qui, « après l'exécution des actes émanés
» de l'autorité publique, emploieraient soit *des violences*, soit
» *des voies de fait*, pour interrompre cette exécution, ou en
» faire cesser l'effet, *doit être considéré comme abrogé par le
» Code pénal de* 1810 (1). »

Telle était aussi l'opinon de M. Merlin. Voici comment s'exprimait ce magistrat dans des conclusions du 6 janvier 1813.
« Le n° 8 de l'art. 605 du Code de brumaire an 4 rangeait, au
» nombre des contraventions de police, *les voies de fait et
» violences légères*, qui n'allaient pas jusqu'à *frapper des per-
» sonnes;* mais cette disposition ne se retrouve pas dans le
» Code pénal de 1810. Le Code pénal de 1810 prévoit bien dif-
» férentes voies de fait et violences légères qu'il caractérise et
» spécifie; mais il ne punit plus les *voies de fait et violences
» légères en général;* et c'est ce qui résulte bien clairement de
» l'avis du conseil-d'état du 4 février 1812, approuvé par le

---

(1) *Bulletin des lois*, 1er semestre de 1812, pag. 161.

» chef du gouvernement, le 8 du même mois. Il n'existe donc
» plus aucune loi pénale que l'on puisse appliquer à celui qui,
» par une voie de fait, détruit l'innovation qu'une voie de
» fait antérieure avait pratiquée, ou sur son terrain, ou, ce
» qui revient au même, sur un terrain dont il a la possession
» annale. Cette voie de fait qui, d'ailleurs, sous le Code du
» 3 brumaire an 4, n'aurait pas pu être poursuivie correc-
» tionnellement, ne peut donc plus aujourd'hui donner lieu
» qu'à une action civile (1). »

Cependant un arrêt du 30 mars 1832 a jugé, que l'art. 605 du
Code de brumaire an 4 était encore applicable. Un jugement
du tribunal correctionnel de Quimper avait condamné un individu *à cinq jours de prison et à seize francs d'amende* pour
voies de fait et violences dont l'auteur n'avait frappé ni blessé
personne; et le jugement a été cassé, comme excédant les peines
de simple police, d'après l'article 605 du Code de brumaire
an 4, auquel le tribnnal aurait dû se conformer. Nous croyons
devoir transcrire les motifs de cet arrêt important.

« Vu les art. 408 du Code d'instruction criminelle, 484 du
» Code pénal, portant que, dans toutes les matières qui n'ont
» pas été réglées par le susdit Code, et qui sont régies par des
» lois et réglements particuliers, les cours et tribunaux conti-
» nueront de les observer; — vu également les art. 464, 465
» et 466 du Code pénal, relatifs aux peines de police, pour
» contraventions prévues par ce même Code; — vu, enfin, les
» art. 600, 605, n° 8 et 606 du Code du 3 brumaire an 4, d'après
» lesquels les simples *voies de fait et violences* commises par
» des individus *qui n'ont blessé ou frappé personne*, et n'ayant
» pas le caractère de gravité prévu par l'art. 311 du Code pénal,
» ne sont, aux termes des susdits articles du Code du 3 brumaire
» an 4, susceptibles que *des peines de simple police établies par*
» *ce Code,* et qui consistent dans une amende de la valeur de
» trois journées de travail ou au-dessous, ou dans un empri-
» sonnement qui n'excède pas trois jours : ..... que, cependant,
» le tribunal, dont le jugement est attaqué, tout en décidant
» que le fait de la poursuite, en ce qui concerne les trois indi-

_____

(1) *Répertoire* aux mots *Question préjudicielle,* n° 7, 3°.

» vidus dont il s'agit, n'est pas prévu par l'art 311 du Code
» pénal, et rentre conséquemment dans les dispositions de
» l'art. 605 du Code de l'an 4, au lieu de combiner cet article
» avec l'art. 606, qui en est le complément, l'a combiné, au
» contraire, avec les art. 464, 465 et 466 du Code pénal, ap-
» plicables seulement aux contraventions de police, prévues et
» punies par le même Code (1). »

Cet arrêt juge positivement, qu'aux tribunaux de police appartient encore la répression des rixes, voies de fait et violences
légères, pourvu que l'auteur n'ait frappé ni blessé personne ;
car si la rixe a été accompagnée de coups, le tribunal correctionnel est seul compétent.

38. Ainsi, d'après la jurisprudence, un soufflet donné rentre
dans la disposition de l'art. 311 du Code pénal ; l'auteur est
passible des peines d'amende et d'emprisonnement qui y sont
portées, et l'art. 463 ne pourrait être applicable que dans le
cas de circonstances atténuantes et de dommages-intérêts qui
n'excéderaient pas 25 fr., cet article exigeant la réunion de
ces deux circonstances, pour donner au juge la faculté d'atténuer
la peine qui, dans ce cas même, ne peut être prononcée que
par le tribunal correctionnel (2). D'ailleurs, s'il est possible,
du moins doit-il être infiniment rare, que le préjudice causé par
un semblable outrage, ne s'élève pas au-dessus de 25 fr.

Cracher à la figure de quelqu'un, est aussi un outrage sanglant.
Ce n'est, néanmoins, qu'une voie de fait injurieuse qui rentre
dans la compétence du tribunal de police, lequel peut, au surplus, condamner, suivant les circonstances et la qualité des personnes, à une somme de dommages-intérêts considérable.

39. Terminons ce qui concerne la compétence du juge-de-
paix, en matière de police, par observer que les voies de fait
ne s'exercent pas seulement sur les personnes, mais peuvent
s'exercer sur les choses. C'est ce qu'a jugé un arrêt de cassation
du 18 messidor an 8, qui a rejeté le pourvoi contre le jugement
d'un tribunal de police qui avait condamné un individu à trois
jours d'emprisonnement et à 25 fr. de dommages-intérêts, en

---

(1) Cet arrêt est rapporté dans le recueil de Dalloz, pag. 261 de 1832.
(2) Voy. l'arrêt du 9 décembre 1819, D., pag. 100 de 1820.

vertu du Code de brumaire an 4, pour avoir détourné les eaux d'un ruisseau sur lesquelles il n'avait aucun droit.

Les conclusions de M. Merlin, adoptées par cet arrêt, précisent encore, en quoi peut consister la voie de fait proprement dite.

« Qu'est-ce qu'une *voie de fait?* disait ce magistrat; c'est, » en général, tout acte par lequel on exerce, de son autorité » privée, des prétentions ou des droits contraires aux droits » et aux prétentions d'autrui. — Il ne faut pas confondre la » *violence* avec la *voie de fait.* Jousse, dans son commentaire » sur l'ordonnance de 1667, tit. 18, art. 2, observe sur ces » mots, *dépossédé par violence ou voie de fait,* que *la violence* » *suppose de la résistance, ce que ne suppose point la voie de* » *fait.* Ainsi toute violence est voie de fait, mais toute voie » de fait n'est pas violence.—Ici, il n'y a point eu de violence, » de la part du citoyen Gaudner; il n'a pas pu même y en avoir, » puisqu'il n'a éprouvé aucune résistance de la part de son » voisin, et qu'il n'a pas eu besoin par conséquent, pour faire » ce qu'il a fait, de le repousser, de le forcer, de l'intimider par » la force. — Mais certainement il y a eu *voie de fait,* puisque » c'est de son autorité privée, qu'il a détourné des eaux dont un » jugement, confirmé par une possession subséquente de huit » années, assurait le droit et l'usage au citoyen Müller. — Et » nous devons ajouter que, s'il y a eu voie de fait, il y a eu délit » ou au moins faute punissable; car troubler ou déposséder par » voie de fait, celui qui possède publiquement, depuis l'an et » jour derniers, c'est contrevenir à l'une des règles fonda- » mentales de l'ordre public; et cette contravention prend un » caractère bien plus grave encore, lorsqu'elle est commise au » mépris de l'autorité de la chose jugée. — Il serait donc bien » étonnant que la loi eût oublié d'infliger une peine quelconque » à un pareil délit; mais il s'en faut bien que nous ayons ce » reproche à lui faire. — L'ordonnance de 1667, tit. 18, art. 6, » allait jusqu'à obliger les juges civils devant lesquels on s'était » pourvu au possessoire pour voie de fait, de condamner l'au- » teur de la voie de fait à l'amende. Aujourd'hui les juges civils » n'ont plus ce pouvoir, mais il existe encore tout entier dans » les tribunaux de police; et l'art. 605 du Code des délits et » des peines veut expressément que, pour voies de fait, ils

» puissent condamner, non-seulement à l'amende de la valeur
» de trois journées de travail, mais aussi à l'emprisonnement
» pour trois jours (1). »

Aussi l'ordonnance de 1667, tit. 18, art. 2, accordait-elle la
réintégrande par action civile et ordinaire, ou l'action criminelle et extraordinaire, à celui qui était dépossédé *par violence*
ou *voie de fait ;* et, comme on le verra en traitant des actions
possessoires, la cour de cassation, qui distingue encore la demande en réintégrande de celle en complainte, décide que, pour
donner lieu à cette action, il n'est pas nécessaire qu'il y ait eu
des coups ou blessures ; il suffit que l'acte de dépossession ou
usurpation ait été commis par l'une des parties, de sa propre
autorité, au préjudice de l'autre, par voie de fait.

Après avoir établi ce qui constitue la voie de fait, dont la
répression peut être portée devant le juge-de-paix tenant le
tribunal de simple police, voyons si la voie de fait dont parle
notre article ne doit pas être entendue de même.

Compétence civile des juges-de-paix en ce qui concerne les rixes et voies de fait.

40. Quels sont les voies de fait dont la connaissance est ici
attribuée aux juges-de-paix ? L'interprétation de la loi de 1790,
dont notre article n'a fait que reproduire le texte, présentait,
sur ce point, une difficulté que les auteurs de la loi nouvelle
auraient bien dû aplanir.

Dans l'ouvrage que vient de publier le professeur Benech,
après avoir retracé les art. 39 et suiv. du Code pénal, sur les
coups et blessures, voici la conséquence qu'il tire de leur
combinaison avec la loi actuelle : « Le juge-de-paix, dit-il, sera
» compétent pour connaître des dommages-intérêts demandés
» par *actions civiles,* pour voies de fait accompagnées de coups
» et blessures, bien que ces violences, si elles étaient dénoncées
» à la justice répressive par voie de plainte, dussent être
» portées *devant les tribunaux correctionnels.* Mais si la mort
» s'en était ensuivie, ou si l'incapacité de travail personnel
» avait duré plus de vingt jours, et plus généralement, toutes

---

(1) *Questions de droits,* v° *Voie de fait.*

» les fois que les violences réuniront les conditions caractéris-
» tiques.d'un crime, et non d'un simple délit, nous ne saurions
» penser qu'il ait été dans l'esprit de la loi de soumettre des
» causes aussi graves à la décision d'un juge unique. Ce serait
» donner aux mots *voie de fait* une extension abusive, et dé-
» naturer leur acception depuis long-temps reçue. L'affectation
» du législateur de placer, sur la même ligne, les rixes qui
» n'offrent pas en général beaucoup de gravité, nous a paru
» décisive. »

Ce raisonnement, qu'il nous soit permis de le dire, prouve
trop, ou sa conséquence ne s'étend pas assez loin. Comme on
vient de le voir (n⁰ˢ 35 et 39), le terme *voie de fait*, dans
son acception générale, s'applique à toutes les violences, quelques graves qu'elles puissent être; en partant de cette signification, la compétence du juge-de-paix devrait donc s'étendre
non-seulement aux violences passibles de peines correctionnelles, mais à celles qui caractérisent les plus grands crimes.
On a vu, au contraire, que la voie de fait, proprement dite,
était une violence légère, sans coups ni blessures. Il faut donc
opter entre ces deux significations; il n'y a pas de motif pour
prendre un terme moyen. Or, il nous paraît que la dernière
est la seule qui puisse être ici adoptée.

D'abord c'est ainsi que les expressions *voies de fait* sont
entendues dans nos lois, qui distinguent la simple voie de fait
des violences, témoin l'art. 2, tit. 18, de l'ordonnance de 1667.—
La loi du 22 floréal an 11 parlait également des *violences* ou
voies de fait apportées à l'exécution des actes émanés de l'autorité publique; et l'avis du conseil-d'état, du 8 février 1812,
loin de confondre les unes avec les autres, a pensé au contraire
que, depuis le Code pénal, les violences seules et non les
voies de fait étaient sujettes à réparation; même distinction
dans la loi du 22 juillet 1791, qui seulement qualifiait les
voies de fait de *violences légères*. Enfin l'article 605 du Code
de brumaire an 4, en maintenant la disposition de la loi de 1791,
a parfaitement expliqué que les *voies de fait* ou *violences légères*
étaient celles qui ne seraient accompagnées ni de coups, ni
de blessures. D'après la définition que donnent des voies de
faits toutes les lois de la matière, comment serait-il possible

d'appliquer la loi actuelle, aux actions pour coups et blessures d'une gravité capable d'entraîner la peine de plusieurs années d'emprisonnement, si la plainte était portée devant le tribunal de répression ? L'intention du législateur a-t-elle pu être de conférer aux juges-de-paix la connaissance des actions en dommages-intérêts résultant de pareils délits ? et ne serait-il pas singulier que, pour fixer sa compétence sur ce point, le juge fût obligé de faire constater, si les blessures ont occasionné une incapacité de travail pendant moins de vingt jours ?

En ce qui concerne les rixes et voies de fait, notre article n'a fait que reproduire littéralement le texte de la loi du 24 août 1790 ; à cet égard, les auteurs de la loi nouvelle n'ont rien voulu ajouter à la compétence des juges-de-paix. « Déjà, » disait M. Amilhau, les injures, les rixes et voies de fait » étaient, quant à l'action civile, de la compétence du juge- » de-paix. Le projet ajoute l'injure écrite et la diffamation » verbale. » Les législateurs de 1838 n'ont donc pu avoir d'autre pensée que celle des législateurs de 1790. Or, en attribuant aux juges-de-paix la connaissance des actions civiles pour *rixes et voies de fait*, la loi du 24 août n'entendait évidemment parler que des voies de fait considérées comme des contraventions de police municipale : voilà pourquoi cette loi avait excepté le cas où la personne lésée se serait pourvue *par la voie criminelle*, c'est-à-dire devant le corps municipal, qui connaissait alors des délits de simple police.

C'est ainsi que la loi de 1790 a été interprétée par M. Henrion de Pansey.

Après avoir expliqué que si, d'après le Code pénal, les simples voies de fait n'étaient pas sujettes à répression, cependant un fait peut nuire, quoique la loi ne le place, ni dans la classe des crimes, ni dans celle des délits et contraventions, « il ne » reste plus, dit-il, qu'à indiquer le juge civil auquel la partie » qui se croit offensée, par quelques voies de fait, doit deman- » der une réparation ; cela est réglé par la disposition de la loi » du 24 août 1790, qui porte que le juge-de-paix connaît » des actions pour rixes et voies de fait pour lesquelles les » parties n'ont pas pris la voie criminelle. Dans ce texte, le mot » *criminelle* est employé comme synonyme de *police* ; il en ré-

» sulte que tout ce que l'on appelle communément *rixe et*
» *voie de fait* peut être porté devant la justice-de-paix par la
» voie civile, lorsque la partie lésée ne juge pas à propos de
» se pourvoir en police, ou, ce qui revient au même, lors-
» qu'elle ne le peut pas. Conséquemment, celui qui se plaint
» d'une rixe ou d'une voie de fait que le Code pénal n'a rangée
» ni dans la classe des délits, ni dans celle des contraventions,
» peut demander aux juges-de-paix, comme juges civils, les
» dommages et intérêts auxquels il croit avoir droit de pré-
» tendre. »

Comme on vient de le voir, la cour de cassation juge, au
contraire, qu'en ce qui concerne les voies de fait ou violences
légères dont les auteurs n'ont frappé ni blessé personne,
l'article 605 du Code de brumaire an 4 était encore applicable.

Quoi qu'il en soit, on ne saurait ici argumenter de ce qui a
été dit pour les injures, savoir, qu'au civil, la compétence du
juge-de-paix est, à cet égard, beaucoup plus considérable que
celle qui lui est dévolue comme juge de police : cela résulte
de la différence qui existe entre l'art. 5 de la loi actuelle et les
dispositions du Code pénal. Cette différence était également
marquée avant la publication de la loi nouvelle : en bornant
la compétence des tribunaux de police à la répression des
injures qui n'auraient pas le double caractère de gravité et de
publicité, le Code pénal de 1810 n'avait pu restreindre la compétence attribuée aux juges-de-paix par la loi du 24 août
1790, compétence qui embrassait toutes les injures verbales,
quelque graves qu'elles fussent. Tel est le motif qui avait déterminé la jurisprudence de la cour suprême sur ce point (1).

Mais, à l'égard des voies de fait, la compétence civile du
juge-de-paix ne dépassait point les bornes de celle que la loi
du 22 juillet 1791 avait d'abord attribuée aux corps municipaux, et que le Code de brumaire an 4 a ensuite confiée aux
juges-de-paix, en matière de police. Il n'y a donc pas de raison
pour étendre cette compétence, puisque, encore une fois, la loi
nouvelle n'a fait que reproduire, sur ce point, le texte de la loi
ancienne.

---

(1) Voy. le réquisitoire et l'arrêt du 21 décembre 1813, D., pag. 516 de 1814.

Ainsi, le juge-de-paix peut connaître, au civil, de l'action en dommages-intérêts résultant des contraventions spécifiées dans les articles 471, 475 et 479 du Code pénal.

Et quand bien même les rixes et simples voies de fait, que réprimait le Code de brumaire an 4, ne seraient plus de sa compétence, comme juge de police (quoique la cour de cassation juge le contraire), il ne devrait pas moins en connaître, comme juge civil; mais ses attributions doivent être bornées à ce qu'on appelle *voie de fait proprement dite,* qu'elle soit exercée sur les choses, ou sur les personnes, c'est-à-dire aux violences légères, dont l'auteur n'a frappé ni blessé personne.

41. Parmi ces voies de fait, il en est une surtout qui ne saurait être tolérée. Nous voulons parler du *charivari.*

L'art. 479 du Code pénal punit d'une amende de 11 à 15 fr., « les auteurs ou complices de bruits ou tapages injurieux ou » nocturnes troublant la tranquillité des habitants. » Et le cas étant ici prévu par ce Code, il n'est plus possible aux tribunaux de simple police d'infliger une peine plus légère, en recourant à l'art. 605 du Code de brumaire an 4 (1).

Il existe même des circonstances où le tapage pourrait être puni plus sévèrement; telle est celle d'un charivari donné à un fonctionnaire public, et qui serait accompagné d'injures relatives à ses fonctions, à son opinion publique; ce cas pourrait rentrer dans la classe des délits prévus par la loi du 17 mai 1819. Des désordres aussi contraires à la tranquillité publique et à la paix, doivent être sévèrement réprimées; et, dans des temps de trouble, les autorités locales ont souvent montré une insouciance, une inertie déplorables.

Mais il peut se faire qu'un charivari ne soit ni nocturne, ni accompagné d'injures. Par exemple, il est d'usage, dans plusieurs endroits, de forcer de jeunes époux à donner un bal, au moyen d'un rassemblement autour de leur demeure, dans lequel plusieurs personnes font entendre des cris et des instruments bruyants, tels que porte-voix, cornes, cloches, etc.; un tapage de ce genre n'a-t-il rien de répréhensible?

_____

(1) **Arrêt** du 8 mars 1828, D., pag. 168.

Les anciens tribunaux avaient soin de sévir contre les auteurs et fauteurs de pareils faits (1)', et l'on pourrait soutenir que, dans ce cas, il y a lieu à l'application de l'art. 479 du Code pénal ; c'est ce qui paraît résulter de la jurisprudence de la cour de cassation.

Un charivari de ce genre avait été donné à un habitant de Guéret, et le tribunal de police s'étant abstenu d'appliquer la peine prononcée par la loi, sous le prétexte « que les cris de » charivari étaient tolérés depuis long-temps dans le pays ; » que les prévenus avaient avoué avec franchise les propos » qu'on leur imputait ; qu'ils avaient obéi à l'ordre de se re- » tirer, aussitôt qu'ils l'avaient reçu ; qu'ils sont reconnus ci- » toyens paisibles et tranquilles ; qu'ils ne croyaient que s'a- » muser, et non faire une action répréhensible. » Mais ce jugement a été cassé par arrêt du 28 mars 1829. — Un autre arrêt du 26 mai 1826 avait également cassé un jugement du tribunal de police de Bayonne ; « attendu que la prétendue to- » lérance des *charivaris* invoquée par le tribunal, tolérance » répréhensible en elle-même, si d'ailleurs elle était établie » dans le fait, ne saurait prévaloir contre une disposition ex- » presse de la loi ; que l'usage des charivaris, si formellement » condamné par les lois et la jurisprudence antérieures au Code » qui nous régit, est expressément rappelé, spécifié, et puni par » l'art. 479 du Code pénal, et qu'aucun motif d'excuse ne » peut dispenser les juges d'appliquer les peines prononcées » par la loi, s'il n'est écrit dans la loi (2). »

Il est vrai que, dans l'espèce de cet arrêt, le rassemblement avait duré pendant trois jours, *depuis l'entrée de la nuit jusqu'à neuf heures et demie du soir*. Mais ce n'est point cette circonstance qui a déterminé la cour : elle a considéré, « que le » bruit produit par un rassemblement était injurieux à la per- » sonne contre laquelle il était dirigé, et a troublé la tran- » quillité des habitants ; que cette tranquillité n'a pu qu'être

---

(1) On peut voir dans le *Répertoire*, v° *Charivari*, les arrêts rendus à cet égard par divers parlements.

(2) Voir ces deux arrêts dans le recueil de Dalloz, pag. 368 et 369 de 1826 et 203 de 1829.

» aussi altérée ou compromise par ce rassemblement nom-
» breux. » Quant à l'espèce de l'autre arrêt, on ne voit pas que le
charivari aurait eu lieu nuitamment.

Quoi qu'il en soit, et quand bien même la circonstance de
nuit serait nécessaire pour donner lieu à l'application de la loi
pénale, toujours est-il que le charivari, qu'il soit donné la nuit,
ou pendant le jour, est une voie de fait qui rentre dans la compétence civile, attribuée aux juges-de-paix par notre article. Il
est difficile que, dans un rassemblement de ce genre, il n'y ait
pas quelques injures proférées contre celui qui en est l'objet ;
le charivari en lui-même peut être considéré comme une injure. Mais assaillir la demeure d'un citoyen, lasser sa patience
à force de cris, l'obliger à fermer soigneusement ses portes et
fenêtres, crainte d'excès plus graves, et ce pour le forcer à
une chose qui lui répugne, n'est-ce donc pas une voie de fait, un
acte répréhensible ?

FIN DU TOME PREMIER.

J.   34

TABLE DES MATIÈRES

CONTENUES

DANS LE TOME PREMIER.

PREMIÈRE PARTIE.

Juridiction des juges-de-paix en général, avec un exposé des règles de droit et de procédure civile et criminelle.

SECTION I. — DES ACTIONS ET EXCEPTIONS.

SECTION II. — DE LA COMPÉTENCE.

SECTION III. — DES PREUVES SUR LESQUELLES PEUT ÊTRE FONDÉE LA DEMANDE OU L'EXCEPTION.

SECTION IV. — DES PRESCRIPTIONS.

DEUXIÈME PARTIE.

*Attributions conférées aux justices-de-paix par les lois
des 11 avril et 25 mai 1838.*

COMMENTAIRE

DE LA LOI DU 25 MAI 1838.

ARTICLE PREMIER.

ARTICLE II.

ARTICLE III.

ARTICLE V. PARTIE V.

FIN DE LA TABLE DU TOME PREMIER.

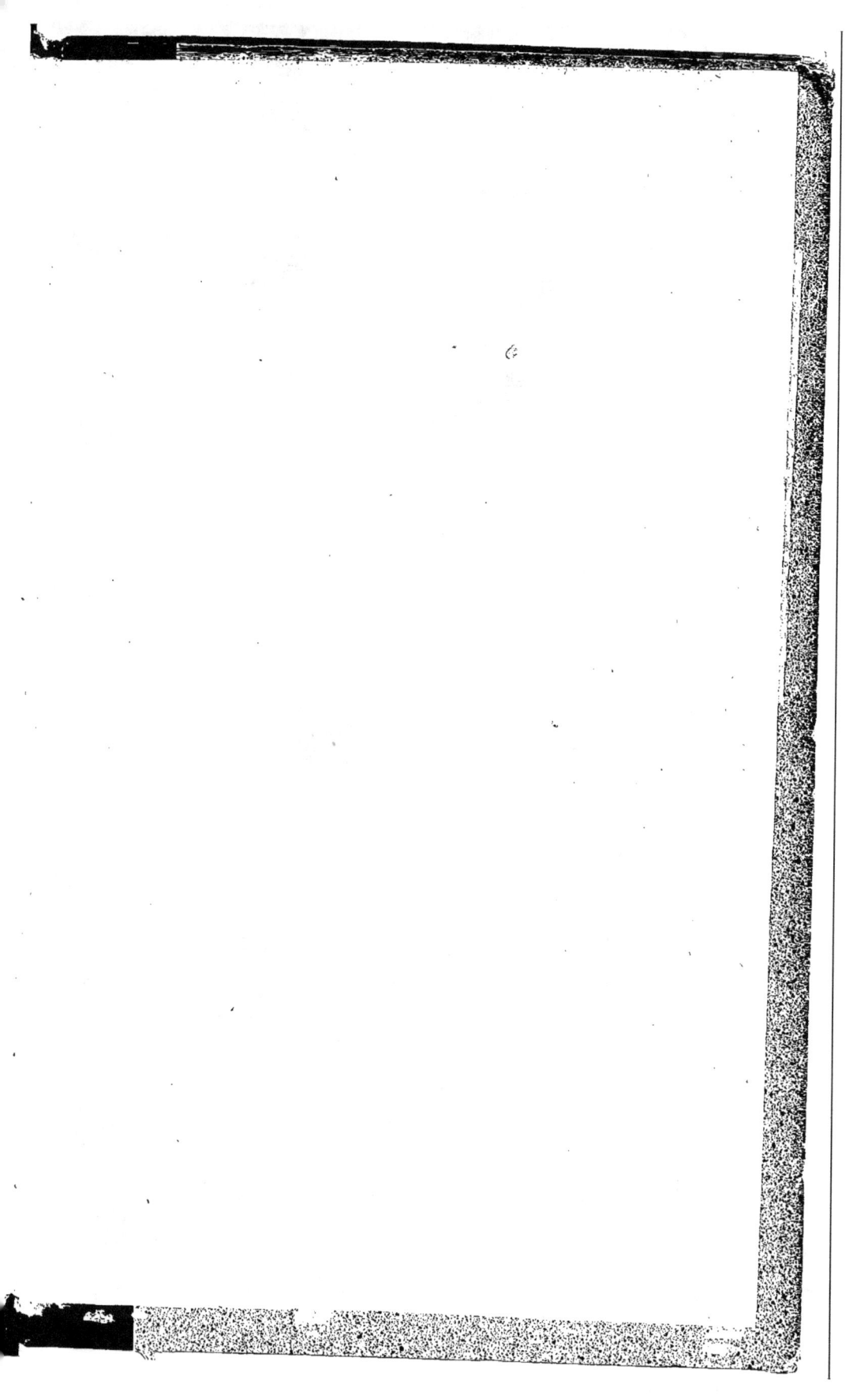

www.ingramcontent.com/pod-product-compliance
Lightning Source LLC
Chambersburg PA
CBHW031349210326
41599CB00019B/2703